ein Ullstein Buch

PROPYLÄEN WELT GESCHICHTE

Eine Universalgeschichte
Herausgegeben von
GOLO MANN
unter Mitwirkung von
ALFRED HEUSS
und
AUGUST NITSCHKE

Band I
Vorgeschichte · Frühe Hochkulturen
Band II
Hochkulturen des mittleren und östlichen Asiens
Band III
Griechenland · Die hellenistische Welt
Band IV
Rom · Die römische Welt
Band V
Islam · Die Entstehung Europas
Band VI
Weltkulturen · Renaissance in Europa
Band VII
Von der Reformation zur Revolution
Band VIII
Das neunzehnte Jahrhundert
Band IX
Das zwanzigste Jahrhundert
Band X
Die Welt von heute
Band XI
Summa Historica

Elf Bände in zweiundzwanzig Halbbänden

Vierter Band
2. Halbband

Rom
Die römische Welt

HANS-GEORG PFLAUM

BERTHOLD RUBIN

CARL SCHNEIDER

WILLIAM SESTON

Karten, Zeichnungen und graphische Darstellungen im Text von Elisabeth Armgardt und Uli Huber.

Der Beitrag von William Seston ist von Dr. A. R. L. Gurland in die deutsche Sprache übertragen worden.

CIP-Kurztitelaufnahme der Deutschen Bibliothek

Propyläen-Weltgeschichte:
e. Universalgeschichte; 11 Bd. in 22 Halbbd. / hrsg. von Golo Mann unter Mitw. von Alfred Heuss u. August Nitschke. – Frankfurt/M, Berlin, Wien: Ullstein.
  ([Ullstein-Bücher] Ullstein-Buch; Nr. 4720)
  ISBN 3-548-04720-3

NE: Mann, Golo [Hrsg.]

Bd. 4. → Rom, die römische Welt

Rom, die römische Welt. – Frankfurt/M, Berlin, Wien: Ullstein.

Halbbd. 2. Hans-Georg Pflaum... – 1976.
  (Propyläen-Weltgeschichte; Bd. 4)
  ([Ullstein-Bücher] Ullstein-Buch; Nr. 4728)
  ISBN 3-548-04728-9

NE: Pflaum, Hans-Georg [Mitarb.]

*Ullstein Buch Nr. 4728
im Verlag Ullstein GmbH,
Frankfurt/M - Berlin - Wien*

*Der Text der Taschenbuchausgabe
ist identisch mit dem der
Propyläen Weltgeschichte*

*Umschlag: Hansbernd Lindemann
Alle Rechte vorbehalten
© 1963 by Verlag Ullstein GmbH,
Frankfurt a. M./Berlin
Printed in Germany 1976
Gesamtherstellung: Ebner, Ulm
ISBN 3 548 04728 9*

INHALTSVERZEICHNIS

Hans-Georg Pflaum

317 DAS RÖMISCHE KAISERREICH

Augustus *(319)* Tiberius *(330)* Caligula *(334)* Claudius *(336)* Nero *(339)* Galba, Otho, Vitellius: das Dreikaiserjahr 69 *(345)* Vespasian *(347)* Titus *(350)* Domitian *(352)* Nerva *(359)* Trajan *(360)* Hadrian *(368)* Antonius Pius *(375)* Mark Aurel *(377)* Orbis Romanus, der römische Weltkreis *(383)* Die Wirtschaftsentwicklung im 1. und 2. Jahrhundert *(386)* Commodus *(389)* Das Vierkaiserjahr 193 *(391)* L. Septimius Severus *(393)* Caracalla *(401)* Macrinus *(403)* Elagabal *(404)* Severus Alexander *(405)* Maximinus der Thraker bis Aemilianus *(409)* Valerianus und Gallienus *(414)* Claudius II., der Gotensieger *(420)* Aurelianus *(421)* Tacitus, Florianus, Probus *(423)* Carus, Carinus und Numerianus *(425)* Ausklang des Prinzipats *(426)*

Carl Schneider

429 DAS CHRISTENTUM

Die Umwelt *(431)* Die Anfänge *(440)* Ausbreitung im 2. und 3. Jahrhundert *(449)* Geistige Entwicklung *(451)* Der Neuplatonismus *(458)* Clemens von Alexandreia, Origenes und der Origenismus *(464)* Die lateinische Theologie *(473)* Kirche und Staat *(476)* Der Sieg des Christentums *(482)*

William Seston

487 VERFALL DES RÖMISCHEN REICHES IM WESTEN. DIE VÖLKERWANDERUNG

Diokletian: Wiederherstellung der kaiserlichen Autorität *(489)* Konstantin: das Problem des christlichen Reiches *(500)* Die konstantinische Dynastie *(507)* Die heidnische Reaktion: Julian Apostata *(513)* Verteidigung des Reiches – von Valentinian bis Theodosius *(519)* Theodosianische Monarchie: die Orthodoxie siegt *(528)* Kaiser und Bürokraten *(534)* Wirtschaft, Steuern, Sozialstruktur *(542)* Die großen Invasionen *(551)* Vandalen und Westgoten im römischen Westen *(560)* Reich und Ravenna *(564)* Attila *(569)* Ende des Westreiches *(572)* Königreich der Westgoten *(577)* Die Vandalen in Afrika *(583)* Von Odoaker zu Theoderich *(590)* Geburt des Königreiches Francia *(598)* Herrschaft und Zivilisation *(602)*

INHALTSVERZEICHNIS

Berthold Rubin

605 DAS RÖMISCHE REICH IM OSTEN · BYZANZ

Die römische Rochade nach dem Osten *(607)* Ostrom im Zeitalter der Reichsteilung *(609)* Vom Hunnensturm bis zum Untergang Westroms *(611)* Das Regiment des Isaurers Zenon *(613)* Anastasios und Theoderich der Große *(615)* Kaiser Iustinus und die Anfänge Justinians *(616)* Justinian und Theodora: Persönlichkeit und politische Linie *(618)* Erster Perserkrieg und Nikaaufstand *(622)* Die Angriffskriege: Vernichtung der Vandalen und Einkreisung der Goten *(627)* Restauration und Reconquista: der Gotenkrieg *(630)* Die Balkanpolitik Justinians *(632)* Gleichgewicht der Mächte: Zweiter Perserkrieg und Ausblutung Italiens *(633)* Innenpolitik, Wirtschaft und Kultur im Zeitalter Justinians *(638)* Justinians Nachfolger Iustinus II. und Tiberios *(643)* Die Weltstellung des Kaisers Maurikios *(647)* Phokas, Herakleios und der Rückzug Europas im Vorderen Orient *(650)* Vorislamische Geschichte, Judentum und christliche Häresie in ihrer Wechselwirkung *(654)*

659 UNIVERSALGESCHICHTE IN STICHWORTEN
(Von *Heinz* und *Christel Pust*)

669 NAMEN- UND SACHREGISTER
(Von *Bruno Banke*)

711 QUELLENVERZEICHNIS DER ABBILDUNGEN

Hans-Georg Pflaum

DAS RÖMISCHE KAISERREICH

Die dreihundert Jahre der frühen römischen Kaiserzeit von Augustus bis Carus, Carinus und Numerianus stellen den einzigartigen Versuch dar, in einem weit ausgedehnten Staate ein für alle Schichten und Völker des Mittelmeerbeckens befriedigendes Gleichgewicht hervorzubringen. Die besondere Form der Herrschaft in dieser Epoche, das »Prinzipat«, baut in eine aristokratische, von Nah- und Treueverhältnissen durchwobene Gesellschaft die Führung durch den obersten Kriegsherrn ein, der durch seine maßvolle und selbstlose Regierung allen seinen Zeitgenossen als ein vom Himmel gesandter Retter und Wohltäter erscheint. Aber die Vorsehung bringt nicht in jeder Generation einen solchen Mann hervor, und so berichtet die Geschichte dieser Zeit von vielen Kaisern, die an ihrer großen Aufgabe gescheitert sind und meist auf gewaltsame Weise ihren Thron verloren haben. Selbst die glücklichste Periode innerhalb dieser dreihundert Jahre, das Zeitalter der Antonine im 2. Jahrhundert, in dem durch einen Zufall der Natur die Kaiser keine Leibeserben hatten, sondern von ihnen sorgfältig ausgewählte Nachfolger durch Adoption an die Spitze des Reichs gelangten, konnte die Entwicklung nicht aufhalten. Das Spiel der einander die Waage haltenden Kräfte wurde durch das wachsende Übergewicht des Monarchen gestört; die Bürger wurden zu Untertanen. In den letzten fünfzig Jahren der darzustellenden Periode strebten dann die Kräfte wieder auseinander. Verzweifelte Tatenlosigkeit und Resignation des Adels, Gewaltsamkeit der Soldaten führten zur Anarchie und drohten in einer nicht enden wollenden Krise den Bestand des Reiches selbst in Frage zu stellen, bis ein neuer Dynamismus auf allen Gebieten dem Verfall Einhalt gebot, das Vertrauen in die Zukunft wiederherstellte und unter Diokletian zu einer neuen Staatsordnung, dem »Dominat«, führte.

Augustus

Der Seesieg bei Actium im September 31, Alexandreias Einnahme, Antonius' und Kleopatras Selbstmord hatten den dreiunddreißigjährigen Adoptivsohn und Erben Caesars, den späteren Augustus, zum alleinigen Gebieter über die Mittelmeerwelt gemacht. Drei blutige Bürgerkriege innerhalb von kaum sechzig Jahren hatten alle Römer davon überzeugt, daß die althergebrachten Einrichtungen der Republik nicht mehr den Bedürfnissen der neuen Zeit entsprachen. Das auf den persönlichen Treueverhältnissen aufgebaute Adelsregiment war seit dem Aufkommen eines Berufsheeres und dem auf das gesamte Mittelmeerbecken erweiterten Machtbereich Roms den siegreichen Feldherren nicht mehr gewachsen. Einerlei ob man es wirklich angestrebt und gewollt hatte, die unbestrittene Suprematie häufte Würde und Bürde auf die Schultern der neuen Machthaber. Sie stellte ihnen vor allem die große Aufgabe, dem Chaos, der Anarchie im Staate ein Ende zu machen und die in Rom waltenden Kräfte in ein neues Gleichgewicht zu bringen, das die gewonnene Vormachtstellung sichern, Frieden an den Grenzen und Ruhe und Ordnung im Inneren des Gefüges garantieren sollte.

Niemand war sich dieser staatsmännischen Pflicht mehr bewußt als Caesars Adoptivsohn, und die Jahre nach seiner Rückkehr in die Stadt Rom, 29 bis 28, waren der Beschäftigung mit diesen brennenden Problemen gewidmet.

Wir können uns davon durch eine späte Quelle, den Abriß der römischen Geschichte des Cassius Dio, eine gute Vorstellung machen. Der Historiker hat nämlich eine lange Debatte eingeschaltet, in deren Verlauf der junge Caesar und seine beiden engsten Vertrauten M. Agrippa und C. Maecenas darüber diskutieren, ob man die Monarchie einführen oder die republikanische Verfassung wiederherstellen solle. Wenn es sich bei diesem Glanzstück Dionischer Rhetorik auch um eine Erfindung des Schriftstellers handelt, so spiegelt dieses Streitgespräch doch vortrefflich die politischen Fragen wider, deren Beantwortung damals alle verantwortlichen Kreise beschäftigte.

Aber hatte man denn, von Dios Fiktion abgesehen, überhaupt noch die Möglichkeit zu wählen? War nicht durch seinen Sieg über Antonius und Kleopatra und durch die Macht über seine Legionen Caesars Adoptivsohn der unbeschränkte Herr der Lage? Die Frage stellen heißt sie bejahen! Worauf es allein noch ankam, war die Art und Weise, wie man den neuen Machtfaktor in das bestehende Spiel der Kräfte einbezog. Mahnend und abschreckend stand der Schatten Caesars seinem Nachfolger vor Augen. Der ermordete große Feldherr und Staatsmann hatte seine Absicht, allein zu herrschen, allzudeutlich durchblicken lassen, als er gegen das älteste Tabu des römischen Volkes, das Königtum zu erneuern, verstieß. Er hatte diesen politischen Irrtum mit dem Leben bezahlt. Sein Sohn und Erbe wird nicht denselben Fehler begehen; er wird sein Leben lang allein herrschen, aber stets den Schein wahren, der Vollstrecker des Volkswillens zu sein.

Die römische Gesellschaft setzte sich nach Actium aus zwei einander fast feindlichen Teilen zusammen. Auf der einen Seite stand die Zivilbevölkerung: Senat, Ritter, römische Bürger in Rom, Italien und dem Reich, unterworfene Provinzbewohner, endlich Freigelassene und Sklaven. Ihnen gegenüber vertrat das Heer, dessen Angehörige auf allen Schlachtfeldern des Bürgerkrieges gekämpft hatten, oft entgegengesetzte Interessen. Der erstaunliche Erfolg des jungen Caesar bestand nun darin, daß durch den *consensus omnium*, die freiwillige Übereinstimmung, und durch das Vertrauen aller Klassen der römischen Öffentlichkeit seine Person als der alleinige Garant des endlich errungenen Friedens angesehen wurde.

Augustus als Pontifex Maximus
Kopf einer zu Lebzeiten des Kaisers entstandenen Statue. Rom, Thermenmuseum

Tanzende Siegesgöttin
Stuckdekoration aus einem Haus bei der Villa Farnesina
in Rom, 20–10 v. Chr. Rom, Thermenmuseum

Mit den Senatoren konnte sich Caesars Sohn sehr bald einigen. Nach einer teils freiwilligen, teils erzwungenen Säuberung dieses Standes gab er am 17. Januar 27 in feierlicher Sitzung Gesetzgebung, Befehlsgewalt über das Heer und die Provinzen dem römischen Volke zurück und verzichtete auf alle seine außerordentlichen Befugnisse. Zum Dank bat ihn der Senat kniefällig, seiner Pflicht nicht untreu zu werden und Rom, das er vor dem Untergang bewahrt hätte, nicht der Katastrophe preiszugeben. Ein rührendes, wohleinstudiertes Schauspiel! Der Machthaber ließ sich dann dazu herbei, den Schutz des Reiches weiter zu übernehmen, mit seinen Heeren die Feinde abzuhalten. Nur die befriedeten Provinzen, Asia, Africa, Sizilia, Sardinia, Macedonia, Dalmatia, Achaia, Creta und Cyrenaica, Bithynia und Pontus, endlich die Baetica im jenseitigen Spanien, unterstanden von neuem der Verwaltung des Senats, der in all diesen Gebieten nur noch eine einzige Legion, in Afrika, mustern konnte.

Für den *Prinzeps*, dies war der Titel, den er von nun an führte, war diese Teilung der territorialen Befugnisse sehr günstig, noch wichtiger für ihn war aber die Verleihung des ehrenden Beinamens Augustus durch einstimmigen Beschluß des Senats sowie auch das Recht, in allen seinen Verlautbarungen an Stelle seines Vornamens Gaius den Beinamen Imperator, der den siegreichen Feldherrn kennzeichnete, zu führen. Imperator Caesar Augustus, alle Bestandteile seines Namens sind im Laufe der Zeit zu Herrschertiteln geworden, obwohl ursprünglich keiner von ihnen eine derartige Bedeutung besaß. Freilich wehte von Anbeginn eine religiöse Aura um seinen Beinamen Augustus, der Hehre, und auch seine erstaunliche Filiation, *divi filius*, Sohn des vergöttlichten Iulius Caesar, hob ihn über alle seine von sterblichen Vätern erzeugten Zeitgenossen in eine höhere Sphäre hinauf. Auch die tribunizische Gewalt, die ihrem Inhaber Unverletzlichkeit zusicherte und auf der, vom Jahre 23 an, seine beherrschende Stellung beruhen sollte, wurde ihm bereits bei dieser Gelegenheit, nebst vielen anderen Ehrungen, zuerkannt.

Der Staat hat durch diesen feierlichen Akt ein Oberhaupt erhalten, der Senat jedoch, die Verkörperung der übernommenen Ordnung mit ihren vielverzweigten, über das ganze weite Imperium sich erstreckenden Treueverhältnissen, ist bei dem wichtigen Staatsakt nicht übergangen worden. Er hat das neue Amt des Prinzeps geschaffen, das dessen Inhaber ebensosehr zum Schutze der Untertanen wie diese zur Treue gegen ihn verpflichtete. Trotzdem bekleidete Augustus alljährlich das Konsulat, das ehrwürdige, dem Jahr den Namen gebende Oberamt des Staates, und mit Recht konnte er am Ende seines Lebens behaupten, daß er in keinem seiner jeweiligen Ämter mehr Macht und Rechte besessen hätte als seine Kollegen. Was ihn, seiner eigenen Aussage gemäß, auszeichnete, war seine *auctoritas*: Ansehen und Respekt zugleich, die ihn überall, ohne sein Zutun, als Führer und Herrn kennzeichneten. Diese Autorität beruhte nicht auf einer staatsrechtlichen Regelung, sie war nicht in die Paragraphen einer Verfassung gezwängt, sondern sie wurde von der Ehrfurcht beseelt, die alle Bewohner des Reichs freiwillig dem Prinzeps erwiesen.

Selten hat ein »Mann der Vorsehung« so klar die Wurzeln seiner Kraft erkannt, selten so sehr nach dieser einmal festgelegten Richtschnur gehandelt.

»*Ruere in servitiu*n, sie stürzten sich in die Knechtschaft«, so geißelt der Historiker Tacitus Anfang des 2. Jahrhunderts Konsuln, Senatoren und Ritterschaft. Aber kann man es diesen

Männern verdenken, daß sie, des ewigen Blutvergießens müde, ihren Widerstand aufgaben und sich mit den gegebenen Verhältnissen abfanden? Alle Verzichte auf ihre politischen Vorrechte waren schließlich weniger schmerzlich als der nicht enden wollende Bruderzwist mit all seinen Unmenschlichkeiten im Gefolge.

Der Prinzeps zögerte auch nicht, viele Angehörige der Familien des senatorischen und ritterlichen Adels dadurch für sich zu gewinnen, daß er sie in seinen Dienst zog und reich besoldete. Die Besetzung einer großen Anzahl neuer Beamtenstellen stärkte so Augustus' Macht in Rom und schuf den Verwaltungsstab, dessen er nicht entraten konnte, wenn er die ihm zugefallenen Provinzen in der Hand behalten und regieren wollte. Die großen Militärbezirke an den Grenzen waren besonders begehrte Posten. Sie brachten den Statthaltern Ruhm und Beute, wenn auch der Triumph den siegreichen Heerführern versagt blieb. Denn von nun an waren sie nur noch Vertreter des Kaisers, Abgesandte, *legati*, und fochten nicht mehr unter eigenen Auspizien.

Es kann nicht davon die Rede sein, daß Augustus bereits eine wohlausgebildete und festgegliederte Beamten-Hierarchie geschaffen hätte; seine Maßnahmen entsprachen den jeweiligen Bedürfnissen, sie gehorchten keinem vorgefaßten Plan. Die Aussicht, seine Kräfte in den Dienst der Gesamtheit stellen zu können, bewog so manchen adligen Römer, seinen Frieden mit dem Regime zu schließen, auch wenn er in seinem Herzen der Republik treu blieb.

Das Volk von Rom, die *plebs frumentaria*, stellte einen dritten bevorrechtigten Stand dar. Die in Rom ansässigen Bürger lebten seit langem von dem Brotgetreide, das kostenlos an sie verteilt wurde. Augustus hütete sich, dieses Privileg anzutasten. Erst nach langen Jahren (2 v. Chr.) beschränkte er die Zahl der Getreideempfänger auf zweihunderttausend in Rom ansässige Bürger, fügsame Anhänger des Prinzeps. Von Zeit zu Zeit, anläßlich eines Sieges oder eines festlichen Ereignisses in der Familie des Herrschers, fand eine zusätzliche Verteilung in Natura oder in Geld statt, die die Beliebtheit des Wohltäters noch steigerte. Dieselben Römer hatten auch Anspruch auf reservierte Plätze bei den Veranstaltungen im Zirkus und den Aufführungen im Theater: *panem et circenses*.

In den beiden ersten Jahrzehnten des Prinzipats beließ Augustus dem Volke die alljährlichen Wahlen zu den Magistraturen. Dies führte nicht selten, wie in den stürmischen Zeiten der Republik, zu blutigen Straßenschlachten. Deshalb ging man dazu über, den Wahlakt auf eine reine Formalität zu beschränken, während sich der eigentliche Wahlkampf in einem engeren Gremium, in eigens zu diesem Zweck aus Senatoren, Rittern und wohlhabenden Bürgern gebildeten Zenturien, abspielte. »*Quieta non movere*, so wenig wie möglich am Bestehenden ändern«, war eines der *arcana imperii*, der »Geheimnisse« der Regierungskunst des Prinzeps.

Aber die Plebs machte nur einen Bruchteil der Bevölkerung Roms aus. Wie Perikles in der Blütezeit Athens hat Augustus nicht gezögert, durch eine gewaltige Bautätigkeit Tausenden von Arbeitern Beschäftigung zu verschaffen. Er verschönerte aus eigenen Mitteln Rom, sorgte für seine Wasserzufuhr. Er veranlaßte aber auch seine nächsten Freunde, vor allem Agrippa, aus ihren riesigen Vermögen prunkvolle Bauten zu errichten.

Die Macht der Propaganda, von der manche annehmen, sie sei erst im 20. Jahrhundert in ihrer wahren politischen Bedeutung erkannt worden, war von Augustus seit jeher als entscheidender Faktor in Rechnung gestellt worden. Er wußte, daß die öffentliche Meinung für jeden Politiker ein ausschlaggebendes Moment darstellte, und um sie zu beeinflussen, brauchte man nur gewisse Wortführer an sich zu ziehen. So bekam der aus Etrurien gebürtige Ritter Maecenas den Auftrag, die besten Dichter um sich zu scharen und sie für das neue Regime zu gewinnen. Dieser Liebhaber aller Poesie hat eine unvergleichliche Auswahl unter den Dichtern getroffen, denen er die Themata stellte. Vergils Aeneïs Horazens Römeroden, Properzens Elegien sind der bleibende Gewinn, den die lateinische und die Weltliteratur aus dieser lenkenden Fürsorge eines kunstsinnigen Gönners gezogen haben. Der klassische Stil dieser Dichtungen entsprach dem Ziel, das dem Prinzeps vorschwebte; sein eigener Prosastil in seinem Tatenbericht, den wir aus einer Inschrift aus Ancyra, dem sogenannten Monumentum Ancyranum, kennen, zeugt von erhabener Einfachheit.

Diese Rückkehr zu den strengen Sitten der römischen Vorzeit, deren Taten die Dichter besangen und die Künstler, Architekten, Bildhauer und Maler abbildeten, drückte sich auch in Augustus' Ehe-, Erb- und Luxusgesetzgebung aus. Sie sollte der immer weiter um sich greifenden Neigung der vermögenden Vornehmen zum Zölibat, zur Kinderlosigkeit und zu Ausschweifungen aller Art Einhalt gebieten. Livia, die Gattin des Prinzeps und seine vertrauteste Ratgeberin, mußte das Leben einer altrömischen Matrone führen. Aber die *jeunesse dorée* jener Tage, an ihrer Spitze des Kaisers Tochter Iulia und später seine gleichnamige Enkelin, empörte sich gegen diese ihnen unerträglich erscheinende Bevormundung. Der Vater und Großvater mußte gegen sein eigenes Fleisch und Blut Strenge walten lassen. Die Verbannung auf einsame Inseln, wo die beiden zügellosen Frauen ihr Leben bis zu ihrem Tode vertrauern mußten, hat ihn selbst hart getroffen. Neuerdings fragen sich manche Historiker, ob der Bericht über das schamlose Treiben der älteren Iulia nicht eine Verschwörung der Tochter gegen den eigenen Vater tarnen solle. Sie weisen darauf hin, daß Augustus die einzige Tochter nur zu seinen politischen Zwecken benutzt, sie aber nie wie sein eigenes Kind behandelt habe.

Wie dem auch sein mag, der Prinzeps war und blieb unerbittlich, und der unglückselige, aber lockere Ovid, dessen frivole Gedichte dem Herrscher nie gefallen hatten, büßte seine Mitwisserschaft an gewissen Verfehlungen der jüngeren Iulia mit der Verbannung in eine Stadt an der Westküste des Schwarzen Meeres, Tomi, von wo er seinen flehentlichen Bittgesuchen zum Trotz nie mehr nach Rom zurückkehren durfte.

Dieses Bestreben des Augustus, die altehrwürdigen Sitten der alten Römer wiederaufleben zu lassen, war aber nur ein Teil seines Regierungsprogramms, für welches er die öffentliche Meinung zu gewinnen suchte. Fast noch mehr kam es dem Prinzeps darauf an, seine eigene Stellung im Staat sowenig wie möglich in den Vordergrund treten zu lassen, und er war besonders im Anfang des Prinzipats darauf bedacht, die republikanische Fassade zu wahren oder vorzuschützen. Die ersten Jahre nach der entscheidenden Sitzung im Januar 27 hatte Augustus dadurch den Staat zu leiten versucht, daß er sich alljährlich zum Konsul wählen ließ. Als er dann merkte, daß die Blockierung eines der beiden eponymen Ämter, ohne seinen politischen Absichten restlos zu entsprechen, in den Kreisen der Nobilität böses Blut machte – da natürlich nur noch die Hälfte der Bewerber hoffen konnte, zum Konsul gewählt zu werden –, verzichtete er seit 23 auf diese Funktion und übertrug sein Jahresamt auf die tribunizische Gewalt. Diese ermöglichte ihm die Führung der Regierungsgeschäfte, ohne die Kontrolle eines de jure zumindest gleichberechtigten Kollegen, und verlieh ihm selbst die Unverletzlichkeit seiner Person. Die Ableitung seiner Befugnisse von denen eines Volkstribunen, ursprünglich eines Vertreters der Plebs gegen die Übergriffe der Patrizier, trug noch dazu bei, die wirkliche Bedeutung dieser Maßnahme zu verbergen.

Viele der eigentlichen Verwaltungsaufgaben wurden natürlich von den Angehörigen des kaiserlichen Haushalts, Freigelassenen und Sklaven des Prinzeps, versehen. Aber es verstand sich von selbst, daß alle diese in des Kaisers Dienst tätigen und von ihm abhängigen Angestellten nicht als Staatsbeamte galten. Nirgends wird das deutlicher sichtbar als bei der Finanzgebarung. Die kaiserliche Kasse, der *fiscus Caesaris*, war streng geschieden von der Senatskasse, dem *aerarium Saturni*, so genannt nach seinem Aufbewahrungsort im Saturntempel. Der Prinzeps kam für alle militärischen Ausgaben auf, dafür flossen alle Steuern aus den ihm anvertrauten Provinzen in seine Kasse. So ist es nicht zu verwundern, daß die Kehrseite der Medaille, die militärische Wirklichkeit, immer mehr in den Vordergrund trat.

Schon zu Augustus' Zeiten war die wesentliche Voraussetzung für seine unbestrittene Herrschaft seine Eigenschaft als oberster Kriegsherr, die ihren sichtbaren Ausdruck in der Anwesenheit einer dem Prinzeps ergebenen, bewaffneten Macht in Rom selbst fand. Solange der Freistaat bestanden hatte, war es nie vorgekommen, daß ein römischer Beamter innerhalb des *pomerium*, der Stadtgrenzen, dauernd über Truppen verfügen konnte. Jetzt war dies eine der Grundlagen des neuen Regimes. Auch hier muß man das maßvolle, vorsichtige Vorgehen des Prinzeps bewundern. Er schuf außer einer Leibgarde, den später so berüchtigten Prätorianern, eine Polizeitruppe, die drei »Stadtkohorten«, beschränkte sich jedoch anfangs darauf, von den insgesamt zwölf Kohorten zu je fünfhundert Mann nur abwechselnd drei in Rom Wache halten zu lassen. Man baute keine Kasernen für die Truppen, sondern quartierte sie, in kleinen Gruppen verteilt, in Bürgerhäusern ein. Sie durften keine Uniform tragen; so vermied man jedes überflüssige Aufsehen. Die restlichen Einheiten waren, je nach der Jahreszeit in Sommer- oder Winterlagern, in der Nähe verschiedener Städte in der Umgebung Roms einsatzbereit untergebracht. Endlich schuf der Prinzeps die staatliche Feuerwehr, die *vigiles*. Sieben Abteilungen, auf vierzehn Wachen verteilt, sollten alle von Augustus neu begrenzten Quartiere der Stadt, die fast nur aus Holzbauten bestanden, vor den Verheerungen der so leicht um sich greifenden Feuersbrünste bewahren.

Die Ordnung in Rom war so gewährleistet. Wie stand es damit in Italien, dessen Städte ebenfalls seit jeher das Vorrecht genossen, keine dauernde römische Besatzung in ihren Mauern dulden zu müssen? Hier stellte sich für viele Einwohner ein anderes dornenvolles Problem: die Verteilung von Land an die Soldaten, die für oder gegen den Prinzeps auf allen Schlachtfeldern geblutet hatten. Allesamt unter den Waffen zu belassen, stand außer Frage: die Zahlung des Soldes an eine solche Truppenmenge hätte die finanziellen Kräfte des Prinzeps und Roms bei weitem überstiegen. So übernahm Augustus die bereits von Caesar begonnene, von den Triumvirn fortgesetzte Ansiedlung der Veteranen.

Es entstanden vor allem in Italien, aber auch in vielen Provinzen durch Ankauf enteigneten Landes neue Kolonien ausgedienter Soldaten. Bereits bestehende Pflanzstädte wurden erweitert und verstärkt. Diese großzügige Politik, die sich nicht scheute, sogar jenseits der Reichsgrenzen, so etwa in Mauretanien, neue Städte zu gründen, hat es zuwege gebracht, daß Sieger und Besiegte von Actium mit ihrem Los zufrieden sein konnten und sich nicht gegen die neuen Zustände aufbäumten. Die Befruchtung der unterworfenen Gebiete durch die Anlage zahlreicher, Rom in allem ähnlicher Städte hat viel zur Sicherheit und zur Kultureinheit des Reiches beigetragen. Jede dieser Kolonien war ein Zentrum, von dem aus das umliegende Land dem römischen Einfluß geöffnet worden ist. Im übrigen blieben alle Städte innerhalb und außerhalb Italiens sich selbst überlassen. Die Regierung mischte sich nicht in ihre Angelegenheiten ein, die Fürsorge für ihr Gedeihen blieb der Munizipalaristokratie vorbehalten, die ein starkes Gefühl der Zugehörigkeit zu ihrer engeren Heimat auszeichnete, auch wenn ihre Angehörigen seit langem in Rom zu Amt und Würden gekommen waren.

Anders stand es mit den Provinzen, mit allen Provinzen, nicht nur mit denen, die Augustus' Reichsteil ausmachten. Keiner seiner unmittelbaren Nachfolger brachte so lange Jahre in Ost und West auf weiten Inspektionsreisen zu. Erst Hadrian hat es ihm gleichgetan, ja ihn sogar übertroffen. Der Aufenthalt außerhalb Roms fiel regelmäßig mit außenpolitischen Entscheidungen zusammen, die der Prinzeps dann mit den Waffen oder durch diplomatische Verhandlungen fällte.

Man kann deutlich zwei Epochen unterscheiden. Bis zur Varusschlacht (9 n. Chr.) erhob die römische Regierung den Anspruch auf die Weltherrschaft. Um diese verwirklichen zu können, mußten zwei Voraussetzungen erfüllt sein; einmal sollten durch Beseitigung aller noch vorhandenen Unruheherde in der Nähe Italiens und in den westlichen Provinzen die Verbindungen innerhalb des Imperiums gesichert und die kürzesten, am besten zu verteidigenden Grenzen erreicht werden; andererseits war das eigentliche Herrschaftsgebiet um das Mittelmeerbecken durch weit ins Binnenland vorgeschobene Bollwerke abzuschirmen.

Von 27 bis 25 weilte Augustus in Spanien, wo seine Feldherren Asturien und Galizia, den von wilden Bergvölkern bewohnten Nordwesten der Iberischen Halbinsel, unterwarfen. Um dieselbe Zeit erfolgte die Besetzung der beiden Hauptpässe über die Westalpen, des Mont Cenis und des Großen Sankt Bernhard, nach der Niederwerfung der Salasser. In der Hauptstadt dieses Stammes wurde zur Sicherung eine Veteranenkolonie der Prätorianer, Augusta Praetoria (Aosta), gegründet.

Der Prinzeps und seine militärischen Ratgeber wußten, daß eine römische Angriffspolitik im Westen und Norden nur möglich war, wenn man den Rücken im Osten frei hatte. Ein Zweifrontenkrieg war für Rom untragbar. So begab sich Augustus im Jahre 22 nach Griechenland und Kleinasien, um hier persönlich die wichtigen Verhandlungen mit den Parthern zu führen, die mit einem diplomatischen Erfolg für ihn endeten. Er erhielt im Jahre 20 die dem Crassus bei Karrhai im Jahre 53 abgenommenen Feldzeichen und die überlebenden Gefangenen zurück.

Der Aufenthalt des Herrschers in Gallien von 16 bis 13 fiel mit einer großen Offensive jenseits der Alpen zusammen. Vor allem im Ostteil dieses Gebirgszuges reichte das

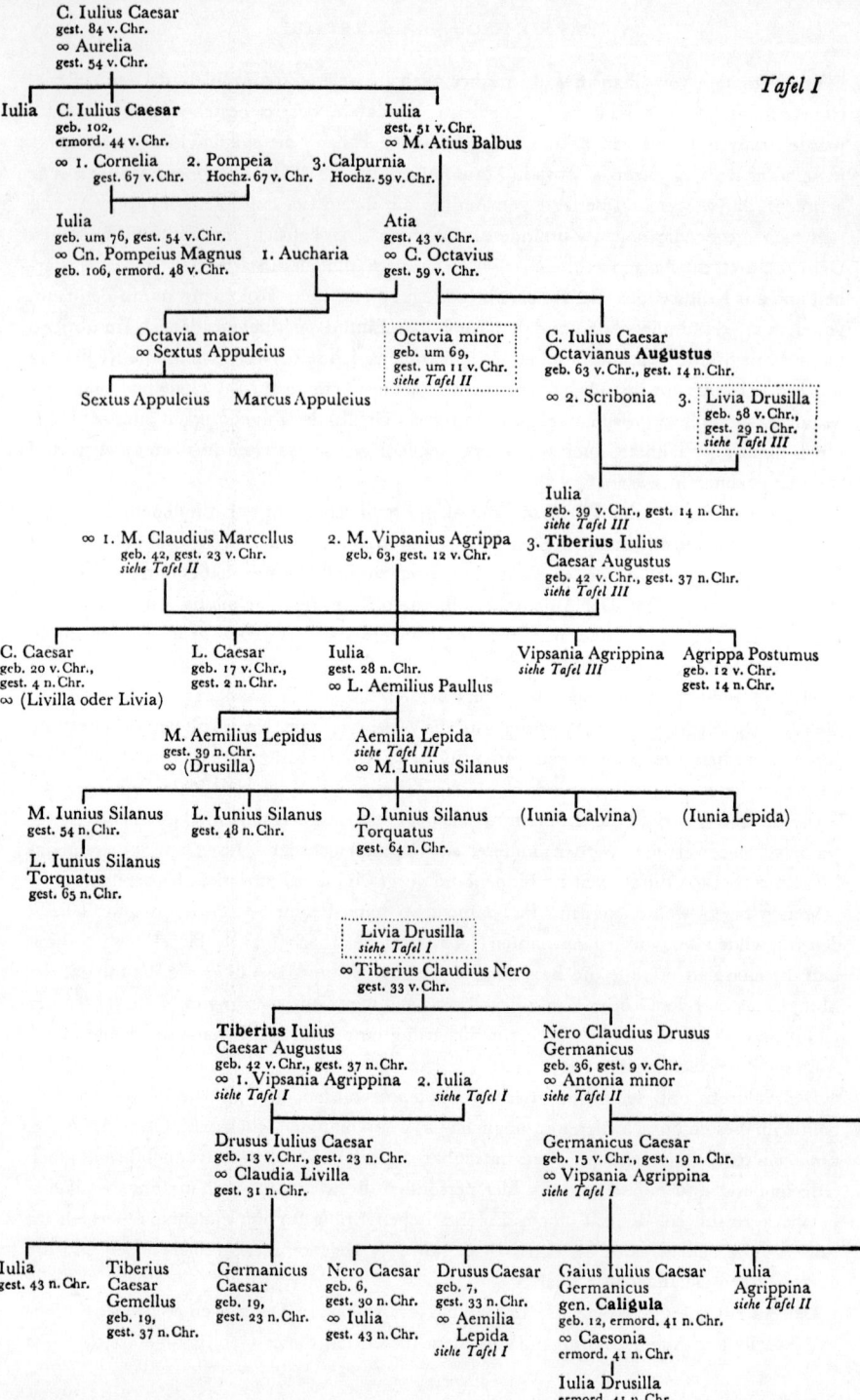

Tafel I

Das Julisch-Claudische Haus

Tafel II

Octavia minor
siehe Tafel I

∞ 1. C. Claudius Marcellus   2. M. Antonius geb. 82, gest. 30 v. Chr.

- **M. Claudius Marcellus** *siehe Tafel I*
- **Marcella maior** ∞ 1. M. Vipsanius Agrippa   2. (Iulius Antonius)
- **Marcella minor** ∞ 1. (Sex. Appuleius)   2. M. Valerius Messala Barbatus Appianus
- **Antonia maior** geb. 39 v. Chr. ∞ L. Domitius Ahenobarbus
- **Antonia minor** geb. 36 v. Chr., gest. 37 n. Chr. *siehe Tafel III*

Children of Marcella minor / M. Valerius Messala Barbatus Appianus:
- **M. Valerius Messala Barbatus** ∞ Domitia Lepida, hinger. 54 n. Chr.
- **Claudia Pulchra** ∞ P. Quinctilius Varus, gef. 9 n. Chr.

Children of Antonia maior / L. Domitius Ahenobarbus:
- **Ch. Domitius Ahenobarbus** gest. 40 n. Chr. ∞ Iulia Agrippina, geb. 15, gest. 59 n. Chr. *siehe Tafel III*
- **Domitia (1) Lepida** hinger. 54 n. Chr.

Child of M. Valerius Messala Barbatus / Domitia Lepida:
- **Valeria Messalina** ermord. 48 n. Chr. *siehe Tafel III*

Child of Ch. Domitius Ahenobarbus / Iulia Agrippina:
- **L. Domitius Ahenobarbus** später **Nero** Claudius Caesar, geb. 37, Selbstm. 68 n. Chr.

∞ 1. Claudia Octavia, geb. 62 n. Chr. *siehe Tafel III*   2. Poppaea Sabina, gest. 65 n. Chr.   3. Statilia Messalina

Child of Nero / Poppaea Sabina:
- **Claudia Augusta** geb. u. gest. 63 n. Chr.

Tafel III

- **Claudia Livilla** gest. 31 n. Chr.
- **Tiberius Claudius Nero Germanicus** geb. 10 v. Chr., gest. 54 n. Chr. ∞ 1. (Plautio Urgulanilla)   2. Aelia Paetina   3. Valeria Messalina *siehe Tafel II*   4. Iulia Agrippina *siehe Tafel II*

Children of Tiberius Claudius:
- **Iulia Drusilla** geb. 16, gest. 38 n. Chr.
- **Iulia Livilla** geb. 17, ermord. 42 n. Chr.
- **Claudius Drusus** geb. um 15, gest. um 30 n. Chr.
- (**Claudia** als Kind gestorben)
- (**Claudia Antonia** gest. 66 n. Chr.)
- **Claudia Octavia** *siehe Tafel II*
- **Ti. Claudius Britannicus** geb. 41 (42?), ermord. 55 n. Chr.

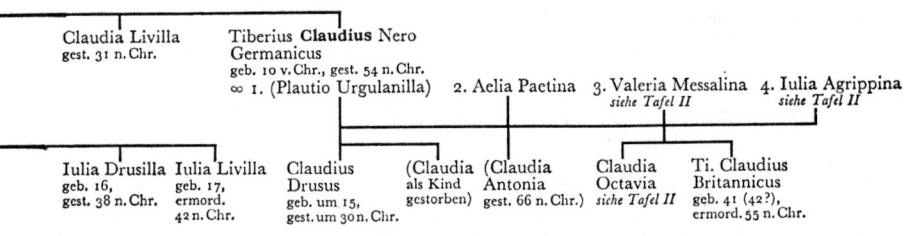

Barbaricum bis hart an die Grenzen Italiens. Man schaffte sich endlich Luft. Noricum wurde im Jahre 15 zur Provinz, während die Stiefsöhne des Kaisers, Tiberius und Drusus, nach Bayern vorstießen und die Donau erreichten. So war der Grund gelegt für den Generalangriff, der konzentrisch von Gallien und Dalmatien aus geführt wurde.

Ins Jahr 12 fiel bereits die Eroberung von Pannonien, während Drusus erst 12 bis 9 gegen die Sugambrer den Kampf aufnahm, der nach seinem Tod von seinem Bruder Tiberius im Jahre 8 v. Chr. weitergeführt wurde. Nach seiner Rückkehr von Rhodos unterwarf Tiberius zwischen 4 und 5 n. Chr. die Germanen bis zur Elbe.

Augustus schien am Ziel seiner großen Pläne zu stehen, als ein Jahr darauf, 6 n. Chr., die Dalmater und Pannonier sich gegen das römische Joch auflehnten. Als dieser Aufstand im Jahre 9 glücklich unterdrückt war, erhoben sich die Germanen unter Arminius. Drei Legionen unter Varus wurden vernichtet, die gesamte rechtsrheinische Provinz war verloren. Man kann sich fragen, ob Augustus die Niederlage hinnehmen mußte oder ob er nicht durch neue Aushebungen den Ausfall ersetzen und mit frischen Kräften das verlorene Gebiet zurückerobern konnte.

Eine solche Lösung wäre sicher möglich gewesen, aber sie entsprach weder dem Charakter noch dem Ruhebedürfnis des damals über siebzig Jahre alten Mannes. Augustus hatte nie wie gebannt auf die Karte der damaligen Welt geblickt, die sein bester Freund Agrippa einst in seiner Säulenhalle hatte anbringen lassen. Es war ihm nie darum gegangen, wie Alexander der Große weite Strecken unerforschten Landes zu erobern, wenn er nicht dadurch Roms Sicherheit und Einkünfte mehren konnte. Dieser Grundsatz hatte alle seine früheren Annexionen bestimmt.

Galatien, das Königreich des Amyntas, des Nachfolgers von Deiotarus, war bei dessen Tode im Jahre 25 v. Chr. eingezogen und als Provinz eingerichtet worden, aber die Berglandschaften blieben unabhängig unter Klientelfürsten, die Rom die Befriedung und Verwaltung der noch wilden Stämme abnahmen.

Eine ganz ähnliche Aufgabe war König Juba II. von Mauretanien zugedacht. Ein Sohn Jubas I., war er nach seines Vaters Niederlage und Selbstmord in Rom aufgezogen worden. Er nahm dann eine Tochter des Triumvirn Marcus Antonius und der großen Kleopatra, die nach der Mutter Kleopatra Selene genannt worden war, zur Frau und hielt in Caesarea und Volubilis mit ihr Hof. Der überaus gebildete Fürst, den die Nachwelt mehr als Vielschreiber denn als Herrscher schätzte, hatte in Mauretanien für Ruhe und Ordnung gesorgt, ohne daß Augustus dafür Truppen bereitstellen mußte.

Andere Klientelstaaten umgaben das Reich an allen Grenzen, da der Prinzeps sich nie leichten Herzens dazu entschloß, einen davon einzuziehen. Freilich kam es vor (wie im Fall des Königs Archelaos von Judaea und Samaria, Sohn Herodes des Großen), daß die Unbeliebtheit des Fürsten bei seinen Untertanen ihn für den Thron ungeeignet und demzufolge für Rom nutzlos erscheinen ließ. Herodes Archelaos wurde 6 n. Chr. abgesetzt, das Land zur Provinz gemacht.

Den stets weiter geltend gemachten Weltherrschaftsansprüchen zum Trotz war also am Ende der langen Regierung des Augustus die Selbstbeschränkung Roms auf die bestehenden Grenzen zur ehernen Regel der Außenpolitik des greisen Prinzeps geworden. Die germanische Niederlage bestätigte und verstärkte diese defensive Haltung des Reichs, das im Moment von keinem Feind bedroht war. Trotzdem war diese prinzipielle Einstellung auf lange Sicht verhängnisvoll. Nur zu leicht konnte man in späteren Zeiten sich darauf berufen, daß der ehrwürdige Begründer des Prinzipats nichts von einem Vortragen der Grenzen hatte wissen wollen.

Aber diese so positive Bilanz des Prinzipats, wie man diese Form der Herrschaft eines »Mannes der Vorsehung« genannt hat, ist nicht vollständig, wenn wir nicht auf einen Passivposten hinweisen, der diesem Regime von Anbeginn eigen war: die Frage der Nachfolge, die übrigens auch in Zukunft niemals gesetzlich geregelt werden sollte. Augustus selber hat sein Leben lang nach einer Lösung dieses beängstigenden Problems gesucht, ohne doch zu einem wirklich befriedigenden Ergebnis zu gelangen. Vielleicht einfach deswegen, weil man nicht erwarten kann, unter den Leibeserben eines hervorragenden Herrschers einen Nachfolger mit den gleichen außerordentlichen Gaben zu finden. Trotzdem hatte Augustus ursprünglich diese Hoffnung gehabt. Er wollte die so mühsam und unter ungeheuren Opfern errungene Stellung nicht aufgeben und hoffte wohl, durch die Bezeichnung eines Erben seine Widersacher, die auf sein Ableben warteten oder es gar durch einen Anschlag beschleunigen wollten, von vornherein von der Nutzlosigkeit einer solchen Handlungsweise zu überzeugen.

Dieser allen Sterblichen eingeborene Drang, sich selbst in seinem Werk zu überleben, muß ihn verdoppelt beseelt haben, als er sich nach der Scheidung von Scribonia, der Mutter seiner Tochter Iulia, damit abfinden mußte, von seiner zweiten, leidenschaftlich geliebten Gattin Livia keine Nachkommenschaft mehr zu erwarten, obwohl diese ihm aus ihrer ersten Ehe mit Ti. Claudius Nero zwei kleine Söhne, Tiberius und Drusus, mit ins Haus gebracht hatte. Um so mehr klammerte er sich an die einzige, ihm gebliebene Möglichkeit, seine Tochter Iulia, ein heißblütiges und begehrenswertes Geschöpf, so zu vermählen, daß ihr Gatte den Platz für die Söhne des Paares, Augustus' Enkel, freihalten sollte und würde. So hat er die beiden ersten Ehemänner, M. Claudius Marcellus und Vipsanius Agrippa, mit denen er die blutjunge Frau verheiratete, der Reihe nach als seine Nachfolger bezeichnet, ohne sich im mindesten darum zu kümmern, ob er damit nicht schwere Konflikte im Schoße seiner eigenen Familie heraufbeschwor. Aber der verbissene Wille des Prinzeps konnte das Schicksal nicht ändern: Marcellus, Sohn Octavias, der Schwester des Augustus, siechte dahin (23 v. Chr.); Agrippa, sein treuester Helfer zu allen Zeiten, starb im besten Mannesalter (12 v. Chr.).

Aber schon war die Generation der aus der Ehe Iulias mit Agrippa stammenden Enkel im Heranwachsen. Als Augustus seinen Stiefsohn Tiberius zwang, sich von seiner Gattin Vipsania scheiden zu lassen und die Kaisertochter Iulia zu ehelichen, hielt er es nicht mehr für nötig, ihn zu seinem Nachfolger zu bestimmen und die Herrschaft mit ihm zu teilen.

Als dann die beiden Enkel Gaius und Lucius Caesar, die Augustus an Sohnes Statt angenommen hatte, in den Senat eingeführt und offiziell als Thronerben vorgestellt wurden, ging Tiberius grollend nach Rhodos ins selbstgewählte Exil, ohne daß der Prinzeps ihn durch eine Geste zurückgehalten hätte.

Beide Enkel wurden vom Tode hinweggerafft, bevor sie hatten Kinder zeugen können. Es blieb nur ein mißratener Sprößling aus Augustus' Stamm übrig, Agrippa Postumus, der dem alternden Herrscher für die Regierung ungeeignet erschien. Schweren Herzens mußte sich der Prinzeps dazu verstehen, Tiberius aus Rhodos zurückzurufen und an Sohnes Statt anzunehmen. Wenn er auch jetzt die Herrschaft mit ihm teilte, so war Tiberius doch nicht der Nachfolger nach seinem Herzen; er hatte ihm stets den liebenswürdigen jüngeren Bruder Drusus vorgezogen. Diese Vorliebe machte sich auch jetzt noch, so viele Jahre nach Drusus' plötzlichem Tod in Germanien, geltend. Der Prinzeps bestimmte, daß Tiberius seinerseits den jungen Germanicus, Drusus' ältesten Sohn, adoptieren sollte, wodurch er seinen eigenen Sohn Drusus wenn nicht übergehen, so doch benachteiligen mußte. Der unentwegte Wille des Prinzeps, einem Erben aus seinem eigenen Geschlecht die Nachfolge zu sichern, kam in dieser Bestimmung klar zum Ausdruck: Germanicus, Enkel der Frau des Prinzeps, Livia Drusilla, war mit Agrippina, einer Enkelin des Augustus, verheiratet. In der vierten Generation würden also doch Nachkommen aus seinem Stamm den Thron besteigen.

So schien am Ende der Regierung des ersten Prinzeps alles wohlgeordnet, die Nachfolge gesichert, die bewohnte Erde bis auf das Partherreich fest in Roms Hand, und alle Grenzen waren in ausgezeichnetem Verteidigungszustand. Senat, Ritterstand, die römische Plebs, ja selbst die Untertanen nah und fern waren mit ihrem Los zufrieden, so daß sie den Prinzeps fast gegen dessen Willen wie einen leibhaftigen Gott zu verehren wünschten. Augustus konnte am 19. August 14 die Augen schließen in dem Bewußtsein, seinem Erben einen blühenden Staat zu hinterlassen. Denn, und das ist ein zweites Wunder, beinahe noch unglaublicher als die Gründung des Prinzipats, die Schöpfung des Augustus hat die Jahrhunderte überdauert. Freilich sind die Überbleibsel aus der Zeit der aristokratischen Republik mehr und mehr verschwunden – aus dem Prinzipat wurde allmählich das Dominat –, aber allen ihren Schwächen zum Trotz war die neue Ordnung auf der restlosen Hingabe aufgebaut, die der Herrscher der Allgemeinheit, dem Staate, schuldete. Das Beispiel des Begründers war für alle seine Nachfolger verbindlich. In dem Augenblick, da sie seinen Namen in ihrem Titel führten, wurde er ihnen auch Vorbild, dem nachzueifern sie bestrebt waren.

Tiberius

Als Tiberius, der neue Prinzeps, sein Amt antrat, stand er im siebenundfünfzigsten Lebensjahr, ein enttäuschter Menschenverächter. Er war nie liebenswürdig gewesen, seine schroffe, hochmütige Art hatte die meisten abgestoßen. Dieser Claudier, Patrizier aus hochadeligem Geblüt, fühlte sich allen seinen Standesgenossen überlegen. Sein Leben lang hatte er im Schatten gestanden. Livia, die eigene Mutter, hatte ihm den jüngeren Bruder Drusus vorgezogen, dessen Liebenswürdigkeit er selbst sich nicht hatte entziehen können. Als dieser in Germanien todkrank darniederlag, hatte er in einem Parforceritt die Alpen überquert, nur um ihn noch lebend anzutreffen. Die Familienpolitik des Prinzeps hatte ihn gezwungen, sich von einer geliebten Gattin scheiden zu lassen, um eine ungeliebte Frau zu ehelichen. Immer wieder hatte man ihn gedemütigt, ihm auf jede Weise gezeigt, daß seine Ernennung zum Mitregenten und Thronfolger nur erfolgt war, weil alle Erben aus Augustus' Stamm gestorben, ungeeignet oder noch zu jung waren. Da die Adoption des Germanicus ihm offenbar nicht genügte, hatte Augustus testamentarisch seine Gattin Livia in die Familie der Julier aufgenommen und ihr den Titel *Augusta* verliehen. So stand die herrschsüchtige, alte Mutter neben dem Sohn und hätte sich nur zu gern in die Führung der Geschäfte gemischt. Einem Römer von altem Schrot und Korn wie Tiberius war dieser weibliche Anspruch in der Seele zuwider. Er schaltete Iulia Augusta, so hieß Livia jetzt, aus, wo er nur konnte, gewährte ihr so wenig Ehren und Einfluß wie möglich, aber trotzdem war und blieb sie die Witwe des ersten Prinzeps, der neue Herrscher mußte mit ihr rechnen und Rücksicht auf sie nehmen.

Auch das Verhältnis zu Germanicus, seinem Thronfolger, war nicht einfach, vor allem solange dieser das Kommando über die Rheinarmee von acht Legionen führte. Gleich zu Beginn seiner Regierung, während des blutigen Aufstandes dieser Truppen, die man widerrechtlich über die vertragliche Dienstzeit hinaus unter den Fahnen gehalten hatte, hatte es den Legionären nicht an Gelegenheiten gefehlt, ihrem jugendlichen Oberbefehlshaber den Thron anzubieten. Germanicus hatte der Versuchung widerstanden, aber für einen so mißtrauischen Charakter wie Tiberius bedeutete das starke Heer vor den Toren Roms in der Hand seines Erben eine unerträgliche Bedrohung. Doch wie den Nebenbuhler entmachten? Zum Glück für den Kaiser war der Führer des Rheinheeres kein hervorragender Feldherr. Wenn Germanicus auch alljährlich in das Innere Germaniens vordrang und bei einem dieser Vorstöße die Leichen der Varusschlacht mit kriegerischen Ehren bestattete, so endeten die Feldzüge doch regelmäßig mit Rückzügen, die mehrmals fast zu einer Katastrophe geführt hätten. Bei einer solchen Gelegenheit war sogar weit hinter der Front in Köln eine Panik ausgebrochen. Die demoralisierten Truppen waren schon dabei, die Rheinbrücke abzubrechen, als das energische Eingreifen Vipsania Agrippinas, der Gattin ihres Generals, sie davon abbrachte. Tiberius war sofort verständigt worden. Sosehr er das mannhafte Verhalten der jungen Fürstin bewunderte, sosehr mußte er befürchten, daß die ehrgeizige Enkelin des Augustus ihren leicht beeinflußbaren Gemahl zu nicht wiedergutzumachenden Schritten verleitete.

Wie recht der Kaiser hatte, stellte sich wenige Jahre später heraus. Nach seiner Ablösung vom Kommando am Rhein (16 n. Chr.) war Germanicus mit großen Vollmachten in den Osten des Reiches geschickt worden, wo er vor allem bei den Armeniern einen König von Roms Gnaden einsetzen sollte. Agrippina mit den Kindern war wie immer ihrem Gatten gefolgt und hielt ihn nicht zurück, als er gegen das ausdrückliche, für alle Senatoren geltende Verbot, Ägypten zu betreten, im Winter 18/19 eine Studienreise in das Land der Pyramiden antrat, wo er sich als Herrscher gebärdete. Tiberius war mit Recht ungehalten. Er beschwerte sich im Senat über das ungebührliche Benehmen seines Adoptivsohnes, als dieser ganz plötzlich im Sommer 19 an einem hitzigen Fieber in Antiocheia am Orontes starb. Auf dem Sterbebett klagte er den Statthalter von Syrien, Cn. Calpurnius Piso, einen

Vertrauten des Tiberius, an, ihn vergiftet zu haben. Tiberius und Livia, die mit Plancina, der Gattin des Piso, eng befreundet war, konnten es nicht hindern, daß die Freunde des Germanicus auf Geheiß der Witwe Piso und seine Frau des Giftmordes anklagten. Dieser nahm sich vor dem Urteil das Leben, aber Plancina wurde freigesprochen, was Agrippina als eine tödliche Beleidigung und Verunglimpfung ansah, die sie Mutter und Sohn nie vergaß.

In dieser verworrenen Lage, welche die kaiserliche Familie in zwei feindliche Lager gespalten hatte, war es für einen verwegenen Intriganten ein leichtes, Haß und Vernichtung zu säen und so sich selbst den Weg zum Thron zu bahnen. Lucius Aelius Seianus war schon zu Augustus' Lebzeiten neben seinem verdienten Vater Lucius Seius Strabo der Befehlshaber der Leibgarde des Prinzeps, der Prätorianer, gewesen. Zu Anfang der Regierung des Tiberius ging Strabo als Vizekönig nach Ägypten und ließ seinen Sohn als alleinigen Führer dieser Elitetruppe zurück. So hatte Sejan Gelegenheit zu täglichem, vertrautem Umgang mit dem Fürsten, der ihm vollends sein Vertrauen schenkte, als ihm Sejan bei einem Unglücksfall das Leben rettete, das eigene dabei aufs Spiel setzend (26).

Wenn man aber dem Geständnis seiner Frau vor ihrer Hinrichtung Glauben schenken darf, soll Sejan schon drei Jahre zuvor seine Geliebte Livilla, die Schwiegertochter des Tiberius, angestiftet haben, ihren Mann Drusus, den Thronerben, zu vergiften. Freilich, als er ein paar Jahre später wagte, um ihre Hand anzuhalten, und so in die kaiserliche Familie einzuheiraten suchte, beschied ihn der Kaiser abschlägig. Aber Sejan beharrte auf seinem Plan, alle Angehörigen des Kaiserhauses zu beseitigen, die ihm im Wege standen. Die Furcht des Kaisers vor Agrippina und ihren Söhnen kam ihm dabei sehr zustatten. Spione schlichen sich in das Vertrauen der aufbrausenden Fürstin und ihrer unvorsichtigen Kinder ein, und als die haßerfüllten Äußerungen Tiberius zu Ohren kamen, wurden Agrippina und Nero verbannt, Drusus, der jüngere Sohn, gefangengesetzt. Nun versprach Tiberius seinem treuen Gardepräfekten die Hand seiner Enkeltochter Iulia und beklcidete im Jahre 31 sein fünftes Konsulat mit ihm. Alle erwarteten, daß der Kaiser Sejan, seinem Freund, bald seinem Verwandten, die tribunizische Gewalt erteilen lassen würde, als der Fürst plötzlich zögerte, die Heirat hinausschob und Sejan nicht mehr nach Capri kommen ließ, wo er, seit 26, fast ständig hofhielt.

Am 18. Oktober 31 schlug der Kaiser zu. Der Favorit wurde während einer Sitzung im Senat verhaftet und sofort hingerichtet, kurz nach ihm seine Frau mit allen seinen Kindern erdrosselt. Man hat viel von einer Verschwörung des Sejan gesprochen, welcher der Prinzeps, durch einen Brief seiner Schwägerin Antonia gewarnt, auf die Spur gekommen sei. Aber die zeitgenössischen Geschichtsschreiber wissen nichts davon, und in der Besetzung der großen Heereskommandos an den Grenzen tritt im Jahre 31 keine Änderung ein. Sejan hatte es nicht nötig, auf Umsturz zu sinnen, er konnte ruhig abwarten, bis der einundsiebzig Jahre alte Tiberius das Zeitliche segnete. Tiberius hingegen auf Capri, der einsamen Insel, übertrieb die Gefahr, in der er schwebte, obwohl man zugeben muß, daß es für ihn, wenn er Sejan nicht zum Mitregenten machen wollte, keinen anderen Ausweg gab, als ihn umbringen zu lassen.

Der Sturz des Freundes, des einzigen wahren Freundes, den Tiberius zu besitzen wähnte, verdüsterte die letzten Jahre des Herrschers und trug dazu bei, daß die leidigen Majestätsprozesse sich häuften; ihr erstes Todesopfer fiel im Jahre 28. Jetzt wurden Freunde und Anhänger des gestürzten Sejan von ehrsüchtigen und habgierigen Angebern angeklagt, sich gegen den Herrscher verschworen zu haben, und der alte Mann auf Capri tat nichts, um sie zu retten.

Untätigkeit, Unbeweglichkeit sind die Kennzeichen der Regierung des Tiberius. Der Nachfolger des Augustus befolgte nur zu gewissenhaft die Ratschläge des Gründers des Prinzipats, sich an den Grenzen auf eine Abwehrpolitik zu beschränken. Aus eigenem Antrieb hielt sich der Fürst aber an eine zweite altbewährte politische Regel der Römer: *divide et impera* (teile und herrsche). Man hatte es unterlassen, die drei in Germanien zugrunde gegangenen Legionen zu ersetzen, und so die Angriffsabsichten des Germanicus von vornherein zum Scheitern verurteilt. Gleichzeitig aber nährte und schürte man die innergermanischen Zwistigkeiten mit so gutem Erfolg, daß Arminius gegen Marbod, den König der Markomannen, Krieg führte und deshalb keine Gefahr mehr für Rom bedeutete.

Auch in seiner Personalpolitik haßte der Prinzeps den Wechsel. Augustus hatte am Ende seines Lebens ein großes, die gesamte Balkanhalbinsel umfassendes Militärkommando geschaffen. Tiberius beließ dessen Inhaber während seiner ganzen Regierung auf seinem Posten. Pontius Pilatus, dessen Name soeben auf einer Inschrift aus Caesarea in Palästina gefunden wurde, ist elf volle Jahre Präfekt von Judaea gewesen. Tiberius pflegte zu äußern, daß alle Statthalter sich während ihrer Amtszeit unrechtmäßig bereicherten: je weniger oft man sie wechselte, desto besser wäre es für die Bewohner der Provinzen.

Andererseits aber ließ es der Prinzeps, vor allem zu Beginn, nicht an Energie fehlen: Aufstände in Nordafrika und Gallien wurden unterdrückt, wenn auch nicht immer so rasch, wie es wünschenswert und möglich gewesen wäre. König Archelaos von Kappadokien wurde abgesetzt, weil er während Tiberius' Aufenthalt auf Rhodos an der Insel vorbeigefahren war, ohne ihm seine Aufwartung zu machen. Der stolze Claudier hatte ihm diese Nichtachtung nie vergessen und nie vergeben.

Im übrigen scheint die Geschichte während der dreiundzwanzigjährigen Regierung des Tiberius fast stillzustehen. Seine schlechte Laune, seine Unzufriedenheit mit dem Schicksal verdüsterte seine Zeit, wirkte niederschlagend auf seine Umgebung. Der Prinzeps war ein starker Trinker, aber der Wein erheiterte ihn nicht. Ernst und verdrossen erfüllte er seine Pflicht: nach dem großen Erdbeben in Kleinasien, das im Jahre 17 viele der schönsten Städte der Provinz Asia, wie Sardes, Magnesia am Mäander, Philadelphia, in Schutt und Asche legte, baute er nicht weniger als zwölf unverzüglich aus eigenen Mitteln wieder auf.

Der große Historiker Tacitus hat an Tiberius kein gutes Haar gelassen, für ihn ist er der Inbegriff von Heuchelei und Verstellung, ein böser Mensch durch und durch. Seitdem streiten sich die Gelehrten darüber, ob sein Tiberiusbild der Wahrheit entspricht. Gar mancher moderne Essayist hat sich an diesem Charakter versucht, und es hat nicht an Ehrenrettungen gefehlt. Man tut Tiberius unrecht, wenn man ihn mit Augustus vergleicht. Nach einem wenn nicht genialen, so doch zum Herrschen geborenen Günstling des Glücks kam ein tief enttäuschter, bitterer, seiner eigenen Unvollkommenheit nur allzu bewußter Mann zur Macht, der ahnen mochte, daß der schlechte Ruf, den ihm seine Widersacher schon bei Lebzeiten anhängten, von dem Urteil der Geschichte bestätigt werden würde.

Dabei wußte er nur zu gut, daß, wenn er die Augen geschlossen haben würde, Gaius Iulius Caesar (Germanicus' und Agrippinas jüngster und einzig überlebender Sohn), den er mit seinem Enkel Tiberius Gemellus als Nachfolger bezeichnet hatte, diesen nicht lange am Leben lassen würde.

Dennoch tat er nichts, um das Geschick dieses Knaben aufzuhalten. Glaubte er wirklich an die Macht der Gestirne, deren Lauf er so oft in den klaren Nächten von seiner Sternwarte auf Capri studiert und verfolgt hatte? Das Reich, das er von Augustus übernommen hatte, stand gefestigt da, er hatte es gut verwaltet, ja gemehrt. Die blutigen Ereignisse in der Hauptstadt hatten keinen Einfluß auf das Leben der Massen in Italien und den Provinzen, die weiter ihren Geschäften nachgingen wie eh und je, ohne sich viel um Glück oder Ende der herrschenden Klassen in Rom zu kümmern. — Tiberius starb im Jahre 37 an einer Krankheit, aber nach einer Überlieferung soll ihn Gaius in seinem Bett haben ersticken lassen.

Caligula

Gaius Iulius Caesar, der neue Prinzeps, war erst fünfundzwanzig Jahre alt, als er den Thron bestieg, und sein Regierungsantritt wurde im ganzen Reich freudig begrüßt und festlich begangen. Endlich ein junger, liebenswerter Herrscher! Die Untertanen waren es satt, von einem greisen Menschenhasser gegängelt zu werden. Der Sohn ihres Idols Germanicus erschien ihnen wie die Verkörperung des Frühlings nach einem harten, endlosen Winter.

Statt Gaius nannte man ihn lieber Caligula, ein Kosename, den ihm einst die Kölner Legionäre seines Vaters beigelegt hatten, als das kleine zweijährige Kerlchen in seiner Soldatenuniform mit den Truppenstiefelchen — *caligulae* — unter ihnen spielte.

Zur Zeit der Verbannung seiner Mutter und seiner beiden älteren Brüder war er zu jung gewesen, um in ihr Unglück mit hineingerissen zu werden, aber seine Erziehung hatte durch den Verlust seines Elternhauses nicht wiedergutzumachenden Schaden genommen. Verwaist, herumgestoßen von Livia, dann von seiner Großmutter Antonia, endlich von Tiberius selbst aufgenommen, hatte er eine freud- und freundlose Jugend verbracht und früh lernen müssen, seinen Haß vor den Todfeinden seiner nächsten Angehörigen zu verbergen. Nun war er der Herr. In der großen Rede im Senat griff er die Regierung des Tiberius heftig an und versprach, Milde und Menschlichkeit walten zu lassen. Alle aus politischen Gründen Verbannten durften heimkehren, Angeber und Ankläger wurden gerichtlich verfolgt, Theater und Zirkus wiedereröffnet, die Steuern ermäßigt, die Rückstände erlassen. Das goldene Zeitalter schien angebrochen, und Rom unter einem jungen, liebenswürdigen und leutseligen Fürsten vergaß rasch und gern die grimmen Jahre der Tyrannei.

Tiberius hatte nur wenig Sympathie für die Klientelfürsten von Roms Gnaden aufgebracht, Caligula war mit ihren Söhnen im kaiserlichen Palast aufgewachsen, und die gleichen tristen Verhältnisse hatten die jungen Menschen einander nahegebracht. Jetzt wurden diese seine Leidensgefährten reich belohnt, ob es sich um den jüdischen Prinzen Agrippa, um Antiochos von Kommagene oder um die drei thrakischen Fürstensöhne handelte, denen er Thrakien, Pontos und Kleinarmenien zur Herrschaft überließ.

Der schöne Traum hielt einen Sommer vor. Im Herbst 37 wurde der Prinzeps schwer krank, sein von Ausschweifungen aller Art geschwächter Körper wehrte sich, so gut es ging. Alle Römer beteten zu den Göttern, ihnen diesen Herrn zu erhalten, und die Genesung Caligulas wurde mit ebensolchem Jubel begrüßt wie seine Thronbesteigung. Aber Gaius war nicht mehr er selbst. Schamlosigkeit und Größenwahn nahmen überhand; sein ruhe- und rastloses Jagen nach neuen, immer neuen Reizen ist nur zu verstehen, wenn man seiner geistigen Erkrankung Rechnung trägt. Aber sein Irrsinn ließ ihn nicht den Verstand verlieren. Er blieb scheinbar vernünftig, ja seine Verrücktheit drückte sich geradezu darin aus, daß er die Menschen beim Worte nahm; ein teuflischer Till Eulenspiegel.

Tiberius hatte die Verteidigungspolitik des Augustus fortgeführt, Caligula wollte in die Fußstapfen seines Vaters Germanicus treten. Große Truppenmassen wurden zusammengezogen, Aushebungen veranstaltet, dann reiste der Kaiser zum Heere ab. In der römischen Provinz Germanien angelangt, kam er einer umfangreichen Verschwörung, in die seine heißgeliebten Schwestern und deren Ehemänner verstrickt waren, auf die Spur. Während die senatorischen Anstifter den Verrat mit dem Tode büßen mußten, wurden die Frauen seines Hauses verbannt. Das Heer fiel dann ins freie Germanien ein, ohne jedoch einen entscheidenden Sieg erfechten zu können.

Nach dem in Lyon verbrachten Winter 39/40 zog der Kaiser mit dem Heer an den Kanal, um von Boulogne aus in Britannien zu landen. Aber wie so oft in der Folgezeit, blieb es beim Vorsatz. Außer dem Leuchtturm, den Caligula für den Hafen errichten ließ, hatte die geplante Expedition nichts erreicht. Das Rheintal hinaufziehend, besichtigte er die dort stehenden Legionen und kehrte dann über die Alpen nach Rom zurück, wo er aber nur eine Ovation, keinen richtigen Triumph feierte.

Im selben Jahre 40 zog er das Königreich des Ptolemaios von Mauretanien ein, der kurz darauf hingerichtet wurde. Er nahm auch dem Prokonsul von Africa den Befehl über die in dieser Provinz stehende Legion, indem er von nun an selber den Befehlshaber dieser Truppe ernannte. Er war der letzte Statthalter einer senatorischen Provinz gewesen, der ein selbständiges militärisches Kommando ausgeübt hatte.

Die außerordentliche Verschwendungssucht des Prinzeps hatte dazu geführt, daß schon im Jahre 38 die Kassen leer waren. Alle Mittel, selbst die verzweifeltsten, vermochten sie nicht mehr zu füllen, zumal die Vergnügungslust Caligulas unersättlich war. So kam es, daß der Prinzeps zwar beim Volke weiter beliebt war, daß aber die besitzenden Klassen, in ihrem Vermögen und ihrem Leben bedroht, sich mehr und mehr von ihm abwandten. Eine zweite Verschwörung mißlang, aber Senatoren und Ritter fanden sich bald wieder zusammen, diesmal waren aber auch höhere Offiziere der Leibgarde beteiligt. Gaius hatte es durch seine zynische Respektlosigkeit verstanden, selbst diese seine treuesten Anhänger gegen sich aufzubringen. Wir hören auch zum erstenmal in der Geschichte Roms, daß einer der kaiserlichen Freigelassenen im Komplott war. Unter Augustus und Tiberius hatten diese Elemente keine große Rolle im Staatsleben gespielt, aber unter einem schwachen

Herrscher, der es mit seinen Pflichten nicht ernst nahm, hatten sie ständig an Einfluß und Macht gewonnen.

So wurde denn Gaius am 24. Januar 41 von Cassius Chaerea, einem Prätorianeroberst, den er seiner hohen Stimme wegen dauernd in Anwesenheit der Kameraden gehänselt hatte, umgebracht, von niemandem betrauert außer von seinen germanischen Leibwächtern und dem römischen Mob, der unter seiner Regierung ein fröhliches, unbekümmertes Leben hatte führen können.

Claudius

Die Verschwörer hatten sich auf keinen Thronkandidaten geeinigt. Die Prätorianer fanden Tiberius Claudius Nero, den Bruder des Germanicus, den letzten Überlebenden der Dynastie, hinter einem Vorhang versteckt und riefen ihn zum Kaiser aus. Sueton hat uns Briefe überliefert, in denen Augustus seine Meinung über dieses Mitglied seiner Familie äußert. Das Urteil ist hart. Der stotternde, unbeholfene junge Mann hat zu Augustus' und Tiberius' Lebzeiten kein öffentliches Staatsamt bekleiden dürfen. Der Prinzeps hatte alles vermeiden wollen, was dem Ansehen der Dynastie schaden konnte. Claudius war in die Priesterschaft der Augurn gewählt worden und hatte sich historischen Studien hingegeben, um sich die Zeit zu vertreiben. Unter Caligula, seinem Neffen, war er endlich Konsul geworden (37). So stand der neue Prinzeps bei seinem Regierungsantritt zwar bereits in seinem zweiundfünfzigsten Lebensjahr, hatte aber keinerlei Erfahrung in der Führung von Staatsgeschäften. Sein abstoßendes und linkisches Benehmen hatte ihn auch gehindert, sich einen ebenbürtigen Freundeskreis zu schaffen, er verkehrte nur mit Personen unter seinem Stand. Sein schwacher Charakter machte ihn zum Spielzeug seiner Umgebung, vor allem seiner Frauen, Geliebten und Freigelassenen. Es wäre bestimmt richtiger, von der Regierung der »Favoriten« des Claudius zu sprechen, als diesen halben Narren für Maßnahmen verantwortlich zu machen, die unter seiner Herrschaft getroffen wurden.

In der Tat machte sich nämlich die wachsende Macht der meist aus dem griechischen Osten stammenden kaiserlichen Freigelassenen außerordentlich fühlbar. In ihrer Hand lagen alle wichtigen Ämter wie die Leitung der kaiserlichen Schatulle, der Bittschriften, der Personenstandsangelegenheiten und der Korrespondenz, womit sie an allen Hebeln der Herrschaft saßen. Unter Augustus hatte es alle diese Ämter bereits gegeben, aber der kraftvolle Prinzeps und sein nicht weniger willensstarker Nachfolger hatten den Kurs der Politik bestimmt. Die Freigelassenen an der Spitze dieser Kanzleien waren nur ausführende Organe ohne eigene Verantwortung gewesen. Unter dem schwachen Claudius rissen diese Günstlinge die Führung der Geschäfte an sich und waren klug genug, sich nicht gegenseitig zu befehden, sondern eine Art von kollegialem Direktorium zu bilden.

In der Außenpolitik waren sie sich rasch darüber klar, daß der neue Herrscher Erfolge brauchte, ohne jedoch in den Imperialismus eines Caligula zu verfallen.

Römischer Kaiser (Claudius?) als Triptolemos
mit der Göttin Ceres und der Personifikation der Erde (unten)
Silberner Prunkteller, 1. Jahrhundert. Wien, Kunsthistorisches Museum, Antikensammlung

Claudius mit seiner Gemahlin Iulia Agrippina
und Germanicus mit Vipsania Agrippina, den Eltern der Kaiserin (rechts)
Sogenannter Füllhorn-Cameo aus Onyx, Mitte 1. Jahrhundert
Wien, Kunsthistorisches Museum, Antikensammlung

Man nahm die Pläne zur Eroberung Britanniens wieder auf und griff beim ersten Anlaß an. In einem Feldzug von wenigen Wochen faßte das Heer festen Fuß auf der Insel, wo eine neue Provinz mit einer vier Legionen starken Besatzung eingerichtet wurde. Andererseits war sich aber die Umgebung des Claudius darüber einig, daß diese Annexion die zur Verfügung stehenden militärischen Kräfte erschöpfte. Man kann das aus Maßnahmen schließen, die man bei der Einziehung der beiden Klientelkönigreiche Mauretanien und Thrakien traf. Nach dem gewaltsamen Tode des Ptolemaios war sein Land von Caligula dem Römischen Reich einverleibt, die Inbesitznahme aber durch einen Aufstand der Mauren verzögert worden. Man hatte reguläre Truppen einsetzen müssen, um die Rebellen zu unterdrücken. Dann wurden die Legionäre zurückgezogen und das Gebiet zwei ritterlichen Statthaltern unterstellt, die von nun an Mauretania Caesariensis und Tingitana mit dem Titel Prokurator verwalteten. Ob diese Regelung auf lange Sicht richtig war, ist zweifelhaft. Man hatte die wilden Bergstämme im Rif nicht unterworfen, und sowohl das südliche Spanien mit seinen reichen Ansiedlungen als auch Mauretanien selbst wurden unaufhörlich von Einfällen dieser Barbaren heimgesucht.

In Thrakien verliefen die Geschehnisse ähnlich: Eingreifen von Abteilungen der mösischen Legionen und Schaffung einer prokuratorischen Provinz, während man in Lykien an der Südküste Kleinasiens ganz anders vorging. Hier hatten die Rivalitäten der einzelnen Städte innerhalb des lykischen Bundes zu unerträglichen Zuständen geführt. Das letzte, unabhängige Gebiet in Kleinasien wurde eingezogen und bildete mit dem nach Osten angrenzenden Pamphylien eine neue kaiserliche Provinz ohne Besatzung.

Auch Judaea wurde nach Agrippas Tode (46) wieder dem Reiche einverleibt und einem ritterlichen Statthalter unterstellt. Die ganze Außenpolitik der Regierung des Claudius war realistisch und vorsichtig. Man sorgte dafür, das Reich zu mehren, aber man hütete sich wohl, etwas aufs Spiel zu setzen.

Viel wichtiger waren die Eingriffe der herrschenden Clique in den inneren Aufbau des Staates. Man hat oft zum Preis der Römer angeführt, daß sie es verstanden hätten, die Schranken zwischen Sieger und Besiegten niederzureißen und mit einer großzügigen Bürgerrechtspolitik der Ausdehnung des Reiches die nötigen Grundlagen zu verschaffen. Bei solchen Behauptungen über die römische Kaiserzeit pflegt man häufig nicht näher zu untersuchen, welchem Prinzeps im besonderen dies Verdienst zukommt. Eins ist sicher, die beiden ersten Herrscher waren außerordentlich sparsam, fast zurückhaltend mit der Verleihung des Bürgerrechts gewesen. Die Wendung erfolgte unter Claudius und ist seinen Freigelassenen zu verdanken. Damit die neue Politik von dem schrulligen, historisch gebildeten Herrn auch angenommen würde, gaben sie vor, daß eine liberale Einstellung dieser Art bereits unter den Königen zu einem der Staatsgeheimnisse Roms gehört und eine der Voraussetzungen für dessen rasches Wachstum und dessen Größe gebildet hätte.

Ihre vorurteilslose Einstellung befähigte sie auch zu anderen Reformen, für die die Epoche reif war. Gewiß war es so erfahrenen Staatsmännern wie Augustus und Tiberius nicht entgangen, daß Zivilbehörden und militärische Gliederung der alten Republik der neuen Zeit angepaßt werden müßten. Aber die Vorteile einer so einschneidenden Reform schienen ihnen vernachlässigenswert im Vergleich mit dem Schaden, den dabei ihr persönliches

Ansehen nehmen würde. Die Scheu vor der Alleinherrschaft war damals zu stark gewesen, als daß die beiden Fürsten wissentlich an den alten Einrichtungen gerührt hätten. Man hatte gewiß nicht gezögert, Ritter und Freigelassene im Staatsdienst zu beschäftigen, hatte aber weder viel Wesens davon gemacht noch darin einen Wendepunkt in der Sozialpolitik sehen wollen. Jetzt war diese Rücksicht auf die republikanischen Gefühle der Massen überflüssig, und die Freigelassenen des Claudius konnten ohne weiteres die Veränderungen im Gefüge des Staates vornehmen, die die Entwicklung der letzten sechzig Jahre gebieterisch forderte.

Während man nur in sehr geringem Umfange die senatorische Laufbahn neu ordnete, hatten die Ritter es den Ratgebern des Claudius zu verdanken, daß in den verworrenen Beförderungsverhältnissen dieser Adelsklasse endlich Ordnung geschaffen wurde. Der ritterliche Militärdienst wurde in eine feste Form gebracht, die sogenannten drei Milizien. Nacheinander befehligte der junge Offizier eine Auxiliarkohorte von fünfhundert Nichtrömern zu Fuß, dann eine Legions- oder Auxiliarkohorte von tausend Römern oder Nichtrömern zu Fuß und endlich eine *ala*, ein Regiment von fünfhundert Nichtrömern zu Pferde. Wer so in den verschiedenen Truppengattungen des römischen Heeres gedient hatte, den hielt man für befähigt, als Statthalter einer kleinen Provinz vorzustehen. Die Laufbahn der Offiziere der Garnison Roms wurde ebenfalls geregelt, ebenso die der Legionszenturionen, die sich von unten heraufgedient hatten.

Im Zusammenhang mit diesen überaus wichtigen Neuerungen stand auch die Einführung einer ritterlichen Verwaltungskarriere, wenn auch noch nicht von ausgebildeten Beförderungsregeln gesprochen werden kann. Jedenfalls aber stammen die sogenannten prokuratorischen Provinzen aus der Zeit des Claudius. Vorher hatten die Ritter dort mit dem Titel eines Präfekten kommandiert.

Natürlich vergaßen die Freigelassenen ihre eigenen Standesgenossen nicht; die moderne Forschung ist jedoch infolge der geringen Zahl von Inschriften aus dieser Epoche bis jetzt zu keinem sicheren Ergebnis gekommen. So weiß man nicht, in welcher Reihenfolge die Freigelassenen die verschiedenen, ihnen vorbehaltenen Posten einnahmen, wohl aber, daß jedem ritterlichen Prokurator ein freigelassener Untergebener zugeteilt war, der ihm zur Hand ging und ihn zugleich überwachte; wie auch die Ritter ihrerseits die senatorischen Vorgesetzten ausspionierten, denen sie zur Seite standen. Diese ungleiche Kollegialität war schon seit jeher eines der Geheimnisse der römischen Staatskunst gewesen und spielte auch eine bedeutende Rolle in der kaiserzeitlichen Verwaltung.

Das Volk von Rom, das heißt also vor allem die privilegierten Getreideempfänger, konnte sich auch nicht beschweren. Die Regierung tat alles, um die Versorgung sicherzustellen, unter anderem durch den Ausbau von Ostia, dem Hafen Roms. Neue Wasserleitungen wurden angelegt, und der Triumph nach dem britannischen Feldzug ebenso wie die Säkularspiele im Jahre 47 zum achthundertsten Gründungstag Roms sorgten für Belustigung.

Neben diesen für die Zukunft des Reiches so bedeutungsvollen Maßnahmen verliert das blutige Narrentreiben am Hof des Claudius an Wichtigkeit. Der Herrscher war von Natur aus nicht bösartig, aber um Ruhe zu haben, gab er in allem seiner herrschsüchtigen und habgierigen Gattin Messalina nach, deren Name zu trauriger Berühmtheit gelangt ist.

Während der vierzehn Jahre, die Claudius herrschte, wurden mehr vornehme Römer umgebracht als unter Tiberius. Messalina trieb es schließlich so weit, daß selbst der schwache Gatte den Skandal nicht mehr übersehen konnte. Aber hätte Narcissus, einer der Freigelassenen, sich nicht von Claudius für einen Tag den Befehl über die Prätorianer übertragen und die Schuldige umbringen lassen, dann hätte der blinde Ehemann der Mutter seiner beiden Kinder wiederum verziehen.

Claudius wurde nicht durch Schaden klug. Er wollte nicht unvermählt bleiben und heiratete kurz darauf seine Nichte Agrippina, obwohl eine Ehe zwischen so eng Verwandten nach römischem Recht unstatthaft war. Messalina hatte alle Römer zu ihren Füßen schmachten sehen wollen, die neue Augusta aber wollte herrschen, und nicht nur, solange ihr Gatte Kaiser war. Ihr brennender Ehrgeiz ließ sie nicht ruhen und rasten, ehe nicht Claudius ihren Sohn aus erster Ehe, Nero, adoptiert hatte. Vertraute Ratgeber des Claudius machten diesen darauf aufmerksam, daß er damit seinen eigenen Sohn Britannicus, der jünger als Nero war, benachteiligte. Als der Prinzeps ihnen Gehör zu schenken schien, wurde er durch den eigenen, von Agrippina gewonnenen Leibarzt vergiftet. Die Freigelassenen, uneinig unter sich, hatten den Mord an ihrem Herrn weder verhindern noch rächen können. Das blieb einem anderen vorbehalten.

Nero

Optima mater, die »beste Mutter«, so hieß die Losung, die der neue Prinzeps den Prätorianern gab, als er ohne Schwierigkeit am 13. Oktober 54 den Thron bestieg. Agrippina stand am Ziel ihrer Träume — ihr Sohn herrschte, herrschte mit dem Beistand zweier Männer, die die Mutter ihm zur Seite gestellt hatte. Burrus, der an der Spitze der Prätorianer stand, und der stoische Philosoph *à la mode*, Seneca, den Agrippina gleich nach ihrer Heirat mit Claudius aus dem Exil zurückgerufen hatte, um ihm Neros Erziehung anzuvertrauen. Der Mentor hatte es daran nicht fehlen lassen, und schon kurz vor des Stiefvaters Tode (53) hatte der junge Mann mehrere Reden im Senat gehalten — vor allem zugunsten bittstellender Städte Kleinasiens —, die ihm sein Meister aufgesetzt hatte. Jetzt sprach er bei Claudius' Verbrennung und entwickelte dann vor dem Senat sein Regierungsprogramm. Nero versprach, im Einvernehmen mit dem Hohen Haus zu herrschen und vor allem für eine unbeeinflußte Rechtsprechung zu sorgen. Einmal mehr, wie beim Regierungsantritt Caligulas, schien ein goldenes Zeitalter anzubrechen.

In den ersten fünf Jahren seiner Regierung folgte der junge Fürst den Ratschlägen Senecas und Burrus' und ließ ihnen freie Hand, die Geschäfte zu führen. Vor allem überzeugten die beiden Minister Nero davon, daß die übermächtige Stellung seiner Mutter seinem Ansehen und seiner Beliebtheit beim Volke schaden könnte, und so gelang es ihnen, den Einfluß der herrschsüchtigen hohen Frau weitgehend zu beschränken.

Aber die eigentlichen Interessen Neros lagen auf anderen Gebieten. Nero war künstlerisch veranlagt, er besaß eine schöne Stimme, malte und bildhauerte und verschmähte es nicht, Verse zu machen. Er liebte die Schönheit, und schöne Frauen begannen in seinem Leben eine große Rolle zu spielen. Bald vernachlässigte er seine Gemahlin Octavia, die Tochter des verstorbenen Kaisers Claudius, die er nur aus politischen Gründen geheiratet hatte, und schenkte Akte, einer Freigelassenen, seine Gunst. Die Kaiserinmutter machte ihrem verliebten Sohn die bittersten Vorwürfe, aber dieser fand Verständnis bei Burrus und Seneca, die aber dafür sorgten, daß das Verhältnis nicht zum öffentlichen Skandal wurde. Agrippina, empört und gekränkt, nicht das letzte Wort zu haben, wandte sich jetzt von Nero ab und erklärte Britannicus zum rechtmäßigen Thronerben, obwohl sie vor nicht langer Zeit selber alles getan hatte, um ihren Stiefsohn um sein Erbe zu bringen. Nun war es zu spät. Nero zögerte nicht lange, sondern ließ den jüngeren Adoptivbruder durch Gift beseitigen. Dieser Mord fand Verteidiger sogar in der römischen Gesellschaft, die nichts so sehr fürchtete wie den Bürgerkrieg.

Als die enttäuschte Agrippina sich dann ihrer Schwiegertochter Octavia zu nähern suchte, stellte sie der Sohn völlig kalt; sie mußte den Palast verlassen, verlor ihre Leibwache und bekam den Prinzeps kaum mehr zu Gesicht. Schon im Jahre 55 mußte sie sich vor Nero verantworten; er bezichtigte sie auf Grund einer falschen Anzeige, ihm nach dem Leben getrachtet zu haben. Agrippina rechtfertigte sich ohne Schwierigkeiten, aber die Kluft zwischen Mutter und Sohn war noch größer geworden, obwohl sie sich nach außen hin versöhnten.

Neros nächste große Liebe galt Poppaea Sabina, einer Dame der römischen Gesellschaft, Gattin seines Zechkumpans Otho. Nachdem der Fürst den Ehemann und künftigen Kaiser auf Senecas Rat als Statthalter nach Lusitanien, dem heutigen Portugal, geschickt hatte, stand seiner Leidenschaft nur noch der maßlose Ehrgeiz der Schönen im Wege, die sich nicht wie Akte mit der Stellung einer Geliebten begnügen wollte. Sehr bald hatte die skrupellose Intrigantin das »Muttersöhnchen«, wie sie Nero nannte, so weit, daß er schwor, alle einer Ehe entgegenstehenden Hindernisse zu überwinden. Agrippinas Tage waren gezählt. Ein erster als Unglücksfall getarnter Mordversuch scheiterte, da die Kaiserinmutter sich durch ihre Geistesgegenwart und ihre Übung im Schwimmen retten konnte. Als Nero erfuhr, daß sein Anschlag mißlungen war, mußte er befürchten, daß die tatkräftige Frau ihn durchschaute und nun alles in Bewegung setzen würde, um sich zu schützen und ihn zu vernichten. So schwer es ihm wurde, er mußte seinen beiden Ministern reinen Wein einschenken und flehte sie an, ihn nicht im Stich zu lassen. Burrus und Seneca hatten keine Wahl; nur der augenblickliche Tod Agrippinas konnte den Sturz Neros verhindern. Sie gaben widerwillig ihre Zustimmung, vorausahnend, daß sie nun jeden Einfluß auf Nero verloren hätten und daß er sich ihrer, je eher, desto besser, entledigen würde. Für die öffentliche Meinung brachte man die Mär auf, daß Agrippina, eines Anschlages gegen den Sohn überführt, sich das Leben genommen hätte. Senat und Volk opferten den Göttern zum Dank für Neros Rettung; aber niemand glaubte ein Wort von dem, was die Regierung verlautbart hatte.

Vorerst jedoch blieb im wesentlichen alles beim alten, nur daß Nero jetzt seinen Lieblingswunsch, auf der Bühne aufzutreten, verwirklichte. Er zeigte sich auch vor geladenem Publikum als Wagenlenker in seinem Privatzirkus in den Vatikanischen Gärten jenseits des Tiber.

Aber solange Burrus lebte, also bis zum Jahre 62, hielt sich der Prinzeps zurück. Das Ableben des Prätorianerpräfekten und vor allem die Ernennung seines Nachfolgers Tigellinus, eines Mannes von zweifelhaftem Ruf, schwächten Senecas Stellung. Seine vielen Neider begannen nun ein wahres Kesseltreiben mit dem Erfolg, daß er sich bald ins Privatleben zurückzog. Nero konnte sich jetzt von Octavia scheiden lassen, angeblich weil seine Ehe mit ihr kinderlos geblieben war. Er vermählte sich sofort mit Poppaea, die nicht ruhte, bis die Verlassene, nach Kampanien dann auf die Insel Pandateria verbannt, schließlich hingerichtet wurde.

Aber diese Ereignisse am Hofe des Prinzeps fanden kaum ein Echo außerhalb Roms und seiner herrschenden Schicht. In den Städten Italiens und in den Provinzen ging das Leben so ruhig und gesittet weiter wie nur je. Im Gegenteil, die ersten acht Regierungsjahre des jungen Fürsten waren eine Zeit des Friedens und des Wohlstandes für das Reich.

Anders an den Grenzen. Im Osten war die Lage bereits seit 54 nicht rosig. Man hörte von einem Einfall der Parther nach Armenien und der Vertreibung des römerfreundlichen Königs. Burrus und Seneca zogen sofort Truppen zusammen, vor allem aber übertrugen sie einem energischen und erprobten Feldherrn, Cn. Domitius Corbulo, den Oberbefehl gegen Armenien; doch konnten sie sich nicht dazu entschließen, ihm auch die syrischen Legionen zu unterstellen, und diese Teilung der Führung sollte sich verhängnisvoll auswirken. Vorläufig aber schoben innere Zwistigkeiten in Parthien den Angriff hinaus, und Corbulo benutzte die ihm geschenkte Frist, um seinen verlotterten Truppen Disziplin und Mut einzuimpfen. Im Jahre 58 konnte er zum Angriff übergehen und Armenien zurückerobern, wo Nero wieder einen Klientelkönig einsetzte. Aber die Parther waren nicht entscheidend geschlagen. Nach Beilegung ihrer inneren Schwierigkeiten gingen sie ihrerseits zum Gegenstoß über und belagerten den von den Römern eingesetzten armenischen König in seiner Hauptstadt Tigranokerta.

Corbulo ergriff die notwendigen Gegenmaßnahmen, aber er befehligte jetzt die Südarmee in Syrien, während die kappadokischen Legionen von Paetus angeführt wurden. Dieser wurde nach anfänglichen Erfolgen bei Rhandeia in Armenien von den Parthern geschlagen und kapitulierte, bevor ihn Corbulo, der auf seinen Hilferuf in Eilmärschen heranzog, aus seiner gefährlichen Lage hätte befreien können. Wenn auch Corbulo durch sein rasches Erscheinen den völligen Einbruch der römischen Front verhindern konnte, so sollte doch die schmähliche Kapitulation von Rhandeia lange nachwirkende Folgen haben. Rom mußte auf den »Siegfrieden«, den es den Parthern diktieren wollte, verzichten und sich, nach dem nicht ungünstigen Ausgang des 63 folgenden Feldzugs, mit einem Verständigungsfrieden begnügen. Die armenische Frage wurde dadurch geregelt, daß der parthische Thronkandidat Tiridates sein Diadem aus der Hand des römischen Herrschers empfing. Diese außerordentlichen Feierlichkeiten fanden im Jahre 66 in Rom unter großem Prunk statt, aber auf diese Weise war die parthische Großmachtstellung ein für allemal anerkannt.

Im äußersten Westen war es ebenfalls zu blutigen Kämpfen gekommen, nachdem ein tüchtiger Statthalter, C. Suetonius Paulinus, den Hauptsitz der Druiden, die Insel Mona (heute Man), erobert hatte. In der römischen Provinz Britannia griff unter der Führung der Boudicca, Fürstin der Icener, eine Aufstandsbewegung um sich. Camulodunum, die Hauptstadt der Provinz (heute Colchester), wo sich viele römische Veteranen angesiedelt hatten, ebenso Londinium und Verulamium (St. Albans) wurden genommen und gingen in Flammen auf. Die allgemeine Unzufriedenheit über die römische Ausbeutung auf der Insel machte sich endlich gewaltsam Luft. Suetonius Paulinus war zu spät von Mona zurückgekommen, um London zu retten, aber er zog seine schwachen Kräfte zusammen und wählte mit überlegener Feldherrnkunst den Ort, wo er sich den Britanniern zur Schlacht stellte. Ein wuchtiger Angriff seiner den Feinden zahlenmäßig unterlegenen Truppen durchbrach die britannische Front. Die Aufständischen waren geschlagen, Boudicca endete ihr Leben durch Gift. Nero beneidete den siegreichen General um seine Lorbeeren; er suchte und fand einen Vorwand, ihn abzuberufen. Britannien blieb bis zum Ende seiner Regierung ruhig, aber man verzichtete darauf, neue Gebiete zu besetzen.

Neros Selbstherrschaft dauerte sechs Jahre, während deren sich Tigellinus um die Geschäfte des Reichs kümmerte. Der junge Fürst, dem es nur auf seine künstlerische Laufbahn ankam, gab allen Launen nach, die seine maßlose Eitelkeit befriedigten. In Neapel trat er zum erstenmal öffentlich als Kitharaspieler auf und errang natürlich den ersten Preis, dank seiner Claque von ausgewählten Prätorianern. Nach seinem großen Erfolg sprach er davon, sich auch in Griechenland vor den wahren Kunstkennern sehen und hören zu lassen.

Sein ganzes Leben widmete er seinem Gesang, und es ist durchaus glaubhaft, daß er, als Rom brannte, in seinem Palast Verse über Troias Fall deklamierte. Das will aber nicht besagen, daß er, wie man ihn beschuldigte, den Brand hätte legen lassen, um die Stadt schöner wiederaufbauen zu können. Im Gegenteil, als er hörte, daß sein Palast auf dem Esquilin bedroht war, eilte er von Antium zurück, aber er kam zu spät, um ihn zu retten. Sofort ergriff er jedoch energische Schritte, um Plünderungen, Hungersnot und Epidemien vorzubeugen. Aber die um alles gebrachten Römer schrien nach einem Sündenbock. Sie wollten nicht einsehen, daß die Flammen bei der Enge und schlechten Anlage der Gassen vom Winde getrieben mit Leichtigkeit von einem hohen Holzhaus zum anderen übersprangen. Aller Eifer der staatlichen Feuerwehr und der Bewohner war bei der Ausdehnung der Feuersbrunst umsonst. Die öffentliche Meinung jedoch beruhigte sich nicht: wenn Nero nicht selbst der Schuldige war, so war es seine Pflicht, die Brandstifter ausfindig zu machen und ihrer gerechten Strafe zu überantworten.

Wo fand man die nächste beste, beim Volke verhaßte Minderheit? Die Juden waren durch die Gattin Neros, die dem jüdischen Glauben anhing, geschützt. Da waren die Christen die gegebenen Opfer, denen man alle Greuel einer Geheimsekte anhängte. Man verhaftete einige Gläubige; sie gaben zu, Christen zu sein, aber nicht das Feuer angelegt zu haben. Gleichviel, ihr Bekenntnis genügte, um sie unter den fürchterlichsten Qualen umbringen zu lassen. Diese Christenverfolgung, die erste, von der wir wissen, beschränkte sich aber auf die Stadt Rom.

Das lockere Künstlerleben, die Lustbarkeiten, mit denen Nero die Römer überschüttete, kosteten ungeheure Summen Geldes. Der Prinzeps fing an, reiche Senatoren zu bezichtigen, ihm nach dem Leben zu trachten, und ließ sie zum Tode verurteilen, wodurch er in den

Besitz ihrer Reichtümer kam. Aber auch Städte und Klientelfürsten wurden nicht verschont, sogar die Tempel der Götter wurden ihrer Schätze und Kunstwerke beraubt. So kam es zu einer ersten, bereits weit verzweigten Verschwörung, deren wenig tatkräftiger Führer der altadlige C. Calpurnius Piso war. Offiziere der Prätorianer, selbst einer der Präfekten waren daran beteiligt. Aber gerade die große Menge der Mitwisser wurde dem Unternehmen zum Verhängnis. Am Vortage des Attentats auf den Prinzeps fand sich ein Freigelassener eines der Rädelsführer, der seinen Herrn an Nero verriet. Alle Beteiligten wurden überführt und hingerichtet, unter ihnen der Dichter Lucanus, ein Neffe Senecas. Dieser war nicht an der Verschwörung beteiligt, wurde aber angezeigt und mußte sich das Leben nehmen. Dies gestattete es Nero endlich, den Besitz seines früheren Mentors und Ministers einzuziehen, der zu den reichsten Männern Roms gehörte. Im Grunde hatte Seneca sein eigenes Todesurteil unterschrieben, als er den Mord an Agrippina nicht verhindert hatte. Er war zum Mitwisser einer grausigen Tat geworden. Sein Schweigen war am besten durch sein Ableben gewährleistet.

Der Brand von Rom mit seinen schauerlichen Folgen, vor allem die pisonische Verschwörung waren warnende Zeichen einer wachsenden Unzufriedenheit der konservativen senatorischen Kreise mit Nero und seinem Hof. Der Prinzeps sah sie nicht oder wollte sie nicht sehen, sondern bereitete seine große Kunstreise nach Griechenland vor, wo er im Spätherbst 66 eintraf. Er wollte »Periodonike« werden, das heißt bei den olympischen Spielen in Pisa (Elis), den pythischen in Delphi, den nemeischen in Nemea und endlich bei den isthmischen Spielen auf dem Isthmos von Korinth die Palme davontragen, als Sänger zur Zither, aber auch als Wagenlenker. Zu diesem Zweck mußten die Feste auf ein Jahr zusammengedrängt und in Olympia ausnahmsweise ein musischer Wettkampf abgehalten werden. Nero nahm es sehr ernst mit seiner Kunst, er befolgte alle die jahrhundertealten Regeln und litt an Lampenfieber, was ihn aber nicht hinderte, überall zu siegen. Nur Athen und Sparta, die berühmtesten Städte Griechenlands, bekamen den gekrönten Künstler nicht zu sehen.

Um seiner Dankbarkeit und Bewunderung für das Griechentum Ausdruck zu verleihen, wollte der Prinzeps durch bleibende Wohltaten sich ein unvergängliches Andenken sichern. Ganz Griechenland wurde auf den Isthmos beschieden, und dort verlieh Nero Ende 67 während der Isthmien den Gemeinden der Provinz Achaia die Freiheit, die volle Unabhängigkeit, ohne jede Tributpflicht an Rom. Er tat auch den ersten Spatenstich zur Erbauung des Kanals durch den Isthmos von Korinth, ein genialer und nützlicher Plan, die langwierige und gefährliche Umschiffung des Kaps Malea zu vermeiden und so den lebhaften Schiffsverkehr zwischen Asien und Italien zu verkürzen. Mit Neros Ableben starb auch sein Kanalprojekt.

Die lange Abwesenheit Neros von Rom und Erschütterungen in den Provinzen trugen dazu bei, die wachsende Unzufriedenheit in der Hauptstadt zu stärken und den Sturz des Prinzeps herbeizuführen.

Im Jahre 66 griffen in Caesarea, der Residenz des Prokurators von Judaea, zwischen Griechen und Juden entstandene Unruhen auf Jerusalem über, wo der unfähige ritterliche Statthalter der Lage nicht Herr werden konnte und seinen Vorgesetzten, den Gouverneur von Syrien, zur Hilfe herbeirief. Nach Anfangserfolgen mußte dieser die Stadt räumen, sein Rückzug artete in schmähliche Flucht aus. Nero entsetzte nach dieser Niederlage seinen Legaten und übergab das Kommando über eine eigens zu diesem Zweck zusammengezogene Armee von drei Legionen einem bereits in Britannien erprobten älteren Kriegsmann namens Titus Flavius Vespasianus. Er erhielt den Auftrag, endlich in Judaea Ordnung zu schaffen, während die drei Legionen in Syrien unter C. Licinius Mucianus die Ausdehnung des Aufstandes nach Norden verhindern sollten.

In den beiden folgenden Jahren 67 und 68 unterwarf Vespasian in methodischem Vordringen Galilaea und den größten Teil von Judaea, ohne daß jedoch der Aufstand völlig unterdrückt war, als Nachrichten aus dem Westen von Unruhen in Gallien zu ihm drangen. Jerusalem war nach wie vor fest in der Hand der Juden, und Vespasian beschloß darauf, einstweilen weitere Angriffsaktionen einzustellen und abzuwarten, wie die Dinge in Rom und im Okzident sich entwickeln würden. Immerhin lasteten diese blutigen Kämpfe gegen eine fanatische Bevölkerung auf der Politik Neros, der aus Prestigegründen den Plan gefaßt hatte, im Osten offensiv gegen die Parther vorzugehen.

Die Bewegung im Westen war auf die Initiative eines Adligen gallischer Herkunft zurückzuführen. C. Iulius Vindex, Abkomme eines aquitanischen Fürstengeschlechts, hatte die senatorische Laufbahn durchlaufen und war im Jahre 68 Statthalter der Provinz Gallia Lugdunensis geworden, in der keine römischen Bürgertruppen in Garnison standen, außer einer Stadtkohorte in Lyon selbst, die jedoch wie diese Kolonie Nero treu blieb. Der Abfall des Vindex hatte weder republikanische noch nationalistisch-separatistische Hintergründe, sondern richtete sich gegen die Person Neros. Vindex empörte sich gegen den dreifachen Mörder von Mutter, Bruder und Gattin, außerdem warf er ihm die Feindschaft gegen den Senat vor und prangerte die maßlose Verschwendungssucht an, die unerträglichen Steuerdruck zur Folge hatte. Nero, den die Nachricht von der Revolte in Gallien auf der Rückreise von seiner griechischen Tournee in Neapel erreichte, nahm sie nicht sehr ernst. Aber bald mußte er erfahren, daß die Statthalter Spaniens, Salvius Otho in Lusitanien und vor allem Servius Sulpicius Galba in Carthago Nova, sich Vindex angeschlossen hatten, der außer seinen zahlreichen Klienten Zuzug von Sequanern, Haeduern und Arvernern bekommen hatte. Auch die Kolonie Vienna, dreißig Kilometer südlich von Lyon, hielt zu Vindex. In Afrika hatte sich der Kommandeur der Legion, Lucius Clodius Macer, erhoben, und es stand zu befürchten, daß weitere Statthalter abfallen würden. Im übrigen war Vindex klug genug, den Thron nicht für sich selbst zu erstreben, sondern ihn dem rangältesten unter den Senatoren, nämlich Galba, anzutragen, dessen ruhmreiche Vergangenheit ihn dafür außerordentlich geeignet erscheinen ließ.

Vorerst aber spielten sich die Ereignisse in Gallien ab. Vindex stand bald an der Spitze eines großen Heeres (unsere Quellen sprechen von hunderttausend Mann), mit dem er den Legionen von Obergermanien entgegenzog, die Nero treu geblieben waren und unter der Führung ihres Statthalters C. Verginius Rufus bei Vesontio (Besançon) standen. Es kam zu einer Aussprache zwischen den beiden Oberkommandierenden, die sich auf ein gemeinsames Vorgehen gegen Nero einigten. Aber die Truppen aus Germanien hielten sich nicht an die Vereinbarungen ihres Kommandanten, sie griffen die zusammengewürfelten gallischen

Nero Claudius Drusus Caesar
Marmorskulptur vom Palatin, um 65. Rom, Thermenmuseum

IMP·CAESAR VESPASIANVS·AVG·PONT·MAX
TR·POT·II·IMP·VI·P·P·COS·III
VETERANIS·QVI·MILITAVERVNT·IN CLAS
SE·MISENENSE·QVI·SENA·ET·VICENA·STI
PENDIA·AVT·PLVRA·MERVERVNT·ET·SVNT
DEDVCTI·TAESI·QVORVM·NOMINA·SVB
SCRIPTA·SVNT·IPSIS·LIBERIS·POSTERISQ
EORVM·CIVITATEM·DEDIT·ET·CONVBIVM
CVM·VXORIBVS·QVAS·TVNC·HABVISSENT

CVM·EST·CIVITAS·IS·DATA·AVT·SI·QVI·CAE
LIBES·ESSENT·CVM·IS·QVAS·POSTEA·DV
XISSENT·DVM·TAXAT·SINGVLI·SIN
GVLAS·PA·D·V·ID·FEB·IMP·CAES·AVG·III·M·COCCEI·NER·COS
S·HESBENVS·DVLAZENI·F·SAPP·
ET·DOLES·F·EIVS
DESCRIPTVM·ET·RECOGNITVM·EX·TABVL
AENEA·QVAE·FIXA·EST·ROMAE·IN·CA
PITOLIO·AD·ARAM·GENTIS·IVLI·IN·PODIO
PARTE·EXTERIORE·TAB·I

Militärdiplom über die Verleihung des römischen Bürgerrechts an den Centurio Hesbenus und seinen Sohn Doles
Die Vorderseite einer Bronzeurkunde mit dem Erlaß des Kaisers Vespasian aus dem Jahr 71
Wien, Kunsthistorisches Museum, Antikensammlung

Scharen an und schlugen sie vernichtend. Vindex, der den Tod von zwanzigtausend seiner Landsleute nicht überleben wollte, stürzte sich in sein Schwert.

So schien Nero gerettet. Alle übrigen Heerführer in West und Ost waren sich uneinig, ob sie sich Galba, Otho und Macer anschließen sollten, deren Truppenmacht, verglichen mit den treu zu Nero stehenden Legionen, nicht ins Gewicht fiel.

Während die Entscheidung in den Provinzen ausstand, fiel sie in Rom, wo es der ehrgeizige Prätorianerpräfekt C. Nymphidius Sabinus verstand, durch Falschmeldungen Neros überängstliches und vertrauensvolles Gemüt irrezuführen und völlig zu zerstören. Der Herrscher sah sich schon von allen Heeren in den Provinzen verlassen, bald würden auch die Truppen in Rom selbst ihn seinen Widersachern preisgeben. Tigellinus, ebenso feige wie sein Herr, ließ seinem Kollegen Sabinus freie Hand, und dieser führte einen kühnen Streich: er eröffnete den Prätorianern, Nero hätte sie bereits im Stich gelassen und wäre geflohen. Sie sollten rasch Frieden mit Galba machen, in dessen Namen er ihnen eine erkleckliche Summe als Geschenk in Aussicht stellte. Daraufhin riefen die übertölpelten Soldaten Galba zum Prinzeps aus. Hätte Nero nur den Mut gefunden, sich seiner Leibgarde zu zeigen, er hätte das Schicksal unschwer wenden können. Aber nun gab er alles verloren, war derartig verängstigt, daß er, anstatt sich nach Misenum zu den treuen Flottenmannschaften zu flüchten, in einer abgelegenen Villa im Norden Roms ein Versteck suchte, wo ihm schließlich zwei seiner Freigelassenen die Hand führten, als er sich den Dolch in die Kehle stieß. Der Prinzeps war tot, aber die Krise durch diesen gewaltsamen Abgang des Protagonisten durchaus nicht gelöst.

Galba, Otho, Vitellius: das Dreikaiserjahr 69

Neros Tod setzte die widerstreitenden Kräfte frei, ohne jedoch die Fronten wirklich zu klären. Auf der einen Seite standen die konservativen, führenden Senatoren und Ritter, ihre Klienten und Freigelassenen. Auf der anderen das niedere Volk, Leute, die nichts zu verlieren hatten und mit den Sklavenmassen gemeinsame Sache machten. Dazu kamen die Hofleute Neros, Männer aller Stände, die durch den Prinzeps hochgekommen waren und ihren neu gewonnenen Einfluß nicht aufgeben wollten. Diese Partei konnte sich auf die Garnison Roms stützen, unwillig und wütend über die Rolle, die sie beim Untergang ihres Herrn gespielt hatte. Auch die Rheinarmee, an ihrer Spitze Verginius Rufus, war für Nero, und die Truppen des Illyricum in Dalmatien und in Pannonien hatten sich dem Sieger von Vesontio angeschlossen. Die übrigen Heerführer, darunter Vespasian und Mucian, hatten sich unterdessen mit Servius Sulpicius Galba abgefunden und ihre Truppen auf seinen Namen vereidigt, ohne deshalb ihre abwartende Haltung aufzugeben.

Man ersieht aus diesem kurzen Überblick, wie wenig gefestigt die Herrschaft Galbas war, dessen eigene Gefolgschaft sich im übrigen keineswegs einig war. So wurde denn kein gerader Kurs gesteuert, da man es weder mit der konservativen Senatspartei noch mit den ehemaligen Neroanhängern verderben wollte.

Einer der verhängnisvollsten Schritte Galbas war zweifelsohne die Abberufung des Verginius Rufus aus Obergermanien, wohin statt dessen ein anderer Neronianer, Aulus Vitellius, entsandt wurde. Dieser zögerte nicht lange, die galbafeindliche Stimmung seiner Truppen auszunützen und sich, vorgeblich im Namen der Republik, gegen den Herrscher in Rom zu erheben. Hier sahen nun die Ratgeber des neuen Fürsten ein, daß die bisherigen Maßnahmen gegen die Hofleute und den plebejischen Anhang Neros ihren Herrn seine ohnehin schon geringe Beliebtheit gekostet hatten, und suchten jetzt den Anschluß an die Senatspartei zu gewinnen. Sie brachten Galba dazu, einen Angehörigen des Hochadels, C. Calpurnius Piso Licinianus, an Sohnes Statt anzunehmen und als Thronfolger zu bezeichnen.

Aber diese Schwenkung kam zu spät. Der bedeutendste Parteigänger Galbas war sein lusitanischer Kollege M. Salvius Otho gewesen, der sich durch diesen Schritt des Fürsten hintangesetzt fühlte. Er mußte außerdem befürchten, daß die ultrareaktionäre Strömung, die mit Piso die Oberhand gewonnen hatte, seinen eigenen Interessen abträglich sein würde. Als Spießgeselle und Zechbruder Neros würde er nur zu bald seinen Einfluß verlieren, ja in Ungnade fallen. Er hatte stets die besten Beziehungen zu den Prätorianern unterhalten. So gelang es ihm, die Leibgarde zur Revolte zu bringen; Galba und Piso wurden ermordet, ohne daß die Konservativen die Hand für sie gerührt hätten; und Otho wurde zum Prinzeps ausgerufen.

Mit Galbas Tod (so hätte man annehmen können) hatte die Rheinarmee keinen Grund mehr, sich gegen Rom zu erheben, wo nun in der Person Othos ein ehemaliger Neronianer auf dem Thron saß. Aber in Wirklichkeit ging es ja nicht um Personen, sondern darum, welches Heer sich des Reiches bemächtigen würde. Otho hatte unterdessen einen klaren Kurs gesteuert; er stützte sich auf Volk und Garnison von Rom, beides treue Anhänger des neronianischen Regimes, aber er tat nichts, um ernsthaft die Konservativen zu verfolgen. Nur Tigellinus, einer der Hauptschuldigen an Neros Untergang, den Galba geschützt hatte, wurde nun für seinen Verrat zum Tode verurteilt.

Man hat nach »geopolitischen« Ursachen für die Fortsetzung der Feindseligkeiten gesucht, hat von einer Art belgisch-rheinischem Nationalismus gesprochen, der sich der Rheinarmee und ihrer Anhänger bemächtigt hätte. Die Erklärung scheint uns weit weniger politisch: die germanischen Legionen und ihre Hilfstruppen sahen eine nie wiederkehrende Gelegenheit, in Italien einzumarschieren und sich außer der reichen Beute in den Städten und Dörfern der Halbinsel der Regierung über das Imperium zu bemächtigen. Warum sollten sie jetzt auf halbem Wege stehenbleiben und zugunsten der Prätorianer auf Reichtümer verzichten, die griffbereit vor ihnen lagen? Die Waffen entschieden im Frühjahr 69 zu ihren Gunsten. Otho überlebte die Niederlage seiner Truppen nicht, sondern nahm sich nach der verlorenen Schlacht das Leben und hoffte damit weiteres Blutvergießen zu verhindern.

Vitellius setzte seinen Siegesmarsch auf Rom fort. Er war nun in der Lage, viele Programmpunkte der Neronianer fallenzulassen und sich unmerklich den Konservativen zu nähern. Diese Politik des Ausgleichs war ein Versuch, die Gegensätze abzuschwächen und das Reich wieder zu einigen. In seiner Verwaltung stützte sich Vitellius auf die Ritter und schaltete mit starker Hand den Einfluß der unter Claudius und Nero, Galba und Otho so mächtig gewordenen Freigelassenen aus. Er schlug so eine Richtung ein, die später unter den Flaviern und noch mehr unter den Antoninen vorherrschen sollte. Aber noch war seine Herrschaft nicht völlig gefestigt, die Legionen des Ostens von Dalmatien bis Ägypten, Syrien und Palästina hatten noch nicht ihr letztes Wort gesprochen.

Sie waren nicht zufrieden. Alle Posten, alle Ehrungen, aller Einfluß blieben den Truppen vom Rhein vorbehalten. Die Weitsicht der östlichen Heerführer hat darin bestanden, sich untereinander auf einen Kandidaten für den Thron zu einigen, dessen zwei Söhne eine unbestrittene Nachfolge gewährleisteten. Dieser Mann war T. Flavius Vespasianus. Sie besaßen auch die Klugheit, keine der Legionen von Dalmatien bis Ägypten auszuschließen, während Vitellius die Kohorten der Bataver, eine seiner aus dem heutigen Holland stammenden Kerntruppen, ihrer allzu rauhen Sitten wegen nach Germanien hatte zurückschicken müssen. Obwohl die entscheidende Schlacht auf seiten des Vespasianus nur von den Donaulegionen geschlagen wurde, blieb Antonius Primus, ihr jugendlicher Führer, der den Oberbefehl über die alten übervorsichtigen Konsulare hinweg an sich gerissen und in raschem Stoß gegen Italien vorgedrungen war, siegreich. Vitellius wurde in Rom erschlagen, wo indessen kurz vorher Vespasians älterer Bruder, der Stadtpräfekt T. Flavius Sabinus, bei der Verteidigung des brennenden Kapitols gefallen war. Der jugendliche Domitianus, Vespasians jüngerer Sohn, war nur durch ein Wunder dem Tode entgangen. Als der Statthalter Syriens, Mucianus, an der Spitze des siegreichen Heeres in Rom einzog, war das Römische Reich wieder fest in der Hand eines einzigen Mannes, des neuen Prinzeps Titus Flavius Vespasianus.

Vespasian

Der neue Herrscher, aus Reate im Sabinerland gebürtig, entstammte einer Familie des italischen Munizipaladels. Es war zu Ende mit den großen Adelsfamilien, die sich hundert Jahre zuvor in den Bürgerkriegen zerfleischt hatten, zu Ende mit der Vorherrschaft der Stadtrömer. Die Legionen in Spanien, am Rhein und im Orient hatten ihre Kandidaten für den Thron benannt. Der beste Mann mit der stärksten Koalition hatte sich durchgesetzt: Vespasianus, mit seinen sechzig Jahren ein besonnener und bei den Soldaten beliebter Armeeführer.

Die Aufgabe, die ihn erwartete, war umfangreich und schwierig. Der Krieg gegen die jüdischen Aufrührer war nicht beendet; es gärte am Rhein, wo die enttäuschten Bataverkohorten unter Führung ihrer Stammeshäupter von einem gallo-germanischen Reich träumten. Britannien und Mauretanien, wo Macer sich erhoben hatte, waren nicht beruhigt, und in Tripolitanien bekämpften sich die beiden wichtigsten Städte, Oea und Lepcis Magna, wobei die Garamanten nicht untätig zusahen. Die Völker im Norden der unteren Donau endlich, Daker, Roxolanen und Sarmaten, waren über die Donau vorgestoßen und verwüsteten die anliegenden römischen Provinzen. Im Inneren des Reiches hatte der Bürgerkrieg blutige Wunden geschlagen, die es zu heilen galt.

Der Prinzeps vertraute sofort die Führung des jüdischen Krieges seinem älteren Sohn Titus an, der in zwei Feldzügen erst Judaea, dann nach einer langen, schweren Belagerung Jerusalem eroberte, wobei der Tempel allen seinen Bemühungen zum Trotz in Flammen aufging. Judaea wurde nun als selbständige prätorische Provinz mit einer Legion als Besatzung eingerichtet. Vespasian und Titus feierten in Rom einen glänzenden Triumph; die Reliefs des nach Titus benannten Triumphbogens zeugen noch heute von den Schätzen, die dem Sieger anheimfielen. Eine Judensteuer lastete von nun an auf allen Angehörigen des geschlagenen Volkes.

Auch am Unterrhein gelang es, freilich erst nach jahrelangen Kämpfen, einem tüchtigen Feldherrn und Verwandten der neuen Dynastie, Q. Petilius Cerealis, mit den Batavern und ihren Verbündeten, vor allem den Treverern, fertig zu werden. Vier vitellianische Legionen des ober- und untergermanischen Heeres, die zu den Aufständischen übergegangen waren, wurden aufgelöst und im Laufe der Zeit durch neu aufgestellte gleichwertige Einheiten ersetzt.

Die übrigen Unruheherde erloschen mit der Festigung der neuen Herrschaft, die von vornherein durch ein Staatsgrundgesetz, die *lex de imperio Vespasiani*, das Gesetz über die Machtbefugnis des Vespasian, begründet wurde. Es war klug von Vespasian, erst nach Rom zurückzukehren, als dort alle Überreste des Bürgerkrieges beseitigt waren. Man hört auch nichts von irgendwelchen gerichtlichen Verfolgungen gegen die Vitellianer; nachdem die prominentesten Anhänger verschwunden waren, ließ man Gnade vor Recht ergehen.

Nicht zu umgehen jedoch war die Entlassung der von Vitellius in die Garde aufgenommenen Legionäre. Wie sollte der erschöpfte Staatsschatz den Sold für sechzehn Prätorianer- und vier Stadtkohorten zu je tausend Mann aufbringen? Die neue Regierung kehrte klug entschlossen zu den augusteischen neun Prätorianer- und drei Stadtkohorten zu je fünfhundert Mann zurück. Damit das Kommando über diese immer noch stattliche Streitmacht auf keinen Fall in falsche Hände geraten könnte, wurde es erst einem senatorischen Verwandten der neuen Dynastie der Flavier, dann dem Kaisersohn und Thronerben nach dessen Rückkehr aus dem Osten (71) übertragen. Man sieht aus dieser Maßnahme, wie vorsichtig Vespasian war, wenn es die Sicherung des Regimes galt, und wie rücksichtslos er sich über die geltenden Gewohnheiten hinwegsetzte, die bisher die beiden Posten der Prätorianerpräfekten Männern aus dem Ritterstand vorbehalten hatten.

»Mit den vorhandenen Mitteln haushalten«, »sich nach der Decke strecken«, »keine überflüssigen Ausgaben verursachen«, das waren die Prinzipien des sorgsamen Hausvaters Vespasianus. Aber durch all diese Sparmaßnahmen strömten keine frischen Geldquellen in die von Nero und seinem Hof geleerten Kassen. Darum setzte der Prinzeps alles daran, Einkünfte und Vermögen des Staates zu mehren. Die Abgabenfreiheit Griechenlands wurde aufgehoben, damit fand die Freiheit Griechenlands ebenfalls ein schnelles Ende. Die Provinz Achaia wurde dem Senat zurückgegeben, der dafür Sardinien, das ihm der Prinzeps überlassen hatte, zurückerstattete. Die Freistädte Rhodos, Samos und Byzanz teilten das gleiche Schicksal. Eine kleine Anekdote, die bis heute durch das berühmte Wort Vespasians lebendig geblieben ist, wirft ein charakteristisches Licht auf sein unablässiges Bestreben, neue Einkünfte für seine leere Staatskasse zu finden. Als eines Tages Titus ihm vorwarf, daß er für die Benutzung der Bedürfnisanstalten Geld erheben ließ, soll er ein Geldstück an die Nase geführt und gesagt haben: *pecunia non olet*, »Geld riecht nicht«. Er hatte im ganzen Reich den Ruf eines eingefleischten Geizhalses, obwohl er bei Gelegenheit für Wohlfahrt oder Volksbelustigungen große Summen auszugeben verstand.

Hand in Hand mit der Gesundung der Staatsfinanzen ging die Erneuerung des Senats und der Ritterschaft, die Vespasian und Titus während ihrer Volksschätzung (73—74) durchführten. Nach einer gründlichen Säuberung des Hohen Hauses wurde eine große Anzahl plebejischer Familien in den Patrizierstand erhoben, der durch die Verfolgungen von Claudius und Nero dezimiert worden, vor allem aber durch die Kinderlosigkeit seiner Mitglieder im Aussterben begriffen war. Nach seinem Regierungsantritt hatte der neue Imperator sofort eine große Anzahl geadelt und dadurch einer Menge seiner treuen Anhänger aus dem Ritterstand den Eingang in den Senat ermöglicht. Die Auswahl beschränkte sich nicht auf Angehörige des italischen Munizipaladels, wie die Flavier es selbst waren, sondern erstreckte sich auch auf angesehene Männer aus den älteren Provinzen wie Hispania Tarraconensis, Gallia Narbonensis, Asia, Africa. Auf diese Weise wurde das Angebot an Kandidaten, mit denen die jeweils frei werdenden senatorischen Posten besetzt werden konnten, sehr viel größer. Auch der Ritterstand wurde laufend durch das Einströmen ehemaliger *primipili* und Lagerpräfekten der Legionen ergänzt, von den führenden Männern aus den vielen Munizipien ganz zu schweigen.

Vespasian schuf für beide Stände neue geregelte »Laufbahnen«, die Zahl der angebotenen Posten wurde infolge der Neuordnung der Verwaltung ständig größer und steigerte den Anreiz zum sozialen Aufstieg.

Unter seiner Regierung wurde das Königreich Commagene (72) eingezogen und Syrien zugeschlagen — ein Herrscher wie Vespasian, der straff die Zügel der Regierung in der Hand hatte, hielt nicht viel von dem Klientelfürstensystem. Ebenso wurde Kleinarmenien Kappadokien einverleibt, während die beiden Kilikien, das rauhe und das ebene, von nun an eine Provinz bildeten. Der Befehl über die italischen Flotten, die ihre Stützpunkte in Misenum und Ravenna hatten, wurde den Freigelassenen genommen und Mitgliedern des Ritterstandes anvertraut; beide Flotten erhielten den Ehrennamen *praetoria*.

Die großen Truppenmassen, die während des Bürgerkrieges gefochten hatten, wurden nach dem Vorbild des Augustus durch die Gründung einer beträchtlichen Anzahl von Kolonien zufriedengestellt, wodurch die Romanisierung weiter Landstriche, etwa auf dem Balkan und in Afrika, gefördert wurde. Es waren die ersten Pflanzstädte, deren Bevölkerung aus älteren Provinzen und nicht aus Italien stammte, da bereits zu jener Zeit die Legionen, außer in Italien, hauptsächlich in diesen Gegenden ausgehoben wurden.

Nach dem Siege über Civilis und die Bataver wurde die Rheingrenze durch den Ausbau einer größeren Anzahl von Kastellen den Strom entlang gesichert. Auch die großen Legionsfestungen in Vetera (Fürstenberg bei Xanten), Novaesium (Neuß), Bonna (Bonn) und Mogontiacum (Mainz) wurden wiederaufgebaut, das verlassene Lager in Argentorate (Straßburg) neu besetzt. Aber Vespasian begnügte sich nicht damit, sondern trug den Angriff auf das rechte Rheinufer vor, wo er das Gebiet zwischen dem Oberrhein und der oberen Donau, das »Dekumatenland«, in Besitz nahm.

Auch in Britannien und in Afrika wurde das römische Gebiet ständig erweitert. Diese erfolgreiche Politik an den Grenzen erleichterte die Stellung der neuen Dynastie in Rom, wo sie mit einer gewissen senatorischen Opposition zu kämpfen hatte, die sich, vor allem auf ideologische, philosophische Prinzipien gestützt, der Alleinherrschaft widersetzte. Vespasian verbannte die Philosophen aus Rom (72) und ging schließlich auch gegen den Führer seiner Gegner im Senat vor. C. Helvidius Priscus wurde erst ins Exil geschickt, schließlich zum Tode verurteilt. Nach der Aussage Suetons gegen den Willen des Fürsten, der sich anscheinend wenig davon versprach, diesen starrsinnigen Widersacher zu einem Märtyrer zu machen. Von diesen Vorfällen abgesehen, zeichnete sich die Regierung des ersten Flaviers durch große Milde und Zurückhaltung aus. Der alte Herrscher hielt sich nicht für genial und war weit davon entfernt, an seine Göttlichkeit zu glauben, jedenfalls war für seinen Humor der Ausruf bezeichnend, den er bei den ersten Anzeichen seiner Todeskrankheit getan haben soll: »Ach, ich glaube – ich werde ein Gott!«

Titus

Titus, der ältere der beiden Söhne Vespasians, war seit dem Beginn der Regierung seines Vaters von diesem als Mitregent und Nachfolger bezeichnet worden. Sieger im Krieg gegen die Juden, langjähriger, alleiniger Prätorianerpräfekt, hatte er dem alternden Prinzeps zur Seite gestanden, eher zufrieden, daß er noch nicht die gesamte Last der Regierungsgeschäfte allein tragen mußte. Sein Ruf im Volke war nicht der beste. So hatte er zum Beispiel einen Gegner der Dynastie zu einem Gastmahl in sein Haus geladen und ihn dann eigenhändig umgebracht. Man wußte, daß er ein Genießer war, den Freuden der Tafel ergeben und ein Verschwender. Seine Liebschaft mit Berenike, der Tochter des Königs Agrippa I. von Judaea, war das Stadtgespräch. Er hatte sie, die viel älter war als er, in Palästina während des Feldzuges kennengelernt. Einige Jahre später hatte er die Prinzessin nach Rom kommen lassen und zum Entsetzen aller Römer heiraten wollen. Titus hatte sein Vorhaben nicht durchführen können, das Andenken an Kleopatra war noch zu lebendig – gegen beider Willen mußte er sie nach dem Orient zurücksenden. Schließlich erwiesen sich alle Befürchtungen, die man gegen Titus hegte, als grundlos. Einmal Imperator, legte er die schlechten Eigenschaften ab, die er als Thronfolger gehabt hatte, und zeigte sich als wohlwollender, einsichtiger, edelmütiger Herrscher.

Wenn er einen ganzen Tag lang niemand glücklich gemacht hatte, fand er, er hätte seinen Tag verloren: *diem perdidi*. Den Angebern bitter feind, ging er scharf gegen sie vor und ließ sich nie dazu hinreißen, einen Angeklagten zum Tode zu verurteilen. Die Beziehungen zum Senat waren vertrauensvoll, und er tat alles, was in seiner Macht stand, um mit seinem Bruder Domitian auszukommen. Er ernannte ihn sofort bei seiner Thronbesteigung zum *consors et successor*, zum Teilhaber und Nachfolger, ohne ihm jedoch die Stellung einzuräumen, die er selber unter Vespasian bekleidet hatte. Im übrigen wäre Domitian auch dann nicht mit seinem Los zufrieden gewesen.

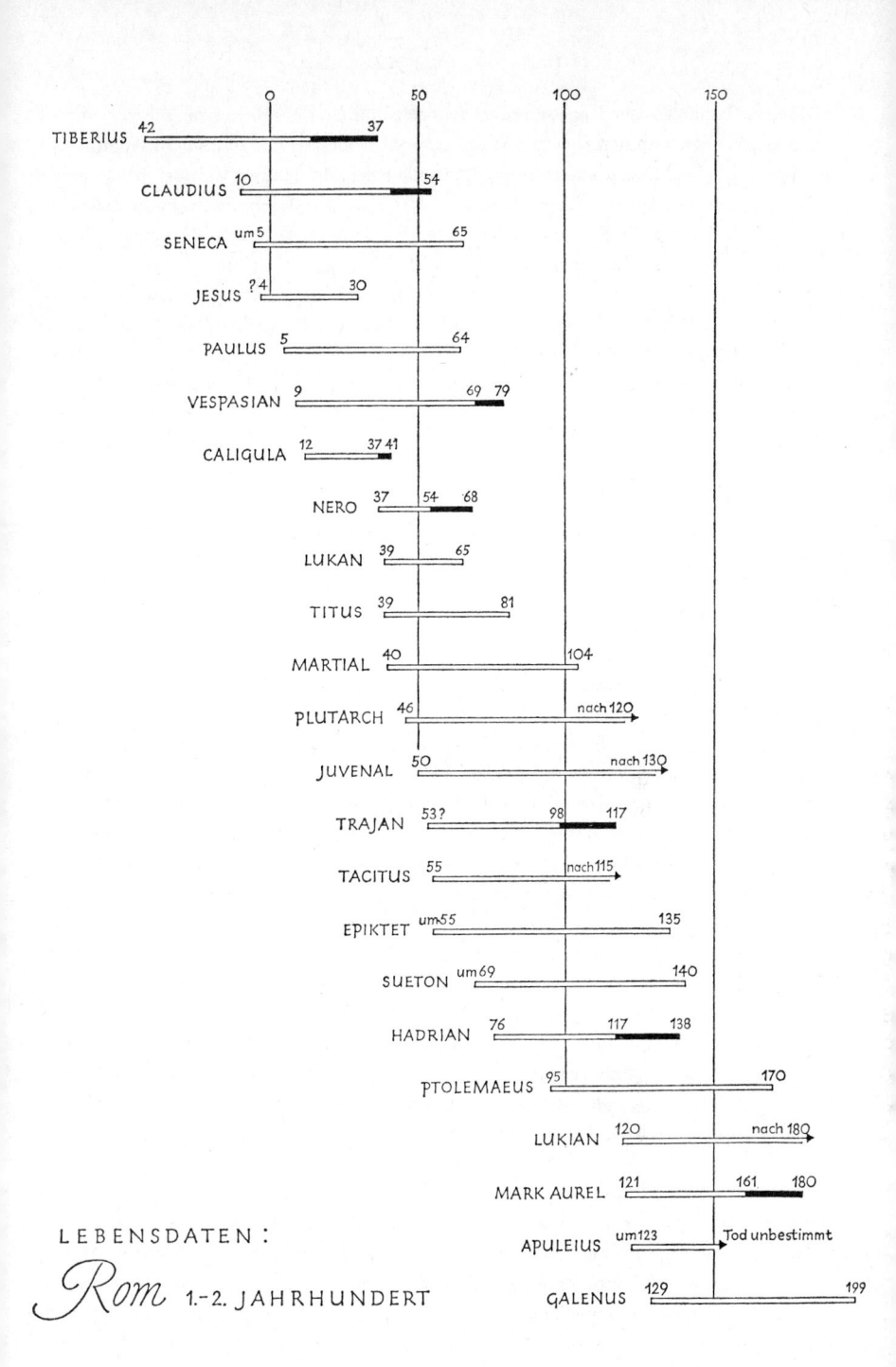

Name	Lebensdaten
TIBERIUS	42 – 37
CLAUDIUS	10 – 54
SENECA	um 5 – 65
JESUS	?4 – 30
PAULUS	5 – 64
VESPASIAN	9 – 69 79
CALIGULA	12 – 37 41
NERO	37 – 54 68
LUKAN	39 – 65
TITUS	39 – 81
MARTIAL	40 – 104
PLUTARCH	46 – nach 120
JUVENAL	50 – nach 130
TRAJAN	53? – 98 117
TACITUS	55 – nach 115
EPIKTET	um 55 – 135
SUETON	um 69 – 140
HADRIAN	76 – 117 138
PTOLEMAEUS	95 – 170
LUKIAN	120 – nach 180
MARK AUREL	121 – 161 180
APULEIUS	um 123 – Tod unbestimmt
GALENUS	129 – 199

LEBENSDATEN:

Rom 1.-2. JAHRHUNDERT

Während Titus' kurzer Regierungszeit wurden Italien und Rom von schrecklichen Naturkatastrophen heimgesucht. Ein ungeheurer Ausbruch des Vesuvs am 24. August 79 vernichtete drei blühende Städte, Pompeii, Herculaneum und Stabiae, die noch heute zum Teil unter einer viele Meter dicken Lavaschicht liegen. Plinius der Ältere, Flottenpräfekt in Misenum, wollte das Ereignis an Ort und Stelle studieren und kam dabei um, ein Opfer seines Wissensdranges. Ein Jahr darauf wütete ein Riesenbrand in Rom, der einen großen Teil der Stadt, Marsfeld, Kapitol, Pantheon, in Schutt und Asche legte. Titus bewährte sich bei diesen Unglücksfällen. Er ergriff die notwendigen Verwaltungsmaßnahmen, um den unheilvollen Folgen zu steuern, aber vor allem sprach er persönlich den Opfern Mut zu und zeigte ihnen menschliches Verständnis. Er begab sich selber nach Kampanien und blieb viele Monate dort, um durch seine Gegenwart die Hilfe zu fördern.

Nach außen hin war die Regierungszeit Titus' friedlich, wenn man von der fortschreitenden Unterwerfung Britanniens durch Agricola absieht. Eine Zeitlang war sogar von der Eroberung Irlands die Rede, aber die Pläne des Statthalters konnten nicht ausreifen. Schließlich ist Irland nie von den Römern angegriffen worden.

Als am 13. September 81 Titus, kaum zweiundvierzigjährig, in Aquae Cutiliae im Sabinerlande verschied, im selben Haus wie zwei Jahre zuvor sein Vater Vespasian, war die Trauer um ihn sehr groß und ehrlich gemeint. »*Deliciae generis humani* — das Entzücken der Menschheit«, so hatten seine Zeitgenossen Titus genannt.

Domitian

Titus Flavius Domitianus hatte zeit seines Lebens im Schatten von Titus gestanden, den der Vater stets vorgezogen hatte. Obwohl seit 69 zum Caesar, also zum zweiten Thronerben, ernannt, hatte er sich damit abfinden müssen, im Krieg gegen die aufständischen Germanen und Gallier kein Kommando zu bekommen, während der ältere Bruder den Feldzug gegen die Juden siegreich beendet und mit dem Vater den Triumph gefeiert hatte. Außerdem hatte er sich mit nur sechs Konsulaten begnügen müssen, darunter zwei eponymen, während Titus siebenmal dem Jahr den Namen gegeben hatte. Schlimmer noch, der Bruder hatte an der Seite Vespasians das Reich regiert — Domitian war von den Regierungsgeschäften stets ausgeschlossen gewesen.

Nach Vespasians Tode war das Verhältnis zu Titus nicht besser geworden. Der Prinzeps hatte zwar im Jahre 80 mit Domitian zusammen das eponyme Konsulat bekleidet, aber er hatte den Prinzen weiter von der Reichsverwaltung ferngehalten. So erklärt es sich, daß Domitian bei seiner Thronbesteigung, die sich reibungslos vollzog, ein von brennendem Ehrgeiz erfüllter, in Regierungsgeschäften aber völlig unerfahrener Fürst war, der sich nichts sehnlicher wünschte, als durch glänzende Erfolge seine beiden Vorgänger zu übertreffen. Der kaum dreißigjährige Herrscher besaß eine Menge guter Eigenschaften, Sinn und Lust zur Arbeit, einen nüchternen, lebhaften Verstand und vor allem in der Außenpolitik wie in der Verwaltung des Reiches ein sicheres Gefühl für das Notwendige und

Mögliche. Aber diese Vorzüge wogen seine Fehler nicht auf. Er war hochfahrend, selbstsüchtig, mißtrauisch und skrupellos in der Wahl der Mittel, wenn es galt, seinen Willen durchzusetzen. Er hatte es nie verstanden, mit Gleichgestellten oder Untergebenen umzugehen, und seine schroffe Menschenverachtung stand im Gegensatz zu dem liebenswürdigen und angenehmen Wesen seines älteren Bruders, auf den er maßlos eifersüchtig war. All dies trug nicht eben dazu bei, ihn beim Volke, das Titus schätzte, beliebter zu machen. Es gibt Menschen, deren Wesen immer Anstoß erregt, ob sie es wollen oder nicht. Domitian war eine von diesen unglücklichen Naturen, denen es nicht gegeben war, mit seinen Mitmenschen auszukommen. Dieser unbewußte Haß, den er in seiner Umgebung erregte, hat sogar das Urteil der Nachwelt beeinflußt. Wir besitzen kaum ein Zeugnis, das unparteiisch wäre, obwohl der unglückselige Herrscher sich nach besten Kräften bemühte, seiner schweren Aufgabe, das Reich zu regieren, gerecht zu werden. Während ein Nero nur seinen künstlerischen Neigungen lebte, ohne sich um die wirklichen Fragen der römischen Politik zu kümmern, versuchte Domitian, alle Probleme zu lösen, und hat häufig, weit häufiger jedenfalls, als es die Überlieferung wahrhaben will, den richtigen Weg gewiesen, den dann seine Nachfolger, vor allem Hadrian, eingeschlagen haben. Anstatt also wie die Zeitgenossen sein Andenken zu verdammen und den Stab über ihn zu brechen, wollen wir die Tatsachen sprechen lassen, die in vieler Hinsicht seinem regen Verstand und seiner klugen Voraussicht ein günstiges Zeugnis ausstellen.

Domitian brach nicht sofort mit den Regierungsmaximen seiner beiden Vorgänger, die zur augusteischen Form des Prinzipats zurückgekehrt waren. Aber sein Ziel war natürlich, sich mehr und mehr von der wenn auch nur formellen Kontrolle des Senats zu befreien und alle Macht in seiner Hand zu vereinigen. Er hat in den sechzehn Jahren seiner Regierung zehnmal das Konsulat bekleidet und war im ganzen siebzehnmal Konsul, was keiner der Fürsten vor ihm gewagt hatte. In der Tat brachte der Prinzeps jedesmal, wenn er selber dem Jahr den Namen gab, einen Angehörigen des Senatorenstandes um diese höchste Ehre. Er feierte drei Triumphe – 83 über die Chatten, 86 über die Daker, 89 von neuem über die Chatten und Daker – und ließ sich zweiundzwanzigmal zum Imperator ausrufen. Endlich legte er sich 85, wenn nicht schon 84, den Titel eines Zensors auf Lebenszeit zu. Dieses Amt gab ihm das Recht, nach seiner Wahl den Senat zu ergänzen und auch Senatoren aus dem Hohen Haus auszustoßen. Der Grund des Hasses des Senats gegen Domitian bedarf nach dieser Maßnahme keiner weiteren Erklärung. Hinzu kommt, daß er sich Herr und Gott – dominus et deus – nennen ließ. Man sieht, wie weit Domitian seiner Zeit voraus war. Die Entwicklung des Prinzipats führte notwendigerweise zur absoluten Monarchie, aber der Zeitpunkt war noch nicht gekommen, daß Rom einen solchen Herrscher widerspruchslos geduldet hätte.

Die Verwaltung des Reiches lag bei Domitian in guten Händen. Dem Vorbild des Augustus folgend, umgab er sich mit einem Staatsrat, dessen Mitglieder – Senatoren und Ritter – sorgfältig ausgewählt waren. Für den arbeitsamen, ernsthaften Fürsten war es natürlich viel bequemer, mit einem beschränkten Gremium die Geschäfte zu führen als mit der umständlichen und schwerfälligen Senatsmaschinerie. Durch das Hinzuziehen von einflußreichen und begabten Rittern war es außerdem für Domitian möglich, Bedürfnissen und

Wünschen eines Standes Rechnung zu tragen, der stets treu zu den Flaviern gestanden hatte und den er mehrmals als Gegengewicht gegen die unwilligen Senatoren ausspielen konnte. Wie einst Vitellius zögerte er nicht, mit Angehörigen des Ritterstandes Posten wie die Leitung der auswärtigen Angelegenheiten *(ab epistulis)* oder der Finanzen des Kaiserhauses *(a rationibus)* zu besetzen, die vorher kaiserlichen Freigelassenen vorbehalten gewesen waren. Mit der Schaffung einer ritterlichen Aufsicht über die fünfprozentige Erbschaftsteuer, die *vicesima hereditatium*, änderte Domitian zwar nicht das System der Verpachtung dieser Auflage. Aber er war doch der erste Fürst, der die Einziehung der geschuldeten Summen durch die Steuerpachtgesellschaft sorgsam überwachen ließ und so einerseits dafür Sorge trug, daß der Staat zu seinem Gelde kam, andererseits die Steuerpflichtigen vor Übergriffen der Pächter schützte. Eine weitere richtungweisende Neuerung ist die Dezentralisierung, die unter Domitians Regierung zum erstenmal in Erscheinung tritt.

Es handelt sich um die Errichtung eines ritterlichen Postens, dessen Inhaber der Gladiatorenkaserne in Alexandreia in Ägypten vorstand und ausgebildete Fechter nach Rom zu schicken hatte. Das Interesse Domitians an der Beschaffung von Gladiatoren ist unschwer zu verstehen, wenn man seine Gegnerschaft zu den Senatskreisen bedenkt. Um die Gunst der breiten Massen des Volkes zu gewinnen, handelte er nach dem bewährten Rezept: *panem et circenses* – Brot und Zirkusspiele. Geldverteilungen und Lustbarkeiten erhielten die römische Plebs bei guter Laune, und die Gladiatoren waren eine der Hauptattraktionen des Amphitheaters. So hat denn Domitian auch die vier verschiedenen Gladiatorenkasernen in Rom organisiert und an die Spitze der vornehmsten dieser Anstalten, des *ludus magnus*, einen ritterlichen Prokurator gestellt. Ein anderer Beamter desselben Standes, aber mit geringerem Gehalt, leitete den *ludus matutinus*, in dem man Tierjäger ausbildete, die in der Matinee auftraten, daher der Name dieser Kaserne. Mit der Schaffung dieser Stellen in Rom selbst gab der Fürst Rittern eine Möglichkeit, in der Hauptstadt ihren Einfluß und ihre Gaben zu bewähren.

Eine andere Neuerung, die ganz den Neigungen Domitians entsprach, war die Gründung der Kapitolinischen Spiele in Rom. In der Art der großen griechischen Wettkämpfe sollten Dichter, Musiker und Athleten sich in Zirkus, Odeon und Stadion messen. Letztere waren zwei von den vielen neuen Gebäuden, die Domitian in Rom hatte erstehen lassen.

Alle diese kostspieligen Maßnahmen hatten die Finanzen des Reiches sehr heruntergebracht, und es gab in dieser schwierigen Lage nur einen Ausweg: die Ausgaben des Staates senken und die Einnahmen steigern. Beides war gleich schwierig. Bauten, Vergnügungen, Geldverteilungen waren unabdingbar, wollte Domitian nicht seine Beliebtheit bei den Massen einbüßen; die Truppenzahl herabzusetzen, woran er einen Moment lang dachte, kam ebensowenig in Frage, da die drohende Lage an den Grenzen eher eine Verstärkung als eine Verminderung des Heeres ratsam erscheinen ließ.

Es blieb die Zuflucht zu einer rigorosen Eintreibung der Steuern, aber die Schikanen der Steuerpächter machten allenthalben böses Blut, und das Resultat blieb unzureichend. In den letzten Jahren häuften sich die Verschwörungen. Die Verurteilungen vieler reicher Senatoren und Ritter halfen eine Weile die Kassen füllen, aber auf die Dauer konnten auch die Konfiskationen das Loch nicht stopfen, zumal man voraussehen konnte, daß diese Politik die Anschläge auf das Leben des Herrschers noch vermehren würde.

So hart das Regiment Domitians für die besitzenden Klassen in Rom war, so wohltätig war sein Eintreten für die Bewohner der Provinzen. Er überwachte die Statthalter mit Sorgfalt und Strenge, so daß diese, um mit Sueton zu reden, nie ehrlicher und gerechter waren als unter seiner Regierung. Gegen Ausbeuter ging der Prinzeps rücksichtslos vor, wie im Fall eines Prokonsuls der Baetica in Südspanien, der den Geschädigten aus seiner Provinz Schadenersatz leisten mußte.

Domitian bemühte sich auch sehr um die Romanisierung des Reiches und erließ die notwendigen Ausführungsbestimmungen, so daß endlich die von Vespasian den Spaniern gewährten Rechte tatsächlich wirksam wurden. Die Einrichtung des Amtes der Stadtkuratoren geht ebenfalls auf ihn zurück. Es waren vom Prinzeps ernannte Beamte, meist von senatorischem Rang, die in finanziell bedrängten Munizipien für eine Bereinigung der städtischen Schulden sorgten.

Auch in der Wahrnehmung seiner Pflichten als Pontifex Maximus zeigte der Herrscher außerordentliche Gewissenhaftigkeit. Die Vestalinnen wurden angehalten, ihr Keuschheitsgelübde nicht zu verletzen, und der Fürst scheute sich nicht, im Übertretungsfall mit äußerster Strenge vorzugehen. Die Säkularspiele wurden im Jahre 88 gefeiert, da Domitian die Berechnungen, die es erlaubt hatten, sie unter Claudius im Jahre 47 abzuhalten, für unrichtig erklärte und geltend machte, daß seit 17 v. Chr., das heißt seit den Festen unter Augustus, ein Säkulum verflossen sei.

Die Außenpolitik Domitians zeichnete sich ebenfalls durch klare Beurteilung der Verhältnisse und kluge Besonnenheit aus. Er sah wie einst Augustus ein, daß die Römer sich bei der Ausdehnung ihres Reiches und dem Mangel an Menschen und Mitteln im wesentlichen auf die Defensive beschränken mußten. Er konnte sich aber andererseits nicht dazu entschließen, nur die von außen kommenden Angriffe abzuwehren. Die grundsätzliche Aufgabe des Offensivgeistes demoralisiert und zersetzt letzten Endes jede Armee, und sei sie noch so ausgezeichnet. Domitians Feldzüge zielten darum nicht darauf hin, neue Provinzen dem Reich einzuverleiben. Durch sorgsam geplante Vorstöße gegen die gefährlichsten Feinde wollte der Prinzeps die dräuende Gefahr bannen. Damit nahm Domitian, einmal mehr, die Politik voraus, die seine Nachfolger befolgen werden.

Seit 77 wurde in Britannien unter Agricolas Führung bereits heftig gekämpft. In den Jahren 82 und 83 errang der Schwiegervater des Historikers Cornelius Tacitus, der eine Biographie zu dessen Lob verfaßt hat, neue Siege, vor allem über die Kaledonier im heutigen Schottland. Domitian ließ dem siegreichen Feldherrn vom Senat die Triumphalornamente zuerkennen und rief ihn ab. Tacitus, der hier das Sprachrohr der führenden senatorischen Kreise ist, führt diesen Schritt auf den Neid und die Mißgunst des Fürsten zurück. Er deutet auch an, daß Domitian den sieggekrönten Agricola als Rivalen zu fürchten begann. Es ist wahrscheinlicher, daß die Regierung in Rom uninteressiert daran war, weiteres unfruchtbares Land im Norden Englands zu besetzen, dessen Einkünfte bei weitem nicht die Ausgaben seiner Verwaltung gedeckt hätten. Der Grundsatz, nur gewinnversprechende Annexionen vorzunehmen, ist von Domitian streng befolgt worden.

Die zweite Grenze, an der der Prinzeps offensiv vorging, lag am Rhein. Ein mächtiges germanisches Volk, die Chatten, war im heutigen Hessen rechts des Mains ansässig und bedrohte von den Höhen des Taunus aus die von den Römern in Besitz genommene Wetterau. Domitian wandte sich mit einem starken Heer gegen sie, schlug sie mit Hilfe der Cherusker und gliederte das Taunusgebiet dem Militärbezirk Obergermanien ein. Ein glänzender Triumph im Jahre 83 beschloß den siegreichen Feldzug, was jedoch die Chatten nicht hinderte, im Jahre 88 mit dem Usurpator Antonius Saturninus gemeinsame Sache zu machen. Nachdem Lappius Maximus und Norbanus mit den Truppen von Untergermanien und Raetien der Erhebung Herr geworden waren, kehrte Domitian selbst an den Rhein zurück und stellte die Lage wieder her.

Bis zur Zeit der flavischen Dynastie standen die Legionen an den geographisch gegebenen Grenzen des Rheins und der Donau. Unter Vespasian hatte man das Dekumatenland am oberen Neckar besetzt. Jetzt, nach den Eroberungen des ersten Chattenkrieges, entschloß man sich zur Anlage eines Limes, einer militärisch organisierten Grenzverteidigung. In den in regelmäßigen Abständen an Verbindungsstraßen errichteten Holztürmen standen die Wachen, welche die rückwärts liegenden Einheiten in ihren Kastellen rechtzeitig vor germanischen Angriffen warnen sollten. Manchmal wurde entlang der Grenze ein Zaun errichtet, der sogenannte Flechtwerkzaun, der aber deren Überschreiten nicht wirksam verhindern konnte. Andere Straßen führten ins Hinterland und erleichterten die Ankunft von Verstärkungen aus den Legionslagern.

Nach der Usurpation des Antonius Saturninus und dem zweiten Chattenkrieg wurde diese erste, vom Vinxtbach bis Kesselstadt am Main reichende, hundertfünfundsiebzig Kilometer lange Linie über den Main hinweg nach Süden fortgeführt. Erst den Main entlang bis Wörth, dann quer durch den Odenwald bis Wimpfen am Neckar, schließlich am Neckar entlang bis zur Mündung der Fils. Von dort erreichte der Limes durch das Fils- und Brenztal Faimingen an der Donau.

Eine ähnliche Maßnahme, ebenfalls in zwei Etappen, wurde an der oberen Donau getroffen. Zuerst verlegte man die Grenze durch die Inbesitznahme der Rauhen Alb bis an den oberen Neckar. Dann, gegen Ende der Regierung Domitians, rückte man weiter östlich über die Donau vor, entlang einer nördlich gelegenen Rems-Donaulinie.

Dieser Verzicht auf eine räumliche Ausdehnung des römischen Herrschaftsbereichs beruhte auf der seit langem erkannten Schwäche Roms an Wehr- und Finanzkraft, aber Domitians Verdienst ist es, diese Einsicht in eine zielbewußte Politik umgesetzt zu haben, die seinen Nachfolgern viele Jahrhunderte lang die Richtung gewiesen hat.

Während die Römer in Britannien und am Rhein siegreich vordrangen, mußten sie an der Donaufront heftige Angriffe abwehren. Der Hauptfeind waren die Daker, ein den Thrakern verwandtes, tapferes, kriegerisches Volk, die in der ungarischen Ebene und in Siebenbürgen, nördlich der Donau, ansässig waren. Einstmals im 1. Jahrhundert v. Chr. unter Burebista geeint, hatten sie von den Schwarzmeerstädten griechisches, später von Moesien aus römisches Kulturgut empfangen. Unter Domitians Regierung gelang es einem ihrer Führer, die verschiedenen Stämme von neuem zu einigen; der neue Herrscher, der den Namen Dekebalus annahm, setzte alles daran, sein unterentwickeltes Volk auszubilden.

Freiheit und Unabhängigkeit der Daker waren aber nur dann gewährleistet, wenn sie in Bewaffnung, Schulung und Disziplin ihrer Truppen den Römern ebenbürtig waren. Die römische Regierung sah in diesen Bestrebungen eine Bedrohung ihrer Stellung an der Donau, zumal die Daker mehr und mehr dazu übergingen, mit leicht beweglichen Scharen Raubzüge in das von Rom abhängige Gebiet zu machen.

Von den Dakern abgesehen, waren es sarmatische und germanische Stämme im mittleren Donauraum, einerseits die Jazygen, andererseits die Markomannen und Quaden, die den

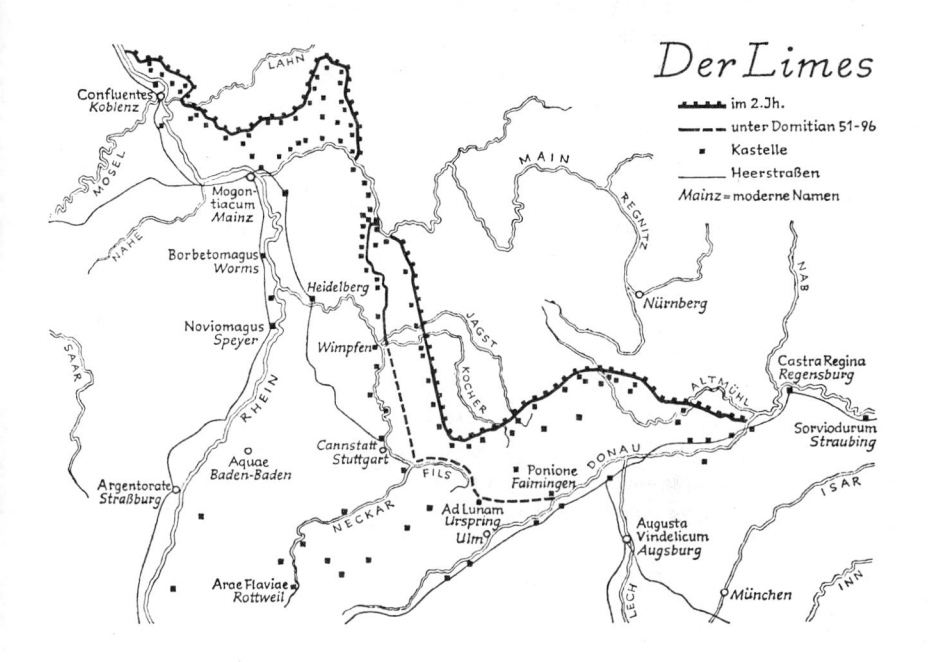

Der Limes

┅┅┅ im 2. Jh.
━━━ unter Domitian 51-96
■ Kastelle
──── Heerstraßen
Mainz = moderne Namen

Confluentes Koblenz
Mogontiacum Mainz
Borbetomagus Worms
Heidelberg
Noviomagus Speyer
Wimpfen
Nürnberg
Castra Regina Regensburg
Sorviodurum Straubing
Aquae Baden-Baden
Cannstatt Stuttgart
Ponione Faimingen
Argentorate Straßburg
Ad Lunam Ursprung Ulm
Augusta Vindelicum Augsburg
Arae Flaviae Rottweil
München

Römern zu schaffen machten. Aber die Kämpfe mit diesen Völkern wechselten mit Abmachungen ab, durch die sich die Gegner gegen den gemeinsamen Feind, die Daker, verbündeten; freilich waren diese Verträge weder dauerhaft noch vertrauenswürdig.

Es würde hier zu weit führen, wollten wir im einzelnen den Ablauf der verschiedenen römischen Expeditionen schildern, die zu Domitians Zeiten an dieser Front unternommen wurden. Die Initiative lag im wesentlichen bei den Römern, aber die Feinde verteidigten sich zäh und setzten häufig zum Gegenstoß an. Bezeichnend für die feste Absicht des Prinzeps, der Bedrohung der Donauprovinzen ein für allemal ein Ende zu bereiten, war seine unversöhnliche Haltung nach römischen Erfolgen. Jedesmal, wenn die geschwächten und geschlagenen Feinde Domitian um Frieden baten, schlug er ihre Anerbietungen ab. Einmal ging er sogar so weit, die Gesandten der Germanen hinrichten zu lassen. Schließlich aber, nach einer besonders schmählichen Niederlage gegen die Germanen, die dabei eine Legion vernichteten, mußte sich der Prinzeps dazu bereit finden, um eine Koalition von Dakern,

Sarmaten und Germanen zu verhindern, mit einer der beiden gegnerischen Parteien einen Friedensvertrag zu schließen. Er entschied sich für den Dakerfürsten, der das römische Protektorat anerkannte, dafür aber finanzielle und technische Unterstützung von Rom erhielt, die es ihm endlich ermöglichte, seine Armee nach römischem Muster auszurüsten und die für den Schutz seines Landes notwendigen Befestigungen anzulegen.

Domitian hatte so die Hände frei, sich im Jahre 92 von neuem gegen die Sarmaten und Germanen zu wenden. Obwohl auch dieser Krieg mit einer blutigen Schlappe begann — eine aus Obergermanien zur Verstärkung herbeigeführte Legion, die *XXI Rapax*, wurde samt ihrem Legaten vernichtet —, gelang es schließlich Domitian selbst, den Feldzug siegreich zu beenden. Aber er war einsichtig genug, aus der gespannten Lage an dieser Grenze die Folgerungen zu ziehen. Er teilte die Provinz Moesien, so daß zwei Statthalter mit verstärkten Besatzungen die lang ausgedehnte Grenze überwachten, die außerdem durch den Bau eines Limes geschützt wurde.

So endete die Donaupolitik des Prinzeps mit einem Unentschieden, die Lage an dieser Front blieb weiter unsicher und bedrohlich. Nur eine großangelegte Offensive konnte bleibende Abhilfe schaffen, aber eine solche Maßnahme lag dem jedem Abenteuer abgeneigten Domitian fern. Sie blieb Trajan vorbehalten.

Ganz ähnlich stand es an der Ostfront, aber auch hier ließ sich der Prinzeps nicht zu unüberlegten Schritten hinreißen; der Frieden am Euphrat bestand ungestört weiter.

Voller Fürsorge für das Volk von Rom und die Bewohner Italiens, segensreich für die Provinzen, verständig und maßvoll in seiner Außenpolitik, sollte Domitian trotz allem an seiner Feindschaft zum Senat scheitern. Schon 83 und 87 waren Verschwörungen aufgedeckt worden, die viele Adlige, darunter Domitians nächsten Blutsverwandten, seinen Vetter T. Flavius Sabinus, das Leben kosteten. Ein Jahr später kam es zu einer bewaffneten Erhebung in Obergermanien, wo sich der Statthalter Lucius Antonius Saturninus zum Prinzeps ausrufen ließ. Trotz der Unterstützung durch seine germanischen Verbündeten, die Chatten, wurde der Usurpator, noch ehe der Herrscher am Rhein erschien, geschlagen und umgebracht. Die Treue der Legionen, die den Aufstand im Keim erstickt hatten, ließ keinen Zweifel darüber, daß die Opposition nicht auf das Heer zählen konnte, um den Flavier zu stürzen. So nahmen die Verschwörer ihre Zuflucht zu Mordanschlägen, die der von Natur mißtrauische Domitian mit Blutgerichten und Verbannungen beantwortete.

Besonders verhaßt waren ihm die Philosophen, die im Namen der Moral und der Menschlichkeit sein autokratisches Schreckensregiment verurteilten. Ihre Anhänger unter den Senatoren wurden ins Exil getrieben, manche sogar zum Tode verurteilt. Schließlich wurden die Philosophen selbst erst aus Rom, wenig später aus Italien ausgewiesen. Epiktet und Dion Chrysostomos befanden sich unter den Opfern dieser Verfolgung.

Auch gegen Juden und Christen verhielt sich Domitian feindlich. Die Kopfsteuer, die jene seit der Zerstörung des Tempels in Jerusalem entrichten mußten, wurde rücksichtslos eingetrieben. Unter den Gläubigen der neuen Religion, des Christentums, fanden viele nicht nur in Rom, sondern auch in gewissen Provinzen, so in Asia, den Tod, darunter selbst Angehörige des Kaiserhauses und Senatoren; andere mußten in die Verbannung gehen. Der Evangelist Johannes wurde in Rom gefoltert, dann auf die Insel Patmos ins Exil geschickt.

Der Terror, der seit 93 in der Hauptstadt herrschte, verschlechterte die Lage Domitians in zunehmendem Maße. Seine unerbittliche Strenge schuf ihm immer neue Feinde, die sich seiner um jeden Preis entledigen wollten. Es kam schließlich soweit, daß Domitian sich von allen Menschen seiner Umgebung gehaßt und verfolgt fühlte und niemandem mehr traute. Im Jahre 96 zettelten zwei Hofbeamte, die für ihr Leben fürchteten, ein Komplott an, dem die beiden Prätorianerpräfekten und schließlich sogar die Gemahlin des Prinzeps beitraten. Man einigte sich auf den Nachfolger des Prinzeps, M. Cocceius Nerva, einen in Ehren ergrauten patrizischen Konsular. Einer der beiden Hofbeamten drang in das Schlafgemach des Herrschers ein und erdolchte Domitian trotz verzweifelter Gegenwehr (18. September 96). Die beiden kleinen Söhne seines Vetters T. Flavius Sabinus, die der Prinzeps als seine Erben bezeichnet hatte, waren zu jung. So bedeutete der Tod Domitians auch das Ende der flavischen Dynastie.

Nerva

Aus einer patrizischen Familie Narnias in Umbrien stammend, war der neue Herrscher mit seinen siebzig Jahren der rangälteste Senator, da er bereits zweimal, mit Vespasian 71, mit Domitian 90, dem Jahr den Namen gegeben hatte. Seine Wahl bedeutete den Bruch mit der brutalen Tyrannei des letzten Flaviers und den Beginn des heißersehnten Zeitalters der Gedanken- und Redefreiheit. In Senat und Ritterschaft atmete man auf, der Jubel nahm gelegentlich lärmende Formen an. Das Andenken an den ermordeten Domitian wurde vom Senat in feierlicher Sitzung verdammt, sein Name auf allen Denkmälern mit Feuereifer ausgemeißelt, ja man wollte sich sogar an den ärgsten Anhängern des gestürzten Regimes rächen. Nerva selbst mußte die aufgeregten Gemüter beruhigen.

Aber diese Gefühle wurden nicht von allen Römern geteilt; denn das Volk von Rom und das Heer hatten bis zuletzt treu zu Domitian gehalten. Die waffenlose, römische Plebs mußte die Ereignisse hinnehmen, nicht so die Armee. Die Prätorianer sprachen davon, für ihren gemordeten Herrn und Wohltäter blutige Rache zu nehmen; es gärte auch an der Donau und in Syrien, wo der Statthalter die Meinung seiner Truppen teilte.

Es fehlte zum Ausbruch eines Bürgerkrieges zu Nervas Glück nur der geeignete Heerführer, der ihn entfesselte. Die Zeit und ein erkleckliches Geldgeschenk beruhigten die Garde, während an der Donau der dort weilende Philosoph und Rhetor Dion Chrysostomos von Prusa die Legionen besänftigte. In Syrien blieb ebenfalls alles ruhig, da der Statthalter nicht den Mut hatte, sich allein gegen den neuen Prinzeps zu erheben.

Die Gefahr war für den Augenblick beschworen, aber nicht endgültig gebannt. Eine ungeschickte Maßnahme Nervas stellte von neuem alles in Frage. Wenn auch der Prinzeps unter dem Druck seiner Umgebung den ihn bedrängenden Prätorianern nachgab und damit im Moment seinen Thron rettete, so blieb ihm nach diesem Prestigeverlust nichts weiter übrig, als sich unverzüglich nach einem Thronfolger umzusehen, der beiden Parteien, dem konservativen Senat und den noch an Domitian hängenden Truppen, genehm war.

Nerva entschied sich für Marcus Ulpius Traianus, der zur Zeit seiner Adoption (16.–30. Oktober 97) Statthalter von Obergermanien war und den Ruf eines ausgezeichneten Heerführers genoß. Obwohl er durch die Verleihung der tribunizischen Gewalt zum Mitregenten erhoben worden war, verließ Trajan die Rheingrenze nicht, sondern führte die militärischen Operationen gegen die Germanen am Niederrhein zu einem guten Ende. Auch gegen die Sueben an der mittleren Donau wurde glücklich gekämpft; Nerva und Trajan konnten auf Grund dieser Erfolge den Ehrennamen Germanicus annehmen.

Aber das Hauptverdienst der kurzen Regierung Nervas liegt auf dem Gebiet der inneren Politik und Verwaltung. So lasteten zum Beispiel die Kosten für die Bespannung der kaiserlichen Postwagen schwer auf den Eigentümern der längs der Hauptstraßen Italiens liegenden Grundstücke, die seit der Gründung dieser Einrichtung durch Augustus verpflichtet waren, reihum die dafür notwendigen Pferde zu stellen. Natürlich handelte es sich nicht um die Beförderung von Gütern, sondern um einen Eilnachrichtendienst, mit dessen Hilfe Kuriere – die Pferde wurden etwa alle zwölf bis fünfzehn Kilometer gewechselt – von jedem Ende des Reiches nach Rom gelangen konnten. Nerva übernahm die Bürde und zahlte die Kosten für die Tiere aus dem Staatsschatz. Ein ritterlicher Beamter, der Präfekt der Postwagen, *praefectus vehiculorum*, leitete von nun an den staatlichen Nachrichtendienst.

Die Erbschaftsteuer wurde unter gewissen Bedingungen für Eltern und Kinder ermäßigt. Aber die wichtigste Neuerung war die Einrichtung der sogenannten Alimentarstiftungen, die freilich erst unter Trajan verwirklicht wurden. Es handelte sich um erhebliche Summen Geldes, die als kündigungslose erste Hypotheken zu zwölf Prozent auf italische Grundstücke geliehen wurden, mit der Maßgabe, daß von den jährlich auflaufenden Zinsgeldern freigeborene italische Kinder aufgezogen werden sollten. Diese Geburtenprämie sollte der wachsenden Entvölkerung der Apenninenhalbinsel Einhalt gebieten. Nerva starb bereits im Januar 98.

Trajan

Felicior Augusto, melior Traiano, »glücklicher als Augustus, besser als Trajan«, das wünschten die Römer jedem Nachfolger Trajans bei seiner Thronbesteigung. Dieser Herrscher ist in der Tat der einzige unter allen römischen Kaisern, dem der Senat im Jahre 114 den Ehrennamen Optimus zuerkannte. Aber dieser Beschluß bestätigte nur offiziell die spontanen Gefühle der Bewohner des Reiches, die bereits Jahre vorher auf vielen Ehrensteinen diesen Beinamen in die offizielle Titulatur des Prinzeps eingefügt hatten.

Die Ursachen für diese Verehrung und Bewunderung Trajans als Kaiser und Menschen liegen klar zutage. Schon sein Werdegang nahm für ihn ein, vor allem begeisterte er die Bewohner der Provinzen, die ihn als einen der ihrigen in Anspruch nehmen konnten. Trajan stammte aus Italica in der Baetica in Spanien, aus einem jener Geschlechter der Munizipalaristokratie, dessen Angehörige sich in der Leitung der städtischen Angelegenheiten Erfahrungen und Ansehen erworben und denen die Flavier den Weg in den Senat eröffnet hatten. So hatte bereits Trajans gleichnamiger Vater eine glänzende Laufbahn hinter sich, als er 76 als Statthalter von Syrien den Angriffen des Partherkönigs Vologeses I. die Stirn bot. Dies trug ihm, außer den Triumphalornamenten, drei Jahre später das Prokonsulat von Asien ein. Die brillante Karriere des Vaters ebnete dem Sohn die Bahn.

Dieser war ein geborener Soldat. Anstatt sich wie alle jungen Senatoren damit zu begnügen, sein Jahr abzudienen, blieb er freiwillig lange Jahre unter den Waffen und zeichnete sich überall durch Eifer und Verantwortungsbereitschaft aus. Er durchlief dann die üblichen Etappen der senatorischen Laufbahn und erhielt sein erstes eponymes Konsulat im Jahre 91, nachdem er im Winter 88/89 beim Aufstand des L. Antonius Saturninus Domitian die Treue gehalten hatte. Als ihn Nerva zum Mitregenten erkor, war er Statthalter von Obergermanien, wo er sich ebenso als Heerführer wie als Verwaltungsbeamter auszeichnete. Die Soldaten, die er persönlich kannte und für deren Wohl und Wehe er wie ein Vater sorgte, vergötterten ihn, obwohl er unerbittlich im Dienst war und schier Übermenschliches von ihnen verlangte, doch nicht mehr, als er selbst sich zumutete. Die Provinzialen andererseits wußten sich unter ihm in den besten Händen.

Durch ein besonderes Glück sind uns die Briefe mit den Antworten erhalten, die Trajan auf die Anfragen seines Freundes und Statthalters von Bithynien und Pontos, Plinius des Jüngeren, erteilte. In ihrer lakonischen Treffsicherheit lassen sie alle eines Fürsten würdigen Vorzüge erkennen! Klare Einsicht, rasche Erkenntnis der Lage und besonnene, durchführbare Entschlüsse, die einen angeborenen Sinn für Unparteilichkeit und Gerechtigkeit erkennen lassen. Fast noch wichtiger aber waren seine menschlichen Qualitäten. Seine harmonischen, männlich schönen Gesichtszüge, seine vornehme Haltung, das Gleichmaß seines Charakters, seine Einfachheit, seine liebenswürdige Bescheidenheit waren unwiderstehlich. Alle hatten das Gefühl, endlich einen Herrscher gefunden zu haben, der nicht nur dank seinen staatsmännischen Gaben Rom und das Reich zu Blüte und Wohlstand führen, sondern auch durch seine Warmherzigkeit und Großzügigkeit den Bürgern ein glückliches und heiteres Dasein bescheren würde. Dieselben Menschen, denen das Leben unter der Tyrannei Domitians zu einer untragbaren Bürde geworden war, atmeten unter Trajans milder, humaner Herrschaft befreit auf.

Der spätere Kaiser Hadrian brachte zu Beginn des Jahres 98 seinem Großonkel Trajan die Nachricht vom Ableben Nervas nach Köln. Diese Meldung veranlaßte aber den Prinzeps durchaus nicht, sofort nach Rom aufzubrechen, wo keinerlei Opposition sich seiner Alleinherrschaft widersetzte. Er konnte auf diese Weise am Rhein und an der oberen Donau die in Angriff genommenen Arbeiten am Limes zu Ende führen, das Straßennetz dieser Regionen ausbauen und zur Sicherung römische Kolonien wie Ulpia Traiana (Xanten) und Städte wie Ulpia Noviomagus (Nymwegen) anlegen. Als er dann zu Beginn des Sommers 99 in Rom eintraf, glich sein Einzug einem Triumph.

Die große bange Frage, die sich jetzt stellte, war das Verhältnis des Prinzeps zum Senat. Würde dieser Kaiser, mehr Soldat als irgendeiner seiner Vorgänger, nicht dem Heer alle Macht einräumen? Diese Befürchtungen sollten sich als grundlos herausstellen. Freilich wäre es übertrieben zu behaupten, daß die »Hohe Versammlung« unter Trajan einen ausschlaggebenden Einfluß auf die Politik ausgeübt hätte, aber die Formen wurden peinlich gewahrt. Der Kaiser verstand es, im Senat durch sein häufiges, persönliches Erscheinen und den Respekt, den er den Mitgliedern im allgemeinen und im besonderen zollte, den Eindruck zu erwecken, daß es ihm darauf ankam, im Einvernehmen mit der konservativen, hochadligen Partei zu regieren. Die im Dienst ergrauten, erfahrenen Konsulare wurden dadurch gewonnen, daß der Kaiser sie wechselweise in seinen Staatsrat berief, und man kann verschiedenen Briefen des jüngeren Plinius entnehmen, wie sehr seine Standesgenossen und er selbst diese Ehre zu schätzen wußten. So brachte es denn Trajan fertig, daß seine Eroberungspolitik nicht nur von der Armee gutgeheißen wurde, die darauf brannte, die unter Domitians Führung erlittenen Niederlagen zu rächen, sondern auch von den seit Augustus auf eine defensive Haltung eingeschworenen Senatoren.

Man kann sich allerdings fragen, ob denn dieser Adel wirklich geeignet und bereit war, die Dienste zu leisten, die der Herrscher von ihm erwartete. Man darf sich in der Tat über die Zusammensetzung der »Hohen Versammlung« keinerlei Illusionen hingeben. Zum größten Teil entstammten die Senatoren des beginnenden 2. Jahrhunderts den wohlhabenden Familien des italischen Munizipaladels, die unter den Flaviern hochgekommen waren. Die uralten patrizischen Geschlechter der Aemilii, Fabii, Domitii waren längst ausgestorben, und nur wenige kärgliche Überreste der Nobilität hatten sich über die hundertdreißig Jahre des Prinzipats hinwegretten können.

Mit Trajan steigt der erste Römer aus Spanien auf den Thron und bevorzugte natürlich seine eigenen Landsleute. Aber auch andere Provinzen, vor allem Gallia Narbonensis und Asia, stellen mehr und mehr Anwärter auf die großen Posten im Reich. Diese *novi homines* hatten die Eigenschaften, die den Italikern mehr und mehr abgingen, nämlich Entschlußkraft und Kenntnisse. Selbst ein so kultivierter und begabter Schriftsteller wie Plinius der Jüngere war der Aufgabe, als kaiserlicher Bevollmächtigter in der Senatsprovinz Ordnung zu schaffen, nicht recht gewachsen. Bei jeder Gelegenheit fragte er den Kaiser um Rat, und dieser ließ ihn in seinen Antworten fühlen, daß er Plinius' Bedenken, selber zu entscheiden, häufig für unbegründet und überflüssig hielt.

Anders steht es mit den Rittern, die unter Trajan weitere Fortschritte ihres Einflusses buchen können. Hier fand der Fürst die Helfer, entschlossene und disziplinierte Männer, die er brauchte. Darum ließ er sich auch durch die über Domitians Andenken ausgesprochene Verdammung nicht anfechten, alle von dem letzten Flavier angebahnten Reformen weiterzuführen. In Rom selbst ersetzten die Mitglieder des Ritterstandes mehr und mehr die kaiserlichen Freigelassenen, die unter anderem die Leitung der kaiserlichen Finanzen, das Amt des *a rationibus*, der Erbschaftssteuer und des Hausvermögens verloren. Trajan war auch der erste Kaiser, der die Eintreibung einer Steuer in staatliche Regie nahm, was bald darauf für alle anderen Steuern die Regel werden sollte. Trajan schuf ferner eine große Anzahl von Subalternstellen und ermöglichte es auf diese Weise immer mehr Rittern, eine Staatslaufbahn einzuschlagen. In den meisten Fällen waren die Inhaber dieser Posten höheren Beamten senatorischer oder ritterlicher Herkunft zur Entlastung beigeordnet worden, aber diese Untergebenen überwachten zugleich ihre Vorgesetzten und hatten das Recht und die Pflicht, wenn ihnen Unregelmäßigkeiten auffallen sollten, darüber nach Rom zu berichten. Der Kaiser konnte so eine bessere Kontrolle über seine verantwortlichen Beamten ausüben und erfuhr unverzüglich, was wirklich in den Provinzen vorging.

Dieser straffen Verwaltung entsprach auch die Sorgfalt, die Trajan auf die Reichsfinanzen verwandte. Die Großzügigkeit Domitians hatte dazu geführt, daß Trajan bei seinem Regierungsantritt leere Kassen angetroffen hatte. Durch einen Verzicht auf die Steuerrückstände stellte er das Vertrauen wieder her. Dann aber ermöglichten ihm freiwillige Spenden der reichen Notabeln und vor allem die Beute und die Einkünfte aus Dakien, den erhöhten Ausgaben für Heer und Volk von Rom gerecht zu werden. Kein Kaiser vor ihm hat in der Tat die Römer mit Darbietungen aller Art so sehr verwöhnt wie der Sieger über Dakien. Auch seine Bautätigkeit in Rom selbst und vielen anderen Städten des Reiches stellte alles bisher Dagewesene in den Schatten.

Die Errichtung der Trajanssäule mit ihrer in Stein gehauenen Darstellung der beiden dakischen Kriege, die sich wie eine Ranke um sie legt, erforderte ungeheure Erdarbeiten, von der künstlerischen Gestaltung ganz zu schweigen. Der Trajansmarkt, von gewaltigen Ausmaßen, erlaubt es noch heute, den Sinn des Herrschers für Majestät und Großartigkeit nachzuempfinden. In Ostia legte er, dem Beispiel des Claudius folgend, einen neuen Hafen an und erleichterte so durch beschleunigte Auslademöglichkeiten der afrikanischen und ägyptischen Getreideschiffe die Brotversorgung der Stadt am Tiber.

Nie hat sich Rom sicherer und stärker gefühlt als unter Trajan. Aber es waren nicht diese bedeutsamen innenpolitischen Neuerungen, die so sehr zu seinem Ruhm beigetragen haben, sondern weit mehr seine siegreichen Kriege gegen die Daker. Aus Domitians verlustreichen Rückschlägen hatte der erprobte Kriegsmann gelernt, daß man die Bedrohung der mittleren und unteren Donaufront nur durch einen entscheidenden Sieg über diese Feinde beseitigen könnte. Das setzte aber eine schwierige Kriegführung im bergigen Transsylvanien voraus, für die das römische Heer nicht stark genug war, abgesehen auch davon, daß die Einverleibung Dakiens eine nennenswerte Verlängerung der Grenzen bedeutet hätte. Trajan entschloß sich, die Truppenzahl seiner Armee zu erhöhen, und stellte außer zahlreichen Auxiliaralen und Kohorten zwei neue Legionen auf, die *II. Traiana fortis* und *XXX. Ulpia victrix*, deren Namen keinen Zweifel über ihren Gründer lassen. Dann wurde ein außerordentlich mächtiges Aufgebot zusammengezogen: nicht weniger als zwölf Legionen waren teils geschlossen, teils mit Abteilungen an diesem Krieg beteiligt. Trotz der erbitterten Gegenwehr der Daker stand Trajan nach zwei Feldzügen vor Sarmizegetusa, und Dekebal war gezwungen, um Frieden zu bitten. Die Bedingungen waren hart: Verzicht auf die römischen Subsidien, Rückkehr aller Techniker, die Domitian seinerzeit zur Verfügung gestellt hatte, Schleifung der Befestigungen und Stellung von Hilfstruppen. Bis zur Erfüllung des Vertrages mußten die Daker das gesamte, von den Römern eroberte Gebiet einschließlich ihrer Hauptstadt Sarmizegetusa an diese abtreten. Bei seiner Rückkehr nach Rom ehrte der Senat Trajan durch Verleihung des Beinamens *Dacicus*. Ein glänzender Triumph beschloß den Krieg im Herbst 102.

Für Dekebal war der Frieden nur ein Waffenstillstand, dessen Dauer er benutzte, um sich für den Entscheidungskampf zu rüsten. Seine Vorbereitungen blieben aber den Römern nicht verborgen, so daß der Senat im Jahre 105 nicht länger zögerte, ihm von neuem den Krieg zu erklären. Diesmal war es Trajans feste Absicht, ganz Dakien dem Römischen Reich einzuverleiben und so ein für allemal diese Gefahr aus der Welt zu schaffen. Diese neue

Provinz würde außerdem wie ein Keil nach Norden vorgetrieben, und das würde es den Römern erleichtern, etwaige Einfälle der Barbaren aufzufangen und, bevor sie die eigentliche Grenze erreichten, abzuwehren.

Auf römischer Seite wurden wieder außerordentliche Anstrengungen gemacht. Unter anderem wurde zur Sicherung des Nachschubs des fechtenden Heeres bei Drobeta, dem heutigen Turnu Severin, von dem berühmtesten Baumeister seiner Zeit, Apollodorus aus Damaskus, eine große Brücke über die Donau geschlagen, deren Überreste heute noch sichtbar sind. Die Römer griffen in zwei Kolonnen von Osten und Westen aus an, und die in die Zange genommenen, schließlich eingekreisten Daker unterlagen. Auch ihre neue Hauptstadt konnte dem Angriff der Legionen nicht widerstehen. Nach einer Niederlage unter ihren Mauern äscherte Dekebal sie ein. Die meisten Stammesfürsten verzweifelten am Ausgang des Kampfes und vergifteten sich nach einem Gelage. Nur der König gab noch nicht alles verloren, wich nach Norden aus und führte einen für die Römer verlustreichen Guerillakrieg, bis er, um nicht in ihre Hände zu fallen, sich selbst den Tod geben mußte. Wenn auch die letzten seiner Getreuen sich nicht ergaben und ihr Leben so teuer wie möglich verkauften, so war doch der Krieg zu Ende, ein Krieg, in dem der Großteil der Daker umgekommen war, während der Rest auswanderte, um sich nicht der römischen Herrschaft beugen zu müssen.

Trajan entschloß sich nun zu einer Ordnung der Verhältnisse an der Donaufront, die immer häufiger die gefährlichsten Angriffe der Barbaren auszuhalten hatte. Vor allem wurde die Grenze überall an den Fluß verlegt, wie es die Anlage der pannonischen Legionslager in Brigetio (Szöny), Aquincum (Buda) und Acumincum (Slankamen) beweist. Hingegen unterließ man es, das Gebiet der sarmatischen Jazygen, zwischen Donau und Theiß im heutigen Ungarn, in Besitz zu nehmen, obwohl der künftige Kaiser Hadrian sie im Jahre 107 nach einem Einfall in Unterpannonien, wo er Statthalter war, geschlagen und zum Friedensschluß gezwungen hatte. Trajan begnügte sich mit einem Vasallenverhältnis dieses Stammes zu Rom, obwohl auf diese Weise Dakien auf drei Seiten von römischen Verteidigungslinien geschützt werden mußte.

Die neu eingerichtete konsularische Provinz war völlig verödet und menschenleer. Im Rahmen der großen Romanisierungsaktion im ganzen Donauraum zog der Kaiser außer Dakern aus den anliegenden Grenzgebieten auch Siedler von Kleinasien und Syrien, Dalmatien und Pannonien herbei. Auch zahlreiche Veteranen ließen sich in den neuen römischen Städten, der Kolonie Ulpia Traiana Sarmizegetusa und den Munizipien Napoca (Cluj), Potaissa (in der Nähe von Turda) und Apulum (Alba Iulia), nieder. Die Goldbergwerke um Ampelum (Zlatna), Alburnus Maior (Abrud) und Apulum wurden ebenfalls wieder in Betrieb genommen, ebenso wie die Silber-, Eisen- und Salzgruben. Man hat behauptet, daß die Bodenschätze Dakiens, vor allem aber die sehr beträchtlichen Goldreserven Dekebals, der wahre Grund für die Eroberung des Landes gewesen wären, aber das heißt der römischen Regierung Motive unterschieben, die sie zweifellos nicht gehabt hat. Ein enges Straßennetz verringerte die Entfernung zwischen den neuen und den alten Provinzen an der Donau, wo man, vor allem am Unterlauf des Stromes, durch den Bau von Legionsfestungen in Durostorum (Silistra) und Troesmis

Marcus Ulpius Traianus
Marmorskulptur, um 120. Ostia, Museum

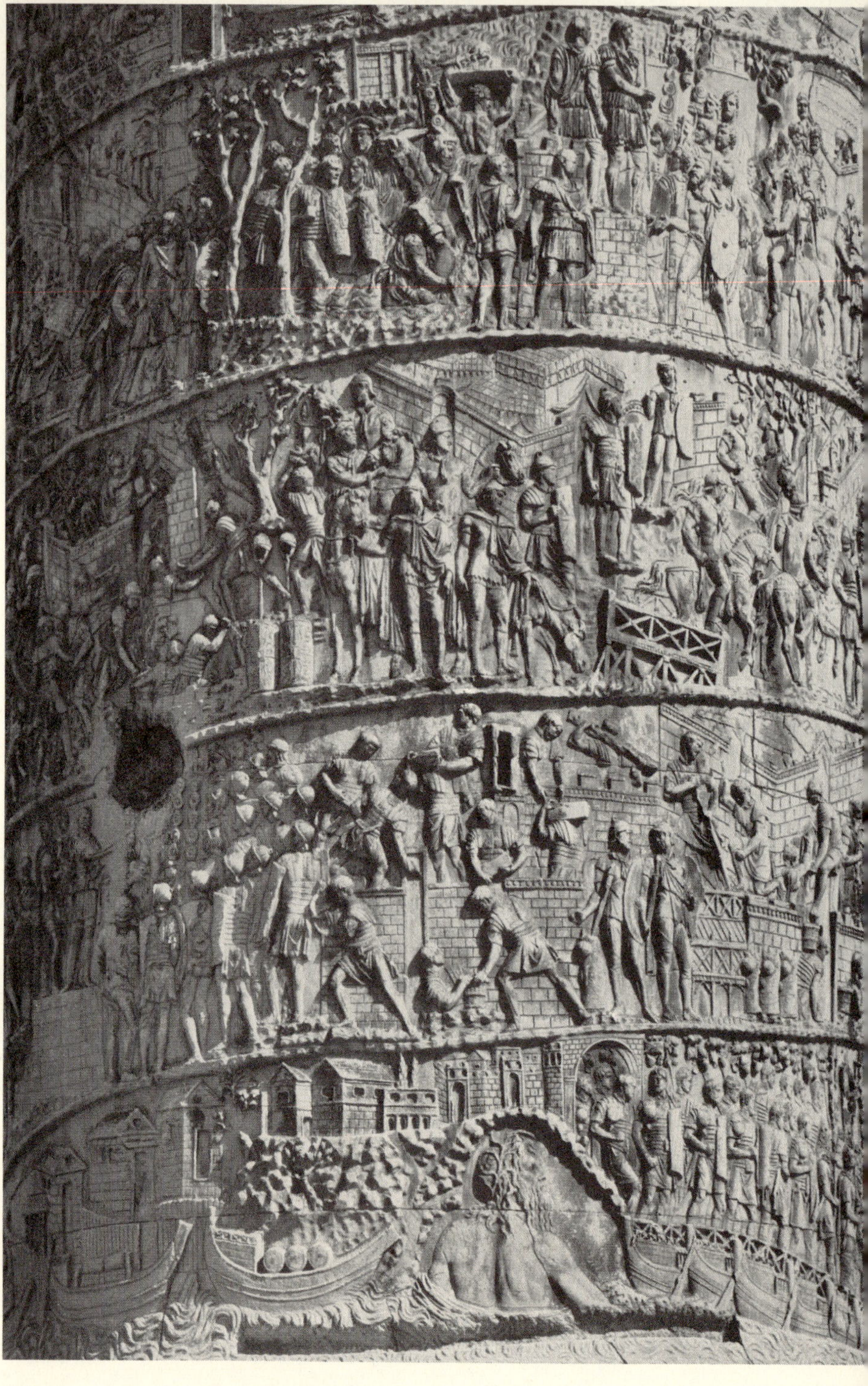

(Iglitza) sowie durch Kastelle gegenüber der Mündung des Sereth und am Einfluß der Ialomita die Verteidigung dieses bedrohten Grenzabschnittes bedeutend verstärkt hatte. Nicht weniger als zehn Legionen hielten von nun an die Wacht an der Donau. Ihre Aufteilung unter die fünf kaiserlichen konsularischen Provinzen von Ober- und Unterpannonien, den beiden, 102 entstandenen Teilprovinzen Pannoniens, von Dakien, Ober- und Untermoesien ermöglichte eine raschere Abwehr etwaiger feindlicher Einfälle. Wichtig war auch die Umwandlung des bisher von einem Ritter verwalteten Thrakiens in eine senatorische Provinz mit prätorischem Rang. Diese Maßnahmen gingen Hand in Hand mit einem umfänglichen Romanisierungsprogramm, von dem außer Dakien besonders Thrakien ergriffen wurde, wo die bestehenden Städte wie Serdica, das heutige Sofia, und Nicopolis ad Istrum gefördert und ausgebaut wurden. Viele neue Munizipien wurden gegründet, unter anderem Augusta Traiana und Traianopolis. Aber dieselbe Politik läßt sich auch in den übrigen Donauprovinzen nachweisen; wir erinnern nur an die Erhebung von Poetovio in Oberpannonien und Ratiaria und Oescus in Untermoesien zu römischen Kolonien.

Nach der Bereinigung der Konflikte an der Donaufront wandte Trajan seine Aufmerksamkeit dem Orient zu. War es wirklich seine Absicht, wie manche moderne Gelehrte es angenommen haben, das parthische Großreich, den einzigen ebenbürtigen Gegner Roms, zu vernichten? Gewiß kann man dafür die Annexion des Nabatäerreichs im Jahre 106 anführen, das A. Cornelius Palma von Syrien aus eroberte und als Provinz einrichtete. Diese, Arabia genannt, wurde sofort durch einen Limes geschützt, Straßen wurden gebaut und vor allem eine Legion, die *III. Cyrenaica* aus Ägypten, dem prätorischen kaiserlichen Statthalter als Garnison unterstellt. Aber in Wirklichkeit entsprach der Ortswechsel dieser Einheit keiner Verstärkung der römischen Orienttruppen, sondern eher einer Verschlechterung der Verteidigungslage, da dieselbe Anzahl von Legionen jetzt eine längere Frontstrecke zu sichern hatte. In der Tat kann man die Anwesenheit der *legio II. Traiana fortis* am Nil nicht vor 127 feststellen.

Dieses Argument scheint uns ausschlaggebend. Wir können nicht annehmen, daß ein so ausgezeichneter Feldherr wie Trajan sich auf einen solchen Eroberungskrieg eingelassen hätte, ohne vorher durch umfangreiche Aushebungen die Gesamtstärke der römischen Truppen auf einen höheren Stand gebracht zu haben, wie es im übrigen vorher und nachher alle römischen Herrscher getan hatten. Es handelte sich ja nicht nur darum, die Parther vernichtend zu schlagen, dazu mochte das römische Heer ausgereicht haben, sondern vor allem um die Inbesitznahme weiter Gebiete Assyriens und Babyloniens, vom eigentlichen Persien ganz zu schweigen. So will es uns denn eher scheinen, als ob Trajans Plan nur auf eine Schwächung der parthischen Macht und auf eine Unterwerfung des Zweistromlandes ausging, ohne daß er jedoch die Einverleibung des gesamten Gebietes ins Auge gefaßt hätte. Die Möglichkeit, den parthischen Zwischenhandel auszuschalten und durch die Besetzung von Häfen am Persischen Meerbusen direkte Handelsbeziehungen mit Indien und dem

Der Dakerfeldzug des Kaisers Trajan
Aus der Reliefspirale der Trajan-Säule auf dem Forum Romanum, 113

Fernen Osten, den Produktionsländern von Spezereien, Elfenbein und Seide, aufzunehmen, ist sicher von ihm nicht erwogen worden. Sie entspricht modernen Anschauungen, die im Altertum unbekannt waren.

Im Jahre 113 waren die umfangreichen und sorgfältigen Vorbereitungen für den Angriff auf die Parther beendigt. Außer den sieben Legionen, die ständig im Osten die Wacht hielten, hatte Trajan Verstärkungen, vor allem von der Donaufront, herangeführt. Ein Anlaß zum Kriege war rasch gefunden, da der Partherkönig Chusro I. wieder einmal den römerfreundlichen Klientelkönig von Armenien verjagt und an dessen Stelle einen Scheinregenten von seinen eigenen Gnaden eingesetzt hatte.

Im Jahre 114 erschien der Kaiser selbst auf dem Kriegsschauplatz. Er handelte nach einem reiflich überlegten Operationsplan. Anstatt wie einst der unselige Crassus die Wüste zu durchqueren und dann, dem Lauf des Tigris folgend, die Stadt Seleukeia zu erreichen, wollte Trajan erst die Lage in Armenien bereinigen und so seinen Rücken decken. Die Erfahrungen des ruhmlosen Feldzugs des Triumvirs Antonius hatten ferner gezeigt, daß die Entfernungen zu groß waren, um mit Erfolg in einem einzigen Feldzug bis zu den Hauptstädten Babylon, Ktesiphon und Seleukeia vorzustoßen oder gar die Macht der Parther im ersten Ansturm zu brechen. So schuf sich der Kaiser zuallererst eine sichere Ausgangsstellung im Norden, wo er in Elegeia, bei dem heutigen Erzerum, mit den Fürsten der Kaukasusvölker in Verbindung trat und sie für die römische Sache gewann. Nun konnte der Nachschub unbehelligt der Straße von Trapezunt zum Euphrat folgen. Trajan weigerte sich dann, den von den Parthern auf den Thron erhobenen König von Armenien anzuerkennen, und setzte ihn ab, sein Reich wurde zur Provinz Kappadokien geschlagen.

Die Annexion von Armenien veranlaßte den Partherkönig, Rom den Krieg zu erklären, der im Frühjahr 115 ausbrach. Trajan hatte den Winter in Edessa verbracht, dessen Fürst Abgar sich ihm angeschlossen hatte. Das römische Heer brach von Osten her in Mesopotamien ein und nahm die Hauptstädte dieses Landes, vor allem Nisibis, mit Waffengewalt, während Singara ohne Schwertstreich fiel.

Die Winterquartiere bezog Trajan in Antiocheia in Syrien, das damals von einem schweren Erdbeben heimgesucht wurde. Im Jahre 116 führte der Kaiser den Hauptstoß und gelangte jenseits des Tigris durch die Adiabene vor Ktesiphon, ohne daß es jedoch zu einer entscheidenden Schlacht gekommen wäre. Diese Hauptstadt und Seleukeia wurden im Sturm genommen, Babylon ergab sich ohne Kampf.

Chusro I. floh in seine Stammländer, Trajan annektierte Mesopotamien und die jenseits des Tigris liegende Landschaft Adiabene und richtete beide Gebiete als römische Provinzen ein. In Rom rief die Nachricht von diesen Siegen ungeheuren Jubel hervor, der Erbfeind schien vernichtend geschlagen zu sein. Am 20. Februar 116 verlieh der Senat Trajan den Ehrennamen *Parthicus*. Dieser benutzte die scheinbare Wehrlosigkeit der Parther, um weiter nach Südosten vorzudringen, und erreichte bei Spasinu-Charax den Persischen Meerbusen.

Dieser große Geländegewinn konnte wohl Zeitgenossen und Nachfahren täuschen, nicht aber den Kaiser selbst. Sein eigentliches Kriegsziel hatte er nicht erreichen können, die Parther waren nicht entscheidend besiegt. Wie konnte man da den Quellen glauben, die wissen wollten, daß Trajan davon geträumt hätte, Alexanders Spuren zu folgen und bis nach Indien vorzudringen? Der dreiundsechzigjährige, nüchtern denkende Herrscher wußte besser als jeder andere, daß eine solche Unternehmung Roms Kräfte bei weitem überstieg. Um seine Eroberungen zu sichern, verfiel er vielmehr auf den erprobten Ausweg, den Parthern einen Herrscher seiner Wahl zu geben, einen Arsakiden namens Parthamaspates, mit dem er den von ihm diktierten Frieden schließen konnte. Ein König von Roms Gnaden in Ktesiphon hatte außerdem den Vorteil, daß ein parthischer Einfall aus dem Osten erst auf ihn stoßen und so den Römern mehr Zeit zur Organisierung des Widerstandes verschaffen würde.

Alle diese wohldurchdachten Pläne wurden durch ein unvorhergesehenes Ereignis vereitelt: den Aufstand der Juden in der Diaspora des Ostens. Diese warteten schon lange auf eine Gelegenheit, sich für ihre Niederlage im Jahre 70 zu rächen, und hatten bereits 115 sich den Abzug der Truppen von Kypros, aus der Cyrenaïca und Ägypten zunutze gemacht, um sich gegen alle ihre verhaßten Unterdrücker, Römer, Griechen und Ägypter, zu erheben. Im Jahre 117 dehnte sich die Rebellion über den ganzen Orient aus und ergriff besonders die zahlreichen jüdischen Gemeinden im Zweistromland, die von einer römischen Herrschaft nichts Gutes zu erwarten hatten. Dieser Aufstand in ihrem Rücken kam den Römern völlig überraschend. Ihre Lage war höchst ungünstig, da die Legionen sich weit von ihren Standorten entfernt hatten und der Nachschub nicht mehr durchkam. Nun schlossen sich auch die Parther in Mesopotamien den Juden an. Die schwachen römischen Garnisonen konnten diesem Ansturm nicht widerstehen; sie wurden restlos aufgerieben oder vertrieben. Von beiden Seiten wurden unbeschreibliche Greuel verübt; der jahrhundertealte Haß zwischen den Juden und ihren Gastvölkern, der so lange geschwelt hatte, brach offen aus und machte vor nichts halt.

Trajan ergriff kaltblütig die notwendigen Gegenmaßnahmen. Die Aufständischen wurden in mehreren Kämpfen besiegt, Seleukeia zurückgenommen und in Asche gelegt, auch Edessa und Nisibis zurückerobert. Dennoch mußte der Kaiser alle 116 eroberten Gebiete schleunigst räumen und sich darauf beschränken, Nordmesopotamien mit den Städten Edessa, Nisibis, Singara sowie einen Brückenkopf jenseits des Tigris in der Adiabene zu halten. Eine Unternehmung gegen die Wüstenstadt Hatra stieß auf die entschlossene Abwehr der Belagerten. Schließlich mußte Trajan unverrichteterdinge abziehen. Natürlich verschwand die Herrschaft von Parthamaspates ebenso rasch, wie sie errichtet worden war. Aber die Parther waren ihrerseits nicht stark genug, um zum Angriff überzugehen. So war die jüdische Revolte zum Scheitern verurteilt. Lucius Quietus in Mesopotamien, Q. Marcius Turbo in Ägypten und der Cyrenaïca ertränkten sie in Strömen von Blut.

Trajan übergab das Kommando über die Armee und die Statthalterschaft von Syrien seinem Verwandten Hadrian. Er war im Begriff, an der Südküste von Kleinasien entlang nach Rom heimzukehren, als er erschöpft und bitter enttäuscht von dem widrigen Ausgang des ganzen Krieges in Selinus in Kilikien krank wurde und bald darauf starb. Mit ihm verschwanden auch alle Revanchepläne, denn sein Nachfolger gab sofort alle neuen Eroberungen auf und kehrte zur traditionellen römischen Friedenspolitik im Osten zurück.

Hadrian

Einer der rätselhaftesten Herrscher der Weltgeschichte, hat Hadrian viele Historiker und Schriftsteller angezogen, aber keinem ist es bisher gelungen, ein Bild zu zeichnen, das diesem bedeutenden Mann völlig gerecht würde. Sein eigenartiger, widerspruchsvoller Charakter widersteht allen Bemühungen, den Schlüssel zum vollen Verständnis seiner sonderbaren Persönlichkeit zu finden. Dabei fehlt es nicht an verhältnismäßig reichlichen historischen Quellen; aber schon für die Zeitgenossen blieb dieser bedeutende Mann von Geheimnissen umwittert. »Wohltäter der Menschheit«, »blutiger Tyrann«: für beide Bezeichnungen könnte man genügend Beweise aus seinem Leben beibringen und würde ihm doch mit beiden Urteilen unrecht tun.

Dazu gesellt sich die Ungewißheit der Überlieferung. Schon sein Regierungsantritt ist umstritten. Hat Trajan seinen nächsten Blutsverwandten auf dem Sterbebett adoptiert, wie es die amtliche Version wollte, oder ist dieser Akt dem Imperator von seiner Gattin Plotina, die dem angeheirateten Großneffen wohlwollte, nach seinem Tode angedichtet worden? Die Mehrzahl der modernen Geschichtsschreiber hat sich für die Rechtmäßigkeit der Adoption entschieden. Sie berufen sich vor allem auf die Maßnahmen, die Trajan vor seiner geplanten Rückkehr nach Rom zu Hadrians Gunsten ergriff; außerdem wird diese Auffassung durch den voraussehenden Charakter des großen Herrschers gestützt.

Man ist sogar noch weiter gegangen und hat zu beweisen versucht, daß Hadrians Nachfolge bereits mehrere Jahre vor dem Ausbruch des parthischen Krieges feststand. Unserer Meinung nach zu Unrecht, denn nichts deutet darauf hin, daß Trajan bereits zu diesem Zeitpunkt Hadrian bevorzugt hätte. Im Gegenteil, während ein gewisser Lucius Publilius Celsus im Jahre 113 zum zweitenmal die Würde eines Konsuls innehatte, war Hadrian erst für 118 für dieses Amt in Aussicht genommen. Wenn man bedenkt, welch hohe Auszeichnung das zweite Konsulat für seinen Träger bedeutete, so kann man schwerlich annehmen, daß Trajan seinem bereits erkorenen Nachfolger bewußt durch diese Zurücksetzung Schwierigkeiten bereiten wollte. Was sich wirklich in diesen Tagen, als Trajan schon vom Tode gezeichnet in Selinus darniederlag, abgespielt hat, werden wir nie mit Sicherheit erfahren. Gewiß ist, daß Hadrian dem Blute nach der nächste zum Thron und infolge seines Kommandos über die vom Partherkrieg heimziehenden Truppen der mächtigste Mann im Reich war.

In dem Schreiben, in dem er unverzüglich dem Senat seinen Regierungsantritt anzeigte, entschuldigte er sich, daß er unter den obwaltenden Umständen die Bestätigung des Hohen Hauses nicht hätte abwarten können, und bat um die nachträgliche Anerkennung, die ihm auch ohne weiteres zuteil wurde. In der Tat war der neue Herrscher für sein schwieriges Amt durch eine lange und glänzende Karriere aufs beste vorbereitet.

Publius Aelius Hadrianus stammte aus einer senatorischen Familie, die in der alten Römerstadt Italica der spanischen Provinz Baetica zu Hause war, er war also ein Landsmann seines Vorgängers und stand mit seinen einundvierzig Jahren im besten Mannesalter. Nach verschiedenen vorbereitenden Ämtern der senatorischen Karriere hatte er als Militärtribun in Obermoesien bei der *II. Adiutrix*, in Untermoesien bei der *V. Macedonica* und in

Publius Aelius Hadrianus
Kopf einer zu Lebzeiten des Kaisers entstandenen Marmorskulptur. Musei Vaticani

Der Hadrianswall in Northumberland, 122–126

Obergermanien bei der *XXII. Primigenia* gedient. Dann hatte ihn Kaiser Trajan als seinen Quästor in den Ersten Dakischen Krieg mitgenommen. Nach dem Volkstribunat war er Prätor geworden und hatte als solcher die *legio I. Minervia* aus Bonn in Untergermanien im Zweiten Dakischen Krieg befehligt. In beiden Feldzügen hatte er sich hervorgetan und die seinem Rang entsprechenden Auszeichnungen erhalten. Schon 107 mit der Statthalterschaft von Unterpannonien betraut, wo er in den Kämpfen gegen die sarmatischen Jazygen Sieger geblieben war, war er bereits im folgenden Jahr, ein Jahr vor der gesetzlichen Frist, Konsul geworden. Hadrians weitere Laufbahn ist uns nicht bekannt, und wir können nicht sagen, in welcher Eigenschaft er am Partherkrieg teilgenommen hat.

Reich an kriegerischer Erfahrung, als Statthalter mit der Verwaltung vertraut, durch sein Leben am Hof seines Verwandten Trajan von jeher in die Geheimnisse der Regierung eingeweiht, bot der neue Herrscher auch mit seiner bisherigen Lebensführung alle Garantien für das hohe Amt, das seiner harrte. Man lobte sein außerordentliches Pflichtbewußtsein, seinen Friedenswillen. Niemand zweifelte daran, daß er seine großen Gaben als Herrscher ganz zur Entfaltung bringen würde. Auch seine vielseitigen intellektuellen Interessen, seine Freude an allem Geistigen wurden allgemein anerkannt.

Als Historiker von umfassendem Wissen schrieb er seine eigene Biographie, ging als Philosoph mit dem ehemaligen Sklaven Epiktet um. In der Literatur gab er den Ton an, und seine Vorliebe für die ältesten lateinischen Schriftsteller ließ ihn Ennius Vergil, Caelius Sallust und Cato Cicero vorziehen. Er dichtete Epigramme auf latein und griechisch, kannte sich in allen exakten Wissenschaften seiner Zeit aus und hatte für alles, was wissens- und sehenswert war, ein offenes Auge und ein offenes Ohr. Er durchreiste sein ungeheures Reich nicht nur, um als Fürst überall nach dem Rechten zu sehen und Mißstände abzustellen, sondern auch um seinen Schatz an unvergeßlichen Eindrücken zu bereichern. In Syrien bestieg er den Kasius, in Sizilien den Ätna, um bei Sonnenaufgang die Aussicht zu genießen. Er hörte in Oberägypten das Weltwunder des tönenden Memnon, besuchte die Pyramiden bei Memphis, die Gräber des Alkibiades in Melissa in Phrygien, des Epameinondas in Mantineia. Orakel, Tempel, altehrwürdige Städte in Ost und West, alles wollte er durch eigenen Augenschein kennenlernen. Aber daneben jagte er Bären in Kleinasien und Löwen in Afrika und nahm an den großen Wettkämpfen sportlichen und musischen Charakters teil. Er führte das Leben eines Globetrotters, und nach Rom zurückgekehrt, ließ er in seiner ausgedehnten Villa in Tivoli seine Erinnerungen an die Reisen in Stein wiedererstehen.

Dies war die vielseitige Persönlichkeit, die im Herbst 117 mit fester Hand die Zügel der Regierung ergriff. Wie seinerzeit Trajan, hatte er es nicht eilig, nach Rom zurückzukehren, sondern zog es vor, sich weiter im Osten aufzuhalten, bevor er endlich 118 den Landweg wählte, mit einem Umweg über die untere Donau, wo er einen Einfall der Roxolanen zurückwies. Sofort nach seiner Thronbesteigung gab er alle Eroberungen seines Vorgängers diesseits und jenseits des Tigris auf. Die Euphratlinie war von neuem die Reichsgrenze. Aber dieser Bruch mit der Annexionspolitik Trajans erregte den Unwillen der verdienten Generale des verstorbenen Kaisers, von denen der eine oder andere sich vielleicht insgeheim Hoffnungen auf den Thron gemacht hatte. Hadrian wartete nicht ab, bis diese militärische

Opposition sich zusammenschließen und organisieren konnte. A. Cornelius Palma, der Eroberer von Arabien, und der Maure Lucius Quietus, der Führer der maurischen Elitetruppen zu Pferd, hatten sich angeblich mit L. Publilius Celsus und C. Avidius Nigrinus, zwei hochangesehenen ehemaligen Konsuln, gegen Hadrian verschworen. Dieser kam ihnen zuvor und ließ sie umbringen.

Es versetzte den Senat in begreifliches Erstaunen, als man erfuhr, daß die vier Attentäter an ganz verschiedenen Orten Italiens von ihrem Schicksal ereilt worden waren. Vor allem ließ der Aufenthalt Palmas in Terracina südlich von Rom ebenso wie der des Celsus in dem eleganten Seebad Baiae nicht gerade auf eine Konspiration schließen. Hadrian entging es nicht, daß diese Willkür seinem Ansehen äußerst abträglich war. Er beschleunigte seine Rückkehr aus dem Orient, ließ aber bereits vorher durch seinen Prätorianerpräfekten Acilius Attianus erklären, daß die vier Konsulare gegen seinen ausdrücklichen Willen getötet worden wären. Attianus nahm die Schuld auf sich, er hätte seine Kompetenz überschritten und ohne den abwesenden Kaiser zu verständigen gehandelt. Hadrian selbst erschien dann im Senat und verpflichtete sich unter Eid, in Zukunft keinen Senator ohne vorherige Verurteilung durch seine Standesgenossen hinrichten zu lassen. Aber alle Beschwichtigungsversuche des Herrschers änderten nicht viel daran, daß diese Hinrichtungen ein böses Andenken hinterließen. Die Senatoren sahen darin einen Rechtsbruch und vergaßen es Hadrian nicht, daß er sich damit über ihre verbrieften Vorrechte hinweggesetzt hatte.

Der Kaiser seinerseits wurde unter diesen Umständen gezwungen, den Beifall der Massen zu suchen. Die Steuerrückstände in Höhe von neunhundert Millionen Sesterzen wurden erlassen und die Belege auf dem Trajansmarkt verbrannt. In geschickter Weise lehnte er es ab, den Triumph über die Parther, wie es der Senat beschlossen hatte, selbst abzuhalten, sondern feierte ihn in Trajans Namen. Große Geldverteilungen an Volk und Garnison von Rom und Lustbarkeiten aller Art befestigten seine Stellung und erhöhten seine Beliebtheit. Hingegen lehnte er den Titel eines Landesvaters *(pater patriae)* ab, bevor er ihn nicht durch seine Fürsorge für die Römer verdient hätte.

Diese volksfreundliche Einstellung Hadrians mußte ihn über kurz oder lang, allen äußerlichen Ehrenbezeigungen zum Trotz, in scharfen Gegensatz zum Senat bringen, zumal er dem Hohen Haus im Laufe seiner Regierung ein Vorrecht nach dem anderen entriß.

Bisher hatten in Rom selbst und in ganz Italien die Konsuln und die Prätoren die oberste Gerichtsbarkeit ausgeübt, jetzt übertrug der Kaiser die Rechtsprechung in der Stadt und innerhalb ihres Bannkreises von hundert römischen Meilen dem von ihm ernannten Stadtpräfekten, während vier ebenfalls von ihm eingesetzte Konsulare die Jurisdiktion im übrigen Italien ausübten. Nicht genug damit, wurde das prätorische Recht selber, das sich seit Jahrhunderten frei fortentwickelt hatte, durch eine Kodifizierung, das sogenannte *edictum perpetuum*, festgelegt und so den Prätoren die Befugnis, rechtsschöpferisch zu wirken, für immer genommen.

Diese Funktion ging auf den Kaiser über, der zu seiner Beratung bei der Entscheidung juridischer Streitfragen ein neues Gremium schuf, das *consilium principis*. Dieser Staatsrat, der nicht mehr wie seit Augustus' Zeiten ein vom Prinzeps von Fall zu Fall berufener

Ausschuß des Senats war, dessen ständige Mitglieder vielmehr dem Senatoren- wie auch dem Ritterstand angehören konnten, war letzten Endes allein von Hadrian abhängig, wenn auch der Kaiser die vorherige Genehmigung des Senats für die Ernennung einholen mußte. Man konnte voraussehen, daß der Einfluß dieses Gremiums auf die Führung aller Geschäfte durch das Vertrauen des Kaisers dauernd wachsen würde, andererseits das Prestige des Senats eine schwere Einbuße erleiden mußte.

Alle diese Neuerungen entsprachen dem obersten Grundsatz des Kaisers, eine schärfere Kontrolle über die verschiedenen Verwaltungsorgane auszuüben. Zu diesem Zweck war man bestrebt, ein besseres Gleichgewicht zwischen den drei Klassen der Bevölkerung herzustellen, aus denen bisher die Beamten hervorgegangen waren. Während Hadrian den Einfluß der Senatoren einzuschränken verstand und die Einmischung der kaiserlichen Freigelassenen in die staatlichen Regierungsgeschäfte unterband, stärkte er nach Kräften den Mittelstand der Ritter, in denen er die besten Stützen seiner Herrschaft erblickte.

Obwohl Domitian und Trajan bereits auf diesem Gebiet vieles vorausgenommen hatten, war es doch Hadrian, der die Reformen nach einem wohldurchdachten Plan durchführte; Mit- und Nachwelt haben sich nicht geirrt, wenn sie ihm die entscheidenden Schritte zuschrieben. Dem Kaiser lag daran, tatkräftige und begabte Männer aus allen Teilen des Reiches heranzuziehen. Er war auch der erste, der begriff, daß für gewisse Ämter eine spezielle juristische Vorbildung notwendig war. Bisher waren die ritterlichen Offiziere, die seit Claudius die *tres militiae* bekleidet hatten, und die aus der Leibgarde hervorgegangenen Obersten der Prätorianerkohorten die einzigen Anwärter auf die ritterlichen Verwaltungsposten gewesen. Jetzt öffnete Hadrian zwei neue Zugänge zu diesen Posten, die die Physiognomie des Staates weitgehend veränderten.

Von nun an konnten besonders befähigte Legionäre nach Ablauf ihrer zwanzigjährigen Dienstzeit und nach einer mindestens zehnjährigen Erfahrung als Zenturio und Primuspilus, das heißt als Befehlshaber der ersten Zenturie der ersten Kohorte, die ritterliche Beamtenlaufbahn einschlagen, und zwar als Prokuratoren mit einem Mindestgehalt von hunderttausend Sesterzen. Diese Möglichkeit des sozialen Aufstiegs spricht für die Vorurteilslosigkeit und die Einsicht des Kaisers.

Andererseits wurde aber auch solchen Rittern die Verwaltungskarriere zugänglich gemacht, die aus Gesundheits- oder anderen Gründen ihren militärischen Pflichten nicht hatten genügen können oder wollen. Der Kaiser schuf für juristisch vorgebildete junge Leute eine ganze Anzahl von Stellen, in denen sie hauptamtlich die Interessen der verschiedenen Fiskalstellen als Anwälte vor den Gerichten vertraten. Die wichtigeren Posten dieser Art wurden in die prokuratorische Laufbahn eingereiht, während man von den unbedeutenderen Stellen zu prokuratorischen Ämtern aufsteigen konnte.

Endlich wurden selbst die ritterlichen *tres militiae* von Hadrian reformiert, der ein viertes Kommando für besonders befähigte Offiziere einführte, nämlich den Befehl über ein Reiterregiment von tausend Mann. Diese Militärs avancierten dann regelmäßig zu Verwaltungsposten mit hunderttausend Sesterzen Gehalt.

Hand in Hand mit diesen einschneidenden Neuerungen ging die Schaffung einer großen Anzahl von Posten, vor allem von solchen, die durch ihre untergeordnete Stellung eine geringere Erfahrung erforderten und deshalb jüngeren Leuten anvertraut werden konnten, die sich auf diese Weise auf die ihrer harrenden, verantwortungsreichen Aufgaben vorbereiteten. Hadrian ist ohne Zweifel der eigentliche Begründer der prokuratorischen Laufbahn. Dieser Titel, Prokurator, den die Beamten führten, umschreibt den Aufgabenbereich, in dem sie wirken sollten. Im wesentlichen wollte der Kaiser durch seine Neuordnung der ritterlichen Verwaltung eine genaue Übersicht über Veranlagung und Eintreibung der Steuern erhalten.

Die Volksschätzung der römischen Bürger war bisher im Auftrage des Herrschers von den Provinzialstatthaltern durchgeführt worden, die sich durch von ihnen selbst gewählte, meist ritterliche Untergebene hatten helfen lassen. Jetzt nahm der Kaiser das Recht der Ernennung dieser Hilfsbeamten selbst in Anspruch, wodurch natürlich die Aufstellung der Zensuslisten weit sorgfältiger und unparteiischer vorgenommen wurde. Der planmäßige Aufbau des sich über alle Provinzen erstreckenden Systems machte seinem Schöpfer große Ehre und bewies den Provinzialen die kaiserliche Fürsorge und Anteilnahme.

Die meisten Abgaben waren seit jeher von Steuerpachtgesellschaften eingetrieben worden; nur einige wenige waren seit einiger Zeit vom Staat in eigener Regie erhoben worden. In beiden Fällen war es für Hadrian vorteilhaft, durch die von ihm ernannten Prokuratoren die Steuerpächter kontrollieren zu lassen oder durch eine Dezentralisierung der Erhebungsstellen, etwa für die fünfprozentige Erbschaftsteuer, dem Staat höhere Einnahmen zu sichern.

Von dieser Absicht zeugte auch die sehr fortschrittliche Agrargesetzgebung Hadrians, die darauf hinzielte, brachliegendes Land der Bestellung zuzuführen, indem sie den Bauern der Umgebung freistellte, diese unangebauten Parzellen in Besitz zu nehmen und für ihre Rechnung zu nutzen. Man muß in diesem Zusammenhang auch die Kolonatsgesetzgebung erwähnen, die der besseren Ausnützung wegen freie Landleute auf den kaiserlichen Domänen ansiedelte. Die *coloni*, so nannte man sie, hatten die Pflicht, als Entgelt für die ihnen zur Pacht vom Großpächter zugewiesenen Landstücke außer dem Pachtzins auch gewisse Hand- und Spanndienste zu leisten, die es diesem ermöglichten, das Restgut zu bestellen. Der Kaiser seinerseits konnte von nun an damit rechnen, vom Großpächter die vereinbarte Summe für die verpachtete Domäne zu erhalten. Prokuratoren überwachten auf dem Gut, in der Distriktshauptstadt und in Rom den ordnungsgemäßen Ablauf dieser komplizierten Einrichtung und gaben acht, daß die wirtschaftlich schwachen Kolonen nicht von den Großpächtern ausgesogen wurden.

Aber das lebhafte Interesse des Herrschers an all seinen Untertanen bekundete sich vor allem in den ausgedehnten, langen Reisen, die Hadrian durch sein weites Reich unternahm.

Die erste Reise vom Frühjahr 121 bis zum Herbst 125 sollte ihn rund um das Mittelmeer führen, und wenn einzelne Provinzen nicht besucht oder nur kurz gestreift wurden, so beruhten diese Abweichungen vom ursprünglichen Reiseplan auf unvorhersehbaren Ereignissen, die ein rasches Erscheinen des Kaisers an einer bestimmten Grenze erforderlich machten. So ist es zu erklären, daß er nach längeren Aufenthalten in Gallien, Germanien, Raetien und Noricum, Britannien, Spanien und Mauretanien an Afrika, der Cyrenaïca und Kreta rasch vorüberfuhr, um so schnell als möglich die Euphratgrenze zu erreichen.

Dort gelang es ihm durch seine Verhandlungskunst, die Parther vom Einfall in das Reich abzuhalten und den Frieden zwischen den beiden Staaten auf eine sichere Basis zu stellen. Wahrscheinlich ist der Kaiser auch aus Zeitmangel nicht dazu gekommen, sich lange in Syrien aufzuhalten oder gar den Umweg über Judaea und Ägypten zu machen, sondern hat es vorgezogen, direkt über Kleinasien, die Inseln, Thrakien, Moesien, mit einem Abstecher zur Krimhalbinsel, dann über Pannonien, Makedonien, Griechenland, Epirus und Sizilien heimzukehren.

Überall wurden die Truppen besichtigt, die Grenzbefestigungen verstärkt – so in Germanien, Raetien und Noricum – oder neu angelegt wie der »Hadrianswall« in Britannien zwischen dem Firth of Solvay und der Tynemündung oder im Süden der beiden mauretanischen Provinzen. Das Straßennetz wurde ausgebaut und in West und Ost alle Provinzen und Städte tatkräftig gefördert. Kein Kaiser vor oder nach ihm hat so viel für die Romanisierung des Reiches getan wie Hadrian, und es war kein Wunder, daß die beglückten Einwohner, vor allem im Orient, ihn wie eine Erscheinung des Himmels als Gott verehrten und anbeteten. Vor allen anderen Ländern war es Griechenland und hier wieder Athen, die er mit Wohltaten förmlich überschüttete. Er war schon im Jahre 111/112 eponymer Magistrat dort gewesen und ließ sich jetzt in die Eleusinischen Mysterien einweihen. Athen verdankte ihm einen neuen Stadtteil, den er auf seine Kosten baute. Aber auch die großen hellenischen Heiligtümer, wie Delphi, Epidauros, Olympia, blühten dank seiner tätigen Hilfe wieder auf.

Schon drei Jahre später, 128, trat der Kaiser seine nächste Reise an, die ihn über Sizilien nach Afrika und Mauretanien führte. Er holte so nach, was er 122 infolge des drohenden Parthereinfalls versäumt hatte. Truppenbesichtigungen – wir besitzen die in Stein gemeißelte Manöverkritik aus Lambaesis, dem Standort der numidischen *legio III. Augusta* – wechselten mit Besuchen der wichtigsten Städte ab, von denen manche damals Kolonie- oder Munizipalrecht erhielten.

Noch im Herbst desselben Jahres brach der Herrscher wieder auf. Diese Reise führte ihn in den Osten des Reiches, wo er vor allem die Provinzen aufsuchte, in die ihn sein Weg bisher nicht geführt hatte. Zuerst ging er nach Athen, wo er überwinterte, sich die höheren Weihen in Eleusis geben ließ und bei der Einweihung des Olympieion den Ehrennamen *Olympios* bekam. Im nächsten Frühjahr fuhr er über das Inselmeer nach Ephesos, von wo aus er in langsamem Marsch durch das südliche Kleinasien Syrien erreichte und überall Heiligtümern und Städten Wohltaten aller Art angedeihen ließ, was ihm in Ionien den Beinamen *Panionios* eintrug. Von Antiocheia aus, wo er sein Hauptquartier für den Winter aufschlug; begab er sich noch im Herbst nach Kappadokien, um die Truppen zu besichtigen und durch sein Erscheinen den Parthern zu zeigen, daß Rom gerüstet war.

Palmyra war das nächste Ziel. Zur Freistadt erklärt, führte sie nach des Kaisers Besuch den Beinamen *Hadriane*. Dann zog er über Phönikien nach Süden, baute Jerusalem als römische Kolonie Aelia Capitolina wieder auf und wandte sich dann über Gaza nach Petra in Arabien. Es zog ihn nach Ägypten, das er über Pelusion erreichte. In Alexandreia bestieg er ein Nilschiff und fuhr den Strom aufwärts bis zum hunderttorigen Theben, wo er den Koloß des Memnon singen hörte. Auf dieser Reise hatte er den Verlust seines Lieblings

Antinous zu beklagen, der beim Baden im Fluß ertrank. Im ganzen Reich betrauert, wurde er zum Gott erhoben und an der Stelle, wo er umgekommen war, zu seinem Gedächtnis eine griechische Stadt Antinoupolis gegründet. Den Winter verbrachte der Kaiser in Alexandreia, weilte dann kurze Zeit in der Cyrenaïca, wo er viele Städte wieder aufbaute, die seit dem großen jüdischen Aufstand in Trümmern lagen. Auf einem Jagdzug in die Libysche Wüste erlegte er einen Löwen. Über seine Rückreise nach Syrien wissen wir kaum etwas, nicht viel mehr über die Reiseroute nach Athen zurück, die ihn an das Schwarze Meer führte, wo er unter anderem Trapezunt besuchte. Hier in Athen ruhte er sich im Winter 131/132 aus, froh des erreichten Zieles, alle Provinzen seines Reiches besucht zu haben. Im Jahre 132 war er nach vierjähriger Abwesenheit wieder in Rom.

Nicht für lange Zeit, denn schon im selben Jahr brach ein großer Judenaufstand in Palästina aus, den die Gründung der Kolonie Aelia Capitolina an der Stelle der heiligen Stadt Jerusalem hervorgerufen hatte. Unter der Führung Bar Kochbas, des »Sohnes der Sterne«, brachten die Juden den Römern große Schlappen bei, wurden aber schließlich von Hadrian, der 134 selbst auf dem Kriegsschauplatz erschien und den Oberbefehl über die römischen Truppen übernahm, besiegt.

Das Land war zur Wüste geworden, fast alle seine Einwohner getötet. Den Überlebenden wurde es verboten, Jerusalem zu besuchen, ja es nur von ferne zu sehen. Judaea verlor seinen Namen und hieß von nun an *Syria Palaestina*.

Der Kaiser war bei seiner Heimkehr 134 achtundfünfzig Jahre alt. Er hatte keinen Thronerben und begann an seine Nachfolge zu denken. Auch der Senat rührte sich. Die größten Hoffnungen machten sich natürlich seine nächsten Verwandten, sein Schwager, der neunzigjährige L. Julius Ursus Servianus, dreimaliger Konsul und demzufolge einer der geachtetsten Mitglieder des Hohen Hauses, und dessen junger Enkel Cn. Pedanius Fuscus Salinator. Aber man sprach auch von D. Terentius Gentianus, dem eponymen Konsul des Jahres 116, und von A. Platorius Nepos, Konsul 119, als von ernsthaften Anwärtern auf den Thron. Schließlich wurden alle diese Kandidaten übergangen, und des Kaisers Wahl fiel auf einen verhältnismäßig jungen Senator, L. Ceionius Commodus, dessen Großvater und Vater des gleichen Namens bereits 78 und 106 das eponyme Konsulat bekleidet hatten. Selbst die Zeitgenossen konnten sich nicht erklären, was Hadrian bewogen hatte, diesem gut aussehenden, aber weder sehr geeigneten noch sehr gesunden Mann, der eben das Konsulat innehatte, den Vorzug zu geben. Ein moderner Historiker hat sogar annehmen wollen, daß Commodus ein natürlicher Sohn des Kaisers gewesen sei, aber die Beweise, die man für diese Hypothese geltend machen kann, reichen nicht aus.

Jedenfalls kam der Schritt des Herrschers allen überraschend und erregte den heftigen Unwillen der beiden nächsten Verwandten, Servianus und Salinator. Wie bei seinem Regierungsantritt ging Hadrian rücksichtslos vor. Er scheute nicht davor zurück, Servianus, trotz seines hohen Alters, und Salinator, der eben achtzehn geworden war, umbringen zu lassen. Aber diese blutigen Taten konnten das Leben des Thronfolgers nicht verlängern; er starb am 1. Januar 138 an der Schwindsucht in Pannonien, noch ehe er öffentlich seinen Dank für seine Erhebung hatte abstatten können. So stellte sich die Sukzessionsfrage zum zweitenmal und mit größerer Dringlichkeit, da es mit dem Kaiser sichtlich bergab ging.

Am liebsten hätte Hadrian das Diadem um die Stirn eines siebzehnjährigen Jünglings, M. Annius Verus, geschlungen, dessen große geistige Gaben und reiner Charakter es ihm angetan hatten. Er mußte einsehen, daß der eben dem Knabenalter entwachsene junge Mann, den er *Verissimus* nannte, der ungeheuren Aufgabe, das Reich zu regieren, noch nicht gewachsen sein konnte. So fiel sein Blick auf einen einundfünfzigjährigen Konsular T. Aurelius Fulvus Boionius Arrius Antoninus, den er als ausgezeichneten Verwaltungsbeamten schätzengelernt hatte. Er nahm ihn an Sohnes Statt an, unter der Bedingung, daß der ohne männliche Nachkommenschaft gebliebene neue Caesar seinerseits den jungen Verus, seinen angeheirateten Neffen, und den kleinen Commodus, den Sohn des verstorbenen L. Aelius Caesar, adoptierte. Diesmal schien die Zukunft der Dynastie auf lange Zeit hinaus gesichert, als Hadrian nach grauenvollen Qualen, die ihn den Tod hatten herbeisehnen lassen, am 10. Juli 138 sein Leben aushauchte.

Antoninus Pius

Der neue Herrscher, dessen Vorfahren aus Nemausus (dem heutigen Nîmes) in der Gallia Narbonensis stammten und schon seit zwei Generationen ihren Namen in die Konsulliste hatten eintragen können, hatte sich in verschiedenen senatorischen Ämtern bewährt, ohne jedoch jemals ein Heereskommando ausgeübt zu haben. Er war im Jahre 120 eponymer Konsul gewesen, danach Gerichtsherr in Umbrien und Etrurien, wo seine großen Besitzungen lagen, und endlich Prokonsul von Asia, wo er ein ausgezeichnetes Andenken hinterlassen hatte. Seine soliden Eigenschaften, sein Gleichmaß hatten einen vorzüglichen Eindruck auf Hadrian gemacht, der ihn daraufhin in seinen Staatsrat berufen und auf diese Weise näher kennengelernt hatte.

Nach seiner Thronbesteigung blieb er sich selbst treu: ernst, pflichtbewußt, gerecht, so lernen wir ihn aus Mark Aurels Betrachtungen schätzen, der außerordentliche Verehrung für seinen Adoptiv- und Schwiegervater hegte. Seine Zeitgenossen teilten dieses Urteil, und wenn von nun an die Dynastie der Adoptivkaiser ihren Namen von ihm empfing, so deshalb, weil Antoninus zu seinen Lebzeiten und nach seinem Tode das Ideal des guten Kaisers zu verkörpern schien.

Woran liegt es, daß wir nicht in die allgemeine Lobeshymne einstimmen können?

Trajan und Hadrian hatten die Provinzen besucht, an allen Grenzen Truppen besichtigt, Krieg geführt; Antoninus verließ in dreiundzwanzig Regierungsjahren nicht einmal Italien und konnte sich auch nicht entschließen, einen seiner beiden Adoptivsöhne von seiner Seite zu lassen. »Unbeweglichkeit« schien die Parole der kaiserlichen Verwaltung zu sein, als wenn eine böse Fee das ganze Reich in einen Dornröschenschlaf versenkt hätte. Dieser Immobilismus wirkte sich für alle Beteiligten schädlich aus. Die Bewohner außerhalb Italiens fühlten sich vernachlässigt, man kümmerte sich nicht genügend um das Heer. Vor allem aber sollte sich die mangelnde Erfahrung der Thronerben sehr deutlich bemerkbar machen.

Hand in Hand mit dieser nur allzu konservativen Politik ging die grundsätzlich friedfertige Einstellung des Antoninus allen Gegnern Roms gegenüber. Zwar sprechen unsere Quellen von einigen kriegerischen Zwischenfällen, aber ob sich nun die Briganten in Britannien erhoben oder die Daker außerhalb der Reichsgrenzen die römische Provinz bedrohten, ob die Mauren von ihren Bergen herunterstiegen und die fruchtbaren Küstenebenen Afrikas heimsuchten oder der Parther Miene machte, den Frieden zu brechen, stets wurden alle diese wenig bedeutenden Krisen durch geeignete Gegenmaßnahmen der zuständigen Statthalter überwunden. Selbst in Mauretanien gelang es nach einer namhaften Verstärkung der Besatzung die aufständischen Völker zu beruhigen. Die Folge dieser Auseinandersetzungen war in vielen Fällen das Vortragen der Grenzverteidigung, die etwa in Britannien zur Anlage eines neuen, hundert Kilometer nördlich des Hadrianswalls verlaufenden, nach Antoninus benannten Limes führte. Dieser erstreckte sich über neunundfünfzig Kilometer von der Clydemündung bis zum Firth of Forth und bedeutete außer einer nennenswerten Frontverkürzung eine nicht unerhebliche weitere Sicherung der römischen Teile der Insel. Aber die Versteifung der Grenzen trug ihrerseits wieder dazu bei, den Kampfgeist und die Kriegserfahrung der Offiziere und Mannschaften des Heeres zu mindern, die in der langen Untätigkeit des Friedens ohnehin erschlaffen mußten. Wenn man nur zu oft bei den modernen Historikern lesen kann, daß die Regierung des Antoninus Pius den Höhepunkt der römischen Kaiserzeit bedeutete, so sollte man nicht verkennen, daß sich bereits an Euphrat, Donau und Rhein ein Druck fühlbar machte, der in absehbarer Zeit Rom einer schweren Krise aussetzen würde.

Das Prinzip der Unbeweglichkeit war natürlich dem Senat mehr als lieb, und so ist es nicht zu verwundern, daß Antoninus Pius bei seinen ehemaligen Kollegen, deren Bestrebungen und Gedanken er teilte, außerordentlich beliebt war. Er sah darauf, die Ursachen der senatorischen Unzufriedenheit zu beseitigen, und gab ihnen wider besseres Wissen die Rechtsprechung in den vier italischen Rechtsprechungsbezirken zurück, wo die von Hadrian bestellten Konsulare wieder verschwanden. Natürlich wurde unter seiner Regierung kein Mitglied des Senats zum Tode verurteilt, hingegen blieb die neue Einrichtung des Staatsrates bestehen, wie sie unter Hadrian gegründet worden war.

Auch in der eigentlichen Verwaltung machte sich die Unbeweglichkeit bemerkbar. Die Beamten verblieben lange Jahre hindurch in ihrer Stellung, so etwa der Prätorianerpräfekt Marcus Gavius Maximus, der die Garde zwanzig Jahre hindurch befehligte. Der Kaiser betreute den Staat mit unermüdlichem Eifer, und es dürfte keine leere Schmeichelei sein, wenn ihm sein Biograph nachrühmte, er hätte das Steueraufkommen jeder einzelnen Provinz genau gekannt. Dabei war er großzügig und zögerte nie, Gemeinwesen und Einzelpersonen, die in Not geraten waren und Hilfe verdienten, finanziell zu unterstützen. Auch in seiner Gesetzgebung erwies er sich zur Milde geneigt, und viele der für Angeklagte und Sklaven günstigen Bestimmungen des römischen Rechts sprechen für sein Verständnis menschlicher Gerechtigkeit. Er änderte natürlich nichts an den üblichen Geldverteilungen und Lustbarkeiten für die römische Plebs, und der neunhundertjährige Geburtstag der Stadt gab Anlaß zu einer besonders feierlichen Begehung dieses außergewöhnlichen Festes.

Endlich legen die verschiedensten Bauten in Rom und in den Provinzstädten Zeugnis ab für seine großzügige Freigebigkeit und Fürsorge, die sich auch in der Instandhaltung und dem Ausbau des Straßennetzes in allen Gegenden des Reichs sichtbar offenbarte.

Als Antoninus Pius bejahrt am 7. März 161 starb, hinterließ er den Thron, unter Ausschluß des jüngeren Commodus, seinem älteren Adoptiv- und Schwiegersohn Marcus Aurelius. Er wurde im Mausoleum des Hadrian beigesetzt, und der Senat erhob ihn spontan unter die vergötterten Herrscher. Eine neue Kultgenossenschaft, die *sodales Antoniniani*, wurde gegründet, die seiner Verehrung diente, und auf dem Marsfeld wurde eine Säule zu seinen Ehren errichtet.

Mark Aurel

Entgegen den letzten Verfügungen des Antoninus Pius erhob der neue Herrscher sofort seinen Adoptivbruder Lucius Aelius Commodus zum Mitregenten und gab ihm den Beinamen *Verus*, den er bisher selbst getragen hatte, während er seinerseits sich den Beinamen Antoninus nach seinem verstorbenen Adoptivvater beilegte. Diese wohlüberlegte erste Amtshandlung zeugte von der politischen Reife und Großzügigkeit des Kaisers, der so einen ihm treu ergebenen Helfer gewann und jeder Möglichkeit zur Usurpation von vornherein die Spitze abbrach. Der kultivierte, eben vierzigjährige Prinzeps hatte damit bewiesen, daß er sich in den langen Jahren seiner Thronfolgezeit ausgezeichnet auf sein hohes Amt vorbereitet hatte, obwohl Antoninus Pius ihm nie den geringsten Anteil an den Regierungsgeschäften eingeräumt hatte, vielleicht weil er Mark Aurels brennendes Interesse für philosophische Fragen nicht billigen konnte. In der Tat waren die Vertreter der Stoa, welcher der Thronerbe zuneigte, stets die Führer des Widerstandes gegen die Alleinherrschaft gewesen. Trotz der Ernennung des Adoptivbruders zum Mitregenten behielt Mark Aurel die Leitung des Reichs, und Verus, zufrieden Augustus zu heißen, begnügte sich bis zu seinem frühen Tod 169 mit seiner ehrenvollen, aber nicht sehr einflußreichen Stellung.

Mark Aurel trat eine schwierige Erbschaft an. Zwar schien für den Augenblick keine unmittelbare Gefahr von außen zu drohen, aber die beiden großen Probleme der Reichspolitik, die seit Trajans Zeiten ungelöst geblieben waren, begannen von neuem sich bemerkbar zu machen: an der Donau und am Euphrat war in absehbarer Zeit mit einem verschärften Druck der Germanen und Parther zu rechnen. Die lange kampflose Zeit hatte bei diesen das Gefühl aufkommen lassen, daß das römische Heer an Schlag- und Widerstandskraft eingebüßt hätte, womit sie nicht ganz unrecht hatten, zumal der Kaiser selber, ohne militärische Vorkenntnisse, nichts sehnlicher wünschte, als seinem Reich die Wohltaten des Friedens zu erhalten. Aber diese Wünsche sollten sich nicht erfüllen. Fünf Jahre, von 161 bis 166, sollte der Krieg im Osten, dreizehn Jahre mit einer kurzen Unterbrechung der Feldzug an der Donau währen. Kein römischer Kaiser hat so sehr unter Waffen gelebt wie derjenige, der jedem offensiven Vorgehen von Grund auf abhold war.

Die Parther schlugen zu, sobald sie hörten, daß der Thronwechsel stattgefunden hatte. Der Legat von Kappadokien wurde bei Elegeia geschlagen und gab sich selbst den Tod,

Syrien wurde die Beute der einfallenden feindlichen Reiter. Diese schweren Rückschläge zeigten Mark Aurel das Ausmaß der Gefahr, der er aber mit großer Energie zu begegnen wußte. Verus, sein Bruder und Mitregent, wurde mit dem Oberbefehl betraut und mit Verstärkungen aus dem Westen nach Syrien geschickt, gleichzeitig mit ihm C. Avidius Cassius, ein brutaler, aber außerordentlich befähigter Truppenführer syrischen Ursprungs. Die parthische Offensive wurde rasch zum Stehen gebracht, dann das vom Feind zu Anfang seiner Operationen eroberte Armenien zurückgewonnen. Endlich im Jahre 165 ging man gegen die Parther selbst zum Gegenangriff über und konnte sich in den Besitz der beiden wichtigen Städte Edessa und Nisibis in Nordmesopotamien setzen. Schließlich kam es 166 zur Einnahme von Seleukeia und Ktesiphon, und Avidius Cassius konnte sogar bis nach Medien vordringen. Die Parther waren einmal mehr geschlagen, und die Friedensbedingungen hingen von Mark Aurel ab, dem jedoch die Erfahrungen Trajans zur Lehre dienten.

Er schloß einen milden Vertrag mit den Parthern, Armenien wurde wieder ein römisches Klientelkönigreich, die Osrhoëne und Karrhai erkannten Roms Oberherrschaft an. Alle übrigen Eroberungen wurden den Feinden zurückgegeben. Um jedoch etwaigen Revanchegelüsten zuvorzukommen, wurde unter Avidius Cassius ein großes Militärkommando gebildet, das in der Lage war, ohne Verstärkungen abwarten zu müssen, einen plötzlichen Einfall abzuwehren. Verus, der von seinem Hauptquartier in Antiocheia in Syrien die Kriegshandlungen geleitet hatte, kehrte mit den ursprünglich aus dem Westen herangezogenen Truppen nach Rom zurück, wo die beiden Kaiser am 23. August 166 einen prunkvollen Triumph feierten.

Jetzt hielt Mark Aurel den Augenblick für gekommen, auch die Situation an der Donau zu bereinigen und zum Angriff zu schreiten, den er bereits durch die in Italien vorgenommene Aushebung zweier Legionen vorbereitet hatte. Man wollte wissen, daß er sich zu einer Grenzberichtigung zugunsten Roms entschlossen hätte und zwei neue Provinzen Markomannia und Sarmatia nördlich und östlich des Mittellaufs der Donau, in der heutigen Tschechoslowakei und in Ostungarn, einrichten wollte. Aber diese Pläne konnten nicht sofort ausgeführt werden, da die aus dem Orient heimkehrenden Truppen eine fürchterliche Seuche eingeschleppt hatten, die vor allem unter den in Oberitalien bereitgestellten Einheiten wütete und unzählige Todesopfer forderte. Das veranlaßte verschiedene Stämme aus Innergermanien zu dem Versuch, sich erst friedlich, dann mit Gewalt auf römischem Boden niederzulassen. Die Lage an den Grenzen wurde von den zuständigen Gouverneuren wiederhergestellt, aber Mark Aurel hielt es nun für richtig, mit Verus im Frühjahr 168 Rom zu verlassen, um auf dem Kriegsschauplatz anwesend zu sein. Aber das Erscheinen der beiden Kaiser an der Donau zeitigte keine entscheidenden Erfolge, zumal die Pest bei ihrer Rückkehr nach Aquileia, wo sie den Winter 168/169 verbringen wollten, mit doppelter Gewalt ausbrach, so daß sie nach Rom flüchten mußten. Auf dem Wege dorthin starb Verus in Altinum, Anfang des Jahres 169. Die Verluste der Römer in den übrigen Winterquartieren war so stark, daß an eine Fortführung der Kriegshandlungen für den Augenblick nicht zu denken war.

Die Initiative ging auf die Barbaren über, die ihren Angriff sorgfältig vorbereiteten. Nach kleineren Vorstößen gegen Dakien, wo der Statthalter Marcus Cornelius Fronto 170 geschlagen wurde und fiel, und gegen Achaia, wo die Kostoboken bis nach Elateia in Thessalien vordringen konnten, kam es 171 in dem Abschnitt westlich von Carnuntum zu einem Einfall der Markomannen und Quaden, die den Römern eine große Niederlage beizubringen vermochten. Mark Aurel, der wohl weiter östlich operierte, konnte es nicht verhindern, daß die Germanen über Noricum in Oberitalien einbrachen, Aquileia belagerten und Opitergium, weiter westlich in Venetien, einäscherten. Rom zitterte. Es gelang jedoch dem besten Feldherrn Mark Aurels, Tiberius Claudius Pompeianus, dem er dem großen Altersunterschied zum Trotz seine Tochter Lucilla, Verus' Witwe, zur Frau gegeben hatte, und dessen Unterfeldherrn Publius Helvius Pertinax in letzter Minute, die beutebeladenen Scharen der Germanen noch diesseits der Donau abzufangen und zu schlagen. Nur unter Aufgabe ihres Raubes konnten sie über den Strom flüchten. Rom war diesmal noch gerettet.

Durch Schaden klug geworden, verließ man sich jetzt nicht mehr auf die rein lineare Verteidigung an der Grenze, sondern schuf zwei Sonderkommandos mit der Aufgabe, hinter der Front den Übergang über die Alpen zu sperren und die Zugänge nach Italien und Griechenland abzuriegeln. 172 schritt man dann zur Offensive, die sich zuerst gegen die Quaden, den Mittelpfeiler der feindlichen Koalition, richtete. Bei dieser Gelegenheit ereignete sich das berühmte Regenwunder. Die römischen Truppen wurden, als sie umzingelt und von der Wasserzufuhr abgeschnitten waren, durch einen plötzlichen Gewitterregen vor dem Verdursten gerettet. Dies Geschehnis hat auf die Zeitgenossen einen ungeheuren Eindruck gemacht. Es ist auf der Markussäule in Rom dargestellt, wo Hermes Aërios als Regenspender erscheint. Die Christen führten die Rettung auf das Gebet christlicher Soldaten zurück, ägyptische Sekten auf das Eingreifen ihres Priesters Arnuphis. Nach dem Frieden mit den Quaden, denen Mark Aurel billige Bedingungen zugestand, wandte er sich 173 gegen die Markomannen, die ebenfalls wieder unterworfen wurden und nach dem Vertrag, den der Kaiser ihnen auferlegte, einen vierzehn Kilometer breiten Streifen am rechten Donauufer räumen mußten, um ein überraschendes Überschreiten des Stromes seitens der Barbaren von nun an auszuschließen.

Im nächsten Jahr war geplant, die Jazygen, die letzten Gegner, zu besiegen, was aller Voraussicht nach keine allzu großen Schwierigkeiten bereitet hätte. Aber es kam ganz anders. Noch im Winter erhoben sich die Quaden von neuem, während sich eine Welle germanischer Völker über die römischen Grenzen nach Belgien, Raetien und Noricum ergoß. Didius Iulianus, an der Spitze eilig zusammengezogener Aufgebote von Provinzialen, tat sich in Belgien, Helvius Pertinax als Befehlshaber einer Legion in Noricum hervor. Im Frühling 174 waren alle Unternehmungen der Barbaren gescheitert, Quaden und Jazygen baten um Frieden, den der Kaiser ihnen aber abschlug. Er wollte zum mindesten das wie ein Keil zwischen Unterpannonien und Dakien einspringende Gebiet dieser Völkerschaft annektieren, um auf diese Weise die Front zu verkürzen und der dauernden Bedrohung ein Ende zu bereiten.

Wieder kapitulierten die Quaden zuerst; sie mußten wie die Markomannen einen vierzehn Kilometer breiten Streifen am rechten Donauufer räumen. Nun blieben wirklich nur noch die Jazygen, gegen die der Krieg 175 mit unverminderter Gewalt fortgesetzt wurde, als ein völlig unerwartetes Ereignis alle Pläne Mark Aurels zuschanden machte. Der Befehlshaber im Orient, C. Avidius Cassius, ließ sich plötzlich von seinen Truppen zum Kaiser ausrufen. Der legitime Herrscher sah sofort, daß seine Kräfte nicht ausreichten, um gegen den äußeren und den inneren Feind gleichzeitig zu kämpfen, er schloß nach einem Sieg über die Jazygen mit diesen einen Vertrag unter denselben Bedingungen wie mit den Markomannen und Quaden, nur daß der Streifen Niemandsland auf dem rechten Donauufer eine Breite von achtundzwanzig Kilometer haben sollte. Es war eine Ironie des Schicksals, daß der Kaiser wieder im letzten Moment um die Früchte seiner großen Anstrengungen gebracht wurde; denn die endgültige Annexion der Gebiete der drei Stämme wäre unter normalen Umständen nur eine Frage der Zeit gewesen.

Statt dessen zog Mark Aurel in den Osten, wobei ihn als eine Art von Geiseln Reiter der Markomannen, Quaden und Naristen begleiteten. Aber es kam nicht zu Kämpfen, da der Usurpator von seinen eigenen Truppen umgebracht worden war. Die Überlieferung berichtet, daß die Kaiserin Faustina mit dem Oberbefehlshaber des Orients insgeheim ausgemacht hätte, daß er beim Ableben Mark Aurels den Purpur annehmen sollte, um auf diese Weise die Nachfolge ihres Sohnes Commodus sicherzustellen. Tatsache war, daß Avidius Cassius bei seiner Erhebung die Nachricht vom Tode Mark Aurels verbreiten ließ. Es fragt sich nun, ob nicht ein mißverstandener Brief der Kaiserin die Ursache allen Übels war, zumal Mark Aurel nach dem Scheitern der Unternehmung die Papiere seines Widersachers ungelesen verbrennen ließ und seine Anhänger nicht verfolgte. Nach einem Besuch Ägyptens, dessen wichtigste Stadt Alexandreia sich dem Usurpator angeschlossen hatte, aber ohne weitere Schwierigkeiten wieder in Gnaden aufgenommen wurde, kehrte Mark Aurel über Syrien, Kleinasien und Athen, wo er sich mit Commodus in die Eleusinischen Mysterien einweihen ließ, nach Rom zurück, das er seit sieben Jahren nicht mehr betreten hatte. Am 27. November 176 triumphierte er über Germanen und Sarmaten und ernannte seinen jugendlichen Sohn Commodus zum Mitregenten. Im Jahr darauf erhielt dieser dann nach seiner Heirat mit einer jungen Patrizierin, Bruttia Crispina, den Titel Augustus.

Mit der Regelung der Nachfolge zugunsten seines leiblichen Erben setzte sich Mark Aurel über die seit fast achtzig Jahren geübte Anwendung der Adoption hinweg, obwohl diese sich in dieser langen Zeit viermal ausgezeichnet bewährt hatte. Freilich hatten die vier Vorgänger des Kaisers von Nerva bis Antoninus Pius allesamt keine männliche Nachkommenschaft hinterlassen; deshalb war ihnen in der Adoption der einzige Ausweg verblieben, auf ihre Nachfolge Einfluß zu nehmen. Beim Tode des Mark Aurel wäre indes jeder adoptierte Nachfolger dem Widerstand der Anhänger des leiblichen Erben ausgesetzt gewesen. Diese Überlegung muß wohl den Ausschlag gegeben haben, da sich der Kaiser nicht verhehlen konnte, daß Commodus nicht die Eigenschaften besaß, die seine Thronbesteigung hätten empfehlen können. Allen diesen Bedenken zum Trotz schien diese Lösung das kleinere Übel zu sein, da immerhin die Gefahr des Bürgerkrieges gebannt schien. Freilich um welchen Preis und auf wie lange?

Unterdessen begannen bereits 177 die besiegten Gegner an der Donau von neuem die römischen Grenzen anzugreifen; die Kämpfe nahmen in kurzer Zeit einen solchen Umfang an, daß 178 beide Kaiser, Mark Aurel und Commodus, wieder an der Front erscheinen mußten. In der Folge waren dann die römischen Waffen siegreich, und man konnte eine dauernde Beruhigung dieser Front voraussehen, wenn auch von einer Errichtung neuer Provinzen abgesehen werden mußte, da es an Truppen mangelte.

Aber wieder verhinderte das Schicksal, daß der Sieg über die Barbaren ausgenutzt werden konnte. Ganz plötzlich starb Mark Aurel am 17. März 180, was einen sofortigen Friedensschluß zu günstigen Bedingungen für die Barbaren nach sich zog.

Die Bilanz der Außenpolitik Mark Aurels ist demnach recht enttäuschend: die langen Kriege hatten Rom ohne bleibenden Nutzen geschwächt, und die Gegner bedrohten nach wie vor die Donaufront.

Und wie stand es mit der Entwicklung im Reich? Mark Aurel pflegte das beste Einvernehmen mit dem Senat, eine Politik, die er von seinem Adoptivvater übernommen hatte. Freilich hinderten ihn diese ausgezeichneten Beziehungen nicht, die vier italischen Gerichtssprengel wieder einzurichten, in denen die Rechtsprechung jedoch nicht mehr Konsularen, sondern ehemaligen Prätoren anvertraut wurde. Dieselben Beamten dienten auch als Mittelspersonen zwischen den autonomen Stadtgemeinden ihres Gebietes und der kaiserlichen Regierung, was einen Schritt weiter zur Provinzialisierung Italiens bedeutete. Auch der Staatsrat blieb bestehen, und sein Einfluß auf die Führung der Geschäfte stieg ständig, zumal da seit Mark Aurel ritterliche Beamte diese Funktion hauptamtlich ausübten. Diese Umgestaltung des *consilium principis* ging Hand in Hand mit einer Reform der kaiserlichen Palastbüros; außer einer Erweiterung der Finanzverwaltung durch die Schaffung des *procurator summarum rationum* scheinen zwei neue Sparten, nämlich die vom Kaiser entschiedenen Prozesse, die *cognitiones*, und das kaiserliche Privatsekretariat, die *memoria*, auf diese Epoche zurückzugehen. Im Zusammenhang mit diesen Neuerungen haben die Freigelassenen eine weit größere Rolle gespielt als unter den beiden Vorgängern des Mark Aurel; jedenfalls wurde nun das Prinzip der ungleichen Kollegialität — jedem ritterlichen leitenden Beamten war ein freigelassener Bürochef beigegeben — in allen Zweigen der Verwaltung ausnahmslos eingeführt.

Die wachsende Bürokratisierung des Regierungsapparats führte auch zur Ausgestaltung der Hierarchie der Rangtitel, deren erster, das Clarissimat, den Senatoren von Hadrian verliehen worden war. Jetzt hießen die Prätorianerpräfekten *viri eminentissimi*, die übrigen ritterlichen Präfekten und Prokuratoren *viri perfectissimi* und *viri egregii*.

Die Finanzen litten natürlich unter den ungeheuren Lasten der schweren Kriege an Euphrat und Donau, was aber den Kaiser nicht davon abhielt, neben den großartigen Triumphen der Jahre 166 und 176 für die den Stadtrömern zustehenden Getreidelieferungen und Lustbarkeiten zu sorgen, wenn ihm auch persönlich die Gladiatorenkämpfe ein Greuel waren. Soweit es irgend möglich war, versuchte er die Steuerpflichtigen zu schonen, und es ist kein Zufall, daß er den Priestern des Kaiserkultes in den Provinzen, denen die Ausrichtung von kostspieligen Spielen oblag, durch kaiserliche Verordnung bei der Minderung von deren Kosten behilflich war. Es ist dies eines der ersten Anzeichen dafür, daß der Wohlstand der alten Adelsfamilien im Reich im Schwinden begriffen war. Man glaubte, dem Grundsatz des *noblesse oblige*, der die führenden Klassen in allen Gemeinwesen weit über ihr Vermögen in Anspruch nahm, nur durch gesetzliche Sparvorschriften wirksam entgegentreten zu können. Andererseits aber wurde der schleichenden Krise dadurch keineswegs abgeholfen, sondern nur ihre verhängnisvollen Folgen hinausgeschoben.

Auch die sorgfältige Überwachung des Steueraufkommens, wobei der Kaiser die Steuerpächter auszuschalten und die Eintreibung in eigene Regie zu nehmen suchte, darf uns nicht darüber hinwegtäuschen, daß wir es nur mit einer Milderung einer Notlage zu tun haben und nicht mit Maßnahmen, die zu einer Gesundung der Staatsfinanzen hätten führen können.

Die sehr humane Gesetzgebung und Rechtsprechung dieser Epoche zeigte zwar ein gewisses Verständnis für die Unmenschlichkeit der Sklavenwirtschaft und erleichterte das Los dieser Unglücklichen, aber am Grundprinzip, der Berechtigung der Sklaverei, wurde allen philosophischen oder religiösen Erwägungen zum Trotz nicht gerüttelt. Die Wertschätzung der modernen Welt für Tätigkeit und Arbeit war im Rom der Kaiserzeit unbekannt. Die adligen Herren hielten jede Art von Arbeit für ihrer unwürdig und sahen ihre Aufgabe darin, dem Staat mit den Waffen oder mit ihrem Rat zu dienen. Selbst die Führung ihres Haushalts überließen sie ihren Freigelassenen oder Sklaven. So kam es, daß die Abschaffung der Sklaverei eigentlich nie in das antike Blickfeld gerückt ist.

Wenn man trotz dieser konservativen Gesamthaltung manchmal von den bewährten Methoden der römischen Politik abging und etwa die Grenze für landsuchende Barbaren öffnete oder Sklaven in das Heer einstellte, so handelte es sich nicht um ein grundsätzliches Abgehen von der anerkannten Regel, sondern um eine aus der Not des Augenblicks gebotene und geborene Ausnahme.

So bemühte man sich, den Schein zu wahren, daß alles zum besten bestellt sei und die lästigen Kriege den Wohlstand des Reiches und die Wohlfahrt seiner Bewohner nicht in Mitleidenschaft zögen, auch nicht die große Bautätigkeit, die Mark Aurel in Rom entfaltete. Außer einem Triumphbogen wurde die dreißig Meter hohe Markussäule errichtet, deren Reliefs die Ereignisse des Donaukrieges von 171 bis 175 in chronologischer Reihenfolge abbilden und die großen Taten des Kaisers und seiner siegreichen Truppen verewigen sollten; für uns zweifellos eine der wichtigsten Quellen der Geschichte dieser Feldzüge.

Eine andere besonders wertvolle Quelle für die Kenntnis der Persönlichkeit Mark Aurels sind endlich seine Selbstbetrachtungen. Hier gab sich der Kaiser als Mensch und Philosoph Rechenschaft über seinen unaufhörlichen Kampf, den Forderungen der stoischen Moral nachzuleben. Er sah ein, daß die »Ataraxie«, das Losgelöstsein von allen Leidenschaften, ein unerreichbares Ideal sei, aber er eiferte ihm nach, ohne doch je zu vergessen, daß er als Herrscher seine Pflicht zu erfüllen hätte und diese ihm gebieterisch das Handeln vorschrieb, das ihm von Natur und Lehre her ein Übel zu sein schien. Es mutet einen tragisch an, daß dieser Denker, der sich nie als Kaiser gebärden wollte, vom Schicksal gezwungen wurde, mehr als die meisten seiner Vorgänger im Panzer des Imperators für das Bestehen des Reiches zu kämpfen.

Orbis Romanus, der römische Weltkreis

Zwei Jahrhunderte Geschichte der römischen Kaiserzeit haben uns mit den Ereignissen dieser Epoche vertraut gemacht. Wir möchten nun die Frage stellen, die schon ein zeitgenössischer Rhetor Aelius Aristides in seiner Lobrede auf Rom sich vorlegte: was zeichnet diese Zeit so aus, was hat sie der Menschheit Neues gebracht, daß sie in der Weltgeschichte immer weiter eine solche Rolle spielt? Die Antwort läßt sich in drei Schlagworten zusammenfassen: *orbis Romanus, civis Romanus, pax Romana*.

Orbis Romanus, der römische Weltkreis, umfaßte den gesamten Umkreis des Mittelmeeres von der Straße von Gibraltar bis zum Schwarzen Meer und vom Nildelta bis zum äußersten Winkel der Adria. Aber die Römer haben auch weite Küsten des Ozeans, von Marokko bis zur Elbmündung in Besitz genommen und sind bis zum Roten Meer vorgedrungen. Man bedenke nur, wieviel moderne Staaten sich heutzutage in diese Gebiete teilen, dann wird man verstehen, wie sehr diese vorher nie geeinten Länder Rom bewunderten, wie stolz sie darauf waren, diesem Weltreich anzugehören.

In der Tat ist die Herrschaft der Römer auf eine Art von Staatenbund unter ihrer Führung gegründet gewesen. Die große Staatskunst dieses Volkes hat seit jeher darin bestanden, die besiegten Gemeinwesen sich als Verbündete anzuschließen, und dieser altbewährte Grundsatz ist von den römischen Kaisern peinlich beobachtet worden. Man ist sogar noch einen Schritt weitergegangen und hat bereits unter Augustus einzelnen Völkern gestattet, eine Kultgemeinschaft zur Verehrung Roms und des Kaisers zu begründen. Sicher hat man dabei nicht übersehen, daß diese religiöse Vertretung bald auch politisch die gemeinsamen Interessen der betreffenden Städte oder Stämme geltend machen würde. Die Möglichkeit, ihre Beschwerden in geeigneter Form vorzubringen, gab den regionalen und lokalen Gemeinwesen das Gefühl der Zugehörigkeit und hat nicht wenig zur Einheit des Reiches beigetragen. Niemals zuvor und niemals danach ist es einem Herrscher oder einem Volk wieder gelungen, innerhalb eines so ausgedehnten und von so verschiedenen Völkern, Sprachen und Kulturen erfüllten Raumes eine solche Eintracht und Zusammengehörigkeit ins Leben zu rufen. Diese einmalige Harmonie innerhalb des Orbis Romanus wäre jedoch nicht denkbar gewesen, hätte sich nicht zur Gleichberechtigung der Gemeinwesen die Gleichheit der Bürger gesellt.

Civis Romanus, römischer Bürger, zu sein oder zu werden, war Stolz und Ehrgeiz aller Einwohner des Reiches. Die Eroberung der Vormacht Roms in Italien war stets darauf aufgebaut gewesen, daß Rom den Angehörigen der besiegten Völker den Eintritt in die römische Bürgerschaft gewährte. Die Kaiser gingen nicht von diesem Herkommen ab, nur haben sie außerdem darauf gesehen, daß Abstammung und Herkunft niemanden am sozialen Aufstieg hinderte. Der freigelassene Sklave wurde sofort römischer Bürger, konnte aber durch seine Namengebung seine servile Vergangenheit nicht verleugnen. Aber schon sein Sohn war freigeboren und konnte bei Nachweis eines Vermögens von vierhunderttausend Sesterzen (etwa ebensoviel DM) durch die Gunst einflußreicher Gönner und mit Genehmigung des Kaisers römischer Ritter werden. Dem Sohn des Ritters und Enkel des freigelassenen Sklaven stand die Aufnahme in den Senat offen, wenn er eine Million

Sesterzen sein eigen nannte und der Kaiser ihm erlaubte, den breiten Purpurstreifen der Senatoren am Saum seiner Toga zu tragen. Es spielte dabei grundsätzlich keine Rolle, aus welchem Teil des Reiches der Bürger stammte, obwohl man zugeben muß, daß die Angehörigen gewisser, wenig romanisierter Provinzen erst spät oder gar nicht unter den beiden bevorrechteten Adelsklassen (Senatoren und Ritter) vertreten sind. Diese erstaunliche Großzügigkeit der römischen Gesellschaft, der wir selbst heutzutage kaum etwas Ähnliches an die Seite stellen können, hat es zuwege gebracht, daß der soziale Frieden in der römischen Kaiserzeit kaum jemals gestört worden ist.

Die unbeschränkten Aufstiegsmöglichkeiten beruhten letztlich auf der Gleichheit aller römischen Bürger vor dem Gesetz. Seit jeher war die Kenntnis des Rechts für alle ehrgeizigen Römer eine Voraussetzung ihrer Beamtenlaufbahn, da jeder Magistrat Recht sprach. Die Bekanntmachung der rechtlichen Grundsätze, die der Beamte bei Handhabung seines freien richterlichen Ermessens zu befolgen hatte, das sogenannte Edikt, hatte die Entwicklung des römischen Rechts mit seiner Anpassung an alle neuen Tatbestände außerordentlich gefördert; sie erforderte ebenfalls eine Vertrautheit mit der Auslegung der bestehenden Gesetze. So regte sich bald auch außerhalb der senatorischen Kreise ein lebhaftes Interesse für das juristische Studium; zu Beginn der Kaiserzeit wurden diese *iuris prudentes*, die Rechtswissenden, allgemein anerkannt und ihre Gutachten von den Anwälten vor Gericht benutzt. Seit der endgültigen Abfassung des *edictum perpetuum*, der das Zivilrecht umfassenden Edikte der Stadtmagistrate, bekamen diese »Antworten«, *responsa*, der Rechtsgelehrten, wenn sie sich nicht widersprachen, durch Hadrian Gesetzeskraft. Der Einfluß der Rechtswissenschaft auf die Gesetzgebung wuchs damit und machte sich im Sinne einer Vereinheitlichung des Rechtes geltend. Von nun an entschieden alle römischen Statthalter die Prozesse nach denselben rechtlichen Grundsätzen. Andererseits befreite sich das römische Recht aber auch von allen nationalen Vorurteilen, die Gesetze wurden stets nach den Geboten der Menschlichkeit ausgelegt.

Diese Humanität des *ius civile* offenbarte sich auch bei der Verleihung des römischen Bürgerrechts in einer Bestimmung, die wir kürzlich durch eine Inschrift kennengelernt haben: »*salvo iure gentis*, unbeschadet des Stammrechts«. Das römische Recht drängte sich nicht den neuen Bürgern auf, diese konnten wählen, ob sie nach ihren alten Stadt- oder Stammrechten oder nach den römischen Gesetzen gerichtet werden wollten. Die Wohltat sollte nie als Plage empfunden werden.

Die römische Rechtswissenschaft der Kaiserzeit hat vor allem im 3.Jahrhundert ausgezeichnete Vertreter gehabt und ist bis in die moderne Zeit vorbildlich geblieben für die Exaktheit und Präzision ihrer Begriffsbestimmungen und für die scharfsinnige Auslegung der Gesetzesvorschriften. Bis in die Zeit Justinians im griechisch sprechenden Oströmischen Reich sind die großen Sammlungen der Digesten, Edikte und Novellen lateinisch abgefaßt worden, ein Beweis der dauernden Wertschätzung der römischen Jurisprudenz.

Pax Romana, Frieden im Reiche und Sicherheit an den Grenzen, war die dritte und vielleicht die bewunderungswürdigste Leistung der Römer. Verglichen mit allem, was die damalige Welt von ihrer Vergangenheit wußte, mußte dieser Zustand allen Lebenden wie das goldene Zeitalter erscheinen. Der endlose Krieg aller gegen alle hatte aufgehört, und

Ansprache des Kaisers an seine Soldaten während des Markomannenkriegs
Relief aus der Zeit Mark Aurels am Konstantinsbogen in Rom

Gemüsehändlerin beim Anpreisen ihrer Ware
Grabrelief, 2. Jahrhundert. Ostia, Museum

dieses schier unglaubliche Ergebnis wurde durch ein Heer von Berufssoldaten zustande gebracht, dessen geringe Truppenzahl das Erstaunen aller modernen Sachverständigen erregt. Das Vertrauen in die politische Reife der Bürger erlaubte es in der Tat der Regierung, die etwa dreißig Legionen und ihre Hilfstruppen – alles in allem nicht mehr als vielleicht dreihundertsechzigtausend Mann – an den Grenzen und nicht im Innern des Reiches zu stationieren und so die Bewohner der Mittelmeerländer weder durch Einquartierung noch durch andere Lasten zu beschweren. Auch zur See konnte man mit schwachen Flotten auskommen. Es gab keinen Feind mehr auf dem Meer, und man brauchte die Schiffe nur, um die Küstenvölker davon abzuschrecken, ihr altes Piratengewerbe wiederaufzunehmen.

Der Frieden erlaubte es allen Einwohnern von einem Ende des Reiches bis zum anderen zu reisen, ohne befürchten zu müssen, ausgeraubt, versklavt oder getötet zu werden. Auch der Güteraustausch nahm einen ungeahnten Aufschwung. Der Fernhandel zwischen Ost und West konnte sich wie nie zuvor entfalten und führte zur Anlage großer Häfen an allen Küsten, aber auch zur Annäherung und zu gegenseitigem Verständnis zwischen den verschiedenen Völkern rund um das Mittelmeer.

Natürlich kam es noch zu Ausbrüchen innerer Zwistigkeiten, zum Beispiel dem Dreikaiserjahr 69 und der Usurpation des Avidius Cassius, und es fehlte gelegentlich auch nicht an Aufständen unter der seßhaften Bevölkerung gewisser Provinzen, wie die Erhebung der Bataver 71, aber im großen ganzen blieben diese Bewegungen selten und örtlich begrenzt.

Die Pax Romana im Inneren des Reiches wurde durch die Legionen an den Grenzen gewährleistet. Diese Besatzungen am Rande des Erdkreises hatten den Vorteil, daß sie im Notfall auch gegen Aufrührer im Inland verwendet werden konnten, aber ihre eigentliche Aufgabe bestand im Schutze Roms gegen die Barbaren. Zu diesem Zweck scheute man sich auch nicht, wiederholt angriffsweise vorzugehen. Das römische Gebiet wurde im Laufe der ersten zwei Jahrhunderte der Kaiserzeit nach allen Richtungen hin nicht unwesentlich erweitert. Aber im großen ganzen blieben diese Kämpfe doch auf die Peripherie beschränkt; das Vordringen der Germanen unter Mark Aurel bis nach Friaul blieb eine Ausnahme. Da außerdem die Initiative fast immer auf römischer Seite lag, kam es nie zu gleichzeitigen Kämpfen an mehreren Fronten, so daß die verfügbaren Truppen ausreichten und auch die Finanzen des Staats nie übermäßig in Anspruch genommen wurden. Durch die jahrhundertelange Dauer der römischen Grenzwacht blieb es schließlich nicht aus, daß die Soldaten in ihren Lagern gerade die wildesten Länder des Reichs romanisierten. Noch heute besteht, zum mindesten in Europa, ein erheblicher Kulturunterschied zwischen den Ländern, die innerhalb, und denen, die außerhalb des römischen Verteidigungsgürtels lagen.

Die Wirtschaftsentwicklung im 1. und 2. Jahrhundert

Die wirtschaftliche Blüte des Reichs von Augustus bis zu den Severern, deren Voraussetzung die Pax Romana war, beruhte auf der Nichteinmischung des Staates in das Erwerbsleben. Diese liberale Einstellung war durch die verhältnismäßig geringen Ausgaben des römischen Staatshaushaltes bedingt, dessen wesentliche Posten die Besoldung des Heeres, die Getreideversorgung und die Belustigung der hauptstädtischen Bevölkerung sicherzustellen hatten. Auf das ganze Reich verteilt, machten sich die an sich bescheidenen Lasten für den einzelnen kaum bemerkbar. Kein Wunder, daß die Bevölkerung das Verdienst für ihre ökonomische Sicherheit und ihren Wohlstand dem bestehenden Regime zuschrieb und kein Verlangen danach hegte, es zu ändern.

Während aber die für die Truppen benötigten Soldzahlungen im wesentlichen in den betreffenden Provinzen an Ort und Stelle aufgebracht wurden, gab die staatliche Getreideversorgung, *annona* — ein erbliches Vorrecht nur der in Rom ansässigen Römer und nicht auch der zuziehenden Landbewohner —, eine Menge wirtschaftlicher Probleme auf. In der Tat war seit dem Niedergang des italischen Bauerntums im 1. vorchristlichen Jahrhundert und dem Aufkommen der Weidewirtschaft auf den Latifundien der Apenninenhalbinsel ein Großabnehmer in Gestalt der zweihunderttausend Getreideempfänger erstanden, dessen Bedürfnisse nur durch die Einfuhr großer Mengen von Weizen aus Ägypten, Sizilien und Afrika befriedigt werden konnten. Die mit der Annona zusammenhängenden Handelsgeschäfte aller Art, vom Bau der Getreideflotten bis zum Ausladen der Säcke in den Häfen von Puteoli und Ostia, machten sicherlich einen großen Teil des Gesamtumschlages der römischen Schiffahrt aus; so wurde dieser Ausgabeposten zu einer der Hauptquellen des römischen Erwerbslebens.

Aber von der Zufuhr des Brotgetreides abgesehen, stellte die Großstadt Rom, über deren Bevölkerungszahl allerdings die Gelehrten sich nicht einigen können — die Schätzungen gehen von dreihunderttausend bis eine Million zweihunderttausend Einwohner —, einen Absatzmarkt erster Größe dar. Alle Arten von Lebensmitteln, Stoffen und Metallwaren wurden eingeführt, vor allem die Luxusprodukte aus dem Fernen Osten, Wohlgerüche, Spezereien und Seide, die in der Hauptstadt von den reichen Senatoren und Rittern den Händlern mit Gold aufgewogen wurden. In der Kaiserzeit stellte der Mittelmeerraum ein von Verkehrswegen durchzogenes Gebiet dar, dessen Handel sich jedoch nicht auf die an seinen Küsten heimischen Erzeugnisse beschränkte, sondern ebensosehr das Zinn aus Britannien wie den Bernstein von der Ostsee, Gold aus dem Sudan wie Spezereien aus Südarabien miteinbezog. Selbst die chinesische Seide gelangte entweder zu Lande durch Innerasien an die Küste des Schwarzen Meeres oder wurde, seit man um Christi Geburt die Regelmäßigkeit der Monsunwinde beobachtet hatte, von alexandrinischen Seefahrern auf Ceylon eingetauscht und durch das Rote Meer nach Berenike oder Myos Hormos, den beiden ägyptischen Häfen, geschafft.

Dieser Import von wertvollen, im Gewicht leichten Erzeugnissen mußte im Ausland mit Edelmetall bezahlt werden und bildete einen ständigen Verlustposten in der Zahlungsbilanz des Reiches. Es scheint uns jedoch nicht richtig, den Abfluß des Goldes für die Wirtschaftskrise des 3. Jahrhunderts verantwortlich zu machen, da die Luxusbedürfnisse ja nicht lebensnotwendig waren und bei abnehmendem Wohlstand von selbst zurückgehen mußten.

In Wirklichkeit konnte das Römische Reich sich selbst genügen, vor allem was die landwirtschaftlichen Erzeugnisse anging. Trotzdem ist außerhalb Roms die Drohung der Hungersnot nie ganz gebannt worden. Dieser Umstand beruhte auf einer dem antiken Menschen eigentümlichen Mißachtung gewisser Seiten des Erwerbslebens. Die Errichtung von dem Gemeinwohl dienenden Gebäuden, Brücken oder Häfen, der Ausbau von Wasserleitungen oder jener römischen Straßen, die heute noch die Bewunderung der Ingenieure erregen, galt für ehrenvoll und verdienstlich, aber niemand kümmerte sich darum, die Anbauflächen für Getreide oder Futtermittel zu vergrößern. Man hielt auch bei der Bestellung der Felder daran fest, das Land ein über das andere Jahr brachliegen zu lassen, und ging niemals zur Dreifelderwirtschaft über, wodurch man die Erträgnisse bei gleicher Schonung des Bodens wesentlich hätte steigern können.

Auch in der Herstellung der Gebrauchsgüter war die Neigung zur Stagnation unverkennbar. Man verstand sich niemals dazu, Waren auf Vorrat herzustellen, und wartete stets auf die Bestellungen der Abnehmer, wodurch bei der Weitläufigkeit und Schwierigkeit der Verbindungen alle Unternehmungen Kleinbetriebe blieben. Gewiß gab es vor allem in Italien Ziegeleien und Töpfereien, deren Vertrieb wir durch ihre Stempel gut verfolgen können. Aber diese Manufakturen bestanden im besten Fall aus mehreren Werkstätten. Niemals kam es zum Aufbau von Großbetrieben, deren Erzeugnisse mit Hilfe von Maschinen angefertigt worden wären. Auch in diesem Falle herrschte ein überkommenes Vorurteil, das es dem Römer der Kaiserzeit untersagte, seine Erfindungsgabe der praktischen Verwertung naturwissenschaftlicher Erkenntnisse zuzuwenden.

Merkwürdig berührt auch hier der Niedergang Italiens. Während um Christi Geburt die Töpfereien von Arezzo ihre schöne, rotglasierte, mit Darstellungen im Relief verzierte Ware überall im Westen des Reiches absetzten, haben ihnen schon gegen Ende des 1. Jahrhunderts die südgallischen Konkurrenten von Lezoux und La Graufesenque (Aveyron) den Rang abgelaufen; im 2. Jahrhundert befanden sich die meistbeschäftigten Betriebe in der Rheingegend und im Elsaß. Diese Schwerpunktverlagerung machte sich auch im übrigen Reich bemerkbar und trug nicht wenig zum Aufblühen der Provinzen bei. Selbst ein spät erobertes Gebiet wie Dakien spielte bald durch seinen Eisen- und Goldreichtum im allgemeinen Warenaustausch des Reiches eine bedeutende Rolle. Andererseits blieben jedoch gewisse regionale Erfindungen, wie zum Beispiel die nordgallischen Tonnen aus Holz oder Pflugscharen aus Eisen, auf ihr Ursprungsgebiet beschränkt und konnten sich ebensowenig anderswo durchsetzen wie die Mähmaschine, die in demselben Bereich einem soeben in Belgien entdeckten Relief zufolge auf den Latifundien benutzt wurde. Irdener Krug und hölzerner Pflug ließen sich nirgendwo anders verdrängen.

Trotzdem war jedoch infolge des zunehmenden Absatzes eine gewisse Steigerung der Erzeugung nicht zu leugnen, ebenso wie die stets damit verknüpfte Verschlechterung der Qualität der hergestellten Gegenstände. Dieses Absinken der Güte ermöglichte wieder die Senkung der Preise, was zu einer beträchtlichen Umsatzsteigerung führte. Die Luxuswaren gingen im Gebrauch zurück, aber die breiten Massen im Reich konnten sich jetzt mehr Erzeugnisse leisten und lebten besser als früher.

Diese Epoche hat auch die meisten in Stein gehauenen lateinischen Inschriften hervorgebracht, die uns die wichtigsten Einzelheiten über die damaligen Ereignisse und Zustände übermittelt haben. Sie sind zugleich ein Beweis dafür, daß Lesen und Schreiben selbst in den fernsten Provinzen auf dem Lande verbreitet waren. Es gab überall Lehrer, die gegen verhältnismäßig geringes Entgelt diese Künste lehrten. In manchen Fällen kümmerten sich die Städte darum, für die Jugend Schulen einzurichten.

Nicht zu verkennen ist jedoch, daß das günstige Gleichgewicht dieser nur zu kurzen Epoche bereits gegen Mitte des 2. Jahrhunderts in Gefahr geriet. Der Kaiser beziehungsweise der Staat war durch die Umstände der Zeit zum größten Grundbesitzer des Reichs geworden, und die Bergwerke und Steinbrüche gehörten ihm ebenfalls fast ausnahmslos. Wir stellten bereits fest, daß die Ausbeutung dieser Besitztümer, vor allem der Eisen- und Goldminen, jetzt nicht mehr Großpächtern überlassen, sondern in eigene Regie übernommen wurde. Der Grund hierfür war sicher einmal der Wunsch, die Einnahmen durch eine bessere Verwaltung und Nutzung zu vermehren und die in den verschiedenen Betrieben beschäftigten freien Unterpächter und Angestellten vor Übergriffen zu schützen, zum anderen auch die wachsende Unlust der wohlhabenden Schichten, diese Art von Geschäften zu betreiben, die durch eine große Anzahl von hemmenden Vorschriften belastet und durch die Haftung des gesamten Vermögens der Unternehmer nicht gefahrlos waren. So bahnte sich hier schon eine Entwicklung an, die im 4. Jahrhundert das Wirtschaftsleben beherrschen sollte. Der Staat hatte den Zusammenschluß der Handwerker zu Zünften, deren Bestehen er bis dahin eigentlich nur widerstrebend geduldet hatte, freigegeben. Jetzt mußte er einsehen, daß der private Unternehmungsgeist nicht mehr angereizt wurde, den Transport des Getreides von Ägypten oder Afrika nach Rom auf eigene Rechnung und Gefahr durchzuführen, und verlieh deshalb den Hochseereedern gewisse Standesvorrechte, wofür sie sich verpflichten mußten, die für die Getreideempfänger Roms notwendige Annona pünktlich mit ihren Schiffen herbeizuschaffen. Auch die Bäckerinnung in Rom wurde damals in den Dienst der Annona gestellt und mit Privilegien entschädigt.

Im Bilde des blühenden Wirtschaftslebens der ersten beiden Jahrhunderte fehlten jedoch auch die Schatten nicht, die das Herannahen der Krise anzeigten. Die Schwächen der Entwicklung lagen hauptsächlich darin, daß die Erzeugung der Verbrauchsgüter mit den steigenden Bedürfnissen der sich ständig vermehrenden Bevölkerung nicht Schritt hielt und der römische Mensch der Kaiserzeit, der ein »politisches Lebewesen« und nichts sonst war, diesen Fragen niemals sein Augenmerk zuwandte. Der Wunschtraum aller Ehrgeizigen bestand nicht in der Erlangung großen Reichtums, vielmehr sollte ihnen das erworbene Kapital dazu verhelfen, in der Politik Roms eine Rolle zu spielen. Bezeichnend dafür war, daß man zwar wie Trimalchio in Petronius' Roman mit Seehandel reich werden konnte, dann aber dieses gefährliche Geschäft aufgab und sich im Besitze von Latifundien und Sklaven sonnte. So erstarb meist schon in der ersten, bestimmt in der zweiten Generation der Wagemut des Unternehmers, und an dessen Stelle trat die bewahrende, erhaltende

Neigung des Großgrundbesitzers, der auch in der römischen Kaiserzeit das Urbild des reichen Mannes war.

Diese Trägheit des menschlichen Geistes in allen wirtschaftlichen Belangen hat der römischen Kaiserzeit der ersten beiden Jahrhunderte ihr ökonomisches Gleichgewicht verbürgt. Sie hat aber gleichzeitig das Wirtschaftsleben jeder Schwankung des Erwerbslebens gegenüber empfindlich gemacht und so den über sie hereinbrechenden Krisen des 3. Jahrhunderts fast widerstandslos preisgegeben.

Commodus

Kaum hatte Mark Aurel in Vindobona, dem heutigen Wien, sein Leben ausgehaucht, als Commodus gegen den ausdrücklichen letzten Willen des Vaters und den Rat von dessen Getreuen dem Krieg gegen die Markomannen, Quaden und Jazygen durch einen überstürzten und für die Feinde Roms günstigen Frieden ein Ende setzte. Er hatte Eile, endlich die rauhen Ufer der Donau zu verlassen und nach Rom zurückzukehren, wo er noch im Jahr seiner Thronbesteigung (180) einen glänzenden Triumph feierte. Der neunzehnjährige, leidenschaftliche Jüngling, der, ohne Widerstand zu finden, jetzt das Reich beherrschte, gab sich mit Feuereifer den Genüssen hin, die ihm die Hauptstadt bieten konnte. Alle Lehren der ausgezeichneten Lehrer und Erzieher, denen er von dem um seine Ausbildung besorgten Vater anvertraut worden war, waren bald und für immer vergessen. Ähnlich Caligula hielt sich Commodus für die Verkörperung des Hercules auf Erden und fand Gefallen daran, die Taten des Halbgotts nachzuahmen. Sein Umgang waren Wagenlenker, Tierkämpfer und Gladiatoren, und er tat sich viel darauf zugute, es ihnen gleichzutun und sich in der Arena als Jäger und Fechter zu produzieren. Die Regierungsgeschäfte langweilten ihn tödlich, er überließ sie ohne Bedenken seinem jeweiligen Günstling, war aber stets bereit, diesen beim ersten Anzeichen der Unbeliebtheit dem Volke zu opfern, wenn er auf diese Weise die eigene Herrschaft retten konnte. Indolent, skrupellos und grausam, war der Kaiser besonders stolz auf seine adlige Geburt. In der Tat war er der erste unter allen seinen Vorgängern, der im Purpur geboren war, was ihn seiner Ansicht nach allein schon zum Herrscher prädestinierte. Unter diesen Umständen ist es kein Wunder, daß in den zwölf Jahren der Regierung dieses launenhaften und größenwahnsinnigen Narren das reiche Kapital an Vertrauen zur Dynastie der Antonine verwirtschaftet wurde. Man kann nur bedauern, daß die vielen Anschläge auf sein Leben, an denen sich selbst seine nächsten Verwandten beteiligten, mißlangen und nur dazu führten, den ohnehin schon mißtrauischen Kaiser noch argwöhnischer zu machen.

Da die ersten Verschwörer hauptsächlich dem Senat angehörten, war der Bruch mit dieser einflußreichen Elite des Staates unvermeidlich. Dieses Zerwürfnis änderte die Richtung der bisherigen Innenpolitik radikal. Während Mark Aurel, wenige Jahre zuvor, öffentlich und aufrichtig bedauert hatte, daß bei der Usurpation des Avidius Cassius eine Anzahl Senatoren und vor allem der Rebell selber ohne Prozeß umgekommen waren, hat

Commodus wahre Hekatomben von Adligen umbringen lassen und nicht einmal vor seinen nächsten Blutsverwandten haltgemacht. Seine Günstlinge stammten aus dem Ritter- oder Freigelassenenstand. Es kam ihm nicht darauf an, nicht nur sie selbst kurzerhand in den Senat aufzunehmen, er stellte es ihnen auch frei, gegen entsprechende Bezahlung alle möglichen zweifelhaften Elemente von ihm adeln zu lassen. So änderte sich die Zusammensetzung des Hohen Hauses und führte zu einer beträchtlichen Minderung des Ansehens der Versammlung, was für die Zukunft verhängnisvolle Folgen haben sollte. Im Augenblick setzte der Kaiser bei den servilen Kreaturen, die den Senat füllten, alle Beschlüsse durch, die ihm in den Sinn kamen.

Wie alle seine senatsfeindlichen Vorgänger stützte sich auch Commodus gegen die Nobilität auf das Volk und vor allem auf die Garnison von Rom; sein jeweiliger Günstling führte den Befehl über die Prätorianer. Tigidius Perennis, der erste in dieser Reihe, entstammte dem Ritterstand; von Ehrgeiz und Habgier besessen, riß er alle Geschäfte an sich und riet dem Kaiser, ganz seinem Vergnügen zu leben. Während er am Ruder war, hatten sich Commodus' Schwester Lucilla, die einst mit Kaiser Verus verheiratet gewesen war, ihr Vetter Ummidius Quadratus und der Kollege des Perennis, Tarruntenus Paternus, gegen den Kaiser verschworen. Auch Bruttia Crispina, die Kaiserin, hatte die Hand mit im Spiele. Durch einen Zufall mißglückte das Komplott, und alle Beteiligten fielen früher oder später der unerbittlichen Rache des Prinzeps zum Opfer.

Seitdem zeigte sich Commodus selten in der Öffentlichkeit und suchte sich durch die allerstrengsten Vorsichtsmaßregeln gegen Attentate zu schützen. Hat später Perennis selber dem Kaiser nach dem Leben getrachtet, um seinen eigenen Sohn auf den Thron zu erheben? Jedenfalls stützte er sich auf seine ritterlichen Standesgenossen und scheute sich nicht, diesen während eines Feldzuges in Britannien unter Übergehung der senatorischen Kommandeure den Befehl über eigens gebildete Kampfgruppen zu übertragen. Auf die Beschwerde der so schnöde behandelten höheren Offiziere wurde Perennis vom Kaiser einfach fallengelassen, für vogelfrei erklärt und mit seinen Angehörigen von den Soldaten in Stücke gerissen. Commodus entblödete sich nicht, verschiedene seiner eigenen Verfügungen zu widerrufen, weil Perennis sie angeblich unbefugterweise erlassen hätte.

Marcus Aurelius Cleander, der Nachfolger des Perennis in der Gunst des Kaisers, hatte eine abenteuerliche Laufbahn hinter sich. Von unfreier Geburt und aus Phrygien stammend, gehörte er einer Art von Sklaven an, die als besonders unleidlich verrufen war. Durch Ankauf auf einer öffentlichen Versteigerung war er in den kaiserlichen Haushalt gelangt, wo er es zum Ziehvater des jungen Prinzen gebracht hatte, als Commodus den Thron bestieg. Er blieb diesem auch weiter eng verbunden und bekleidete die einflußreiche Stellung des Oberkammerdieners, bis er von seinem Zögling 186 an die Spitze der Gardetruppen gestellt wurde. Als solchen lernen wir ihn aus einer jüngst entdeckten Inschrift kennen, wo er als *a cubiculo et a pugione* bezeichnet wird. Das besagt, daß Cleander wohl die Insignien, nämlich den Dolch *(pugio)*, des Prätorianerpräfekten trug, nicht aber den üblichen Titel der ritterbürtigen Inhaber dieses Amtes. Cleander blieb mehrere Jahre unangefochten in seiner Stellung, und sein Regiment war womöglich noch willkürlicher und unmenschlicher als das seines Vorgängers; bis auch ihn anläßlich einer Hungersnot in Rom, bei der die

Getreideempfänger gegen ihn demonstrierten, sein Schicksal ereilte. Commodus, nur auf sein eigenes Wohl und Wehe bedacht, opferte ihn der wütenden Menge, die ihn mit seinem Sohn und einigen anderen seiner Anhänger lynchte.

Bereits unter Cleander setzte in Rom eine Zeit völliger Anarchie ein. Konsuln und Prätorianerpräfekten wechselten jeden Monat, wenn nicht jede Woche oder jeden Tag. Die Finanzlage verschlimmerte sich zusehends; Commodus' Ausschweifungen, Lustbarkeiten, Fechterspiele, Geldspenden hatten die Kassen geleert, die selbst durch Zwangsmaßnahmen nicht mehr wiederaufgefüllt werden konnten. Die Bautätigkeit in der Hauptstadt erlahmte, die Arbeitslosigkeit wuchs zusehends. Dagegen spürten die Provinzen kaum etwas von der Mißwirtschaft der Favoriten des Kaisers. Hier ging alles weiter seinen gewohnten Gang, und die Statthalter der wichtigsten Provinzen, deren Namen in den Unruhen am Ende des Jahrhunderts auftauchen werden, zeigten sich den Aufgaben ihrer Ämter gewachsen. In Britannien, am Rhein, an der Donau, in Afrika wurden lokale Einfälle ins Reichsgebiet zurückgewiesen, und Commodus konnte 185 den Ehrennamen Britannicus annehmen, ohne je die Insel betreten zu haben. Die Jahre seiner Regierung standen im Zeichen des Ausbaues der Grenzverteidigung. An allen Fronten wurden Steinkastelle errichtet; neue, starke *limites* angelegt.

Unterdessen ergab sich Commodus in Rom der Mystik. Sein Glaube an die Götter, an seine eigene Göttlichkeit, seine Sendung raubten ihm den Sinn für die Wirklichkeit. Sämtliche Monate des Jahres wurden nach den verschiedenen Namen seiner Kaisertitulatur benannt; Rom selbst erhielt nach einem Brand, anläßlich des Wiederaufbaus, Rang und Titel einer vom Kaiser gegründeten Kolonie. Alle Einwohner des Reiches wurden zu Untertanen, über die Commodus als unumschränkter Herr und Gott gebot. Dies war zuviel. Als seine nächsten Vertrauten, seine Geliebte Marcia und sein Kammerdiener Eclectus ihrerseits anfingen, für ihr Leben zu fürchten, entschlossen sie sich, den Kaiser durch Gift zu beseitigen. Dieser behielt aber den Trank nicht bei sich, und so ließen ihn die Verschworenen, zu denen auch der Prätorianerpräfekt Q. Aemilius Laetus gehörte, in seinem Bade erdrosseln. Rasch einigte man sich auf einen Nachfolger und bot das Diadem dem Stadtpräfekten Publius Helvius Pertinax an, der aber den Purpur erst nahm, nachdem er sich vom Tode des Kaisers überzeugt hatte.

Das Vierkaiserjahr 193

Publius Helvius Pertinax, der sechsundsechzigjährige Stadtpräfekt, war unter den gegebenen Verhältnissen der beste Anwärter auf den Thron. Aus kleinen Verhältnissen stammend – sein Vater, Holzhändler in Ligurien, hatte zur Klientel der namhaften Adelsfamilie der Hedii Rufi Lolliani gehört –, hatte sich Pertinax durch persönliches Verdienst als Heerführer und Statthalter zu seiner Stellung an der Spitze des Senats erhoben. Die Prätorianer wurden durch eine große Schenkung für den neuen Kaiser gewonnen. Der Senat andererseits, dem der Prinzeps volle Freiheit gewährte, sich für oder gegen ihn zu erklären, war von dieser Anerkennung seines Rechts, die Wahl der Gardesoldaten zu bestätigen, so entzückt, daß er ihn auf der Stelle begeistert empfing und das Andenken an Commodus verdammte.

Aber diese allgemeine Freude und Glückseligkeit, von dem Tyrannen befreit zu sein, konnte nur dann von Dauer sein, wenn auch die Legionen der drei großen Provinzen Britannien, Oberpannonien und Syrien dem neuen Herrscher den Fahneneid schworen. Anfangs schien auch alles nach Wunsch zu verlaufen. Pertinax' Programmrede vor dem Senat, den er zu den Regierungsgeschäften heranzuziehen versprach, machte einen guten Eindruck. Aber bald erregten seine Sparmaßnahmen, wie einst die Galbas, böses Blut bei den Angehörigen des kaiserlichen Haushalts, und die Soldaten der Leibgarde, deren Disziplin er zu heben suchte, empfanden diese Bemühungen als Schmälerung ihrer Vorrechte. Sie suchten ehrgeizige Senatoren, die sich Pertinax entgegenstellen ließen, aber der Versuch, den Konsul Q. Sosius Falco, einen sehr reichen Patrizier, zum Kaiser auszurufen, mißlang. Die Lage wurde kritisch für Pertinax. Als sich auch der Gardepräfekt Laetus, der unzufrieden war, nicht die erste Rolle zu spielen, gegen ihn stellte, provozierte er die Prätorianer so lange, bis sie in den Palast eindrangen und dort den Kaiser mit einer Lanze durchbohrten.

Nach siebenundachtzig Tagen war der Thron von neuem vakant. Nun sah man ein Schauspiel, das der Welt deutlich zeigte, wie sehr die politische Moral in Rom gesunken war. Zwei Bewerber um den Thron, Titus Flavius Sulpicianus, Pertinax' Schwiegervater und Stadtpräfekt, und der Konsular Marcus Didius Julianus, der eine innerhalb, der andere außerhalb des Lagers der Prätorianer, suchten die Garde durch stets höhere Angebote für sich zu gewinnen. Schließlich blieb Julianus Sieger in dieser sonderbaren Auktion, auf der das Kaiserreich versteigert wurde. Dem Senat blieb nichts weiter übrig, als die Wahl der Prätorianer zu ratifizieren. Der neue Prinzeps stammte aus einem senatorischen Geschlecht aus Mailand. Er war im Haus der Mutter Mark Aurels aufgezogen worden und hatte es ihrer Protektion zu verdanken gehabt, vor dem gesetzlich erlaubten Alter Quästor geworden zu sein. Wie sein unmittelbarer Vorgänger hatte er sich als Kriegsmann und Gouverneur bewährt und war nicht ungeeignet für das hohe Amt, das ihm auf eine so unwürdige Art und Weise zugefallen war. Seine Regierung fing unter schlechten Vorzeichen an. Das Volk von Rom war ihm nicht gewogen. Der Senat machte gute Miene zum bösen Spiel, aber insgeheim fürchtete er, daß die löblichen Anstrengungen, die Pertinax gemacht hatte, um Ordnung zu schaffen, umsonst gewesen wären und Julianus dieselbe Politik wie Commodus treiben würde. Viel gefährlicher und entscheidend war aber die Unzufriedenheit der Legionen an den Grenzen. Zwei Staatsstreiche hatten sich in Rom innerhalb von kaum drei Monaten abgespielt, nachdem die Nachfolge im Reich fast hundert Jahre lang ohne jede Schwierigkeit vonstatten gegangen war. Die Entrüstung über die Prätorianer verbarg nur schlecht den Neid der Legionen, die ihrerseits darauf brannten, der Welt ihren Herrn zu geben und davon zu profitieren. Zwei Konsulare, C. Pescennius Niger, der Statthalter von Syrien, und Lucius Septimius Severus, der Statthalter von Oberpannonien, wurden am 1. April fast gleichzeitig in Antiocheia und in Carnuntum zum Kaiser ausgerufen. Während Severus unverzüglich nach Italien aufbrach, versäumte Niger kostbare Zeit in Antiocheia.

Mit einem sicheren Verständnis für die politische Lage nahm Severus den Namen des Pertinax an und gab so seine Absicht kund, den Mord dieses Herrschers an Julianus zu rächen. Fünfzehn Legionen der Rhein- und Donauarmeen schlossen sich ihm rasch an, die einzige, die zögerte, war die *X. Gemina* in Vindobona nahe Carnuntum. Wichtiger noch war es, daß auch die britannischen Legionen unter D. Clodius Albinus, der selber sich zum Kaiser hätte proklamieren lassen können, seine Partei ergriffen. Severus machte Albinus zum Caesar, was diesem die Nachfolge zusicherte. Der Marsch auf Rom nahm seinen Fortgang; fast ohne Schwertstreich, da die gegen ihn gesandten Truppen zu ihm übergingen, stand Severus bald in der Nähe Roms. Als er den Prätorianern Straffreiheit gegen Auslieferung der Mörder des Pertinax zusicherte, brach der letzte Widerstand zusammen. Der Senat erklärte Julianus zum Staatsfeind, bestätigte die Wahl des Severus zum Kaiser und erhob Pertinax zum Gott. Am 2. Juni tötete ein Soldat den unglücklichen Didius Julianus. Seine Herrschaft hatte nur sechsundsechzig Tage gedauert.

L. Septimius Severus

Lucius Septimius Severus war am 11. April 145 in Lepcis Magna zur Welt gekommen. Er stammte aus einer punischen Familie, die aber bereits seit Trajans Zeiten die erste Rolle in der Hauptstadt Tripolitaniens gespielt hatte und deren Mitglieder teils Ritter, teils Senatoren waren. Er hatte ebenso wie sein Bruder P. Septimius Geta eine normale Laufbahn hinter sich. Seine Fähigkeiten lagen in der Hauptsache auf politischem und juristischem Gebiet. Sicher gehörte eine außerordentliche Geschicklichkeit dazu, im entscheidenden Augenblick an der entscheidenden Stelle zu kommandieren. Wie der Begründer des Prinzipats war Septimius Severus kein gottbegnadeter Feldherr wie einst Caesar, aber er verstand es, auch darin Augustus ähnlich, seine Schlachten von seinen Marschällen schlagen zu lassen. Andererseits aber vergaß er nie, daß nicht nur die Sicherheit des Reiches nach außen, sondern auch seine eigene Herrschaft auf der Treue der Soldaten beruhte. Das bestärkte ihn in seiner Gegnerschaft zum Senat, dessen Angehörige ihm im übrigen stets mißtrauisch und argwöhnisch gegenüberstanden.

Mit einer syrischen Prinzessin aus dem alten Priesterfürstengeschlecht von Emesa verheiratet, waren dem Abkömmling der phönikischen Kolonisten die römischen Traditionen wesensfremd. Worauf es ihm ankam, war sich selbst und seinen Nachkommen den Thron zu sichern. Die Vorrechte und Vorurteile der angestammten Römer erschienen ihm eher hinderlich als verehrungswürdig.

Iulia Domna, seine Gemahlin und die Mutter seiner beiden Söhne Caracalla und Geta, war die erste jener orientalischen Fürstinnen, die in den folgenden Jahren einen so großen Einfluß auf die Geschicke des Reichs haben sollten. Severus hatte sie als Legionskommandeur in Syrien geheiratet, weil ihm bei der Prüfung der Horoskope der von ihm in Aussicht genommenen Gattinnen bei dem ihrigen aufgefallen war, daß sie die Gemahlin eines Herrschers sein würde. Die außerordentlich begabte und energische Frau bestärkte ihn in seinem

Ehrgeiz und wich, solange Severus lebte, nicht von seiner Seite, der sie seinerseits mit Ehren überhäufte. Es ist auffallend, daß alle Ehrungen, die Severus und seinen Söhnen galten, stets auch Iulia Domna, sei es im Text der Inschrift, sei es auf einem besonderen Stein, erwähnten. Ihr Bestreben ging natürlich dahin, ihren beiden Söhnen die Nachfolge zu sichern, und sie setzte dies auch gegen den schärfsten Widerstand durch.

Sie versammelte einen großen Kreis von kultivierten Landsleuten um sich, vor allem ihre Schwester Maesa und deren Töchter Soaemias und Mamaea, die beide mit Syrern verheiratet waren. Papinianus und seine Schüler Ulpianus und Paulus, die drei großen zeitgenössischen Juristen, stammten aus Syrien und gehörten zu den von Domna dem Kaiser empfohlenen Würdenträgern des Reiches. Aber die Kaiserin begünstigte auch Schriftsteller und Philosophen, wie Philostratos aus Apameia, der auf ihren Wunsch das Leben des Apollonios von Tyana verfaßte. So faßte orientalische Kultur Wurzeln im römischen Denken.

Kaum in Rom eingezogen, zog Severus die Prätorianer waffenlos vor den Toren zusammen, befahl seinen Truppen, sie zu umstellen und entließ sie, nachdem er ihnen eine Strafrede gehalten hatte, aus dem Dienst, wobei es ihnen untersagt war, sich Rom bis auf hundert römische Meilen zu nähern. An Stelle der Verbannten nahm Severus, nach dem Vorbild des Vitellius, Mannschaften aus den ihm treuen Legionen in die neue Garde auf. Das Privileg der Italiker, den Kern des Prätoriums zu bilden, war gebrochen; von nun an rekrutierte man in allen Provinzheeren, vor allem aber in den Legionen der Donaufront, ohne jedoch ganz auf den Nachwuchs Italiens zu verzichten. Die Stadt zitterte. Es war, als hätte sie ein feindliches Heer erobert. Der Kaiser bemühte sich, den Senat zu beruhigen; er ließ Pertinax unter die Götter erheben, richtete einen Kult für ihn ein, den die *sodales Marciani*, jetzt in *sodales Helviani* umbenannt, zu versehen hatten. Severus hatte kein Interesse, solange seine Gegner noch nicht niedergerungen waren, die Maske des konservativen Biedermannes fallenzulassen.

In den ersten zehn Jahren seiner Regierung, von 193 bis 202, hatte Severus alle Hände voll zu tun, sich seiner verschiedenen Gegner zu entledigen und die Grenze im Osten zu festigen. Zuerst wandte er sich gegen Pescennius Niger, der, gestützt auf die Legionen und die Provinzen des Orients, ihm die Herrschaft streitig zu machen suchte. Dieser schon ältere, aus Italien stammende, wahrscheinlich ritterbürtige Konsular mußte sich offensichtlich in verschiedenen wichtigen Posten bewährt haben, sonst hätte man ihm nicht das verantwortungsvolle Kommando im Osten anvertraut; aber wir wissen bis jetzt nichts Sicheres über die Einzelheiten seiner Laufbahn. Während der wenigen Tage, die Didius Julianus in Rom regiert hatte, waren dort manche Stimmen für ihn laut geworden, vor allem unter dem Volk, aber er verfügte auch über einen soliden Anhang im Senat.

Severus hielt sich nur dreißig Tage in der Hauptstadt auf, dann zog er auf dem Landweg, quer durch Europa, nach Osten, wo seine Vorhuten bereits bei Perinthos, der Hauptstadt Thrakiens an der Propontis (Marmarameer), zum Schlagen gekommen waren. Die Nigrianer, die bis dorthin hatten vorstoßen können, mußten sich nach Kleinasien zurückziehen, wohin ihnen bald der größte Teil der Truppen des Severus folgte, während eine Abteilung unter L. Marius Maximus, dem Historiker und Fortsetzer des suetonischen

Das Severische Haus

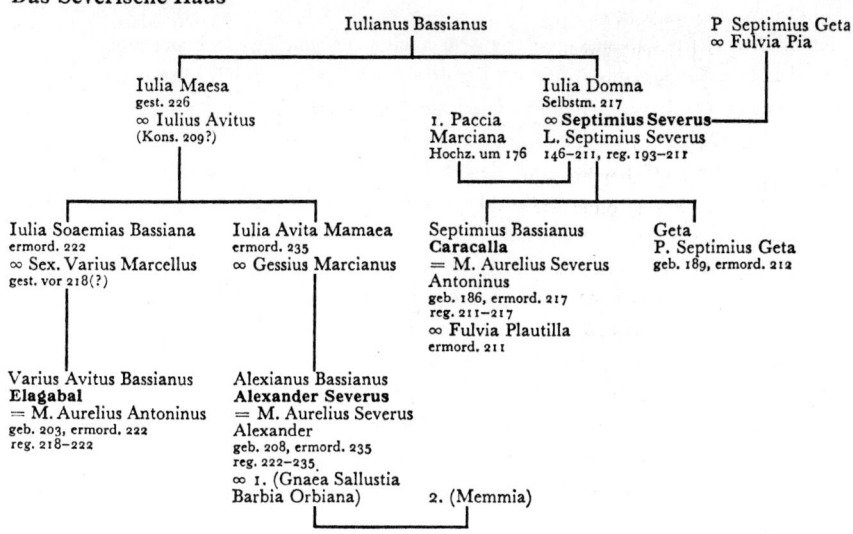

```
                        Iulianus Bassianus                              P Septimius Geta
                                                                        ∞ Fulvia Pia

    Iulia Maesa                                    Iulia Domna
    gest. 226                                      Selbstm. 217
    ∞ Iulius Avitus             1. Paccia          ∞ Septimius Severus
    (Kons. 209?)                Marciana           L. Septimius Severus
                                Hochz. um 176      146–211, reg. 193–211


Iulia Soaemias Bassiana   Iulia Avita Mamaea   Septimius Bassianus      Geta
ermord. 222               ermord. 235          Caracalla                P. Septimius Geta
∞ Sex. Varius Marcellus   ∞ Gessius Marcianus  = M. Aurelius Severus    geb. 189, ermord. 212
gest. vor 218(?)                               Antoninus
                                               geb. 186, ermord. 217
                                               reg. 211–217
                                               ∞ Fulvia Plautilla
                                               ermord. 211

Varius Avitus Bassianus   Alexianus Bassianus
Elagabal                  Alexander Severus
= M. Aurelius Antoninus   = M. Aurelius Severus
geb. 203, ermord. 222     Alexander
reg. 218–222              geb. 208, ermord. 235
                          reg. 222–235
                          ∞ 1. (Gnaea Sallustia
                          Barbia Orbiana)      2. (Memmia)
```

Geschichtswerkes, Byzanz, das sich Niger angeschlossen hatte, zu belagern anfing. Genau wie beim Feldzug Alexanders des Großen spielten sich die ersten Kriegshandlungen in der Nähe der Küste der Propontis ab und endeten mit dem Verlust Kleinasiens; Niger mußte nach Syrien flüchten. Ohne Aufenthalt folgten ihm Severus' siegreiche Truppen, und die Entscheidungsschlacht fand wieder in der Küstenebene von Issos statt. Niger wurde geschlagen, seine Armee umzingelt und die Mannschaften zum größten Teil niedergemetzelt, er selbst auf der Flucht zum Euphrat getötet. Seine Familienangehörigen wurden verbannt, die senatorischen Anhänger hingerichtet. Antiocheia, das Severus seinen Soldaten zur Plünderung freigab, verlor seine Autonomie und wurde ein von Laodikeia am Meere abhängiger Ort.

Nach den ersten Erfolgen des Severus hatte sich Niger dazu herbeilassen müssen, mit den Parthern, Armeniern und Hatrenern Bündnisse abzuschließen, die diese aber nicht hinderten, ihm nach Issos in den Rücken zu fallen, das transeuphratische römische Schutzgebiet zu verheeren und Nisibis zu belagern. Severus überschritt darauf seinerseits den Euphrat bei Zeugma und rückte über Edessa (wo er den Abgariden seines Thrones beraubte) und Karrhai nach Nisibis vor, das er entsetzen konnte. Dieser Teil Mesopotamiens wurde unter dem Namen Osrhoëne unter einem ritterlichen Statthalter, der die neu aufgestellte *legio Parthica* befehligte, als Provinz eingerichtet. Diese kriegerischen Ereignisse fielen noch in das Jahr 195, bereits im folgenden Winter hat Severus Mesopotamien verlassen, da wir ihn schon am 6. April 196 in Viminacium in Obermoesien antreffen. Byzanz war unterdessen nach mannhafter Verteidigung Ende 195 gefallen.

Sobald der Kaiser, ohne sich klugerweise mit den Parthern zu messen, im Orient die Sicherheit der römischen Grenzen wiederhergestellt hatte, beschloß er, mit seinem letzten Konkurrenten im Westen abzurechnen. D. Clodius Albinus aus Hadrumetum, dem heutigen Sousse in Tunesien, gebürtig, war nach einer ohne Zweifel glänzenden, uns aber unbekannten Karriere 193 Statthalter der dritten Dreilegionenprovinz Britannien gewesen. Er hatte sich von Severus düpieren lassen und gegen die Zusicherung der Nachfolge und die Ernennung zum Cäsar darauf verzichtet, sich seinerseits von seinen Soldaten zum Kaiser ausrufen zu lassen, wodurch er wesentlich zur Besiegung Nigers beigetragen hatte. Jetzt brauchte Severus keine Rücksicht mehr zu nehmen; er erklärte Albinus zum Staatsfeind. Etwa gleichzeitig dürfte ein politischer Schachzug des Afrikaners zu datieren sein, durch den er sich zum Sohn des göttlichen Mark Aurel erklärte. Diese fiktive Adoption umgab ihn mit dem Ansehen und Glanz der Dynastie der Antonine, nach der sich alle Zeitgenossen zurücksehnten. Aber die Aufnahme der gesamten Ahnenreihe dieser Familie in die Kaisertitulatur des Septimius Severus bedingte auch die Wiederherstellung des Ansehens seines fiktiven Bruders Commodus, dessen Andenken bekanntlich vorher verdammt worden war. So kam es, daß auf den meisten Inschriftsteinen des letzten der Antonine der Name erst ausgemeißelt und dann wieder eingehauen worden ist. Eine andere Folge dieses Meisterstreiches war es, daß die überlebenden Töchter des Mark Aurel jetzt die Adoptivschwestern des Severus wurden.

Diese Maßnahmen des Kaisers zwangen Albinus, gegen Severus Front zu machen, zumal dieser am 6. April 196 noch einen Schritt weiter ging, indem er in Viminacium in Obermoesien seinen älteren Sohn Bassianus zum Cäsar erhob und ihm den Namen seines Adoptivgroßvaters Marcus Aurelius Antoninus beilegte. Schon Anfang des Jahres 196 von seinen Truppen in Britannien zum Kaiser proklamiert, setzte Albinus nach Gallien über und schlug sein Hauptquartier in Lyon auf; es gelang ihm, die Statthalter Galliens, bis auf den der Lugdunensis, und Spaniens um sich zu scharen; sogar im Osten fiel die Legion Arabiens von Severus ab.

Während des Jahres 196 kehrten die Donaulegionen aus dem Orient zurück und wurden gegen Gallien in Marsch gesetzt. Severus seinerseits verbrachte einige Zeit in Rom. Ein erstes für Albinus ungünstiges Gefecht fand bei Tournus an der Saône statt, die Hauptschlacht am 19. Februar 197 vor Lyon. Der Kampf wogte lange hin und her; Severus geriet sogar in Lebensgefahr. Schließlich brachte ein Flankenangriff der Reiter des severianischen Generals Laetus die Entscheidung und den Sieg. Dieser hatte solange gezögert einzugreifen, weil er hoffte, beide Gegner würden sich gegenseitig vernichten und er würde die Erbschaft antreten können.

Albinus verübte Selbstmord, seine Familie wurde getötet, Lyon genommen und eingeäschert. Das Strafgericht über die Anhänger des Usurpators war unerbittlich. Überall in Germanien, Gallien, Britannien und Spanien häuften sich die Hinrichtungen und Vermögenskonfiskationen. Ein eigener Prokurator kümmerte sich um die Güter der Verurteilten. Auch in Rom wurde der Senat nicht geschont. Die Papiere des Albinus waren in die Hände des Siegers gefallen und ermöglichten es nun, alle, die mit Albinus in Verbindung gestanden hatten, unnachsichtlich vor Gericht zu stellen und zum größten Teil mit dem Tode zu bestrafen. Sulpicianus, der von Didius Iulianus bei der Auktion um den Thron nach Pertinax Tod überbotene ehemalige Stadtpräfekt, und der Gouverneur der Tarraconensis, Novius Rufus, gehörten zu den Opfern der Rache des Kaisers.

Im Mai desselben Jahres begab sich Severus wieder in den Osten des Reiches, wo die Parther sich die Abwesenheit der römischen Truppen zunutze gemacht hatten und von neuem in das römische Gebiet eingefallen waren. Diesmal wich Severus dem Kampf mit diesem Hauptfeind der Römer nicht aus. Nach der Entsetzung von Nisibis ließ er rasch eine Flotte erstellen; ein Teil der Truppen schiffte sich auf den Barken ein und fuhr den Euphrat hinab, der Rest folgte an beiden Ufern. Die Parther hatten Babylon und Seleukeia am Tigris aufgegeben, die Hauptstadt Ktesiphon kapitulierte nach einer kurzen Belagerung. Anfang 198 nahm Severus den Ehrennamen *Parthicus maximus* an und erhob Caracalla zum Mitregenten, seinen jüngeren Sohn Geta zum Cäsar. Die Römer zogen sich wieder nach Nordmesopotamien zurück. Auf dem Rückzug suchte der Kaiser die Wüstenstadt Hatra zu erobern, vor der schon Trajan gescheitert war. Severus hatte nicht mehr Erfolg, ein zweiter Feldzug im Frühjahr 199 endete ebenfalls mit schweren, blutigen Verlusten. Auf dem Rückzug richtete Severus jetzt die Provinz Mesopotamien ein, zu deren Besatzung er zwei neue zum Partherkrieg ausgehobene Legionen bestimmte. Der Statthalter gehörte dem Ritterstand an und führte nach dem Vorbild des Vizekönigs von Ägypten den Titel *praefectus*, ein Beweis mehr, wie sehr der Kaiser die hochadligen Senatoren von den wichtigen Kommandostellen fernzuhalten suchte.

Anstatt sofort nach Rom zurückzukehren, verbrachte die kaiserliche Familie die folgenden drei Jahre im Osten. Syrien, Palästina, vor allem Ägypten erhielten ihren Besuch. Man fuhr den Nil bis zur Grenze von Äthiopien hinauf; in Theben ließ Severus den Koloß des Memnon reparieren, der seitdem beim Auftreffen der ersten Sonnenstrahlen auf den Stein keine Töne mehr von sich gab.

Alexandreia bekam ebenso einen Stadtsenat wie die übrigen Hauptstädte der ägyptischen Nomen. Im Jahre 202 wurde die Heimreise über Thrakien, Moesien und Pannonien angetreten; zur Feier seiner Dezennalien war der Kaiser in Rom. Der Triumphbogen auf dem Forum, dessen Errichtung der Senat im Jahre 195 für den Sieg im ersten Partherkrieg beschlossen hatte, wurde im Jahre 203 eingeweiht; seine Inschrift feiert die Wiederherstellung der Verfassung und die Vergrößerung des Gebietes des Römischen Reichs.

Bis 208, als Severus mit seinen Angehörigen nach Britannien aufbrach, blieb der Kaiser in Rom, mit Ausnahme einer Reise nach Afrika, in deren Verlauf er vor allem seine Vaterstadt Lepcis Magna, aber auch Karthago, Lambaesis und Cirta besuchte. Dieses Interesse für Afrika bekundete sich auch in der Innenpolitik des Kaisers, der sich mit einer großen Anzahl von Afrikanern umgab.

Unter diesen nahm Plautian den ersten Platz ein, dessen Tragödie in diese Jahre fällt und vielleicht den besten Einblick in die verwickelten Verhältnisse am Hofe des Septimius Severus ermöglicht. C. Fulvius Plautianus, ein Landsmann und Verwandter des Severus, dessen Mutter eine Fulvia war, hatte seit 193 dem Kaiser treu zur Seite gestanden und sich in verschiedenen vertraulichen Missionen gut bewährt. Seit 197 hatte Severus ihm erst mit einem Kollegen, von 200 an allein den Befehl über die Leibgarde anvertraut. Die Freundschaft zwischen den beiden Männern war so eng, daß der Kaiser Plautian zu Gefallen sogar seine Gattin von den Regierungsgeschäften fernhielt. Wie einst Tiberius Sejan, vertraute Severus seinem Prätorianerpräfekten und überschüttete ihn mit Beweisen seiner Gunst.

Caracallas Heirat mit Plautilla, Plautians Tochter, machte im Jahre 202 aus diesem den Schwiegervater des Mitregenten. Ein Jahr später ließ ihn dann der Kaiser sein zweites eponymes Konsulat bekleiden.

Die kaiserliche Familie begann sich zu beunruhigen. Man konnte fürchten, daß der allmächtige Präfekt, um dessen Protektion eine Unzahl von Kreaturen buhlte, darauf ausging, seinen kaiserlichen Wohltäter zu stürzen und an dessen Stelle selbst den Thron zu besteigen. Auf seinem Sterbebett (203) scheint Geta, des Kaisers Bruder, diesen vor Plautians Umtrieben gewarnt zu haben. Schließlich beschuldigte ihn Caracalla in Gegenwart des Kaisers, diesem nach dem Leben zu trachten, schnitt ihm, als er sich verteidigen wollte, das Wort ab, schlug ihn und ließ ihn schließlich töten (22. Januar 205). Severus mußte gute Miene zum bösen Spiel machen und so tun, als wäre Plautian wirklich schuldig gewesen. Er willigte ein, daß dessen Vermögen beschlagnahmt, dessen Kinder (darunter Plautilla, seine Schwiegertochter) verbannt und später umgebracht wurden.

Diese furchtbaren Greuelszenen, die Willkür der Rechtsverweigerung, bekundeten einen Tiefstand der öffentlichen Moral, der allen redlich Gesonnenen zu denken geben mußte, in erster Linie Severus selbst, der sich von Jugend auf für Recht und Gerechtigkeit eingesetzt hatte. Während seiner gesamten Regierungszeit beteiligte er sich sehr rege an den juristischen Kontroversen innerhalb seines Staatsrats, wo so ausgezeichnete Juristen wie Papinian und Ulpian sich über strittige Fragen vernehmen ließen. Ihm ist es auch zu verdanken, daß die menschenfreundlichen Tendenzen der stoischen Philosophie, die Gesetze in einem humaneren Sinn auszulegen, mildernde Umstände zu berücksichtigen, den Schwächeren gegen den Stärkeren zu schützen, in der Gesetzgebung und in der Rechtsprechung dieser Epoche ihren Niederschlag fanden. Aber was nutzte die größte Gelehrsamkeit, wenn der Kaiser oder seine Angehörigen, die über den Gesetzen standen, sich mutwillig darüber hinwegsetzten. Ein Regime, das Mörder an seiner Spitze duldet, kann auf die Dauer nicht bestehen, so kraftvoll es auch im Augenblick, da diese Verbrecher ihre Schandtaten begehen, zu sein scheint.

Die Intrigen am kaiserlichen Hof, der Kampf um die Macht, mit allen Mitteln geführt, dürfen uns nicht davon abhalten, die Verdienste des Kaisers um eine wirksame Reichsverwaltung hervorzuheben. Diese beruhte im wesentlichen auf einer bewußt durchgeführten Veränderung der sozialen Struktur der Gesellschaft und kam einer Umwälzung der bestehenden Ordnung gleich. Das Ziel des Kaisers bestand darin, den Anteil der ihm feindlichen adligen Konservativen an der Reichsregierung zu vermindern, hingegen die Beteiligung der ihm gewogenen ritterlichen und militärischen Elemente daran soweit wie möglich zu erhöhen. Diese Bestrebungen entsprachen Tendenzen, die ein Jahrhundert später unter Diokletian dem spätrömischen Staat ihr Gepräge geben sollten; manche Reformen dieses Kaisers sind von Severus vorweggenommen worden.

Um Usurpationen vorzubeugen, teilte der Kaiser alsbald zwei der drei Dreilegionenprovinzen, nämlich Syrien und Britannien. Wenn Oberpannonien erst unter Caracalla seine dritte Legion an das benachbarte Unterpannonien abtreten mußte, so nur, weil Severus sich von der Provinz, deren Truppen ihn zum Kaiser ausgerufen hatten, nicht der Undankbarkeit zeihen lassen wollte. Die Senatoren wurden noch häufiger bei der Besetzung der ihnen vorbehaltenen Statthalterposten benachteiligt, die Regierung zog es vor, an deren Stelle angeblich aushilfsweise ritterliche Gouverneure zu ernennen.

Der entscheidende Schritt bestand jedoch in der Verleihung des Goldrings der Ritter an die altgedienten Legionszenturionen. Der beträchtliche Zuwachs des Ritterstandes zwang notwendigerweise zur Vermehrung der diesem zustehenden Stellungen, wobei der Kaiser nicht verfehlte, die Karriere durch Aufbesserung der Gehälter noch anziehender zu gestalten. Die Wirksamkeit der Verwaltung wurde durch die Einstellung erfahrener Offiziere außerordentlich erhöht. Die zahlreichen neuen Posten ermöglichten es, die Eintreibung der Steuern durch Pächter aufzugeben und von nun an staatliche Stellen damit zu betrauen, wodurch die Bürde der Steuerpflichtigen wesentlich erleichtert wurde.

Trotz dem Bestreben, die Einnahmen zu erhöhen, reichten diese bei weitem nicht aus, den Truppen regelmäßig ihren Sold zu zahlen. In der Tat darf man nicht außer acht lassen, daß die Inflation, die seit Augustus zu dauernden Münzverschlechterungen geführt hatte, am Anfang der Regierung des Severus sehr viel raschere Fortschritte machte; die in Silber ausgezahlte Löhnung der Soldaten hatte den größten Teil ihrer Kaufkraft eingebüßt. »Bereichert die Soldaten, und kümmert Euch sonst um nichts anderes«, soll Severus seinen Söhnen und Nachfolgern auf dem Totenbett geraten haben; er hatte seit langem nach dieser Maxime gehandelt. Seit 193 wurden die Soldaten ihrem Rang entsprechend mit Getreide, Fleisch, Wein, Essig und Öl, Salz, kurz allen notwendigen Lebensmitteln entlohnt. Diese Bezahlung in natura, die Annona, lastete erst als außerordentliche Auflage, dann als jährliche Steuer auf den Gemeinden der jeweiligen Garnisonsprovinz. Die Stadtverwaltungen ihrerseits legten die auf sie entfallenden Mengen auf die Landwirte im Verhältnis zu deren Grundbesitz um. Während also alle übrigen Klassen der Bevölkerung der Verarmung und deren demoralisierender Wirkung ausgesetzt blieben, waren die Angehörigen der Armee dagegen gefeit und stützten natürlich eine Regierung, die sich ihrer auch sonst in jeder Beziehung annahm. In der Tat erlaubte Severus es als erster den Soldaten, unter der Fahne eine gültige Ehe zu schließen, während vorher alle Verbindungen dieser Art vor dem Gesetz ungültig gewesen waren. Auch das Verbot, innerhalb des Lagers Vereine zu bilden, wurde nicht mehr beachtet, zum mindesten nicht von den Unteroffizieren in Lambaesis.

Wie Ritter und Heer hatten auch die Provinzen keinen Anlaß, sich über Severus zu beklagen. Freilich hatten während seiner ersten Regierungsjahre die Feldzüge gegen die Usurpatoren und die dadurch notwendigen Truppenverschiebungen vor allem die Donauländer sehr mitgenommen, aber die Gegenden, die vom Durchzuge der Einheiten weniger betroffen oder verschont geblieben waren, zum Beispiel die Heimatländer von Severus und Domna, Africa und Syrien, erlebten eine Blütezeit wie noch nie zuvor. Dieser wirtschaftliche Aufschwung darf jedoch nicht darüber hinwegtäuschen, daß die neue Naturalabgabe der Annona auf den städtischen Gemeinwesen lastete, deren Ausbreitung in einem Lande wie Ägypten demnach nicht auf die liberale Gesinnung des Kaisers, sondern auf steuerliche Belange zurückzuführen ist. Man brauchte für die Umlegung und Eintreibung dieser Steuer ein verantwortliches, kapitalkräftiges Gremium und betraute deshalb mit diesen Pflichten die städtischen Kurien, deren zehn reichste Mitglieder von nun an mit ihrem

Vermögen für das Aufkommen der auf die Stadt fallenden Summen hafteten. Aus einem Ehrenamt wurde die Zugehörigkeit zum Stadtsenat zu einer Last, der man sich mehr und mehr zu entziehen suchte. Der Stolz, Bürger und Wohltäter seiner Heimat zu sein, war im Schwinden begriffen, alle Bande der Zugehörigkeit begannen, sich aufzulösen. Der Staat wurde allmächtig, »totalitär«, die Untertanen hatten ihm widerspruchslos zu dienen.

Noch stand aber das Reich am Anfang dieser Entwicklung, einer Entwicklung, die weder Severus noch seine Berater voraussahen, vielleicht auch nicht voraussehen konnten. In Rom selber ging das Leben unbeschadet aller Umwälzungen weiter. Die Getreideempfänger lösten ihre Marken ein, auf die sie jetzt noch zusätzlich Öl empfingen. Aber was ein Vorrecht des Römers aus Rom gewesen war, wurde nun, wie die periodisch stattfindenden Geldgeschenke, eine Gabe des Kaisers, die von dessen willkürlicher Freigebigkeit abhing. Severus schmückte auch die Stadt mit vielen Bauten, von denen das Septizonium, eine Art von dreistöckigem Toreingang, mit Säulen und Statuen ausgestattet, bis in die Zeit der Renaissance erhalten geblieben ist. Auch in den Provinzen, vor allem in Africa, hat der Kaiser viel gebaut. Lepcis Magna, seine Vaterstadt, verdankte ihm ein prunkvolles neues Forum, das wir jetzt durch die italienischen Ausgrabungen genau kennen.

Nach Plautians Sturz war Rom Severus verleidet. Unruhen im Norden Englands, wo die Kaledonier den von Hadrian errichteten Limes angriffen und die Römer ihnen nur mit Mühe standhielten, boten ihm 208 die Gelegenheit, die Hauptstadt mit seiner gesamten Familie und dem Prätorianerpräfekten Papinian zu verlassen. Insgeheim hoffte er auch, daß seine beiden Söhne sich im Kontakt mit den Truppen auf ihre Pflichten als künftige Kaiser besinnen und sich vor allem besser miteinander vertragen würden. Die Kämpfe, an denen Caracalla an der Seite des Vaters teilnahm, während Iulia Domna und Geta in York zurückblieben, wo dieser, 209 zum Augustus ernannt, die Verwaltung Britanniens übernahm, führten in den Jahren 209 und 210 zu keinem entscheidenden Erfolg. Das hinderte die drei Herrscher jedoch nicht, den Ehrennamen *Britannicus maximus* anzunehmen. Die Barbaren waren zurückgeworfen, aber Severus beschränkte sich darauf, außer einigen vorgeschobenen Kastellen den Hadrianswall als ständige Grenze wieder stark zu befestigen. Auch seine Pläne, die Eintracht zwischen seinen beiden Söhnen wiederherzustellen, waren gescheitert. Caracalla intrigierte gegen Geta, suchte die Truppen für sich zu gewinnen und wollte Severus durch seine eigenen Ärzte vergiften lassen. Da starb dieser am 4. Februar 211 eines natürlichen Todes.

Man hat Severus hart beurteilt und ihm die Schuld am Verfall des Reiches zugeschoben. Sicher zu Unrecht. Mehr Staatsmann als Feldherr, mehr bestrebt, die Gefahren zu beschwören als sie zu überwinden, hat er in den fast zwanzig Jahren seiner Regierung dem Reich den Frieden bewahrt und es zusammengehalten. Die von ihm durchgeführten Reformen haben die Macht des Kaisers gestärkt, Heer und Provinzen begünstigt; dies aber auf Kosten des senatorischen Adels, der seit den Hekatomben von Opfern nach Pescennius' und Albinus' Untergang zu einem unbedeutenden Faktor im Spiel der Kräfte geworden war. Das empfindliche Gleichgewicht, auf dem der Staat über zweihundert Jahre lang beruht hatte, war für immer gestört und verloren.

Der Partherfeldzug des Kaisers Septimius Severus
Einzug der Römer in Seleukeia; unten: Eroberung von Ktesiphon
Relief am Severus-Bogen auf dem Forum Romanum, 203

Ruinen der Marktbasilika in Lepcis Magna, vollendet 216

Caracalla

Severus hatte kaum die Augen geschlossen, als Caracalla schleunigst mit den Barbaren Frieden schloß und mit Mutter und Bruder nach Rom zurückkehrte, wo die Urne mit der Asche des verstorbenen Kaisers im Grabmal der Antonine beigesetzt, sein Andenken vergöttlicht wurde.

Alle antiken Historiker schildern den Charakter Caracallas in den düstersten Farben. Gewalttätig, hinterhältig, ausschweifend, häßlich – die Karikatur seines Vaters, um mit Mommsen zu reden. Severus hatte stets seinen beiden 186 und 189 geborenen Söhnen Marcus Aurelius Antoninus und Publius Septimius Geta die Nachfolge zugedacht. Der ältere hieß ursprünglich Bassianus; wir nennen ihn mit einem Spitznamen Caracalla oder Caracallus nach einem langen, in Germanien und Gallien üblichen Mantel, den er sich umzuschlagen pflegte. Seit 198 beziehungsweise 209 hatte der Kaiser die Herrschaft mit seinen beiden Erben geteilt und ihnen den Titel Augustus verliehen. Von Jugend auf hatten die Brüder einander gehaßt, und wenn sie nach des Vaters Tod vorgaben, sich zu versöhnen, so nur, weil jeder hoffte, sich des anderen in kurzem entledigen zu können. Eine antike Quelle aus der Mitte des 4. Jahrhunderts berichtet, daß sie daran gedacht hätten, das Reich zu teilen, Caracalla sollte den Westen, Geta den Osten beherrschen. Aber es ist nicht sicher, ob man diesen Angaben, deren Verwirklichung Diokletians Verdienst sein sollte, bereits für diese Zeit Glauben schenken darf. Jedenfalls kam es bald zum Bruch zwischen den beiden Herrschern; Caracalla ließ Geta bei einer Zusammenkunft im Zimmer der Iulia Domna, ihrer gemeinsamen Mutter, die ihren Zwist schlichten sollte, in deren Armen umbringen. Er eilte dann in das Lager der Prätorianer, wo er vorgab, den Bruder nur getötet zu haben, um nicht selbst von ihm ermordet zu werden. Geld- und Getreideverteilungen zerstreuten die letzten Zweifel an dieser Lesart. Getas Parteigänger, darunter der Gardepräfekt Papinianus, und viele Senatoren – im ganzen waren es zwanzigtausend Personen – kamen bei der anschließenden Verfolgung um. Getas Name wurde auf allen Steinen im Reich ausgemeißelt, sein Andenken verdammt.

Noch im Jahre 212 erließ Caracalla die berühmte Verordnung, die *constitutio Antoniniana*, kraft deren allen Einwohnern des Römischen Reiches das Bürgerrecht erteilt wurde. Durch eine vor kurzem gefundene Bronzetafel haben wir erfahren, daß auch die *dediticii*, die nach bedingungsloser Kapitulation zu Untertanen gewordenen Feinde, dieser Vergünstigung teilhaftig wurden. Nur durften sie nicht, im Gegensatz zu den übrigen Nichtbürgern, in personen- und erbrechtlichen Fragen ihr angestammtes Volksrecht anwenden; diese Berechtigung hatten sie durch ihre bedingungslose Unterwerfung eingebüßt. Der wahre Grund für die Gleichstellung aller Einwohner dürfte nicht die Menschenfreundlichkeit Caracallas gewesen, sondern dem Historiker Cassius Dio zufolge eher auf finanzielle Schwierigkeiten zurückzuführen sein. Man hoffte auf die Erhöhung des Aufkommens bestimmter Steuern, nachdem die Zahlungspflicht auf die bisher davon ausgenommenen Nichtbürger erweitert worden war.

In der Praxis war damit die Angleichung Italiens an die Provinzen vollendet. Andererseits aber berücksichtigte die Gesetzgebung mehr und mehr den Unterschied zwischen den *honestiores* und den *humiliores*, den Angehörigen der gehobenen Stände und den kleinen Leuten. Die Gleichstellung vor dem Gesetz auf Grund der Herkunft wurde durch die Einführung von Privilegien für die besitzenden Klassen sogleich wieder aufgehoben. Die *honestiores* hatten das Recht der Berufung an den Kaiser, sie durften nicht gefoltert werden und hatten im Fall einer Verurteilung mildere Strafen zu gewärtigen.

Die Regierung des Reiches überließ Caracalla seiner Mutter Iulia Domna; er weilte meistens fern von Rom und befehligte seine Armeen an den Grenzen. Ihre Aufgabe war es, die Geldmittel aufzubringen, mit denen der Kaiser die Soldaten besoldete und beschenkte, die Barbarenfürsten zum Bündnis mit Rom verlockte und die riesigen Thermen in Rom erstellen ließ. Die Lasten der Steuerpflichtigen wurden immer größer; aber alle Erhöhungen der Abgaben konnten mit den wachsenden Geldbedürfnissen nicht Schritt halten. Man mußte sich zu einer neuen Verschlechterung des Geldwertes entschließen. Das Gewicht des Goldstücks wurde um ein Neuntel verringert; an Stelle des Silberdenars, der durch seinen geringen Feingehalt entwertet war, schlug man jetzt in großen Mengen neue, etwas schwerere Stücke. Diese *Antoniniani*, wie man sie nach dem Namen des Kaisers nannte, enthielten eineinhalbmal soviel Silber wie die Denare, hatten aber den Nennwert von zwei Denaren. Diese Währungsmanipulation wirkte sich ausgezeichnet für den Staatsschatz aus, den Caracalla nach Dios Zeugnis wohlgefüllt hinterließ.

Von 213 an befand sich Caracalla fast ununterbrochen im Felde, wo er sich unter den gemeinen Soldaten am wohlsten fühlte und alle Strapazen mit ihnen teilte.

Caracalla war der erste Imperator, der die Beinamen *Pius Felix Invictus* in seine Titulatur aufnahm. *Pius* war er mehr als alle seine Vorgänger, weil er die Götter ehrte, *Felix*, weil das Schicksal ihn mit Glück begnadete, und *Invictus*, weil er unbesiegbar und unbesiegt war.

Im Jahre 213 griff der Kaiser die Germanen am oberen Rhein und an der oberen Donau an; er errang beträchtliche Erfolge. Für die folgenden zwanzig Jahre blieb diese Grenze ruhig. Caracalla nahm den ihm vom Senat verliehenen Ehrennamen *Germanicus maximus* an.

Nach dem Winter 213, den Caracalla in Rom verbracht hatte, brach er mit seiner Mutter Iulia Domna und dem Gardepräfekten Opellius Macrinus in den Orient auf. Auf dem Wege durch Moesien und Thrakien schlug er Goten, Quaden und Jazygen und seine neuen Feinde, die Karpen. Er fühlte sich wie ein zweiter Alexander der Große, ließ seinem Vorbild in allen Städten, die er auf seiner Marschroute durchzog, Standbilder setzen und hob in Makedonien Truppen aus, die er als Phalanx mit langen Lanzen ausrüsten und einexerzieren ließ. Nach dem Übergang über den Hellespont opferte er am Grabmal des Achilleus bei Ilion, wo er für einen seiner Freigelassenen ein prunkvolles Begräbnis veranstaltete. Den Winter über blieb er in Nikomedeia, aber es kam nicht zum Kriege mit den Parthern, da diese dem Kaiser, der 215 nach Syrien vorrückte, in allen strittigen Fragen nachgaben. Caracalla setzte seinen Zug nach Ägypten fort, wo die Alexandriner, von jeher spottsüchtig und aufrührerisch, sich über seine Alexandernachäfferei weidlich lustig machten. Der Kaiser, an seinem empfindlichsten Punkt getroffen, rächte sich an ihnen. Er ließ ein Blutbad im Theater anrichten und eine Mauer quer durch die Stadt ziehen, so daß die Bewohner der beiden Hälften voneinander abgeschnitten waren.

Marcus Aurelius Caracalla am Opferaltar
Relief an dem zu Ehren des Septimius Severus errichteten Arcus Argentariorum in Rom, 204

Gladiatorenkämpfe und Hetzjagd auf Tiere
Mosaikfragmente, 3. Jahrhundert. Rom, Museo Borghese

Unterdessen war in Parthien durch eine Palastrevolution ein Römerfeind Großkönig geworden. Es kam zum Krieg. Caracalla überschritt den Tigris und rückte unter Verwüstungen bis nach Arbela vor, zog sich aber im Herbst 216 nach Edessa zurück, das nach der Absetzung seines Fürsten aus dem Hause der Abgariden römische Kolonie geworden war. Hier brachte er den Winter zu und beabsichtigte, den Krieg im Frühjahr wiederaufzunehmen, aber das Schicksal hatte es anders bestimmt: der Kaiser wurde anläßlich des Besuchs des Mondtempels von Karrhai auf Anstiften des Gardepräfekten Macrinus, der sein Leben bedroht wähnte, von einem Offizier der Prätorianer erdolcht, als er vom Pferde gestiegen war und sich von seiner Umgebung etwas entfernt hatte, um ein menschliches Bedürfnis zu verrichten.

Diese schmählichen Todesumstände waren der verdiente Abschluß eines verbrecherischen Lebens. Die vielen Büsten, die von Caracalla auf uns gekommen sind, zeigen seinen Charakter mit schonungsloser Offenheit. Rücksichtslos bis zur Brutalität, allen höheren Regungen des Geistes abhold, lebte er nur seinen Leidenschaften, von denen die Machtgier alle anderen übertraf. Er fühlte sich in Rom nicht wohl, sondern verbrachte fast die gesamten sechs Jahre seiner Regierung bei seinen Heeren, deren Anhänglichkeit auch sein jäher Tod nicht vermindern konnte. Die syrischen Prinzessinnen, seine Tante und Basen, verfehlten nicht, dies für die Erhebung von Elagabal und Severus Alexander auszunutzen. Seine wichtigste Regierungsmaßnahme war die Verleihung des römischen Bürgerrechts an sämtliche freigeborenen Einwohner des Reiches, vielleicht der schwerste Schlag, den er Rom versetzen konnte.

Macrinus

Marcus Opellius Macrinus, ein aus kleinen Verhältnissen stammender Ritter, war in Caesarea in Mauretanien zu Hause. Er war der erste Prätorianerpräfekt, dem es gelang, den Thron zu besteigen. Wir kennen seine prokuratorische Laufbahn. Auf Grund seiner Rechtskenntnisse und der Protektion erst des Plautianus, dann des Stadtpräfekten L. Fabius Cilo hatte er bis zum höchsten ritterlichen Posten, der Gardepräfektur, aufrücken können. Er hatte nichts von einem Militär, aber gerade dieser Mangel an Anlagen und Ausbildung hatte ihn Caracalla empfohlen, der ihn nie für gefährlich gehalten hatte. Er wurde zum Kaiser proklamiert, da der kinderlose Caracalla keine Bestimmungen über seine Nachfolge getroffen hatte. An Ort und Stelle war er der rangälteste Befehlshaber, und die Truppen ahnten nichts von seinem Anteil an der Ermordung des Kaisers. Der Senat, glücklich, von Caracalla befreit zu sein, bestätigte ohne Schwierigkeiten die Wahl der syrischen Legionen.

Die ersten Maßnahmen des Macrinus zielten darauf ab, sich bei den Soldaten als Nachfolger des Severus, dessen Namen er annahm, beliebt zu machen und gleichzeitig den Widerstand der überlebenden Mitglieder des Kaiserhauses auszuschalten. Er verbannte die Kaiserin-Mutter und ihre Schwester und Nichten nach Emesa, war aber unvorsichtig genug, ihnen ihre großen Vermögen zu lassen. Dann ernannte er seinen jugendlichen Sohn Diadumenianus zum Cäsar und gründete so seine eigene Dynastie.

Nach außen führte er die offensive Politik Caracallas nicht fort, sondern schloß, unter für Rom ungünstigen Bedingungen, Frieden mit den Parthern. Auch im Donauraum beschränkte er sich auf die Verteidigung.

In der Innenpolitik suchte er mit dem Senat zu einem guten Einvernehmen zu kommen. Energisch und gewissenhaft, wollte er dem Mangel an Disziplin in der Armee, der Verlotterung in der Verwaltung ein Ende machen. Er griff durch und ließ gewisse verwilderte Einheiten des Heeres dezimieren, verminderte den Sold der Garde und forderte alle, die von Caracalla ohne zureichenden Grund Geschenke empfangen hatten, zur Rückerstattung auf. Alle diese gewiß trefflichen Bemühungen trugen jedoch nicht dazu bei, seine Beliebtheit bei den Soldaten zu heben. Als nüchternem Beamten fehlte ihm jeder Schwung, er vermochte das Heer weder zu begeistern noch mitzureißen. So mußte er gerade seiner uneigennützigen Bemühungen wegen unterliegen, als die syrischen Prinzessinnen, die in Emesa ihre Zeit abgewartet hatten, den Kampf gegen ihn aufnahmen. Sie ließen den älteren Neffen Caracallas, den vierzehnjährigen Bassianus, zum Kaiser ausrufen. Seine strahlende Schönheit, sein würdiges Auftreten als Priester des Sonnengottes Elagabal von Emesa, nicht zuletzt das geschickt ausgestreute Gerücht, er wäre der leibliche Sohn des letzten Herrschers, all das veranlaßte die Soldaten des syrischen Heeres, für ihn Partei zu ergreifen. Die wenigen, Macrinus treu gebliebenen Truppen wurden geschlagen, er selbst auf der Flucht bei Chalkedon am Bosporus verhaftet. Als er erfuhr, daß auch sein Sohn getötet worden war, gab er sich selbst den Tod. So endete der erste Kaiser aus dem Ritterstand. Seine Absichten, sein guter Wille, sein Charakter waren des Purpurs würdig gewesen, aber es fehlte ihm die Würde und Majestät des Herrschers, darum verstand er es auch nicht, seine Untertanen für sich zu gewinnen.

Elagabal

Der Kinderkaiser, den die emesenischen Prinzessinnen Iulia Maesa und Iulia Soaemias, seine Großmutter und Mutter, mit der Unterstützung der syrischen Legionen auf den Thron erhoben hatten, führt in der Geschichte weder seinen ursprünglichen Namen Varius Avitus Bassianus noch die offizielle Benennung Marcus Aurelius Antoninus, die er als Kaiser annahm. Er heißt vielmehr seit jeher Elagabal, nach dem Sonnengott seiner Heimat, als dessen Vertreter und Diener auf Erden er sich fühlte: der fanatische Gläubige eines syrischen Baal auf dem Thron der Cäsaren.

Seine farbenfreudigen Gewänder, sein weibisches Gebaren, seine überspannte Frömmigkeit stießen die allem Überschwang abholden Römer ab. Seine krankhaft ausschweifenden Gelüste, denen er, zu jung zur Macht gelangt, allzu freien Lauf ließ, entfremdeten ihn dem Volke mehr und mehr.

Trotzdem dauerte dieser Mummenschanz vier Jahre. Elagabal überließ die Regierung den Frauen des Kaiserhauses. Iulia Soaemias dachte mehr an ihr Vergnügen als an ihre Pflichten, aber die Großmutter Maesa ergriff mit Tatkraft und Eifer die Herrschaft, freilich ohne irgendeiner eigenen Initiative fähig zu sein. In der Außen- wie in der Innenpolitik lief alles in den gewohnten Bahnen, unter Ausschaltung des Senats, weiter, soweit es die oft sonderbaren Einfälle des Kaisers gestatteten.

Elagabal wollte dem gesamten Reich den Kult seines Gottes aufzwingen. Das Abbild des Gottes, der schwarze Betyl von Emesa, wurde nach Rom geschafft und in einem eigens zu diesem Zweck gebauten Tempel auf dem Palatin aufgestellt. Dann feierte der Kaiser die Hochzeit des Baal mit der *Dea Caelestis*, die er von Karthago hatte kommen lassen. Er selbst vermaß sich, eine Vestalin zu ehelichen.

Alle diese Verrücktheiten kosteten Unsummen. Der kaiserliche Schatz, der unter Caracalla stets gefüllt war, erschöpfte sich zusehends. Um das Defizit zu decken, tötete man alle Gegner des Regimes und konfiszierte ihr Vermögen. Die Verwaltung gelangte mehr und mehr in die Hände unwürdiger Günstlinge des Kaisers, deren schamloses Verhalten dem Ansehen der Regierung abträglich war. Maesa sah ein, daß sie sich von diesem Treiben distanzieren mußte, wenn sie nicht mit in die Katastrophe hineingerissen werden sollte. Sie überredete Elagabal, seinen vier Jahre jüngeren Vetter, den Sohn seiner Tante Iulia Mamaea, Alexianus Bassianus, zu adoptieren. Man hielt ihn ebenfalls für einen natürlichen Sohn Caracallas, und er war seines liebenswürdigen Wesens halber beim Volke beliebt. Bassianus wurde am 10. Juli 221 unter dem Namen Marcus Aurelius Alexander zum Cäsar erhoben. Bald reute Elagabal aber dieser Schritt. Er ersuchte vergeblich den Senat, Alexander seiner Würde zu entkleiden, veranlaßte dann die Prätorianer, ihn zu ermorden, ebenfalls ohne Erfolg. Schließlich kehrten sie die Waffen gegen ihn selber und brachten ihn zusammen mit seiner Mutter Soaemias, den beiden Gardepräfekten und dem Stadtpräfekten um. Die Leichen warf man in den Tiber, ihr Andenken wurde verdammt. Der schwarze Betyl wurde nach Emesa, die *Dea Caelestis* nach Karthago zurückgebracht. Die religiösen Neuerungen, an denen Elagabals ganzes Herz gehangen hatte, hinterließen keine Spuren.

Severus Alexander

Marcus Aurelius Severus Alexander genießt noch heute bei den Historikern den besten Ruf. Er verdankt ihn der *Historia Augusta*, jener spätantiken Sammlung von Kaiserbiographien, über deren Quellenwert sich die Gelehrten durchaus nicht einig sind. Die Schilderung des Severus Alexander entwirft von diesem Kinderkaiser ein anziehendes Bild. Er bricht mit den absolutistischen Tendenzen seiner Vorgänger, regiert im Einvernehmen mit dem Senat und reformiert die Verwaltung. Den Christen gegenüber übt er Toleranz, in der Außenpolitik verteidigt er mit Erfolg die Grenzen des Reiches. Darf man diesen Angaben Glauben schenken? Sicher nur dann, wenn sie von anderen Zeugnissen bestätigt werden.

Severus Alexander verdankte den Thron seiner Großmutter Maesa und seiner Mutter Mamaea, die ihn sicher auch dazu veranlaßten, sofort nach seinem Regierungsantritt den Namen Severus – zu Ehren seines vermeintlichen Großvaters – anzunehmen. Diese beiden Prinzessinnen, die in Wirklichkeit den Staat regierten, hatten den Senatoren tatsächlich einen Teil ihres Einflusses zurückgegeben, als sie dem jungen Kaiser einen Staatsrat, bestehend aus den sechzehn durch Alter und Erfahrung hervorragendsten Senatoren, an die Seite stellten, ohne dessen Zustimmung kein gültiger Beschluß gefaßt werden konnte. Aber, und hier können wir ausnahmsweise die *Historia Augusta* kontrollieren, in diesem Staatsrat saßen auch die Prätorianerpräfekten, die unter Severus Alexander senatorischen Rang erhalten hatten. Das geht aus dem berühmten Namensverzeichnis der senatorischen Patrone der Stadt Canusium in Apulien hervor, in deren Reihe die beiden ehemaligen und die beiden amtierenden Gardekommandanten auftauchen. Diese Reform der Gardepräfektur entsprach der Politik dieses Regimes, das Senatoren- und Ritterstand in gleicher Weise begünstigte.

Von diesen, letzten Endes nicht sehr einschneidenden Maßnahmen abgesehen, blieb aber doch alles beim alten, wenn es auch im Vergleich zu den unwürdigen Zuständen unter Elagabal so scheinen mochte, als ob wirklich eine senatsfreundliche Reaktion am Ruder wäre. Dem neuen Kurs zum Trotz konnte das Reich weder innen noch außen sein Gleichgewicht wiederfinden. Wir hören von Unruhen der Prätorianer in Rom, die ihren Befehlshaber, den hervorragenden Juristen Domitius Ulpianus, umbrachten. Der Kaiser hatte ihn einmal retten können, das zweite Mal war er nicht mehr imstande, ihn zu schützen. Der Geschichtsschreiber Cassius Dio hatte sich ebenfalls bei der Garnison von Rom durch seine Strenge verhaßt gemacht. Severus Alexander mußte ihm nahelegen, sein zweites eponymes Konsulat nicht in der Hauptstadt, sondern ausnahmsweise in Dalmatien anzutreten. Nur so konnte er ihn der Wut der Garde entziehen. Auch in den Provinzen kam es zu Meutereien: in Mesopotamien erschlug man bei einem solchen Aufruhr den Präfekten der Provinz.

Die gute Meinung der *Historia Augusta* von der Gesetzgebung und Rechtsprechung unter Severus Alexander wird durch eine große Anzahl kaiserlicher Erlasse, die sich in den Gesetzessammlungen der Spätzeit vorfinden, bestätigt. Unter dem Einfluß so ausgezeichneter Rechtslehrer wie Ulpian und Paulus zeugte die Jurisprudenz von einem ernsten Bemühen um Billigkeit und Menschlichkeit.

Auch für das Heerwesen kann man wenigstens eine wichtige Neuerung, die die *Historia Augusta* auf Severus Alexander zurückführt, jetzt zeitlich besser einordnen. Es handelt sich um die Schaffung der Einheiten von Grenzsoldaten, *limitanei*, die am Limes mit ihrer Familie angesiedelt wurden, wo sie auf den ihnen durch das Los zugefallenen Bauernhöfen das römische Fruchtland mit Pflugschar und Waffe verteidigten. Ihr persönlicher Einsatz war durch diesen neuartigen Grenzschutz gewährleistet, da Leben und Wohlstand ihrer Angehörigen von ihrem erfolgreichen Widerstand abhing. Unlängst hat man nun in Tripolitanien eine vom Anfang der Regierung des Kaisers Philippus (244–246) datierte Inschrift gefunden, die diese Grenzmiliz erwähnt. Es wäre also nicht unmöglich, daß diese Einrichtung bereits auf die Zeit des Severus Alexander zurückgeht.

Hingegen dürfte es vorzuziehen sein, solange die Toleranz des Kaisers den Christen gegenüber nicht nachzuweisen ist, die entsprechenden Stellen der Biographie dieses Herrschers als fragwürdig anzusehen.

Alle innerpolitischen Vorkommnisse verblassen jedoch neben dem großen geschichtlichen Ereignis dieser Epoche, das sich nicht in Rom, sondern im Orient abspielte. Im Jahre 224 verlor der letzte Herrscher aus der parthischen Dynastie der Arsakiden bei Ktesiphon Schlacht und Leben. Der Sieger, Ardascher, Sohn des Pabek, Enkel des Sasan, trat dessen Erbschaft an. An Stelle des parthischen Gegners, dessen beste Kräfte sich seit Jahrhunderten in inneren Zwistigkeiten verzehrt hatten, erstand nun eine kraftvolle, ehrgeizige Großmacht, deren Herrscher, die in Persien heraufgekommenen, angeblich von den Achaimeniden abstammenden Sasaniden, sich sogleich die Ansprüche ihrer Vorfahren auf ganz Vorderasien und Europa bis zum Strymon zu eigen machten. Begeisterte Anhänger der Religion des Zarathustra, sollten die neuen Großkönige zu bedrohlichen Feinden Roms werden.

Schon 230 brachen die Feindseligkeiten aus. Ardascher belagerte Nisibis, seine Reiter brandschatzten Kappadokien. Severus Alexander verließ im Frühjahr 231 seine Hauptstadt in Begleitung seiner Mutter Mamaea. Auf dem Wege nach dem Osten sammelte er Truppen, deren Treue und Kampfeseifer aber nicht über jeden Zweifel erhaben schienen. Deshalb versuchte der Kaiser, in Antiocheia mit den Persern in Verhandlungen einzutreten. Diese lehnten seine Anerbieten ab. So eröffneten die Römer 232 die Offensive und rückten in drei Kolonnen, von Norden über Armenien, in der Mitte über Nisibis und im Süden dem Euphratufer entlang gegen Ktesiphon vor. Die mittlere Streitmacht wurde mit überlegenen Kräften von Ardascher angegriffen und vernichtet, was Severus Alexander zum Rückzug zwang. Andererseits hatte aber der Perser den Sieg nur dadurch erfochten, daß er den beiden anderen römischen Abteilungen nur wenig Truppen entgegengestellt hatte, mit dem Befehl, sich planmäßig abzusetzen. Diese Erfolge im Norden und Süden nahm Severus Alexander zum Vorwand, um sich zum Sieger ausrufen zu lassen und auf Beschluß des Senats den Ehrennamen *Parthicus maximus* anzunehmen. Ardascher begnügte sich mit dem Erreichten, da er wahrscheinlich ebenfalls beträchtliche Verluste erlitten hatte. Für die nächsten fünf Jahre herrschte Frieden an dieser Grenze.

Aber schon kamen Hiobsbotschaften von Rhein und Donau, wo die Germanen die Stromgrenzen überschritten hatten und man für die Sicherheit Italiens fürchten mußte. Ende 234 stand der Kaiser mit seinem durch orientalische Truppen verstärkten Heer in Gallien. Er überschritt den Rhein auf einer Schiffsbrücke; anstatt aber die Barbaren anzugreifen, bot er ihnen große Geldsummen für den Frieden an. Diese Verhandlungen erregten den Unwillen der Soldaten, die dem Kaiser vorwarfen, sich von seiner Mutter gängeln zu lassen. Mutter und Sohn wurden in Bretzenheim bei Mainz von den Aufrührern umgebracht. Der junge Kaiser hinterließ keinen Leibeserben, und damit starb der letzte Herrscher, der zu der Familie der Severer gehört hatte.

In den fünfundfünfzig Jahren vom Tode des Mark Aurel bis zur Ermordung des Severus Alexander ist aus dem aristokratischen Rechtsstaat der Antonine eine terroristische, senatsfeindliche Willkürherrschaft geworden. Lange Zeit hat man mit Michael Rostovtzeff angenommen, daß diese Umwälzung von dem Gegensatz zwischen Stadt und Land herrührte. Die Bürger der Munizipien wären von den Kaisern des 2. Jahrhunderts begünstigt worden, während die Bauern auf dem platten Land den Übergriffen der adligen Großgrundbesitzer oder deren Großpächter und der Bedrückung durch die kaiserlichen Domänenbeamten wehrlos preisgegeben gewesen wären. Die Armee, die sich aus dem ländlichen Proletariat rekrutierte, hätte sich, als sie unter den Severern allmächtig wurde, an ihren Unterdrückern gerächt. Diese Theorie wird jedoch den viel verwickelteren Problemen nicht gerecht. Viele, zum Teil einander widersprechende Faktoren haben hier zusammengewirkt.

Von 180 bis 235 haben neun Kaiser regiert, bis auf den einen, Septimius Severus, sind alle eines gewaltsamen Todes gestorben. Drei blutige Bürgerkriege, Palastrevolutionen, Meutereien hatten vor allem unter den Senatoren und den Rittern unzählige Opfer gefordert. Die Elite des römischen Adels war fast völlig ausgerottet worden. Die Überlebenden hatten sich auf ihre Domänen zurückgezogen und fern von der Hauptstadt als Privatleute ihr Leben verbracht.

Die Entmachtung und Abdankung der herrschenden Schichten erlaubte einer neuen Klasse, den militärischen Führern, ihren Platz einzunehmen. Sie erhoben und stürzten von nun an die Kaiser, die aus ihrer Mitte stammten und von ihrer Treue abhängig waren. Diese Herrscher waren weder in Rom geboren noch dort auf den Thron erhoben worden. Sie verteidigten zwar an den starr gewordenen, befestigten Grenzen den Bestand des Reiches, aber ihre politischen Ziele waren nicht mehr auf Rom gerichtet. Das Römische Weltreich hatte bis dahin die Aufrechterhaltung der stadtrömischen Vorrechte als seine vornehmste Aufgabe betrachtet, die Herrscher dieser Epoche, Nachkömmlinge der Eroberten, waren diesen Privilegien abgeneigt, da diese sie ja nur an ihre untergeordnete Lage als Provinziale erinnerten. Daher die Bestrebungen, den Unterschied zwischen Rom und dem Reich auszugleichen, denen die Zeitströmung mit den humanitären Lehren der Philosophie entgegenkam. Auch die orientalischen Religionen und die herrschenden Rechtstheorien gingen dahin, alle Menschen einander gleichzustellen. Dieselben Tendenzen haben dazu geführt, daß die Zahl der Freilassungen stieg, und auch diese neuen Bürger waren den römischen Vorrechten prinzipiell abhold. Schon in dieser Zeit begann Rom, nicht mehr das Herz des Reiches zu sein, und damit wurde auch der Sinn der römischen Weltherrschaft in Frage gestellt. Der Untergang mußte erfolgen.

Auch in wirtschaftlicher Beziehung hatten sich einschneidende Veränderungen vollzogen. Durch das Aufhören der Eroberungskriege versiegte die Hauptquelle der Sklaverei, nämlich die Kriegsgefangenen, und es entstand ein Mangel an Arbeitskräften, vor allem auf dem Lande. In den Grenzgebieten schaffte man dadurch Abhilfe, daß man seit Mark Aurel innerhalb der Reichsgrenzen Barbaren ansiedelte und so der Entvölkerung Einhalt gebot. In den Provinzen kamen neue Abhängigkeitsverhältnisse auf, die nicht auf der ständischen Ungleichheit, sondern auf finanzieller Unterlegenheit beruhten. Die Kolonen waren in dieser Epoche in der Mehrzahl freigeborene Unterpächter, denen der Pachtunternehmer des Grundeigentümers ihr Landlos gegen Naturallieferungen und Dienstleistungen auf unbeschränkte Zeit überließ. So trat an die Stelle der alten persönlichen Treueverhältnisse der Klientel eine neue Gliederung der Gesellschaft. Die einschneidendste Maßnahme der kaiserlichen Nivellierungspolitik war die Verleihung des römischen Bürgerrechts an alle freigeborenen Einwohner des Reiches, wodurch der Stolz auf die bevorrechtigte Stellung des Römers am empfindlichsten getroffen wurde. Dadurch wurde jedoch die Ungleichheit der neuen Bürger nicht aufgehoben. Aus einem Vorrang des Standes wurde ein Vorrang des Besitzes, aus einer Geburtsaristokratie eine Geldaristokratie. Aber die Zeit für eine Steuerreform war noch nicht gekommen. Nach wie vor wurde nur das *tributum*, die Bodensteuer vom Provinzialgrundeigentümer, erhoben.

Alle Bürger waren zu Untertanen geworden, aber diese Untertanen erwarteten jetzt weit mehr von der Regierung als früher, als ein großer Teil der öffentlichen Aufgaben von munizipaler oder privater Seite getragen worden war. Außer dem stehenden Heer, das niemals so viele Legionen gezählt hatte, und dem stark vermehrten Verwaltungsapparat hatte der Staat Ausbau und Instandhaltung des ausgedehnten Straßennetzes, gewisse Wohlfahrts- und Unterrichtseinrichtungen, nicht zuletzt die Brotgetreide- und Ölverteilungen und die Lustbarkeiten für die stadtrömischen Getreideempfänger zu finanzieren. Seit den kostspieligen Donaukriegen Mark Aurels war der Staatshaushalt in Schwierigkeiten: die Inflation mit Preissteigerung und Abnahme der Kaufkraft hatte begonnen. Beamte und Soldaten erzwangen Gehalts- und Solderhöhungen, die verarmten Massen drängten die Regierung, die Besitzenden zu berauben.

Dieser Kampf aller gegen alle führte schließlich zur Allmacht des Staates, der, um weiterzubestehen, im 4. Jahrhundert die Rechte aller Klassen der Gesellschaft mehr und mehr beschränken mußte.

Maximinus der Thraker bis Aemilianus

Die Soldaten der Rheinlegionen hatten Severus Alexander umgebracht, sie erhoben einen ihrer Offiziere auf den Thron: den ersten »Soldatenkaiser« (235). Gaius Iulius Verus Maximinus, ein Thraker von Geburt, ein Hüne an Kraft und Ausdauer, muß ein ausgezeichneter Truppenführer gewesen sein, wenn wir auch nichts Genaueres über seinen Werdegang wissen. Nach seinem Regierungsantritt erfüllte er als erstes den Wunsch des Heeres und fiel in das freie Germanien ein, wo er nicht unbedeutende Erfolge errang, die ihm den Ehrenbeinamen *Germanicus maximus* eintrugen. Auf Grund dieses siegreichen Feldzuges erhob er seinen jungen Sohn Maximus zum Caesar und Prinzeps der Jugend, in der Absicht, eine Dynastie zu begründen. Dann verlegte er sein Hauptquartier nach Sirmium in Unterpannonien und bekämpfte von dort aus Sarmaten und Daker in wirksamer Weise, was aus den Ehrenbeinamen *Sarmaticus maximus* und *Dacicus maximus* hervorgeht.

Unbeschadet seiner Siege über die Barbaren hatte Maximinus Senat und Provinzen gegen sich. Um Mittel für die Kriegführung aufzubringen, schreckte er nicht davor zurück, das Vermögen der Kolonien und Munizipien zu beschlagnahmen und sich der Tempelschätze zu bemächtigen, ganz zu schweigen davon, daß eine Anzeige genügte, um die Güter eines dem Kaiser feindlich gesonnenen Senators zu konfiszieren.

Im März 238 gaben die Großgrundbesitzer der Provinz Africa das Zeichen zum Aufruhr. Ein angeblich achtzigjähriger Senator, Marcus Antonius Gordianus, der derzeitige Prokonsul von Africa, wurde seinem Sträuben zum Trotz zum Kaiser ausgerufen und ernannte sofort seinen gleichnamigen Sohn und Legaten zum Mitregenten. Der Senat erkannte beide Kaiser an und ernannte seinerseits einen Ausschuß von zwanzig konsularischen

Mitgliedern, um Italien gegen Maximinus und seinen Sohn zu verteidigen, die bald darauf zu Staatsfeinden erklärt wurden. Maximinus marschierte daraufhin von Sirmium gegen Rom und versprach seinen Truppen die Plünderung der Stadt.

Während der Soldatenkaiser und der Senat noch ihre Kräfte musterten, war in Africa bereits die Entscheidung gefallen. Der Statthalter von Numidien, Befehlshaber der *legio III. Augusta*, Capellianus, war Maximinus treu geblieben und in die Provinz Africa eingefallen; es gelang ihm ohne Mühe, die ungeübten Scharen der beiden Gordiane zusammenzuhauen und Karthago zu erobern. Gordianus II. war in der Schlacht umgekommen, sein Vater verübte Selbstmord, als er die Niederlage erfuhr.

Aber der Senat hatte sich zu weit vorgewagt, um sich noch mit Maximinus aussöhnen zu können. An Stelle der beiden zu Göttern erhobenen Gordiane wurden zwei von den zwanzig Konsularen des Verteidigungsausschusses, Pupienus und Balbinus, zu Kaisern mit gleichen Rechten erhoben. Das Oberpontifikat wurde geteilt, was seit Augustus nicht vorgekommen war, selbst dann nicht, als zwei Kaiser regierten. Diesen beiden älteren Männern wurde, dem Volke zu Gefallen, das bei der von dessen Stadtpräfektur her berüchtigten Strenge des Pupienus für seine Vorrechte fürchtete, der fünfzehnjährige gleichnamige Enkel des älteren Gordianus als Caesar zur Seite gestellt.

Maximinus war unterdessen in Oberitalien erschienen und belagerte Aquileia, wo ihm zwei Konsulare, Crispinus und Menophilus, tapfer widerstanden. Diese unerwarteten Schwierigkeiten entmutigten Maximinus' Truppen, die schließlich vor der Stadt den Kaiser, seinen Sohn und den Prätorianerpräfekten umbrachten und sich dann Pupienus in Ravenna unterwarfen. Pupienus und Balbinus, die Erwählten des Senats, hatten über den Soldatenkaiser den Sieg davongetragen.

Da kamen schlimme Nachrichten aus Untermoesien, wo Karpen und Goten die Donau überschritten hatten und die Provinz verwüsteten. Als die beiden einander feindlich gesinnten Kaiser auf den Kriegsschauplatz abgehen wollten, erhoben sich die auf Pupienus' germanische Leibwächter eifersüchtigen Prätorianer, erschlugen beide Herrscher und riefen den jungen Cäsar zum Kaiser aus.

Gordianus III. verdankte den Thron der Garnison von Rom, der Senat wollte ihm im Andenken an den Tod seines Großvaters und seines Onkels wohl. Die Heere in den Provinzen duldeten ihn, weil sie über keinen besseren Prätendenten verfügten. Die relativ lange Dauer und die nicht unbeträchtlichen Erfolge seiner Regierung waren das Verdienst seines Hauptberaters Timesitheus, eines aus Syrien oder Arabien stammenden, außerordentlich fähigen Ritters. Dieser hatte die Klugheit, nicht nach dem Thron zu streben, sondern sich mit der Leitung des Staates als Gardepräfekt zu begnügen, seit er im Jahre 241 seine Tochter Tranquillina mit Gordianus verheiratet hatte. Zum Unglück für das Reich starb Timesitheus 243 während der Kämpfe gegen Persien.

Die Entlassung der Soldaten der numidischen Legion, die am Untergang seiner Verwandten schuld waren, war die erste Regierungshandlung des jungen Herrschers, der Name der Legion wurde auf allen Inschriften ausgemeißelt. Erst fünfzehn Jahre später wurde die Einheit unter Valerian wiederaufgestellt. Vielleicht war diese Auflösung der einzigen Legion Africas der Grund, daß bereits im Jahre 240 ein gewisser Sabinianus sich in Karthago zum

Kaiser ausrufen ließ. Das Eingreifen des Gordianus III. treu gebliebenen ritterlichen Statthalters von Mauretania Caesariensis, machte der Usurpation ein Ende.

An der Donau gelang es dem erfolgreichen Verteidiger von Aquileia, Menophilus, bereits im Jahre 239, die Karpen wieder aus Moesien zu vertreiben, dagegen mußte man sich dazu verstehen, von den Goten die Zusicherung, ihre Einfälle zu unterlassen, durch einen jährlichen Tribut zu erkaufen.

Die Thronbesteigung Schapurs I. von Persien im Frühjahr 242 änderte die Lage an der Ostfront völlig. Der neue Großkönig, ehrgeizig und tatkräftig, hatte die Absicht, so ging das Gerücht, sein Reich nach Westen auszudehnen und die achaimenidische Vorherrschaft über Kleinasien wiederaufzurichten. Die römische Regierung beschloß, dem persischen Angriff zuvorzukommen. Nach einer feierlichen Kriegserklärung, anläßlich deren der Janustempel das letzte Mal vor der Beseitigung dieses Ritus durch die Christen geöffnet wurde, brachen Gordianus III. und Timesitheus mit einem starken Heer zu Lande in den Osten auf. An der Donau schlug man Goten und Sarmaten und rückte dann über den Hellespont weiter vor.

Im Jahre 243 begann der Feldzug gegen die Perser, über den wir jetzt dank der Entdeckung des Tatenberichtes von Schapur I. an der Kaaba des Zarathustra im Norden von Persepolis genauer unterrichtet sind. Die Römer kämpften erfolgreich (worüber sich Schapur ausschweigt), hatten aber den Tod des Timesitheus zu beklagen. Im folgenden Frühjahr, wahrscheinlich am 11. Februar 244, fiel Gordianus III. in der Schlacht am Euphrat, auf der Höhe von Bagdad, wo später die Stadt Peroz-Schapur, »Sieg des Schapur«, gegründet wurde. Diese Angabe der persischen Quelle bestätigt die Verse der *Oracula Sibyllina*, wo ebenfalls der Heldentod des jungen Kaisers auf dem Schlachtfeld berichtet, aber hinzugefügt wird, daß er von seinem »Gefährten« verraten worden wäre. In diesem »Gefährten« haben die Historiker den Prätorianerpräfekten Philippus wiedererkannt, von dem die übrigen antiken Zeugnisse behaupten, er hätte sich gegen Gordianus III. verschworen und ihn umbringen lassen. Diese Überlieferung ist zweifellos ungeschichtlich, und es fragt sich, ob nicht auch der angebliche Verrat des Philippus erfunden worden ist, um die Schande der Niederlage zu verringern.

Nach dem Tode Gordianus III. wurde Philippus vom Heer zum Kaiser ausgerufen. Dieser aus Chohba im Hauran gebürtige Ritter hatte sich wie sein Bruder Priscus, dessen Laufbahn wir kennen, in der römischen Armee heraufgedient und gehörte zu den erst von den syrischen Prinzessinnen, dann von Timesitheus begünstigten Offizieren aus Syrien und Arabien. Aus dem Tatenbericht des Schapur geht hervor, daß Philippus sofort mit den Persern Frieden schloß und ihnen als Lösegeld für die römischen Gefangenen fünfhunderttausend Goldstücke als einmalige Zahlung entrichten mußte. Nachdem er seinem Bruder Priscus den Oberbefehl im Orient anvertraut hatte, kehrte Philippus nach Rom zurück. Hier setzte er die senatsfreundliche Politik seines Vorgängers fort, den er unter die Götter erheben ließ; das überrascht uns nicht mehr, nachdem wir neuerdings erfahren haben, daß er Gordianus III. wahrscheinlich nicht verraten hat. Auch Philippus wollte eine Dynastie gründen. Er ernannte seinen kleinen gleichnamigen Sohn erst zum Cäsar, bald zum Augustus und verlieh seiner eigenen Gattin Otacilia Severa den Ehrentitel *Augusta*.

In den folgenden Jahren 245 bis 247 errang Philippus Siege über die Karpen und säuberte Dakien. Er erhielt die Ehrenbeinamen *Carpicus maximus* und *Germanicus*. Die Tributzahlungen an die Goten wurden eingestellt.

Das große Ereignis der Epoche war jedoch der tausendjährige Gründungstag Roms, der am 21. April 248 mit Säkularspielen begangen wurde, obwohl erst vor vierundvierzig Jahren, 204, Septimius Severus die letzten Festlichkeiten dieser Art abgehalten hatte. Die religiösen Feierlichkeiten und die öffentlichen Lustbarkeiten dauerten drei volle Tage und Nächte, und die Römer konnten sich einen Augenblick dem Gedanken hingeben, sie ständen am Beginn eines neuen Zeitalters.

Der Traum dauerte nicht lange. Bald brachen allenthalben neue Unruhen aus. Usurpatoren wie Pacatianus an der Donau oder Iotapianus in Kappadokien erhoben sich gegen den Kaiser. Scharen von Goten, Karpen, Vandalen und Gepiden überschritten, da der Tribut ausfiel, die Grenzen und drangen bis Marcianopolis in Thrakien vor. Philippus schickte einen erprobten Feldherrn, Decius, gegen diese Feinde, dem es auch gelang, die Goten zu besiegen; da riefen ihn seine Soldaten gegen seinen Willen zum Kaiser aus. Philippus zog ihm nach Oberitalien entgegen und verlor im September 249 bei Verona Schlacht und Leben; sein gleichnamiger Sohn und Mitregent kam in Rom um.

C. Messius Quintus Decius Traianus stammte aus einer ursprünglich italischen, in der Umgebung von Sirmium ansässigen senatorischen Familie, fühlte sich aber als Sohn seiner illyrischen Heimat; er war der erste Römer aus Illyricum, der den Thron der Cäsaren bestieg. Inschriften aus Untermoesien bezeugen, daß er bereits im Jahre 234 diese konsularische Provinz verwaltete, damals aber noch den Beinamen Valerianus führte, den er bei seinem Regierungsantritt mit dem Namen Traianus vertauschte. Diese Namensänderung kam einem Programm gleich. Wie der Sieger über die Daker und Parther wollte er das Römische Reich an allen Grenzen sichern und seine innere Einheit wiederherstellen.

Es entsprach dieser Politik, daß er dem Senat wohlwollend gegenübertrat, vor allem aber im Jahre 250 anordnete, daß alle Einwohner des Reiches den Göttern oder den vergöttlichten Kaisern opfern mußten. Dieser Erlaß spiegelte die Toleranz wider, die der römischen Religion eigen war; jedem Gläubigen blieb es überlassen, der Gottheit seiner Wahl seine Ehrfurcht zu bezeugen. Schon seit den Zeiten der Republik hatte man die Ausübung vieler fremder Kulte in Rom geduldet, und diese Tendenz hatte in der Kaiserzeit dazu geführt, daß Götter aus allen Teilen des Reiches nebeneinander in der Hauptstadt verehrt wurden. Die Gebildeten hatten die fremden Götter mit Gestalten des römischen Pantheons gleichgesetzt, diese *interpretatio Romana*, die »römische Umwertung«, war bezeichnend für das Ineinanderaufgehen der verschiedenen Gottheiten. Die Verschmelzung der Kulte hatte schließlich, wenn nicht zu einem Monotheismus, so doch zu einem Henotheismus geführt, der Verehrung eines obersten göttlichen Wesens, etwa des Sonnengottes oder des Mithras, der über alle übrigen Götter gebot.

Im Laufe der Kaiserzeit war aber der Kaiserkult, die Verehrung, die man zunächst nur den vergöttlichten Herrschern, dann aber auch dem lebenden Kaiser entgegenbrachte, zur lebendigsten Religion des Reiches geworden, da sich alle Untertanen in diesem Glauben zusammenfinden konnten. Dem Herrscher opfern bedeutete gleichzeitig, ihm seine

Treue bezeigen und den Bestand des Reiches aufrechterhalten wollen. Wer sich weigerte, diese Geste zu vollziehen, stellte sich damit außerhalb der Gemeinschaft der Reichsbürger und offenbarte seine Feindschaft zu Kaiser und Staat. So begreift man, daß ein Mann wie Decius nicht zögerte, alle diejenigen, die sich der Verpflichtung zu opfern entziehen wollten, mit der Todesstrafe bedrohte und die Durchführung seiner Anordnungen strengstens überwachen ließ.

In allen Städten des Reiches wurde ein aus Munizipalbeamten bestehender Ausschuß gebildet, der den Vollzug der heiligen Handlung überwachte und jedem Teilnehmer ein Zeugnis darüber ausstellte. Die Christen waren in dem Erlaß nicht genannt, aber der Kaiser wußte, daß sie ihn nicht einhalten konnten, ohne ihren Glauben zu verleugnen. Man war im übrigen klug genug, von ihnen keine ausdrückliche Erklärung zu verlangen; einige vor den Altar geworfene Weihrauchkörner genügten, um die Bestätigung zu erhalten, daß sie ihrer Pflicht nachgekommen wären. In gewissen Fällen überließen die Behörden diese *libelli* gegen Geld sogar Christen, die nicht geopfert hatten.

Die Aktion blieb nicht ohne Erfolg. Viele Gläubige fielen ab, unter ihnen selbst eine Anzahl von Bischöfen, aber die meisten Kleriker, vor allem der Papst Fabianus, blieben ihrem Glauben treu bis zum Märtyrertode. Die Verfolgung hörte im März 251 auf, da ein neuer Goteneinfall den Kaiser zur Verteidigung des Reiches an die bedrohte Donaufront rief. Er nahm seine beiden Söhne mit, die beide zu Cäsaren erhoben worden waren. Decius hätte den Goten, die in Thrakien bis Philippopolis vorgedrungen waren, den Rückzug abschneiden können, wenn Trebonianus Gallus rechtzeitig mit seinen Truppen die Flanke der Feinde angegriffen hätte. So wurden sie zwar in der Nähe von Oescus von dem älteren Cäsar, Herennius Etruscus, geschlagen, aber dieser fiel in der Schlacht. Decius verfolgte die flüchtigen Scharen und erreichte sie bei Abrittus in der heutigen Dobrudscha, wo er Schlacht und Leben verlor. Er hatte sein Programm, die Wiederherstellung der politischen und religiösen Einheit des Reiches, nicht erfüllen können und hinterließ Rom in einem Zustand völliger Auflösung.

Gaius Vibius Trebonianus Gallus, einer altangesehenen, senatorischen Familie aus Perusia in Etrurien entstammend, hatte durch sein zweifelhaftes Verhalten während des Feldzugs nicht wenig zu dessen katastrophalem Ausgang beigetragen. Jetzt erhoben ihn die Truppen in Ermanglung eines besseren Kandidaten auf den Thron; um seine Nachfolge zu legitimieren, nahm er sofort den jüngeren Sohn des Decius, Hostilianus, zum Mitregenten und verheiratete seinen eignen Sohn Volusianus, den er zum Cäsar ernannte, mit einer Tochter seines Vorgängers. Seine erste Regierungshandlung war es, Frieden mit den Goten zu schließen, wobei er sich verpflichtete, die seit Philippus' Zeiten eingestellten Tributzahlungen wiederaufzunehmen. Dann kehrte er nach Rom zurück, wo er versuchte, die Pest zu bekämpfen, die bereits seit zwei Jahren unzählige Menschen dahingerafft hatte und noch dreizehn Jahre dauern sollte. Hostilianus erlag ihr Ende 251, und Volusianus nahm seine Stelle ein. Die Verfolgung der Christen wurde von der Regierung wiederaufgenommen, da man sie für das Anhalten der Seuche verantwortlich machte.

Im Jahre 252 brachen die Goten in Kleinasien ein und plünderten Ephesos und Pessinuntum. Die moesischen Legionen erhoben nun ihren Befehlshaber, den Mauren Marcus

Aemilius Aemilianus zum Kaiser. Um ihn zu bekämpfen, rief Trebonianus Gallus den Führer der Rheinlegionen, Valerianus, zu Hilfe. Aber bevor er zur Stelle war, wurden Trebonianus und Volusianus bei Terni im Mai 253 von Aemilianus geschlagen und getötet. Nun ließ sich Valerianus von seinen Truppen in Raetien zum Kaiser proklamieren, Aemilianus wurde im August von seinen eigenen Soldaten umgebracht.

In den achtzehn Jahren seit Severus Alexanders Tode haben acht Kaiser regiert, vier von ihnen haben eine Dynastie begründen oder fortsetzen wollen, keiner ist eines natürlichen Todes gestorben. Die meisten Herrscher gehörten vor ihrem Regierungsantritt dem Senat an, nur Philippus hatte eine ritterliche Karriere durchlaufen, und Maximinus scheint von der Pike auf gedient zu haben. Sie verdankten ihren Thron den Soldaten, aber bis auf Maximinus suchten sie alle mit dem Senat ein gutes Einvernehmen aufrechtzuerhalten. Das Regierungsprogramm des Decius entsprach den Bestrebungen der Epoche. Die Kaiser scheiterten, weil Parther und Goten, Germanen und Sarmaten ohne Unterlaß in das Reich einfielen und die römische Truppenmacht nicht mehr ausreichte, um überall gleichzeitig die Grenzen zu verteidigen; die Epoche war aber für die Aufgabe von Provinzen noch nicht reif.

Das tragische Geschick dieser Herrscher war es, in einem Augenblick ein Weltreich verteidigen zu müssen, da von außen die Bedrängung durch die Barbaren immer ärger wurde, im Innern die Spannkraft der herrschenden Klasse nachließ und diese sich selbst aufgab. Mehr und mehr entsagten die Angehörigen der beiden adligen Schichten jedem politischen Ehrgeiz und zogen sich auf ihre Domänen zurück. Die aus dem Soldatenstande stammenden Offiziere und Beamten hatten dagegen weder Tradition noch Format und waren mehr auf ihren eigenen Nutzen als auf das Gesamtwohl bedacht. Die wirtschaftliche Lage verschlechterte sich durch die steigende Inflation, welche die Massen verarmen ließ. Die durch die dauernden Kriege hervorgerufenen Auflagen und Abgaben belasteten vor allem die verarmte Bevölkerung. Endlich trugen die vielen Erlösungsreligionen orientalischer Herkunft, wie der Glaube an Mithras oder an die ägyptischen Götter Isis und Osiris, nicht zuletzt auch das Christentum, dazu bei, daß die Menschen auf den Himmel hofften und einen Ausweg nicht mehr auf Erden suchten.

Valerianus und Gallienus

Publius Licinius Valerianus, aus einer berühmten senatorischen Familie gebürtig, war bereits siebzig Jahre alt, als er 253 den Thron bestieg und bald darauf mit seinem Sohn Publius Licinius Egnatius Gallienus die Regierung und das Oberpontifikat teilte. Er vertraute diesem den Okzident an, während er sich selber den Orient vorbehielt. In der Tat hatte Schapur I. bereits 252 die Römer angegriffen; die Anwesenheit Valerians im Osten war geboten. Wir sind leider über die Einzelheiten dieses langen Krieges nicht unterrichtet, aber der Tatenbericht Schapurs läßt über seinen Ausgang keinen Zweifel. Ein großes

Der römische Limes bei Welzheim in Württemberg

Römisches Stadttor in Autun/Burgund, 3. Jahrhundert

römisches Heer wurde bei Barbalissus, wahrscheinlich im Jahre 256, geschlagen und ganz Mesopotamien und Syrien einschließlich der Hauptstadt Antiocheia von den Persern erobert. Die Ausgrabungen von Dura-Europos haben uns ebenfalls belehrt, daß die Stadt in diesem Jahr in die Hand der Perser gefallen ist.

Zur selben Zeit nahm auch der Druck der Barbaren auf die römischen Grenzen im Westen bedrohlich zu. Im Jahre 256 eroberten die Germanen alle Kastelle des germanischen Limes. Die Alemannen stießen auf ihrem Plünderungszug bis in die Auvergne, die Franken sogar bis nach Spanien vor. Die Römer sahen sich genötigt, alles rechtsrheinische Gebiet aufzugeben. Auch an der Donau begannen Karpen und Goten sich zu rühren. Ein großer Teil von Dakien ging verloren, und die Goten lagerten unter den Mauern von Thessalonike, dem heutigen Saloniki. Sie rüsteten auf dem Schwarzen Meer Barken aus und plünderten die Küsten Kleinasiens.

Auch in Nordafrika stießen die Römer auf große Schwierigkeiten. Die römische Eroberung hatte stets darauf verzichtet, unfruchtbare und von kriegerischen Stämmen bewohnte Gebirgszüge dem Reich einzuverleiben. Diese Gebiete hatte man selbst inmitten einer Provinz mit einem Limes umgeben und die dort lebenden Bewohner weiter nicht behelligt. So waren gewisse Berberstämme niemals unterworfen worden; das gilt bis heute von den Rifkabylen. Nun stiegen diese wilden Stämme von den Bergen in die fruchtbaren, von römischen Kolonisten bewohnten Ebenen hinunter und verwüsteten das Land. Zum Glück war die numidische Legion seit 253 wieder aufgestellt worden und lag in ihrem alten Lager in Lambaesis; doch konnten die römischen Befehlshaber nur mit großer Mühe und nach langen Kämpfen in den weiten Gebieten Afrikas, Numidiens und Mauretaniens die Ruhe wiederherstellen.

Das Jahr 257 ließ sich für die Römer günstiger an. Die Perser hatten Antiocheia geräumt, das Valerianus von neuem besetzen konnte. Am Rhein errang Gallienus Erfolge. Im selben Jahr entschloß sich Valerianus, die Verfolgung der Christen wieder aufzunehmen. Ein Erlaß verbot ihnen, auf den Friedhöfen zusammenzukommen, den Bischöfen wurde zu opfern befohlen. Diese Bestimmungen wurden im Jahr darauf verschärft: dem Klerus drohte der Tod, Senatoren, Rittern, kaiserlichen Offizialen Verbannung, Ausstoßung aus ihrem Stande und Vermögenseinziehung, wenn sie nicht die vorgeschriebenen Opferzeremonien vollzogen. Papst Sixtus und Bischof Cyprianus von Karthago starben den Märtyrertod.

Im Westen mußte Gallienus an der Donau gegen einen Usurpator Ingenuus, den Statthalter von Pannonien, kämpfen. Währenddessen drangen die Franken wieder in Gallien ein und gelangten bis nach Spanien, auch die Alemannen wiederholten ihre Raubzüge bis ins Rhônetal und in die Auvergne.

Im Osten plünderten die Goten auf einem ihrer Pirateneinfälle Nikomedeia und Nicaea, zwei große Städte an der Küste des Marmarameeres.

Im Jahre 259 erfolgte der zweite große Einfall der Perser unter Schapur. Kaiser Valerian, der den eingeschlossenen Städten Edessa und Karrhai zur Hilfe eilte, wurde in einer großen Schlacht geschlagen und mit seinem Gardepräfekten, sämtlichen Senatoren und Offizieren gefangengenommen und nach Persien deportiert. Syrien, Kilikien und Kappadokien wurden eingeäschert, verwüstet, geplündert, viele Städte, darunter Tarsos und Selinus in Kilikien, Antiocheia in Syrien, Tyana und Caesarea in Kappadokien erobert. Die gefangenen römischen Soldaten wurden in Persien und Parthien auf den Domänen des Königs als Zwangsarbeiter angesiedelt.

Die Hiobsbotschaft aus Mesopotamien erreichte den Mitkaiser und Sohn Gallienus in einer außerordentlich kritischen Situation. Es war ihm zwar gelungen, Ingenuus bei Mursa an der Drau zu besiegen, aber schon machte ihm ein neuer Usurpator namens Regalianus mit den Truppen von Oberpannonien den Thron streitig. Während er diesen aus dem Felde schlug, fielen die germanischen Legionen von ihm ab, und ihr Befehlshaber Marcus Cassianius Latinius Postumus gründete ein gallisches Kaiserreich, dem sich bald die Statthalter von Britannien und Spanien mit ihren Truppen anschlossen.

Rom hatte seinen Tiefstand erreicht. Im Nordwesten eine Sonderherrschaft, gegen die Gallien außerstande war, wirksam vorzugehen, im Osten der Perser Herr der Lage, der legitime Herrscher auf Italien, Illyricum, die Balkanhalbinsel und das vordere Kleinasien beschränkt, da auch Nordafrika unter den Aufständen der Berberstämme zu leiden hatte. Es konnte so scheinen, als sei alles verloren; jedenfalls konnten nur drastische Reformen das Schicksal wenden. Der ältere Augustus Valerian hatte durch seine Gefangennahme den Thron verloren; man hat den Eindruck, daß mit seinem Abgang gleichsam die Schranke fiel, die den jüngeren Mitregenten Gallienus bisher daran gehindert hatte, die Pläne zu verwirklichen, die er wahrscheinlich schon seit langem hegte und vorbereitete.

Mit Gallienus' Alleinherrschaft beginnt für uns eine neue Zeit. Das von Augustus begründete Prinzipat, das auf dem Gleichgewicht der Kräfte von Kaiser, Senat, römischem Volk, Heer und Provinzen beruhte, hatte Bankrott gemacht. Gallienus erkannte mit außerordentlichem Scharfblick, daß diese abgewirtschaftete Verfassung von einer neuen staatlichen Struktur ersetzt werden müßte, in der die vier wirklichen Machtfaktoren, Kaiser, militärische Führer, Soldaten und Untertanen, den Ausschlag zu geben hätten. Er ergriff sofort, von seinem Prätorianerpräfekten Lucius Petronius Taurus Volusianus ausgezeichnet beraten, die erforderlichen Schritte, die zu einer Umgestaltung vieler Räder der Staatsmaschine führen sollten.

Zuerst handelte es sich darum, die dringendste Gefahr zu beschwören: den Druck der Barbaren auf die Grenzen. Die römische Abwehr hatte bisher alle Kräfte an der befestigten Verteidigungslinie, dem Limes, oder kurz dahinter zusammengezogen. Sobald diese Front vom Feind durchbrochen war, konnte dieser ungehindert die wehrlosen Provinzen ausplündern und verwüsten. Gallienus entnahm jeder Legion eine Marschabteilung von tausend Mann und bildete aus je zwei eine Brigade. Diese Elitetruppen lagen an strategisch wichtigen Straßenknotenpunkten im Hinterland, von wo aus sie jederzeit leicht die Einbruchstelle des Feindes erreichen konnten. Außer diesen Infanterieeinheiten schuf er auch eine berittene Truppe, die dank ihrer großen Beweglichkeit rasch, wo immer es nottat, eingreifen konnte. Dieses Kavalleriekorps unter seinem Führer Aureolus hat zu wiederholten Malen die Barbaren geschlagen und das Reich gerettet.

Die veränderte Kriegführung zog eine Neuordnung der Truppenleitung nach sich. Weder die Brigaden noch das Kavalleriekorps konnten von Befehlshabern ohne große

Kniender Germane
Römische Bronzestatuette aus der Kaiserzeit. Stuttgart, Württembergisches Landesmuseum

Die Aurelianische Mauer in Rom, Ende 3. Jahrhundert
Abschnitt im Süden der Stadt

strategische und taktische Erfahrung kommandiert werden. Die Zeit des Berufsoffiziers war gekommen. Gallienus trug diesem Bedürfnis Rechnung, indem er den Senatoren den Zutritt zum Heere untersagte. Bisher hatten diese als junge Tribunen auf ein Jahr eine Legionskohorte befehligt und waren dann, meistens als ehemalige Prätoren, auf kurze Zeit an die Spitze der verschiedenen Legionen gestellt worden. Nach diesem Militärdienst, der alles in allem selten mehr als vier oder fünf Jahre ausmachte, setzten sie ihre zivile Laufbahn fort. Jetzt besetzte der Kaiser diese Stellen mit erfahrenen ritterlichen Offizieren, die aus den Legionen hervorgegangen waren. Der Erlaß hatte ein weiteres wichtiges Ergebnis. Er verschloß nämlich den Senatoren auch alle Statthalterschaften von Provinzen mit Legionsbesatzungen, da sie nun nicht mehr die Befähigung besaßen, eine solche Einheit zu kommandieren. Auch hier nahmen ritterliche Gouverneure ihre Stelle ein.

Durch die Abkommandierung zuverlässiger Garde- und Legionshauptleute und ihre Ernennung zu *protectores*, Leibwächtern, schuf Gallienus eine Art »Generalstab«. Diese ihm persönlich bekannten und ergebenen Offiziere konnten jederzeit an gefährdeten Fronten eingesetzt werden.

Die soziale Auswirkung dieser Maßnahmen ist kaum zu unterschätzen. Endlich erhielten die sachverständigen Elemente des Heeres die ihnen zukommende Stellung im Staat. Wenn noch eine Hoffnung bestand, den Barbaren zu widerstehen, so nur, weil Rom jetzt die Führerschicht heranzog, die es retten konnte und sollte.

Weshalb waren die Barbareneinfälle, die es auch in den ersten beiden Jahrhunderten der römischen Kaiserzeit gegeben hatte, jetzt eine derartige Gefahr für das Reich? In der früheren Epoche hatte die Initiative zur Kriegführung in der Hand der Römer gelegen, und sie hatten sich stets gehütet, sich an zwei oder mehr Fronten gleichzeitig zu schlagen. Jetzt waren die Barbaren die Angreifer, und zwar an allen Grenzen im selben Moment. Die römische Truppenstärke von etwa dreihundertsechzigtausend Mann stellte das Höchstmaß dessen dar, was das Römische Reich an Mannschaften aufbringen konnte, und die Verhältnisse waren im 3. Jahrhundert weniger denn je geeignet, die Bürger zum Eintritt in das Berufsheer zu veranlassen. Selbst in den Stunden der höchsten Gefahr kam man nicht auf den Gedanken, die allgemeine Wehrpflicht, die bis Ende des 2. Jahrhunderts v. Chr. bestanden hatte, wieder einzuführen. Erstaunlicherweise spielte die Hochseeflotte trotz der Lage am Mittelmeer eine ziemlich unbedeutende Rolle, was die ungestraften Seeräuberzüge der Goten vom Schwarzen Meer aus erklärt. Man kann vielleicht auch annehmen, daß die römische Disziplin, die den Barbarenhorden stets gefehlt hat, jetzt auch bei den Römern nachließ, da man es nun für nötig hielt, ihr Weihesteine zu errichten.

Auch in der Zivilverwaltung vollzog sich ein radikaler Umschwung. Hier waren es die Beamten der Kanzleien, der *officia*, die auf Grund ihrer Herkunft als Freigelassene nicht hatten aufsteigen können. Mochte es nun daran liegen, daß der kaiserliche Haushalt seit dem Verschwinden der Sklaven nicht mehr genug Freigelassene zählte, mochten andere uns zur Zeit noch unbekannte Ursachen mitgespielt haben, jedenfalls mehren sich die Zeugnisse, denen zufolge nun freigeborene Kanzleibeamte die Nachfolge der Freigelassenen antraten und nach einer erfolgreichen Laufbahn vom Bürochef zu leitenden, gut besoldeten Stellen in der Zivilverwaltung aufstiegen.

Diese organisatorischen Reformen auf weite Sicht gingen Hand in Hand mit einer bedeutsamen Änderung der von Valerian verfolgten Politik. Die Hoffnung, die innere Einheit des Reiches mit Hilfe einer negativen Maßnahme, nämlich der Christenhetze und Christenverfolgung, wiederherzustellen, hatte sich nicht erfüllt. Der Kaiser gab den Befehl, die Aktion, die er persönlich nie gebilligt hatte, sofort einzustellen. Die Versammlungsräume und Friedhöfe wurden den Gemeinden wiedergegeben und ihnen die ungestörte Ausübung ihres Gottesdienstes zugesichert. Mit diesem Beschluß einer wohlberechneten Toleranz stellte Gallienus den inneren Frieden im Reich wieder her.

In der Außenpolitik hieß es nichts überstürzen und mit den vorhandenen Kräften haushalten. Im Orient einzugreifen oder gar zu versuchen, Valerian zu befreien, war unter den gegebenen Verhältnissen ein Ding der Unmöglichkeit. Gallienus mußte sich mit der schmachvollen Gefangennahme seines Vaters abfinden und zu retten suchen, was noch nicht verloren war, vor allem aber keine Unterstützung verschmähen, von welcher Seite sie auch kommen mochte.

So erklärt sich die Stellung, die der Kaiser nach der Niederlage und Gefangennahme Valerians zu den Ereignissen im Orient einnahm. In der Tat hatten in Syrien der zweite Prätorianerpräfekt Ballista und der Heeresschatzmeister Macrianus, die der Gefangenschaft mit Valerian entgangen waren, den Rest der römischen Truppen gesammelt. Mit der Hilfe von Odaenathus, dem Fürsten der Wüstenstadt Palmyra, griffen sie die Perser, die sich nach dem Sieg zurückgezogen hatten, an und jagten ihnen einen Teil der Beute wieder ab. Dann ließ Macrianus 260 seine beiden jungen Söhne Macrianus und Quietus auf den Kaiserthron erheben. Sie wurden im ganzen Orient, einschließlich Ägyptens, anerkannt, ohne daß Gallienus etwas dagegen hätte unternehmen können oder unternahm.

Das nächste, was wir von ihm hören, ist die vernichtende Niederlage, die er den in Oberitalien eingebrochenen Alemannen 261 bei Mailand beibrachte. Unterdessen hatte Macrianus gerüstet und zog mit seinem gleichnamigen Sohn, dem jungen Usurpator, nach Westen, um Gallienus zu stürzen. Jetzt zögerte dieser keinen Moment, sondern ernannte den Herrn von Palmyra zum Führer aller römischen Streitkräfte im Orient. Dieser geschickte Schachzug ermöglichte es ihm, ohne sich zu schwächen, den im Osten zurückgebliebenen jüngeren Sohn des Macrianus, Quietus, durch Odaenathus angreifen, besiegen und töten zu lassen. Die Streitkräfte des Orients unter den beiden Macrianus gelangten bis nach Pannonien, wo ihnen die Reiter des Gallienus unter Aureolus entgegentraten und sie vernichtend schlugen. Die beiden Macrianus, Vater und Sohn, kamen dabei um. Das römische Sonderreich im Osten bestand nicht mehr; Odaenathus, dessen Herrschaft vergrößert wurde, blieb ein treuer römischer Klientelfürst, der im Jahre 262 mit Glück gegen die Perser in Mesopotamien kämpfte und dafür vom Kaiser zur Belohnung den Titel *Imperator* empfing.

Ägypten war nicht mehr unter die Botmäßigkeit Roms zurückgekehrt, da der Präfekt Mussius Aemilianus, ein Parteigänger von Macrianus und Quietus, nach dem Untergang der Usurpatoren selbst nach dem Purpur gegriffen hatte. Er verfügte über eine für Rom tödliche Waffe: das ägyptische Getreide. Gallienus konnte diese Bedrohung der Versorgung der Hauptstadt nicht dulden. Er rüstete 262 eine Armee aus, die in Ägypten landete und Aemilianus besiegte, wobei Alexandreia schwer in Mitleidenschaft gezogen wurde.

In demselben Jahr beging Gallienus seine Dezennalien, die zehnjährige Wiederkehr seiner Thronbesteigung, mit großen Feierlichkeiten in Rom.

Von 263 bis 267 kam das Reich etwas mehr zur Ruhe. Der Kaiser hatte sich damit abgefunden, daß seit 259 Postumus in Gallien, Britannien und Spanien regierte, daß Odaenathus an seiner Stelle mit dem Titel *corrector Orientis* den Perserkrieg führte. Er konnte es auch nicht verhindern, daß die Goten alljährlich auf ihren Piratenzügen vom Schwarzen Meer aus Bithyniens und Asiens Küsten brandschatzten. Dakien war wahrscheinlich zu dieser Zeit von seinen beiden Legionen geräumt worden.

Vielleicht fand der Kaiser damals die Muße, die Lehren des Neuplatonismus zu studieren, dessen Gründer Plotin von ihm die Gründung einer Philosophenstadt in Kampanien erhoffte. Sicher begann er die künstlerische Renaissance zu begünstigen, deren pathetische Werke bewiesen, daß in Griechenland Begabung und Begeisterung für das Schöne noch nicht ausgestorben waren.

Aber die Atempause sollte nicht lange währen. Bereits 266 brachen die Goten wieder in Kleinasien ein, Odaenathus zog ihnen entgegen und fiel im Kampfe. Nach seinem Tode ergriff seine Witwe Zenobia das Zepter und erklärte sich und ihren Sohn Vaballathus für unabhängig von Rom. Gallienus versuchte vergeblich, die römische Oberherrschaft wiederherzustellen. Die Truppen, die er gegen Palmyra schickte, erlitten eine Niederlage.

Zur selben Zeit überfluteten die Goten die Balkanhalbinsel; Athen, Korinth, Argos, Sparta wurden eingeäschert. Gallienus erschien in Thrakien und schnitt ihnen den Rückzug ab, konnte sie aber schließlich nicht hindern, daß sie sich über die Donau in Sicherheit brachten.

Der Kaiser hatte nach Italien zurückmarschieren müssen. Als er dort im Frühjahr 268 bei Mailand eine große Armee, vielleicht zum Krieg gegen Postumus, zusammengezogen hatte, schloß sich deren Befehlshaber, der bewährte Aureolus, dem gallischen Kaiser an. Gallienus zog gegen den Verräter und blockierte Mailand. Dort wurde er aber im Juni 268 von einer Gruppe illyrischer Offiziere ermordet. Aureolus, der nach Gallienus' Tode ebenfalls zum Purpur gegriffen hatte, kam bald darauf gleichfalls um.

In diesem Moment schien die Lage fast ebenso verzweifelt wie neun Jahre zuvor, nach Valerians Gefangennahme. Dennoch war der Fortbestand des Reiches weniger gefährdet; denn die beiden Sondergewalten des Postumus am Rhein und der palmyrenischen Fürsten am Euphrat wirkten sich wohltuend für Rom aus, da sie Germanen und Perser durch ihren Widerstand in Schach hielten. Entscheidend aber war der Kampfgeist der illyrischen Feldarmee und die Anhänglichkeit ihrer Befehlshaber an die römische Tradition, die in den folgenden Jahren die Krise endgültig bannen sollten.

Claudius II., der Gotensieger

Gallienus war gestürzt worden, weil seine leitenden Offiziere seine Politik nicht verstanden. Claudius und Aurelianus, die beiden Führer der Offizierskamarilla, warfen ihm vor, daß er sich mit den Sonderherrschaften in Ost und West zu leicht abfände; sie führten diese schwächliche Haltung auf seine Bevorzugung griechischen Wesens zurück, die diesen Anhängern altrömischer Art ein Dorn im Auge war. Sie sahen nicht, daß Rom gegen die in Bewegung geratenen Völker des ost- und mitteleuropäischen Tieflandes in die Verteidigung gedrängt war und daß ihr Vorgänger sehr gut daran getan hatte, jede Schwächung der römischen Abwehrkräfte zu vermeiden. Ihre beiden Ziele, die Einheit des Reiches wiederherzustellen und den Kampf gegen die Barbaren kompromißlos zum siegreichen Ende zu führen, widersprachen einander. Jede kriegerische Auseinandersetzung gegen die beiden Sonderherrschaften innerhalb der römischen Grenzen kam, gleichgültig welche Partei die Oberhand behielt, nur den Feinden Roms zugute. Vielleicht tut man aber doch den illyrischen Truppenführern dieser Epoche unrecht, wenn man von ihnen eine Beurteilung der politischen Lage verlangt, der ihr gradliniger und unkomplizierter Charakter nicht gewachsen war. Sie empfanden das gallische Sonderreich im Westen, die palmyrenische Herrschaft im Osten als eine ständige Bedrohung der Macht Roms und handelten dementsprechend, indem sie alle moralischen und materiellen Kräfte in den Dienst ihrer Politik stellten. Disziplin im Heer, Ordnung in der Verwaltung, Ruhe und Zufriedenheit unter den Massen schienen ihnen unabdingbare Voraussetzungen für den Erfolg ihrer Pläne. Den Senatoren begegneten sie mit Mißtrauen und verschlossen ihnen weiterhin den Zugang zum Heer und zur Macht. Dagegen hätten sie es gern gesehen, wenn die Verehrung des Sonnengottes, der ihnen von ihrer Heimat her vertraut war, sich als Staatsreligion durchgesetzt und so dem Reich auch eine ideelle Einheit verliehen hätte.

Doch die ständigen Einfälle der Germanen und Goten ließen weder Claudius noch Aurelianus nach ihrer Thronbesteigung Zeit, ihr politisches Programm zu verwirklichen. Für sie hieß es, von einer Grenze zur anderen zu hasten, um dem Ansturm der Feinde entgegenzutreten. So mußte sich Claudius sofort nach seiner Erhebung zum Kaiser gegen die Alemannen wenden, die über Raetien bis an den Gardasee vorgedrungen waren. Dann verwüsteten die Goten von neuem die Balkanhalbinsel, bis Claudius sie 269 vernichtend bei Naïssus, dem heutigen Nisch, schlagen konnte.

Kurz zuvor war Postumus 268 in Gallien von seinen eigenen Soldaten getötet worden. Nach der Besiegung eines Usurpators hatte er seine Truppen davon abhalten wollen, die Stadt Mainz zu plündern, in der sich dieser eine Zeitlang verteidigt hatte. Die Wirren nach dem Tode des Postumus ermöglichten es Claudius, Gallia Narbonensis und Spanien wieder dem Reich einzugliedern.

Dagegen machte Zenobia, die Fürstin von Palmyra, im Osten weitere Eroberungen. Die Palmyrener legten ihre Hand auf Syrien und Ägypten und rückten auch in Kleinasien vor. Claudius war nicht in der Lage, sie daran zu hindern.

Die Inflation machte weitere Fortschritte. Die Münzen des Claudius enthielten fast kein Silber mehr, überall setzte man falsche Geldstücke in Umlauf.

Die Germanen standen wieder in Raetien und Pannonien, als Claudius in Sirmium an der Pest starb. Für wenige Monate trat sein Bruder Quintillus, der in Aquileia Italiens Schutz übernommen hatte, seine Nachfolge an. Als Aurelian, der gemeinsam mit Claudius Gallienus gestürzt hatte, sich gegen ihn erhob, nahm er sich das Leben.

Aurelianus

Lucius Domitius Aurelianus, ein Illyrer, dessen Vater Kolone gewesen sein soll, hatte sich unter Gallienus und Claudius als Offizier bewährt und vor seiner Thronbesteigung in Sirmium die Reiterei befehligt. Eine Quelle des 4. Jahrhunderts vergleicht ihn mit Alexander dem Großen und mit Caesar. Er habe den »römischen Erdkreis« innerhalb von drei Jahren von den Eindringlingen zurückerobert, während Alexander dreizehn Jahre gebraucht habe, um Indien zu erreichen, und Caesar zehn Jahre, um Gallien zu unterwerfen. Der antike Geschichtsschreiber hatte nicht unrecht, die von Aurelianus vollbrachte Leistung ist kaum glaublich, zumal die Anfänge seiner Regierung nicht gerade glücklich waren. Während er in Pannonien gegen die Vandalen kämpfte, überschritten die Juthungen, ein alemannischer Stamm, Donau und Alpen und drangen in Oberitalien ein, wo ihnen Aurelianus bei Placentia (Piacenza) entgegentrat, aber eine Niederlage hinnehmen mußte. Der Weg nach Rom schien frei zu sein. Der Kaiser befahl im Einverständnis mit dem Senat, die Stadt zu befestigen, und man begann den Bau der großen »Aurelianischen Mauer«, die aber erst unter Probus fertiggestellt wurde. Im Osten glaubte Zenobia, daß die Katastrophe nicht mehr aufzuhalten sei, ging ein Bündnis mit den Persern ein und ließ ihren Sohn Vaballathus zum Kaiser proklamieren.

In dieser äußersten Bedrängnis gaben aber Aurelianus und seine illyrischen Truppen den Kampf nicht auf. Bei Fanum Fortunae (dem heutigen Fano) in Umbrien, dann weiter nördlich bei Patavium (Pavia) wurden die Juthungen besiegt und vernichtet. Mit den Goten verstand es der Kaiser, sich zu einigen. Er trug seitdem die Ehrenbeinamen *Germanicus maximus* und *Gothicus maximus*.

Aurelianus ruhte sich nicht auf diesen Lorbeeren aus. Kaum hatte er im Westen freie Hand, wandte er sich gegen Zenobia. Seine im Kampf erprobten, siegesgewohnten Truppen schlugen die Palmyrener in die Flucht. Über Kleinasien vordringend, eroberte er Antiocheia, schlug die Palmyrener vor Emesa und stand bald, nach einem beschwerlichen Zug durch die Wüste, vor Palmyra, das sich tapfer verteidigte. Aurelianus versuchte, mit Zenobia zu unterhandeln, die es aber ablehnte, sich zu ergeben. Schließlich erkaufte der Kaiser den Abfall der mit Zenobia verbündeten Nomaden der Wüste um Palmyra. Die von den Persern entsandten Hilfstruppen konnten die Stadt nicht entsetzen, sie mußte kapitulieren. Zenobia hatte sich rechtzeitig nach Osten geflüchtet, um den Krieg später mit ihren persischen Verbündeten wiederaufzunehmen, aber sie wurde, als sie den Euphrat überschreiten wollte, von römischen Reitern ereilt und gefangengenommen. Der Kaiser stellte sie vor Gericht, schenkte ihr aber das Leben und schleppte dann sie, ihren Sohn und die vornehmsten Palmyrener mit, als er bald darauf den Rückmarsch nach dem Westen antrat. Durch die schweren Kämpfe geschwächt, konnte er nicht daran denken, einen Krieg gegen die Perser zu entfesseln, und mußte darauf verzichten, Mesopotamien wieder an das Reich zu bringen.

In Untermoesien schlug Aurelianus die Karpen und erhielt den Ehrenbeinamen *Carpicus maximus*. Da kamen schlechte Nachrichten aus dem Orient. Palmyra hatte sich wieder erhoben, und Ägypten war dem Aufstand beigetreten. Man mußte befürchten, daß der ganze Orient abfallen würde und der verlustreiche Krieg völlig umsonst geführt worden war. Aurelianus begab sich in Eilmärschen in den Osten zurück, wo er den Aufstand blutig niederwarf und Palmyra völlig zerstörte.

Nun hatte Aurelianus den Rücken frei und konnte endlich auch mit dem Sonderreich im Westen abrechnen, das seit fünfzehn Jahren der Reichseinheit im Wege stand. Hier befand sich der Kaiser Tetricus in einer kritischen Lage. Die Germanen hatten den Rhein überschritten und verwüsteten Gallien, dessen Wirtschaft durch die dauernden Kriege und die Inflation völlig zerrüttet war. Der Herrscher selber war bei seinen eigenen Truppen unbeliebt, die dem Kampf jedoch nicht auswichen, sondern sich Aurelianus bei Châlon-sur-Saône stellten, wo sie eine schwere Niederlage erlitten. Tetricus hatte schon vor der Schlacht seinen Frieden mit seinem Gegner gemacht und wurde am Leben gelassen.

In diesem Jahre 274 war die Einheit des Reichs endlich wiederhergestellt. Aurelianus feierte einen glanzvollen Triumph in Rom und bekam den Ehrentitel *restitutor orbis*, »Wiederhersteller des Erdkreises«. Das bedeutete jedoch nicht, daß das Reichsgebiet ohne Einbuße aus diesen Kämpfen hervorgegangen wäre. Der rechtsrheinische Teil Germaniens und Dakien wurden damals von den Römern geräumt, die Grenze an Rhein und Donau zurückgenommen. Die in dieser Provinz ansässigen Römer wurden südlich der Donau angesiedelt, wo im westlichen Teil Untermoesiens zwei neue Provinzen, Dacia ripensis mit der Hauptstadt Ratiaria und Dacia Mediterranea mit der Hauptstadt Serdica, heute Sofia, eingerichtet wurden.

Der lange Aufenthalt im Orient, die Vertrautheit mit persischen Sitten, hatte auf Aurelianus einen großen Einfluß. Er war der erste Kaiser, der sich das Diadem um den Kopf schlang, golddurchwirkte, edelsteinbesetzte Gewänder trug und sich auf Münzen *dominus et deus*, Herr und Gott, nannte. Das »Dominat« der spätrömischen Zeit war damit angebrochen.

Die Finanzverwaltung des Kaisers war gut. Der Hof kostete nur wenig, da der Herrscher zeit seines Lebens einfach wie ein Soldat lebte. Andererseits trugen die Beutegelder aus dem Osten dazu bei, die Kassen zu füllen. Am dringlichsten war die Reform des Münzwesens, die Aurelianus mit der für ihn charakteristischen Energie durchführte. Die Hauptprägestätte in Rom hatte seit einiger Zeit eine Unmasse leichter und unansehnlicher Münzen in Umlauf gesetzt, das gesamte Münzpersonal verdiente an diesen Praktiken und wollte auf seine angemaßten Vorrechte nicht freiwillig verzichten. Es kam zu einem regelrechten Aufstand, bei dem siebentausend Menschen umgekommen sein sollen, aber der Kaiser griff durch und blieb siegreich. Er schloß alle städtischen Münzstätten bis auf die in Alexandreia und sorgte dafür, daß in den staatlichen Prägestätten die gängigen, leicht versilberten Kupfermünzen mit dem vollen Gewicht herausgebracht wurden. Diese Regelung war für alle Einwohner des Reichs eine Wohltat.

Seine besondere Gunst aber wandte Aurelianus der Bevölkerung von Rom zu, in deren Interesse er die Getreideversorgung reformierte. Bisher hatten die Berechtigten Getreide und Öl zugeteilt erhalten, jetzt empfingen sie an Stelle des Getreides Brot und außer Öl noch Salz und Schweinefleisch. Um diese bedeutend größeren Leistungen zu gewährleisten, mußte die Verwaltung der Annona neu organisiert werden. Bereits unter Severus hatte man die Reeder und Bäcker in Zwangszünften zusammengeschlossen und das Gewerbe zum mindesten für einen Nachkommen erblich gemacht. Jetzt mußten sich auch die übrigen Handwerker und Händler, die sich mit der Annona befaßten, in Zwangsgenossenschaften einschreiben, der sie von der Geburt bis zum Tode angehörten. Diese Einrichtung nahm die gesellschaftliche Entwicklung des 4. Jahrhunderts voraus, war aber im Gegensatz zu den Zünften des Mittelalters auf die Bedürfnisse des Staates und nicht auf die Belange der Handwerker zugeschnitten. Als Entgelt für ihre Leistungen empfingen sie, außer gesetzlich festgesetzten Tariflöhnen, das Vorrecht, von den allgemeinen Steuern befreit zu sein.

Auch auf religiösem Gebiet hat Aurelianus die Einheit des Reiches schaffen wollen. Er war von jeher ein getreuer Verehrer der Götter gewesen und hatte seinen Sieg bei Emesa über die Palmyrener dem Sonnengott Elagabal zugeschrieben. Jetzt erhob er aber nicht diese syrische Gottheit, sondern den *Sol Invictus* seiner illyrischen Heimat zum höchsten Reichsgott und baute ihm in Rom einen prachtvollen Tempel, den er am *natalis Invicti*, dem 25. Dezember 274, dem Geburtstag des unbesiegbaren Sonnengottes, einweihte. Eine neue Reichspriesterschaft, die senatorischen *pontifices Dei Solis*, wurden dazu bestellt, den Kult zu versehen, und traten mit gleichen Rechten neben das ehrwürdige Kollegium der *pontifices*.

Auf dem Wege in den Osten, wo er mit den Persern abrechnen und die alten Grenzen wiederherstellen wollte, ist Aurelianus zwischen Perinthos und Byzanz bei der Straßenstation Caenophrurium einer Privatrache erlegen, die jedes politischen Charakters entbehrte.

Tacitus, Florianus, Probus

Das plötzliche Ableben des Aurelianus überraschte die Truppen, die keinen geeigneten Kandidaten an der Hand hatten, den sie rasch zum Kaiser hätten ausrufen können. So überließen sie die Wahl dem Senat, der sich nach einem längeren Interregnum für den rangältesten Senator, Marcus Claudius Tacitus, entschied. Dieser war bereits ein alter Mann von fünfundsiebzig Jahren und entstammte einem reichen Geschlecht aus Interamna Nahars, dem heutigen Terni in Umbrien.

Allem Anschein nach erreichte der Senat unter ihm die Rücknahme des Edikts des Gallienus, das seine Mitglieder von dem Zugang zum Heer ausschloß. Aber die Regierung des Kaisers währte nur zehn Monate, und wir haben keinerlei Beweis dafür, daß die senatsfreundlichen Erlasse wirklich in die Tat umgesetzt worden sind. Wenn es der Fall war, was wir annehmen möchten, so konnte jedenfalls die kurze Dauer dieser Reaktion keine erheblichen Folgen haben.

Ein neuerlicher Einfall der Goten in Kleinasien veranlaßte Tacitus, Rom zu verlassen und in Begleitung seines Halbbruders Marcus Annius Florianus, den er zu seinem Gardepräfekten gemacht hatte, gegen sie zu ziehen. Sein Ehrenbeiname *Gothicus maximus* läßt darauf schließen, daß er einen Sieg über die bis nach Kilikien vorgedrungenen Feinde errang. Wir wissen nicht, ob er von seinen eigenen Truppen ermordet wurde oder an einer Krankheit starb.

Nach seines Bruders Tode bemächtigte sich Florianus des Thrones und wurde überall, auch im Westen und in Afrika, anerkannt. Aber die Truppen Syriens und Ägyptens riefen ihren Führer Probus zum Kaiser aus. Die beiden Heere lagerten bei Tarsos einander gegenüber, bis die Soldaten des Florianus zu Probus übergingen und ihren eigenen Kaiser umbrachten.

Marcus Aurelius Probus mit dem Beinamen Aequitius, in Sirmium am 19. August 232 geboren, war der Sohn eines Zenturionen und wie seine beiden Vorgänger, Claudius und Aurelianus, von, Beruf Soldat. Die Angaben unserer Hauptquelle, der *Historia Augusta*, über seine Laufbahn sind zweifelhaft. Er hatte sich als Heerführer unter Aurelianus einen Namen gemacht und war bei den Soldaten beliebt.

Probus verzichtete darauf, gegen die Perser zu ziehen, sondern wandte sich über den Balkan nach Rom. Seine Stellung zum Senat bleibt zweifelhaft, solange wir nur aus der *Historia Augusta* wissen, daß er die von seinem Vorgänger zugunsten dieses Standes ergriffenen Maßnahmen nicht rückgängig machte. Im übrigen hatte er keine Zeit, sich um die Innenpolitik zu kümmern, da die Franken und Alemannen bereits 275, besonders aber im Jahre darauf, über die von Truppen entblößte Rheingrenze in Gallien eingebrochen waren und sechzig, ja siebzig Städte ausgeplündert hatten. Solange Postumus geherrscht hatte, war dieser Teil des Reiches vor einer solchen Katastrophe bewahrt geblieben. In einem Jahr blutiger Kämpfe konnte der Kaiser Gallien von den Eindringlingen befreien und sie über den Rhein zurücktreiben, ja selbst Brückenköpfe auf dem rechten Rheinufer befestigen. Im Jahre 278 zog Probus dann über Raetien, in dem er ebenfalls die Ruhe wiederherstellte, nach Pannonien, wo er einen Angriff der Vandalen abschlug. Entlang der Donau, deren Verteidigung er verstärkte, begab sich der Kaiser nun in den Osten, wo Unruhen in Südostkleinasien ausgebrochen waren. Der letzte Widerstand der Isaurer, eines wilden Bergvolkes, wurde durch die Eroberung ihrer Feste Kremna gebrochen. Die Überlebenden wurden in drei neue Legionen, die *I.* bis *III. legio Isaura*, gesteckt. Dagegen ließ er es nicht zum Krieg mit Persien kommen, weil er mit Recht den Ausbruch von Aufständen im Westen fürchtete. In der Tat hören wir von zwei Usurpatoren, Proculus in Albingaunum, dem heutigen Albenga in Ligurien, und Bonosus in Köln, die sich nacheinander ohne Erfolg gegen den Kaiser erhoben. Auf dem Rückweg aus dem Orient erlaubte Probus hunderttausend Bastarnern, sich in Thrakien niederzulassen. Dieser auf kurze Sicht vorteilhafte Ausweg ersparte dem Reich eine blutige Auseinandersetzung mit diesem Volke, war aber von folgenschwerer Bedeutung für die Zukunft, da hiermit ein Präzedenzfall geschaffen worden war.

Im Jahre 281 war Probus wieder in Rom und feierte einen wohlverdienten Triumph. Nach fünf Jahren harter Feldzüge schien der Frieden gesichert, und man konnte mit Ruhe an die Abrechnung mit Persien denken. Der Kaiser sprach sogar davon, daß man die Heeresstärke und damit die finanziellen Lasten herabsetzen könnte. Er duldete es auch nicht, daß die Soldaten die Hände in den Schoß legten, und befahl ihnen, sich durch Arbeit, wie Straßenbau, Anlage von Weinbergen, Trockenlegung von Sümpfen, nützlich zu machen, wenn sie in Ruhestellung lagen. Diese lobenswerte Strenge des Kaisers und vor allem die Besorgnis vor einer vorzeitigen Entlassung brachten die Truppen auf. Als er in der Nähe seiner Vaterstadt Sirmium eine Abteilung besichtigte, die ein hügeliges Gelände für den von ihm überall freigegebenen Weinbau herrichten sollte, wandten die Soldaten plötzlich ihre Waffen gegen ihn und erschlugen ihn.

Carus, Carinus und Numerianus

Der aus Narbonne stammende Gardepräfekt Marcus Aurelius Carus war im Begriff, in Raetien für den von Probus geplanten Perserkrieg Truppen zu mustern, als ihn seine Soldaten gegen seinen Willen auf den Thron erhoben (282). Der Tod des Probus ersparte dem Reich einen Bürgerkrieg. Der Senat beeilte sich, den neuen Kaiser anzuerkennen. Dieser ernannte seine beiden Söhne sofort zu seinen Nachfolgern und verlieh ihnen den Titel Cäsar. Der ältere, Marcus Aurelius Carinus, blieb im Westen, mit dem Schutz Galliens betraut, zurück, während Carus und der jüngere Sohn, Numerianus, sich anschickten, den Marsch gegen Persien anzutreten. Ein Einfall der Quaden und Sarmaten ins römische Gebiet diesseits der Donau, den Carus mit schwerem Verlust für die Angreifer zurückwies, verzögerte den Aufbruch bis zum Frühjahr 283. Unsere Quellen berichten nichts über die Marschroute nach dem Orient. Wir erfahren nur, daß Bahram II., der Nachfolger Schapurs I., mit großen inneren Schwierigkeiten zu kämpfen hatte. So überwand Carus seinen Gegner, nahm Seleukeia am Tigris und gewann ganz Mesopotamien zurück. Er überschritt dann den Tigris, und es gelang ihm, sich der Hauptstadt der Perser, Ktesiphon, zu bemächtigen. Der Senat ehrte ihn durch die Verleihung des Beinamens *Parthicus maximus*.

Carus starb kurz danach im Juli 283, ob vom Blitz erschlagen oder von seinem Prätorianerpräfekten Aper verraten, bleibt ungewiß. Seine beiden Söhne Carinus und Numerianus traten ohne Widerstand in Ost und West seine Nachfolge an. In Persien schloß man Frieden, in dem die Perser sich zur Rückgabe Mesopotamiens an die Römer verstehen mußten. Während Numerianus das römische Heer langsam in den Westen zurückführte, zog er sich eine Augenkrankheit zu. Er starb auf dem Marsch. Auch in diesem Falle ist es nicht ausgeschlossen, daß Aper das Ende seines Schwiegersohnes beschleunigt hat. Aber seine ehrgeizigen Pläne scheiterten, da die Offiziere der Orientarmee ihm den Befehlshaber der Leibwächter, der *protectores domestici*, Diocles, vorzogen, dessen erste Tat es war, Aper als Mörder des Numerianus zu bezeichnen und mit eigener Hand niederzustoßen. Dies geschah im Herbst 284, wahrscheinlich am 17. November.

Die Auseinandersetzung zwischen dem Erwählten des Orients und dem letzten Augustus Carinus fällt bereits in die Regierung des neuen Kaisers Diocletianus, wie sich der Begründer der Tetrarchie nennen ließ.

Ausklang des Prinzipats

In den drei Jahrhunderten der römischen Kaiserzeit, deren Geschichte wir darzustellen versuchten, konnten wir, nach einer wachsenden Ausbreitung der römischen Macht über Britannien, das Illyricum, Kappadokien, Mesopotamien, Arabien und Mauretanien bis zu Trajan, einen Höhepunkt des Reiches unter Hadrian und Antoninus Pius beobachten. Dann setzten seit Mark Aurel die großen Völkerbewegungen im asiatischen Raum ein, die, an Roms Grenzen brandend, die Römer in die Verteidigung zwangen und den Abstieg einleiteten. Der Anspruch auf die Beherrschung der bekannten und bewohnten Welt, des *orbis terrarum*, der seit Alexanders des Großen Tagen allen großen Herrschern des Abendlandes vorschwebte, hat einen Nero, einen Trajan, einen Caracalla besessen und hat verhindert, daß Rom mit den Arsakiden oder deren Nachfolgern, den Sasaniden, den Beherrschern Parthiens, dann Persiens, zu einer Verständigung gelangte. Dieser nie wirklich zur Ruhe kommende Gegensatz zwischen den beiden einzigen Großmächten dieser Epoche hat beide Staaten geschwächt und nicht zu ihrer vollen Entfaltung kommen lassen. Trotzdem ist der asiatische Osten des Reiches weniger verheert worden als die in Europa liegenden Provinzen, da zwischen den ständig aufflammenden Kriegen immer wieder friedliche Ruhepausen lagen. Hingegen rissen im Westen die unablässigen Angriffe der aus den Steppen des osteuropäischen und asiatischen Tieflandes hervorbrechenden Barbaren nicht ab. Sie wären, selbst wenn der römisch-parthische Gegensatz durch eine Übereinkunft hätte beseitigt werden können, eine schwere Belastungsprobe für das römische Heer gewesen.

Den gleichen Auf- und Abstieg, wie in der Außenpolitik, können wir auch bei der inneren Entwicklung Roms feststellen. Bis zum Zeitalter Trajans geht die Kurve aufwärts, die *pax Romana* herrschte fast ungestört in allen Provinzen, und die bewunderungswürdigen Grundsätze der römischen Gesellschaft, allen aufstrebenden Kräften den sozialen Aufstieg zu gewährleisten, brachte immer neue Schichten begabter Provinzialen ins Spiel. Unter Trajan und seinen Nachfolgern erreichte das Reich seine höchste Blüte, die »gute alte Zeit« der Antonine war bis ins späte 4. Jahrhundert die Epoche, nach der sich die Römer zurücksehnten. Mit den Severern setzte der Abstieg ein, wenn auch nicht schon in allen Provinzen. Africa zum Beispiel erlebte gerade unter der Herrschaft dieser afrikanischen Dynastie seine größte Entfaltung. Aber für Rom und Italien bedeutete das fortschreitende 3. Jahrhundert den Niedergang. Schon daß die Herrscher nicht mehr in der *sacra urbs*, der heiligen Stadt, hofhielten, sondern von einem Ende des Reiches zum anderen hasten mußten, um die

Feinde abzuwehren, minderte die Bedeutung Roms immer mehr. Die großen Soldatenkaiser aus dem Illyricum hielten sich nur noch vorübergehend in Rom auf.

Auch die kulturelle Entfaltung folgte demselben Ablauf, der hier jedoch besonders scharf hervortritt. Nach den großen Schöpfern der lateinischen Dichtung in der augusteischen Zeit bringt das Reich bis zu Trajan noch mehrere Generationen von überaus begabten Schriftstellern hervor. Seneca und Lucanus zu Neros Zeiten, Statius, Martial und Juvenal unter Domitian, Plinius der Jüngere und Sueton unter Trajan und Hadrian haben zwar nichts den Werken des Vergil oder Horaz Gleichwertiges geschaffen, aber das Genie des großen Historikers Tacitus zieht uns noch heute unwiderstehlich in seinen Bann. Mit Frontos und Apuleius' überspitzten Formulierungen überschlägt sich der lateinische Stil; diese beiden afrikanischen Modeschriftsteller der Antoninenzeit bedeuteten bereits den Anfang vom Ende der heidnischen lateinischen Literatur. Aus dem 3. Jahrhundert ist kein bedeutendes Werk der heidnischen Welt auf lateinisch erhalten. Tertullian und Cyprian, auch zwei Afrikaner, sind die ersten großen lateinischen Kirchenväter. Die Kaiser aus dem Illyricum hatten alle Hände voll zu tun, das Imperium zu verteidigen, sie hatten keine Zeit, die Kultur ihres Reiches zu fördern.

Im Gegensatz zum lateinischen Schrifttum entfaltete sich die griechische literarische Produktion eigentlich erst im 2. Jahrhundert, aus dem uns vor allem seit der Begründung der athenischen Hochschule durch Hadrian eine Menge von Schriftstellern bekannt sind; ihr berühmtester Vertreter war der amüsante Lucianus von Samosata, der sich bereits auf dem Gebiet der heute so modernen *science fiction* versuchte. Er war ein überzeugter Verehrer und Nachahmer der großen attischen Redner und bemühte sich, ein attisches Griechisch zu schreiben. Hochgefeiert war auch der Rhetor Aelius Aristides, der aus Kleinasien stammte und vor allem durch seine Prunkreden bekannt war. Noch im 3. Jahrhundert blühte die griechische Historiographie. Der bithynische Senator Cassius Dio hat uns eine Römische Geschichte hinterlassen, von der leider der größte Teil verloren ist. Der Athener Herennios Dexippos hat noch unter Gallienus über die Ereignisse seiner Zeit geschrieben, wenn auch leider sein Werk bis auf kleine Fragmente vermißt wird. Da der griechisch sprechende Osten von den inneren Wirren und Barbareneinfällen verschont geblieben war, waren dort die Voraussetzungen zu künstlerischem Schaffen günstiger.

Ebenso ausschlaggebend jedoch wie Außen- und Innenpolitik und kulturelle Fortschritte waren schließlich zwei geistige Grundlagen der römischen Kaiserzeit, deren prinzipielle Veränderung vielleicht am besten das neue Klima am Ende unserer Epoche verstehen lehrt. Unter Augustus und während des ganzen 1. Jahrhunderts geisterte die Idee der republikanischen Freiheit des Denkens und der Rede in den Aussprüchen und Schriften der senatorischen und philosophischen Opposition fort. Man wollte sich nicht damit abfinden, daß die Entscheidungen letzten Endes von dem Willen eines Mannes abhingen und der Senat, wenn überhaupt, nur noch beratend zu Worte kam. Seit den Severern erlosch dieser geistige Widerspruch, und von dem Anspruch der adligen Schichten, mitzuherrschen, blieben nur gewisse Standesvorrechte, die jedoch bei der Gleichstellung aller Untertanen nicht mehr wesentlich ins Gewicht fielen. Die gleiche Entwicklung spiegelt sich auch in Roms Stellung zum Reich wider. Zu Beginn unserer Zeitrechnung war die Stadt Rom wirklich der politische, geistige, kulturelle, wirtschaftliche Mittelpunkt der Mittelmeerwelt. Alle Wege führten nach Rom, wo der Kaiser und sein Hof residierten, die Senatoren berieten, die Ritter ihre Geschäfte machten und sich der Stadtrömer jeden Monat an der minucischen Säulenhalle sein Getreide abholte.

So blieb es im wesentlichen bis zum Ende der Severischen Dynastie. Schon unter Caracalla aber bedeutete die Verleihung des römischen Bürgerrechtes an alle freigeborenen Bewohner des Reiches einen ersten schweren Schlag für die beherrschende Stellung der Stadt Rom. Die Abwesenheit der Kaiser, die die Barbaren an den Grenzen bekämpften, der Auszug der vermögenden Schichten, die sich auf ihre Landsitze zurückzogen, ja selbst die Verminderung der Garnison, deren vornehmste Truppe, die Prätorianer, als Leibgarde dem Herrscher folgte, ließen Rom immer mehr zu einer Stadt unter vielen absinken. Die Idee des Römischen Reiches verband sich nicht mehr mit dessen unter Aurelian errichteten Mauern, sondern mit dem Kaiser, der jetzt unumschränkt über das *Imperium Romanum* gebot.

Carl Schneider

DAS CHRISTENTUM

Die Umwelt

Das Christentum ist geschichtlich aus zwei Wurzeln erwachsen. Sein Stifter Jesus Christus stammte aus der Welt des palästinensischen Galiläa, und dessen erster und größter Interpret Paulus sagte von sich selbst, daß er »Hebräer aus Hebräern und nach dem Gesetz ein Pharisäer« gewesen sei. Seine erste Heilige Schrift war das jüdische Alte Testament, allerdings in der griechischen Version, seine ältesten Gemeinden entstanden in Galiläa und Jerusalem, seine ersten Auseinandersetzungen galten dem Pharisäismus, dem jüdischen Gesetz und dessen theologischen Problemen. Aber schon Paulus war darüber erstaunt, daß »die Juden, die das Gesetz haben«, das christliche Evangelium ablehnten, während die Griechen, die das Alte Testament nicht kannten, die christliche Verkündigung mit überraschender Bereitwilligkeit aufnahmen. In der Tat sind alle überlieferten christlichen Quellen aus der Anfangszeit griechisch geschrieben, und die Entscheidung für oder gegen das junge Christentum fiel in den wichtigsten Städten der hellenistischen Welt. Von Anfang an finden sich in seinen Schriften Begriffe, Vorstellungen und Gedanken, die unverändert oder verändert der hellenistischen Geisteswelt entnommen sind, und auch seine Lebensformen waren schon sehr früh griechisch.

Die jüdische Wurzel

Seit den nationalen Krisen des Volkes Israel im 6. Jahrhundert hatte sich das Judentum in einem langen Prozeß gebildet. Welche Rolle dabei schon in der Perserzeit die Vermischung mit anderen Völkern, und zwar auch nach erfolgreicher Missionstätigkeit, gespielt hat, läßt sich nicht mit Sicherheit sagen; möglich ist immerhin, daß ein Teil der Phöniker nach und nach im Judentum aufgegangen ist. Wichtig wurde vor allem, daß noch während der Perserherrschaft und in der Zeit der hellenistischen Großreiche sich vier Hauptgebiete des Judentums bildeten, die zwar geistig in Verbindung blieben, aber jeweils andersartigen religiösen und politischen Einflüssen ausgesetzt waren.

In der babylonischen Diaspora war noch während des Exils als Selbstschutz gegen religiöse Überfremdung das Schriftgelehrtentum entstanden. Anderseits war hier aber auch iranisches Denken nicht ohne Einfluß gewesen, zumal man in den Persern das Werkzeug

Gottes gesehen hatte; der zweite Jesaja hielt Kyros für den Messias. Der andere Teil des Volkes, der zurückgekehrt war, sammelte sich wieder um Tempel und Kult in Jerusalem und mühte sich bis zuletzt um einen selbständigen politischen Staat als Verwirklichung des Reiches des Gottes Israels auf Erden. Dann gab es in Ägypten eine starke Gruppe jüdischer Söldner im Heeresdienst der letzten ägyptischen Herrscher, persischer Satrapen und ptolemäischer Könige, die sich ständig durch Flüchtlinge aus Palästina vermehrte, wenn immer dort eine Krise ausgebrochen war. Schon in vorhellenistischer Zeit bildeten sie eigene Kolonien mit religiösen Mittelpunkten, die sich in griechischer Zeit mit Hilfe ptolemäischer Privilegien vergrößerten und in Alexandreia ihre wichtigste Synagoge bekamen. Von hier aus verbreiteten sie sich bis zur Cyrenaica, nach Kypros und in die ägyptischen Kolonien um die Ägäis und gerieten dort unter starken hellenischen Einfluß. Und schließlich entstand in den Städten und Häfen des Seleukidenreiches und in den von den Römern neu belebten griechischen Handelsplätzen, wie Delos oder Korinth, eine jüdische Handelsdiaspora, die sich teils weitgehend assimilierte, teils aber auch Ausgangspunkt für eine sehr aktive religiöse Missionstätigkeit wurde. Zu dieser Gruppe gehörte schon seit dem 2. vorchristlichen Jahrhundert eine rasch anwachsende jüdische Diaspora in Rom; hinzu kamen noch einzelne Kolonien im Westen, vor allem in den Städten des Rhônetals.

Gemeinsam war allen Gruppen der Besitz der Thora, der fünf Bücher Moses, und weiterer alttestamentlicher Schriften, vor allem der Propheten und Psalmen, aber noch fehlte ihnen ein gemeinsamer Kanon. Eine verbindliche Richtschnur wurde erst nach rabbinischen Vorarbeiten im 1. nachchristlichen Jahrhundert auf der Schriftgelehrten-Synode von Iamnia festgelegt. Da nur ganz wenige gelehrte Rabbinen den alten hebräischen Text verstanden (Jesus hat sicher kein Hebräisch gekonnt, und vermutlich auch weder Philon noch irgendeiner der christlichen Apostel), waren die einzelnen Gruppen auf verschiedene Übersetzungen angewiesen; die aramäisch sprechende jüdische Welt des Ostens auf die *Targume*, Übersetzungen in verschiedene aramäische Dialekte, die griechisch sprechenden Juden auf griechische Übersetzungen, die unter dem Sammelnamen *Septuaginta* zusammengefaßt werden. Ihr wichtigster Bestandteil waren die in Alexandreia entstandenen Übersetzungen, deren älteste Teile vom Anfang des 3. Jahrhunderts stammten und an die sich unmittelbar jene Schriften anhängten, die sich im aramäischen Kanon nicht finden. Die Übersetzer sind nicht bekannt; nur wenige übersetzten sklavisch getreu, die meisten aber frei und vieles mißverstehend, da einige Übersetzer des Hebräischen nicht mehr recht mächtig waren. Vieles ist auch griechisch interpretiert; so tauchen an mehreren Stellen der Septuaginta die Sirenen Homers auf. Das für die religionsgeschichtliche Entwicklung folgenreichste Beispiel ist die Interpretation von Jesaja 7, 14; an die Stelle der »jungen Frau« im hebräischen Text, die ein Königskind gebären wird, trat in der griechischen Übersetzung die »Jungfrau«, die alljährlich in Alexandreia gefeierte jungfräuliche Mutter des neuen Weltzeitalters. Auch an anderen Stellen ist hellenistische Mysterienfrömmigkeit in die Septuaginta eingedrungen. Das Judentum hat das allmählich erkannt; es begann seit dem 1. nachchristlichen Jahrhundert, die alexandrinische Übersetzung durch andere, wörtliche zu ersetzen, und verwarf schließlich die Septuaginta ganz.

Allen Gruppen gemeinsam war die Synagoge und ihr Gottesdienst. Die zunächst einfachen Lehrhäuser, schmucklos, abgesehen von dem Thoraschrein und dem siebenarmigen Leuchter, mit einigen hölzernen Bänken und einer Empore für die Frauen, wurden in hellenistischer Zeit durch zuweilen prächtige Bauten mit reicher Malerei, kostbaren Fußbodenmosaiken und besserer Ausstattung ersetzt. Beispiele dafür sind die vielgerühmte große Synagoge von Alexandreia und die kürzlich ausgegrabene, über und über mit farbenprächtigen alttestamentlichen Szenen bemalte von Dura-Europos. Doch blieben die meisten klein und schlicht, wodurch sie auf die Umwelt eine besondere Anziehungskraft ausgeübt haben mögen. In ihnen sammelte sich allmählich um die eigentliche jüdische Kerngemeinde eine nichtjüdische Missionsgemeinde mit Vollproselyten, die das ganze Gesetz zu halten suchten, oder Halbproselyten, die nur die wichtigsten Gebote auf sich nahmen. Der Sabbatgottesdienst war jedem zugänglich und bestand aus lehrhaften Predigten über eine Textstelle, aus langen Gebeten und einer Segensformel. Größere Synagogen stellten schriftgelehrte Rabbinen an, kleine wurden von Wanderlehrern betreut. Es gab nicht nur verschiedene Synagogensprachen, sondern auch verschiedene Grade der Orthodoxie.

Gemeinsam war allen Juden und Vollproselyten die Beschneidung, die mehr oder weniger strenge Einhaltung des Sabbats und einer Reihe von oft komplizierten Reinheits- und Speisegeboten und der Festkalender. Gemeinsam hielt man bis zum Jahre 70 n. Chr. auch Verbindung zum Tempel und Kult in Jerusalem, der durch die Freigebigkeit des Herodes und seiner ersten Nachfolger noch einmal zu Glanz und Ansehen kam. Zwar hatte er keine entscheidende Bedeutung mehr für das religiöse Leben — seine Zerstörung ist schließlich ohne allzu große Erschütterung hingenommen worden —, aber man reiste doch gern aus aller Welt zu den großen Festen nach Jerusalem, besonders zum Passahfest, ließ von der großen Priesterschaft die vorgeschriebenen Opfer darbringen und sträubte sich nirgends, die jährliche Tempelsteuer von einer Doppeldrachme an die in alle Welt ausgesandten Einnehmer zu zahlen.

Diesen Gemeinsamkeiten stand aber manches Trennende gegenüber. Der erste große innere Konflikt wurde von Impulsen ausgelöst, die das Judentum vom Iran her trafen. In der Perserzeit verband sich die messianische Idee mit dem Gedanken einer Königsherrschaft Jahves und milderte so die Transzendenz Gottes. Aber nicht alle nahmen das an, und es kam zu einer Spaltung in diejenigen, die im Messias politisch-diesseitig einen Idealkönig und den Befreier von politischer Fremdherrschaft sahen, und solchen, die ihn eschatologisch-soteriologisch als den Bringer eines neuen Himmels und einer neuen Erde erwarteten. Beide Gruppen übernahmen — nicht ohne konservativen Widerspruch — die Bilder der persischen Apokalyptik, die gut zu der altjüdischen Frage nach der Gerechtigkeit Gottes paßten, zumal sie die ungelöste Problematik des unschuldigen Leidens bewältigten. Aber in der Frage, ob man ein neues, diesseitiges, glückliches und sündloses Israel oder einen Untergang der gesamten alten Welt und nach einer Auferstehung der Toten ein völlig neues Dasein erhoffen sollte, blieb es bei der Spaltung. In dieser persischen Zeit ist übrigens auch der Dualismus in der jüdischen Religion zwar nicht geschaffen, aber vertieft worden. Die Gestalt des Satans, entweder mythologisch als Person oder psychologisch als »böser Trieb«

aufgefaßt, bekam großes Gewicht, und mit ihr entstanden Zwischenreiche von Dämonen und Engeln und als Gegenfigur zum Messias ein »Antimessias«, der spätere »Antichrist«.

Während die mehr und mehr sich absondernde Gruppe der Schriftgelehrten, die allmählich zur akademischen Schicht der Pharisäer wurde, diesen persischen Gedanken nicht widerstrebte, wurde sie zum Träger eines heftigen Widerstandes gegen die Hellenisierung des Judentums, die sich am ungehemmtesten in Ägypten vollzog. Da die Juden vielfach gegen die aufsteigende Macht der Ägypter auf seiten der Griechen standen, hatten sie Zugang zu den höchsten Hofämtern, spielten unter Ptolemaios VI. und seinen Nachfolgern eine wichtige politische Rolle und waren gern bereit, sich der hellenistischen Welt zu erschließen. Große jüdische Verlagsunternehmen brachten Ausgaben griechischer Klassiker mit eingeschobenen jüdischen Weisheitslehren heraus, eine pseudonyme Literatur unter den Namen Aristeas, Hekataios, Phokylides erschien, die das Judentum entweder verteidigte oder propagierte. Hier entwickelte sich eine ernste hellenistisch-jüdische und jüdisch-gnostische religiöse Philosophie, die jüdisches Denken mit religiös interpretiertem Platonismus verband.

Neben dem unbekannten Verfasser der »Weisheit Salomons« war ihr größter Vertreter der literarisch fruchtbare Philon (etwa 20 v. Chr.–50 n. Chr.), der Kommentare zu Ereignissen oder Gestalten der Thora für Griechen und Juden schrieb, die jüdische Religion an der griechischen Philosophie maß und ihre Übereinstimmung oder gelegentliche Überlegenheit zu beweisen suchte. Er bediente sich dazu der Allegorese des Alten Testaments, einer Methode, die er der Homer-Allegorese abgelauscht hatte. Mit dem Begriff des Logos als des göttlichen Offenbarungsmittlers glaubte er alle Gegensätze überbrücken zu können. Aber die Assimilation des Judentums hatte im Ägypten des 1. nachchristlichen Jahrhunderts nicht nur geistig-religiös, sondern auch politisch ihren Höhepunkt: so ging der alexandrinische Jude Tiberius Iulius Alexander, ein naher Verwandter Philons, als römischer Statthalter gegen die romfeindlichen Elemente in Palästina vor und kommandierte ein an der Zerstörung Jerusalems beteiligtes Korps.

In Palästina war die Entwicklung inzwischen ganz anders verlaufen. Zwar hatte auch hier die Hellenisierung rasche Erfolge gehabt. Schon in der frühen Seleukidenzeit gab es in Jerusalem ein griechisches Theater und ein Gymnasium; die jüdischen Epheben schämten sich ihrer Beschneidung, und Jahve erschien auf einigen Münzen sogar als Zeus oder Dionysos. Aber gegen diese Strömungen wehrten sich die orthodoxen Schriftgelehrten und die auf dem Lande wohnenden unteren Priesterschichten. Als Antiochos IV. Epiphanes schließlich der hellenistischen Partei mit Staatsmitteln zu Hilfe kam, brach der makkabäische Aufstand aus (167 v. Chr.), der dank der Kämpfe im Seleukidenhause und römischer Unterstützung zur Gründung eines autonomen jüdischen Staates unter der Dynastie der zunächst nur als Hohepriester regierenden makkabäischen Hasmonäer führte (141). Doch die inneren Auseinandersetzungen dauerten fort. Die pharisäische Partei, aus der einerseits seit dem Buche Daniel glutvolle Apokalyptiker, anderseits kasuistische Schriftgelehrte hervorgegangen waren, widersetzte sich den weltlichen Hasmonäern und ihrer teils konservativen, teils romfreundlichen Hofpartei, den Sadduzäern. Blutig sich bekämpfend regierten abwechselnd die sadduzäische und die pharisäische Partei, bis die Römer die nichtjüdische idumäische Dynastie der Herodianer einsetzten und Palästina dann zur römischen Provinz Judaea machten. Während die Statthalter kaum in die religiösen Dinge eingriffen, siegten in Jerusalem die politischen Apokalyptiker und ihre radikalsten Gruppen, die Zeloten und Sikarier. In den Jahren 66 bis 70 n. Chr. kam es zum jüdischen Aufstand, der mit dem Untergang Jerusalems und des Tempels endete (letzte Kämpfe bis 73 n. Chr.).

Der geistige Sieg aber gehörte den Schriftgelehrten, deren Studium unter jeder Regierung und in jeder Umwelt nahezu dasselbe blieb. Sie verstanden es, sich immer konsequenter fremde Religionseinflüsse fernzuhalten und schufen in den folgenden Jahrhunderten die Kommentarwerke der Mischna, Tosephta und der beiden Talmude, die neben religiösen Stücken in Legenden- und Gleichnisform oder in Spruchsammlungen (Haggada) vor allem eine bis in die letzten Einzelheiten gehende kasuistische Vermehrung der Gesetzesauslegung (Halacha) enthalten, wobei das Gesetz als Ausdruck des absoluten Willens Gottes verstanden wird.

Aber eine Einheit des Judentums entstand dadurch nicht. Es blieben noch immer bedeutende, freilich nicht mehr politische Apokalyptiker wie der Verfasser des vierten Esrabuches, der sich aus einem tiefen Pessimismus heraus nach der eschatologischen Erlösung sehnte. Es blieben auch eine Reihe jüdischer Sekten und Gruppen, die fern vom Streit der Parteien ihr Eigenleben als in sich geschlossene Gemeinschaften, teils sogar in klösterlichen Siedlungen am Rande der Wüste führten. Am bedeutendsten waren die Essener, die wir außer durch Philon und Josephus durch die Schriftenrollen vom Toten Meer kennengelernt haben, wobei freilich noch sehr vieles problematisch bleibt. Auch sie studierten das Gesetz und hielten es streng, spekulierten über metaphysisch-apokalyptische Dinge, übten sich in harter Askese, betonten das gemeinsame Leben bis zur Gütergleichheit und legten Wert auf Taufzeremonien als Reinigungsakte. Ihre Anhänger, die vielfach von allen Seiten verfolgt oder wenigstens verachtet wurden, fanden sie meist unter den kleinen Leuten.

Die hellenistische Wurzel

Der Hellenismus, die zweite Wurzel des Christentums, gewann dadurch seine Bedeutung, daß sich seit dem Ende des 3. vorchristlichen Jahrhunderts die griechische Kulturwelt mehr und mehr der Religion zuwandte. Die Unruhe der wachsenden Großstädte, die Übersättigung an Intellekt, Gefühl und Genuß, die Ungesichertheit des Lebens in den großen, fast zwei Jahrhunderte andauernden Wirren, der tiefe Fall blühender Städte, wie Korinth, Rhodos, selbst Pergamon, drängten die Frage nach dem letzten Sinn auf und ließen den Elenden und Gescheiterten oft nur noch den Weg zur Religion offen. Neue Religionen boten sich an, alte erneuerten sich, und auch die Philosophie drängte nach einer kurzen Epoche wissenschaftlicher Haltung und skeptischer Unentschlossenheit nach Metaphysik und Religion. Mehrere Arme dieses großen Stromes lassen sich unterscheiden.

Die Begegnung des Frühhellenismus mit fremden Religionen verstärkte ältere Ansätze zu einer methodischen Deutung fremder Gottheiten und ihrer Kulte mit Hilfe griechischer religiöser Vorstellungen und Begriffe. So entstand eine Theologie der an griechischen Maßstäben orientierten Übereinstimmung aller Götter. Hellenisierte Orientalen, wie der Ägypter

Manetho und der Babylonier Berossos, suchten Verständnis für ihre heimischen Religionen zu erwecken, indem sie sie mit den griechischen in Einklang brachten. Vor allem aber hat der aus dem eleusinischen Priestergeschlecht der Eumolpiden stammende Timotheos dieser *Interpretatio Graeca* neue Möglichkeiten eröffnet, als er in der Zeit der ersten Ptolemäer die asiatischen und ägyptischen Religionen studierte und zu der Überzeugung kam, daß Attis, Adonis und Osiris-Isis nichts anderes seien als Mysteriengötter nach Art der griechischen, vor allem solchen der eleusinischen Mysterien.

Diese Deutung ermöglichte die Umwandlung orientalischer Religionen in eine neue Religionsform, die mit dem Sammelnamen »hellenistische Mysterienreligion« bezeichnet zu werden pflegt, ein Prozeß, der mindestens bei Adonis schon früher begonnen hatte. Ausschlaggebend blieb der Einfluß von Eleusis, das nicht nur sein altes Ansehen behielt, sondern vom Frühhellenismus an zu einer Art Weltreligion wurde. Zwar schlugen Versuche von Filialgründungen wie die des ptolemäischen Eleusis bei Alexandreia fehl, da die zentrale Stellung des attischen Eleusis unantastbar war, aber die Zahl von Einweihungen wuchs vor allem, seitdem sich immer mehr Römer, selbst einige Kaiser, einweihen ließen. Neben Eleusis wurde von den griechischen Religionen auch der Dionysoskult mehr und mehr zu einer hellenistischen Mysterienkirche, die sich so rasch verbreitete, daß sie schon 186 v. Chr. in Rom und Italien durch das »Bacchanaliendekret« verboten wurde. Der Aufenthalt der Königin Arsinoë auf der Insel Samothrake förderte die Verbreitung der Mysterien der »Großen Götter«, die als Dioskuren oder Kabiren verehrt wurden. Auch lokale Mysterien lebten auf — in Andania und Messene auf der Peloponnes —, die sich selbst für eleusische Filialen asusgaben, und ganz spät entstanden wohl noch Orpheusmysterien.

Zu die en griechischen Formen kamen nun die orientalischen Religionen, die durch die griechische Ausdeutung zu Mysterien wurden. Der phrygische Attis mit Kybele wurde schon in den Wirren der Hannibalkriege, zunächst freilich aus politischen Gründen, nach Rom geholt und erhielt dort auf dem Palatin einen Tempel, in dem die Mysterienriten gefeiert wurden, und die Erlaubnis, einmal im Jahr eine öffentliche Prozession mit dazugehörender Kollekte veranstalten zu dürfen. Aus Syrien war schon im 5.Jahrhundert Adonis mit Astarte-Aphrodite nach Griechenland gekommen, dort umgedeutet und vor allem von Frauen verehrt worden; unter Ptolemaios II. Philadelphos feierte man mit aller Pracht das Hauptfest des Gottes auf dem Gelände der Königspaläste von Alexandreia unter Teilnahme der Garnison und der gesamten Bevölkerung und unter Mitwirkung bedeutender Künstlerinnen. Am weitesten waren die ägyptischen Isismysterien verbreitet; keine orientalische Gottheit hat sich so gewandelt und ist so weit in der antiken Welt gewandert, keine hat eine solche Liturgie und Literatur entwickelt wie Isis; selbst im Roman durfte sie nicht mehr fehlen. Ihre Denkmäler sind in allen Provinzen des Römischen Reiches zu finden und reichen vom Beginn des Hellenismus bis ins 5. nachchristliche Jahrhundert, Einweihungen fanden zu allen Zeiten an vielen und bekannten Orten statt. Umstritten ist allerdings, ob es auch eine aus der Septuaginta gewonnene vorchristliche jüdische Mysterienreligion in Alexandreia gegeben hat. Nicht zu dieser Gruppe gehört der am Ende des 1. vorchristlichen Jahrhunderts eingewanderte und von Seeräubern und Soldaten verbreitete persische Mithras, obwohl auch er in der Zeit der Soldatenkaiser einzelne

Ruinen der großen klösterlichen Siedlung der Essener bei Qumran am Toten Meer
Blick über einen Teil der Speicher- und Kanalisationsanlagen

Das »Bacchanaliendekret« des römischen Senats vom Jahr 186 v. Chr.
Bronzetafel mit dem Verbot der Dionysos-Feiern
Wien, Kunsthistorisches Museum, Antikensammlung

Mysterienzüge annahm. Doch fehlt ihm ein wesentliches Element: der Mythos vom sterbenden und auferstehenden Gott.

Alle Mysterien gründen sich auf einen als göttliche Offenbarung verkündeten *Hierós Lógos* (das heilige Wort), der die Menschwerdung, das Leiden und Sterben, die Auferstehung oder die göttliche Erhöhung des Kultgottes zum Inhalt hat. Meist wird das Sterben besonders grell ausgemalt: Osiris ertrinkt, Attis stirbt an einer selbst beigebrachten Wunde, Adonis wird von einem Wildschwein getötet, Dionysos von betrunkenen Bauern zerrissen; der Tod des Gottes muß als besonderes Ärgernis empfunden werden, damit seine Auferstehung in um so hellerem Glanze leuchte. Wird nun das Schicksal des Gottes auf den ihm geweihten Menschen übertragen, so bedeutet das für ihn Heil schlechthin: »Freut euch, ihr Mysten, da der Gott gerettet ist, so wird auch euch aus Mühsal Heil zuteil.« Die Übertragung vollzieht sich zunächst im Einweihungssakrament, einer Wasser- oder Bluttaufe und zuweilen einer Einkleidung mit einem göttlichen Gewand; Tapferkeitsproben oder Wanderungen durch unterirdische Räume zum Licht können damit verbunden sein. So wird der Myste Glied einer Gemeinde, in der der Gott ständig anwesend ist und sich mit ihm in einem wiederholbaren zweiten Sakrament verbindet. Dies ist ein Kultmahl mit Brot, Wein oder auch Milch und Honig, zuweilen auch Fleisch, das entweder geistig verstanden wird: der Gott gilt als Gastgeber, oder substantiell-theophag: der Gott selbst wird gegessen. Die einzelnen Gemeinden besitzen Liturgien mit sehr schönen Gebeten, kurze Bekenntnisformeln, die den Mysten zuweilen auf Pässen ins Grab mitgegeben werden. Sie haben ein geordnetes Finanzwesen und eine weltumspannende Organisation mit aktiver Mission.

Die Ausweitung der Welt brachte es mit sich, daß Weltgötter von universalem Charakter entstanden, und zwar entweder durch »Vergrößerung« alter Gottheiten oder durch Vereinigung mehrerer Götter. Das wichtigste Beispiel ist Serapis, der wohl zunächst aus der von den Hoftheologen der beiden ersten Ptolemäer, Timotheos und Manetho, geschaffenen Umbildung des Osiris-Apis von Memphis zu einem griechischen Zeus hervorgegangen war und in Memphis auf ägyptische, in Alexandreia auf griechische Weise angebetet werden sollte. Als thronender Zeustypus wurde er dargestellt, nur trug er nach Art ägyptischer Hieroglyphen einen Getreidescheffel auf dem Kopf. »Einer ist Zeus und Serapis« heißt seine Bekenntnisformel. Allmählich aber wurde er zum großen Weltgott, der von der ganzen Menschheit verehrt wird, der Wunder tut, der den ganzen Kosmos in sich einschließt. Ähnlich ist Isis zur Weltgöttin geworden: sie, die »Tausendnamige«, wird in jedem Land unter anderem Namen verehrt und bleibt doch immer »die eine Isis, die alles ist«.

Das Erlebnis eines höchsten oder hier und da sogar eines einzigen Gottes regte auf der politischen Ebene zum Suchen nach einem Reichsgott an. Aber die religiösen Unterschiede blieben zu groß: der Orientale interpretierte den höchsten Gott transzendent, der Grieche pantheistisch-mystisch, der Römer institutionell. Das führte zu einem nie endenden religiösen und theologischen Mischprozeß, aus dem nur für kürzere oder längere Zeit kaiserliche Reichsgötter gelegentlich als Sieger hervorgingen.

Für die Mehrzahl der Menschen war diese Ausweitung der Götter im Hinblick auf deren erlösende und helfende Nähe unwichtig. Seit dem ausgehenden 3. Jahrhundert traten diejenigen Götter in den Vordergrund, die Hilfe und Heil im diesseitigen und im jenseitigen Leben verhießen. Alte Götter wurden zu Heilandsgestalten, und neue traten als Erlöser hinzu, an erster Stelle Herakles, Dionysos und Asklepios. Ihr Mythos veränderte sich entsprechend: sie, die Zeussöhne, nahmen alle Mühen und Leiden auf sich, um den Menschen zu helfen und sie von allen Nöten zu befreien. Sie versprechen als Heilsgüter nicht nur Heilung von Krankheit, Armut und anderen Leiden, sondern auch Meeresstille der Seele, Befreiung von Schuld und Sünde und ein seliges Leben nach dem Tode. Zahlreiche Gebete, Weihe- und Grabinschriften beweisen, daß hier echte Erlösungsfrömmigkeit ihren Ausdruck suchte und Erfüllung fand. Viele pilgerten zu den Gnadenorten dieser Götter, und mehr noch verehrten sie privat in kleinen Terrakottabildern, selbst in einfachsten Wohnungen.

Die Sehnsucht nach göttlicher Immanenz führte nun auch zur Verehrung von Menschen, in denen sich das Göttliche sichtbar zu verkörpern schien. Der »*Theîos Anér*«, der Gottmensch, war nicht mehr ein Heros im alten griechischen Sinne, sondern ein wirklicher Mensch, der sich als Wohltäter der Menschheit ausgewiesen hatte. Man übertrug mythische Züge auf ihn, etwa eine Geschichte von seiner wunderbaren Geburt, und stiftete ihm gottgleiche Ehren. Homer, Platon, Hippokrates, die Städtegründer, vor allem aber die Herrscher wurden zu Gottmenschen, wenn auch nur selten zu Göttern. Zuweilen tragen die Herrscher den Beinamen »Gott« *(Theós)* oder »erschienener Gott« *(Epiphanés)*, meist aber nur »Heiland« *(Sotér)*, »Wohltäter« *(Euergétes)*, womit sie sich nicht allzusehr über das menschliche Maß hinausheben; Gleichsetzung mit einem bestimmten Gott kommt sehr selten vor *(Néos Diónysos)*.

Eine Einheit des Gottmenschenkults bestand nie und nirgends. Der Herrscherkult brauchte ja bloß das Ergebnis eines völlig unreligiösen Rationalismus zu sein: »Die anderen Götter sind weit fort oder existieren vielleicht gar nicht, Dich aber sehen wir«, sangen die Athener für den Antigoniden Demetrios I. Poliorketes, er konnte aber auch die orientalische, besonders ägyptische Herrschertheologie fortsetzen oder eine göttliche Staatseinrichtung repräsentieren; in der griechischen Welt blieb er jedoch in der Regel Anerkennung der Göttlichkeit von wirklichen oder nur propagierten Leistungen des Herrschers.

Von größter Bedeutung wurde die Wendung der Philosophie zur Religion. Schon äußerlich traten seit dem Ende des 4. Jahrhunderts zwei neue Typen des Philosophen in Erscheinung, der Philosoph als Seelsorger und der Philosoph als Missionar. Zunächst nur an den Höfen, dann in den reichen und gebildeten Häusern fanden sich Hausphilosophen ein, und auf den Märkten und in den Säulenhallen der Städte predigten Philosophen ihre Mahn- und Erweckungsreden in einem neuen, allgemeinverständlichen Stil. Beide Typen priesen in der Philosophie nicht nur den Weg zur Wahrheit, sondern vor allem den Weg zum Heil.

Unter den Schulphilosophien war der Platonismus, der sich nach mehreren Zwischenstufen seit dem 2. vorchristlichen Jahrhundert der religiösen Deutung Platons zuwandte, eine Bewegung, die im 2. nachchristlichen Jahrhundert in dem delphischen Oberpriester Plutarch ihren edelsten Vertreter fand und zum Neuplatonismus überleitete. Ihre Themen waren die Gefangenschaft der unsterblichen Seele, die Notwendigkeit und die Möglichkeit ihrer Befreiung, die rein metaphysisch gedeutete Gegensätzlichkeit von Idee und Wirklichkeit, von innerem und äußerem Menschen, das Schema von Abstieg und Aufstieg der Seele und die religiöse Auslegung des Timaios.

Die religiöse Wende in der Stoa erreichte ihre Höhepunkte in dem schönen Zeushymnus des Kleanthes, den religiösen Partien der *Phainomena* des Aratos, die im Neuen Testament zitiert werden, und in den religiösen Teilen der Philosophie des Poseidonios, an die sich dann die römischen Stoiker mehr oder weniger anschlossen. Der alles durchdringende eine Gott, Zeus, Geist und Materie zugleich, wirkt als Logos in allem, und der Weise, der das erkennt, gestaltet im Logos, der Wirken und Sein zugleich ist, die Welt ständig neu. Die Natur und ihre Gesetze offenbaren die Herrlichkeit Gottes ebenso wie seinen Willen in zwingender Notwendigkeit. In der Verbindung von Religion und Ethik intensivierte die Stoa das Schuldgefühl und trieb viele in die Arme der Erlösungsreligionen. Selbst eine apokalyptische Theologie konnte sich aus der Lehre von dem kommenden Weltbrand und der Wiederherstellung aller Dinge entwickeln.

In anderer Weise wirkte die kynische Weltmission. Auch sie wollte den Weg zur Erlösung von dem unnatürlichen Dasein des geplagten und gehetzten Großstadtmenschen zeigen. Aber sie bekämpfte radikal jede Form einer geschenkten Erlösung und verwarf deshalb die Mysterienreligionen als unsittlich. Nur in der Nachahmung des mühseligen und geplagten, aber bedürfnislosen Herakles in Mühen und Leiden kann sich der Mensch selbst erlösen.

Noch eine andere religiöse Bewegung entwickelte sich aus der Philosophie: die Gnosis. Sie verspricht dem Menschen Erlösung in der Enthüllung und Mitteilung verborgener göttlicher Geheimnisse. Die Grundlage der außerchristlichen Gnosis, deren wichtigste Zeugnisse in einigen Schriften der neuen Funde von Chenoboskion und vor allem in der Sammlung des *Corpus Hermeticum* vorliegen, aber aus sehr verschiedenen Zeiten stammen, sind platonische, stoische und pythagoreische Elemente; platonische Mythopoiie und religiöse Schemata wurden vermischt mit stoischer Physik und pythagoreischer Zahlenmetaphysik und mit orientalischen oder völlig phantastischen Namen, Zeichen und Symbolen umhüllt. Ihre Kenntnis verleiht dem Menschen nicht nur die wahre Erkenntnis, sondern auch den Besitz eines mehr oder weniger substantiell gedachten Geistes, der ihn in immer neue Wahrheiten und göttliche Tiefen leitet. Zwischen denkendem Erkennen und Offenbarungsglauben wird nicht mehr unterschieden.

Ein letzter Zug der religiösen Welt des Hellenismus ist die ungeheure Massivität alles Magischen, die freilich als Kompensationserscheinung für jede zivilisierte Großstadtwelt typisch ist. Theophrast und die neue Komödie hatten den wachsenden Aberglauben noch verspottet, aber vom 2. Jahrhundert an nahm dieser erstaunliche Ausmaße an. Die streng wissenschaftliche Astronomie wurde von der Astrologie verdrängt, an allen Straßenecken verkaufte man Horoskope. Wundergeschichten und magische Heilungen stellten die medizinische Wissenschaft geradezu in den Schatten; selbst so gebildete Menschen wie der Rhetor Aelius Aristeides glaubten an die Offenbarung göttlicher Rezepte lächerlichsten Inhalts und an damit verbundene Wunderheilungen. Die magische Traumdeutung brachte große Traumbücher hervor, die Orakel lebten neu auf, und an Vorzeichen glaubten außer Polybios so ziemlich alle Historiker. Der Zauber, die Dämonenaustreibungen und jede andere Form der Magie griffen nicht nur auf abgesunkene religiöse und philosophische

Vorstellungen zurück, sondern entwickelten auch komplizierte technische, sogar chemische Methoden, die ihren Niederschlag fanden in der ebenso umfangreichen wie absonderlichen Literatur der Zauberpapyri.

Alle diese jüdischen und hellenistischen Erscheinungen stehen in unmittelbarer Verbindung mit dem Werden des jungen Christentums, die einen mehr, die anderen weniger. Aber schon Paulus, der beide Welten in sich vereinigte, hat betont, daß das Christentum sich deutlich von ihnen abhebe (1. Korinther 1, 22 f.), und die ganze alte Kirche legte großen Wert darauf, das »dritte Geschlecht« zu sein. Das Hauptproblem für die Frühgeschichte des Christentums liegt darin, seine Besonderheit in der damaligen Welt zu erkennen, ohne den synkretistischen Charakter zu übersehen.

Die Anfänge

Aus einer besonnenen Analyse der freilich vielfach überlagerten ältesten historischen Quellen ergibt sich, daß der ursprüngliche Gründer und spätere Kultgott des Christentums, Jesus, als ältester Sohn des Zimmermanns oder Schreiners Joseph im Dorf Nazareth in Galiläa geboren wurde, vier Brüder und mehrere Schwestern hatte und sich im Alter von etwa dreißig Jahren dem apokalyptischen und asketischen Bußprediger und Täufer Johannes anschloß, und zwar nach einer vertrauenswürdigen Angabe im fünfzehnten Jahr des Kaisers Tiberius (29 n. Chr.). Ein anderes sicheres Datum gibt es für seine Lebenszeit nicht, da alle Erzählungen von seiner Geburt und Kindheit entweder aus der allegorischen Septuagintaauslegung (Matthäus) oder der hellenistischen Gottessohntheologie (Lukas) entwickelt sind. Geistig ist Jesus in der Welt der galiläischen Synagoge aufgewachsen, doch ist er in dem Durchgangsland auch anderen Einflüssen begegnet, dem strengen Judentum ebenso wie besonders der hellenistischen Welt in der benachbarten Dekapolis; unter seinen Anhängern finden sich neben einem streng jüdischen Zeloten Männer mit gut griechischen Namen und sogar der Sohn einer lateinisch-jüdischen Mischehe, Johannes Markus, auf den eine der ältesten historischen Quellen zurückgeht. Die Gefolgschaft des Täufers brachte ihn vielleicht auch in die Nähe der Essener, doch haben weder dieser noch Jesus selbst dem Orden angehört. Zu einer Entfremdung kam es zwischen ihnen, als Jesus die harten asketischen Forderungen und Gerichtsdrohungen des Täufers ablehnte, möglicherweise sammelte er aber seinen eigenen Schülerkreis doch erst nach der Hinrichtung des Johannes durch Herodes Antipas; viele Täuferschüler sind später in die christliche Gemeinde übergegangen.

Jesus trat zunächst als Wanderlehrer in Galiläa auf. Über den genauen Inhalt seiner Lehre ist keine volle Klarheit zu gewinnen, da die Hauptquellen sich vielfach widersprechen und Jesusworte ganz entgegengesetzt überliefern. Jesus hat selbst nichts geschrieben, aber seine Redeform ist gut überliefert und besteht in der Hauptsache aus kurzen Sprüchen und sehr anschaulichen, meist der Natur oder dem Alltagsleben entnommenen Gleichnissen. Auch der Kern seiner Lehre steht fest. In immer schärferem Gegensatz zum kasuistischen

Dogmatismus und Nomismus der Pharisäer stellte Jesus ihren Einzelforderungen religiöser. und ethischer Art das unendliche Doppelgebot schrankenloser Liebe zu Gott und zum Nächsten entgegen, und zwar in radikaler Konsequenz bis hin zur Feindesliebe und zur völligen Selbstaufgabe. Damit verband er die Lehre von einem liebenden und vergebenden Gott, dem die »Zöllner und Dirnen« in ihrer Bereitwilligkeit zur Umkehr lieber sind als die selbstgerechten Pharisäer.

Umstritten ist, welche Rolle die Enderwartungen in seiner Lehre gespielt haben und ob er den von ihm häufig gebrauchten Begriff »Reich Gottes« apokalyptisch-jenseitig, geistig-innerlich oder gar utopisch-diesseitig gemeint hat. Umstritten ist auch die Stellung, die sich Jesus selbst in seiner neuen Lehre zugesprochen hat: wollte er nur Lehrer sein nach Art der alttestamentlichen Propheten oder eine messianische Erlösergestalt in Anknüpfung an den leidenden Gottesknecht des zweiten Jesaja verkörpern, oder hat er auch den seit Daniel messianisch verstandenen Titel »Menschensohn« für sich selbst gebraucht, also eine apokalyptische Erwartung damit verknüpft? Am wahrscheinlichsten und historisch einfachsten ist die Auffassung, daß er das messianische Bekenntnis seiner Schüler zu ihm selbst provoziert hat, aber es ist ganz unsicher, mit welchem Inhalt. Historisch sicher dagegen ist, daß er nicht nur vor allen, besonders den untersten Ständen, und auch vor Frauen lehrte, sondern in jeder ihm möglichen Weise half, wo Not war.

Schon in Galiläa geriet Jesus in Konflikt mit den Pharisäern und wohl auch mit der Regierung des Herodes Antipas. Er ging daraufhin eine Zeitlang in das nichtjüdische Nordterritorium des Herodessohnes Philippos und in die griechische Dekapolis; vielleicht gehören in diese Zeit gewisse ekstatische Erlebnisse, die die Evangelien andeuten. Das Verlangen, in der Beziehung zu den Gegnern eine Entscheidung herbeizuführen, genügt völlig zur Erklärung seines Hinaufzuges nach Jerusalem. Hier kam es mindestens zu einem öffentlichen Tumult auf dem Tempelvorplatz und zur Verhaftung Jesu durch die Polizeiorgane des regierenden Hohenpriesters. Obwohl es dem jüdischen Synedrium gelang, Aussagen Jesu nach jüdischem Recht als Gotteslästerungen zu interpretieren und den Asebieprozeß mit dem Todesurteil abzuschließen, schien es doch geraten, für die Vollstreckung das römische Placet einzuholen; wegen der Popularität Jesu in den unteren Schichten war es sogar bequemer, den ganzen Prozeß den Römern zuzuschieben, was deshalb möglich war, weil der Begriff »Reich« politisch und antirömisch ausgelegt werden konnte. In den Einzelheiten ist manches unklar, doch ist kaum zu bezweifeln, daß Pontius Pilatus, der Prokurator der Provinz Syria Palaestinensis von 26 bis 36, Jesus als aufrührerischen Provinzialen nach vorangegangener Begleitstrafe der Geißelung kreuzigen ließ.

Nach den im Kern übereinstimmenden, in den Einzelheiten aber abweichenden Berichten hat sich zumindest ein Teil des Schülerkreises bald nach seinem Tode wieder versammelt, und zwar auf Grund von Erlebnissen, die eine Auferstehung des Lehrers zum Inhalt hatten. Weder der Ort dieser Erlebnisse – Jerusalem oder Galiläa – noch die beteiligten Personen stehen fest; der älteste Bericht (1. Korinther 15) nennt eine Liste teils namentlich bekannter, teils anonymer Männer, denen der Auferstandene erschienen sei. In dieser Liste ist aber auch der erst später zur Gemeinde gestoßene Paulus genannt, während die Frauen, die in den andern Berichten eine entscheidende Rolle spielen, überhaupt nicht erwähnt sind. Sicher ist wiederum, daß die erste Gemeinde, die sich aus diesen Jüngern bildete, mit der Verkündigung der Auferstehung und einer ersten theologischen Deutung ihres Lehrers als der Gestalt des leidenden Gottesknechtes in Jerusalem an die Öffentlichkeit trat. Sie gewann raschen Zuzug, und zwar bald schon von griechisch sprechenden Diasporajuden und sogar von einigen nichtjüdischen Proselyten und Halbproselyten. Wahrscheinlich bildeten auch nach Galiläa zurückgekehrte Schüler dort einzelne Gemeinden.

Schon bald kam es in der Jerusalemer Gemeinde zu folgenschweren Spaltungen. Unter der Führung eines der leiblichen Brüder Jesu, Jakobus, entstand ein judenchristlicher Kreis, der sich auf die Autorität des »Herrenverwandten« stützte und dem auch einige Pharisäer angehörten. Da er nur eine jüdische Reformbewegung sein wollte, hielt er streng am Gesetz fest, verlangte die Beschneidung und sah in Jesus wohl nicht viel mehr als eine durch Wundertaten und Auferstehung göttlich legitimierte Prophetengestalt. Mit dem Zwang zum Einhalten des Gesetzes verband sich eine freiwillige Gütergemeinschaft, wie sie auch andere Gruppen einführten, von der man aber keinesfalls auf bestimmte apokalyptische Züge schließen darf. Solche Erscheinungen gab es auch in nichtchristlichen sektiererischen Gruppen des Judentums, sie haben nichts mit der Erwartung eines nahen Endes zu tun, sondern sind nur eine besondere sozial religiöse Lebensordnung. Die Jakobusgemeinde nannte sich selbst »die Armen« *(Ebionim)*, wobei sie sich wohl auf reichtumfeindliche Worte Jesu berief. Die jüdischen Behörden sahen in diesem Kreis eine pharisäische Richtung und ließen ihn unbehelligt; erst 61/62 ist Jakobus von einem antipharisäischen Hohenpriester hingerichtet worden. Seine Freunde und Sendboten, darunter jüngere Herrenverwandte, die sich bis in die Zeit Domitians nachweisen lassen, gründeten auch in der jüdischen Diaspora ebionitische Kreise, die eine eigene Literatur judenchristlicher Evangelien in aramäischer und griechischer Sprache schufen, vielleicht sogar eine gegen die Septuaginta gerichtete Übersetzung des Alten Testament (Schoeps); aus diesen Kreisen stammt wohl die Grundschrift der Pseudoklementinen.

Ein zweiter Kreis sammelte sich um die führenden Herrenschüler Petrus und die Söhne des Zebedaios, Jakobus und Johannes. Auch sie hielten am Gesetz fest, wollten es aber bei der Mission nicht als Zwang verstanden wissen und begnügten sich für Neuhinzutretende mit den wesentlichen Geboten, den »noachischen« der milderen Rabbinenschulen. In Jesus sahen sie den Messias, auf dessen baldige Wiederkunft sie hofften, seine Auferstehung war ihnen wichtiger als seine Lehre, seine Wiederkunft malten sie sich mit den Bildern der jüdischen Apokalyptik aus. Hier konnten Zusammenstöße mit der Umwelt nicht ausbleiben, und im Jahre 44 wurden vermutlich beide Zebedaiden, deren Beiname »Donnerer« in den Evangelien vielsagend ist, von Herodes Agrippa I. hingerichtet, während Petrus aus Jerusalem fliehen mußte. Ob er schließlich nach einigen Wanderjahren zur jüdischen Diaspora nach Rom gekommen ist, ist unsicher. Das Neue Testament weiß davon nichts, würde es aber kaum verschwiegen haben, wenn es historisch wäre; die älteste Notiz darüber im ersten Clemensbrief ist verdächtig. In der Petrusgruppe, zu der sich nach manchem Schwanken auch Markus rechnete, sind für Missionszwecke die Grundschriften des Markus- und Matthäusevangeliums in der zweiten Hälfte des 1. Jahrhunderts entstanden.

Die dritte Gruppe ist die der »Hellenisten«. Ihr Führer Stephanos wurde schon kurz nach ihrer Begründung in einem vom Synedrium begünstigten Volkstumult gelyncht. In ihr begann die Interpretatio Graeca von Jesus, sie legte die Grundlage für die Theologie des Paulus, der sie als ihr wütender Gegner genau kannte. Hier wurde aus dem Messias Jesus der hellenistische leidende und auferstehende Erlösergott, aus dem jüdischen Reinigungsakt nach Art essenischer Taufen wurde ein Mysteriensakrament, aus dem Erinnerungsmahl ähnlich dem Passahmahl ein hellenistisch-sakramentales Kultmahl. Hier begannen sich Züge des hellenistischen Gottmenschenglaubens und Motive der Volksreligion mit dem geschichtlichen Jesusbild zu mischen. Es lag auf der Hand, daß sich die Gruppe sofort nach dem Tod des Stephanos in die griechischen Weltstädte zerstreute.

Alle drei Gruppen missionierten von Anfang an; wir wissen von wenigstens drei größeren vorpaulinischen Gemeinden außerhalb Palästinas. Noch in der ersten Jahrhunderthälfte entstand die Gemeinde von Antiocheia. Ihr gehörten vor allem hellenisierte Diasporajuden und nichtjüdische Proselyten an, darunter Leute aus Kyrene und Kypros, doch sind auch strenge und milde Judenchristen dort bezeugt. Als »Christiani« – hier begegnet die Bezeichnung zum erstenmal – sind die »Brüder« – das ist die ältere Bezeichnung – wohl unter der Kategorie der Begräbnisvereine in das Vereinsregister eingetragen und deshalb auch zunächst nicht belästigt worden.

Die alexandrinische Gemeinde ist zuerst durch einen Apollos bezeugt, der um 52 zu Paulus nach Korinth kam und die allegorische Exegese beherrschte; aus alexandrinischen Kreisen stammt auch der Hebräerbrief, der viele Anklänge an Philon aufweist. Für die römische Gemeinde wäre das älteste Zeugnis das Judenedikt des Kaisers Claudius vom Jahre 49 (»Er trieb die Juden aus der Stadt aus, die auf den Impuls eines Christos hin beständig Aufruhr stifteten«), wenn es sich tatsächlich auf Streitereien in den Synagogengemeinden wegen des Eindringens von Christen bezöge, sonst enthält der Römerbrief des Paulus die erste Erwähnung (nicht vor 55).

Alle diese Gemeinden hätten sich nur zu einer der vielen Sekten der Zeit entwickelt, wenn nicht dem jungen Christentum in Paulus von Tarsos eine einmalige Persönlichkeit entstanden wäre. Als Sohn eines reichen jüdischen Kaufmanns, der das damals im Osten noch seltene römische Bürgerrecht besaß und es auf seinen Sohn vererbte, ist er in der Stadt aufgewachsen, die sich rühmte, die griechischste Stadt Kleinasiens zu sein, und vereinigte von Kind auf drei Welten in sich. Seine besonders in den dichterischen Abschnitten geniale und schöpferische Beherrschung der griechischen Sprache und seine Vertrautheit mit dem gesamten Begriffs- und Gedankengut der hellenistischen Philosophie und Religion lassen eine sorgfältige griechische Erziehung erkennen; in der griechischen Welt hat er denn auch seine Hauptaufgabe gesehen und seine Erfolge erzielt.

Zunächst stand ihm aber die Diasporasynagoge näher, die ihn anregte, hinauf nach Jerusalem zu gehen, dort bei dem Rabbi Gamaliel dem Älteren zu studieren und sich den Pharisäern anzuschließen (nach 30). Jesus hat er kaum noch gesehen, aber die christliche Hellenistengruppe des Stephanos verfolgte er fanatisch. Dann ging er mit irgendwelchen Aufträgen des Synedriums nach Damaskus, wo er vielleicht schon vorher kurze Zeit als

Proselytenmissionar tätig gewesen war. Da wandelte ihn ein Erlebnis, das er selbst wiederholt als Erscheinung des auferstandenen Christus beschrieben hat, völlig um.

Mit der ihm eigenen Entschlossenheit trat er von nun an für das Christentum ein, und zwar nicht in dessen judenchristlicher, sondern in der hellenistischen Form, und führte die Hellenisierung fort. Nach einer etwa dreijährigen selbständigen Missionstätigkeit in Syrien und dem nabatäischen Damaskus kam es zu einer kurzen, aber enttäuschenden Begegnung mit den Uraposteln in Jerusalem, deren Folge es war, daß Paulus auch in Zukunft seinen eigenen Weg ging. Er missionierte fünfzehn Jahre lang in Syrien, Kypros und Kilikien und wurde dann noch einmal gezwungen, sich mit den Jerusalemer Gruppen auseinanderzusetzen, da diese seine Missionstätigkeit immer weniger anerkannten. Es kam zu heftigen Auseinandersetzungen in Jerusalem und anschließend in Antiocheia zum Bruch mit Petrus, den er einen Heuchler nennt. Seitdem haben ihm die Judenchristen das Recht, sich Apostel zu nennen, abgesprochen, und er hat den judenchristlichen Nomismus immer erbitterter und mit den schärfsten Worten bekämpft.

Seine Briefe wie die Apostelgeschichte lassen uns nur einen Teil seines Wirkens erkennen: unter unsäglichen Mühen und Leiden, seinen Lebensunterhalt als Handwerker verdienend, da ihn die jüdische Familie wohl enterbt hatte und er seine Gemeinden nicht belasten wollte, gründete er immer neue griechenchristliche Gemeinden, die bald wie ein Netz Kleinasien, Makedonien und Griechenland umspannten, darunter Derbe, Lystra, Attaleia, Perge, Antiocheia in Pisidien, Ephesos und vor allem in Europa der großen Römerstraße folgend Philippi, Thessalonike, Beroia, Athen und Korinth, wo er zur Zeit des Prokonsulats des Gallio (ab 52) weilte. Nach etwa fünfundzwanzigjähriger Wirksamkeit überbrachte er eine von seinen Gemeinden freiwillig gesammelte Geldsumme zur Unterstützung der verarmten Gemeinde nach Jerusalem. Hier wurde er unter dem Vorwand, Griechen in den Tempel geführt zu haben, verhaftet, aber als römischer Bürger in römische Schutzhaft nach Caesarea gebracht und auf Grund offizieller jüdischer Anklagen in einen Prozeß vor den römischen Prokuratoren Felix und Festus verwickelt, dessen Verschleppung er schließlich durch Berufung auf das *ius provocationis* beendete. Auf diese Weise kam er nach Rom, doch fand er zur dortigen Gemeinde kein Verhältnis, obwohl er sich durch ein Schreiben angekündigt hatte, das seine Theologie auch Judenchristen annehmbar zu machen suchte. Aber sein letzter, während des Prozesses in Rom verfaßter Brief an die Philipper zeigt seine völlige Einsamkeit und Verlassenheit in Rom und enthält besonders heftige Ausfälle gegen die Judenchristen. Vermutlich ist er unter Nero hingerichtet worden; Nachrichten über eine spätere Tätigkeit in Spanien und eine Rückkehr nach dem Osten sind legendär.

Paulus hat ähnlich wie Philon sein »Evangelium« den Juden auf andere Weise begreiflich zu machen gesucht als den Griechen. Für die Juden definierte er den Messias Jesus — bei ihm erhält er zuerst den Christusnamen (*christós*, der Gesalbte) als ständigen Titel, ja sogar als Eigennamen — als göttliches Sühneopfer für die seit Adam in der Welt vorhandene Schuld. Seine sühnende Wirkung eignet sich der Mensch dadurch an, daß er es vertrauensvoll und gläubig als stellvertretendes Opfer annimmt. Für die Griechen aber war der paulinische Christus das in die Welt herabgestiegene Abbild Gottes, das seine göttliche

Gestalt in Menschengestalt umgewandelt hat, der als leidender und sterbender Gottmensch gehorsam war bis zum Tod, dafür von dem höchsten Gott erhöht wurde und mit ihm bis zum Ende der Welt regiert, dann aber zugleich mit der von ihm erlösten Welt in Gott eingeht, »damit Gott alles in allem werde«. Der Mensch bekommt an diesem Erlösungswerk Anteil durch die von Christus vermittelte Aufnahme des substantiell gedachten göttlichen Geistes, der ihm in dem Initiationssakrament der Taufe geschenkt wird und in dem wiederholbaren Sakrament des Herrenmahles in einer Art religiös-platonischer Anamnese die ständige Verbindung mit dem Herrn herstellt. Denn der Herr ist nunmehr selbst in Gestalt des Geistes vorhanden, so daß »im Geist sein« zugleich »in Christus sein« heißt. Das bedeutet aber, daß der Mensch in einem ständigen »mit Christus Leiden« schließlich sein Eigenleben verliert, daß nur noch Christus in ihm lebt, das andere an ihm aber tot ist. Dies geschieht in einem Prozeß der Wandlung von einem Tag zum andern und konkretisiert sich schon jetzt in einem neuen, ausschließlich von Liebe erfüllten Leben und der Hoffnung auf eine durch die Totenauferstehung hindurchgehende völlige Verwandlung in einen Geistleib. Alle, die auf diese Weise seit ihrer Taufe »Christus angezogen haben«, bilden den geistigen Leib Christi, der sich in den Gemeinden äußerlich sichtbar macht, und zwar besonders durch charismatische Begabungen jedes einzelnen ihrer Glieder. Dazu gehören sowohl ekstatische Erscheinungen, wie Zungenreden, Heilungswunder, prophetische Verkündigungen, als auch sehr nüchterne Eigenschaften, wie Redegabe, Missionsgeschick, Organisationstalent, vor allem aber ein gemeinschaftliches Leben, in dem alle in ständiger Freude Gott preisen und einer des andern Last trägt. Dieser christlichen Mysteriengemeinde erschließen sich auch die letzten »Tiefen Gottes«; vor allem aber ist sie völlig frei vom Zwang des Gesetzes und dem Druck aller Sünde und Schuld.

Die Paulusbriefe sind die ältesten erhaltenen literarischen Zeugnisse des Christentums. Erst in der zweiten Hälfte des Jahrhunderts entstanden die drei synoptischen Evangelien Matthäus, Markus und Lukas neben anderen, verlorengegangenen. Sie sind von Anfang an griechisch geschrieben, so daß jede moderne Rückübersetzung ins Aramäische und jeder Versuch, auf eine ältere aramäische Schicht zu stoßen, problematisch und hypothetisch bleiben müssen. Zu den beiden ältesten Evangelien Matthäus und Markus kamen zwischen 65 und 75 das Lukasevangelium und seine Fortsetzung, die »Apostelgeschichte«, hinzu. Ihr Verfasser, ein gebildeter Grieche aus Kleinasien, ist von Paulus für das Christentum gewonnen worden und hat ihn zeitweise begleitet. Die beiden Bücher sind der erste bewußte Versuch, das junge Christentum der gebildeten Welt nahezubringen; sie sind einem hohen römischen Verwaltungsbeamten gewidmet und bedienen sich da, wo sie keine Quellen anführen, einer gehobenen Literatursprache, zitieren Euripides, Aratos und nach einer Handschrift sogar Homer, lassen Paulus auf dem Areopag mit Stoikern und Epikureern diskutieren, beherrschen spätantike Literaturformen und Redegattungen und stellen das Christentum in einen weiten welt- und geistesgeschichtlichen Zusammenhang. Theologisch steht im Evangelium der Gedanke der Sünderliebe Gottes völlig im Mittelpunkt, hinzu kommt ein ganz neuer sozialer Zug, der in die Welt der hellenistischen Großstadt und der verarmten europäischen Provinzen verweist: die scharfe Ablehnung des Reichtums. Die Apostelgeschichte ist außerdem das erste Unionsdokument, das zwischen Paulus- und

Petrusanhängern zu vermitteln suchte und sich dazu der Literaturform der hellenistischen Parallelbiographien bediente.

Am Ende des Jahrhunderts sind die fünf unter dem Namen des Johannes gehenden Schriften entstanden. Ihr Verfasser ist wahrscheinlich der von Papias genannte angesehene ephesinische Presbyter Johannes, sicher aber nicht der Sohn des Zebedaios. Er ist eine Zeitlang nach Patmos verbannt gewesen, kennt die politische und wirtschaftliche Situation des Römischen Reiches zur Zeit Domitians genau, ist mit der geistigen Lage und den literarischen und geistigen Formmitteln seiner Zeit bis hin zur apokalyptischen Kunstsprache gut vertraut und theologisch sowohl von Paulus wie von Lukas abhängig. Vielleicht in bewußter Nachahmung des Lukanischen Doppelwerkes schrieb er ein gleiches, das aus Evangelium und Apokalypse besteht.

Das Evangelium, das wir leider nur in einer redaktionell überarbeiteten und textlich verstümmelten Form besitzen, ist das erste philhellenische Werk des Christentums. Bei ihm bereiten Juden und Römer die Kreuzigung Christi vor, während Griechen ankommen und »Jesus gern sehen möchten«. Der johanneische Christus wird den hellenistischen Lieblingsgöttern angenähert; als ein neuer oder vielmehr »wahrer« Dionysos ist er »der Weinstock« und verwandelt Wasser in Wein, oder er heilt wie Asklepios an einem typischen Gnadenort. Die religiöse platonisierende Metaphysik beherrscht schon den Prolog: Christus ist der göttliche Logos, der zunächst Gott zugekehrt ist, dann aus ihm heraustritt und die Welt bildet, der nach deren dualistischem Auseinanderbrechen in Licht und Finsternis sich als Jesus Christus inkarniert und der Welt die Wahrheit bringt, die Erkenntnis und Erlösung zugleich ist, und der nach seinen Leiden wieder zu Gott erhöht wird. Diese Wahrheit vermag nur der Christ zu erkennen, der von Christus »erwählt« wurde, dann durch Wasser und Geist von neuem geboren ist und das »Fleisch« Christi im Abendmahl »mit den Zähnen zerbissen« hat. Damit ist die christliche Mysterienreligion vollendet, nur mit dem schon von Johannes selbst und von der alten Kirche immer wieder betonten Unterschied, daß die Offenbarung Gottes nicht mythisch oder gnostisch geschieht, sondern in der geschichtlichen Fleischwerdung des Logos. In der Definition Gottes als »Geist« und »Liebe« schließlich ist hellenistisches und ursprünglich christliches Gut vereinigt.

Die Apokalypse ist der erste große Versuch einer christlichen Geschichtsdeutung in apokalyptischen Bildern. Ihr Schema ist das Neben- und Ineinander einer statisch ruhenden oberen Welt und einer bewegt katastrophalen geschichtlichen; die christliche Gemeinde leidet in der unteren, gehört aber auch schon jetzt erlöst der oberen an. Das Buch ist zugleich die erste christliche Streitschrift gegen die Zustände im Römischen Reich, vor allem gegen den Herrscherkult Domitians.

Neben und nach diesen den Kern des Neuen Testaments ausmachenden Schriften läßt sich der Geist der ersten Gemeinden, aber auch die zunehmende Differenzierung aus einer Reihe weiterer Schriften erkennen, die teils noch ins Neue Testament aufgenommen, teils ausgelassen sind. Aus judenchristlichen Kreisen, vermutlich Ägyptens, stammt der Jakobusbrief, eine Umarbeitung eines jüdischen Testaments der zwölf Patriarchen mit vorwiegend ethischem Inhalt, ferner eine in koptischen Übersetzungen vorhandene weitere Jakobusliteratur. In Syrien und Kleinasien machte sich der Einfluß des Johannes geltend. Einer seiner Schüler, Papias von Hierapolis, schrieb, wohl als erster, »Erklärungen zu Herrenworten«; die Fragmente, die wir besitzen, sind aber reichlich primitiv. Auch der Brief des Polykarp von Smyrna hat kein besonderes Niveau. Er beruft sich zwar auf die »Weisheit des seligen und berühmten Paulus«, enthält aber wenig von dessen Theologie, dagegen zeigt er einen fanatischen Ton der Verketzerung, der die kommenden Kämpfe ahnen läßt. Am bedeutendsten sind die sieben Briefe des Ignatius von Antiocheia, deren Echtheit jedoch nicht sicher ist. Sie sollen auf dem Transport zum Martyrium geschrieben sein, und zwar, nach Eusebius, unter Trajan. Auf alle Fälle sind sie in der vorliegenden Form stark überarbeitet. Inhaltlich bieten sie eine originelle Fortbildung der johanneischen Theologie: die christliche Heilsgeschichte ist nur ein Stück eines großen göttlichen Heilsplanes zur Herstellung eines neuen Menschen. Ihre Lehren, etwa die vom Teufelsbetrug durch Gott oder vom Abendmahl als dem Heilmittel gegen den Tod, vor allem aber die geradezu extreme Sehnsucht nach dem Martyrium und die Verteidigung einer monarchisch-episkopalen Gemeindeverfassung wurden bald sehr bedeutungsvoll. Auffällig ist die glutvolle Sprache, die Einfluß des asianischen Rhetorenstils erkennen läßt.

Von Literaturerzeugnissen anderer Gruppen haben nur die pseudonymen »Pastoralbriefe« als erste verfestigte Gemeindeordnungen Bedeutung gehabt; der pseudonyme erste Petrusbrief stammt von einem Unionstheologen im Sinne des Lukas, der Paulus und Petrus versöhnen wollte. Ein originelles Werk ist der vielleicht alexandrinische Barnabasbrief mit einer Fülle allegorischer Auslegungen schwieriger alttestamentlicher Stellen; hier wird zum erstenmal den Juden vorgeworfen, sie hätten die ganze Heilige Schrift mißverstanden, und nur der Christ könne sie richtig auslegen. Dagegen ist die altertümliche *Didache* ganz von der Synagoge abhängig; ihre Gebete und Anordnungen für das gemeinsame Mahl, das keinerlei sakramentalen christologischen Inhalt hat, sondern nur auf den Anbruch des Endes wartet, stammen doch wohl aus einer allerdings eigentümlichen juden-christlichen Umgebung; es ist aber auch möglich, daß die Schrift erst eine archaisierende Schöpfung montanistischer Kreise des ausgehenden 2. Jahrhunderts ist.

Endlich sind noch zwei Schriften aus dem Rom der Jahrhundertwende bekannt. Der erste Clemensbrief ist ein in die ersten Jahrzehnte des 2. Jahrhunderts gehörendes Schreiben der römischen Gemeinde an die korinthische, in der ein Streit zwischen den jüngeren Gemeindegliedern und den älteren Gemeindeleitern ausgebrochen war. Der theologische Gehalt ist zwar nicht neu, aber in seiner Mischung bezeichnend. Neben liturgischen Formeln und langen Gebeten aus der hellenistischen Synagoge äußert sich ein rein stoischer Weltoptimismus, Aussagen über Christus als Propheten und Lehrer und eine Berufung auf Worte Jesu stehen neben einer Fülle typologischer Auslegungen des Alten Testamentes und einer Berufung auf die Autorität des Paulus, ohne daß aber auch nur das geringste von dessen Theologie bekannt ist. Wohl etwas später ist der »Hirt des Hermas« geschrieben, das erste Zeugnis eines beginnenden christlichen Spießbürgertums. Hermas ist der Freigelassene einer römischen Dame, der sich vom Wein- oder Faßhandel ernährt und in nüchternen Visionen und umständlichen, zuweilen etwas verworrenen Gleichnissen und Sprüchen, aber in frischer, volkstümlicher Sprache sein nicht ganz reines Gewissen entlastet, zu strenger

Buße mahnt und die Gemeindeorganisation der Kirche betont, ohne jedoch schon klerikal zu werden, da er selbst ja Laienvisionär ist.

Alle diese Schriften und das bei Eusebius erhaltene Material lassen erkennen, daß die christlichen Gemeinden in der ersten Hälfte des 2. Jahrhunderts sowohl in ihrer soziologischen Struktur wie in ihren Lehr- und Lebensformen keineswegs eine Einheit bildeten, worin zunächst ein Vorteil für die Ausbreitungsmöglichkeit des Christentums lag. Man muß sich vor einseitigen, im Laufe der Kirchengeschichte konstruierten Betrachtungsweisen hüten: von Anfang an war das Christentum nicht die Religion einer bestimmten Schicht oder Klasse. Es gab Gemeinden, in denen kleine Leute, Handwerker, Sklaven überwogen, aber Paulus, Lukas und Johannes sind Vertreter gebildeter Schichten; neben wirtschaftlich Armen gab es bereits kurz nach der Gemeindegründung in Städten wie Korinth reiche und reich gewordene Christen; schon der römische Prokurator erwartete ja, daß Paulus viel Geld von seinen Gemeinden mitbringe, so daß sich eine Bestechung lohnte. Die Paulusbriefe ebenso wie die Lukasschriften lassen erkennen, daß sich aus diesen Unterschieden Spannungen ergaben, die man aber milderte durch die Lehre von der Gleichheit von Herr und Sklave, Mann und Frau, arm und reich vor Gott und in Christus, der »reich war und doch arm wurde«. Auch die völkischen Spannungen, die nicht ausblieben, überwand man durch den Satz, daß in Christus Jude, Grieche und Barbar eins seien.

In dieser Zeit vollzog sich die endgültige Loslösung von der Synagoge. Wir hören nicht, daß seit der zweiten Hälfte des 1. Jahrhunderts noch Christen in Synagogen aufgetreten seien oder daß eine Synagoge christlich geworden wäre. Die zunehmende Hellenisierung machte das Christentum für das bewußte Judentum unannehmbar; die Lehre, »daß Gott einen Sohn habe«, die Umdeutung des Gesetzes, der Kampf gegen die Beschneidung, die Aufnahme von Sakramenten schienen ihm völlig untragbar, und die Folgen waren erbitterte Kämpfe. »Urheber der Verfolgungen« nennt Tertullian die Juden, und die ältesten Märtyrerakten berichten ähnlich. Je tiefer aber der Riß wurde, desto mehr sah sich das Christentum auf die griechische Welt verwiesen. Mit dem 2. Jahrhundert begann die Bewegung, die aus dem Christentum allmählich eine hellenistische Religion machte, und zwar um so eindeutiger, je stärker es die hellenistischen Religionen und religiösen Philosophien in sich aufnahm.

Das geistige Leben war gleichfalls noch völlig uneinheitlich. Neben ekstatischen Konventikeln, in denen »Pneumatiker« und »Propheten«, »Zungenredner« und »wahrsagende Töchter« die führende Rolle spielten, gab es Gruppen oder Klubs, die sich abends oder am Sonntag, dem bald einheitlich festgesetzten Auferstehungstag, zusammenfanden, die diskutierten und auslegten, grübelten und suchten; daneben straff organisierte lebenstüchtige Gemeinden, die sich von einem gewählten oder durch das Los bestimmten Kollegium von Presbytern regieren ließen. Diese entfalteten mit Hilfe von Diakonen und sogar schon Diakonissen, wie in Kenchreai bei Korinth, eine rege karitative Tätigkeit und organisierten die Mission.

Alles war in Bewegung: Organisationsformen und Ämter wurden ebenso von der Synagoge übernommen wie von den säkularen Stadtverwaltungen und den hellenistischen Religionsgemeinschaften. In der Lehre betonten die einen noch immer apokalyptische

Hoffnungen, die anderen verdrängten sie völlig durch Mystik oder primitive Ethik. Allgemein unbestritten waren die Verehrung Christi, der Monotheismus, die Taufe, das Herrenmahl, aber weder das Vaterunser hat in den neutestamentlichen Schriften denselben Wortlaut noch der Einsetzungstext des Abendmahls. Zu dem Gebrauch von Psalmen und synagogalen Gebeten traten eigene Dichtungen liturgischer Hymnen, die beginnende Predigt zeigte Volkstümlichkeit neben spitzfindiger allegorischer Breite und sich entwickelnder rhetorischer Kunst. Der Gottesdienst wurde zunächst in Privatwohnungen abgehalten, in größeren Gemeinden dann in Miethäusern.

Ausbreitung im 2. und 3. Jahrhundert

Nicht nur der unermüdliche christliche Missionseifer, sondern ebenso die den Religionen vielfach günstige Lage im Römischen Reich förderte die rasche Ausbreitung des Christentums. Im 2. Jahrhundert, in der Zeit der guten Kaiser, erleichterte der Weltfrieden die Reisen und Wanderungen, den Austausch unter den Kulturen und die Aufgeschlossenheit für Fremdes und Neues. Unter den syrischen Kaisern im 3. Jahrhundert wuchsen die Möglichkeiten des Aufstiegs für jede aus dem Osten kommende Religion. Hinzu kamen die dauernden Truppenverschiebungen unter den Soldatenkaisern; mit den Truppen und ihrem Anhang zogen die Religionen besonders gern. Schon um 200 schreibt Irenaeus von christlichen Gemeinden in den germanischen, keltischen und spanischen Provinzen, in Anatolien, in Ägypten, in Libyen und an den Küsten des Mittelmeers.

Im einzelnen ergibt sich etwa folgendes Bild: in Ägypten war Alexandreia am Ende des 2. Jahrhunderts Mittelpunkt des gebildeten Christentums sowohl gnostischer wie kirchlicher Prägung. Hier weilten fast alle großen gnostischen Lehrer, hier entstand durch Pantainos die erste christliche höhere Schule. Von hier aus wurden allmählich die Griechen im Lande, vor allem die des Arsinoë-Gaues, missioniert, von denen wir christliche Papyri noch aus dem 2. Jahrhundert besitzen. Hier wurden aber auch die ersten christlichen Übersetzungen in die Dialekte der demotisch-koptischen Landessprache angefertigt, Voraussetzung für die Missionierung der Ägypter, eine Missionsarbeit, aus der im 3. Jahrhundert eine recht selbständige und eigenwillige bäuerliche Kirche hervorging.

In Palästina entstanden nach dem Zusammenbruch des letzten jüdischen Aufstands und der römischen Neubesiedlung neue griechenchristliche Gemeinden; in Flavia Neapolis lebte Iustinus, mit dem das für die Zukunft so wichtige christliche Pilgerwesen nach Palästina begann: er ließ sich schon in Nazareth hölzerne Geräte zeigen, die Jesus angefertigt haben sollte. Im 3. Jahrhundert wurde diese Gegend, besonders durch die Schule, die Origenes in Caesarea am Meer gründete, Bildungsmittelpunkt.

In Syrien behielt die alte Gemeinde von Antiocheia ihre Stellung und missionierte die nichtgriechischen Syrer, die allerdings bald nicht mehr viel von ihrer griechischen Mutterkirche wissen wollten. Zwar schrieb ihr erster bekannter Vertreter Tatianus (150—200) griechisch und verfaßte sogar eine griechische Evangelienharmonie aus fünf Evangelien (fälschlich *Diatéssaron*), aber seine »Rede an die Griechen« eröffnete eine lange Reihe wüster syrischer Schmähschriften gegen alle griechische Kultur. Der erste Syrer, der in der Muttersprache schrieb, war der bedeutende Bardesanes (Bar Daisan, um 200), der ein Christentum mit gnostischem und iranischem Einschlag verbreitete und als Dichter von hundertfünfzig Hymnen die große Periode syrischer Dichtkunst einleitete. Mittelpunkt des syrischen Christentums wurde Edessa, dessen christlicher Herrscher Abgar IX. um 200 das Christentum zur staatlich privilegierten Religion machte.

Östlich des Tigris entstand in Arbela eine Kirche, die um 225 siebzehn Bischöfe aufwies; da die Herrscher von Adiabene zum Judentum übergetreten waren, erklärt sich das rasche Anwachsen dieser Kirche aus Übertritten aus der Synagoge. In Palmyra hat der Christ Paulus von Samosata die Königin Zenobia bis zu ihrem Sturz (273) so stark beeinflußt, daß sie sogar zu seinen Gunsten in dogmatische Streitigkeiten eingriff. In Persien sind seit der späten Arsakidenzeit einzelne syrische Gemeinden von Arbela aus gegründet worden, aber mit dem Auftreten Manis (gestorben 277) trat eine neue persische Religion auf den Plan, die ein weiteres Vordringen des Christentums unmöglich machte und bald selbst im Westen zu missionieren begann.

In Kleinasien schritt trotz vieler lokaler Verfolgungen die Ausbreitung rasch voran; aus den paulinischen und johanneischen Gemeinden zogen die Missionare nach Phrygien, Pontos und Bithynien, wo es zur Zeit Trajans bereits eine christliche Landbevölkerung gab. Ephesos, Smyrna und Pergamon hatten die Vormachtstellung und unterhielten Beziehungen bis nach Gallien. Kappadokien wurde im 3. Jahrhundert durch die Origenesschüler Gregor und Firmilian gewonnen, um dieselbe Zeit auch Armenien, wo nach edessenischem Vorbild eine Staatskirche zugleich als Stütze der nationalen Widerstandskraft gegen die Perser entstand.

In Griechenland hatte die alte Gemeinde von Korinth in Dionysios (um 170) einen bedeutenden Leiter und eine vornehme Persönlichkeit; er kümmerte sich um die Gemeinden in Sparta, Athen und auf Kreta (Gortyn und Knossos) und richtete Sendschreiben an die Gemeinden in Pontos und Rom; von Korinth aus ist wohl auch die rasch aufblühende Gemeinde in Patras entstanden. In Makedonien wurde Thessalonike zur führenden Gemeinde, während Philippi zurücktrat. Im 3. Jahrhundert verbreitete sich durch die Grenzarmeen das Christentum so rasch im gesamten Donauraum, daß es dort in den dogmatischen Krisen des 4. Jahrhunderts energisch mitsprechen konnte; in der Steiermark gab es schon in der ersten Hälfte des 3. Jahrhunderts Gemeinden mit dem Zentrum Pettau.

Im Westen hat die römische Gemeinde nebst den mit ihr verbundenen Gemeinden in Puteoli, Ostia und einigen anderen Orten ständig neuen Zuzug aus dem Osten erhalten. Bezeichnend ist, daß sie bis in die Mitte des 3. Jahrhunderts griechisch sprach und schrieb; vom Osten übernahm sie gleichfalls in der Mitte des 2. Jahrhunderts die Organisationsform des monarchischen Episkopats. Die Hauptstadt zog viele geistig führende Menschen aus der gesamten christlichen Welt für kürzere oder längere Zeit an, unter ihnen Iustinus, Polykarp, Markion, Valentinus, Origenes. Nach 235 teilte der Bischof Fabianus die Stadt in sieben diakonische Bezirke ein, und Eusebius berichtet, daß die Gemeinde im Jahre 251 hundertfünfundfünfzig hauptamtliche kirchliche Kräfte und fünfzehnhundert von ihr regelmäßig versorgte Arme und Witwen gehabt habe; die archäologischen Arbeiten haben für die vorkonstantinische Zeit achtzehn Kirchenbauten nachweisen können.

Von Rom aus über Ostia kam im frühen 2.Jahrhundert das Christentum nach Afrika. Hier entstand die lateinische Kirchensprache durch die ersten lateinischen Bibelübersetzungen, die aber wohl gleichzeitig mit einigen Übersetzungsversuchen auf Sizilien und in Unteritalien vorgenommen worden sind; das erste kirchengeschichtliche Ereignis Afrikas ist die Verfolgung von Scilli (besser als Scili) in Numidien (180). Um 250 war Tunesien stärker christianisiert als jede andere westliche Provinz, in Karthago erhielt die neue Religion in diesem Jahrhundert eine völlig eigene Note.

Weder von Rom noch von Afrika, sondern aus dem Osten sind die ältesten griechisch sprechenden Christen über Marseille ins Rhônetal gekommen. Die Gemeinden Lyon und Vienne schrieben im Jahre 177 an ihre Heimatgemeinde Pergamon, und im folgenden Jahre holte sich Lyon aus Kleinasien den Bischof Irenaeus, der sich sogar bemühte, Keltisch zu lernen. Von den Rhônetalgemeinden aus sind die ersten germanischen Gemeinden im oberen Rheintal missioniert worden; sogar der erste, nicht sicher datierbare Bischof von Trier, Agritos, war kleinasiatischer Grieche. Unsicher ist die Entstehung der frühesten britischen Christengemeinden, immerhin gab es am Ende des 3.Jahrhunderts schon drei britische Bischöfe. Die spanische Kirche trug von Anfang an lateinisch-afrikanisches Gepräge. Sie hat während des ganzen 3.Jahrhunderts schwerste Kämpfe zwischen radikaler Askese und starker Weltfrömmigkeit ausgefochten, was zur ersten spanischen Nationalsynode in Elvira (310) führte. Die erste abendländische Gesamtsynode aber kam erst auf Druck Konstantins im Jahre 314 im gallisch-römischen Arles zustande.

Älter als diese Missionskirchen ist möglicherweise die eigentümliche Kirche von Abessinien, doch sind ihre Anfänge stark von Legenden überwuchert. Sie mag aus der jüdischen Kaufmannsdiaspora in Äthiopien hervorgegangen sein, da sich in ihr sehr alte judenchristliche Reste erhalten haben.

Geistige Entwicklung

Die zunehmende Hellenisierung des Christentums hatte weitreichende Folgen. Zunächst kam es zu Auseinandersetzungen darüber, was von der geistigen Umwelt rezipiert werden konnte und was unbedingt abzulehnen war. Das führte zu der entscheidenden Frage, was denn nun das wahre Christentum sei. Darüber entbrannte heftiger Streit, denn schon die ersten Auseinandersetzungen zwischen Heiden- und Judenchristen hatten ja zu gegenseitiger Verketzerung geführt, und der Galaterbrief sprach das Anathema aus über die, »die nicht so lehren, wie ich euch gelehrt habe«.

Eine überraschend große Zahl christlicher Schriftsteller machte den Versuch, das Christentum in die Gnosis überzuleiten. Die Beurteilung dieser Bewegung war bisher dadurch erschwert, daß wir sie fast ausschließlich aus kirchlichen Gegenschriften kannten und nur wenig Originalquellen — wie die *Pistis Sophia*, die Bücher Jeû und die Oden Salomos — zur Verfügung hatten. Das hat sich jetzt durch die Funde von Chenoboskion am mittleren Nil wesentlich geändert. Die christliche Gnosis zerfiel in zahlreiche Schulen, deren bedeutendste die der Alexandriner Valentin (um 135) und Basilides (um 150) sind; aus der Gruppe der Naassener stammen die Bilder einer Katakombe von der Viale Manzoni in Rom, die ein überraschend hohes gedankliches und künstlerisches Niveau zeigen. Ihre Hersteller verfügten nicht nur über alle Mittel der mathematisch-pythagoreischen Symbolik, sondern ebenso über eine beachtliche Homerallegorese und gute Kenntnisse vom griechischen Mythos, den sie liturgisch-sakramental christlich interpretierten.

Die literarische Produktion aller Gruppen der Gnosis ist ungeheuer reichhaltig. Zu den gnostischen Evangelien gehören das »Evangelium der Wahrheit« (vor 180), ein von Gott geschriebenes und durch Christus überbrachtes Himmelsbuch, ein Thomasevangelium, das neben echten Jesussprüchen pseudonyme mystische und asketische Sätze enthält, ein Ägypterevangelium, ein Philipposevangelium in Briefform, das gegen die Synoptiker gerichtet ist, Gespräche Jesu mit seinen Jüngern und vieles andere. Zu den teils romanhaften, teils philosophischen gnostischen Apostelakten zählen die verschiedenen Versionen der schönen Johannes- und Thomasakten, dagegen gehören die erbaulichen Romane, die das Sammelsurium der Paulus- und Petrusakten ausmachen, nicht zur Gnosis. Unter den gnostischen Briefen steht der des Eugnostos, eine streng dualistische Schrift. Weitaus überwiegen die Apokalypsen. Eine viel benutzte Dositheosapokalypse geht vielleicht auf einen samaritanischen Gnostiker zurück, hinter dem man den Nathanael des Johannesevangeliums vermutet hat. Dagegen ist die hochgeschätzte Petrusapokalypse nur eine oberflächlich christliche Übernahme einer rein hellenistischen Jenseitsschilderung. Zu den bedeutenderen Schriften gehören ebenfalls noch außer den Fragmenten des Basilides und seines Sohnes Isidor die umfangreiche »Offenbarung Jakobs an Seth« und eine soeben erst edierte namenlose Schrift im Koptischen Museum in Kairo. Als Quelle kommt schließlich noch hinzu die große Masse gnostischer Amulette.

Allen christlichen Gnostikern gemeinsam ist die Entfaltung mythischer Systeme, die Seth, Adam, Christus, die himmlische Weisheit, Phantasiepropheten aller Art dem gnostischen Lehrer anvertraut haben und die dieser nur unter Vorsichtsmaßnahmen weitergibt. Die Systeme verbinden die Hauptgedanken der paulinischen und johanneischen Theologie mit einem religiösen Platonismus, der vor allem aus dem *Timaios* Platons gespeist ist, mit alttestamentlichen Gedanken, mit griechischen und iranischen Mythen und mit orientalischen Bildern mit Deutungen ägyptischer Hieroglyphen, Tiergestalten oder Namen, hinzu kommt ein oft zuwenig gewertetes eigenes Denken und Mythenbilden der Gnostiker. Die Abweichungen beruhen vor allem darauf, daß die einen Systeme dualistisch, die anderen monistisch sind.

Grundschema ist die Aufspaltung des letzten Einen in lange Äonenreihen durch Emanation, Abstieg, göttliche Zeugung oder durch Selbstentzweiung und Fall. Das Eine ist zugleich der göttliche Vater, den jedoch die meisten nicht in seinem wahren Wesen erkennen. Die Welt ist entweder aus Gott hervorgegangen oder von einem Demiurgen gebildet. Die Seele, zu den höheren Äonen gehörend, fiel, da sie den Vater nicht erkennen wollte, und ist nun in der Materie gefangen und wird von den Weltelementen der unteren Welt gequält, aber sie enthält einen erlösungsfähigen Gottesstoff. Einer der obersten Äonen, der Erlöser, der »Mensch an sich«, platonischer Idealmensch, iranischer Urmensch, paulinischer erster Adam und johanneischer Logos-Christus, steigt herab, hüllt sich in einen Scheinleib als Mensch Jesus Christus oder gar als Schlange, um die Seele, die durch die Zivilisation wie durch Metallbearbeitung und die technischen Künste immer tiefer gefallen ist, wieder an ihr Lichtdasein zu erinnern und emporzuführen. Die schlimmsten der abgefallenen Äonen kreuzigen in ihrer Verblendung den Scheinleib oder an dessen Stelle Simon von Kyrene; der Erlöser aber steigt mit den durch ihn zur Erkenntnis gekommenen Seelen wieder empor zur geistigen Lichtsubstanz. Im einzelnen ist vieles kompliziert und unlogisch, daher konnte sich die Gnosis auch nicht durchsetzen, aber sie hat die kirchliche Entwicklung vielfach befruchtet.

Auf andere Art suchte die Gruppe der »Apologeten« eine geistige Verbindung zur Umwelt herzustellen. Ihr erster wichtiger Vertreter war Iustinus (Märtyrer um 165), der bewußt Philosoph sein wollte und Philosophenmantel und Philosophenbart niemals ablegte; er erklärte das Christentum als Höhepunkt der Philosophie. In Wahrheit vertrat er, wie die meisten älteren Apologeten, freilich nur einen ziemlich dürftigen Popularplatonismus mit stoischem Einschlag. Schon immer hat der *lógos spermatikós* (der befruchtende Logos) in der griechischen Philosophie und bei den alttestamentlichen Propheten die Wahrheit enthüllen wollen, aber die Dämonen haben sie verdunkelt. Da ist der Logos als Christus Mensch geworden und hat eine reinere Erkenntnis gebracht, indem er die Schöpfungen der Dämonen, nämlich unsittliche Mythen, blutige Opfer und Götzenbilder, überwinden half. Die christliche Metaphysik und Heilslehre trat zurück, die alten sophistischen, euhemeristischen und stoischen Einwände gegen Mythos und Kultus wurden aus den Handbüchern abgeschrieben, das Christentum blieb vor allem höhere Moral und Verheißung eines ewigen Lohnes oder der Unsterblichkeit. Als Beweise dienten die Erfüllung alttestamentlicher Prophetensprüche und die Tapferkeit und Märtyrertreue der Christen. Den Durchschnitt dieser Gruppe überragten im 2. Jahrhundert Athenagoras, Theophilos, der den Begriff »Vergottung« verwendete, und der emotional wärmere Melito von Sardes, im 3. Jahrhundert vor allem die lateinische, in lebhafter Dialogform geschriebene Apologie des Minucius Felix, in der die These von den alten Verbrechen der römischen Geschichte zuerst als christliche Waffe benutzt wurde.

Gegen diese Strömungen und gegen alle Überfremdung des ursprünglich Christlichen erhob Markion von Sinope den Ruf nach schlichter Rückkehr zu Paulus, wie er ihn verstand. Der reiche Schiffsbesitzer kam um 140 nach Rom, wurde aber wegen seiner Ablehnung des Alten Testaments aus der Gemeinde ausgestoßen (144). Er gründete dann im Osten eine eigene Kirche, die über den Manichäismus bis ins hohe Mittelalter hinein wirkte. Markion war bewußter neutestamentlicher Biblizist, erkannte aber nur die echten Paulusbriefe und das Lukasevangelium als Offenbarungsurkunden an, und auch nicht, ohne am Text zu ändern. In seinem Hauptwerk *Antitheseis* stellte er das Christentum als absolut neue Erkenntnis hin und setzte es in einen radikalen Gegensatz zum Alten Testament. Während dieses den minderwertigen, gerechten, zornigen und rächenden Judengott lehre, der eine böse, leidvolle materielle Welt geschaffen habe, verkünde das Neue Testament den ganz anderen, den höchsten Vatergott, der aus reiner Liebe im fünfzehnten Jahr des Kaisers Tiberius vom Himmel herabgestiegen sei, um die Seelen aus den Banden der Schöpfungswelt zu erlösen; er verlange von den Seinen nur einen schlichten Glauben und befähige sie zu einem strengen und reinen Leben.

Auch die altkirchliche apokalyptische Ekstase entfaltete im 2. Jahrhundert noch einmal eine starke Kraft durch den zum Christentum übergetretenen Kybelepriester Montanus aus Ardabau in Phrygien (um 160) und die beiden Prophetinnen Maximilla (gestorben 179) und Prisca (Priscilla). Montanus wollte eine Inkarnation des johanneischen Parakleten sein und verhieß die Wiederkunft Christi in Pepuza in Phrygien, was viele bewog, dorthin zu ziehen und eine heilige Gemeinde der Geretteten zu bilden. Sie forderten härteste Askese, Ehelosigkeit oder wenigstens Verzicht auf eine zweite Ehe und rückhaltlose Bereitschaft zum Martyrium. Diese herbe Ethik verschaffte der neuen Gemeinde auch dann noch viele Anhänger im Westen, als sie im Osten bereits langsam zurückging, da das Ende ausgeblieben war und die ersten Verkünder, die echte Enthusiasten waren, starben. Ihre Wirkungen sind sehr groß gewesen, nicht nur seit etwa 200 auf Tertullian und die ganze afrikanische Kirche, sondern ebenso auf Irenaeus und die Gemeinden des Rhônetales.

Alle diese Strömungen zwangen zunächst die am meisten zerrissenen Großstadtgemeinden, nach gewissen verbindlichen Lehrnormen zu suchen. Eine Union der verschiedenen Gruppen war nicht möglich, obwohl sie hier und da versucht und in Alexandreia zeitweise bis zu einem gewissen Grade sogar erreicht wurde, denn die Gegensätze waren zu scharf. Drei Wege blieben für die Suche nach Normen, mit deren Hilfe bestimmt werden konnte, was in einer christlichen Gemeinde noch möglich war: die Bildung eines normativen Kanons heiliger Schriften, die Aufstellung einer zwingenden Glaubensregel *(lex credendi)* und die Übertragung der Lehrnorm auf bestimmte Instanzen der kirchlichen Organisation. Dabei mußte freilich ein altchristliches Prinzip aufgegeben werden, nämlich die Berufung auf die dem Einzelnen geschenkte freie Erleuchtung durch den Geist.

Der Kanon der Heiligen Schriften entstand nur sehr langsam. Zwar war das Alte Testament viel zu fest in den Gemeinden verankert, als daß es Markion hätte erschüttern können, aber es war ausschließlich das Alte Testament der Septuaginta. Vierhundert Jahre hindurch hat die Kirche als Heilige Schrift das griechische Alte Testament anerkannt, nicht aber den hebräischen Text und den masoretischen Kanon. Die Juden haben das sehr genau gesehen und der Kirche vorgeworfen, denn die Kirche argumentierte auch da aus der Septuaginta, wo der hebräische Text sich einer christlichen Auslegung widersetzte. Zudem allegorisierte sie so stark und interpretierte Christus so häufig in jeden Satz des Alten Testaments hinein, daß das, was Markion wollte, bis zu einem gewissen Grad schon erreicht war. Man verstand es, aus dem Text oft genau dessen Gegenteil herauszulesen, was man natürlich von der alexandrinischen Exegese gelernt hatte. Nur gelegentlich gab es einmal besonnene Gegnerschaft gegen das wilde Allegorisieren, vor allem in dem kritischen Versuch des Ptolemaios um 170, der drei Schichten im Alten Testament unterschied, eine aus echter göttlicher Offenbarung, eine von Moses und eine von den »Presbytern des Volkes« stammende. Dieses ist für später wichtig geworden.

Über den neutestamentlichen Kanon hat man sich während der ersten drei Jahrhunderte nicht einigen können. Es gab allerdings schon frühe Ansätze zur Kanonbildung, und der markionitische war nur einer von mehreren. Ursprünglich las jede Gemeinde, was sie gerade an Evangelien, Briefen und Apokalypsen besaß, aber durch die Wanderungsbewegung, das Missionsbedürfnis, die ersten provinziellen Synoden und das Ansehen einiger Theologen kristallisierte sich mehr und mehr ein gemeinsamer Kern heraus, der wenigstens größeren Bezirken gemeinsam wurde. Vieles blieb umstritten: die Markioniten verwarfen alles nicht Paulinische, die »Aloger«, eine Gruppe in Kleinasien, die Johannesschriften, die Syrer bevorzugten die Evangelienharmonie vor den einzelnen Evangelien, im Westen wollte man wenigstens dem ersten Clemensbrief und dem »Hirten des Hermas« kanonische Geltung verleihen. Rom lehnte den Hebräerbrief ab, weil er die zweite Buße verwarf, Alexandreia die Apokalypse, weil sie zu ungeistig schien. Schließlich versuchte man es mit einfachen Lösungen: kanonisch sei alles, was von den Aposteln stamme, aber das hätte von vornherein die Lukasschriften ausgeschlossen, außerdem liefen zahlreiche Schriften unter den Namen von Aposteln um, die die Gemeinden keinesfalls anerkennen wollten.

Das Ringen um den Kanon ist in den ersten drei Jahrhunderten sehr ernst genommen worden, trotzdem wurde ein einheitliches Neues Testament erst von der konstantinischen Reichskirche und durch die Autorität ihrer Reichssynoden geschaffen. Noch schwieriger war die Herstellung eines einheitlichen Textes, da schon im 2. Jahrhundert durch vieles Abschreiben die vorhandenen Texte verwildert waren. Erst mit Sextus Iulius Africanus (gestorben 240) und Origenes (gestorben 254) begann eine ernsthafte neutestamentliche Philologie, die Grundlagen für die in der konstantinischen Zeit hergestellten großen Normalhandschriften für die ganze Kirche zu schaffen.

Die Geschichte der Glaubensregel beginnt bei Paulus, der in überlieferten und zu bewahrenden Formeln einerseits die Christologie zusammenfaßte, andererseits trinitarische Bekenntnissätze gebrauchte. Die älteste Form des Christusbekenntnisses lautet nur »Jesus Christus Herr«, daran schlossen sich in kurzen Relativsätzen Aussagen über sein Leiden an, über seinen Tod, seine Auferstehung, seinen Abstieg von Gott und seinen Aufstieg zu ihm. Die dreigliedrigen Formeln bekennen sich zum Schöpfergott, zu Jesus Christus und zum Geist. Zunächst wurden diese Formeln beim Initiationssakrament verwendet, sei es, daß der Täufling sie als sein Bekenntnis aussprach oder daß sie ihm als zu glaubendes Minimum mitgeteilt wurden. Einheitlich sind sie nirgends, doch enthalten die meisten ähnliche Kernstücke. Erst Irenaeus sah in ihnen ein Zeichen der Einheit der Kirche und eine Abgrenzungsmöglichkeit gegen die Ketzer, aber erst der Jurist Tertullian machte sie zur normativen, heilsnotwendigen *regula fidei* und damit zu einem Gesetz, das, ob verstanden oder nicht, zu halten war; wer von diesem Gesetz abwich, war Häretiker und mußte aus der Gemeinde ausgeschlossen werden. Aber die Unterschiede blieben auch jetzt noch groß; besonders bei den Aussagen über den Geist stimmen kaum zwei vorkonstantinische Bekenntnisse miteinander überein. Es bedurfte erst des kaiserlichen Drucks im 4. Jahrhundert, um zu einem ökumenischen Bekenntnis zu kommen.

Schließlich blieb nur die Möglichkeit, die Einheit der Lehre durch ihre Bindung an eine Institution zu schaffen. Auch dazu bedurfte es eines langen Weges. Paulus hatte im Galaterbrief jede Bindung seiner Lehre an die Autoritäten von Jerusalem abgelehnt, die meist kollegial-presbyterianisch organisierten Gemeinden standen in der folgenden Zeit in voller Freiheit nebeneinander. Zwar hatten sie in den Presbytern und Diakonen schon Ämter, die wohl hier und da auch die vom Gemeindegründer ausgehenden Traditionen sorgfältig weitergaben; solange aber noch charismatische Geistträger auftraten, konnten sich diese Traditionen nicht normativ auswirken. Hinzu kam, daß die in wachsender Anzahl auftretenden Märtyrer und Konfessoren vielfach Lehrautorität beanspruchten und sich keiner Institution beugten. In Kleinasien entstand dann zu Anfang des 2. Jahrhunderts die monarchisch-episkopale Organisation, die allmählich nach dem Westen gelangte; in Rom waren alle Bischöfe bis zu Victor I. (189—198) Orientalen. Nach dem Vorbild der Philosophenschulen suchten diese Bischöfe sich durch Traditionsketten zu legitimieren, die möglichst bis hin zu den Aposteln reichen sollten. Dieses Verfahren unterscheidet sich in nichts von dem Bestreben späterer Philosophen, zu Sokrates, oder späterer Herrscher, zu Alexander die Verbindung zu knüpfen. So entstanden nicht nur gefälschte Bischofslisten, sondern auch die Behauptung, daß Tradition die Reinheit der apostolischen Lehre garantiere.

Alle drei Wege boten keine vollständige Lösung, wenn es auch gelang, auf diese Weise Gnosis, Markionitismus und Montanismus auszuscheiden. Aber die Kämpfe verlagerten sich nur auf andere Ebenen und wurden um so heftiger, je mehr Anhänger der Philosophenschulen und andere Gebildete Christen wurden. Ihnen gegenüber fühlten sich aber die kleinen Handwerker, Sklaven, Ungebildeten, denen das Christentum ein starkes Selbstbewußtsein gegeben hatte, als wahre Philosophen; teilweise wurden sie sogar noch bildungsfeindlicher, je mehr sie Bibelworte und oft unverstandene Begriffe verwenden konnten. Die Streitigkeiten, deren Leidenschaftlichkeit wuchs, hatten im Osten mehr spekulative, im Westen mehr praktische Gründe. Aber scharf läßt sich das nicht trennen. Überraschend ist nur, mit welcher Gehässigkeit sie ausgefochten wurden, besonders in den Zeiten, in denen die Kirche vom Staat in Ruhe gelassen wurde. Bischöfe und Laien, die, wie Dionysios von Korinth (etwa 170), sich ehrlich um Frieden bemühten, waren selten und hatten wenig Erfolg. Es gab schon im 2. Jahrhundert zu viele Bischöfe, die ihre Macht besonders über die kleinen Kreise mit dem *Charisma veritatis* verwechselten.

Seit dem Beginn des 2. Jahrhunderts tobte der Kampf um die zweite Buße, der theologisch viel weniger wichtig war als kirchenpolitisch. Dabei ging es um die Frage, ob der Mensch nach der Taufe wieder sündigen dürfe und ihm nach abermaliger Buße vergeben werden könne oder ob erneute schwere Sünde ihn aus der Gemeinde ausschlösse. Hier und da half man sich damit, die Taufe möglichst weit hinauszuschieben, so daß sie im 3. Jahrhundert vielfach zum Sterbesakrament wurde. Andere schlossen Kompromisse, erlaubten eine zweite Buße bei Ehebruch oder erklärten lediglich Mord, Verleugnung in Verfolgungen und Rücktritt zum Heidentum für unvergebbare Todsünden. Zum entscheidenden Zusammenstoß kam es 217 in Rom, als der Bischof Kallistos (217—222), ein Mensch dunkelster Vergangenheit, der wegen schweren Betrugs in die Bergwerke verurteilt worden war, nach seiner Entlassung aber bei den untersten Schichten in Rom großen Anklang fand, den kleinen gebildeten Teil der römischen Gemeinde unter der Führung Hippolyts aus der

Kirche hinausmanövrierte. Kallistos, der sich überdies einmal mit den Juden auf der Straße geprügelt hatte und zur Tretmühle verurteilt worden war, machte sich bei seinem Anhang dadurch beliebt, daß er im Erlaßstil verkündete, er vergäbe alle Sünden des Ehebruchs und der Unzucht nach der Taufe. Dagegen erhoben sich nun vor allem Tertullian und sein afrikanischer Anhängerkreis; der Kampf hat Tertullian so erbittert, daß er zu den Montanisten überging. Der Streit nahm in Rom solche Ausmaße an, daß der Kaiser einschreiten mußte und sowohl Hippolyt als auch Kallistos' zweiten Nachfolger Pontianus verbannte.

Ähnlich erbittert war der Streit um die Wiederaufnahme der in den Verfolgungen Abgefallenen *(lapsi)* geführt worden. Die rigoristischen Afrikaner hatten schon zu der Zeit Tertullians jede Flucht in der Verfolgung zur unvergebbaren Sünde erklärt und nur auf die Fürbitten von Konfessoren im Gefängnis hin eine Buße und Wiederaufnahme der »Gefallenen« in die Gemeinde zugelassen. Aber während der ersten großen Christenverfolgung unter Kaiser Decius (um 250—251) wollte der Bischof Cyprianus von Karthago, der sich selbst durch die Flucht gerettet hatte, die Autorität der Konfessoren nicht gelten lassen und nur dem Bischof die Wiederaufnahme der Abgefallenen gestatten. Nun erhoben sich gegen ihn die Rigoristen unter dem Diakon Felicissimus. Der Streit griff auf Rom über, wo der gebildete, aber radikale Presbyter Novatian die Führung der Rigoristen übernahm, sein Gegner war der Bischof Cornelius, den Cyprianus unterstützte (251—253). Die Novatianer wurden aus der Gemeinde hinausgedrängt und bildeten in Rom, Afrika, Gallien und Spanien eine eigene Kirche der »Reinen« *(katharoi)* mit einer anscheinend sehr wertvollen, leider fast ganz verlorengegangenen Literatur, mit liturgischen Schöpfungen und vor allem mit strenger Kirchenzucht. Unter Diokletian breitete sich der Streit auch nach Ägypten aus.

Der Streit um den Ostertermin, so unwichtig er an sich war, hatte größte kirchenpolitische Folgen. Während die Kleinasiaten jüdischem Ritus entsprechend das Passahfest feierten, begingen die meisten anderen Kirchen am ersten Sonntag nach dem Frühjahrsvollmond den Auferstehungstag. Im Jahre 155 hatten sich Smyrna und Rom geeinigt, und jeder blieb bei seiner gewohnten Form. Aber 190 verlangte Victor von Rom diktatorisch, daß die Kleinasiaten die römische Sitte annehmen sollten; doch die kleinasiatischen Kirchen unter Führung des Polykrates von Ephesos lehnten diese Forderung ab. Daraufhin schloß sie Victor aus der Kirchengemeinschaft aus. Aber Irenaeus von Lyon und andere Bischöfe wandten sich gegen Rom, und Victor mußte nachgeben; bis in die Zeit Konstantins feierten also die Kleinasiaten in ihrer Weise.

Hauptsächlich zwischen Rom und Afrika kam es über die Ketzertaufe zum Streit. Alexandreia und das lateinische Afrika hatten bis 250 die Taufe durch Ketzer für ungültig erklärt und in die Kirche Zurückkehrende zum zweiten Male getauft. In Rom dagegen galt jede mit einer trinitarischen Formel vollzogene Taufe als wirksam, ganz gleich, wer sie vollzogen hatte; der sakramentale Akt war unabhängig von dem, der ihn vollzog. Im Jahre 255 verlangte nun der römische Bischof Stephanos, daß auch die afrikanische Kirche die römische Praxis annehmen sollte. Aber eine afrikanische Synode von 256 lehnte dies rundweg ab. Cyprians Kirchenbegriff, der die Institutionskirche mit der alleinigen Heilsanstalt *(extra ecclesiam nulla salus)* gleichsetzte, konnte unmöglich dulden, daß es außerhalb dieser

Kirche gültige Sakramente gäbe. Einer der führenden Bischöfe des Ostens, Firmilian von Caesarea in Kappadokien, unterstützte energisch die Afrikaner. Da schloß Stephanos die afrikanische Kirche von der Gemeinschaft aus, verweigerte Cyprians Gesandten sogar das Nachtlager in Rom, erklärte Cyprian zum Antichristen und die Kirche Afrikas für ketzerisch. Dionysios von Alexandreia suchte zu vermitteln, da starb Stephanos (257), und sein Nachfolger Xystos II. mußte nachgeben; die Afrikaner blieben bei ihrer Praxis.

Neben diesen Streitigkeiten gingen seit dem 2. Jahrhundert unaufhörlich Lehrkämpfe um die Frage nach dem Wesen Christi einher. Dabei ist bemerkenswert, daß die Bedeutung Christi als Lehrer und Erlöser nirgends ernsthaft in Frage gestellt wurde, sondern daß es stets um das Problem ging, wie er als neuer Gott mit dem monotheistischen Glauben in Einklang zu bringen sei.

Die ersten christlichen Antworten waren primitiv; sie erschöpften sich in immer wieder neuen Versuchen, die Einheit Gottes *(monarchia)* zu erhalten, die schließlich zu harten Auseinandersetzungen zwischen einem »dynamistischen« und einem »modalistischen Monarchianismus« führten. Ein byzantinischer Gerber, der nach Rom kam, und ein Bankier sollen die ersten Vertreter des Dynamismus gewesen sein; sie behaupteten, Christus sei wirklicher Mensch, habe nur eine göttliche Kraft *(dýnamis)* in sich und sei von Gott als Sohn adoptiert worden. Die primitiven Modalisten dagegen sahen in Christus eine besondere Erscheinungsform Gottes. Auch das historische Leiden Jesu war für sie ein Leiden Gottes *(pater passus est)*. Ihre Begründer waren Noët von Smyrna (um 200) und sein Schüler Praxeas, der, überall ausgeschlossen, schließlich nach Karthago ging, aber in Rom großen Anhang hatte. Die originellste Wendung nahm der alte Monarchianismus durch Sabellios aus Kyrene (um 200), der die Trinität als die drei Schauspielermasken Gottes definierte, die er sich je nach Belieben aufsetzen kann.

Der Neuplatonismus

Die geistige Weiterentwicklung des Christentums ist aufs stärkste von der Begegnung mit dem Neuplatonismus beeinflußt worden. Die letzte große geistige Bewegung der nichtchristlichen Antike war keine völlige Neuschöpfung, sondern stand, wie vor allem Willy Theiler gezeigt hat, in kontinuierlichem Zusammenhang mit der religiösen Wendung des mittleren Platonismus. Aber sie bedeutete die Erfüllung dieser Ansätze.

Als ihr Gründer gilt Ammonios Sakkas (gestorben 242), der zuerst als Hafenarbeiter in Alexandreia arbeitete, eine Zeitlang Christ war, aber zur Philosophie zurückkehrte und platonische Lehrvorträge hielt. Das wenige, was wir durch Nemesios und einige andere Zeugen von seiner Lehre wissen, deckt sich mit den Gedanken Plotins. Seine große Anziehungskraft führte ihm die besten Geister des 3. Jahrhunderts als Schüler zu, vor allem neben den wenig bekannten Herennius und Theodosios und dem Christen Origenes den eigentlichen Lehrer des Neuplatonismus, Plotin.

Plotin (204–270) stammte vielleicht aus Lykopolis in der Thebaïs, doch wissen wir bis in sein achtundzwanzigstes Lebensjahr nichts über ihn. Zuerst erscheint er um 232 als Schüler des Ammonios, den er zeitlebens hoch verehrte und bei dem er elf Jahre lang blieb. Nach dessen Tode ging er ins Feldlager des Kaisers Gordianus III. und lernte auf einem Perserzug die persische und indische Philosophie kennen. Aber Gordianus wurde 244 ermordet, und Plotin siedelte nach Rom über, wo er gute Freunde im Senat hatte, unter ihnen den Konsul von 266, Sabinillus. Im Anschluß an Ammonios und in platonischer Gesprächsform hielt er Vorlesungen, wirkte aber auch als Jugenderzieher, betreute Mündelkinder und wurde zu Schiedsgerichten herangezogen. Seine Wirkung war so groß, daß der Senator Rogatianus seine Ämter und Würden niederlegte und nur noch der Philosophie lebte, sogar der Kaiser Gallienus und die Kaiserin Salonina erwärmten sich ab 253 für ihn; allerdings scheiterte der Plan, eine Idealstadt Platonopolis an einer vulkanzerstörten Stelle Kampaniens zu gründen. Plotin starb nach langer und schwerer Krankheit, nur von dem Arzt Eustochios betreut, auf dem Landgut eines aus Arabien stammenden Schülers Zethos in Kampanien. Sein Grab blieb allen verborgen, ein Bild ließ er nie von sich anfertigen, aber das delphische Orakel hat ihm einen langen und schönen Hymnus gewidmet.

Erst in höherem Alter begann Plotin zu schreiben. Seine zahlreichen Schriften sind von Porphyrios durchgesehen worden, der sie in die Form von sechs mal neun »Enneaden« brachte und in drei Bänden edierte. Er bemühte sich dabei um eine lose systematische Ordnung: ethische Schriften, naturphilosophische Schriften, Schriften über Schicksal und Vorsehung, über die Seele, über den Geist und über das reine Sein.

Plotin ist kein reiner Platoniker, sondern hat auch von der Stoa, von Numenios und aus der Metaphysik des Aristoteles gelernt. Aber sein Gesamtwerk ist doch die vollendetste Gestaltung des religiösen Platonismus und eins der großartigsten monistischen Systeme überhaupt.

Der Grund allen Seins ist das Eine, zugleich das Urgute und Urschöne, jenseits des Denkens, aber von reiner Aktualität. Aus ihm emanieren im Schritt einer Dreieinigkeit Geist, geistige Seinswirklichkeit und geistige Schau, in Wahrheit *ein* Geist, der Anteil *(metoché)* hat sowohl an dem Einen als auch an der nächsten Emanationsstufe, der Seele. Diese ist ganz platonische Weltseele, enthält aber in sich alle Einzelseelen, denen infolge ihrer Teilhabe am Geist und dadurch am Einen gestaltendes Erkennen, liebendes Begehren und Freiheit des Wollens zukommt. Die tiefste Stufe der Emanation ist die Materie, das Material, in dem sich die Ideen des Geistes abbilden. Wo ihre kosmische Ordnung durchbrochen wird und an Stelle der Einheit Zerstückelung eintritt, entsteht Leid, das aber im ganzen ebenso wesentlich ist wie das Böse, das im Grunde nichts anderes ist als Mangel an Gutem. Der Mensch kann durch reines Leben und echte Meditation wieder zum Einen emporsteigen, da er ja das emanierte Eine in sich hat: »Gott ist für keinen Geistträger draußen.« Die höchste Höhe der Vereinigung wird in der Ekstase, dem bildlosen Schauen des Einen, erreicht; Plotin hat sie viermal erlebt.

Zum Christentum konnte Plotin kein Verhältnis finden; seine Schrift gegen die Gnostiker, die auch einige der in Chenoboskion gefundenen Schriften bekämpft, wendete sich wohl

Die Umwelt

um 250–100 Übersetzung der Septuaginta und Interpretatio Graeca des Alten Testaments in Alexandreia.
vor 205 Dionysische Synoden nach dem Vorbild ägyptischer Provinzial- und Reichs-Synoden.
205 Kybele nach Befragung der Sibyllinischen Bücher von Pessinus nach Rom übergeführt, dort zunächst im Palatinischen Heiligtumsbezirk isoliert.
203 *Ptolemaios V.* erhält den Beinamen *Epiphanés* (»Erschienener Gott«).
195 Erster Dea-Roma-Tempel im Osten (Smyrna).
186 »Bacchanalien-Dekret«. Verbot und Verfolgungen der Dionysos-Gemeinden in Rom und weiten Bezirken Italiens.
173 Ausweisung von Epikureern aus Rom.
167 Beginn des makkabäischen Aufstandes.
165 Einnahme Jerusalems durch *Judas* den Makkabäer.
158 Älteste erhaltene Papyri aus dem Serapeion von Memphis.
155 Griechische Philosophengesandtschaft in Rom. Auseinandersetzungen um die Hellenisierung der römischen Gesellschaft.
145–141 Der Philosoph *Panaitios* in Rom; Entwicklung der römischen Phase der Stoa.
145 *Antiochos VI.* nennt sich »*Erschienener Dionysos*«, *Ptolemaios XII.* »*Neuer Dionysos*« (80).
141 Beginn der makkabäischen Zeitrechnung.
um 135/4 *Johannes Hyrkanos I.* Hoherpriester, Bruch mit den Pharisäern, Zerstörung des samaritanischen Tempels.

134 Ein Anhänger der syrischen Göttin Atargatis entfesselt den sizilischen Sklavenaufstand.
um 105 Serapis in Puteoli.
um 65 Mithras in Rom.
63 *Pompeius* betritt den Tempel von Jerusalem und ordnet die Verhältnisse in Judaea.
58, 53, 50 und 48 Verfolgung von Isisanhängern in Rom.
47 Der Idumäer *Antipater*, Vater *Herodes' I.*, erhält von *Caesar* das römische Bürgerrecht.
40 Die Zwillinge der *Kleopatra VII.* werden *Helios* und *Selene* genannt. Partherfall in Palästina. Apokalyptische Stimmen im Osten und in der römischen Dichtung.
36–4 *Herodes I.* der Große.
34 Inschriften und Felsreliefs *Antiochos' I.* von Kommagene, Synthese vom Herrscherkult mit iranischer und hellenistischer Religiosität.
20 Beginn des Herodianischen Tempelbaus in Jerusalem.
17 Römische Säkularfeier.
13 Ara pacis gestiftet.
12 *Augustus* Pontifex Maximus, Wiedereinführung altrömischer Religionsformen; schon 24 heißt *Augustus* auf einer Inschrift »Gott aus Gott«.
4 *Archelaos* Ethnarch von Judaea, *Herodes Antipas* Tetrarch von Galiläa und *Philippos* Tetrarch der an die griechische Dekapolis angrenzenden Gebiete Nordpalästinas.

Die Anfänge

Das Geburtsjahr *Jesu* von Nazareth ist unbestimmt.

6 Der Ethnarch *Archelaos* verbannt; Judaea römische Prokuratur.
6–15 *Hannas* Hoherpriester.
14–37 *Tiberius*.
18–36 *Kaiaphas* Hoherpriester.
19 Judendeportation nach Sardinien und Isisverfolgungen in Rom.
26–36 *Pontius Pilatus* Prokurator der Syria Palaestinensis.
29 (kaum 27) Auftreten, Verhaftung und Hinrichtung *Johannes* des Täufers. Jesus, als dessen Schüler getauft, sammelt eigenen Schülerkreis und zieht als Wanderprediger durch Galiläa und, von da vertrieben, in die griechische Dekapolis und in das Gebiet des Philippos.
um 30 *Jesus* zieht nach Jerusalem, wird vom Synedrium wegen Gotteslästerung zum Tode verurteilt und von *Pontius Pilatus* wegen politischer Vergehen gekreuzigt.

um 31 Häusliche Versammlungen der Schüler *Jesu* in Jerusalem und Galiläa; eine judenchristliche *(Jacobus)* und eine »hellenistische« Gruppe *(Stephanos)* bildet sich, in der die Interpretatio Graeca *Jesu* beginnt. Visionäre Erscheinungen des auferstandenen Lehrers. Gemeinsame Mahlzeiten »in Gegenwart des Herrn«.
um 31 *Paulus* als Schüler *Gamaliels* des Älteren in Jerusalem.
um 32 Bekehrung des *Paulus* zur »hellenistischen« Form des Christentums. Erste Gemeinde in Antiocheia.
36 *Thrasyllos*, ein platonisierender Neupythagoreer, Hofastrologe des Kaisers *Tiberius*.
38 Unter *Caligula* wird der Isistempel in Campo in Rom gebaut und ein Isisfest in den römischen Kalender aufgenommen. Judenverfolgungen in Alexandreia.
39 *Herodes Antipas* verbannt. Synagogenverbrennung in Antiocheia.
41–44 *Herodes Agrippa I.* König.

44 Der Zebedaide *Jakobus*, wahrscheinlich auch sein Bruder *Johannes* von *Herodes Agrippa I.* hingerichtet.
46 *Paulus* und *Barnabas* auf Kypros und im südlichen Kleinasien (bis etwa 48).
48 Vereinbarungen von Jerusalem: *Petrus* verpflichtet sich, nur unter Juden, *Paulus* nur unter Nichtjuden zu missionieren; Anerkennung der gegenseitigen Lehrweise. Bald darauf jedoch Bruch.
49 Judenedikt des *Claudius*.
um 49 *Paulus* in Troas, Philippi, Thessalonike, Athen. Längerer Aufenthalt in Korinth.
um 51–um 56 *Paulus* missioniert von Ephesos aus (»3. Missionsreise«).
50–56 Hauptbriefe des *Paulus* (Galater, 1. und 2. Korinther und Römer).
um 56–58 *Paulus* in Jerusalem verklagt, aber als römischer Bürger in Caesarea in römische Schutzhaft genommen.
um 59 Unter Berufung auf das ius provocationis kommt *Paulus* nach Rom. Seine Hinrichtung unter *Nero* ist unsicher.
nach 62 *Jakobus*, der Bruder *Jesu*, von einem antipharisäischen Hohenpriester hingerichtet.
63 *Josephus* in Rom im Kreise der *Poppaea*.
64 *Nero* läßt die Christen in Rom als angebliche Brandstifter hinrichten.
65 Grundschrift des Markusevangeliums. Aufzeichnungen von Jesusworten. Mehrere verschollene Evangelien (vgl. Luk. 1,1). — *Musonius Rufus* verbannt, *Seneca* zum Selbstmord verurteilt.
66 *Tiridates* mit Magiern bei Nero, die ihn anbeten und Geschenke darbringen. Beginn des jüdischen Krieges. Flucht der Christen von Jerusalem nach Pella.
67 *Nero* erklärt Griechenland für frei, doch verweigert Eleusis ihm die Einweihung. Judenpogrome in Antiocheia.
70 Zerstörung Jerusalems. Judenaufstand in Kyrene niedergeschlagen. — Lukasevangelium, Apostelgeschichte, Matthäusevangelium (um 70).
71 *Vespasian* beginnt seinen Triumphzug vom Isistempel aus. Philosophenaustreibung in Rom. Neue Judenpogrome in Antiocheia.
73 Ende des jüdischen Krieges.
79 Vesuvausbruch. Einwirkungen auf die Apokalyptik der verschiedenen Strömungen.
um 85 (oder etwas später) Evangelium und Briefe des Presbyters *Johannes* von Ephesos, bald darauf dessen Verbannung nach Patmos.
um 90 Die Apokalypse des *Johannes*.
91 Hinrichtung des Konsuls *Acilius Glabrio* wegen Religionsvergehens.
93/4 Vertreibung von Philosophen, Juden und Christen aus Rom.
95 *Flavia Domitilla* wegen Religionsvergehens verbannt.
um 95 Pastoralbriefe. Verfestigung der Organisation in den christlichen Gemeinden.

Entwicklung und Ausbreitung bis zur Decischen Verfolgung

um 100 Beginn der christlichen Katakombenmalerei. Erste Spuren christlicher Gemeinden in Mesopotamien und östlich des Tigris. Buddha, Mithras, Helios und Selene auf indoskythischen Münzen.
nach 100 1. Clemensbrief.
110–113 Briefwechsel zwischen *Plinius* und *Trajan*. Zunahme der Christen in Bithynien.
114–117 Judenaufstände während *Trajans* Partherkrieg.
115 Das Erdbeben in Antiocheia löst ein Christenpogrom aus.
117–138 *Hadrian*; Reskript an Minicius Fundanus.
120 *Basilides* und *Isidor* als gnostische Lehrer nach Alexandreia.
um 125 Ältester erhaltener neutestamentlicher Papyrus.
um 129 Apologien des *Quadratus* und etwas später des *Aristeides*, des letzten bedeutenden Serapisverehrers.
130 Venus-Roma-Tempel. Antinouskult.
um 130 *Papias*, Auslegung von Herrenworten.
132–135 *Bar-Kochba*-Aufstand. *Rabbi Akiba* hingerichtet.
um 135 Der Gnostiker *Valentin* und zahlreiche Schüler. »Hirt des Hermas«, Barnabasbrief (vielleicht etwas früher).
um 135 *Rabbi Jehuda Hannasi* (Mischna).
um 140 Der Gnostiker *Valentin* in Rom. *Ariston* von Pella. Der Neupythagoreer *Nikomachos* von Gerasa.
um 144/5 *Markion* in Rom aus der Gemeinde ausgeschlossen.
um 150 Außerchristlich: der Platoniker *Albinus*; *Numenios* von Apameia, *Artemidors* Traumbuch. Christlich: zahlreiche kirchliche und gnostische Evangelien und Apostelromane. 2. Clemensbrief und weitere pseudonyme Briefe. *Justins* älteste Apologie. Erste Übersetzungen des Neuen Testaments ins Lateinische und Syrische. Älteste Form des Taufbekenntnisses. Petrusapokalypse. Älteste christliche Sibyllinen.
155 Vorläufige Einigung Smyrna-Rom über Ostertermin.
156 Martyrium *Polykarps*.
um 160 *Montanus* bildet seine Gemeinde.

165 *Peregrinus Proteus*, der eine Zeitlang Christ gewesen war, verbrennt sich selbst.
Martyrium *Justins*.
um 165 Apologien des *Miltiades* und *Apollinaris* von Hierapolis.
um 170 Briefwechsel des *Dionysios* von Korinth. Brief des *Ptolemaios* an *Flora* (Unterscheidung verschiedener Schichten in den Heiligen Schriften). *Tatians* Diatessaron; *Melito* von Sardes, erste Ansätze einer Zweinaturenlehre. Enkratitische Bewegungen.
um 175 *Mark Aurels* Selbstbetrachtungen. Gesetz gegen die Superstitionen.
176 Verfolgungen in Pergamon.
177 Verfolgungen in Lyon und Vienne.
178 *Irenaeus* Bischof von Lyon.
um 178 Apologie des *Athenagoras*.
180 Märtyrer von Scilli in Numidien.
um 180 Kaiser *Commodus* läßt sich in den Mithraskult einweihen. *Theophilos'* von Antiocheia »Ad Autolycum« behandelt Trinitätsprobleme. *Pantainos* gründet die alexandrinische Schule.
um 181 Martyrium der *Perpetua* und *Felicitas* (?).
188 Reiche mithrische Plastik in Sidon.
189—198 *Victor I*. als erster Römer Bischof; Monarchianischer Streit, Ostertermin-Streit.
um 190 *Polykrates* von Ephesos gegen Rom im Osterstreit.
um 200 Außerchristlich: Erneuerung von Eleusis. Orphische Hymnen. Christlich: *Abgar IX*. von Edessa, Beginn der gnostisch-syrischen Hymnendichtung *(Bar Daisan)*, Papyrus von Der-Balyzeh. Anfänge der koptisch-christlichen Literatur. Modalisten: *Praxeas, Noët, Sabellios* von Kyrene; *Clemens* von Alexandreia Leiter der Katechetenschule.
201 Martyrium des *Leonides*, des Vaters von *Origenes*.
202 Verbot des Übertritts römischer Bürger.

um 203 *Origenes* (184/5—252/4) Leiter der Katechetenschule.
um 207 *Tertullian* (um 155—223) wird Montanist.
217—222 *Kallist*. Streit um die zweite Buße. Kirchenspaltung in Rom. *Tertullian* und *Hippolyt* gegen *Kallist*.
218—222 *Elagabal*, Überführung des Steines des Baal von Emesa nach Rom.
219 Rabbinenschule von Sura gegründet.
um 220 Hauptschriften des *Hippolyt*. Im lateinischen Afrika siebzig Bischöfe.
222—235 *Severus Alexander:* Jesus-Orpheus-Abraham-Verehrung am Hof (?).
222 *Sixtus (II.)* legt die Bischofsgruft in der Kallistkatakombe an.
um 225 Siebzehn Bischöfe im Bereich von Arbela.
230 *Origenes* in Alexandreia ausgeschlossen. Der römische Bischof *Pontian* gegen *Origenes*.
231 *Origenes* gründet die Schule von Caesarea. Pest in Alexandreia. Osterbriefe des *Dionysios* von Alexandreia.
232 Ältestes bekanntes christliches Kirchengebäude in Dura-Europos.
235—238 *Hippolyt* und *Pontian* aus Rom verbannt.
nach 235 *Fabian* teilt Rom in sieben kirchliche Bezirke.
um 238 *Gregorios Thaumaturgos'* Lobrede auf *Origenes*. Christen am sizilischen Bauernaufstand beteiligt. Mithras auf Münzen von Tarsos. Beginn der Missionstätigkeit *Manis* (gekreuzigt 277).
244 *Plotin* (204—270) mit *Gordianus III*. im Perserkrieg, dann in Rom.
um 247 Höhepunkt des Wirkens des Bischofs *Dionysios* von Alexandreia.
248 *Origenes* gegen *Kelsos*. *Cyprianus* Bischof in Karthago. Streit um die Wiederaufnahme der »lapsi«. Jahrtausendfeier in Rom.

Letzte Kämpfe und Sieg

250/1 Decische Verfolgung: allgemeine Opferverpflichtung (libelli). Ketzertaufstreit in Afrika.
um 250 Chenoboskion-Literatur. Antichristliche chaldäische Orakel.
251—253 Bischof *Cornelius* in Rom. Novatianisches Schisma. In Rom hundertfünfundfünfzig hauptamtliche kirchliche Angestellte.
257/8 Valerianische Verfolgung.
258 Martyrium *Cyprians*, bald darauf »Acta Cypriani«.
260 *Gallienus*, Toleranzpolitik. Parthereinfall in Syrien. Pest im Römischen Reich.
263—268 *Porphyrios* (233—301) bei *Plotin*.
268 Eine antiochenische Synode verurteilt *Paulus* von Samosata.

270—275 *Aurelian*, allgemeiner Sonnenkult privilegiert.
273 Sturz der *Zenobia* von Palmyra, *Paulus* von Samosata abgesetzt, *Longinus* hingerichtet.
274 Tempel des »Sol invictus« geweiht (25. Dezember).
285 Gallischer Bauernaufstand unter christlicher Beteiligung.
295 Kybele-Altar des *L. Scipio Orphitus*.
296 *Diokletians* Edikt gegen die Manichäer.
um 300 Anwachsen der Zahl der christlichen Landbischöfe. *Gregor Photistes* baut in Armenien eine Staatskirche auf. Textrezension des Neuen Testaments durch *Hesychius*. Malereien der Priscilla-Katakombe.

303 Niederreißung der Kirche in Nikomedeia. Drei Edikte *Diokletians* gegen die Christen. Schisma des *Melitius* von Lykopolis über die Frage der Bußverweigerung an Abgefallene.
304 Todesstrafe für Opferverweigerer (lapsi).
306 Ende der Verfolgung im Westen. *Konstantin* Augustus, *Maxentius* Cäsar.
um 310 Spanische Synode v. Elvira. *Lactantius'* »Institutiones divinae«. Konstantin noch Heliosverehrer, doch Rückgabe der in den Diokletianischen Verfolgungen beschlagnahmten Kirchengüter. Martyrien in Persien. Antichristliche Pilatusakten.
311 »Toleranzedikt« des *Galerius*.
312 Sieg *Konstantins* an der Milvischen Brücke (Ponte Molle).
313 Mailänder Edikt. Kreuz neben Helios auf Münzen *Konstantins*.
um 314 *Eusebius* Bischof von Caesarea, erste Fassung der Kirchengeschichte. Erste Synode von Arles in Gegenwart britischer Bischöfe.
315 Monogramm Christi auf Münzen.
316 *Konstantin* greift in die kirchlichen Verhältnisse in Gallien ein.
318 Beginn der trinitarischen Streitigkeiten in Alexandreia. Älteste markionitische Kircheninschrift
319 Basilikaler Kirchenbau in Aquileia.
321 *Konstantin* erklärt den Helios-Christustag (25. Dezember) zum Staatsfeiertag.
325 Erstes Reichskonzil in Nicaea unter *Konstantins* Vorsitz.

---

gegen alle Christen; er sah in Gnosis und Christentum eine barbarische Verdrehung platonischen Gutes.

Plotin hatte viele Schüler, unter ihnen den vielschreibenden Amelius aus Etrurien (245/246–268/269 in Rom, dann in Apameia und bei Longinus am Hof von Palmyra), mehrere Ärzte, einen Philologen und Dichter, vor allem aber Menschen aus der römischen Gesellschaft, darunter auch Frauen. Der bedeutendste war der Syrophöniker Malkos (*mäläk*, König), der seinen Namen mit Porphyrios ins Griechische übersetzte (234–301). Die Verehrung für seinen Meister und die Treue zu ihm beweist nicht nur die entsagungsvolle Edition, sondern auch die von ihm verfaßte liebevolle Biographie Plotins. Porphyrios stammt aus Tyros, ging zum Studium zu Longinus nach Athen und im Jahre 263 zu Plotin nach Rom. Um Heilung zu finden von einer Krankheit und von Schwermutsanfällen, die ihn bis an den Rand des Selbstmordes trieben, zog er auf Rat des Lehrers 267/268 nach Sizilien; über sein späteres Leben wissen wir nur noch, daß er einsam in Rom gestorben ist.

Von seinen zahlreichen Schriften ist die über die Enthaltsamkeit am bemerkenswertesten und der Brief an seine Frau Marcella am schönsten. Er war ein ausgezeichneter Philologe, kommentierte Homer, Platon, Aristoteles, schrieb eine Philosophiegeschichte; aber nirgends ist er trocken, seine Homer-Allegoresen sind von dichterischer Schönheit. Plotin hat ihn »Dichter, Philosoph und Hierophant zugleich« genannt und damit sein Wesen gut getroffen; denn wenn er auch im ganzen dem Meister folgte, so unterschied er sich darin von ihm, daß er weniger Philosoph als religiöser Mensch war. Das Heil der Seele und der Genuß Gottes, die Gottesverehrung durch schweigende Meditation und reinen Wandel, sind ihm wesentlich. Seine Dreieinigkeitsformel: das Eine, dessen Abbild und der Demiurg, hat die christlichen Trinitätsspekulationen entscheidend beeinflußt.

Porphyrios mußte einfach ein leidenschaftlicher Gegner der Christen sein und brachte dies auch in einem Buch zum Ausdruck, das vielfach so schwer zu widerlegen war, daß es die christlichen Kaiser verbrennen ließen. In strenger Forschungsarbeit stellte er die Widersprüche der Evangelien zusammen, erkannte, daß das Buch Daniel eine Fälschung aus der

Zeit des Antiochos IV. Epiphanes sei und kritisierte die Dürftigkeit der christlichen Weissagungsbeweise. Er warf den Christen vor, daß sie, ohne es zuzugeben, vom griechischen Mythos und der Philosophie gestohlen hätten, bemängelte ihr Ethos, vor allem das Werben um das Geld reicher Frauen. In Jesus sah er einen kraftlosen politischen Verschwörer unterdrückter Gruppen und in Paulus einen widerspruchsvollen Sophisten.

Der Neuplatonismus setzte sich dann mit Iamblichos (gestorben um 330) fort, der die antike Dämonologie und magische Volksreligion in das plotinische System einzuordnen verstand, und mit Proklos (410–485), der wiederum stärker zu Platon, Plotin und Porphyrios zurückkehrte, vor allem aber gewann er nach und nach die größten christlichen Geister, jeden in etwas anderer Weise. Origenes, Synesios von Kyrene, Dionysios Areopagita, Augustinus und Boëthius sind seine Vermittler gewesen. Alle christlichen Trinitätslehren sowohl wie alle christliche Mystik, vieles an christlicher Liturgie und Hymnologie sind ohne den Neuplatonismus nicht zu denken; die gesamte mittelalterliche Mystik lebt ebenso von ihm wie die Florentiner Renaissance.

Clemens von Alexandreia, Origenes und der Origenismus

Gleichzeitig mit der Entfaltung des Neuplatonismus traten nun auch die ersten bedeutenden geistigen Persönlichkeiten unter den christlichen Schriftstellern hervor. Ihnen ist es zu danken, daß sich die Kirche nicht in den Streitigkeiten des 2. und 3. Jahrhunderts aufzehrte, daß sie nicht in praktischen Lebensformen oder gar in kirchenpolitischer Gehässigkeit erstickte, sondern ein geistiges Gewicht gewann. Unter den Christen erscheinen ab etwa 200 überraschend zahlreiche Schriftsteller von hohem Niveau. Sie hatten, jeder in seiner Art, erkannt, daß die Möglichkeiten, die das Christentum bot, fast unerschöpflich waren, wenn man sie nur erfaßte.

Geistig wird die ganze vorkonstantinische Kirche von Alexandreia her beherrscht. Hier wirkte nach den großen gnostischen Lehrern und dem christlichen Stoiker Pantainos (gestorben um 200) Titus Flavius Clemens (gestorben 215). Er stammte vielleicht aus Athen, hat sicher bei mittleren Platonikern und Stoikern in Athen studiert; nach großen Reisen war er von etwa 200 an einige Jahre lang Leiter der alexandrinischen Schule. Er war außerordentlich belesen, vielfach allerdings nur in Anthologien und Handbüchern, schrieb ein gutes Literaturgriechisch und hatte ein offenes Auge für den gesamten griechischen Bildungs- und Kulturbesitz. Sein Ziel war es, das Christentum aus aller sektiererischen und asketischen Enge, aus apokalyptischer Schwärmerei und theologischer Versponnenheit zu befreien. Jesus ist ihm der gottgesandte pädagogische Logos, der Erzieher des Menschengeschlechts, der die Menschen zu bessern vermag, sofern sie sich in seine Schule begeben. Der Gott, der ihn gesandt hat, ist ganz undogmatisch der gütige Vater, dessen Ziel die menschliche Erziehung ist. In einem umfangreichen dreigeteilten Werk hat Clemens diese Gedanken originell durchgeführt.

Der erste Teil, der *Protreptikós*, ist eine einführende, für ein platonisiertes Christentum missionierende Schrift, die sich ausschließlich an Gebildete wendet. Ihre wichtigste Neuerung, an einige paulinische Sätze anknüpfend, ist die Aufteilung der Christen in »gewöhnliche Gläubige« und »wahre Gnostiker«, womit die Scheidung eines ungebildeten Volkschristentums von einer intellektuellen Auslese gerechtfertigt war, die das nicht zu glauben brauchte, was die Menge glaubte, ohne daß die untere Schicht, wenigstens in der Theorie, religiös geringer gewertet wurde. Der zweite Teil, der *Paidagogós*, schöpft aus Musonius Rufus und anderen stoischen Ethikern und möchte den Christen zu einer positiven Haltung gegenüber den Zivilisationsgütern der antiken Großstadt erziehen. Es ist erstaunlich, bis zu welchem Grade dies geschieht; nur die Auswüchse werden bekämpft, mit denselben Argumenten wie von der zeitgenössischen Philosophie. Der dritte Teil, die »Teppiche« *(Stromateis)*, ist eine echt hellenistische umfangreiche Sammlung von Zitaten aus allen möglichen, oft ganz entlegenen griechischen Dichtern und Schriftstellern, die beweisen soll, daß das Christentum die griechische Bildung nicht nur anerkennt, sondern ganz für sich in Anspruch nimmt, daß aber auch die Griechen den Barbaren, also den Schreibern des Alten Testaments, sehr viel verdanken. Clemens hat auch eine kleine, leicht platte, aber sehr erfolgreiche Schrift gegen das in der Kirche verbreitete Armutsideal geschrieben und in der Form eines Traktats zu beweisen versucht, daß auch der Reiche selig werden könne. Verloren ist leider eine reiche Sammlung von exegetischem und historischem Material, die »Hypotyposen«.

Der größte Gelehrte des antiken Christentums, von dem alle späteren zehren, war Origenes, der Nachfolger des Clemens. Die Kirche hat ihn als Ketzer verdammt (399, endgültig 543), sein Christentum ist auch das am wenigsten kirchliche der Antike, was alle Rehabilitierungsversuche von kirchlicher Seite denn auch nur mit oft merkwürdigen Mitteln verschleiern können.

Origenes ist um 185 als Kind einer gebildeten und angesehenen christlichen Familie Alexandreias geboren. Noch als Knabe erlebte er den Märtyrertod seines Vaters Leonides (202), mit dem ihn ein ausgezeichnetes Verhältnis verbunden hatte. Durch Abschreiben und Stundengeben sorgte er für Mutter und Geschwister, studierte aber gleichzeitig bei dem von ihm hochverehrten Ammonios Sakkas. Welches Verhältnis er zu Plotin gehabt hat, hängt von der Deutung einer sehr umstrittenen Stelle in der *Vita Plotini* des Porphyrios ab. Porphyrios hat ihn trotz seiner christlichen Lebensweise als Philosoph hoch geachtet. Etwa 203 wurde er zum Leiter der christlichen Schule berufen; um diese Zeit begann wohl auch seine gewaltige literarische Tätigkeit, die er schließlich nur dadurch ausführen konnte, daß ihm sein Freund, der Valentinianer und spätere Märtyrer Ambrosius, sieben Stenographen, sieben Reinschreiber und anderes Büropersonal zur Verfügung stellte. Aber ein Konflikt mit dem Bischof von Alexandreia vertrieb ihn aus der Stadt; er ging nach Caesarea am Meer und begründete dort seine eigene Schule (231). Unter seinen zahlreichen Schülern, zu denen zeitweise auch die Kaiserin Iulia Mammaea und andere Angehörige des syrischen Kaiserhauses gehörten, war Gregorios Thaumaturgos, dessen Lobrede den Schulbetrieb im einzelnen schildert: die christlichen Disziplinen wurden erst nach Erledigung des üblichen griechischen Bildungsweges gelehrt, und Origenes hat zusammen mit Heraklas selbst

Mathematik, Rhetorik und alle philosophischen Fächer unterrichtet. In der Decischen Verfolgung ist er an den Folgen der Mißhandlungen im Gefängnis gestorben (254).

Sein bedeutendstes Werk ist leider nur in einer zensierten lateinischen Übersetzung des Rufin (um 400) erhalten, der alle gefährlichen Stellen beseitigte, um dem Meister das kirchliche Verdammungsurteil zu ersparen; außerdem sind zahlreiche Zitate vorhanden, die aber zum Teil durch die Gehässigkeit der Gegner gefälscht sind. *De principiis (Peri archón)* ist der Versuch einer großartigen christlich-neuplatonischen Synthese, die Origenes aus den biblischen Schriften heraus begründet. Gott, zugleich das neuplatonische reine Sein und der biblische Schöpfer, schafft aus Güte die ewige Welt der Ideen und Seelen, aber infolge eines präexistenten Falles werden die Seelen zum Zweck der Erziehung in den Kerker des Leibes gebannt. Als Erzieher sendet Gott den ihm wesensgleichen Logos, den er ewig mit sich selbst zeugt, der als Mittler zum Menschen herabsteigt und den Menschen mit Hilfe des ihm wesensgleichen Geistes zur Erkenntnis der letzten göttlichen Wahrheit auf einem langen und schweren Erziehungsweg führen will. Diese göttliche Erziehung wird nicht enden, ehe nicht alle Seelen wieder emporgestiegen sind, doch besteht die Möglichkeit eines neuen Falles und einer zyklischen Wiederholung des gesamten Weltprozesses. Als Ergänzung zu diesem Buch hat auch Origenes leider verlorene »Teppiche« geschrieben, in denen alle christlichen Sätze als Übereinstimmungen mit Platon, Aristoteles und anderen griechischen Philosophen nachgewiesen wurden.

Vollständig erhalten ist das apologetische Werk, das gegen die antichristliche Schrift »Wahres Wort« des mittleren Platonikers Kelsos gerichtet ist. Origenes läßt den Gegner selbst in wörtlichen Zitaten sprechen, so daß man dessen Werk fast ganz wiederherstellen kann, und argumentiert außerordentlich vornehm. Er erkennt die Relativität aller Erkenntnis, auch der christlichen, an, nimmt den Gegner stets ernst und bekennt sich wie dieser zum griechischen Bildungsgut, weist ihm aber unkritisches und ungerechtes Verhalten dem Christentum gegenüber nach, das sich in Leichtgläubigkeit gegen jüdische Legenden, in Verwechslung von Gnosis und Christentum und in Unkenntnis der christlichen Literatur äußert. Seine Verteidigung des Christentums legt besonderen Nachdruck auf das Ethos.

Leider sind von dem umfangreichsten philologischen Werk des Origenes, der *Hexapla*, nur kümmerliche Fragmente erhalten. Mit Hilfe aller Mittel der alexandrinischen Textherstellung veranstaltete er in sechs Parallelkolumnen eine Edition des Alten Testamentes, und zwar des unvokalisierten hebräischen Textes, der vokalisierten Umschrift in griechischen Buchstaben, der Septuaginta und der Übersetzungen von Aquila, Symmachos und Theodotion; weitere griechische Übersetzungen von Einzelschriften benutzte er im Apparat. Ein daraus gewonnener Septuagintatext als Handausgabe markierte mit einem praktischen Zeichensystem alle Abweichungen vom hebräischen Text.

Die gewaltige Reihe seiner Bibelkommentare baute auf seiner Lehre vom dreifachen Schriftsinn, einem wörtlichen, einem moralphilosophischen und einem allegorischen auf. Er beherrschte souverän alle Auslegungsmethoden seiner Zeit und kam vielfach zu höchst originellen Deutungen, niemals aber ohne gründliche philologische Vorarbeit. Alle Typen der seither üblichen Bibelkommentare gehen auf ihn zurück, sowohl der kurze Scholienkommentar wie der praktisch-erbauliche wie der große wissenschaftliche.

Einige seiner Freunde und Schüler setzten sein Werk fort, so der um die Chronologie verdiente Sextus Iulius Africanus (gestorben um 240), der im Auftrag des Kaisers Severus Alexander in Rom eine Bibliothek einrichtete, der Bischof Dionysios von Alexandreia (gestorben 264/265), unter dessen Leitung die alexandrinische Schule noch einmal aufblühte, und vor allem sein Biograph Pamphilos (gestorben als Märtyrer 307), der seinen gesamten wissenschaftlichen Nachlaß ordnete und dessen Schüler der Kirchenhistoriker Eusebius (260–340) war. Eusebius' Methode, in die Geschichtsdarstellung lange wörtliche Zitate aus Quellen einzufügen, entspricht ganz origenistischer Arbeitsweise.

Origenes' Wirkung reichte aber weit über diesen Schülerkreis hinaus; ja, man kann sagen, daß fast alles, was nach ihm in der alten Kirche gedacht und gelehrt worden ist, bewußt oder unbewußt von ihm abhängig war oder in Auseinandersetzung mit ihm zustande kam. Das gilt vor allem für die großen dogmatischen Kämpfe von 324/325 bis 451. Aber kein christlicher Schriftsteller hat wieder die Tiefe, Kühnheit und Geschlossenheit des origenistischen Systems erreicht, und keiner hat es ganz verstanden.

Die von Origenes herkommenden Gedanken, seine neuplatonisch-christliche Synthese, seine pneumatische Exegese und sein gelehrter Biblizismus, seine dialektische Erkenntnistheorie, seine Gotteslehre und Christologie blieben nicht Eigentum der Theologen und christlichen Philosophen, sondern wurden aus begeisterter Zustimmung oder ablehnendem Haß zur Grundlage einer allgemeinen Weltbewegung, an der Kaiser und Kaiserinnen ebenso beteiligt waren wie Handwerker und Sklaven, hochgebildete Menschen ebenso wie die rohesten Analphabeten. Für oder gegen den Origenismus ließ man sich totschlagen oder schlug tot, ließ sich verbannen oder schickte in die Verbannung. Geistigste und sublimste Durchdringung griechischer Begriffe durch grübelnde Denker und Exegeten fand sich in ungewollter Nachbarschaft mit raffinierten Intrigen und brutalen Eingriffen machthungriger Kirchenpolitiker. Im wesentlichen verlief diese Bewegung in drei Phasen: im trinitarischen Streit, im Streit um die Zweinaturenlehre, bei dem es zugleich um die Rezeption einer Göttin in das Christentum ging, und im Streit um die Berechtigung oder sogar Notwendigkeit der griechischen Bildung *(paideía)* im Christentum, der zugleich der Endkampf gegen Origenes wurde.

Der trinitarische Streit

In engster Anlehnung an Ammonios Sakkas, der auf dem *Timaos* Platons fußte, hatte Origenes mit Hilfe biblischer Analogien eine Dreigliederung Gottes gelehrt und das Verhältnis der drei göttlichen Teilganzen zueinander als *homooúsios*, was etwa »von gleicher geistiger Substanz« bedeutet, bezeichnet; entscheidend war vor allem, daß der Logos Christus gleichen Wesens mit dem Weltschöpfer und Vatergott, also nicht etwa sein Geschöpf oder das bloße Gefäß seiner Offenbarung sei. Das war gut neuplatonisch; daß es aber christlich sei, bestritt seit den letzten Jahrzehnten des 3. Jahrhunderts die von dem Textrezensenten Lucian gegründete exegetische Schule von Antiocheia. Zur öffentlichen Auseinandersetzung kam es aber erst, als seit etwa 320 der in Alexandreia beliebte Presbyter und Diakon Arius auf Grund einer Synthese von nüchtern rationaler antiochenischer Exegese und aristotelischen Kategorien gegen den neuplatonisch-origenistisch lehrenden Bischof Alexander von Alexandreia auftrat und in volkstümlicher Weise demonstrierte, Christus käme die Wesensgleichheit mit Gott nicht zu, da er nicht ewig, sondern ein Geschöpf, freilich das vornehmste des höchsten Gottes, sei. Die stets leicht erregbaren Massen dieser Stadt — bald auch die der übrigen Großstädte — zogen jetzt durch die Straßen und sangen auf die Melodien neuester weltlicher Schlager: »Es gab eine Zeit, da er (Christus) nicht war, und nicht war er, ehe er wurde«, und bald schon kam es neben ernsten theologischen und philosophischen Diskussionen zu Handgreiflichkeiten und Prügeleien.

Nicht Alexander, sondern sein Diakon Athanasius war Arius ebenbürtig. Er war Kirchenpolitiker und Theologe zugleich, der mit Menschen umgehen konnte, aber in seinen Mitteln nicht immer einwandfrei war, freilich auch eine fünfmalige Verbannung auf sich nahm. Er verteidigte den Origenismus, ohne ihm völlig gewachsen zu sein. Vor allem verstand er ihn in einem entscheidenden Punkt nicht: den dialektischen Begriff »wesensgleich« verwandelte er in den rationalen: »wesenseins«. Dies zwang die Partei, die das *homooúsios* vertrat, schließlich durch ihn und vor allem durch den radikaleren Marcellus von Ankyra zur äußersten Konsequenz, zwischen Gott und dem Logos im Grunde überhaupt nicht mehr zu unterscheiden. Auf der anderen Seite wurden die radikalen Arianer dahin gedrängt, sogar die Ähnlichkeit von Gott und Christus zu leugnen (Eunomios, Aetios). Beide Seiten hatten trotz bitterer Feindschaft jede auf ihre Weise den Monotheismus gerettet, beide aber hatten Origenes, den christlichen Platonismus und die dialektische Erkenntnistheorie preisgegeben.

Die Entscheidung fällte Kaiser Konstantin, welcher der von ihm berufenen Reichssynode von Nicaea ein Bekenntnis diktierte, das mit leichten Veränderungen das einzige »ökumenische« Bekenntnis des Christentums geworden ist (das »Apostolicum« erkennt die gesamte Ostkirche nicht als Bekenntnis an). Das »Nicaenum«, das zugleich Reichs- und Kirchengesetz wurde, enthielt die origenistischen Formeln »gezeugt, nicht geschaffen, aus der Substanz des Vaters, *homooúsios* dem Vater«. Hier geschah etwas Unerhörtes und für alle Zeiten Entscheidendes: im Zentrum des christlichen Bekenntnisses stand nicht mehr ein biblischer Satz, sondern es standen Begriffe der griechischen Philosophie, die im Neuen Testament überhaupt nicht vorkommen.

Wenn sich die meisten der versammelten Bischöfe auch dem Diktat des Kaisers fügten, viele auch mit dem Bekenntnis innerlich und gedanklich übereinstimmten, so mußte es sowohl die Opposition der Arianer als auch die der radikalen Athanasianer und der naiven Biblizisten und Gegner der Philosophie hervorrufen. Von 325 bis 381 tobte der leidenschaftliche Kampf um das *homooúsios*.

Eine Reihe von Synoden suchte nach Möglichkeiten einer Befriedung: Rom 340, Antiocheia 341, Serdica 342, Antiocheia 344, Mailand 345 und 347, Sirmium 351, Arles 353, Mailand 355, Ankyra 358, Rimini und Seleukeia 359, Nike und Konstantinopel 360, Alexandreia 362, Antiocheia 379, Konstantinopel 381, 382 und 383. Man versuchte es mit Kompromißformeln: »Ähnlich *(homoios)*«, »substanzähnlich *(homoioúsios)*« oder mit einem naiv-formalen Biblizismus: »Ähnlich entsprechend der Schrift«. Aber sie

Felsenwohnungen der Christen von Kappadokien im Tal von Koroma

Der gute Hirte
Deckengemälde in einer Grabkammer der Priscilla-Katakombe in Rom, Ende 3. Jahrhundert

konnten sich ebensowenig durchsetzen wie die wechselseitigen Versuche, mit den Machtmitteln des Staates oder der Bischöfe für die eine oder andere Partei die Entscheidung zu erzwingen.

Das Versöhnende in diesen oft unerquicklichen, ja grauenvollen Kämpfen war, daß der Sieg doch schließlich den tiefsten christlichen Geistern des 4. Jahrhunderts gehörte, den drei großen Kappadokern: Basileios, seinem Bruder Gregor von Nyssa und beider Freund Gregor von Nazianz. Sie waren alle drei überzeugte Origenisten, deren origenistische Tradition über ihre Familien bis auf den Origenesschüler Gregorios Thaumaturgos zurückging. Freilich haben auch sie, was besonders aus den neuen vorbildlichen Editionen von Gregor von Nyssa deutlich geworden ist, nicht das ganze Format des Meisters; gleichwohl sind sie die echten Vertreter einer neuplatonischen Erkenntnistheorie, Ideenlehre und Frömmigkeit im christlich-biblisch-origenistischen Gewand. Basileios und Gregor von Nazianz verfaßten in herzlicher Dankbarkeit die schöne Origenes-Anthologie der *Philokalia*. Darüber hinaus waren sie auf allen Gebieten Vertreter einer christlich-griechischen Synthese. Basileios forderte christliche Jugenderziehung an Hand der antiken Schriftsteller, Gregor von Nazianz dichtete – nicht immer ganz glücklich – über christliche Stoffe in griechischer Epigrammform; die Freundschaft des Basileios mit dem letzten großen Heiden, dem Rhetor Libanios, gehört zu den schönsten Szenen der ausgehenden Spätantike. Als die kappadokische Formel: »Eine Substanz *(ousia)*, drei personale Gliederungen *(hypostaseis)*« in Konstantinopel 381 anerkannt wurde, war das ein Sieg der origenistischen Trinitätslehre und des christlichen Neuplatonismus, der nicht mehr rückgängig zu machen war. Es war gut, daß der tiefste der abendländischen Denker dieser Zeit, Hilarius von Poitiers, sich zu dieser origenistisch-kappadokischen Lehre bekannte. Dagegen vermochte auch der Protest des Papstes Damasus auf der antiochenischen Synode von 379 nichts.

Die Zweinaturenlehre

Das Ergebnis von Konstantinopel bedeutete die Ablehnung einer rational-undialektischen Erkenntnistheorie für die Erkenntnis des göttlichen Bereiches überhaupt. Sowohl die Trennung Gottes vom Menschen Christus, wie sie den Arianern vorschwebte, als auch die Identifizierung von Gott und Christus bei Marcellus waren in der Formel der Kappadoker dialektisch überwunden worden. Aber beide rationalen Richtungen traten auf einer anderen Ebene wieder auf. Das Nicaenum und seine Bestätigung in Konstantinopel hatten wohl mit der *homooúsios*-Formel das Verhältnis Gottes zum Logos und zum Geist bestimmt, aber eine Lücke war geblieben: wie verhielt sich der gottgleiche Logos zum Menschen Jesus der Evangelien, bei dem man nur schwer leugnen konnte, daß er Qualitäten hatte, die sich von denen eines göttlichen Seins wesentlich unterschieden. Für Origenes war die Lösung leicht gewesen: auf platonischer Basis und mit Hilfe paulinisch-johanneischer Terminologie war ihm der Mensch Jesus das sichtbare Abbild des Unsichtbaren, das sich dank der gleichen Substanz zu Gott verhält wie Abbild zu Urbild. Aber auch dabei war natürlich eine dialektische Erkenntnistheorie die Voraussetzung.

Hier brach nun der Streit aufs neue aus und kreiste um die Formeln der »einen Natur« (Monophysiten) oder der »zwei Naturen« (Dyophysiten) Christi. War der in der Geschichte und im Fleisch erschienene Jesus Christus ein gottmenschliches Wesen, das sich mit der menschlichen Natur nicht vergleichen ließ, oder war er ein wirklicher Mensch von echt menschlicher Natürlichkeit, in dem die göttliche Natur nur wie in einem Tempel wohnte. Der Kampf um diese Frage wurde noch brutaler, noch hemmungsloser, weil an ihm mehr Nichtgriechen, Kopten, Syrer und Lateiner teilnahmen, weil neben den gebildeten vor allem die ungebildeten Kreise der Mönche eine verhängnisvolle Rolle zu spielen begannen und die untersten Schichten der Volksreligion stärker zu Worte kamen, weil sich die politischen Machtbestrebungen der Bischöfe noch nackter zeigten und, wohl das Verhängnisvollste, weil mit wenigen Ausnahmen die wirklich großen geistigen Persönlichkeiten, die das 4. Jahrhundert noch hatte, im 5. fehlten.

Der Ausgangspunkt für die von der trinitarischen auf die christologische Ebene verpflanzte theologische Fragestellung war also die These der einen Seite: der menschgewordene göttliche Logos hat nur eine gottmenschliche Natur, die ihn von allen übrigen Naturen unterscheidet. Ihr stellte sich die andere Seite entgegen: neben der wahrhaft göttlichen, ewigen, leidlosen Natur besitzt Jesus Christus eine rein menschliche, sterbliche und leidende Natur. Das Schema ist vielfach variiert worden: man konnte die menschliche Natur nur als Fleisch definieren oder die göttliche nur in der Seele oder im Willen des Menschen Jesus existieren lassen, man konnte in ihm zwei Seelen oder zwei Willen, einen göttlichen und einen menschlichen, unterscheiden, man konnte andererseits aber auch das Fleisch Jesu als keine besondere Substanz oder Materie definieren und, wenn man stoischer und monistischer Materialist war, in diesem Fleisch nur eine feine Abart desselben Stoffes sehen, aus dem in noch feinerer Zusammensetzung Gott selbst und in gröberer der Mensch bestand. Schon an diesem letzteren zeigt sich, daß auch auf dieser Ebene der Auseinandersetzung die griechische Philosophie nicht mehr auszuschalten war.

Sieht man von all diesen einzelnen Variationen ab, so bildeten sich zwei Linien heraus. Die Antiochener gingen ihren rationalistischen Weg konsequent zu Ende: die Logosnatur hat sich in einem bestimmten Menschen niedergelassen und erzieht ihn in einem ständigen Fortschreiten, das schließlich zu einer Erhöhung des wirklichen Menschen Jesus führt (Theodor von Mopsuestia). Die Alexandriner dagegen lehrten, daß Logosnatur und Menschennatur immer dieselbe wirkliche Einheit seien, auch da, wo sie als Zweiheit erscheinen. Der göttliche Logos ist ebenso wie der fleischgewordene Jesus, »eine fleischgewordene Natur des göttlichen Logos«, »aus zwei Naturen einer« (Cyrill von Alexandreia). In Wirklichkeit steht dahinter nur der Unterschied zwischen Platonismus und Stoa. Für die Dyophysiten verhielten sich Gott und Mensch in Jesus zueinander wie die stoische Durchdringung aller Teile, für die Monophysiten dagegen war das Verhältnis das einer echten Teilhabe von Urbild und Abbild.

Der Kampf verschärfte sich nun vor allem dadurch, daß er sich nicht auf erkenntnistheoretische und metaphysische Bereiche beschränkte, sondern auch den christlichen Mythos erfaßte. Mehr und mehr hatten die christlichen Massen, aber auch Gebildete aus den hellenistischen Religionen nach einer Göttin verlangt, und es lag durchaus nahe, daß man die am weitesten in der Welt verbreitete »Gottesmutter Isis«, die vielgeliebte hellenistische Erlösergöttin, aber auch andere, ihr angenäherte Göttinnen nicht preiszugeben gewillt war. Man brauchte ja auch nur mit Hilfe alexandrinischer Interpretation Isis in Maria umzubenennen, und wenn man noch eine theologische Analogie wollte, mit einigen Kleinasiaten die biblische Parallele »Adam—Christus« mit der nicht biblischen »Eva—Maria« zu ergänzen, dazu einiges allzu Ägyptische aus dem Isismythos und -kultus zu streichen. Dann aber konnte man mit einer leichten Namensänderung sogar eine ganze Reihe von Isisgebeten wörtlich übernehmen. All die Mittelpunkte der Isisverehrung, zu denen ja auch Rom gehörte, und Verehrungsstätten der Isis angeglichenen Göttinnen wie der Artemis von Ephesos haben den Boden dafür bereitet, daß die Metamorphose der Gottesmutter Isis in die Gottesmutter Maria nahezu reibungslos gelang.

Die Origenisten und erst recht ihr radikaler Flügel, die Monophysiten, hatten gegen diesen Mythos nichts einzuwenden, denn er drückte unmißverständlich aus, daß Maria nicht einen Menschen, sondern den göttlichen Logos geboren habe. Um so energischer mußten sich die Antiochener dagegen zur Wehr setzen. Der in Antiocheia geschulte Bischof von Konstantinopel, Nestorius, sprach es 428 klar und nüchtern in seinen Predigten aus: die »Gottesmutter Maria« sei nichts anderes als eine heidnische Muttergöttin, die Maria des Neuen Testaments sei ein Mensch und habe nichts anderes als einen Menschen geboren. Nun brach der Sturm los und erfaßte sogar die Frauen der kaiserlichen Familie. Wieder war ein Reichskonzil nötig, da es aber in dem marienfreundlichen Ephesos stattfand (431), war es von vornherein zum Scheitern verurteilt. Ein Kompromißversuch, Maria nur als Christusmutter zu verehren, war allein für die naiven Biblizisten tragbar. Das Konzil bekannte sich zur Gottesmutter; die Folge davon aber war die Abspaltung der Nestorianischen Kirche, die allmählich nach dem Osten abwanderte, unter persischer und arabischer Herrschaft ihre Blüte erreichte und bis Indien und China Mission trieb.

Die Auseinandersetzung um die zwei Naturen ging auch in der Reichskirche weiter. Nach einer kurzen Ruhepause wurde der Haß der Parteien so groß, daß die gefärbten Berichterstattungen keine Möglichkeit mehr bieten, den Gang der Dinge auf den folgenden Synoden (Konstantinopel 448, Ephesos 449) zu überschauen. Die äußeren Umstände waren unerquicklicher denn je: man prügelte und erschlug sich auf den Synoden selbst. Aber das Ergebnis war erstaunlich. Auf der abschließenden Synode von Chalkedon (451) siegte weder die monophysitische noch die dyophysitische Christologie, sondern die neuplatonisch-origenistisch-dialektische Erkenntnistheorie. Das Chalkedonense bedeutet den endgültigen Sieg der griechischen Philosophie in der christlichen Kirche: Christus ist »einer in zwei Naturen«, die »nicht zusammengegossen, nicht ineinander wandelbar, nicht getrennt, nicht auseinanderreißbar« sind. In der paradoxen Dialektik dieser Formel und gerade in ihrer negativen Formulierung war das enthalten, was Origenes gewollt hatte, nämlich die Abwehr einer rationalen Grenzüberschreitung zu dem Transzendenten hin, aber ebenso die eines Offenbarungspositivismus orthodoxer Art, eines dogmatisch starren Biblizismus und einer primitiven Laien- und Mönchstheologie.

Entscheidung gegen Origenes

Die Gegner waren aber Vertreter eben dieser orthodoxen Gruppen, die zu erkennen meinten, woher das Übel kam; und so setzten sie zum Kampf gegen Origenes und gegen die griechische Bildung überhaupt an.

Noch zu seinen Lebzeiten ist Origenes nicht etwa, wie man heute tendenziös oft behauptet, wegen einzelner heterodoxer Sätze, sondern wegen seiner neuplatonischen Grundlage verdammt worden, insbesondere wegen seiner Betonung der Notwendigkeit des Erkennens gegenüber bloßem Glauben und wegen seiner dialektischen Lehre von der Dreigliederung in Gott. Der römische Bischof Pontianus, der Gegner des gebildeten Hippolyt, und der primitive ägyptische Landbischof Nepos von Arsinoë waren die ersten Wortführer dieser Gruppen. Aber solange die trinitarischen und christologischen Auseinandersetzungen von spekulativen Theologen geführt wurden, trat dieser Kampf zurück; ja die verschiedensten Gruppen legten sogar Wert darauf, sich auf Origenes berufen zu können, wobei sie ihn oft seltsam umdeuteten.

Von weittragenden Folgen aber war die Entwicklung im Mönchtum Ägyptens und Palästinas. Während ein gebildetes griechisches Mönchtum unbeirrt an Origenes und der griechischen Bildung festhielt, entstand im Gegensatz dazu – nicht ohne starken Einfluß der Kopten – ein bewußt bildungsfeindliches, antigriechisches und damit antiorigenistisches Mönchtum, das mit jeder gegen den Origenismus gerichteten Strömung sich zu verbinden bereit war. Ihr Führer wurde seit etwa 390 der naive Fanatiker Epiphanios, erst Klostergründer und Abt von Eleutheropolis in Palästina, dann Bischof von Salamis auf Kypros. Obwohl auch er gelegentlich von origenistischen Brocken zehrte, predigte er hemmungslos gegen den »schlimmsten aller Ketzer«, gegen jede Form griechischer Bildung und gegen jede wissenschaftliche Bibelbetrachtung. Sein Einfluß, besonders auf die Massen, war ungemein groß, freilich ebenso auf diejenigen, die vom Christentum nicht intellektuelle Erleuchtung, sondern allein das Erlebnis der Erlösung verlangten.

Doch der Origenismus hatte seine Verteidiger, vor allem in den gelehrten Mönchen der Nitrischen Wüste, in dem Bischof Johannes von Jerusalem, in dem so mystischen wie philosophischen Didymos dem Blinden und vor allem in dessen Schüler Rufin von Aquileia. Auch eine Frau, die hochgebildete und dem neutestamentlichen Ideal vollkommener Aufopferung hingegebene Melanie, gehörte zu diesem Kreis. Rufin kämpfte mit einer nie endenden Liebe und Verehrung für Origenes; er übersetzte ihn ins Lateinische, ängstlich darauf bedacht, alles abzuschwächen oder auszulassen, was dem Lehrer schaden könnte, verfaßte eine Verteidigungsschrift und übertrug die frühere des Pamphilos.

Die eigentliche Tragödie wurde erst durch das Eingreifen des charakterlosesten aller altchristlichen Kirchenlehrer, des Dalmatiners Hieronymus (vor 350–um 420), ausgelöst. Auch er war zunächst Origenist gewesen, hatte bei den Kappadokern gehört und hat zeit seines Lebens in einer in Dingen des Plagiats nicht eben empfindlichen Welt Origenes nicht nur ins Lateinische übersetzt, sondern auch unter seinem eigenen Namen in oft bedenklicher Weise ausgeschrieben. Vielleicht war es die Scham darüber oder die redliche Erkenntnis des ehrgeizigen und eitlen Mannes, Origenes geistig unterlegen zu sein, die ihn plötzlich im Jahre 397 mit den Origenisten, vor allem mit Didymos, Rufin und Johannes brechen ließ, um nun in einem heftigen Angriff, der in seinem barbarischen Ton in der alten Kirche unübertroffen blieb, gegen die alten Freunde vorzugehen. Besonders Rufin hat er mit einem beispiellosen Haß geschmäht, verfolgt und denunziert. Er spürte, daß er im Osten den Origenisten nicht gewachsen war und ihn im Westen der Glanz Augustins überstrahlte. So schlug er sich immer mehr auf die Seite der ungebildeten Mönche und schrieb sogar anstatt der bisherigen gelehrten Übersetzungen und Kommentare die tollsten Mönchslegenden niedrigsten Niveaus. Mit Hilfe dieser Mönchskreise und anderer Antiorigenisten gewann er Gewalt über den alexandrinischen Bischof Theophilos, von dem Scharen bewaffneter koptischer Mönche drohend die Verfolgung der origenistischen Mönche und die Verurteilung des Origenes forderten. Theophilos sprach selbst die Verdammung aus (399) und ließ es zu, daß die origenistisch gesinnten Mönche, soweit sie nicht fliehen konnten, von den Kopten erschlagen wurden. Hieronymus und Theophilos veranlaßten auch den römischen Bischof Anastasios I., den Bannfluch über Origenes auszusprechen und Rufin, der zu dessen Diözese gehörte, zu maßregeln. Er zitierte ihn nach Rom, aber Rufin kam nicht.

Die der Verfolgung entgangenen origenistischen Mönche flüchteten nach Konstantinopel, wo sie der von griechischer Bildung lebende, wenn nicht originelle und schöpferische, so doch warmherzige, fromme und rhetorisch hervorragende Bischof Johannes Chrysostomos freundlich aufnahm und ihre Klagen anhörte. Theophilos aber erzwang auf der »Eichbaumsynode« von 403 die Absetzung des Chrysostomos und erreichte beim Kaiser dessen Verbannung, in der dieser dann auch gestorben ist.

Aber trotz der Verdammung lebte Origenes weiter. Abgesehen davon, daß seine Bibelauslegungen in den Katenen-Kommentaren teilweise oder gänzlich unverändert abgeschrieben wurden, pflegten viele gebildete Mönche Palästinas den gesamten Origenismus ohne Scheu weiter. Ihre Wirkungen reichten noch im 6. Jahrhundert weit, vor allem nach Konstantinopel; vermutlich hat die Kaiserin Theodora unter ihrem geistigen Einfluß gestanden. Erst nach ihrem Tode wagten es die Gegner, die im wesentlichen aus der erstarrten Orthodoxie kamen, nun zum letztenmal, gegen den Origenismus vorzugehen. Justinian, der um jeden Preis Frieden wollte, schloß daraufhin in derselben Weise, wie er die Universität Athen geschlossen hatte, die christlichen Schulen von Antiocheia und Alexandreia und erklärte in einem von ihm selbst verfaßten Edikt Origenes zum Ketzer (543). Das fünfte ökumenische Konzil von Konstantinopel (553) mußte die Verdammung offiziell bestätigen und der ganz von Justinian abhängige Papst Vigilius sie für den Westen wiederholen. Die weitere Geschichte des Origenismus im Osten gehört in die byzantinische Geistesgeschichte.

Die lateinische Theologie

In schroffstem Gegensatz zum Origenismus steht die afrikanische Theologie. Ihr Begründer und bedeutendster Vertreter, Tertullian (155—223), war als Sohn eines römischen Zenturio in Karthago geboren, wurde Jurist, hatte einige Jahre eine Advokatenpraxis in

Rom, kehrte aber nach Karthago zurück und wirkte dort als Rechtsanwalt bis zu seinem Tode. Seine radikale Ethik, seine Aufgeschlossenheit für Askese und Ekstase und sein Gegensatz zur römischen Kirche veranlaßten ihn, zu den Montanisten überzutreten.

Tertullians Hauptbedeutung liegt in der Latinisierung des Christentums, ihm verdankt die Kirche die lateinische Kirchensprache. Das hatte schwerwiegende Folgen, weil Sprache und Gedankengut Tertullians nicht wie bei den Griechen von der Philosophie, sondern von der Welt der Soldaten und Juristen bestimmt waren. Er war bewußter Gegner der Philosophie: »Jeder unserer Handwerker hat Gott gefunden, den Platon nicht gefunden hat.« In dauernder Verbindung mit dem Militär gab er vor allem den Christen im Heere Anweisungen für ihr Verhalten. Zu den militärischen Begriffen, die er in das Christentum einführte, gehören so wichtige wie *sacramentum, disciplina, statio* (für das Fasten), zu den juristischen *meritum, praescriptio, lex* (für die Glaubensregel) und viele andere.

Tertullians Schriften behandeln vorwiegend praktische Fragen. Sie empfehlen dem Christen, afrikanische statt römische Kleidung zu tragen, sich nicht zu bekränzen, nicht zweimal zu heiraten, die Jungfrauen in Schleier einzuhüllen. Er ist leidenschaftlicher Vorkämpfer für das Martyrium, dem er sich selbst aber zu entziehen wußte. Bibelauslegung trieb er kaum, forderte aber strengsten Gehorsam gegen die für wahr zu haltende Glaubensregel.

Seine im engeren Sinne theologischen Schriften basieren auf einem von der römischen Stoa und stoisierenden Ärzten entlehnten substantiellen Materialismus, mit dem er die Einheit der Schöpfung zu wahren und gegen Markioniten zu verteidigen suchte. Gott ist ebenso stofflich wie die Seele; deshalb ist einer der wichtigsten Glaubensartikel die Auferstehung des Fleisches, die er so extrem versteht, daß der auferstandene Leib sogar Zähne hat, zwar nicht mehr zu essen braucht, aber gähnt; Frauen sollen sich nicht schminken, weil Gott sie in ihrem geschminkten Auferstehungsleib nicht erkennen würde.

Eine dritte Gruppe von Schriften enthält schroffste Polemik gegen alles, was nicht Tertullians Meinung war, und zwar nicht nur gegen Gnostiker und Markioniten, sondern ebenso gegen den römischen Bischof, den er als erster mit Pontifex Maximus verspottet. Sein oft zügelloser Haß hat in Afrika Schule gemacht.

Die führenden lateinischen Schriftsteller des Christentums waren zunächst auch weiterhin Afrikaner. Cyprian war ganz von Tertullian abhängig, hat ihn jedoch für eine strenge Institutionskirche zurechtgeschnitzt, Lactantius imitierte in Form und Inhalt Cicero und war mehr römischer Stoiker als Christ, Arnobius unterschied sich nicht wesentlich von den früheren Apologeten, hatte kaum etwas spezifisch Christliches, vertrat auch im Gegensatz zu den meist stoisierenden Lateinern einen Popular-Platonismus, dem es in erster Linie um die Unsterblichkeit der Seele ging und der sich dadurch entscheidend von der mit Tertullian beginnenden Linie abhebt.

Eine neue Wendung kam von Gallien her: hier hatte Hilarius von Poitiers die nicaenische Theologie gewiß vereinfacht und abendländisch voluntarisiert, im Grunde aber doch richtig verstanden und dem Westen vermittelt. Ebenso folgenschwer war es, daß 355 der afrikanische Neuplatoniker C. Marius Victorinus zum Christentum übertrat; ihm waren die origenistischen Gedanken so weit zugänglich, wie es bei einem Abendländer überhaupt möglich sein konnte. Er setzte sich nicht nur für das *homooúsios* ein, sondern übertrug als erster Lateiner den neuplatonischen Hymnenstil auf die Trinitätslehre; gerade dadurch hat er im Westen den Boden für ein neuplatonisches Christentum bereiten helfen.

Unmittelbar von Origenes ist wenigstens in der Schriftauslegung Ambrosius von Mailand abhängig (339—397). Sein philhellenisches Römertum bildete mit seinem Christentum eine organische Einheit; das spürt man am deutlichsten in seiner schönsten Schrift, der Bearbeitung des Sechstagewerkes von Basileios. Er ist stärker Abendländer als Hilarius, hat aber durch einen mystisch-künstlerischen Zug die Griechen vielfach besser verstanden als dieser, obwohl er wiederum gegenüber rein neuplatonischen Formulierungen zurückhaltender ist als sein großer Schüler Augustin.

Augustin ist das Schicksal des Origenes erspart geblieben, obwohl sein Schrifttum wesentlich mehr ketzerische, also im Gegensatz zum Neuen Testament stehende Sätze enthält als das des Origenes. Er ist sogar *der* christliche Lehrer des lateinischen Abendlandes geworden, auf den sich in Zukunft alle berufen und den die feindlichsten christlichen Gruppen bis heute gegeneinander ausspielen. Das liegt daran, daß Augustin zwar kein im letzten Grunde schöpferischer, aber ein unerhört anpassungs- und gestaltungsfähiger Geist war, »in dessen Händen alles zu Gold wurde« (Heinrich Böhmer). Es gibt wenige Menschen in der Geistesgeschichte, die so viele Gegensätze in sich selbst und in ihren Schriften zu vereinigen wußten wie Augustin, in dem Afrikanisches, Römisches, Griechisches, Jüdisches und Persisches in einem christlichen Rahmen zusammengehalten wurden. Seine Grundlehren von Gott und Welt sind weithin reiner, durch Porphyrios vermittelter Neuplatonismus; hier lebt er wirklich aus Plotin und in gewisser Weise sogar aus dem *Timaios*. Aber er ist ebenso Römer; der frühe Einfluß ciceronischer Rhetorik, das Juristische, das seinen Kirchenbegriff und seine Auseinandersetzung mit den Gegnern bestimmt, sind ebenso römisch wie die Geschichtstheologie des »Gottesstaates«, die nur eine christliche Interpretation des Pessimismus der römischen Geschichtsschreibung ist. Von den Afrikanern, insbesondere von Tertullian und Cyprian her kommt sein stoisch-christlicher Materialismus in der Erbsünden- und Auferstehungslehre und sein Eintreten für die episkopale Institutionskirche. Persisch-manichäisch aber ist sein schroffer Dualismus, der bis zum Gegensatz von *massa perditionis* und den zum Heil Prädestinierten führt. Aber ebenso echt und bestimmend ist bei ihm die Gedankenwelt der Septuaginta, vor allem die Frömmigkeit der Psalmen, und sein neues Verständnis für den bisher in der lateinischen Kirche fast ganz zurückgetretenen Paulus. Das alles vereinigt sich in einer wahrhaft reichen und großen Persönlichkeit, die nur darin hinter Origenes zurücksteht, daß sie neben aller Weichheit und Wärme äußerst hart, schroff und ungerecht sein konnte.

Nach Augustin hat die griechische *paideía* noch einmal bei den Lateinern über die christliche Dogmatik gesiegt. Der römische Senator aus der alten christlichen Familie der Anicier, Manlius Boëthius (480—524), hatte sowohl Platon und Aristoteles ins Lateinische übersetzt und kommentiert, als auch Schriften über die Trinität ganz im nicaenischen Sinne geschrieben und auch sonst christlich gedichtet und gesprochen. Als er aber im Gefängnis der Folterung und dem Tod entgegensah, enthielt sein letztes Buch nichts Christliches mehr; es ging nur noch »über den Trost der Philosophie«.

Zu den großen theologischen Persönlichkeiten der vorkonstantinischen Zeit gehört auch der Kleinasiat Irenaeus. Leider sind seine Schriften sehr schlecht überliefert. Viel stärker als die Alexandriner und Afrikaner vertrat er die sakramental-mystische Linie, die Erlösungsfrömmigkeit und die Heilsbedeutung des Christus. Ihm ging es weniger um Erziehung und Ethos als um Erlösung; Erlösungsziel ist die Wiederherstellung des gefallenen Kosmos und die Vergottung des Menschen zur abbildhaften Gottähnlichkeit. Diesem Ziel dient die Menschwerdung Christi: »Gott wurde Mensch, damit der Mensch Gott würde.« Die Gedanken des Irenaeus sind durch Hippolytos von Rom (gestorben 235) vereinfacht und moralisiert worden.

Kirche und Staat

Die Verbreitung der hellenistischen Religionen im Kaiserreich war nur dadurch möglich, daß der Staat sie frei schalten ließ. Verbote oder Verfolgungen außerhalb der Stadt Rom sind kaum vorgekommen, und auch dort nur, wenn politische Gefahr drohte. Ständig verboten waren nur einige barbarische Religionen wie die keltischen Druiden, während die gelegentlichen Schließungen einzelner Gemeinden oder die Ausweisung aus einer Stadt meist nur bis zum Regierungsantritt des nächsten Kaisers Gültigkeit hatten. So richtete sich die Schließung des Isistempels in Rom durch Claudius (48) lediglich gegen die politische Betätigung der Isisgläubigen. Die Religionen ihrerseits machten aber auch dem Staat keine Schwierigkeiten, die staatlichen Götter und den Kaiserkult erkannten sie stillschweigend an und nahmen die staatlichen kultischen Verpflichtungen widerspruchslos auf sich.

Eine Ausnahme bildete das Judentum, das es aber trotzdem verstand, zum kaiserlichen Staat ein gutes Verhältnis zu unterhalten. Obwohl wir über die Rechtslage der Synagogengemeinden weitgehend im unklaren sind, steht fest, daß sie eine Reihe kaiserlicher Privilegien besaßen und nie zu den *collegia illicita*, den verbotenen Gemeinschaften, gerechnet worden sind. Das wichtigste Privileg war die Befreiung von der Teilnahme am Kaiserkult, die bis zum Ausbruch des Bar-Kochba-Aufstandes durch Opfer für den Kaiser im Jerusalemer Tempel abgelöst wurde. Hinzu kam das Recht der Selbstbesteuerung; allerdings behielt sich der Staat die Finanzaufsicht über die nach Jerusalem abgelieferten Gelder vor, delegierte sie aber zeitweilig an Herodes Agrippa II. Die allgemeine Befreiung von der Wehrpflicht haben die Juden oft angestrebt, aber nur gelegentlich erhalten. Schließlich genossen sie Sabbatprivilegien und den äußerst strengen, mit der Todesstrafe bedrohten Schutz ihrer Kulteinrichtungen und synagogalen Gegenstände, wie der heiligen Schriftrollen.

Das Judentum hatte diese rechtliche Sonderstellung erhalten, nachdem es in der Seleukidenzeit unablässig auf seine romfreundliche Haltung hingewiesen hatte. Hinzu kam, daß die kämpfenden Parteien in den Bürgerkriegen vielfach die finanzielle, zum Teil sogar militärische Hilfe der Juden brauchten und auch erhielten. Schon Pompeius hatte jüdische Kriegsgefangene nicht nur freigelassen, sondern ihnen das Bürgerrecht verliehen; auch Caesar und Augustus hatten die Juden in jeder Weise privilegiert. Caligulas Versuch,

Oranten
Koptische Grabstele, 3. Jahrhundert
Recklinghausen, Ikonenmuseum, Koptische Sammlung

Grabnischen in einem Gang der Pamphilos-Katakombe in Rom, zweite Hälfte 3. Jahrhundert

Kaiserbilder in Synagogen und Tempeln aufzustellen, blieb erfolglos, obwohl die gegen die Juden erbitterten Alexandriner auf seiner Seite standen. Nero, Vespasian und Titus hatten Juden und Jüdinnen am Hof, und selbst unter Trajan war die Zahl der jüdischen Senatoren groß. Weder der Aufstand unter Vespasian noch der unter Trajan haben die Privilegien der Diasporajuden berührt, außer daß die Tempelsteuer seit dem Jahre 70 an den Staat abgeliefert werden mußte. Erst Hadrian, durch den Bar-Kochba-Aufstand erbittert, erließ einige antijüdische Gesetze, ein Beschneidungsverbot, das Verbot, die neue römische Kolonie Aelia Capitolina in Jerusalem zu betreten, und einige andere, aber Antoninus Pius hob die meisten wieder auf, und damit blieb alles beim alten; Severus Alexander hat sich sogar den Titel Archisynagogos beilegen lassen. Die ersten durchgreifenden antijüdischen Gesetze sind von christlichen Kaisern erlassen worden.

Für keine andere Religion ist das Verhältnis zum römischen Staat so einschneidend und bestimmend gewesen wie für das Christentum. Die ersten Schwierigkeiten, auf die die christliche Missionstätigkeit stieß, waren allerdings lokaler Art. Sie beruhen auf Auseinandersetzungen mit den Juden, dann mit lokalen Kulten, mit städtischen Behörden, bald aber schon mit Provinzialverwaltungen, bis schließlich der Staat selbst Stellung nehmen mußte. Die oft maßlose Polemik der christlichen Prediger gegen die städtischen und staatlichen Kultformen und die Verachtung der Tempel und Götter ließen die Christen als Atheisten erscheinen, was Greuelgeschichten über unverstandene Vorgänge in christlichen Gemeinden zu bestätigen schienen; zudem machte der Fanatismus der Menge, die in jeder Krise den Zorn der beleidigten Götter sah, die Christen dafür verantwortlich. Für den Staat aber mußte die Ablehnung jeder Form des Herrscherkultes gefährlich werden, denn auf diesem beruhte vielfach die göttliche Legitimation von Staat und Kaisertum.

Der römische Staat hatte vier juristische Handhaben, um gegen die Christen vorzugehen: das *Senatusconsultum de bacchanalibus* (»Bacchanaliendekret«) von 186, die *lex Iulia de collegiis illicitis* (gegen unerlaubte Gemeinschaften), das von Tiberius erneuerte Gesetz gegen die *crimina laesae maiestatis* (Majestätsverbrechen) und schließlich eine Klassifizierung als *crimen extraordinarium*. Aber nur wenige Kaiser haben von diesen juristischen Möglichkeiten Gebrauch gemacht. Die meisten hatten eine Scheu vor Asebieprozessen jeder Art; von Tiberius stammte der bezeichnende Ausspruch, daß Unrecht gegen die Götter Angelegenheit der Götter selbst sei. Zudem war das Christentum viel zu komplex, viel zu dynamisch und viel zuwenig einheitlich, um es mit einem sicheren Griff juristisch fassen zu können.

In den ersten zweihundert Jahren versuchte der Staat zunächst, auf dem Verwaltungsweg einzuschreiten, und zwar auch nur dann, wenn es unbedingt nötig war. Das alles war ganz natürlich, unverständlich bleibt dagegen, daß bis zu Decius die staatlichen Informationen über das Christentum anscheinend so schlecht waren, daß man es ständig unterschätzte. Die neue christliche Bewegung zog ihrerseits aus den lokalen Verfolgungen, erst recht aus den Volkstumulten, nur Kraft, zumal da ihnen im Anfang immer nur wenige zum Opfer fielen, die sie als Märtyrer rasch glorifizieren und nicht nur literarisch, sondern als guten Ersatz für den heidnischen Heroenkult auch kultisch feiern konnte. Im einzelnen liegen die Dinge zeitlich wie örtlich außerordentlich verschieden.

Sieht man von der Judenaustreibung des Claudius ab, so beginnen in der christlichen Tradition die Verfolgungen durch den Staat mit Nero (64). Aber zu Unrecht. Denn hierbei handelte es sich um ein rein stadtrömisches Ereignis, dessen Hintergründe wohl die waren, daß die kleine Christengemeinde als Brandstifter Roms denunziert und verurteilt wurde. Im allgemeinen ließ man die Gemeinden, die vielfach noch als jüdische Sekten galten, bis in die Zeit des Titus in Ruhe, soweit sie öffentlich nicht allzusehr auffielen. Erst unter Domitian wurden, wie die Apokalypse beweist, nicht nur in Kleinasien die Zusammenstöße mit den Christen und Volkstumulte gegen sie häufiger, sondern auch die römischen Behörden schritten ein, zumindest, um Ruhe zu stiften. Domitian selbst ergriff einige Maßnahmen, vielleicht im Zusammenhang mit seinen Philosophenaustreibungen, denen Dion von Prusa zum Opfer fiel. Fest steht, daß er die beiden letzten Nachkommen der Familie Jesu zu sich zitierte, sie aber wieder entließ, da sie ihm zu unbedeutend vorkamen. Dagegen hat er wohl eine Sondersteuer für römische Bürger erhoben, die Christen waren. Doch ist unsicher, ob die Hinrichtung des Konsuls Flavius Clemens und die Verbannung der Flavia Domitilla (95) wegen Gottlosigkeit etwas mit dem Christentum zu tun hatten. Die Konfiskation der Güter von solchen, »die nach jüdischen Sitten lebten«, kann sich auf die römische Judenschaft beziehen. An eine Christenverfolgung allgemeiner Art auf Grund eines der erwähnten Gesetze ist jedenfalls nicht zu denken. Doch mußte Domitians übersteigerter Herrscherkult, für den Martials Gedichte bezeichnend sind, in denen sogar die Tiere den Kaiser anbeten, die stärkste Opposition der Christen hervorrufen, wodurch vermutlich neue Ausschreitungen entstanden sind.

Das nächste sichere Zeugnis ist der Brief des jüngeren Plinius während seiner Statthalterschaft in Bithynien an Trajan und Trajans Antwort (um 111–113). Dabei fällt auf, daß der Kaiser keinerlei Verbindung mehr zwischen Christen und Juden sah, also die Christen in keinen Zusammenhang mit den ihm politisch gefährlichen Juden brachte. Aus dem Briefwechsel geht hervor, daß Plinius keine klaren Rechtsverhältnisse vorfand, sie aber dringend wünschte, und daß der Kaiser sie nicht schaffte. Plinius kannte von seiner Provinz Untersuchungen gegen Christen vor lokalen Instanzen, hat jedoch nie einer beigewohnt und hatte auch keinerlei Ahnung, ob bloße Zugehörigkeit zum Christentum strafbar sei, und wenn ja, welches Prozeßverfahren und welches Strafmaß anzuwenden seien. Vom Christentum wußte er wenig und begnügte sich mit wenigen Zeugenaussagen, die nur das Dürftigste ergaben. Auf eigenen Entschluß hin ließ er solche, die nach dreimaligem Verhör darauf bestanden, Christen zu sein, hinrichten, nicht ihres Bekenntnisses wegen, das er für Dummheit *(amentia)* hielt, sondern wegen ihrer obstinaten Hartnäckigkeit gegenüber den Forderungen des Staates. Römische Bürger schickte er nach Rom. Solche, die angezeigt waren, entließ er, wenn sie in seiner Gegenwart die Götter anriefen und dem Kaiserbild Weihrauch und Wein spendeten. Eine Untersuchung, ob die Christen nach dem Gesetz gegen die verbotenen Kollegien zu belangen wären, verlief negativ, da nur törichter und maßloser Aberglaube festgestellt werden konnte. Den Ernst der Lage sah Plinius nur darin, daß auch auf dem Land die Tempel nicht mehr besucht wurden, glaubte aber der Bewegung Herr zu werden, wenn man nicht radikal vorginge, sondern den Weg zur Rückkehr erleichterte.

Trajan hielt eine Gesamtregelung nicht für angebracht; er verbot das polizeiliche Aufspüren der Christen und das Eingehen auf anonyme Denunziationen als des aufgeklärten Jahrhunderts nicht würdig. Wer des Christentums überführt war, sollte nur dann bestraft werden, wenn er es ablehnte, die Götter des Staates anzurufen. Die beiden folgenden Kaiser sind nicht anders vorgegangen; unverdächtige christliche Gewährsleute, nämlich Tertullian und Melito von Sardes, bestätigen, daß die guten Kaiser die Kirche nicht verfolgt haben.

Ein gewisses Problem bildet Hadrian. Es ist kaum denkbar, daß ihm auf seinen Reisen und bei seinem großen Interesse für die orientalischen Religionen das Christentum nicht begegnet wäre und er nicht eine genaue Kenntnis von ihm gehabt hätte. Aber auch er kam zu keiner allgemeinen gesetzlichen Regelung. Sicher ist nur, daß die Christen nicht von seiner antijüdischen Gesetzgebung betroffen wurden. Er und sein unmittelbarer Nachfolger gingen im allgemeinen den gleichen Weg wie Trajan. Ein mit Unrecht verdächtigtes Reskript Hadrians an den Prokonsul von Asien, Minicius Fundanus, schützte sogar die Christen gegen Denunzianten und wilde Volkstumulte, ohne jedoch zur Frage des Christentums selbst Stellung zu nehmen. Auch die von Antoninus Pius überlieferten, vermutlich echten Reskripte setzten fest, daß nur erwiesene Gottlosigkeit, also die Weigerung, die Staatsgötter zu verehren, strafbar sei. Aber die Volkspogrome mehrten sich vor allem in Afrika und in Antiocheia, wo man 115 die Christen für ein Erdbeben verantwortlich machte. Tertullian hat die schwache Seite dieser Reskripte richtig charakterisiert: »Wenn man uns für Verbrecher hält, soll man uns auch aufspüren; wenn man uns nicht aufspürt, soll man uns auch freisprechen.« Er drohte aber auch schon dem Staat und forderte zur Nichtbefolgung der Staatsgesetze auf.

Einen schärferen Kurs begann Mark Aurel einzuschlagen, der starke persönliche Abneigung gegen die Christen hegte und auf die Gesetze gegen die Einführung neuer Religionen bis hin zum Bacchanaliendekret zurückgriff. Es kam zwar zu keiner allgemeinen Verfolgung, wohl aber zu einer großen Reihe lokaler Prozesse und Todesurteile, so in Smyrna (165), Rom (165), Pergamon (176), Lyon und Vienne (177) und Afrika (180). Die Christen haben über diese Vorgänge sofort brieflich anderen Gemeinden berichtet, so entstanden die Märtyrerakten, die freilich sehr rasch von Legenden überwuchert wurden; daß sie gelegentlich echte Prozeßakten benutzten, ist zu bezweifeln.

Das Verhalten der nächsten Kaiser ist wiederum unsicher; Commodus soll sich auf Veranlassung einer jüdischen oder christlichen Hetäre für verfolgte Christen eingesetzt haben, juristische Folgen hatte das nicht. Septimius Severus hatte zwar Christen unter seinem Hofpersonal, verbot aber den Übertritt römischer Bürger (202); das war wohl ein Zugeständnis an den Senat. Die große alexandrinische Verfolgung unter seiner Regierung blieb zwar auf die ägyptische Provinz beschränkt, aber die Frage nach einer gesetzlichen Regelung wurde immer dringender. Deshalb ließ Caracalla, der eine christliche Amme gehabt haben soll, durch Ulpianus alle Verfügungen und Gesetze sammeln, die über die Christen vorhanden waren. Aber über diese akademische Arbeit kam auch er nicht hinaus, und an den unsicheren Rechtsverhältnissen änderte sich nichts.

Mit den syrischen Kaisern begann dann eine Zeit nicht nur faktischer Duldung, sondern sogar kaiserlicher Sympathien. Iulia Mammaea stand mit christlichen Schriftstellern in

Verbindung, hörte Vorlesungen des Origenes und ließ sich von Hippolytos ein Buch über die Totenauferstehung schreiben, Alexander Severus soll in seiner Privatkapelle neben Apollonios aus Tyana, dem wundertätigen Wanderpropheten eines religiösen Kynismus, Abraham und Orpheus auch Christus verehrt haben, doch stammt diese Nachricht aus späten und schlechten Quellen. Daß er sich in privatrechtlichen Streitfällen für die Christen eingesetzt habe, ist sicher Legende, daß er die goldene Regel aus der Bergpredigt (Matthäus 7, 12) zitierte, braucht nicht christlich zu sein.

Nach dem Sturz der Syrer begann Maximinus Thrax eine ausgesprochen antichristliche Politik und erließ zum ersten Male Gesetze gegen den Klerus. Aber er regierte nur kurze Zeit, so daß sie kaum in Kraft traten, nur in Ägypten und Afrika kam es wieder zu Verfolgungen. Philippus Arabs erneuerte die tolerante Religionspolitik der Syrer; Eusebius macht ihn sogar zum Christen, und sicher ist, daß er mit Origenes im Briefwechsel stand.

Aber die radikalen Gruppen der Christen wollten gar keine Duldung. Durch die lokalen Verfolgungen verbittert und durch die Märtyrerakten entflammt, von Männern wie Tertullian und Origenes zum Martyrium aufgerufen und fest davon überzeugt, daß der Märtyrer unmittelbar nach dem Tode zu Gott käme und daß die Bluttaufe sicherer sei als die Wassertaufe, provozierten sie von sich aus immer neue Verfolgungen. Es gab auch schon viele, die nicht Duldung, sondern Alleinherrschaft in der Welt der Religionen forderten. So kam es zu den großen christlichen Provokationen bei der Jahrtausendfeier Roms (248), die jedem deutlich bewiesen, daß eine friedliche Koexistenz zwischen christlicher Kirche und unchristlichem Staat nicht mehr möglich war. Decius zog daraus die Konsequenzen, nur war es dazu schon zu spät, und die Kürze seiner Regierungszeit ließ seine Maßnahmen nicht zur Auswirkung kommen.

Ein kaiserliches Edikt von 250 verlangte von jedem des Christentums Verdächtigen ein Weihrauchopfer vor einem beliebigen Götterbild, worüber eine Quittung ausgestellt wurde *(libellus)*. Daraufhin ließ man ihn in Ruhe; Christen, die öffentlich aus der christlichen Gemeinde austraten, sollten sogar öffentlich belohnt werden. Auf Renitente wartete die Todesstrafe. Zwei ergänzende Edikte Valerians von 257 und 258 verschärften die Strafe für die Kleriker, verboten den Besuch von Kirchen und Katakomben, verfügten die Beschlagnahme allen christlichen Besitzes und entkleideten christliche Senatoren und Ritter in entehrender Weise ihres Standes. Märtyrer gab es jetzt im ganzen Reich, viele aber entzogen sich der Verfolgung durch Flucht, viele opferten, andere kauften sich die Opferquittungen oder ließen sich gegen Geldzahlungen in die Opferlisten eintragen.

Aber schon 260 hob Gallienus alle Edikte wieder auf. Sein Neuplatonismus, seine bewußte Erneuerung hellenischen Geistes — er ist einer der letzten Kaiser, die sich in Eleusis einweihen ließen — duldeten keinerlei Gewaltpolitik. Claudius Gothicus brauchte alle Kräfte für die Außenpolitik und konnte vor allem keine Spaltungen im Heer vertragen. So genossen die Christen wieder etwa dreißig Jahre lang ungestörte Ruhe. Aurelian machte den Versuch, Christen und Nichtchristen unter einem Reichsgott Helios, dem »Friedensbringer« und »Wiederhersteller des Erdkreises«, zu vereinigen. Die anderen Religionen, vor allem die Mithrasanhänger, beteiligten sich gern daran; die Christen lehnten ab, zumal da der

Kaiser selbst als Abbild der Sonne verehrt wurde. Aber Konstantin hat später darauf zurückgegriffen, und er war glücklicher damit.

Solange eine starke Zentralgewalt fehlte, war eine Lösung der in den Provinzen immer brennender werdenden Fragen nicht möglich. Als sie aber mit Diokletian wieder vorhanden war, gab es nur noch zwei Möglichkeiten. Entweder mußte noch einmal versucht werden, das Christentum als götter- und reichsfeindliche Bewegung radikal zu bekämpfen und womöglich auszurotten, oder die alten Götter mußten bekämpft, der Absolutheitsanspruch der Christen anerkannt und das Reich verchristlicht werden. Diokletian ging den ersten Weg, allerdings nach langem Zögern. Er vertraute noch auf die Möglichkeit, die altrömische Gesinnung erneuern zu können, und auf die Autorität des Kaisertums als einer göttlichen Institution, die er durch strikte Durchführung des persischen Hofzeremoniells mit Purpur und kniender Begrüßung des Kaisers unterstrich. Noch ohne Zusammenhang mit den Christenverfolgungen steht sein Edikt gegen die Manichäer, das vielleicht nicht aus politischen Motiven, sondern zum Schutz des von ihm verehrten Mithras erlassen wurde.

Vieles einzelne ist an der diokletianischen Verfolgung ungeklärt. Der Kaiser und seine Kreise führten den Kampf zunächst nicht mit Gewalt. Dem wachsenden Einfluß der Christen im Heere wollte er mit einer verstärkten Propaganda für Mithras begegnen; die wachsende antichristliche Propaganda machte sich auf den Münzen bemerkbar. Orakel berühmter Orakelstätten wurden verbreitet, die alles Unglück der Zeit auf die Christen zurückführten, antichristliche Literatur, von den volkstümlichen Pilatusakten bis hin zu Porphyrios' Buch gegen die Christen, wurde gefördert. Das alles hatte wenig Erfolg, so daß der Kaiser in Gemeinschaft mit Galerius nach neunzehn Jahren zu einer radikalen Verfolgung schritt.

Es war die erste und einzige Verfolgung, die auch juristisch gut vorbereitet war: zur Grundlage dienten über die Gesetze des Decius hinaus die älteren Gesetze gegen Religionsfrevel und die Behandlung des Christentums als Majestätsverbrechen. Zunächst suchte der Kaiser das Heer zu säubern, was ihn eine Reihe guter Offiziere kostete. Dann, vor dem Osterfest 303, vielleicht als Vorsorge für die zu erwartenden Unruhen, ließ er die Kirche der Residenzstadt Nikomedeia schließen und ihre heiligen Schriften verbrennen; damit war der notwendige Präzedenzfall geschaffen.

Es folgten drei Edikte, die die Amtsenthebung höherer christlicher Beamter, Freiheitsstrafen für niedere und die verschärfte Durchführung der decischen Opfergebote verfügten; auch die Kaiserin Prisca und ihre Tochter mußten öffentlich opfern. Daraufhin kam es in Nikomedeia zu einem Tumult, und die Christen steckten einen Teil des Palastes in Brand. Da erließ der Kaiser das schroffe vierte Edikt (304), das jede Opferverweigerung mit sofortigem Tode bestrafte. Die Verfolgung wurde aber von den vier Trägern der Reichsgewalt sehr verschieden streng durchgeführt; besonders im Westen hat sie Constantius Chlorus kaum in Angriff genommen, und nach Diokletians Abdankung (305) setzten nur Galerius und Maximinus Daia sie fort; jedoch trat unter ihnen vielfach Verstümmelung an die Stelle der Todesstrafe. Aber noch 305 erlitt der Origenist Pamphilos in Palästina das Martyrium. Als Galerius die Erfolglosigkeit einsah, versuchte er noch einmal eine

Kompromißlösung: er hob in dem ersten der »Toleranzedikte« die antichristlichen Gesetze wieder auf und erklärte die Christen nur dann für strafbar, wenn sie *contra disciplinam* handelten (311). Da dieser Begriff aber nicht definiert war, bedeutete dieses Unternehmen nur einen Rückschritt. Maximinus verschärfte die Verfolgung noch einmal und ließ neben anderen den Philologen Lucianus von Antiocheia (312) hinrichten und eine Reihe von Städten Petitionen gegen die Christen einreichen (313), aber im selben Jahr noch starb er nach seiner Niederlage bei Adrianopel.

Die Christen haben die Diokletianische Verfolgung viel besser überstanden als die Decische. Wirklich schwer litten Ägypten und Pontos und die Christen im Heer und in den Bildungsschichten; historische Martyrien von Ärzten und Offizieren sind bekannt, dagegen haben sich die Bischöfe oft dem Martyrium entziehen können. Denn jetzt begannen die Christen zurückzuschlagen: Truppen verweigerten den Gehorsam, die militärische Disziplin geriet ins Wanken; in Laodikeia zerstörten die Christen mitten in der Verfolgungszeit unter Führung eines Presbyters Artemon die Tempel- und Götterbilder, und in Ägypten beteiligten sich vor allem koptische Christen an den antirömischen Aufständen, die von der Wirtschaftspolitik des Kaisers ausgelöst worden waren. Das bezeichnendste Dokument aber ist die unter dem Namen von Lactantius umlaufende Schrift über den Tod der Verfolger, die in einem grausigen Haß das antike Thema von der späten Rache der Gottheit auf die Christenverfolger übertrug und mit dem Triumph über die Ausrottung der Verfolger eine Epoche einleitete, in der bald die Christen aus Verfolgten zu nicht weniger grausamen Verfolgern wurden.

Diokletians Weg war gescheitert, so blieb für den nüchternen, mit der Wirklichkeit der geschichtlichen Abläufe Rechnenden nur der andere übrig, den Konstantin und vielleicht schon vor ihm Maxentius gingen. Denn schon 310 hatte dieser beschlagnahmte Kirchengüter zurückgegeben; er ließ sich auch von Hosius, dem Bischof von Corduba, der später Konstantins Hofbischof wurde, beraten, griff in die römischen Streitigkeiten zugunsten der christlichen Kirche ein und plante wohl auch schon ein Reichskonzil unter kaiserlichem Vorsitz. Nach seinem Tod (312) erließen Konstantin und Licinius das »Mailänder Toleranzedikt« von 313, das de facto das Christentum den anderen Religionen gleichstellte.

Der Sieg des Christentums

Das historische Verständnis der ersten drei Jahrhunderte bleibt jedoch unvollständig, wenn man es nur von der politischen und nicht von der religionsgeschichtlichen Seite her betrachtet. Religionsgeschichtlich gesehen, war das Christentum eine synkretistische Religion, anfänglich mit stärker jüdischem, später aber mit vorwiegend hellenistischem Akzent. Warum ist es nicht in diesem Synkretismus aufgegangen? Warum hat sich der hellenistische sterbende und auferstehende Gott unter dem Namen Jesus Christus durchgesetzt? Warum ist Isis zu Maria geworden und nicht umgekehrt? Warum sind die neuplatonischen trinitarischen Spekulationen in christliche Dogmen umgewandelt worden?

Zunächst wird ein sehr eigentümliches und paradoxes geistesgeschichtliches Phänomen deutlich. Schon seit den Paulinischen Briefen zeigte das Christentum eine wesentlich größere Rezeptionsfähigkeit als alle anderen antiken religiösen Bewegungen. Der Satz »Es ist alles euer« führte dazu, daß Gegensätze, die sich bei den andern ausschlossen, im Christentum addiert werden konnten. Im Neuen Testament steht der Satz »Abraham wurde nicht aus Werken, sondern aus Glauben gerecht« dicht neben dem: »Abraham wurde nicht aus Glauben, sondern aus Werken gerecht.« Das Schwelgen in Gegensätzen, das in der christlichen Hymnendichtung ständig neu formuliert wird, in der christlichen Theologie in den Spekulationen über den Gottmenschen Christus bis zur Zweinaturenlehre geführt hat, das in der vereinten Gegensätzlichkeit von freiem Willen und schroffster Prädestination vorhanden ist, bleibt auf allen Gebieten symptomatisch.

Auf der einen Seite umfaßt das Christentum eine größere Weltförmigkeit als die meisten andern Religionen. Seine Verwaltung, seine Finanzwirtschaft, die Technik seines Katakombenbaus, die Farbigkeit seiner Malerei, die nackte Figürlichkeit seiner Sarkophage, die oft sehr gewagten Szenen seiner religiösen Romane sind durch und durch diesseitig. Zugleich umfaßt es andererseits den radikalen Drang zum Märtyrertum, eine rigorose Verurteilung aller Freuden dieses Lebens, eine Welt kultur- und kunstfeindlicher Asketen, die sich seit dem 2. Jahrhundert, besonders in Ägypten und Syrien, vermehrten. Wer also in die christliche Gemeinde kam, konnte dort von dem, was er geistig suchte und mitbrachte, mehr finden als anderswo: massive Jenseitsvorstellungen oder vergeistigte Eschatologie, massiven Wunderglauben oder gläubiges Vertrauen, das ohne Wunder auskommt, herbe Ethik oder schrankenlose Vergebung aller Sünden, höchste Bildung oder absolute Bildungsverachtung.

Aber es gab eine scharfe Grenze. Wieder hatte Paulus sie für die ganze Entwicklung programmatisch formuliert: »Es ist alles euer, ihr aber seid Christi.« Dabei brauchte das Wort Christus gar nicht klar definiert zu sein, und man konnte vieles unter ihm verstehen. Sobald aber Christus nicht als Kultgott anerkannt wurde, hörte alle Rezeptivität auf, und jene strikte Intoleranz begann, die in dieser Intensität in der Antike neu war, dem Christentum aber die Stoßkraft verlieh, mit der es sich den Sieg erkämpfte. Das junge Christentum hatte, zum Teil gerade wegen seiner Jugendlichkeit, ein viel stärkeres Selbstbewußtsein als die älteren Religionen; man fühlte sich als das »neue Geschlecht«, als die »neue Schöpfung«, als die »Erfüllung der Zeiten«. Man besaß die Wahrheit schlechthin, und alle, die des skeptischen Relativismus müde waren, ließen sich davon mitreißen.

Hinzu kam die enge Verbindung des christlichen Mythos mit der Geschichte, wodurch er seine Irrealität verlor. Der Mythos war zur rationalen Heilsgeschichte geworden, die man sogar datieren konnte. Der Jesus Christus der Evangelien war geschichtlich nahe und entsprach doch allen Anforderungen des Mythos; wieder konnte man die Seite bevorzugen, die man wollte, wenn man nur die andere nicht einfach leugnete. Auch das christliche Ethos hatte einen ungeheuren Vorzug, das rein formale Liebesgebot. Zwar betonten alle Religionen der Umwelt das Ethos, hatten Märtyrer aufzuweisen, sorgten für ihre Glaubensgenossen, hoben den Unterschied zwischen Freien und Sklaven im Religiösen auf und wollten die Welt nicht nur erlösen, sondern auch besser machen, aber die christliche Weite des

Formalgebotes erlaubte eine so vielfältige Differenzierung des Handelns, daß die Praxis sich immer den Gegebenheiten anpassen konnte. Nachweisbar hat sich das so ausgewirkt, daß das Gebot der unbegrenzten Nächstenliebe in den ersten Jahrhunderten zu großartigen Hilfeleistungen führte, die, wie Peregrinus Proteus zeigt, viele anzog, und zwar nicht nur Notleidende, die Hilfe verlangten, sondern auch solche, die helfen konnten und wollten.

Diese geistigen Grundlagen wurden ständig korrigiert, konkretisiert, erweitert, eingeengt, zuweilen sogar in ihr Gegenteil verkehrt, aber immer als Grundlagen festgehalten. So kam es zu dem äußerst komplizierten Gebilde der Kirche. Die unverrückbaren Konturen dieser Grundlagen ermöglichten es, daß neben einer innerkirchlichen Gnosis und theologisch-philosophischen Metaphysik ein schlichter oder ein gelehrter Biblizismus stehen konnte, sie ermöglichten es sogar, dem Volke zu gestatten, die alte Volksreligion zu bewahren, wenn es nur bereit war, die Namen der alten Götter mit denen von Aposteln, Märtyrern oder anderen Heiligen zu vertauschen und sich dem christlichen Ethos zu unterwerfen. Sie erlaubten es, das Liebesgebot zu säkularisieren und die antike Zivilisation, aber ebenso die alttestamentliche oder stoische Ethik zu übernehmen, wenn es nur im Namen der Liebe geschehen konnte, aber sie erlaubten ebenso Reaktionsbewegungen gegen die Verweltlichung, die dann im entstehenden Mönchtum ihren Ausdruck fanden. Schon kurz nach 300 gründete der Kopte Pachomios in dem Kloster Tabennisi eine solche Gemeinschaft, die zwar strenge Regeln kannte, aber wiederum nicht starr war; sie verlangte nicht einmal lebenslängliche Bindung.

Jeder, der diese Grundlagen anerkannte, konnte in der christlichen Gemeinde nicht nur das Heil seiner Seele und eine Verheißung für das Jenseits finden, sondern auch im Diesseits irgendeine Arbeit zugewiesen erhalten, die seit Paulus sogar mit dem Glanz eines göttlichen Charisma umkleidet war. Schon in den ersten Jahrhunderten brauchten die Gemeinden Hilfskräfte, und ihre alten Ämter standen allen offen; viele der ersten Presbyter, Diakone, Bischöfe waren Sklaven.

Als die Gemeinden größer wurden, wuchsen die Arbeitsmöglichkeiten »für Christus«, wenn es dabei auch für viele einer Umschulung bedurfte. Der Lehrer wurde zum christlichen Katecheten; Hersteller von Götterbildern, Homerrezitatoren, alle Künstler heidnischer Kunst fanden sofort Wirkungsmöglichkeiten, wenn sie nur lernten, daß der Orpheus, den sie in den Katakomben malten, Christus sei und daß die Eros-und-Psyche-Gruppe die christliche Liebe und die christliche Seele darstellte.

Die nächste Generation hat dann die alten Beziehungen meist vergessen und ging allmählich zu rein christlichen Themen der Bibelillustrierung über. In Dichtung und Musik vollzogen sich parallele Entwicklungen, und die Rhetoren kamen als christliche Kultredner bald zu neuen Ehren. Auffällig ist, daß man es sich mit den Soldaten sehr leicht machte und von ihnen meist nur die Abstinenz vom heidnischen Kult erwartete; im 3. Jahrhundert ist das Christentum sogar neben dem Mithraskult die wichtigste Soldatenreligion gewesen.

Schließlich darf die Anziehungskraft des christlichen Gottesdienstes nicht übersehen werden. Wenn auch die familiären Versammlungen und gemeinsamen Mahlzeiten der ersten Gemeinden bald aufgegeben werden mußten, behielt der christliche Gottesdienst

Das Christusmonogramm im Siegeskranz
Marmorrelief, 4. Jahrhundert. Rom, Lateranmuseum

Ruinen der Basilika in der byzantinischen Klosteranlage von Subeita auf der Halbinsel Sinai

doch bis ans Ende des 3.Jahrhunderts eine intime Note. Die älteste erhaltene Kirche, die von Dura-Europos (erste Hälfte des 3.Jahrhunderts), hat noch ganz den Charakter eines Privathauses, in dem nur einige Wände entfernt wurden. Ihre ganze Ausstattung bestand aus einem Podest für den Prediger, einem Sockel für Leuchter oder Lesepult, vielleicht noch einem kleinen Taufbecken und einer schlichten handwerklichen Bemalung mit biblischen Szenen. Die Frage, wann, wo und in welcher Form die Basilika christlicher Kultraum geworden ist, ist völlig ungeklärt. Im Gottesdienst selbst lehnte man zwar jede Form des Opfers ab, führte aber auch den schmucklosen Synagogengottesdienst nicht weiter. Unter Verwendung sehr verschiedenen, auch heterogenen Materials aus der Synagoge und dem Alten Testament, aus den Tempel- und Mysterienliturgien entstanden, vielleicht zuerst in Alexandreia, künstlerische Liturgien und sakramentale Feiern, deren ältestes Beispiel der Papyrus von Der Balyzeh (wohl noch spätes 3.Jahrhundert) ist. Die entscheidende Wendung von der alten Gemeindefeier zum liturgisch-sakramentalen Mysteriengottesdienst hat sich im 3.Jahrhundert vollzogen, doch blieb in beiden Formen die christliche Grundlage in der ständigen Benutzung biblischer Texte erhalten, sowohl in der Liturgie als auch in der auslegenden Predigt.

William Seston

VERFALL DES RÖMISCHEN REICHES IM WESTEN
DIE VÖLKERWANDERUNG

Diokletian: Wiederherstellung der kaiserlichen Autorität

An das Jahr 284 und den Regierungsantritt Diokletians knüpft man nach alter Gewohnheit den Beginn eines neuen Zeitalters; hier soll die absolute Monarchie angefangen haben, eine Art Despotie nach orientalischem Muster, und mit ihr das Vorspiel zu einem hellenisierten Reich, dessen Mittelpunkt nicht mehr Rom mit seiner lateinischen Tradition war, sondern Konstantinopel. Das ist eine vereinfachte, schematisierte Sicht; schuld an ihr ist ein Schulunterricht, der es auf »geschichtliche Wenden« abgesehen hat, wo es keine gibt. Die Wirklichkeit sieht anders aus. Rechtlich blieb Rom mit seinem Nimbus die Hauptstadt des Reiches, alleiniger Sitz des ehrwürdigen Senats bis 360, auch wenn öffentlich-rechtliche Akte den Namen der jeweiligen kaiserlichen Residenz tragen. Gewiß sollte Griechisch die erste Amtssprache eines Reiches werden, als dessen politisches, wirtschaftliches und kulturelles Zentrum Konstantinopel in die Geschichte eingegangen ist; aber noch ein halbes Jahrhundert vor der Gründung der neuen Hauptstadt erlangte Latein im staatlichen Leben des Reiches die größte Bedeutung seit den Tagen der Republik. Der Illyrer Diokletian wollte, wie er selbst sagte, nichts anderes sein als ein römischer Kaiser, und in seine Regierungszeit fällt in der Tat der breiteste Latinisierungs- und Romanisierungsanlauf seit den Severern.

Anderseits war die Vorstellung vom römischen Magistrat als Träger souveräner Entscheidungen bereits dahin, und lange vor Diokletian unterstand die Verwaltung des Reiches nur noch dem Kaiser; schon die severischen Juristen konnten, ohne, wie es scheint, Ärgernis zu erregen, schreiben, daß das Gesetz der Ausdruck des kaiserlichen Willens sei. Freilich hatte Caracalla (Marcus Aurelius Bassianus) in seinem Gesetz von 212 ausdrücklich erklärt, mit der Verleihung des römischen Bürgerrechts an alle Bewohner des Reiches »die Rechte der lokalen Gemeinschaften«, ihrer öffentlichen und privaten Institutionen und ihrer religiösen und kulturellen Traditionen also, sicherstellen zu wollen; aber er war auch, wie die Digesten bezeugen, der erste, der den großen und kleinen Städten ernannte Vorsteher nach seiner Wahl aufnötigte und damit bewies, daß der Kaiser an den eigenen kaiserlichen Willen nicht gebunden war. Persönlichkeiten von Format, ein Dio Cassius, ein Marius Maximus, ließen sich auf diese Weise nichts vormachen; das Risiko einer Opposition wollte indes keiner auf sich nehmen.

Nach und nach schwand das kommunale Eigenleben dahin, das im Jahrhundert zuvor aus dem Reich eine Föderation kleiner Republiken gemacht hatte. Gegen etwa 280 hörte die Prägung lokaler Münzen auf; ein griechischer Rhetor, Menander von Laodikeia, jammerte darüber, daß in offiziellen Reden von den lokalen Institutionen nichts mehr gesagt werde: »Alle Städte sind römisch geworden.« Tatsächlich hatte das römische Recht viele lokale Institutionen, namentlich öffentlich-rechtliche, verdrängt, sogar in Ägypten und im griechischen Orient; aber im Gegensatz zu einer lange verbreiteten Meinung gab es weder offenen Widerstand noch Nachhutgefechte. Jahrhundertelang hatte das römische Bürgerrecht lokale Gemeinschaften mit den verschiedensten Eigentraditionen erhalten und damit das Reich zementiert und ihm seine ungewöhnliche Lebensdauer gesichert. In dem Augenblick, da es seine höchste Vollendung erreichte und die Zukunft zu verbürgen schien, verwirklichte es paradoxerweise die Einheit des Reiches gleichsam nur zu dem Zweck, es möglichst sicher unter die Fuchtel des kaiserlichen Absolutismus zu bringen und auf diese Weise seinen Niedergang und Ruin zu beschleunigen.

Immer mehr entsproß die kaiserliche Autorität, vor allem seit Lucius Septimius Severus, nicht der vom Senat beschlossenen Investitur, sondern einem göttlichen Charisma; als persönliches Charisma war es über den Sinn des alten Titels Augustus, den der Kaiser behielt, bereits hinausgewachsen. Wer dem Kaiser im 3. Jahrhundert eine Zueignung überreichte, erklärte sich in unveränderlichem Ritual »seiner Gottheit und seiner Majestät ergeben«. Die Institution des Kaisertums füllte sich zunehmend mit religiösen Elementen, die sie über gewöhnliche Sterbliche hinaushoben. Als sich Publius Licinius Egnatius Gallienus anmaßte, es der Gottheit gleichzutun und ihren Ratschluß zu deuten, als Domitius Aurelianus von sich *dominus et deus* sagte, wurde kein Protest mehr laut. Bis zur Mitte des 3. Jahrhunderts hatte der Senat noch durch seine Zustimmung die Machtbefugnisse zu bestätigen, die der Kaiser sich selbst gab oder von der Armee übertragen bekam; als Marcus Aurelius Carus 282 die Regierung antrat, begnügte er sich mit einer bloßen Mitteilung an den Senat.

Die einst herrschenden Klassen aller Provinzen, unter dem ständigen Druck des Verwaltungsapparats ihrer Individualität beraubt und entkräftet, verloren allmählich jegliches Interesse an öffentlichen Angelegenheiten. In Rom wie in der kleinsten Gemeinde scheuten sie die Laufbahn der Ämter und Ehrenposten; die militärischen Kommandopositionen, die laut Herkommen an die höchsten Zivilämter republikanischer Abkunft geknüpft waren, wurden jetzt Männern überlassen, die Soldaten und nichts als Soldaten waren. Charakteristischerweise waren nach 235 die Prätorianerpräfekten, die oft zu Kaisern wurden, gediente Soldaten, die nicht den traditionellen Aufstieg über die verschiedenen Ehrenämter genommen und sich bestenfalls das Konsulat als höchste militärische Auszeichnung hatten verleihen lassen. Nach 260 findet sich kaum ein Angehöriger der alten Aristokratie an der Spitze einer Legion, und nur noch selten stellt sie Provinzgouverneure. Ständige Ausweitung der kaiserlichen Macht, Gleichgültigkeit der traditionellen Staatskader gegenüber den Staatsgeschäften, wachsende Entfremdung zwischen den kaiserlichen Behörden und den verschiedenen Gesellschaftsklassen: so sehen die wesentlichen Elemente dessen aus, was man »die Krise des 3. Jahrhunderts« genannt hat; keineswegs äußerte sie sich, wie gelegentlich behauptet worden ist, in einem Kampf schlechtbezahlter Soldaten und rachedurstiger Bauern gegen die Stadtbewohner. Der eigentliche dramatische Konflikt kam von außen: in zunehmendem Maße wurden nach 250 die römischen Garnisonen am Rhein und an der Donau von Alemannen und Goten belästigt; die Grenzprovinzen, in die sich die Wirtschaftstätigkeit von den Mittelmeerküsten verlagert hatte, wurden durch diesen Ansturm ruiniert; im Osten brandschatzten des Perserkönigs Sapor schwere Reiterei und Schützenregimenter ganz Kleinasien und Syrien.

Die bis dahin offenen Städte wurden mit eiligst improvisierten Befestigungsanlagen versehen; aber auch damit ließ sich die heraufziehende Gefahr nicht eindämmen. Die Folge war allgemeiner Ruin, und die Menschen glaubten, die Götter hätten Rom und dem Reich ihren Schutz entzogen. Pauschal und allerorten wurden dafür die Christen verantwortlich gemacht. Die bis dahin nur episodischen und lokalisierten Christenverfolgungen breiteten sich allgemein aus und trafen nicht nur den Besitz und die Angehörigen der Kirchen, sondern auch ihren Glauben. Traditionell legte das römische Heidentum den größten Wert auf Riten und kümmerte sich wenig um Glaubenslehren. Die ganz andere Wesensart des christlichen Glaubens, die sich im Gegensatz zu diesem Heidentum entwickelte, spiegelte die Verwirrung der Geister zur Zeit des Publius Licinius Valerianus wider. Die weitere Ausbreitung der Konfusion unterbrach zunächst der schimpfliche Tod des Kaisers, der von den Persern 260 besiegt, gefangengenommen und hingerichtet wurde. Ein Edikt des Kaisers Gallienus machte das Christentum zur erlaubten Religion; zugleich aber wurden die Götter wieder zu »Gefährten« des Kaisers, der seinerseits mit ihnen Frieden schloß: als echter Jünger Platons ließ er auf seinen Münzen, die Augen gen Himmel erhoben, seine Absicht erkennen, in seiner Regierungstätigkeit dem himmlischen Werk der Gottheit nachzueifern.

Diese hellenistische Lösung der Imperiumskrise wurde bald durch Machtusurpationen und Grenzkriege wie auch durch die verhängnisvollen Auswirkungen des Währungs- und Wirtschaftsverfalls in Frage gestellt. Die ungeschlachten illyrischen Kaiser, die Aurelian, Probus, Carus, viel eher Soldaten als Philosophen, westliche Römer, keine Hellenen, verstanden die hellenistische Lösung nicht. Für sie war die Sonne, seit eh und je Symbol ewiger Ordnung und universaler Herrschaft, auch die Hüterin und Mehrerin des Reiches. Sie griffen das alte religiöse Thema auf und machten daraus einen Staatskult. Das genügte nicht. Weder die Heeresreformen des Gallienus noch seine politische Theologie noch auch die neue Strategie Aurelians konnten für sich allein den wachsenden Zerfall aufhalten, den die Kriege an den Rhein-, Donau- und Euphratgrenzen unaufhörlich verschlimmerten. Wenn das Reich die militärische Anarchie überstand, wenn es an der zunehmenden Apathie seiner Einwohner gegenüber den veralteten und zerbröckelnden Institutionen keinen allzu großen Schaden nahm, wenn es sich trotz allem behaupten konnte, so verdankte es das der kaiserlichen Beamtenschaft, die aus der Klasse der *perfectissimi* — neuer Titel der römischen Ritter — hervorgegangen war. Sie wußte dem Unwetter zu trotzen und das Reich am Leben zu erhalten.

Diokletian brachte etwas Neues: eine römische Lösung. Sie stellte sich als weniger ephemer heraus denn die hellenistische. Sie entsprang nicht etwa einem profunderen Denken, das eine genauer erkannte Wirklichkeit verarbeitet hätte; ihr Vorzug war, daß sie in einem

Regierungssystem gipfelte, das sich auf ureigene römische Vorstellungen stützte. Gleich seinen Vorgängern war Gaius Valerius Aurelius Diocletianus ein Illyrer, weder mehr noch weniger ungeschliffen als sie und auch nicht mit größeren strategischen oder politischen Gaben gesegnet, ein Soldat, dessen militärische Laufbahn ganz alltäglich gewesen sein muß, denn in offiziellen Panegyriken aus seiner Regierungszeit ist von ihr keine Rede. Dem römischen Staatsgebilde, von dem er allerdings nur die Kriegstradition wirklich kannte, war er treu ergeben; aus der militärischen Disziplin, die ihn geformt hatte, war ihm der Gehorsam ohne Widerrede geblieben, den der Soldat in einer starren Hierarchie erlernt; in der Religion des Mithras, den er zum Schutzpatron seines Reiches machte, hatte er unerschütterliche Gewißheiten und feste Zuversicht gefunden. Die »unbesiegbare Sonne« (*sol invictus*), die er verehrte, war die Gottheit der Armeen, aber auch der allgegenwärtige Gebieter und Garant einer für ewig errichteten Ordnung, deren Geheimnisse die Astrologen zu deuten hatten. Dieser Kaiser, der seiner Zeit einen so sichtbaren Stempel aufgedrückt hat und dessen Werk nach allen Erschütterungen der Kriege und der politischen und religiösen Revolutionen noch lange nachhallen sollte, verzehrte sich nicht in qualvollen Sorgen ob gewaltiger Weltpläne; auch von der verschlagenen Geschmeidigkeit eines Augustus hatte er nichts an sich; er war von starkem und unkompliziertem Wesen und im Grunde nur der Staatsräson zugänglich, der seine Religion die Härte eines Dogmas verlieh.

Eine militärische Verschwörung in Chalkedon bei Nikomedeia machte ihn – offenbar am 18. September 284 – zum Kaiser, als sich die Armee des Kaisers Numerianus, möglicherweise nach einer Niederlage, auf dem Rückmarsch von der östlichen Front befand. Fast sieht es so aus, als habe ihn, nachdem Numerianus ermordet worden war, eine Generalsrevolte gegen seinen Willen an die Macht gebracht. Kaiser Carinus, der Bruder des Numerianus, hatte gerade in Norditalien die Usurpation des Befehlshabers der Reservetruppen Iulianus niedergeschlagen und eilte herbei; er wurde aber im Sommer 285 am Margos auf dem Balkan besiegt und ermordet. Alles hatte sich zum Besten Diokletians geregelt: er beherrschte den gesamten Osten, und das übrige Reich stand ihm offen; weder hatte der ohnmächtige und passive Senat ein Wort gesagt, noch hatten die Befehlshaber der anderen Armeen eingegriffen, vielleicht weil einer der bedeutendsten Heerführer, Carausius, ein Menapier von der Rheinmündung, den Carus beauftragt hatte, Britannien, das innere Germanien und das nordwestliche Gallien bis zur Seine gegen die Einfälle der Franken und Sachsen zu halten, zu langsam reagierte; und zweifellos hatte ein anderer Illyrer, Marcus Aurelius Valerius Maximianus, den Diokletian mit dem Oberkommando der Hauptarmee des Westens und der Rhein-Armee betraut hatte, das Beispiel einer höchst loyalen Haltung gegeben.

Als aber eine Revolte der Bauern, die die Tradition die Bagauden nennt, Gallien in Unruhe versetzt und Maximian ins Innere des Landes gezogen, als vor allem Diokletian ihn im März 286 mit dem Cäsarentitel ausgezeichnet hatte, womit er als Kaisernachfolger designiert und vielleicht von einem Machtergreifungsversuch abgebracht worden war, erhob sich in London Carausius gegen Diokletian. Immer mit dem Blick auf das Nächstliegende baute Diokletian eine weitere Sicherung gegen Abfall vor: im September 286 machte er Maximian zum Augustus.

Gaius Valerius Aurelius Diocletianus
Kopf einer Marmorstatue aus der Residenz des Kaisers in Nikomedeia, vor 305
Istanbul, Archäologisches Museum

Der Palast des Diokletian in Spalato, 295–305
Blick auf die Nordseite mit der Porta Aurea

Nun gab es also zwei Kaiser, die denselben Titel trugen. Dies Imperatorenkollegium war nichts grundsätzlich Neues: schon im 2. Jahrhundert hatten Mark Aurel und Lucius Verus mit demselben Titel und auf derselben Rangstufe bei der äußeren und inneren Verteidigung des Reiches zusammengewirkt; später galt das von Valerian und Gallienus, danach wieder von Carinus und Numerianus. Ungewöhnlich und neuartig war, daß Diokletian 293 zwei Cäsaren, also zwei Kaisernachfolger, ernannte: Galerius (Galerius Valerius Maximianus) als seinen Nachfolger und Marcus Flavius Valerius Constantius Chlorus als den Nachfolger Maximians, obgleich ein Panegyrikus noch 289 Maximians Sohn Marcus Aurelius Valerius Maxentius als dessen Erben vorgesehen hatte. Das allein müßte genügen, der von Jacob Burckhardts Autorität getragenen Theorie den Garaus zu machen, wonach Diokletian schon 284 einen Plan aufgestellt haben soll, in dem die Organisation der kaiserlichen Macht für Gegenwart und Zukunft festgelegt worden sei.

Während seiner militärischen Laufbahn hatte Diokletian zu vielen Kaisern Treueide schwören müssen und zu oft erlebt, wie Kaiserbilder aus den Lagerheiligtümern auf den Abfallhaufen geworfen wurden. Deswegen und vielleicht auch, weil er selbst die Kaiserwürde einer Militärverschwörung verdankte, lebte er in ständiger Angst vor Usurpatoren. Aber kurioserweise brachte dieselbe Vorstellung, von der er selbst besessen war – daß es vordringlich sei, Rom und alles Römische zu verteidigen –, im Abwehrkampf gegen die unaufhörlichen Angriffe der Barbaren immer neue Usurpatoren hervor. Weil die Verteidigung der Donau und der Krieg gegen die Perser die Anwesenheit des Kaisers im Osten erforderten, machte er Maximian, seinen treuesten Gefolgsmann, zum Augustus und übertrug ihm die Strafexpedition gegen die Sezession des Carausius in Britannien. Aber dann sah es ihm so aus, als sei Maximians Versuch, Carausius' kontinentale Domänen zu besetzen und in Britannien zu landen, fehlgeschlagen, und da derselbe Maximian zugleich dem zunehmenden Druck der Alemannen am Rhein entgegentreten sollte, holte er sich zur Verstärkung zwei reife, erprobte Militärs, den Pannonier Constantius und – drei Monate später – den Daker Galerius. Den Ausschlag hatten ihre militärischen Gaben und ihre Verläßlichkeit gegeben.

Dies Arrangement hatte sich aus der Situation ergeben. Der Sieg bestätigte seine Zweckmäßigkeit. Carausius wurde von Constantius aus seinen kontinentalen Einflußgebieten vertrieben. Sein Nachfolger in London, der Verwaltungs- und Wirtschaftsfachmann Allectus, konnte den Cäsar Constantius nicht daran hindern, in Britannien einzudringen. London fiel 296, Allectus wurde getötet. Am Rhein hatten sich mittlerweile die von Constantius erbauten Forts und Verteidigungslinien bewährt: die Einfälle der Alemannen wurden zurückgeschlagen, und Maximian hatte die Hände frei, im römischen Afrika, wo eine Revolte der Mauren (298) Unruhe gestiftet hatte, den Frieden wiederherzustellen. In der anderen Hälfte des Reiches hatte sich Galerius bemüht, das Einströmen der Sarmaten in die später ungarischen Ebenen und das Vordringen der Karpen und Goten an der unteren Donau zum Stillstand zu bringen; Diokletian bezwang den Usurpator Achilleus (als Kaiser Lucius Domitius Domitianus), der im sonst ruhigen Ägypten einen Aufstand hatte anzetteln können, weil das Land an den Auswirkungen einer Geldreform litt und einer wirksamen manichäischen Propaganda aus dem feindlichen Persien ausgesetzt war.

Gegen das Perserreich der Sasaniden war Galerius zur Abwehr eines Angriffs entsandt worden. Er hatte kein Glück: bei Karrhai, wo Rom bereits zweimal geschlagen worden war, erlitt auch er eine Niederlage, und Diokletian benutzte diese Gelegenheit, ihn öffentlich zu demütigen. Diokletian selbst konnte den Perserkönig Narseh in einem neuen Feldzug schlagen und annektierte darauf, um das Reich besser zu schützen, das südliche Armenien jenseits des Tigris. Was noch wichtiger war: außer an einer Stelle, bei Nisibis, sperrte er alle Zugänge vom Ostkaukasus zur Syrischen Wüste ab (298) und war damit in der Lage, alle kulturellen, religiösen und wirtschaftlichen Berührungen zwischen dem Perserreich und den Einflußsphären Roms unter Kontrolle zu halten. Selten hat es in der Geschichte Roms Zeiten gegeben, in denen so wirksame Maßnahmen zur Abwehr der allenthalben auftauchenden Gefahren in so rascher Aufeinanderfolge getroffen werden konnten.

Die Vorstellung, daß die römische Welt damals auf vier Kaiser aufgeteilt gewesen sei, ist unrichtig. Zwar wirkte jeder der Augusti und Cäsaren in einem bestimmten Sektor; man sollte aber nicht außer acht lassen, daß Diokletian selbst nach dem Westen gezogen war, um die Operationen am Rhein persönlich zu leiten, daß die zu befolgende Strategie verschiedentlich von Kaiserkonferenzen festgelegt wurde, daß die Truppen von einer Front zur anderen wechselten und daß die Lager- und Befestigungsanlagen am Rhein, in Afrika und in Syrien nach denselben Plänen gebaut wurden, als sei alles von einem gemeinsamen Generalstab im voraus festgelegt. Außerdem steht fest, daß die beiden Cäsaren und, wie es scheint, auch Maximian ständig Diokletians Befehle ausführten. Faktisch herrschte im Rahmen der »Tetrarchie« ein einziger Kaiser. Das verzeichnet auch ein Zeitgenosse, der Philosoph Porphyrios, dessen enge Beziehungen zum Hof von Nikomedia sicher belegt sind.

Die Berechtigung dieser Regelung mußte durch eine göttlich-hierarchische Ordnung weithin sichtbar gemacht werden. Damit der Ausschluß des Usurpators Carausius aus dem Kollegium der wahren Kaiser deutlich hervortrete, wurden bei einer Epiphanie, die in sämtlichen Garnisonen und Provinzen am 21. Juli 287 gefeiert wurde, Diokletian zum Sohn Iuppiters mit dem Titel *Iovius* und Maximian zum Sohn Hercules' mit dem Titel *Herculius* erhoben. Constantius und Galerius, die, ob sie wollten oder nicht, zu Schwiegersöhnen der Augusti hatten werden müssen, erhielten später als Kaiser dieselben Titel *Herculius* und *Iovius*; so wurden die Familienbande durch die göttliche Abstammung verstärkt. Die Tetrarchen waren eher göttliche Herrscher kraft eigenen Rechts als die Beauftragten, Gefährten oder Vertrauten der Götter im Himmel, und die himmlischen Götter traten auch viel weniger als ihre Schirmherren in Erscheinung. Im 4. Jahrhundert konnte Libanios, ein heidnischer Rhetor, mit gutem Grund sagen, in diesem Kondominium hätten »die Götter die Welt regiert«. Tatsächlich war die Tetrarchie eine unmittelbare Theokratie. Genau das war gemeint, als ein christlicher Offizier, der Zenturio Marcellus, bei der Feier der Epiphanie der Tetrarchen 295, mitten im afrikanischen Krieg, erklärte, er könne künftighin einem anderen Gott als dem seinigen nicht dienen.

Eine Welt, in der die Götter selbst herrschen, muß den Zufälligkeiten des menschlichen Daseins entzogen werden. Der Regierungszeit eines Kaisers bereitet nicht sein irdischer Tod ein Ende; vielmehr ist sie von aller Ewigkeit her auf eine festgesetzte Zahl von Jahren beschränkt: alle zwanzig Jahre danken die Augusti ab und werden von den Cäsaren abgelöst, die somit Augusti werden und denen neue Cäsaren zur Seite stehen. Von nun an entgleitet den Menschen — ob Soldaten, ob Senatoren — jeder Einfluß auf die Auswahl der Kaiser; er kann sich fortan nur noch durch Usurpation oder Revolution geltend machen. So wird aus einem improvisierten Regime, der Tetrarchie, ein System, das sich in die kosmischen Zyklen einfügt. Bei einem auf die Astrologie Versessenen, wie es Diokletian war, regieren die kosmischen Zyklen alles Geschehen im Himmel und auf Erden.

Am Gekünstelten, am Naiven des tetrarchischen Systems kann man gewiß Anstoß nehmen. Aber es hatte jedenfalls mit der Unbeständigkeit der politischen Institutionen aufgeräumt, den Frieden an allen Grenzen des Reiches gesichert und mit der Wiederherstellung der Staatsautorität große Reformen ermöglicht. Die Provinzen, in denen es oft an geordneter Verwaltung gemangelt hatte, wurden zerlegt; aus der zu mächtigen Prätorianerpräfektur wurden zwölf Diözesen, von »Stellvertretern der Prätorianerpräfekten« verwaltet; die Palastbeamten, die besondere Vorrechte erhielten und deren Tätigkeit in vielen kaiserlichen Reglements, namentlich auf zivilrechtlichem Gebiet, ihre Spuren hinterließ, wurden in eine Miliz eingegliedert.

Von größerem Gewicht dürften die Militärreformen gewesen sein. Vermehrt wurden die *duces* und die »Vorsteher der Grenzabschnitte«; erhöht wurde auch die Zahl der Legionen und der von Gallienus geschaffenen Reiterkorps; entscheidend jedoch war, daß Offiziere und Truppenverbände, was immer darüber gesagt worden sein mag, den Provinzgouverneuren unterstellt blieben. Das Prinzip der Trennung der Zivilgewalt vom Militär, das die Abkehr von Roms tausendjähriger Tradition bezeichnet, stammt nicht von Gallienus und auch nicht von Diokletian; es sollte erst mit Konstantin kommen. Anderseits: wenn es auch noch keine Oberbefehlshaber der Truppen neben dem Kaiser gab, wenn in den Texten noch nirgends von einer Grenzarmee *(limitanei)* und von einer Reservearmee *(comitatenses)* die Rede war, so wurde doch die kaiserliche Garde *(comitatus)*, die Diokletian von Ort zu Ort begleitete, durch zahlreiche Truppeneinheiten verstärkt und bildete bereits eine wahre Interventionsmacht. Die Armee des Oströmischen Reiches begann sich anzukündigen, allerdings noch recht zaghaft.

Die Geschichte erinnert sich lieber an die Namen der Militärs als an die der Verwaltungsfachleute und schreibt den Staatslenkern gern Maßnahmen zu, von denen sie oft nicht mehr wußten, als daß sie sie mit ihrer Unterschrift gebilligt hatten. Kaum hat es jemals neuartigere Steuerreformen mit größeren sozialen Konsequenzen gegeben als unter Diokletian. Der äußere und innere Frieden kostete viel Geld, und ohne regelmäßige Einnahmen war nicht viel zu machen. Sie im voraus zu planen, war etwas, was die Geschichte der ganzen Welt noch nicht gekannt hatte. Zum erstenmal, schrieb ein Rhetor des 4. Jahrhunderts, wurden »die Ausgaben in ein Verhältnis zu den Einnahmen gebracht«. Anders ausgedrückt: zum erstenmal hatte das Römische Reich einen Staatshaushalt. Im Römischen Reich hatte es bis dahin — wie später in den Monarchien Ludwigs XIV. oder des Großen Kurfürsten — nur autonome Kassen der einzelnen Ressorts gegeben; die Steuereingänge hingen davon ab, was im jeweiligen Augenblick möglich war; Sicherung der Eingänge durch Vorauserfassung der Steuerobjekte war unbekannt. Mit anderen Worten: Kaiser und Staat lebten von der Hand in den Mund.

Seit 287 wurde nun — das wissen wir aus Ägypten — den für die Steuereingänge verantwortlichen Körperschaften für fünf Jahre im voraus mitgeteilt, was sie jährlich an Steueraufkommen aufzubringen hätten *(epigraphé)*. Die große Reform kam 297. Die Hauptsteuer war die *annona*, die seit Septimius Severus den Grundeigentümern — im Prinzip zugunsten der Versorgung der Armeen — auferlegt war. Diokletian reformierte sie: bis dahin hatte sie als Umlagesteuer funktioniert; nun wurde sie zu einer veranlagten Steuer mit Sätzen, die vom Grundbesitz (nach der Fläche) und vom Bodenertrag erhoben wurden, wobei der Ertrag nach Zahl, Alter und Geschlecht der auf der besteuerten Fläche angesiedelten freien Kolonen und Sklaven und nach der Kopfzahl des Zugviehbestandes bemessen wurde. Auf jede Bemessungskategorie entfiel eine bestimmte periodisch festzulegende Zahl von Steueranteilen: *iuga* für den Grund und Boden und *capita* (oder Bruchteile davon) für andere Besteuerungsmerkmale. (Von den *capita* leitete sich der Name der neuen Steuer, *capitatio*, her.)

Der kaiserliche Hof setzte die von jeder Provinz und jeder Diözese jeweils zu entrichtende Zahl der *capita* fest, die von der Diözesanverwaltung auf die mit der Steuereintreibung betrauten Ortsgemeinden aufzuteilen war. Ihrerseits setzten die Ortsgemeinden die *capita*-Zahl des einzelnen Steuerpflichtigen nach Steuererklärungen fest, die alle fünf Jahre abgegeben werden mußten. Das bedeutete, daß sich die Verwaltung in allen Stufen mit der Vermögensmasse und der Ertragslage der Steuerpflichtigen im Detail vertraut machen mußte. Ägyptische Papyri, Inschriften aus Syrien und Griechenland und manche literarischen Texte unterrichten uns über die Erhebungen, Steuererklärungen und Steuerwertveranlagungen, die nach 297 im ganzen Reich vorgenommen wurden; allmählich wurde daraus ein kompletter Kataster, der in alle Einzelheiten ging und noch die kleinste Parzelle erfaßte. Ab 312 wurde der *caput*-Satz jeweils für fünfzehn Jahre festgesetzt. So entstand der Indiktionszyklus, der im Leben der Mittelmeervölker — ob sie lateinisch oder barbarisch, griechisch oder arabisch sein mochten — eine so große Rolle spielte, daß nach ihm bald die Kalenderjahre datiert wurden, die daneben allerdings nach wie vor die Namen der amtierenden Konsuln und die Bezeichnungen der Regierungsjahre der einzelnen Kaiser trugen.

Gewaltige Anstrengungen zur Stabilisierung des Geldwerts wurden 296 unternommen, vermutlich zu dem Zweck, den Erfolg der kommenden Steuerreform zu sichern. Mit dem Antoninianus des Aurelian war es dem Reich nicht gelungen, seinen Münzen einen Wert zu geben, der stabile Preise gesichert hätte. Jetzt kam eine neue Münze, der Follis, aus einer höherwertigen Silberbronzelegierung; die Schaffung neuer Prägewerkstätten ermöglichte die größere Ausgabe von Scheidemünzen. Zugleich gab sich der Staat Mühe, die Silber-Gold-Relation neu festzulegen. Schließlich wurde die alexandrinische Drachme abgeschafft und das Geldwechselamt von Alexandreia aufgelöst: das geeinte Reich sollte eine einheitliche Währung haben; damit sollte aber auch das reiche Ägypten, das man bis dahin abseits gehalten hatte, ins Währungsgebiet des imperialen Denars einbezogen werden.

Die Wirtschaftskrise war damit freilich noch nicht überwunden. Die Preise auf dem Markt, von dem die Versorgung der Truppen und ihrer Familien abhing, zogen ständig weiter an. Mit dem berühmten Höchstpreisedikt von 301 sollte dem ein Riegel vorgeschoben werden.

Daß man Preise durch Verfügungen von oben regeln könne, war nicht neu; es war aber das erstemal, daß sich eine solche Operation nicht auf einzelne Städte, sondern auf das ganze Reich erstreckte. Die neuen Festpreise entsprachen ungefähr den 301 geltenden Marktpreisen, soweit sie uns bekannt sind. Alle möglichen Waren und Leistungen erhielten ihre festen Sätze: Luxusgegenstände und Feingold ebenso wie Getreide und Wein, die Arbeit der Tagelöhner und der Lehrer ebenso wie die Frachtbeförderung der Schiffe. Das Ziel war grandios, aber auch illusorisch: man strebte eine Welt stabiler Preise an, in der sich in den gegenseitigen wirtschaftlichen Beziehungen der Untertanen, der Städte, der Provinzen und des Reichsfiskus nichts Unvorhergesehenes ereignen sollte. Gegen die Ungleichmäßigkeit der wirtschaftlichen Entwicklung in den verschiedenen Regionen des Reiches konnte man jedoch auch mit der striktesten Kontrolle, mit Gefängnis- und Todesstrafen nicht ankommen.

Um gegen solche Disproportionen anzugehen, hätte der Staat die Bedürfnisse der Bevölkerung und die Produktionsmöglichkeiten im einzelnen kennen und über die Mittel verfügen müssen, die Wirtschaft mit Eingriffen entscheidend zu beeinflussen. Es war widerspruchsvoll und paradox, daß man einerseits die Frachtsätze nach der zurückgelegten Entfernung und nach den verschiedenen Schiffahrts- und Handelsbedingungen variabel gestaltete und anderseits nicht hinnehmen wollte, daß an verschiedenen Stellen je nach Angebot und Nachfrage verschiedene Preise für Lebensmittel und Arbeitsleistung verlangt wurden. Da die Voraussetzungen einer einheitlichen Preisregelung fehlten, ist bezweifelt worden, ob das Höchstpreisedikt überhaupt in die Praxis umgesetzt worden sei. Allerdings klagten christliche Gegner der Tetrarchen über die durch das Edikt angeblich verursachte Verknappung des Warenangebots; aus ägyptischen Papyri geht hervor, daß der Staat selbst sich schon 304 nicht mehr an das Edikt hielt: in diesem Jahr kaufte er Gold zum Dreifachen des festgesetzten Preises. Fehlte es Diokletian, der über so tüchtige Finanzbeamte verfügte, daß sogar ein Staatsbudget konzipiert werden konnte, an fähigen und sachverständigen Wirtschaftsspezialisten?

Man ist versucht anzunehmen, daß der Mechanismus des Systems, in das Diokletian die Welt wohl schon seit 300 hatte hineinpressen wollen, ins Stocken geraten war und sich nicht mehr ohne weiteres lenken ließ. Hatte sich der Herr des Staates von seiner Autoritätsbegeisterung bis an die Grenze des Wahnsinns treiben lassen? Freilich ereignete sich in Wirklichkeit keine Katastrophe, die die Masse der Heiden und die Organe des Staates – wie zu Zeiten Decius' oder Valerians – dazu hätte bringen können, die Christen zu beschuldigen, den Zorn der Götter heraufbeschworen zu haben. Ums Jahr 300 gab es weder auswärtige Kriege mit ungünstigem Ausgang noch Usurpationsversuche; und Teuerung allein hat noch nie echten Fanatismus entfesselt. Die Initiative zur Verfolgung kam nicht, wie es die christliche Apologetik seit Anfang des 4. Jahrhunderts dargestellt hat, vom ungebildeten und beschränkten Donaubauern Galerius, sondern von Diokletian selbst.

Seit vier Jahrzehnten hatten sich die christlichen Kirchen in einer friedlichen Atmosphäre entwickelt, ohne Unruhen hervorzurufen, mit denen sich die Polizei hätte befassen müssen; in der Armee, ja auch in den Prätorianerkohorten und im kaiserlichen *comitatus* dienten zahlreiche Christen; durch die lange Friedenszeit seien sie, schrieb Lactantius 307, nicht darauf vorbereitet gewesen, das Martyrium auf sich zu nehmen. Im Gegensatz dazu läßt sich feststellen, daß in der Armee und den Palastämtern schon 302 eine unblutige Säuberung durchgeführt wurde und daß es am Hof von Nikomedeia ein regelrechtes Propagandabüro gab, das zur Aufgabe hatte, den christlichen Glauben, die Institutionen der Kirche, ihre Hierarchie und ihre Gläubigen in Schmähschriften zu bekämpfen; seine Tätigkeit kam zum Vorschein, als ein Brand − wie bestellt − den Palast von Nikomedeia verwüstete.

Auf diesen − geplanten oder ungeplanten − Zwischenfall folgte im Februar 303 das erste Verfolgungsedikt, das mit der anbefohlenen Zerstörung der Basiliken und der liturgischen Bücher den christlichen Gottesdienst traf. Drei weitere Edikte schlossen sich an; sie richteten sich gegen die Geistlichkeit und verlangten schließlich auch von allen Gläubigen unter Androhung von Gefängnis oder Tod die Abkehr von ihrem Glauben. Die »Große Verfolgung« verbreitete sich allenthalben, war aber in ihren Auswirkungen von verschiedener Schärfe: im Osten und in Afrika war sie grausam, auch wenn die Zahl der Blutzeugen verhältnismäßig klein blieb, in Gallien und in Britannien dagegen, wo die christliche Minderheit schwach war, oberflächlich und von kurzer Dauer. Namentlich in Afrika waren *traditores*, die Kultgegenstände an die Behörden ablieferten, und *lapsi*, die ihren Glaubensverzicht mit heidnischen Opfern bekundeten, viel zahlreicher als *confessores*, die in Gefängnissen und Bergwerken oder auf den Hinrichtungsstätten für ihren Glauben Zeugnis ablegten.

Es scheint, daß der Westen den Religionsfrieden bald wiederfand. In Italien und in Afrika wurde er ab 307 von Maxentius gesichert; im Osten unterzeichnete Galerius im April 311 ein Edikt, das die Freiheit der Religionsübung wiederherstellte. Er war müde geworden, spekulierte aber auch anderseits darauf, Kleinasien und Syrien, wo das Christentum in der Mehrheit war und wo faktisch der Cäsar Maximinus Daia regierte, für sich gewinnen zu können. Zu den Märzkalenden 312 sollte Galerius, wie Lactantius berichtet, die kaiserliche Gewalt, die er schon als Cäsar 293 übertragen bekommen hatte, »ebenfalls niederlegen«, und das kann ihn veranlaßt haben, nach Bundesgenossen Ausschau zu halten. Das Herrschaftsgleichgewicht war ohnehin labil geworden. Diokletian und Maximian hatten 305 auf ihre kaiserlichen Funktionen verzichtet, ohne den Titel Augustus abzulegen, zweifellos weil sie sich nicht als Beamte auf Zeit fühlten, die nach Erledigung ihres Auftrags abzutreten hätten, sondern auch als Kaiser im Ruhestand Götter zu sein wähnten. Damit war immerhin die erste Tetrarchie von einer zweiten abgelöst worden: den neuen Augusti Constantius und Galerius standen als Cäsaren Flavius Valerius Severus und Gaius Valerius Maximinus Daia zur Seite.

Schon im nächsten Jahr hatte die Krise begonnen, die mit den Prinzipien der Tetrarchie auch den inneren Frieden des Reiches und die staatlichen Institutionen aufs Spiel setzte. Am 25. Juli 306 starb in York der Augustus Constantius; wie das in den finstersten Zeiten der militärischen Anarchie oft genug geschehen war, proklamierte die Armee seinen noch nicht zwanzigjährigen Sohn Konstantin zum Augustus, ohne daß er vorher das Cäsarenamt innegehabt hätte. Im Oktober 306 ergriff in Rom Maximians Sohn Maxentius die Macht, der er bald auch den Purpur des Augustus hinzufügte. Sein Vater, der sich mit dem ihm von Diokletian im Jahr zuvor aufgezwungenen Rücktritt durchaus nicht abgefunden hatte, billigte das Unternehmen.

Zum störungslosen Funktionieren des tetrarchischen Systems fehlte vieles: entweder hätten die Kaiser keine Söhne haben dürfen, denen die gefühlsmäßige Begeisterung der Armeen und der Menge zuflog, oder sie hätten ebenso vorbehaltlos und fanatisch wie Diokletian an eine politische Theologie glauben müssen, die ihrer Rolle gleichsam durch Schicksalsbestimmung präzise und unüberschreitbare Grenzen zog. Das war offenbar zuviel verlangt. Von da an war das System fast ohne Bewährungsfrist verurteilt, denn seine Starre schloß Anpassungsversuche und Vergleiche bei Strafe des totalen Zusammenbruchs grundsätzlich aus. Alle Restaurationsbemühungen mußten notwendigerweise scheitern: das galt für das von Konstantin angenommene und sechs Monate später vergessene Angebot, in das tetrarchische System als Cäsar einzutreten, ebenso wie für die kompromißlose Kampfhaltung gegenüber Maxentius, dem es übrigens nicht schwerfiel, die gegen ihn in Italien zuerst von Severus, später von Galerius lancierten Expeditionen zurückzuschlagen.

Der Kaiserkonferenz, die im November 307 in Carnuntum an der Grenzscheide zwischen Ost und West zusammentrat, war von Diokletian und Galerius die Aufgabe zugedacht worden, Maximians Bemühungen um Rückkehr zur Macht und um Wiederherstellung einer höchst umstrittenen Hierarchie zunichte zu machen. Zum zweiten Augustus an Stelle des Severus machte die Konferenz Valerius Licinianus Licinius, einen Gefolgsmann Diokletians; Konstantin und Maximinus Daia blieben Cäsaren mit dem unpersönlichen Titel »Söhne der Augusti«. Sehr unwillig fand sich Konstantin mit den Konferenzbeschlüssen ab; Maximinus Daia sollte sie schon kurze Zeit danach verwerfen und sich den Titel Augustus zulegen; Maximian, der sich für einen Augenblick mit seinem Sohn Maxentius verständigt hatte, sah sich bald genötigt, bei Konstantin in Gallien provisorisch Zuflucht zu suchen. In der Zueignung, die »die sehr frommen jovianischen und herkulianischen Kaiser« dem Gott Mithras als »Lebensspender und Beschützer ihres Imperiums« widmeten, wurden Namen nicht genannt, aber man tat so, als sei man dabei, das tetrarchische System mit all seinen Grundsätzen wieder zum Leben zu erwecken. Das tönende Erz dieses Schlußkommuniqués, das ein Dogma verkündete, ohne sich um die Tatsachen zu kümmern, würdigte Maxentius nicht ohne Humor, indem er den von Galerius, dem ersten der Augusti der zweiten Tetrarchie, eingesetzten Konsuln die Anerkennung verweigerte.

Als Galerius 311 starb, ernannte Maximinus Daia, der zum Dienstältesten der Tetrarchen geworden war, überhaupt keinen Cäsar mehr. Es gab nun keine Tetrarchie, obgleich es vier Kaiser gab. Sie alle nannten sich Augusti, und einer von ihnen, Maxentius, hielt sich abseits. Das Reich war in Wirklichkeit aufgeteilt. Aber in seinem befestigten Palast von Spalato, dessen Anblick und Grundriß heute noch bezeugen, daß dort das höfische Zeremoniell in all seiner Fülle zelebriert wurde, blieb der alte Diokletian bis zu seinem Tod (313) dem Glanz und Zauber des göttlichen Imperiums treu. In Rom ließ der Senat 315 – nicht ohne Zustimmung Konstantins, der sich bereits als »der größte der Augusti«, das heißt gleich Diokletian als alleiniger Gesetzgeber präsentierte – einen Triumphbogen zu Ehren des jungen Mannes errichten, weil er Maxentius geschlagen hatte; der Tetrarchie wurde auf diesem Monument eine in Stein gehauene Lobpreisung zuteil. Lactantius aber, der christliche Pamphletist, nunmehr in Diensten Konstantins, der zweifellos noch kein Christ war, durfte 317 höhnisch fragen: »Wo sind denn die jovianischen und herkulianischen Herrscher?« Nur Licinius sollte noch, des Hohnes nicht achtend, bis zur letzten Niederlage und bis zum Tod (324) seine Anhänglichkeit an den religiösen Geist des tetrarchischen Systems beteuern, auch nachdem Konstantin das System, das ihm so lange zustatten gekommen war, endgültig zerstört hatte.

Konstantin: das Problem des christlichen Reiches

Konstantins Sieg über Maxentius an der Milvischen Brücke bei Rom am 28. Oktober 312 war noch kein Schlag gegen die Tetrarchie, und schon gar nicht der entscheidende. Auf der Konferenz von Carnuntum hatten sich die Tetrarchen darauf geeinigt, daß Maxentius' Usurpation niedergeworfen werden müsse, und dabei war es geblieben. Licinius zeigte sich 312 als Konstantins aktiver und wirkungsvoller Bundesgenosse. Ohne Genehmigung Diokletians, dem er seine Karriere verdankte, hätte er sich auch nicht im Februar 313 zu einem Treffen mit Konstantin nach Mailand begeben. Aber wenn auch das tetrarchische System an der Milvischen Brücke noch nicht den Tod fand, so konnte doch Konstantin, sein größter Gegner, dort wesentliche Gewinne verbuchen. Er war seinem eigentlichen Ziel, der Monarchie, einen guten Schritt nähergekommen.

Was durch Münzen und offizielle Panegyriken belegt ist, läßt sich nicht leugnen: in den Jahren, die dem Sieg von 312 vorausgegangen waren, hatte sich Konstantin als besonders eifriger Anbeter Apollos betätigt, und Apollo war nicht nur der göttliche Gefährte seiner Ahnen, sondern auch der Gott der ökumenischen Universalität und des Heils der leidenden Menschheit. Nach dem traurigen Ende Maximians bei Grand in den Vogesen (310) erkannte Konstantin, der visionäre Seher, sich selbst »in den Zügen dessen, dem die Herrschaft über die ganze Welt zugedacht ist«. Auf einer 315 in Pavia geprägten Münze ragt sein Profil gleichsam aus dem Apollos heraus. So trug er auch schon seit 309 auf seinem Helm an der Stelle einen Stern, an der auf einigen Münzen 317 das christliche Chrismon erscheint (Chi und Rho, die griechischen Anfangsbuchstaben des Namens Christi, übereinandergekreuzt). Bei Lactantius heißt es, Konstantin sei »im Schlaf die Weisung erschienen, die Schilde seiner Soldaten mit dem himmlischen Zeichen Gottes zu versehen«, eben mit dem Chrismon, und es ist nicht unmöglich, daß der christliche Rhetor lediglich das sternförmige Symbol Apollos auf christliche Weise interpretiert hat. Aus dem Traum und den Stimmen von der Milvischen Brücke sollte die christliche Apologetik später eine Kreuzvision mit den berühmten Worten *in hoc signo vinces* (»In diesem Zeichen wirst du siegen«) machen.

Da unsere christlichen Quellen in diesem Punkt in Verlegenheit geraten, offensichtlich etwas verschweigen und verschiedene Versionen offerieren, läßt sich die These nicht halten, Konstantin habe sich in der Schlacht an der Milvischen Brücke bekehrt. Mit Sicherheit wissen wir, daß von einem Glaubenskrieg damals nicht die Rede war: unter den Soldaten des Maxentius waren die Christen zahlreich, Konstantins Armee dagegen bestand nur aus heidnischen Galliern. Wir haben es mit einem Zeitalter zu tun, in dem sich niemand als glaubenslos bekennen wollte, in dem aber der Glaube — auch bei den Christen — äußere Formen annahm und Verhaltensweisen hervorbrachte, die sich aus unserer Sicht mit keinem Glauben vereinbaren lassen. Verstandesmäßige Logik kann da nur in die Irre führen.

Aurelian, den Eusebius von Caesarea zu den Christenverfolgern unter den Kaisern zählt, pflegte Zwistigkeiten zwischen christlichen Sekten zu schlichten; Maxentius trat als Schiedsrichter bei einer umstrittenen Bischofswahl auf; Licinius unterschrieb mit Konstantin Gesetzesakte, die für das Christentum so vorteilhaft waren, daß Eusebius ihn »sehr fromm und Gott sehr ergeben« nennt. Das waren politische Maßnahmen, die keinen dieser Heiden zu Glaubenskonsequenzen verpflichteten. Daß sich Konstantin schon 312 bekehrt habe, läßt sich also nicht aus seinen der Kirche zugute kommenden Verfügungen schließen, möge es sich nun um die Verwendung des 303 beschlagnahmten Kirchenbesitzes handeln oder um die Unterstellung der Geistlichen unter die bischöfliche Gerichtsbarkeit, um das Recht der Bischöfe, sogar in Zivilstreitigkeiten zwischen Laien auf Antrag einer Partei verbindliche und unanfechtbare Urteile zu fällen, oder schließlich um die gesetzliche Sonntagsruhe. Ohne weiteres darf man unterstellen, daß es Konstantin bei solchen Entscheidungen um die eigenen Interessen ging, daß er vor allem einflußreiche Kreise in Afrika und im Osten für seine Sache zu gewinnen suchte. Zwar tauchen in seinen Briefen und Reden — vor allem nach 318 — religiöse oder theologische Formeln auf, die uns verbindlicher vorkommen, aber auch das ist nur Filigranarbeit auf dem Hintergrund einer Politik, die sich am monarchischen Ziel orientiert. Man zögert, von einem angenommenen und gelebten Glauben zu sprechen, wo es vielleicht nur um politische List geht.

In Nicaea in Kleinasien, nicht weit von Byzanz, trat 325, von Konstantin einberufen, das erste ökumenische Konzil zusammen. Die Eröffnungsrede, die er dort hielt, war die Rede eines Christen. Damit demonstrierte aber Konstantin eigentlich nur, daß er über die anderen Kaiser gesiegt hatte und daß seine Herrschaft universal geworden war. Bekannte er sich zu dem vom Konzil als Glaubenssymbol für alle Christen verkündeten Credo? Wir wissen nur, daß er 327, nachdem die kaiserliche Post die Bischöfe und Priester in ihre Kirchspiele zurückgebracht hatte, den von ihnen gerade als Häretiker verurteilten Arius befreite und den Orthodoxen Athanasius verbannte. Der Arianismus, in dessen Schoß er lebte und schließlich kurz vor seinem Tod getauft wurde, war viel weniger die Religion der Palastdamen als die des Staatsmanns, der in den Lehren dieser Häresie die politisch-theologische Grundlegung seines monarchischen Machtideals fand. Gerade das hatte ihn im Apollo-Kult seiner Anfänge angezogen. Kehrten in der Symphonie seines Lebens die Themen der Ouverture nach verschiedenen Sätzen, in denen sie nie ganz gefehlt hatten, mit größerer Wucht, wenn auch in einer anderen Form im Finale wieder? Sicher ist nur, daß Konstantin für religiöse Dispute nichts übrig hatte, daß die Theologie für ihn nur »müßige Suche« war, daß er nicht von den Ängsten des Suchenden geplagt wurde, der in der Nacht des Zweifels herumtappt. Das will nicht sagen, daß sein Christentum nur hauttief war. Vom offiziellen Bekenntnis abgesehen, wer kennt schon den Inhalt seines Glaubens?

Gern möchte der Wissensdurst unseres Zeitalters das Dunkel zerstreuen, das Konstantins Bekehrung und sein Christentum umgibt; aber für seine Zeit, für die Verwaltung des Römischen Reiches ergaben sich aus dem christlichen Bekenntnis des Kaisers keine überragenden Probleme. Es gehörte nicht zu den Gepflogenheiten des Reiches, bei jedem Herrscherwechsel oder sogar nach einem Bürgerkrieg die Kader der Verwaltung zu säubern; ein Beispiel genüge: der höchste Beamte des Reiches, der so mächtig war wie ein Vizekaiser, der Prätorianerpräfekt Rufus Volusianus, diente erst Maxentius und dann Konstantin, seinem Bezwinger. Die meisten konstantinischen Beamten waren Heiden; erst gegen Ende der Regierungszeit Konstantins sind unter den regulären Konsuln und den Stadtpräfekten in Rom Christen festzustellen. In denselben Worten formulieren Galerius' Edikt von 311 und Konzilbeschlüsse von Arles (314) die Gehorsamspflichten gegenüber dem Staat. Wenn kaiserliche Verordnungen menschenfreundlichere Töne anschlagen, so wäre in jedem einzelnen Fall zu prüfen, ob die Milderung des Rechts auf die christliche Gesinnung des Kaisers oder auf die humanistische Einstellung der Kabinettsjuristen zurückging.

Einen Personalwechsel aus konfessionellen Gründen scheint es in der Beamtenschaft und im Offizierskorps nicht gegeben zu haben. Die Ursachen der Veränderungen im öffentlichen Dienst, in der Finanzverwaltung und der Armee sind also weniger in den Auffassungen des Kaisers, über die wir nicht viel wissen, als in den Institutionen selbst zu suchen. Das Ressentiment der heidnischen Aristokratie ums Ende des 4. Jahrhunderts ist kein Maßstab: nach ihren Vorstellungen ging ohnehin von dem Augenblick an alles schief, da der Kaiser, der Christ geworden war, keine Opfer mehr im Kapitol von Rom darbrachte und die Riten der Säkularspiele nicht mehr zelebrierte. Die Revolution, unter der die Aristokratie litt und die sie Konstantin in die Schuhe schob, war nicht das Werk eines Einzelnen, sondern das Werk der Epoche.

In der Verwaltung des Reiches und in all seinen Städten war die Aristokratie noch die maßgebende Klasse, und für sie war die christliche Monarchie in der Tat ein gravierendes Problem. Von der Tradition her war es für sie ein nahezu bindendes Dogma, daß der Bestand des Reiches von der Billigung der Götter abhänge; Diokletian hatte sein Regierungssystem darauf aufgebaut, daß die Götter auf Erden im Rahmen des Reiches unmittelbar in Aktion träten. Da die Christen ein solches Abkommen mit den Göttern nicht anerkennen wollten, hatten sie sich umstürzlerischer Bestrebungen verdächtig gemacht und — vom Standpunkt der Aristokratie mit Recht — Verfolgungen und Unterdrückung auf sich gezogen. Nun aber ließ sich »der größte der Augusti«, der bald zum alleinigen Herrscher des Reiches werden sollte, vom verurteilten Atheismus inspirieren und rief den Schutz des exklusiven und eifersüchtigen Gottes der Christen an. Bis zum Ende des 4. Jahrhunderts, bis zu den Massenübertritten der theodosianischen Zeit, sollte sich die heidnische Aristokratie immer hartnäckiger und starrköpfiger weigern, in den christlichen Kaisern die legitimen Nachfolger derer zu sehen, die dank ihrem Einvernehmen mit den Göttern das Reich hatten errichten und erhalten können.

Aber auch den Christen gab ein Kaiser, der Christ geworden war, neue Probleme auf. Was hatte Lactantius nicht alles über den dämonischen, satanischen, götzendienerischen

Charakter der kaiserlichen Macht gesagt, über die der Sünde ergebene und dem Untergang geweihte Welt, über die Züchtigung, die dem römischen Kaiser nach einem verbreiteten Orakelspruch vom Osten her zuteil werden sollte! Aber nun verlangten die Konzilien von den Christen, daß sie diese kaiserliche Macht nicht bekämpfen, sondern ihr dienen und treue Untertanen und gute Soldaten werden sollten. Konstantins bischöfliche Umgebung gab sich große Mühe, ihnen gut zuzureden. Sie rechtfertigte die Herrschaft eines christlichen Kaisers mit einer politischen Theologie, die ihre wesentlichen Elemente dem Christentum entnahm. Da versucht – nach Konstantins endgültigem Sieg über Licinius – Bischof Eusebius von Caesarea, ein Freund des Monarchen, die Wesenszüge des christlichen Kaisers ins Licht zu rücken: Konstantin ist nicht nur der Knecht Gottes, sein Herold, sein Abgesandter, das Werkzeug seiner Macht und seiner Glorie; nicht auf Grund eines Geburtsrechts, wie es die Tetrarchen in Anspruch nahmen, ist er Kaiser, sondern von Gottes Gnaden, fast »ungezeugt« wie der Gottvater der Arianer. Auf Erden ist er vor allem das fleischgewordene Ebenbild des Gotteswortes; er verwirklicht gleich Christus das in der Schrift Verheißene, indem er zu einem Zeitpunkt in der Geschichte erscheint, der von aller Ewigkeit feststeht; seine Rolle ist die einer Vorsehung.

Jetzt also ist nicht mehr die Kirche allein das Ebenbild der himmlischen Monarchie; auch das Reich wird dazu. Zwischen Augustus und Konstantin wird ein Band geknüpft, das die Kontinuität der Tradition verbürgt, nachdem viele geglaubt hatten, daß die Christianisierung die Tradition zerstören müsse. Nicht erst, wie man im 3. Jahrhundert gemeint hatte, am Ende der Zeit wird die Welt – das heißt das Römische Reich – mit dem Willen Christi in Einklang kommen. Der Polytheismus, seit Augustus ständige Quelle der Bürgerkriege, ist besiegt. In dieser Perspektive muß Licinius, dem die Schuld an der Endauseinandersetzung der zwei Kaiser zugeschoben wird, als der eigentliche Feind Gottes erscheinen. Das Römische Reich hat seinen Herrschaftsanspruch wiedergewonnen – und mit ihm die allenthalben und in allen Lebenslagen göttliche Macht des alleinigen Herrn des Reiches. Mehr noch: in diesem Augenblick kommt zum erstenmal die der römischen Tradition so völlig fremde Idee des Glaubenskrieges auf.

Diese Theologie, die sich in einem für die Geschichte des Reiches entscheidenden Zeitpunkt einstellte, sollte es den Christen erlauben, sich für die Idee eines ewigen Roms zu begeistern – mit allem, was sich daraus an Ideologischem und Rituellem ergab. Ein erneuerter Kult des Reiches –, ohne blutige Opfer, ohne götzendienerische Äußerlichkeiten – sollte nicht nur geduldet, sondern sogar gefördert werden: es sollte christliche *flamines* geben, christliche Priester der Götter Roms; in den Städten sollten auch weiterhin jeden Morgen und zu Kaisergedenktagen Kinderchöre unter der Leitung ihrer Lehrmeister den göttlichen Ruhm der Kaiser im Wechselgesang künden; und die christlichen Kaiser sollten mit ihren Taten das Werk der Vorsehung verherrlichen. Für einen Christen waren die traditionellen Huldigungsakte für das Kaiserhaus, wie sie das Reskript von Hispellum (Umbrien) genehmigte, ebensowenig anstößig wie das Ritual der Gründung Konstantinopels, in dem sich eine der erhabensten römischen Traditionen wiederfand, oder das Standbild Konstantins mit den Gesichtszügen des Sonnengottes oder schließlich die Verehrung der kaiserlichen Insignien, in denen man jetzt das Kreuz Christi zu erkennen glaubte;

das Wort »heilig«, das bereits zum Synonym von »kaiserlich« geworden war, machte eine neue Entwicklung durch, die dem Absolutismus nur recht sein konnte. Nirgends fand diese Theologie einen so geschlossenen Ausdruck wie in der Eusebianischen Rede von 335; aber diese Rede hat einen deutlichen »arianischen Beigeschmack« und stammt aus der Zeit, die der Taufe Konstantins unmittelbar voraufging; getauft aber wurde der Kaiser, als er im Sterben lag, vom arianischen Bischof Eusebius von Nikomedia. Nur aus dem Arianismus konnte um diese Zeit eine politische Theologie hervorgehen.

Die christliche Rechtfertigung des Reiches sollte weitreichende Konsequenzen haben: zunächst blieb das Römische Reich, was es in der Frontstellung gegenüber den Barbaren war; bald aber sollte es sich, verschanzt hinter seinen befestigten Grenzen, dem neuen Glauben so stark angleichen, daß Rom und Christentum dieselben Gebiete erobern würden; das Rom verheißene ewige Dasein war jetzt Byzanz beschieden, und sogar die aus den politischen Teilungen des 5. Jahrhunderts hervorgehenden barbarischen Königreiche würden noch den Anspruch darauf erheben, von diesem reichen Erbe einiges aufzulesen.

Einstweilen war es mit dem neuen Geist unvereinbar, das Heidentum zu verfolgen. Toleranz war nicht die besondere Qualität eines einzelnen Kaisers; sie drängte sich Konstantin nicht nur deswegen auf, weil zwei Drittel seiner Untertanen Heiden waren, sondern auch weil die Aufnahme von Verfolgungen so gut wie ein Widerruf gewesen wäre. Im Edikt von Serdica (Sofia), mit dem Galerius 311 den Religionsfrieden verkündet und den Christen die freie Betätigung ihres Glaubens wiedergegeben hatte, hatte er gesagt: »Um an ihren Wohnstätten in Sicherheit leben zu können, werden sie zum Entgelt für unser Heil, für den Staat und für sich selbst beten müssen.« Und im Februar 313 schrieben Konstantin und Licinius in den Richtlinien, auf die sie sich bei ihrer Mailänder Zusammenkunft geeinigt hatten und die man seit dem 17. Jahrhundert (zu Unrecht) »das Edikt von Mailand« nennt:

> Nach sorgfältiger Prüfung alles dessen, was dem Wohl und dem Frieden des Staates von Nutzen sein kann, haben wir geglaubt, daß unter anderen den meisten Menschen dienstbaren Dingen vor allem das geregelt werden müsse, was sich auf die der Gottheit gebührende Achtung bezieht, so daß den Christen und allen anderen die Möglichkeit gegeben werden kann, sich zu der von ihnen gewählten Religion frei zu bekennen.

Nach seinem Sieg über Licinius griff Konstantin 324 dieselbe Formel wieder auf: »Möge sich jeder zu der Meinung bekennen, die er vorzieht.« Verboten wurden unter diesen Umständen nur die heidnischen Blutopfer, die Opferbeschau und die Magie. »Ihr, die Ihr meint, daß es Euch nützlich sei, begebt Euch in Eure Tempel und zelebriert Eure traditionellen Riten«, hatte Konstantin 319 in einem Brief geschrieben. Es scheint indes, daß dem Heidentum, amtlich als »schädlicher Aberglaube« denunziert, die Möglichkeit der ungehinderten Ausbreitung weitgehend genommen wurde.

Was die Christen anging, war es schon im Anfang nicht allzu schwer, in der Frage der Rückgabe des 303 beschlagnahmten Kirchenbesitzes großzügig zu sein. Im Edikt von 311 hatte Galerius die Grundzüge einer Lösung vorgezeichnet, die alle Glaubensgemeinden ohne Diskriminierung berücksichtigen sollte. Konstantin und Licinius hielten sich daran und gaben die Basiliken, Diakonate und Friedhöfe nach entsprechender Prüfung an die

Constantinus I.
Kopf von der Marmorskulptur aus der Maxentius-Basilika in Rom, um 313
Rom, Konservatorenpalast

Die Anbetung des Kreuzes in der Apsis der Konstantinischen Basilika in Rom
Relief auf einem Elfenbeinkasten, 5. Jahrhundert
Pula, Archäologisches Museum

früheren Besitzer zurück. Wenn es da politische Eingriffe gab, wenn in Afrika die Anhänger der Orthodoxie auf Kosten der Donatisten begünstigt wurden, so lag das allem Anschein nach daran, daß die Donatisten für Maxentius Partei ergriffen hatten. Fünfzig Jahre früher hatte der sehr heidnische Kaiser Aurelian in einem entsprechenden Fall nicht anders gehandelt. In Rom erhielten die Novatianer, notorische Ketzer, ihr Besitztum wieder. Allerdings war es anders, wenn innerkirchliche Zwistigkeiten geschlichtet werden mußten und eine der streitenden Parteien um der Ordnung und des Friedens willen an den Kaiser appellierte, so in Afrika im Streit um den Donatismus und im Osten in der Auseinandersetzung mit dem Arianismus.

In Nordafrika, wo die Verfolgungen Diokletians besonders gewütet hatten, gab es viele Geistliche, die, um dem Tod zu entgehen, die heiligen Bücher abgeliefert hatten oder unter der Folter nicht standhaft geblieben waren. Da wieder Frieden herrschte, kam die Frage auf, ob die von gestern noch abtrünnigen Priestern gespendeten Sakramente als gültig anzusehen seien. Eine starke Gruppe, die sich um Donatus scharte, stellte sich dagegen. Die Donatisten beriefen sich nicht auf eine besondere Glaubenslehre – in Glaubensfragen stimmten sie mit den Katholiken überein –, sondern auf Grundsätze der Kirchenverfassung, die sie vom ersten großen Theologen des Westens, dem heiligen Zyprian von Karthago (Thascius Caecilius Cyprianus), übernommen hatten. Trotz gegenteiligen Behauptungen lehnten sie sich durchaus nicht gegen die römische Zivilisation oder deren Vertreter – ob Beamte, ob Kolonen – auf. Die Sprache der donatistischen Kirche war weder Berberisch noch Punisch, sondern Latein, und ihre Anhänger kamen aus den verschiedensten Traditionsmilieus und Gesellschaftsklassen. Ihre besondere Festigkeit im Angesicht der Verfolgung beruhte auf einer außergewöhnlichen Anhänglichkeit an das Andenken der Blutzeugen, namentlich der frühesten, des heiligen Stephanus und der Apostel Peter und Paul.

Die Anklage gegen die Donatisten führte Caecilianus, Bischof von Karthago. Auf Konstantins Geheiß mußten sie sich zuerst vor einem Konzil italienischer und gallischer Bischöfe in Rom und dann vor einem zweiten Konzil in Arles (314) rechtfertigen, auf dem alle westlichen Kirchen vertreten waren. Beide Konzilien sprachen Donatus und seine Kirche schuldig; das Urteil wurde 316 von Konstantin bestätigt. Unterdes eroberte das Schisma – es war keine bloße Ketzerei mehr – das ganze lateinische Afrika; trotz allen Enteignungen, Raubzügen und Massakern blieben die Donatisten standhaft. Um des lieben Friedens willen zog es Konstantin am Ende vor (321), den Donatisten ihre Rechte wiederzugeben. Weniger langwierig war ein Konflikt ähnlicher Art in Ägypten, um den Bischof Meletius. Hier konnten sich die Rebellen nicht auf die Theologie eines heiligen Zyprian stützen, und es ging auch mehr um einen Streit von Personen als um ein echtes Schisma.

Viel ernster war die arianische Häresie: einmal wegen ihres Wesens und der Zahl ihrer Bekenner, zum andern aber wegen der Gewalttätigkeiten, die sie unter der gesamten östlichen Bevölkerung und später auch auf dem Balkan und in Italien auslöste und die sich höchstens mit den Religionskriegen des 16. Jahrhunderts vergleichen lassen. Im Osten regierte noch Licinius, als ein ägyptischer Priester namens Arius den Bischof Alexander von Alexandreia der Ketzerei beschuldigte. Um die Einheit Gottes, wie sie seit einem Jahrhundert in Antiocheia gelehrt worden war, zu wahren, proklamierte er, daß Christus Gott »untergeordnet« werden solle. Er erkannte nur einen einzigen Gott an, »den einzig ungezeugten, den einzig ewigen, den einzigen ohne Anfang, den einzigen wahren Gott, den Gott des Gesetzes, der Propheten und des Neuen Testaments, der seinen Sohn vor der Zeit und vor den Jahrhunderten gezeugt hat, indem er ihn dem Nichts entnahm, um ihm die Rolle des Demiurgen anzuvertrauen«. Natürlich wurde Arius von einem ägyptischen Konzil unter der Führung Alexanders von Alexandreia verurteilt. Aber seiner Lehre, in der sich die tieferen Gedanken der östlichen Theologen, namentlich des großen Origenes, niedergeschlagen hatten und die bestimmten, seit Platon und Aristoteles vorherrschenden Tendenzen des hellenistischen philosophischen Denkens entgegenkam, schloß sich fast der gesamte Osten an, jedenfalls aber die große Mehrheit der Christen Kleinasiens, Syriens und Ägyptens.

Vermutlich hat gerade diese enorme Ausbreitung der Bewegung Konstantin nach dem Sieg über Licinius dazu getrieben, einen Gärungsprozeß im Keim zu ersticken, dessen religiöser Ausdruck alle möglichen Widerstandsregungen gegen die kaiserliche Machtposition hätte aktivieren können. Zweifellos war das im Rahmen seiner Überlegungen der Hauptgrund für die Einberufung des ökumenischen Konzils, wobei auch noch die Idee des Konzils seinen Vorstellungen von einer allmächtigen Universalherrschaft zu Hilfe kam. Und natürlich mußte sich bei einer Verurteilung durch die Mehrheit der gesamten christlichen Welt auch die politische Gefahr verringern. Das Konzil von Nicaea, das Konstantin am 14. Juni 325 mit großem Zeremoniell eröffnete, führte seine Beratungen nach der Geschäftsordnung der glanzvollsten aller Körperschaften, des Senats von Rom, durch. Dank dem Einfluß von Hosius, Bischof von Corduba, wurde dem Christentum ein Glaubensbekenntnis auferlegt, das sich mehr auf die Tradition als auf die Heilige Schrift gründete. Darin wurde der Sohn als gleichen (nicht bloß ähnlichen) Wesens wie der Vater definiert *(homoousía)*; in Rom und Karthago waren Begriff und Ausdruck in ständigem Gebrauch, den morgenländischen Christen dagegen wenig vertraut. Ein Bannfluch traf alle, denen es widerstrebte, zum »Symbol von Nicaea« ja und amen zu sagen.

Ohne Zweifel hatte Konstantin zunächst abgewartet, wie sich das Konzil entscheiden werde. Das hinderte ihn nicht, nachdem die Entscheidung gefallen war, die Einheit des Glaubens mit Verbannungsbefehlen gegen Arius und die siebzehn oder zwanzig Minderheitsbischöfe durchzusetzen. Das war ein Novum: die mittelalterliche Gesetzgebungsgewalt des weltlichen Armes warf ihre Schatten voraus. Mit weiteren Beschlüssen, die man Gelegenheitsentscheidungen nennen möchte, wurde die Macht der Bischöfe verstärkt und die Zivilprovinz der Reichsverwaltung auch zur Kirchenprovinz gemacht; die Provinzhauptstadt wurde zum ständigen Sitz eines Metropoliten, dem nunmehr die Bischöfe der Provinz – wiederum ein Novum – unterstellt waren. Diese der weltlichen Verwaltungsorganisation abgelauschte Hierarchie läßt vermuten, daß Konstantin die Kirche gewissermaßen als »Reichskirche« sah, in der den Bischöfen nur die Stellung von Ressortbeamten zukam.

Im übrigen war die Kirche damit einverstanden, künftighin dem Staat zu dienen. Schon auf dem Konzil von Arles war 314 beschlossen worden, daß alle Gläubigen, die sich dem Militärdienst versagten, und alle Geistlichen, die sich umstürzlerischer Umtriebe gegen die

Staatsautorität schuldig machten, exkommuniziert werden sollten. Die Kirche verweigerte keineswegs die Annahme von Privilegien und Geschenken aus den Händen der weltlichen Gewalt; bisweilen wurde sie dadurch zur Eigentümerin von Liegenschaften, die sich jeweils auf mehrere Provinzen verteilten. Gleich zu Beginn des christlichen Großstaates tendierte sie also, weil sich ihre weltlichen Interessen gar zu eng mit den Staatsinteressen verflochten, dazu, eine Unabhängigkeit aufzugeben, die bis dahin ihrer Ausbreitung und ihrem Einfluß zugute gekommen war. Mit der intensiven Beteiligung an innerkirchlichen Angelegenheiten nahm der Staat für sein Teil gewaltige Schwierigkeiten auf sich, in denen sich seine Autorität verschleißen mußte.

Die konstantinische Dynastie

Konstantin starb im arianischen Glauben am 22. Mai 337. In der Kirche der Heiligen Apostel zu Konstantinopel, die er hatte errichten lassen, wurde er von seinem Sohn Constantius II. unter einer Kuppel bestattet, über der sich nicht das Kreuz, sondern ein »Zeichen in Gestalt eines Sternes« erhob; den Sarkophag aus Porphyr umstanden zwölf Schreine mit den Reliquien der zwölf Apostel. Das alles bezeugt, daß sich auch der Sohn die politische Theologie Eusebius' von Caesarea zu eigen gemacht hatte. Bald aber war diese Theologie vergessen.

Konstantin hatte drei Söhne hinterlassen: Konstantin II. (Flavius Iulius Constantinus), Flavius Iulius Constantius (II.) und Flavius Iulius Constans. In einer dunklen Affäre wurden kurz danach zwei Neffen des verstorbenen Kaisers, denen wegen ihrer hohen Kommandoposten in der Armee Bedeutung zukam, und fast alle übrigen männlichen Angehörigen des Kaiserhauses ermordet. Vermutlich hatte der alternde Kaiser geplant, das gesamte Reich Konstantin II. allein zu überlassen; Beweise dafür lassen sich einigen zu seinen Lebzeiten geprägten Münzen entnehmen. Indes war die militärische Macht in den Händen der östlichen Armee, und an ihrer Spitze stand Constantius II. Schnell kam zwischen Konstantin II. und dem jüngeren Constantius II. ein Abkommen über die Teilung des Reichs zustande. Konstantin fielen der Westen und Illyrien, Constantius der Osten zu.

Constans, der dritte Bruder, blieb »landlos«. Aber auch er zögerte nicht, sich eine eigene Kanzlei unter der Leitung eines Prätorianerpräfekten zuzulegen, und erließ Gesetze für Italien, die Donauprovinzen und Afrika. Anfang 340 benutzte Konstantin II. den willkommenen Umstand, daß Constantius II. mit Kleinkriegen gegen die Perser beschäftigt war, und machte sich daran, Constans mit militärischen Maßnahmen um die Früchte seiner Usurpation zu bringen, wurde aber bei Aquileia besiegt und ums Leben gebracht. Es gab also wieder — wie zu Zeiten Konstantins und Licinius' — zwei Reiche mit zwei Staatskanzleien, obgleich die Vorschrift der grundsätzlichen »Einstimmigkeit« verlangte, daß gesetzgeberische Akte im Namen der beiden Kaiser erlassen würden. In der Praxis war die Verwaltung der beiden Teile des Reiches getrennt; die Prätorianerpräfekturen, denen sie unterstand, hatten sich mit der Teilung abgefunden.

An effektiver Macht war Constans seinem Bruder überlegen. Er verfügte über die größeren und dichterbevölkerten Gebiete Gallien und Italien; er hatte Rom mit seinem unbestrittenen Prestige. Gewiß war auch Constantius II. nicht ohne Hilfsmittel; er beherrschte Ägypten, immer noch die wichtigste Getreidekammer des Reiches und eine Oase des Friedens, Syrien mit seinen prosperierenden Städten und Konstantinopel mit dem Grab des ersten christlichen Kaisers. Aber er hatte auch den Krieg gegen den Sasaniden Schapur III. als Erbteil mitbekommen. Schapur verfolgte die Christen in Babylonien und baute gleichzeitig seine Positionen in Armenien aus, wo die beiden Reiche schon seit den Tagen des Augustus immer wieder aneinandergeraten waren.

Bei Nisibis war seit Diokletian ein Übergang halbgeöffnet geblieben, durch den, von den Römern kontrolliert, Handelskarawanen aus dem Fernen Osten gen Westen und Süden zogen. Gerade hier griffen die Perser immer wieder an. Und hier schlug Constantius mit seiner reorganisierten Streitmacht sein Lager auf. Den indischen Elefanten mit ihren schützenbemannten Tragtürmen und der schweren gepanzerten Reiterei der Sasaniden konnte er die Goten entgegenwerfen, die er nördlich der Donau angeworben und nach persischem Vorbild ausgerüstet hatte. Vielleicht hätte Schapur den Durchbruch durch die Pforte von Nisibis dennoch zuwege bringen können, wäre Constantius nicht die Hilfe der orientalischen Christen zugute gekommen. Da Schapur sie verfolgte, standen für sie ihr Glaube und ihre hellenistische Zivilisation auf dem Spiel; beides mußte verteidigt werden. Hinzu kam, daß der König der Könige nach 350 vom Westen wieder nach dem Osten zurückgeholt wurde: er konnte nicht länger wegbleiben, weil Aufstände unter seinen Untertanen ausgebrochen waren und Einfälle der benachbarten Nomaden aus Turkestan immer häufiger sein Reich bedrohten.

Von Mailand aus, wo er residierte, jagte der junge und temperamentvolle Constans, dessen aggressive und lückenlose Orthodoxie sich mit kompletter Sittenlosigkeit paarte, von einer Reichsgrenze zur anderen, stürmte von Pannonien bis Britannien, stiftete Schrecken unter den Sarmaten an der Mitteldonau, unter den Alemannen an den Ufern des Rheins, unter den Scoten der Insel Britannien. So waren Gallien und Italien vor den Barbaren sicher. Kein Schatten trübte, schrieb Camillus Iulianus, ihren prächtigen Frieden. »Dank einem seltenen Glücksfall hörte die Natur nicht auf, die Menschen zu bereichern und heiter zu stimmen; diese Jahre des militärischen Friedens brachten wunderbare Ernten hervor, der Wechsel der Jahreszeiten stand im Zeichen wahrhaft göttlicher Huld des Himmels, und den nachfolgenden Generationen blieb die stille Schönheit der Regierungszeit Constans' unvergeßlich.«

Im Osten hatte die Herrschaft Constantius' II. einen anderen Anstrich: steif und feierlich, von der Würde des Kaisertums erfüllt, hatte sich Constantius vorgenommen, Ordnung, Gerechtigkeit und des Gesetzes Strenge walten zu lassen; aber gleich einem Sultan der späten ottomanischen Zeit baute er nur auf wenige Vertraute, vor allem auf seinen Großkämmerer, den Eunuchen Eusebius, und mißtraute allen anderen. Den oberen Beamten und den militärischen Befehlshabern stellte er die gefürchtete Staatspolizei seiner *agentes in rebus* zur Seite. Überall ließ er Angst vor Folter und Hinrichtung um sich greifen. Seine finanzielle Position war ausgezeichnet, denn er kannte kein Erbarmen bei der Eintreibung der *capitatio*, für die er die Solidarhaftung der Familien einführte. Umfangreiche öffentliche Arbeiten wurden durchgeführt, schöne Basiliken errichtet und Handelshäfen gebaut, aber niemand liebte den Kaiser. Seine Entschuldigung bestand darin, daß er, um Hellenismus und christlichen Glauben zu verteidigen, gegen die Perser Krieg führen müsse.

Nichts zeigt den Kontrast zwischen den beiden »Teilen des Reiches« so deutlich wie die Religionspolitik. Constantius II. herrschte über eine Bevölkerung mit starker christlicher Mehrheit, deren Glaubensbekenntnis arianisch war. Er selbst fand im Arianismus — wie Konstantin vor ihm — eine bequeme Stütze der monarchischen Gewalt, wie sie ihm vorschwebte: mit uneingeschränkter Machtfülle auf allen Gebieten, in Angelegenheiten der Kirche wie in weltlichen Dingen. Anders verhielt sich der orthodoxe Constans. Hosius, der Bischof von Corduba, machte Constantius bittere Vorwürfe, weil er nicht handle wie sein Bruder. Er schrieb: »Wann hat sich Dein Bruder je in Entscheidungen der Kirche eingemischt? Wann hat er Bischöfe verbannt? Erinnere Dich, daß Du sterblich bist. Fürchte das Urteil Gottes. Erteile uns keine Befehle, sondern laß Dich von uns unterrichten. Gott hat Dir das Reich und uns die kirchlichen Angelegenheiten gegeben. Und wie derjenige, der Dich des Reiches berauben will, gegen Gottes Befehl handelt, so sollst Du Dich fürchten, ein schweres Verbrechen auf Dich zu nehmen, wenn Du die Geschäfte der Kirche an Dich reißt.« In späteren Zeiten sollten der heilige Ambrosius und Papst Gregor VII. nicht anders mit den Kaisern sprechen.

Wenn es zu keinem Bruch zwischen den beiden Kaisern und nicht schon nach 340 zu einer Teilung des Reiches in zwei getrennte Staaten kam, so nur aus dem Grunde, weil die Brüder und ihr kirchlicher Anhang die Dinge nicht auf die Spitze treiben wollten. Die Universalmonarchie, die Constantius II. anstrebte, war ohne die Einigung der Kirchenrichtungen nicht zu verwirklichen; die Einheit des Reiches war nach wie vor an diese konstantinische Voraussetzung gebunden. Indes konnten die orthodoxen Bischöfe, von denen sich Constans seine Religionspolitik vorzeichnen ließ, auf den Vernichtungskampf gegen die arianische Häresie nicht verzichten. Annäherungsversuche unternahmen beide Seiten: Constantius holte den von ihm verbannten Athanasius mehr als einmal aus dem Exil zurück, und den östlichen Synoden, so beispielsweise der »Zueignungssynode« von 341 in Antiocheia, legte er Dogmenformulierungen nahe, die, wenn sie nur das Schlüsselwort *homooúsios* aufgenommen hätten, als orthodox hätten gelten können; seinerseits schlug Constans 343 dem Bruder vor, ein ökumenisches Konzil einzuberufen, auf dem östliche und westliche Bischöfe in gleicher Stärke vertreten sein sollten.

Diese Versuche scheiterten, weil die theologische oder kirchliche Vorfrage nicht zu klären war: weder wollten die östlichen Christen den Arianismus abschwören, noch waren die westlichen Christen bereit, Athanasius' Absetzung nachträglich gutzuheißen. Was sich hinter dem Streit der Theologen und den Interessen der Kaiser verbarg, waren im Grunde zwei getrennte Kirchen. Im Osten stand die Geistlichkeit im Dienst des Souveräns; nach dem Erfolg seiner Armeen im Kampf gegen die Perser unversöhnlicher geworden, zog Constantius seine Bischöfe vom Konzil von Serdica zurück. Umgekehrt gaben im Westen die Bischöfe den Ton an, auch auf die Gefahr hin, das Papsttum zu stärken; das Papsttum aber, von dem auf dem ersten ökumenischen Konzil von 325 kaum etwas zu bemerken

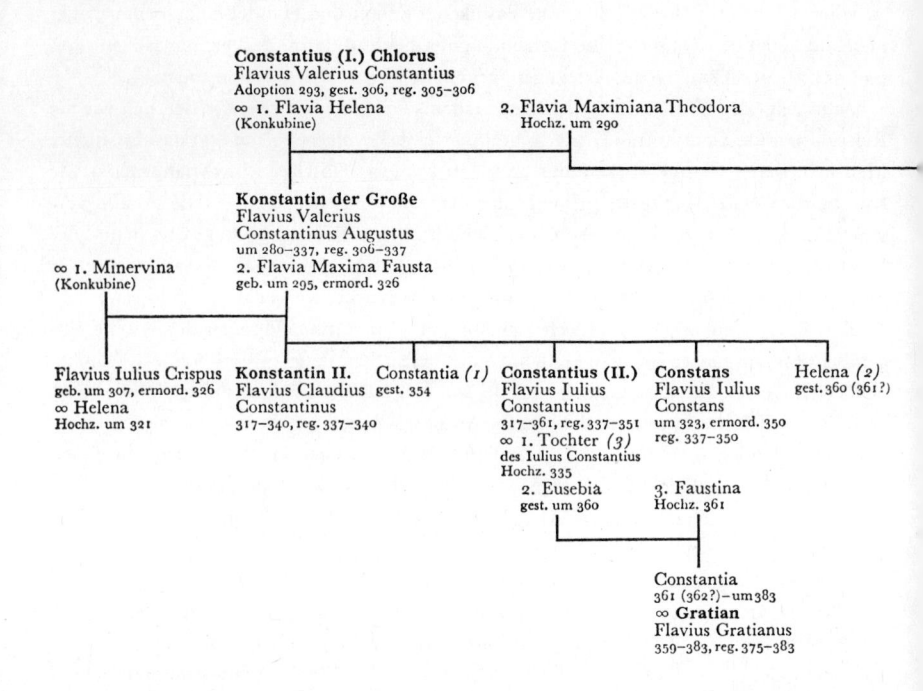

Constantius (I.) Chlorus
Flavius Valerius Constantius
Adoption 293, gest. 306, reg. 305–306
∞ 1. Flavia Helena   2. Flavia Maximiana Theodora
(Konkubine)   Hochz. um 290

Konstantin der Große
Flavius Valerius
Constantinus Augustus
um 280–337, reg. 306–337
∞ 1. Minervina
(Konkubine)
2. Flavia Maxima Fausta
geb. um 295, ermord. 326

Flavius Iulius Crispus	Konstantin II.	Constantia *(1)*	**Constantius (II.)**	Constans	Helena *(2)*
geb. um 307, ermord. 326	Flavius Claudius	gest. 354	Flavius Iulius	Flavius Iulius	gest. 360 (361?)
∞ Helena	Constantinus		Constantius	Constans	
Hochz. um 321	317–340, reg. 337–340		317–361, reg. 337–351	um 323, ermord. 350	
			∞ 1. Tochter *(3)*	reg. 337–350	
			des Iulius Constantius		
			Hochz. 335		
			2. Eusebia 3. Faustina		
			gest. um 360 Hochz. 361		

Constantia
361 (362?)–um 383
∞ **Gratian**
Flavius Gratianus
359–383, reg. 375–383

war, hatte unterdes als Oberschiedsrichter für das westliche Christentum offizielle Anerkennung gefunden.

Alles wurde mit einem Schlag anders, als Magnentius, ein Offizier barbarischer Abkunft, aber in Amiens geboren, einen gewaltigen Aufstand anzettelte. Constans wurde aus Gallien vertrieben und schließlich in der Kirche eines Pyrenäendorfes getötet, so daß der ganze Westen dem Usurpator zufiel. Magnentius war ein kraftstrotzender Schönredner, der einerseits den Heiden im Senat von Rom, anderseits den Freunden Athanasius' gefallen wollte: den einen mit Reden über Republik und Freiheit, den anderen mit dem Kreuz Christi auf seinen Münzen. Gegen ihn konnte Constantius, der nun im Westen keinen Bruder zu schonen oder zu kontrollieren hatte, die dynastische Treue und die Konstantin-Ergebenheit der Gallier anrufen. Seine Schwester Flavia Iulia Constantia förderte in Illyrien die Usurpation des Milizkommandeurs Vetranion; wie durch einen Feuerschirm wurde die Erhebung im Westen zum Stillstand gebracht. Während er seinen Neffen Nepotianus nach Rom entsandte, marschierte Constantius selbst gegen Magnentius. Er stieß mit ihm am 28. September 351 bei Mursa an der Drau zusammen; seine gepanzerten gotischen Reiter verrichteten wahre Wunder: es war die blutigste Schlacht des Jahrhunderts. Magnentius zog sich nach dem Westen zurück, aber er vermochte die Alemannen und Franken nicht zurückzuwerfen, die Constantius über Gallien hatte herfallen lassen; in der

Die Familie Konstantins des Großen

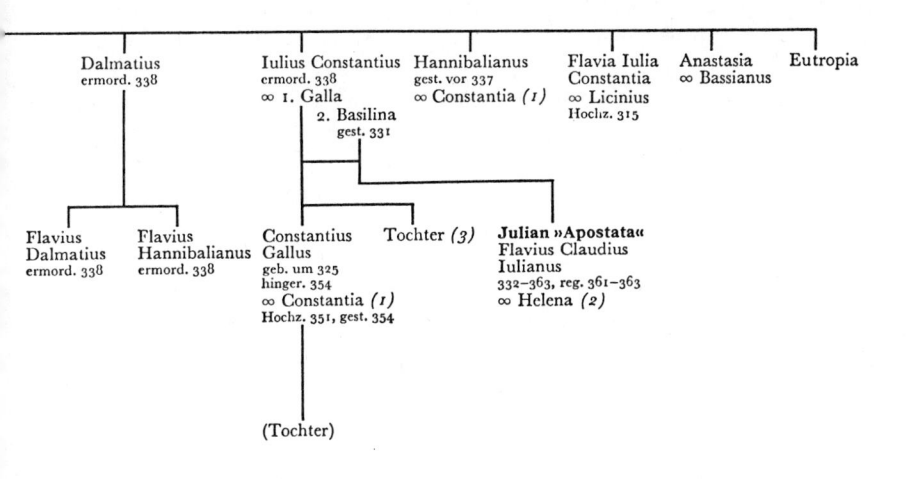

- Dalmatius
  ermord. 338
  - Flavius Dalmatius
    ermord. 338
  - Flavius Hannibalianus
    ermord. 338
- Iulius Constantius
  ermord. 338
  ∞ 1. Galla
  2. Basilina
  gest. 331
  - Constantius Gallus
    geb. um 325
    hinger. 354
    ∞ Constantia (1)
    Hochz. 351, gest. 354
    - (Tochter)
  - Julian »Apostata«
    Flavius Claudius Iulianus
    332–363, reg. 361–363
    ∞ Helena (2)
- Hannibalianus
  gest. vor 337
  ∞ Constantia (1)
  - Tochter (3)
- Flavia Iulia Constantia
  ∞ Licinius
  Hochz. 315
- Anastasia
  ∞ Bassianus
- Eutropia

Nähe von Lyon wählte er 353 den Freitod. Durch den Krieg war Constantius – wie Konstantin 324 – zum alleinigen Herrn des Reiches geworden.

Offenbar wollte er das Werk seines Vaters – so wie es sich in dessen späten Jahren herauskristallisiert hatte – weiterführen, das heißt eine mächtige Monarchie ohne Teilung der Autorität organisieren; wie 336 sollten die Cäsaren die präsumtiven Thronfolger sein, nicht unabhängige Mitverwalter des Reiches; sie sollten dem alleinigen Gebieter des Reiches unterstehen und seine Befehle ausführen: »treue Beauftragte« der kaiserlichen Majestät, ohne eigene Armee und ohne eigenen Verwaltungsapparat. Mit dem Cäsarentitel ausgestattet und eben mit dieser untergeordneten Rolle betraut, erhielten Constantius' Neffen, Flavius Claudius Constantius Gallus und Flavius Claudius Iulianus, die Überlebenden des Massakers von 337, ihr Provinzkommando: der eine 351 im Osten mit dem Sitz in Antiocheia, der andere 355 in Gallien mit dem Sitz in Lutetia. Von Gallus heißt es, er sei ein Phantast gewesen; vielleicht war er bloß des ewigen Gehorchens müde. Jedenfalls wurde er wegen des Versuchs, die Vormundschaft des Prätorianerpräfekts der Ost-Diözese abzuschütteln, von Constantius zurückbeordert und 354 in Konstantinopel hingerichtet. Der geschicktere und geschmeidigere Julian mußte lange warten, ehe es ihm – dem Prätorianerpräfekten von Gallien zum Trotz – gelang, durch Senkung der gallischen *capitatio* Popularität einzuheimsen.

Vielleicht um sein eigenes Prestige im Westen dagegenzusetzen, reiste Constantius 357 nach Rom. Ammianus Marcellinus, der ihn nicht ausstehen konnte, hat darüber erzählt. Wo immer er in Illyrien und Italien Station machte, nahm der Kaiser Ergebenheitsadressen der Städte entgegen. Bewegungslos in seiner gold- und juwelenverzierten Prachtkarosse verharrend, von der Garde mit funkelnden Waffen umringt und von den gepanzerten gotischen Reitern begleitet, deren Dracheninsignien im Winde flatterten, gleich einem zelebrierenden Priester regungslos, starr, den Blick an den Menschen vorbei in die Ferne gerichtet, zeigte sich Constantius »so, wie man ihn gewöhnlich in seinen Provinzen sah«, etwa so, wie ihn der Osten kannte. Wie immer das Zeremoniell des römischen Hofes gewirkt haben mag: so hatte sich ein römischer Kaiser nie gegeben.

Themistios, ein griechischer Rhetor aus dem kaiserlichen Hofstaat, erweckte in einer offiziellen Rede vor der heidnischen Aristokratie Roms den Eindruck, Constantius sei nur nach Rom gekommen, um wie Antoninus von der ewigen Stadt und vom Senat die Bestätigung der Kaiserwürde zu erhalten. Aber Ammianus Marcellinus verbreitet sich zu auffällig über die Touristenbegeisterung des Kaisers angesichts der Denkmäler der Stadt, der Tempel, der Thermen, des Trajansforums, »das ihn sprachlos ließ«, als daß man am rein politischen Sinn des Besuchs am »Sitz des Reiches« zweifeln könnte. Mit dem Triumph über Magnentius und »die Tyrannen«, den Constantius in Rom feierte, warnte er alle Widersacher vor neuen Usurpationsversuchen. Eine Usurpation konnte fortan nur Rebellion und Gotteslästerung in einem sein, denn das Reich war durch Gottes Willen geeint und der Kaiser der erste Diener des Herrn.

Zugleich machte Constantius allen klar, daß er allein zu gebieten habe. Den Heiden verbot er bei Strafe des Todes, ihren Göttern Opfer darzubringen oder auch nur die Standbilder der Götter zu verehren; den orthodoxen Christen wollte er mehr oder minder arianische Glaubensformeln aufzwingen, und da einige Prälaten, wie Bischof Hilarius von Poitiers und Papst Liberius, diese Glaubenssätze nicht akzeptierten, ließ er sie absetzen und verbannen. Nach den Synoden von Rimini und Seleukeia in Isaurien wurde schlecht oder recht eine Glaubensformel ausgearbeitet, in der die »Ähnlichkeit« von Sohn und Vater proklamiert wurde, ohne daß von der »Gleichheit der Substanz«, auf die es den westlichen Christen ankam, die Rede gewesen wäre; für eine Weile schien damit die Einheit der Glaubenslehre für das gesamte Christentum verwirklicht. »Die Stabilität des Staates beruht in höherem Maße auf der Religionsübung als auf der Verwaltung und der Arbeit«, liest man in einer Verfügung, die Constantius II. 361, kurz vor seinem Tode, erlassen hatte. Damit sind die Herrschaftsmethoden des arianischen Kaisers nicht unzutreffend umschrieben. Die theologische Konzeption Eusebius' von Caesarea, auf der sie beruhten, hatte gesiegt. Bald allerdings sollte sich zeigen, daß das nur ein Scheinsieg war.

Die heidnische Reaktion: Julian Apostata

Die zweite Generation der christlichen Kaiser war noch nicht dahingegangen, als der Gebieter des Reiches bereits wieder zum Heiden wurde. Unter Umständen, die sich zu allen Zeiten wiederholen, trug ein Pronunziamiento einen Heiden zur Macht empor: der Cäsar Flavius Claudius Iulianus war zum Augustus ausgerufen worden, und der sterbende Constantius II. mußte die vollendete Tatsache hinnehmen; er legitimierte sie. War der Einfluß des Christentums auf die römische Welt so schwach, daß die heidnische Reaktion den Sieg so schnell und so leicht davontragen konnte?

Die Christen waren die Mehrheit im Osten und in bestimmten Bezirken Italiens und Afrikas; in anderen Teilen des Reiches lebten Christen nur in den Städten. In Gallien gab es noch wenig Kirchen; außer im Rhône-Tal hat sich nicht eine einzige Inschrift aus der Regierungszeit Konstantins auffinden lassen. In Köln existierte nur die Keimzelle einer christlichen Gemeinde; Mainz sollte erst 368 einen Bischof erhalten. Die Unartikuliertheit des Gemeindelebens war erstaunlich. Der katholische Glaube war so wenig verankert, daß Hilarius von Poitiers in der Regierungszeit Julians voller Entrüstung behaupten konnte, Constantius II. habe es nicht viel Mühe gekostet, die orthodoxen gallischen Bischöfe »in seine Palastknechtschaft« hineinzuziehen und »mit seinem Gold das Herz der Gläubigen zu korrumpieren«. Die gallischen Synoden führten Kaiserbefehle untertänigst aus: sie gaben sich dazu her, Athanasius zu verurteilen (Arles, 353); sie ließen zu, daß die orthodoxen Bischöfe verbannt wurden.

Der Grund war durchsichtig: die lokale Aristokratie, von der die Synoden beherrscht wurden, hatte nur den Wunsch, mit den bestehenden Gewalten und mit der heidnischen Umwelt in Frieden und Eintracht zu leben. Es genügte ihr, daß Constans 341 und Constantius II. 353 und 356 nach dem Vorbild Konstantins heidnische Opfer verboten hatten und daß auf Constans' Geheiß 346 sogar die heidnischen Tempel in Stadt und Land geschlossen worden waren. Das waren freilich nur Worte, deren Strenge bald gemildert wurde: Verfügungen von Constans (341) und Constantius (nach 357), die aus Opportunitätsgründen erlassen worden sein mögen, sorgten dafür, daß einige der verbotenen Tempel unversehrt blieben und ihrem Bestimmungszweck zurückgegeben wurden; der Römer Vitrasius Orfitus, ein heidnischer Adliger und intimer Freund Constantius' II., stiftete in Ostia 359 einen Apollo-Tempel und brachte Castor und Pollux Opfer dar.

Die Beziehungen zwischen den christlichen Kaisern und dem Heidentum erinnern an die Beziehungen zwischen den antoninischen Kaisern und dem Christentum zwei Jahrhunderte zuvor: die Kanzleien sprechen von schädlichem Aberglauben, und die Polizei unterdrückt die Opferbeschau, weil von ihr umstürzlerische Umtriebe ausgehen sollen, aber gegen die feindlichen Lehren selbst wird nichts unternommen; im Grunde richten sich die Polizeimaßnahmen im 2. Jahrhundert nur gegen Menschen, deren frühmorgendliche Sakramente die öffentliche Ordnung stören, und im 4. Jahrhundert nur gegen heidnische Sekten, deren »nächtliche Opfer« Anstoß erregen. Jetzt gibt es ein verdächtiges Heidentum, wie es vordem ein verbotenes Christentum gegeben hatte.

Warum sollten die heidnische Religion untersagt und ihre Bekenner verfolgt werden? Nach wie vor bezeichneten heidnische Riten alle wichtigen Ereignisse des öffentlichen Lebens. Mitte des 4. Jahrhunderts verschmolz in Rom in der Volksbelustigung des Karnevals das Fest des »Isis-Schiffes« vom 5. März mit dem Fest der »Öffentlichen Gelübde« vom 3. Januar. Bis 389 waren heidnische Festtage auch Ruhetage: die Störung von Kultzeremonien, die der Ernte Schutz vor Hagel und Schädlingen sichern sollten, war nicht gut denkbar. Die Masse der Heiden lebte mit den Christen auf friedlichem Fuß.

Es gab ja auch verschiedene Arten von Heidentum. Wichtig vor allem war das Heidentum derer, die sich dank ihrer gesellschaftlichen Lage dem Studium zuwenden konnten. Gemeinsam mit christlichen Mitschülern lasen und kommentierten sie Homer und Vergil, Platon und Aristoteles. Eine solche »Gemeinschaftsschule« brachte die Eliten nicht etwa gegeneinander auf, sondern führte sie im Gegenteil in der Gemeinsamkeit eines sittlichen Ideals zusammen, das weder den Glauben noch die Religionsübung der einen oder anderen ausschloß.

Warum sollte es unter Freunden und Verwandten keine gegenseitige Achtung Verschiedengläubiger geben, wenn »Mischehen« nur in ohnehin zerrissenen Familien Unruhe stifteten und wenn Heiden und Christen im *sepulcretum* des Vatikans, unter der von Konstantin begonnenen und von seinen Söhnen zu Ende gebauten Basilika nebeneinander ruhten? Wie sollte man die Riten und Zeremonien des Heidentums verbieten, wenn das Personal der Lokal- und der Zentralverwaltung bis auf wenige Ausnahmen auch noch nach 350 aus Heiden bestand? Unbekannt war es nicht, daß ein Würdenträger, ein Prätorianerpräfekt oder Präfekt der Stadt, in seiner Grabinschrift neben die Titel Isis-Priester und Pontifex der Sonne voller Stolz auch etliche priesterliche Bezeichnungen von fremdartigem Klang setzte: Hieroceryx des Mithras, Hierophant der Hekate, Archibucolus des Liber. Mit dieser Plakatierung wurde nicht der christliche Kaiser herausgefordert, sondern ein Glaube bekundet, der mit Riten mehr zu tun hatte als mit philosophischen Haltungen, eine Religion, die eher aus Gefühl und Mystik als aus rationalen Lehren erwuchs.

Porphyrios, dessen Gefolgschaft so groß war, daß die siegreiche Kirche gegen Ende des Jahrhunderts nach seinen Werken fahnden und sie verbrennen ließ, hatte das Bedürfnis geweckt, bei den Bemühungen um das Erkennen des einen und einzigen Gottes die Mythen des Polytheismus zu ergründen und typologisch zu deuten. Die Grabmalsymbolik, die dieser Beschäftigung mit dem Polytheismus entsprang, zeigt, wie sehr sich sein Einfluß der Gemüter bemächtigt hatte. In denselben Kreisen gesellten sich zur trostreichen Durchleuchtung der alten Glaubensvorstellungen auch noch Dämonengeschichten, Geistererscheinungen, Beschwörungen und Mysterienspiele, die Rausch und Ekstase anregten; so wurden die Glaubenswahrheiten faßbar, wahrnehmbar gemacht. Zu keiner anderen Zeit zogen Prozessionen, Hymnen und Opferriten eine leidenschaftlicher begeisterte Menge an; zu keiner anderen Zeit hatten Magier und Astrologen, die Deuter und Vermittler des Wunderbaren, der Weissagungen und Orakel, einen größeren Zulauf.

Dies nebelhaft unklare, verwirrte, komplexe und aufgeregt unbeständige Heidentum mit seinen Rationalisten und seinen Mystikern, mit seinen schlicht gläubigen Gemütern und seinen Exaltierten, mit seinen den verschiedensten Quellen und Traditionen entlehnten

Riten, mit seinen auf der Stufe des Animismus verharrenden Massen und seinen Philosophen war das Gegenteil einer Kirche: da gab es keine gemeinsame Geistlichkeit für alle Gläubigen, keine Konzilien außer für die Bekenner einer Sondergottheit wie des Iuppiter von Heliopolis, kein Glaubensbekenntnis, keine Bannflüche; was es gab, war einmal die traditionelle Bindung an die Riten des Landlebens und des Familienaltars, zum andern die gläubige Inbrunst isolierter Kleingemeinden und Tempelgemeinschaften. Die Zeiten, da Auguren, wenn sie einander in die Augen schauten, lachen mußten, waren vorbei; selten waren die Atheisten, noch seltener die Skeptiker geworden.

Aber solange man diskutiert, bringt man einander nicht ums Leben. Die Kaiser handelten, was immer sie sagen mochten, nach den Toleranzprinzipien, die Galerius 311 verkündet, die nach ihm Licinius und Konstantin bekräftigt hatten. Von einer aus heidnischen Quellen gespeisten Opposition war kaum die Rede: in den *Contorniates*-Schaumünzen, die der Heide Orfitus als Stadtpräfekt von Rom gegen 359 prägen ließ und die man untereinander als Neujahrsgeschenke austauschte, kam höchstens eine ohnmächtige Fronde zum Ausdruck. Bedeutsamer war in der Zeit des Constantius das Interesse an einer wirtschaftlichen, sozialen und militärischen Reform des Staatswesens, von dem das Pamphlet *De rebus bellicis* Zeugnis ablegt. Indes wird hier bei aller Kritik am Werk Konstantins und seiner Söhne auf Politisches nur indirekt eingegangen, auf die Grundlagen des christlichen Reiches oder des christlichen Glaubens als solchen überhaupt nicht.

Aus dieser gesellschaftlichen Haltung läßt sich erklären, warum Constantius II., ohne auf religiöse Bedenken zu stoßen, Julian 361 als seinen Nachfolger bestimmen konnte und warum sich kein einziger Bischof weigerte, den Heiden, den Apostaten, als Kaiser anzuerkennen. Dieser Neffe Konstantins, Sohn eines von Fanatismus freien heidnischen Prinzen und einer Arianerin, war, nachdem seine Familie 337 abgeschlachtet worden war, fern vom kaiserlichen Hof aufgewachsen. Als Schutzbefohlener des Bischofs Eusebius von Nikomedeia hatte der von Nervenkrankheiten geplagte Knabe eine strenge und unfrohe christliche Erziehung erhalten. Was sich ihm davon eingeprägt hatte, war vor allem die Macht des kirchlichen Apparats mit seiner Hierarchie, seinen Zeremonien und mildtätigen Werken, aber auch mit den Schwächen, an denen es einer uneinigen Kirche nicht fehlte. Wie alle anderen mußte auch er Homer lesen; das war eine verzauberte Lektüre. Später, in der strengen Abgeschiedenheit einer einsamen Villa in Kappadokien, ließ ihn der Priester Georg von Ancyra die christlichen Theologen studieren, und der Heide Maximus führte ihn in das Werk von Porphyrios und Jamblichos ein. Von ihnen lernte er, daß der alte Gottesdienst der traditionellen Kulte, wenn man ihn auf eine höhere Stufe hebt, in einer geeinten überkirchlichen Frömmigkeit neue Geltung erlangt.

Julian wuchs zu einem verschlossenen, in sich gekehrten jungen Mann heran. Sein schroffer Übertritt zum Heidentum, den Jahre der Meditation vorbereitet hatten, scheint vom Jahre 351 zu datieren. Von diesem Zeitpunkt an besuchte er, von seinem Freund Maximus beraten und gelenkt, sowohl die Zusammenkünfte der Gebildeten und Bildungsbeflissenen als auch die Stätten heidnischer Mysterien, später auch noch die Hörsäle der Athener Universität. Dann aber rief ihn Constantius, der an der Spitze der Truppen Namen von Klang brauchte: die Gallier, die abzufallen drohten, weil sie der Einfall der germanischen Stämme in Unruhe und Angst versetzte, mußten bei der Stange gehalten werden. Constantius stellte den Vetter den in Mailand versammelten Truppen vor und ernannte ihn (November 355) zu seinem Cäsar.

»Von uns hast du einen Teil deiner Größe erhalten; der Rest wird dir mit Gottes Hilfe zuteil werden, sofern du dich als ergeben und gläubig erweist«, soll ihm die Kaiserin Eusebia gesagt haben, die ihn protegierte. In Wirklichkeit war er bloß ein unbekannter Prinz aus dem Hause Konstantins, ein Beauftragter des Kaisers ohne eigene Kanzlei, ohne eigene Befugnisse, ohne das Recht, Initiative zu entfalten. Da aber die äußere Gefahr sich zuspitzte, betraute ihn Constantius 356 mit dem Oberbefehl der Rhein-Armeen, und im Jahr danach besiegte er in der Nähe von Straßburg die Alemannen. Von seinem Winterquartier in Lutetia aus wachte er über die Sicherheit der Rheingrenze. Sein Ruhm war bereits bis nach dem Osten gedrungen. Constantius schöpfte Verdacht, beschloß, das Hauptkontingent der Rhein-Armeen nach dem Osten zu verlegen.

Den Soldaten lag nichts daran, fern vom heimischen Herd in den Krieg zu ziehen. Es fiel infolgedessen den Führern einer Militärverschwörung nicht schwer, die Truppen um den gedemütigten Cäsar zu scharen. Im Februar 360 machte ihn das Militär zum Augustus. Julian wäre gern als Befehlshaber im Westen geblieben; er war sogar bereit, einen von Constantius zu bestimmenden Kanzler als Verwaltungschef hinzunehmen und seinerseits dem Kaiser Truppen zu stellen. Auf diesen merkwürdigen Teilungsvorschlag wollte sich jedoch der alte Kaiser nicht einlassen: vielleicht sah er darin einen entscheidenden Schritt zur wirklichen Teilung des Reiches, die für ihn unannehmbar war. Nun zog Julian mit Truppen nach dem Osten, nicht ohne für Propaganda zu sorgen und seine Position in Gallien, in Italien und auf dem Balkan zu sichern. Dennoch war die Lage für ihn nicht ungefährlich; daß Constantius zur rechten Zeit starb, mag er als Geschenk der Götter empfunden haben: jedenfalls dankte er ihnen mit Opfergaben, wobei er sich zum erstenmal öffentlich als Heide bekannte.

Bei der Säuberung der Armee und des Palastpersonals, die dem Einzug Julians in Konstantinopel folgte, spielten religiöse Fragen keine Rolle. Es ging darum, die Rechnung zwischen den östlichen und den westlichen Offizieren zu begleichen und Julians Feinde am Hof von Konstantinopel durch Verbannung oder Tod zu liquidieren. Die Armee, der er zum mindesten seinen Ruhm als Bezwinger der Barbaren verdankte, hätte Julian am liebsten auf ihre rein technischen Aufgaben beschränkt. Nicht umsonst versicherte er, »die Götter allein« hätten ihm die Würde eines Augustus verliehen.

Zuallererst richteten sich seine Bemühungen darauf, aus dem Hof von Konstantinopel das Zentrum zu machen, von dem aus der Kaiser als Priester und Prophet des Zeus und zugleich als Philosoph die Welt regieren könnte. Hasser des Luxus und Fanatiker der Sparsamkeit, war Julian dem einfachen Leben dogmatisch ergeben. Mit Genugtuung vertrieb er aus dem Palast »die verschnittenen Mundschenke, die Constantius umschwärmten, wie Fliegen bei der ersten Hitze den Hirten umschwärmen«. Wichtiger war, daß Julian das Polizeipersonal der *agentes in rebus* ebenso wie die Zahl der Notare (Kabinettsschreiber) reduzierte, die sich unter Constantius eine verhängnisvolle politische Rolle angemaßt hatten. Wie so häufig vom Bedürfnis getrieben, das Gegenteil von dem zu tun, was sein Vorgänger getan hatte, holte er die vom arianischen Kaiser verbannten orthodoxen Bischöfe zurück.

Vor allem sicherte er den Heiden durch einen Gesetzesakt dieselbe Wiedergutmachung und Kultfreiheit zu, die Galerius den Christen verbürgt hatte. Er berief sich dabei auf die Tradition; zweifellos schwang aber auch die Überlegung mit, daß zur Wiedergeburt der heidnischen Kulte auch gewisse materielle Voraussetzungen gehörten. Im Osten waren die heidnischen Tempel zerstört und ihre Besitzungen beschlagnahmt und verkauft worden. Julian schien die von Konstantin zugunsten der Christen erlassenen Gesetze wiederaufzugreifen: er ordnete den Wiederaufbau der Tempel auf Kosten der lokalen Verwaltung und die Rückgabe des beschlagnahmten Tempelvermögens an. In vielen Städten des Ostens führte das zu Unruhen; in Gallien jedoch, das fast ganz heidnisch geblieben war, wagte kein Bischof, sich dem kaiserlichen Befehl zu widersetzen.

Im übrigen hütete sich Julian, Bischöfe oder Kirchengemeinden zu verfolgen. Er glaubte auch nicht, daß solchen Irren und Besessenen mit Vernunft allein beizukommen sei. Es schien ihm richtiger, sie in ihrer Unwissenheit und Unvernunft schmoren zu lassen und ihnen zu verbieten, vom Lebensquell des hellenistischen Humanismus zu trinken; damit nähme man ihnen zugleich auch die Möglichkeit, mit anderen zu diskutieren und Propaganda zu treiben. Julian wußte sehr genau, daß die christliche Theologie aus der Berührung mit der Philosophie der Griechen entstanden war. Er untersagte daher den christlichen Rhetoren, nicht etwa Homer zu unterrichten, sondern Homer zu lesen und zu erläutern; es stand ihnen aber weiterhin frei, einen Unterricht aufzubauen, der sich auf die Auslegung biblischer Texte stützen mochte. Das war eine revolutionäre Maßnahme; der Heide Ammianus, der Julian immerhin treu ergeben war, nannte sie »unbarmherzig«. Eher möchte man allerdings meinen, sie sei unlogisch gewesen, denn sie widersprach der hellenistischen Tradition der geistigen Freiheit und dem Menschenbild, das jeder Hellene als Erbteil mitbekommen hatte.

In Wirklichkeit handelte es sich darum, die Christen durch eine solche geistige Absonderung in einer Welt für sich zu isolieren; Menschen aus diesem Getto kämen — außer als Abtrünnige — für die Besetzung öffentlicher Ämter nicht in Frage; ihre Ausschaltung ergäbe sich automatisch, ohne besondere Gesetze. Selbstverständlich sollten den Christen die Privilegien genommen werden, die Konstantin ihnen verliehen hatte; der Staat sollte sie zwar dulden, zugleich aber keine Notiz von ihnen nehmen, außer bei Steuern und sonstigen Abgaben, die sie wie alle anderen würden zu entrichten haben. Nur noch als Heide sollte der Mensch künftighin seine Persönlichkeit entfalten und ein erfülltes Leben leben können. Freilich mußte das heidnische Leben noch ausgestaltet, in seinen Fundamenten gefestigt werden.

Gegen Ende 362 rief Julian eine hierarchische Organisation der heidnischen Priesterschaft ins Leben: in jeder Provinz wurde ein Großpriester eingesetzt, nicht nur für den Kaiserkult, sondern auch für die Gesamtheit der den Göttern geweihten Kulte. Aus Julians Feder haben sich Briefe erhalten, die im eigentlichen Sinne — mehr als die amtlichen Rundschreiben — Anordnungen darstellten und den von den kaiserlichen Kanzleien in weltlichen Angelegenheiten an die Provinzgouverneure versandten und der Rechtsprechung als Grundlage dienenden Direktiven glichen. In diesen Briefen beschäftigte sich der Kaiser mit der Auslese, dem Lebenswandel, der Ausbildung und der Besoldung der Priester, mit dem dreimal täglich zu zelebrierenden Hochamt, mit der Gründung von Mädchenheimen und Hospizen. Daneben ließ er Aufklärungsschriften für die Priester und Instruktionsbücher für den Religionsunterricht zusammenstellen. Mehr oder minder beruhte das alles auf Projekten, die Maximinus Daia hinterlassen hatte. Anderseits war es aber auch in hohem Maße, wie Gregor von Nazianz sagte, »Nachgeäfftes«; kirchliches Leben in all seiner Intensität war Julian in der Tat aus seinen Kindheitserlebnissen im Schoß der Christengemeinden innig vertraut.

Die Heiden standen solchen Plänen mißtrauisch und ablehnend gegenüber; ihre Glaubensvorstellungen und ihr Lebenshabitus waren zu vielgestaltig, als daß sie sich einer kirchlich-geistlichen Disziplin hätten beugen können oder wollen. Aus dem Titel des Pontifex Maximus konnte der Kaiser schwerlich die Autorität und die Prärogativen eines Kirchenoberhaupts herleiten, denn in dieser Eigenschaft war er nicht mehr als der Hüter der Toten und der Beschützer der Vestalinnen und der großen Priesterkollegien.

Den Christen blieb gerade noch Zeit genug, sich über Julians Erneuerung des Heidentums lustig zu machen. Julian hatte kaum recht, wenn er hinter dem Spott Gefährlicheres witterte. In Antiocheia, wo er sich zum Krieg gegen die Perser rüstete, fanden die Senatoren andere Dinge lächerlich: seinen Bart, sein Philosophengewand, sein gelangweiltes Unverständnis für die Vergnügungen der Rennbahn. Dieselben Senatoren — Großgrundbesitzer ihres Zeichens — ärgerten sich über seine Agrarreformpläne. Als er aus dem geweihten Wald von Daphne die Reliquien des heiligen Babylas entfernen ließ, setzte ein christlicher Mob den benachbarten Apollo-Tempel in Brand. In Alexandreia beschimpfte Athanasius, wieder einmal aus dem Exil zurück, in aller Öffentlichkeit den Kaiser und seine heidnische Kirche. Nun wollte sich Julian rächen. Er erfand Plackereien aller Art, um den christlichen Städten und der christlichen Geistlichkeit das Leben zu erschweren. Wahrscheinlich wäre auf diesen getarnten heimtückischen Kampf eine regelrechte Verfolgungskampagne gefolgt, wenn nicht der Perserkrieg dazwischengekommen wäre.

Julian zog in den Krieg. Aus Ammianus' Bericht kennen wir die mühseligen Tagesmärsche der Truppen unter dem bleiernen Himmel des Sommers 363 bei ständigen Angriffen und Überfällen der persischen Reiterei. Eines Abends nach der Schlacht wurde Julian tödlich getroffen, und man weiß nicht, wer den Schlag geführt hatte; ehe er starb, konnte er sich noch mit seinem Freund Maximus über die Unsterblichkeit der Seele unterhalten. Eine spätere Legende sagt, er habe sich Christus mit dem Ausruf zugewandt: »Du hast gesiegt, Galiläer!«

Er war zweiunddreißig Jahre alt geworden, und sein Ausflug ins tätige Leben hatte nur acht Jahre gedauert; davon hatte er keine zwei Jahre auf dem Kaiserthron zugebracht. Aber keinen Kaiser des 4. Jahrhunderts kennen wir so gut wie ihn — aus dem, was seine Zeitgenossen, Verehrer und Verächter, über ihn berichtet haben, und aus dem, was er selbst — einmaliger Fall in der Geschichte des Römischen Reiches — von sich sagt. Von seinen Briefen und Reden, Panegyriken und Pamphleten hat sich vieles bis auf unsere Tage erhalten, nicht nur weil er, der Schriftsteller, gern über sich sprach, sondern auch weil

Christen und Heiden ein Interesse daran hatten, die Kunde von seinem Abenteuer zu verbreiten: für die Christen zeigte sich an ihm, warum Abtrünnige zugrunde gehen; für die Heiden war er im Sieg wie im Unglück eine Heldengestalt. Menschen der neueren Zeit sind mitunter geneigt, Julian zum liebenswerten Opfer religiösen Fanatismus oder gar zum Heiligen des Heidentums zu machen. Vielleicht sollte man sich vorsichtigerweise damit begnügen, in ihm einen bemerkenswerten Zeugen seiner Zeit zu sehen.

Verteidigung des Reiches – von Valentinian bis Theodosius

Als Julian starb, war die römische Armee auf dem Rückzug vor den Persern. Aber die Situation war keineswegs verzweifelt, und die Befehlshaber der westlichen und östlichen Armeen, die zu einer Beratung zusammengekommen waren, hatten es mit der Wahl eines neuen Kaisers nicht eben eilig. Alle waren sie romanisierte Barbaren, Germanen oder Sarmaten; sie hätten gern einen heidnischen Aristokraten gewählt: den Prätorianerpräfekten des Ostens, Salutius Secundus. Er wollte nicht. Schließlich einigte man sich auf den Pannonier Flavius Claudius Iovianus, einen christlichen Offizier.

Da die Perser erschöpft und die Römer wegen der schlechten Truppenversorgung kampfunlustig waren, wurde Frieden geschlossen. Rom gab die Eroberungen Diokletians jenseits des Tigris und sogar die Verteidigungslinien am Euphrat auf. Die Einwohner von Nisibis und ihr Bischof wollten die Stadt verteidigen. Indes war der Rückzug beschlossene Sache. Die Römer gaben sich damit zufrieden, daß die Perser versprachen, die Einwohner auf Wunsch nach dem Westen abziehen zu lassen, und überließen die Stadt ihrem Schicksal. Das war kein Ruhmesblatt und mußte verschleiert werden; es wurde also mit den Persern eine Art Zusammenarbeit im Kaukasus zu gemeinsamer Abwehr der Barbaren vereinbart. Jovian lag wohl daran, eine Störung des inneren Friedens durch antiheidnische Reaktionen der Christen zu verhindern; »wie Konstantin«, sagte der Heide Themistios, »stellte er jedem frei, dem eigenen Weg der Gottesfurcht zu folgen«; Sondervorrechte der Christen waren damit nicht ausgeschlossen. Aus Jovians Absichten wurde nichts: im Februar 364 fand man ihn tot in seinem Zelt. In der Kirche der Heiligen Apostel zu Konstantinopel wurde er als *divus* beigesetzt: er, der Christ, war der letzte Kaiser, dem eine Apotheose zuteil wurde.

Die östlichen und westlichen Armeechefs blieben eines Sinnes: als Nachfolger Jovians wählten sie wieder einen christlichen Pannonier, Flavius Valentinianus, verlangten von ihm aber schon sehr bald, daß er einen Mitkaiser ernenne. Am 28. März 364 stellte er der Armee seinen Bruder Flavius Valens vor und ließ ihn als Augustus feiern. Er stattete den Mitregenten mit Purpurtoga und Diadem aus, ließ ihn im Kampfwagen zum Palast mitfahren und vollzog die Riten der Kaiserinvestitur.

Die neuen Kaiser waren Söhne eines Soldaten, der von der Pike auf gedient hatte, aber trotz Kriegsverdiensten sowohl bei Constantius II. als auch bei Julian in Ungnade gefallen war, weil er sich bei den Kaiserkämpfen nicht rechtzeitig genug auf die Seite des Siegers geschlagen hatte. Sie stießen daher weder bei der einen noch bei der anderen Armee auf lange gestaute Abneigung. Die Brüder waren einander wenig ähnlich. Valentinian war ein Soldat von stattlichem Aussehen und guter Haltung; er liebte den Militärberuf, in dem er sich gut auskannte; nebenher vergnügte er sich damit, daß er Vergil las und malte. Valens, der für einen Großgrundbesitzer Güter verwaltet haben mochte, hätte einen guten Beamten mit kleinlich-pedantischen Allüren abgegeben; Ammianus Marcellinus wollte ihm keine höhere Bildung als die eines Bauernlümmels bescheinigen. Beide Brüder waren Christen, Valentinian ein lauwarmer, Valens ein fanatischer Arianer. Beide waren — wie Diokletian — abergläubisch, mißtrauisch, grausam und eingeschworene Verfechter der römischen Sache.

Ebensowenig wie Diokletian konnten sie sich das Auseinanderfallen des Reiches vorstellen; es war ihnen auch nicht in den Sinn gekommen, die Reichseinheit mit einer religiösen Idee zu untermauern; im Arianismus, der ihnen in die Wiege gelegt worden war, hätten sie eine solche Idee leicht finden können. Bis zu einem gewissen Grad arbeiteten sie zusammen; jedenfalls kämpften sie nicht gegeneinander, um etwa eine Monarchie nach konstantinischem Vorbild zu errichten. Aber nachdem sie sich in Sirmium bei Belgrad getrennt hatten, trafen sie sich nicht mehr; jeder machte seine eigenen Gesetze, und es wurden weder Beamte noch Truppen noch Regierungsmethoden ausgetauscht. Valentinian hatte seine Kanzlei in Mailand, Valens eine andere in Konstantinopel, später in Antiocheia. Zum erstenmal ließ sich das Reich des Ostens vom Reich des Westens unterscheiden. Von einer Rückkehr zur Zweierherrschaft Diokletians und Maximians war keine Rede. Zweifellos trug die Trennung der Zivilgewalt von der Militärgewalt in den Provinzen wie auch in der Umgebung der beiden Kaiser zur Loslösung des Ostens bei. Die eigentliche Teilung bahnte sich im Alltag des Armeedaseins an, ergab sich aus ihm; Elitesoldaten und Offiziere setzten sich, obgleich sie oft demselben barbarischen Milieu entstammten, an den Ufern verschiedener Ströme fest: die einen am Rhein und an der Oberdonau, die anderen an der Unterdonau und am Euphrat. So hoben sich allmählich zwei Welten voneinander ab; was hüben und drüben geschah, bedarf einer gesonderten Darstellung.

Ammianus Marcellinus beobachtete und beschrieb den Aufbruch der Barbaren an allen Grenzen des Reiches zwischen 364 und 370: »Um diese Zeit hätte man sagen mögen, daß sämtliche Kriegshörner an allen Ecken und Enden der römischen Welt erklangen. Die wildesten Völker ergossen sich, von Raserei ergriffen, über die Grenzen, in deren Nähe sie gelebt hatten.« Der eifrige Tacitus-Leser definierte das Reich nicht anders, als es sein Vorbild getan hatte: der Welt der Zivilisation, der römischen, stand in seinen Augen die der Barbarei gegenüber, eine unorganisierte Welt, ohne Städte, ohne Kultur, ohne Götter, ohne Reichtum. In unbezwingbarem Aufbegehren durchbrach diese Welt, wie ihm schien, alle Dämme, die ihr bis dahin widerstanden hatten. In Wirklichkeit wurden diese »Fremden« von anderen verwandten Völkern, den Sarmaten und Goten, durcheinandergerüttelt und vorwärtsgetrieben, und hinter ihnen drängten, aus dem Innern Asiens heranbrandend, bereits die Hunnen nach.

Am Rhein hatten sich seit langer Zeit schon die Alemannen festgesetzt; bereits in den Zeiten der Tetrarchie war ihr Land für die Römer Alemannia, im späteren Französisch

Daker und Germane als Gefangene
Reliefs vom Arcus Novus des Diokletian, 303/304
Florenz, Giardini Boboli

Reste vom Eckturm eines unter Valentinian I. errichteten Kastells
in Zwentendorf an der Donau, um 370

Allemagne, das Land der Deutschen. Von Julian besiegt und zurückgedrängt, stürzten sie sich im Januar 365 auf die Gallier; sie brachten die als römisch geltenden Truppen durcheinander und ergossen sich in plündernden Kolonnen über alle römisch-gallischen Straßen von Lothringen bis zur Champagne; sie waren mächtig genug, mitten im Fest der Epiphanie 368 Mainz zu verwüsten und die Einwohner der Stadt als Sklaven hinwegzuführen; sie waren eine ständige Nervenplage ebenso für die römischen Garnisonen wie für die ursprünglich germanische, inzwischen romanisierte Bevölkerung des Rheinlands. Erst von Paris, dann von Reims, schließlich von Trier aus, wo er sieben Jahre blieb, säuberte Valentinian die gallischen Lande von den barbarischen Banden; dann vertraute er das Hinterland dem Schutz seines ausgezeichneten »Milizvorstehers« Iovinus, eines Römers aus Reims, an, überschritt den Rhein und besiegte (368) den Feind mitten in dessen Stammland Alemannia. Er konnte aber bei Mainz die Unterwerfung des Alemannenführers, den unsere Quellen Macianus, König der Bucinobanten, nennen, nicht erzwingen und mußte sich 374 entschließen, mit ihm auf dem Rhein zu verhandeln und einen Vertrag wie unter Gleichen zu unterzeichnen; das heißt: der Barbar brauchte Rom keine Huldigung darzubringen und wurde vermutlich durch Gaben in klingender römischer Münze bei guter Laune gehalten.

Den Frieden in Britannien sicherte Theodosius, ein christlicher römischer General aus Galicia; er bezwang die Pikten von Schottland, die die Garnisonen am Hadrianswall belästigt, und die Scoten von Irland, die Wales gebrandschatzt hatten. Er befreite das von den Sachsen belagerte London; den Römern Britanniens und den demoralisierten Truppen an der Nordgrenze gab er von neuem Mut und Zuversicht.

In Afrika, wo der allgemeine Wohlstand in der Errichtung von Läden, Märkten und Säulengängen seinen sichtbaren Ausdruck fand, gab es Schwierigkeiten verschiedenen Ursprungs. Eine geringe Rolle spielten, was immer Ammianus darüber erzählen mag, die Einfälle der Nomaden aus der Libyschen Wüste, der Austurier; größere Bedeutung kam anderen Dingen zu: dem Steuerdruck, den Kämpfen und Gewalttaten der religiösen Sekten und vor allem den Streitigkeiten unter den Berberhäuptlingen. Dabei brachte Romanus, der römische *comes*, durch seine Ungeschicklichkeiten die Vorherrschaft Roms in akute Gefahr. In seinen Berichten an Valentinian hatte er über den (möglicherweise christlichen) Sohn eines bedeutenden Berberfürsten, Firmus, einen Brudermörder, Klage geführt; dem fälligen Prozeß entging der Beschuldigte nur dadurch, daß er einen Aufstand anzettelte und das ganze Land von Ouarsenis bis zur Kabylei in Aufruhr versetzte.

Von Gallien kam nun 373 Theodosius nach Afrika. Mit Hilfe seiner beweglichen Kolonnen gelang es ihm, die Eingeborenenstämme wieder zur Räson zu bringen. Er hob neue Truppen aus, stellte Roms Autorität wieder her und trieb Firmus, den seine Anhänger im Stich gelassen hatten, in den Selbstmord. Die Revolte hatte sich nicht zu einer nationalen Erhebung ausgewachsen. Theodosius aber, der beste Feldherr des Westens, hatte seinen Ruhm vermehrt. Vielleicht befürchtete Valentinians Sohn und Nachfolger Gratianus einen Usurpationsversuch des großen Generals; jedenfalls ließ er ihn 376 hinrichten.

Im Mai 374 wurde Valentinian, der sich gerade in Basel aufhielt, ein neuer gefährlicher Streich der Quaden gemeldet, die offenbar nach erfolgreichen Einbrüchen in die Befestigungslinien an der Donau Mut gefaßt hatten: beinahe hätten sie Gratians Braut

Flavia Maxima Constantia, die Tochter Constantius' II., auf der Reise von Sirmium nach Trier gefangengenommen. Die Gefahr der Quadeninvasion hatte sich so verdichtet, daß der Präfekt Probus daran dachte, Pannonien bis zum Eisernen Tor zu räumen. Valentinian eilte herbei und rettete die Situation: die Unterwerfung der Quaden stand unmittelbar bevor, und die Ordnung in der korrupten Verwaltung war wiederhergestellt, als der große Kaiser in Brigetio einem Schlaganfall erlag.

Valentinian I. war der Organisator der Grenzverteidigung. Er belohnte seine Veteranen mit Steuerfreiheit, ging aber unnachsichtig gegen Deserteure und Drückeberger wie auch gegen Grundbesitzer vor, die ihrer Verpflichtung, im Rahmen der *capitatio* Rekruten zu stellen, nur auf die Weise nachkamen, daß sie Körperbehinderte oder Schwachsinnige zum Militär schickten. Seine große Leistung war der wohlüberlegte und planmäßige Ausbau der Grenzbefestigungen, der Heeresversorgungszentren und der strategischen Straßen dem Rhein und der Donau entlang. Wo der Neckar in den Rhein fließt, haben Ausgrabungen das Fort von Alta Ripa (Altrip) freigelegt: eine Festung mit Wachtturm und einer von der Ringmauer verdeckten Landestelle. Lageplan und Konstruktion entsprechen — mit durch Gelände und verfügbare Baustoffe bedingten Abweichungen — dem, was auch an vielen anderen Stellen aufgefunden worden ist; man darf also vermuten, daß auch unter Valentinian wie früher unter Hadrian und Diokletian ein zentraler Generalstab einheitliche Weisungen für alle Grenzabschnitte, die verteidigt werden mußten, ausgab.

Weiter im Inland, in der Nähe von Flüssen, die schnellste Beförderung gewährleisteten, dienten große Heereslager — beispielsweise das von Châlon-sur-Saône — der Unterbringung und Verpflegung der von Valentinian vermehrten Reservetruppen. Nichts von alledem war improvisiert. Schon zur Zeit Constantius' II. hatte die anonyme Schrift *De rebus bellicis* das große Interesse erkennen lassen, das die Führungsschichten den Grenzproblemen entgegenbrachten.

Um diese Probleme zu lösen, brauchte Valentinian zuerst und vor allem Geld, gutes Geld. Er überwachte strikt die Münzprägung und das Wertverhältnis von Gold und Silber: Goldgewinnung und Goldumlauf wurden kontrolliert, die Gewinnspannen der Geldwechsler festgesetzt. Die Steuern wurden beträchtlich erhöht; aber da sie nun nicht einmal, sondern dreimal jährlich erhoben wurden, sah es fast so aus, als sei die Steuerlast verringert worden.

Die Verteidigung der Grenzen war für Valentinian der ausschlaggebende Gesichtspunkt, dem er auch seine Haltung zu Religionsfragen unterordnete. Er war als Arianer geboren, aber kein Eiferer; später schlug er sich zum Katholizismus, zu dem sich die große Mehrheit der westlichen Christen bekannte. Doch verfolgte er die Arianer Norditaliens und Illyriens nicht, sondern wartete den Tod des arianischen Bischofs von Mailand ab, um ihn durch den Katholiken Ambrosius (374) zu ersetzen. Erst als die Donatisten in Afrika für den Rebellen Firmus Partei ergriffen, bekamen sie es mit Valentinians Polizei zu tun. In Trier erlaubte er 371 die von den christlichen Kaisern so oft verdammte Opferbeschau; bei dieser Gelegenheit erinnerte er daran, daß er den Heiden stets die Freiheit der Religionsausübung zugestanden habe: hier ging es offenbar darum, alle Kräfte der durchweg heidnischen römischen und fränkischen Truppen gegen die Alemannen aufzubieten.

Den Beratern Valentinians warf der Senatorenadel vor, sie übten als »fürchterliche Menschen« einen bösen Einfluß auf den Kaiser aus. Tatsächlich betrachtete Valentinian – außer ganz zu Beginn und am Ende seiner Regierungszeit – die Senatoren als Feinde des Regimes. Die meisten von ihnen waren überzeugte Heiden, doch in ihrer Glaubenshaltung alles andere als angriffslustig; der Konflikt war gar nicht religiöser Natur. Was Valentinian nicht paßte, war der Kastengeist der Senatoren, ihre hochnäsige Haltung gegenüber dem Militär. Vor allem stieß sein Herrschaftsanspruch auf ihre wirtschaftliche und finanzielle Macht. So verfügte die uralte Sippe der Anicii über enormen Grundbesitz, der sich unablässig dadurch vermehrte, daß ihnen kleine Besitzer ihren Boden vertraglich abtraten und zu Pächtern wurden, um von den mächtigen Herren geschützt zu werden. Manche Aristokraten, die bisweilen hohe Staatsposten bekleideten, versilberten ihren Einfluß und ihre Machtstellung: Romanus, der *comes* Afrikas, lehnte Hilfeleistung für die Stadt Leptis Magna in Tripolitanien ab, weil sie für seine Dienste nichts zahlen wollte oder konnte. Verwandte und Freunde mußten sich zusammentun, um die Stadt vor der Härte des kaiserlichen Zugriffs zu behüten.

Von 368 an untergrub Valentinian Schritt für Schritt die Macht der Senatoren. Er zerbrach ihren Kastenstolz, indem er den ihnen allein zustehenden Titel *clarissimus* hohen Beamten des Palastes oder der Diözesen, ja sogar Söhnen von Freigelassenen und Armeekommandeuren verlieh. Um den Einfluß der Senatoren auf ihre Klientel zu bekämpfen, setzte er 368 in allen Städten Richter mit begrenzter Zuständigkeit, die »Verteidiger des Volkes«, ein, die zu Anwälten der Armen gegen ihre Patrone und gegen die Mächtigen überhaupt wurden; ausgewählt wurden sie von den Prätorianerpräfekten aus den Reihen ehemaliger Reichsbeamter der höheren Rangstufen. Dem Widerstand der Senatoren setzte Valentinian 369 Enteignungen, Verbannungsurteile, in manchen Fällen Todesurteile entgegen. In die dem Senatsadel traditionell vorbehaltenen Ämter brachte er mit Vorbedacht Männer aus dem Beamtenstand, ja sogar Barbaren.

Im selben Jahr führte der Papst Damasus die Institution der »Verteidiger der römischen Kirche« ein. Er hatte gerade, nicht ohne großes Blutvergießen und zweifellos nicht ohne die Unterstützung Valentinians, einen anderen Papst, Ursinus, besiegt. Die neuen Richter sollten der römischen Aristokratie, die hinter diesen häßlichen Kirchenkämpfen stand, das Recht der Besetzung der Kirchenämter entwinden. In diesem Kampf erstarkte die Unabhängigkeit des Papsttums und festigte sich gleichzeitig die kaiserliche Autorität.

Es kam aber dennoch der Tag, an dem Valentinian und sein Bruder dieselbe Aristokratie um Hilfe angehen mußten. Da der Staat bei der Verteidigung der Grenzen auf die Regelmäßigkeit der Steuereingänge angewiesen war, berief Valens 370 »Verteidiger der unschuldigen ländlichen Plebs« mit dem Auftrag, die Landbevölkerung nicht gegen die »Mächtigen«, sondern gegen Übergriffe der Steuerbeamten in Schutz zu nehmen. Im nächsten Jahr untersagte Valentinian allen Kolonen, den Boden, den sie als Freie bewirtschafteten, zu verlassen, und Valens befreite die Grundbesitzer einerseits von der Zahlung der Steuern und gab ihnen anderseits Eintreibungsbefugnisse gegenüber den Kolonen, die ihre Abgaben künftighin nicht an den Fiskus, sondern für dessen Rechnung an die

Grundbesitzer abzuführen hatten. Das waren schwerwiegende Entscheidungen: zum Teil wurde hier mit der Steuerfreiheit der Grundbesitzer und der Bindung der Kolonen an die Scholle die spätere Grundherrschaft der Feudalen vorweggenommen.

Zu den markanten Charakterzügen der unkomplizierten gebieterischen Persönlichkeit Valentinians gehörte sein Verlangen nach Ordnung. Seit Diokletian war das öffentliche Amt zwar *militia*, Kriegsdienst, aber bis zur Mitte des 4. Jahrhunderts war es bei dem bloßen Symbol geblieben. Erst Valentinian bestand darauf, auch noch die geringsten Schreiber in militärischen Formationen, in Kohorten oder Legionen, zusammenzufassen. Seine Beamtenreglements muten an, als seien sie einem Kodex nicht nur des hierarchischen Aufbaus, sondern auch der sittlichen Postulate entnommen, die alle Beamten von der Spitze bis zur Basis der Rangpyramide zu befolgen hatten.

Valens war nicht wie sein Bruder der willensstarke Mensch, der von den Ereignissen diktierte Aufgaben aufgreift und sich in sie verbeißt. Er hatte Konstantinopel, die »Mutter des Reiches«, wie es zum Schaden Roms im Osten immer häufiger hieß, verlassen und sich in Antiocheia, der reichsten und dichtestbevölkerten Stadt der Mittelmeerwelt, dem Absatzmarkt des fernöstlichen Handels im Frieden und der wichtigsten Operationsbasis im Perserkrieg, niedergelassen. Am Ufer des Orontes bewohnte er einen von Diokletian erbauten prächtigen Palast. Kaum war er dort eingezogen, als auch schon die Erhebung des Prokopios alles auf den Kopf zu stellen drohte. Zögling des Gymnasions nach guter hellenischer Sitte, geschulter Verwaltungsfachmann, erfahrener Truppenbefehlshaber, sammelte der Aristokrat Prokopios alle um sich, denen der halbbarbarische Pannonier Valens ein Dorn im Auge war: die gallischen Soldaten, die mit Julian nach dem Osten gekommen und sich in der Armee des Ostens nicht eingelebt hatten; die Heiden, in derselben Kultur wie der Führer der Aufstandsbewegung großgeworden; die unteren Schichten der Stadtbevölkerung, die sich gegen die drückenden Steuerdiktate der illyrischen Kaiser auflehnten. Wahrscheinlich hätte Prokopios den Sieg davongetragen, aber von den fränkischen Offizieren, die an der Spitze seiner Truppen standen, verraten, fand er 366 den Tod auf dem Schlachtfeld.

Dann aber kam für Valens der zweite Alarm: die Goten, die ihre Einfälle wie zu Zeiten des Philippus Arabs und Decius' wiederaufgenommen hatten, organisierten sich in zwei mächtigen Staaten: die Ostgoten unter dem König Ermanarich mit der Hauptstadt Kiew, die Westgoten weiter südlich nach dem Dnjestr hin. Valens bemühte sich, sie mit Hilfe von Verträgen, deren Wirkung durch die Befestigungslinien an der Donau verstärkt wurde, am weiteren Vordringen zu hindern. Nun folgte der dritte Alarm: der Perserkrieg, der zwischen 365 und 377 in Armenien, dem Land der ewigen Rivalität von Römern und Persern, zum Dauerkrieg wurde.

Das Ende läutete der vierte Alarm ein. Über Nacht hatte Valens die Legionen, die in Armenien Krieg führten, nach Thrakien abziehen und mit den Persern zu einer Vereinbarung kommen müssen, bei der er das unglückliche Armenien endgültig ihrem Einfluß überließ. Der Grund war, daß die Front an der Donau unter dem konzentrischen Druck der Goten (377) zu zerbröckeln begann. In seinem Kommentar zum Lukas-Evangelium schrieb der heilige Ambrosius, ein Zeuge der Geschehnisse: »Die Hunnen haben sich gegen die Alanen, die Alanen gegen die Goten, die Goten gegen die Taifalen und die Sarmaten erhoben.« Diese Aufzählung erweckt den Eindruck, als habe ein Erdrutsch alles, was im Wege stand, durcheinandergeworfen und hinweggefegt oder als sei eine Art Kettenreaktion eingetreten. Das Bild des heiligen Ambrosius ist eine Vereinfachung, keine Fälschung. Die Hunnen fielen in beide gotischen Staaten ein; die Westgoten wichen vor der reißenden Hunnenwelle widerstrebend bis an die Donau zurück, klammerten sich an eine Verteidigungslinie — Fluß oder Gebirge — nach der anderen, vertrieben aus den Kampfgebieten andere Barbarenvölker, Taifalen, Sarmaten. Was da hereinströmte, waren nicht wie einst die Cimbern und die Teutonen unorganisierte Horden, die auf dem Vormarsch das Land verwüsteten. Hier wälzte sich auf der Suche nach neuen Siedlungsgebieten ein seßhaftes Volk heran; es verlangte von den Römern Land, um sich unter ihrem Schutz niederzulassen. Einige westgotische Stämme hatten unter Constantius arianische Missionare aufgenommen, von denen einer, Ulfilas, sogar die Bibel ins Gotische übersetzt hatte.

Sie durften sich in Moesien, dem heutigen Bulgarien, niederlassen. Nördlich der Donau blieben noch andere Christen, deren Häuptlinge Siedlungsgebiete in Thrakien erwirkten. Ihre langen Trecks zogen friedlich ins Römische Reich ein. Aber Lebensmittelnot trieb sie erst zur Räuberei, dann zum Aufstand. Valens wollte sie matt setzen und sich den Ruhm erwerben, Konstantinopel von der Gefahr erlöst zu haben, die sich in dieser Kriegermasse, in diesem Volk auf der Wanderschaft zusammengeballt hatte. Bei Adrianopel stießen die Ostgoten zu den Westgoten; der Kaiser wartete unterdes auf seinen Neffen Gratian und dessen gallische und fränkische Truppen. Das römische Heer wurde von der gotischen Reiterei in den Boden gestampft; in diesem Debakel, am 9. August 378, kam Valens ums Leben. Für immer sollten nun die Goten im Reich bleiben. Aber nachdem sie mit Waffengewalt das hatten erkämpfen müssen, was Valentinian ihnen im Austausch für gute Dienste zweifellos freiwillig gegeben hätte, wurden sie fern von den Mauern Konstantinopels zurückgeschlagen und zogen wieder nach dem Westen ab. Die großen Invasionen hatten begonnen, aber das Reich blieb; in seinen Fundamenten war es so wenig angeschlagen, daß der Osten nach dem ersten schweren Schlag der Barbaren seine Niederlage noch um ein Jahrtausend überleben sollte.

Die modernen Historiker springen mit Valentinian gern unsanft um. Vor ihren Augen findet der römische Soldat, der er vor allem war, keine Gnade; seine Roheit und Strenge, sein Jähzorn und seine Grausamkeit, seine Verachtung für die traditionellen Eliten, für die Reichen, die oft die Intellektuellen sind: all das läßt sie glauben, das Reich sei unter seiner Herrschaft ein »immenses Gefängnis« gewesen. Aber man sollte ihm Gerechtigkeit widerfahren lassen: sein eigenes Interesse hatte ihn den Kampf gegen die Mißbräuche aufnehmen lassen, die entscheidend zum Ruin des Staates und zur Unterjochung der Schwachen durch die »Mächtigen« beitrugen. Man kann ihm vieles vorwerfen, aber er bleibt trotz allem der große Kaiser, der dem Westen drei Jahrzehnte, ein Menschenalter lang, den Frieden sicherte. Sein Zeitgenosse Ammianus, der in seinem Herzen Julian Apostata nie untreu wurde und Valentinian gar nicht mochte, hat ihm Größe zuerkannt und ihm »die großen Vorhaben, die sich als nützlich erwiesen«, zugute gehalten.

An Valens blieb niemals so großes Interesse haften. Nur aus Staatsräson und dynastischem Interesse ist überhaupt zu erklären, daß ihm die Mission zuteil wurde, den von Goten und Persern bedrohten Osten zu verteidigen. Er war weder Soldat noch Administrator. Der Illyrer ohne Geist und Bildung, der nur Latein beherrschte und das Griechisch seiner Ämter, seiner Armeen und seiner Untertanen nicht sprach, blieb in seinem Reich ein Fremder, in Antiocheia nicht weniger als in Konstantinopel. Sein Arianismus hätte ihn den christlichen Massen des Ostens, die in ihrer großen Mehrheit arianisch waren, näherbringen sollen; aber gerade während seiner Regierungszeit fand der Staat des Ostens unter dem Einfluß der großen Theologen Kappadokiens, Basileios' von Caesarea, Gregors von Nazianz und Gregors von Nyssa, den Weg zurück zur Orthodoxie von Nicaea. Dann kamen, den Goten auf dem Fuße folgend, die Hunnen; der Druck, den die Barbaren seit einem Jahrhundert an der Donau-Grenze ausgeübt hatten, wurde unwiderstehlich. Valens, der Bürokrat, der nicht dazu geschaffen war, Kaiser oder Soldat zu sein, fand den Tod als soldatischer Kaiser auf dem Schlachtfeld von Adrianopel.

Im Gesamtreich gab es da noch zwei weitere Kaiser: Gratianus und den siebenjährigen Valentinian II. Als sich 367 in Britannien und in Gallien die Gefahr einer Usurpation abzeichnete, hatte Valentinian I. seinen ältesten Sohn Flavius Gratianus, ein achtjähriges Kind, in Amiens zum Augustus erhoben. Ein bißchen nach der Art eines Parvenüs hatte er ihm von Decimus Magnus Ausonius, einem Dichter und Gelehrten aus Bordeaux, eine höchst literarische Erziehung angedeihen lassen. Gratianus hatte nur für Bücher und Religion etwas übrig; »da es ihm«, sagen seine Zeitgenossen, »an Willenskraft gebrach, hatte er weder das Befehlen noch das Gehorchen erlernt«; er sei frommer gewesen, »als dem Staat bekömmlich war«. Seine Umgebung – namentlich sein Erzieher Ausonius, der Franke Merobald und der Pannonier Equitius – hielt ihn unter Kuratel. Von ihnen wurde 375, nach dem plötzlichen Tod Valentinians, die Entscheidung getroffen, Valentinians zweiten Sohn, den vierjährigen Valentinian II., zum Augustus zu machen; sein Leben lang stand dann dieser Mitkaiser unter der Fuchtel seiner arianischen Mutter Iustina. Vielleicht war es dem Einfluß Ausonius', der ein lauer Christ war und schon von Berufs wegen mit dem Heidentum liebäugelte, zu verdanken, daß Gratian die senatorenfeindliche Politik seines Vaters bald aufgab; nach vielem Blutvergießen durften jetzt die Heiden von Rom und mit ihnen der gesamte Westen einige Jahre Frieden genießen.

Allerdings erlag der schwache Gratian auch anderen, katholischen Einflüssen: er wurde zum »weltlichen Arm« der Kirche und vertrieb die von den Konzilien verurteilten Bischöfe mit Militärgewalt. Als er Anfang 379, nach der Katastrophe von Adrianopel, nach Mailand zurückkehrte, liquidierte er die Nichteinmischungspolitik seines Vaters und belegte mit dem Interdikt alle häretischen Kirchen, ihre Geistlichkeit, ihre Kirchenversammlungen, ihre Propaganda. Wer ihn zu dieser unversöhnlichen Haltung und zum persönlichen Engagement überredet hatte, ist nicht bekannt; man möchte da eher an den Papst Damasus als an Ambrosius denken. Um dieselbe Zeit legte Gratian den Mantel des Pontifex Maximus ab, den seine christlichen Vorgänger durchaus getragen hatten. Zugleich ließ er den in der Kurie vor dem Standbild der Siegesgöttin errichteten Altar beseitigen, auf dem die Senatoren vor jeder Sitzung Weihrauchopfer darzubringen pflegten. Den Vestalinnen, die als »von den Göttern erwählte« Beschützerinnen seit einem Jahrhundert an Bedeutung gewonnen hatten, wurden ihre Unverletzlichkeit und die öffentlichen Ehrungen genommen. Die priesterlichen Handlungen, über die der Pontifex Maximus zu wachen hatte, wurden abgeschafft. Jedes Band zwischen Heidentum und Staat war zerrissen. Für Rom, dessen Geschichte sich seit so vielen Jahrhunderten auf das Einverständnis der Götter mit der Ausübung der Magistratsämter und der kaiserlichen Macht gegründet hatte, war das ein entscheidender Wendepunkt. Gratian scheint das in seiner Chorknabenfrömmigkeit nicht geahnt zu haben.

Nun mußte aber das Reich mit der größten Geißel fertig werden, die es je gekannt hatte: der Invasion der Goten. Das einzige, was Gratian tat, war, den Ostgoten die pannonischen Lande zuzugestehen, aus denen sie im Rahmen des Reiches einen autonomen Staat bilden sollten. War es Flavius Theodosius vorbehalten, den Frieden durch den römischen Sieg wiederherzustellen?

Dieser spanische Christ war der Sohn des anderen Theodosius, des Bezwingers der Mauren, der bei Valentinian in Ungnade gefallen war und den Gratian hatte hinrichten lassen. Der jüngere Theodosius war reich und kultiviert. Er betrachtete sich als den Nachfahren Trajans, wollte also ein der Römerpflichten bewußter Kaiser sein, dem Senat genehm und dennoch ein guter Feldherr. Die Aristokratie des Westens erfüllte das mit Zuversicht. Nach der unheilvollen Schlacht von Adrianopel beschloß Gratian in Sirmium, Theodosius zum Augustus zu machen. Theodosius fehlte es an Truppen — oder er bekam durch Rekrutierung im Rahmen der *capitatio* nur schlechte Truppen; um die Goten zu bekämpfen, bediente er sich anderer Goten. Natürlich mußte die Barbarenflut, die bereits sengend und mordend Griechenland und Dalmatien überflutete, um jeden Preis zum Stillstand gebracht werden. Aber man kann es Theodosius nicht nach dem Vorbild seiner offiziellen Panegyriker als Verdienst anrechnen, daß er ganze Provinzen preisgab und an den Grenzen des Reiches, das ihm verblieb, die Barbaren, die zu besiegen er gar nicht erst versucht hatte, als Kolonen ansiedelte.

Doch nur dadurch wurde der 382 mit den Goten geschlossene Frieden auf eine feste Basis gestellt. In Moesien, dem heutigen Bulgarien, und in Pannonien, dem heutigen Westungarn, errichteten die Goten autonome Staaten, die mit Rom Bündnisse eingingen; die Römer, die in diesen Staaten blieben, behielten ihren eigenen Rechtsstatus, und die römische Armee besetzte von neuem die Garnisonen an den Ufern der Donau. Aber auf beiden Seiten vom selben Barbarenvolk gehalten, waren diese Ufer zu einer höchstfragwürdigen Grenze geworden; die einstigen Herren waren dort faktisch nichts mehr als Geiseln. Indes verbrachte Theodosius diese für das Reich verhängnisvollen Jahre in Thessalonike, später in Konstantinopel damit, daß er über die Beförderung der Beamten, ihre Vorrechte und ihre Kleidung Gesetze erließ; die Ereignisse gingen über ihn hinweg. Bei seinen offiziellen Panegyrikern heißt es, sein eigentliches Ziel sei gewesen, die Barbaren zu zivilisieren, denen er Land zur Bewirtschaftung überließ; in Wirklichkeit handelte es sich um Land, von dem die Römer zum größten Teil vertrieben worden waren.

Die von den Barbaren verschonten Provinzen wurden von den übermäßigen Forderungen des Fiskus oft fast an den Rand des Ruins gebracht. Statt solche Lasten und Opfer zu tragen, waren sie eher bereit, die Preisgabe des Landes hinzunehmen, die Theodosius' Hof als eine Garantie künftiger Siege der römischen Zivilisation zu verkleiden suchte. Niemand glaubte, daß der Ansturm der Goten an den Donau-Grenzen den eigentlichen Bestand des Römischen Reiches in Gefahr bringe und daß die an den Ufern der Donau – von Gratian in Pannonien und von Theodosius in Moesien – geschaffenen autonomen gotischen Staaten wirklich das sein könnten, was sie waren: der Ohnmacht der Kaiser, die sich der Katastrophe Roms majestätisch unbewußt blieben, entrissene Brückenköpfe. In das an den Grenzen des Reiches dank Valentinians Beharrlichkeit aufgebaute Verteidigungssystem waren zwei Breschen geschlagen worden, durch die bald die Massen der Barbaren einbrechen sollten: erst die Goten, dann die Hunnen.

Theodosianische Monarchie: die Orthodoxie siegt

Die Goten und die Grenzkriege hinderten die Führungsschichten des Reiches nicht daran, ihr Interesse überwiegend der Theologie zuzuwenden. Die abnehmende Bedeutung des Arianismus scheint sogar die direkte Folge der Miseren gewesen zu sein, die das Reich durchmachte. Mit Kaiser Valens hatte die arianische Häresie ihre Hauptstütze verloren. Alle seine Nachfolger waren orthodox; keiner von ihnen nahm sich mehr vor, die Politik der Kirche von innen zu beeinflussen, wie es Constantius II. und Valens in Übereinstimmung mit der politischen Theologie Eusebius' von Caesarea getan hatten. Die Kirche des Ostens hörte auf, die Gegnerin der Orthodoxen zu sein. Eine Annäherung der gegenseitigen Standpunkte machte sich seit Constantius' Tod auch unter den Theologen der beiden Parteien bemerkbar. Sogar der unversöhnliche Athanasius erklärte, man sollte nicht »diejenigen als Feinde betrachten, die die Beschlüsse von Nicaea anerkennen und nur hinsichtlich des Wortes *homooúsios* Zweifel haben«.

Die Uneinigkeit unter den Arianern über die Definition der »Substanz« Christi zeigte ihren Gegnern deutlich genug, daß manche Arianer mit geschmeidigerer Diplomatie gewonnen werden konnten. Das vollbrachten die drei bischöflischen Theologen aus Kappadokien: Basileios von Caesarea, sein Bruder Gregor von Nazianz und ihr Freund Gregor von Nyssa. Angesehen und geachtet, wissenschaftlich gebildet, an der Universität Athen im edelsten Geist des Hellenismus erzogen, strebten sie die für Hellenen so wichtige Verbindung von Glauben und Vernunft an. Gegen die Arianer suchten sie den Monotheismus in der Alleinherrschaft des Vaters zu wahren. In Nicaea hatte sich der griechische Geist nicht damit abfinden können, die in der Homoousie beschlossene Einheit der Zahl zu akzeptieren. Nun lehrte Basileios, daß die Dreifaltigkeit zwar eine einzige »Substanz« sei, daß sie aber im Vater, im Sohn und im Heiligen Geist besondere Eigenschaften annehme. »Alle Menschen«, sagte er, »sind ›substanzgleich‹, denn sie haben die gleiche Natur, und dennoch haben sie eine Wirklichkeit, die aus ihnen Einzelne macht.«

Auf dieser Basis war eine Verständigung der westlichen und der östlichen Christen möglich. Gewiß verharrten – wie sollte es anders sein? – die arianischsten der Arianer und die nicaeanischsten der Orthodoxen bei ihren Standpunkten. Einstimmige Beifallskundgebungen gab es nur bei den heidnischen Philosophen, die in den theologischen Revisionsversuchen den Anschluß an die Grundtradition des griechischen Denkens zu sehen vermeinten. Gleichwohl war der Weg zur Einheit der östlichen und der westlichen Kirche nunmehr offen.

Die Zeiten waren dahin, da die christlichen Massen von Alexandreia oder Antiocheia ihre Treue zu dem einen oder anderen Glaubensbekenntnis in Gewalttätigkeiten bekundeten. Ihr Gefühlsleben haftete mehr an Frömmigkeit als an Theologie. Mit den Massen des Westens einte sie eine neuartige Hingabe; der Nährboden dafür waren die außerordentlichen Glaubenstaten der Mönche aus den ägyptischen oder syrischen Wüsten oder einfach das schlichtere asketische Leben der klösterlichen Männer- oder Frauengemeinschaften.

Das Mönchswesen, das im Religiösen neben den christologischen Streitigkeiten das große neue Ereignis des 4. Jahrhunderts bildete, war in seinen Anfängen nach den Worten des Monsignore Duchesne gleichsam die »lebendige Kritik an aller kirchlichen Gesellschaft«. Es war jetzt in das Leben der Kirche im Osten wie im Westen eingegliedert und schuf eine gefühlsmäßige Kommunion zwischen den Christen aller Länder und aller theologischen Systeme. Man las auf griechisch und auf lateinisch die Lebensbeschreibung des Antonius, des »Vaters der Mönche«; die Regeln des Klosterlebens, von denen die ersten von den Ägyptern Pachomios und Schenoudi stammten, waren im Afrika des heiligen Augustinus nicht viel anders als im Kappadokien des heiligen Basileios, auch wenn in der Klosterarchitektur in dem einen Fall der syrische Typ mit dem eigentlichen Kloster am Kreuzgang und in dem anderen Fall der ägyptische Typ mit der Kirche in der Mitte eines von Mönchszellen umsäumten Hofes überwog. Von überallher kamen Pilger, Syriens Einsiedler und Klöster oder Palästinas heilige Stätten zu besuchen, und brachten Reliquien heim, an denen sich Kultformen östlichen Ursprungs entzündeten. In Konstantinopel wie in Rom, in Ravenna wie in Bologna bauten die Orthodoxen Auferstehungskirchen, keineswegs nach dem Grundriß des heiligen Grabes, sondern um das göttliche Wesen des Sohnes im Sinne des eigenen Bekenntnisses zu künden, in der Form des Kreuzes.

Schließlich griffen auch noch die Kaiser ein: vom »weltlichen Arm« verlangten das Papsttum und die katholischen Bischöfe eine wirksame Unterstützung gegen die Häretiker; tatsächlich wurde sie der neuen Orthodoxie zuteil. Die Kaiser stießen aus ihren Kirchen viele arianische Bischöfe aus. Gratian verlangte 379 die Unterzeichnung orthodoxer, von Papst Damasus aufgestellter Formeln. In Thessalonike erließ Theodosius 380 ein Edikt, das allen zur Pflicht machte, sich zum Glauben des Bischofs von Rom zu bekennen. Ein weiteres Edikt befahl 381 den Arianern, ihre Kirchen den Orthodoxen zu übergeben und die Städte zu verlassen. Über Abtrünnige und Ketzer jeglicher Observanz wurden Maßnahmen verhängt, die sie außerhalb des gemeinen Rechts stellten. Längst war die Zeit vorbei, da Konstantin von der »katholischen Häresie« sprach und damit zu verstehen gab, daß er es jedem Christen überließ, für eine der Glaubensrichtungen zu optieren.

Das große Konzil, das Theodosius im Frühjahr 381 in Konstantinopel zusammentreten ließ und das man später ökumenisch nannte, obgleich an ihm fast ausschließlich östliche

Bischöfe teilnahmen, hatte eine zweifache Aufgabe. Zunächst war das Glaubensbekenntnis von Nicaea im Sinne der nun weitgehend akzeptierten kappadokischen Theologie zu präzisieren; möglicherweise ist unser Apostolisches Glaubensbekenntnis die Formel, die auf dem Konzil von Konstantinopel verlesen und genehmigt wurde. Zum Verhältnis des Sohnes und des Heiligen Geistes wurde jedoch eine zugespitzte Fassung gewählt, die für die griechischen Theologen unannehmbar war und später zu einem der theologischen Ausgangspunkte des morgenländischen Schismas werden sollte. Zugleich wurde nach einem Grundsatz, der sich durch die Jahrhunderte hindurch behauptet hat, beschlossen, die Kirchenprovinzen nach dem Muster der weltlichen Provinzen zu organisieren: der Bischof der Provinzhauptstadt, der Metropolit, erhielt den Vorrang vor den Bischöfen der übrigen Städte, der Bischof der Diözesanhauptstadt den Vorrang vor den Metropoliten. Aus diesen Bestimmungen sollten langwährende kirchliche Streitigkeiten um den Patriarchentitel erwachsen.

Entscheidend für den Sieg der Orthodoxie über den Arianismus und alle sonstigen Häresien war der Eingriff der Kaiser. Welchem Prinzip zuliebe? Für den Cäsaropapismus der arianischen Kaiser war der Eingriff selbstverständlich: Constantius II. und Valens nahmen in kirchlichen Angelegenheiten Partei, weil sie es für die göttliche Sendung des Kaisertums hielten, Gottes Wort in der Sorge um die Menschen hienieden zu verkörpern. Dem hielt Hilarius von Poitiers entgegen, der Glaube sei »in Gefahr, wenn ein menschlicher Schiedsrichter, der Fürst, die Inhaltsbestimmung der Lehre des Herrn vorschreibt«, während doch der Zweck, den Gott dem Staat gesetzt habe, darin bestehe, einen »wohltuenden Frieden« zu sichern. Konnte die Kirche autonom bleiben, nachdem der Kaiser orthodox geworden war? Ambrosius machte den christlichen Kaiser zum weltlichen Arm im Dienste des Glaubens; das war eine neue Lehre, die sich im Westen viele Jahrhunderte hindurch behaupten sollte.

Als Gratian dem Arianer Valens 377 im Kampf gegen die Goten zu Hilfe kommen wollte, belehrte ihn Ambrosius: »Wenn die Goten die Treue gebrochen haben, die sie dem Römischen Reich geschworen hatten, ist es nicht bezeichnend, daß das in dem Teil des Reiches geschieht, wo man die Treue bricht, die man Gott schuldete? Zuerst wurde die Grenze durch die arianischen Freveltaten durchlöchert.« In Adrianopel sollte der Unglaube seine Züchtigung finden; das Heil des Reiches hing von seiner Einheit im orthodoxen Glauben ab. Diese echt römische Sprache folgte den Spuren des Heiden Kelsos: im Glauben der Christen hatte er bereits ketzerische Abtrünnigkeit und Aufsässigkeit gesehen, wofür sich die Götter gerächt hatten, indem sie die Römer um den Sieg über ihre Feinde brachten.

Im Namen desselben Prinzips machte es Ambrosius Kaiser Gratian zur Pflicht, die Heiden zu bekämpfen, zumal sich herausgestellt habe, daß sie mit den Arianern gemeinsame Sache machten. Tatsächlich fand Iustina, die Mutter Valentinians II., die sich in Mailand als Arianerin gegen Ambrosius' orthodoxen Eifer wehren mußte, bei den fränkischen Militärbefehlshabern, die Heiden waren, und vor allem bei der römischen Aristokratie einen gewissen Rückhalt. Die großen heidnischen Herren nutzten das aus: der Konsul Praetextatus und der Stadtpräfekt Symmachus verlangten von Iustina die Wiederaufstellung des Altars der Siegesgöttin, den Gratian hatte entfernen lassen. Man müsse, sagte

Das Theodosianische Haus

Valentinian I.
Flavius Valentinianus
321–375, reg. 364–375
∞ 1. Marina (Severa)   2. Iustina
Scheidg. um 370   gest. um 388

Flavius Theodosius
hinger. 376

Gratian
Flavius
Gratianus
359–383
reg. 375–383
*(siehe Tafel
Konstantins
d. Gr.)*

Valentinian II.   **Galla** *(1)*
Flavius   gest. 394
Valentinianus
geb. 371, reg. 375–392
ermord. (?) 392

Theodosius I. (d. Gr.)
reg. 379–395, gest. 395
∞ 1. Aelia Flaccilla   2. Galla *(1)*
gest. 386

Arcadius
Flavius Arcadius
um 377–408
∞ Aelia Eudoxia
gest. 404

Pulcheria
um 378 bis
um 386

Honorius
Flavius Honorius
384–423, reg. 395–423
∞ 1. Maria
2. Aemilia
Materna
Thermantia
(Töchter Stilichos)

**Aelia Galla
Placidia**
um 390–450
∞ **Constantius (III.)**
Flavius Constantius
reg. 421
gest. 421

Gratianus

---

2. Pulcheria   **Theodosius II.**   Iusta Grata   **Valentinian III.**   **Maximus**
399–453   402–450, reg. 408–450   Honoria   Flavius Placidus   Petronius
1. ? ∞ **Marcianus** ∞ Athenais Eudokia   geb. um 418   Valentinianus   Maximus
396–457, reg. 450–457   ∞ Flavius   geb. 419, ermord. 455   geb. 396, reg. 455
                                            Bassus   reg. 425–455   ermord. 455
                                            Herculanus   ∞ Licinia   ∞ Licinia
                                                               Eudoxia *(2)*   Eudoxia *(2)*
                                                                                         Hochz. 455

Leo I.
reg. 457–474
gest. 474
∞ Aelia Verina
gest. 489

Aelia Marciana   Licinia   Flaccilla
Euphemia   Eudoxia *(2)*   als Kind
∞ **Anthemius**   geb. 422   gest. 431
Procopius
Anthemius
ermord. 472, reg. 467–472

Eudoxia
439–um 480
∞ 1. Palladius 2. Hunerich
ermord. 455   gest. 484

Placidia
geb. 442 (?)
∞ **Olybrius**
Anicius
Olybrius
reg. 472, gest. 472

aus früherer Ehe

Ariadne   Leontia *(3)*
gest. 515 geb. um 457
∞ **Zenon**
(Tarasicodissa)
um 431–491, reg. 479–491

Flavius Marcianus
Kons. 469, 472
∞ Leontia *(3)*

Alypia
∞ Flavius Ricimer
Hochz. um 470
gest. 472

Hilderich
geb. um 465
ermord. 535
Vandalenkönig
477–484

(Iuliana)

Leo II.
468–474
reg. 474

(Kinder)

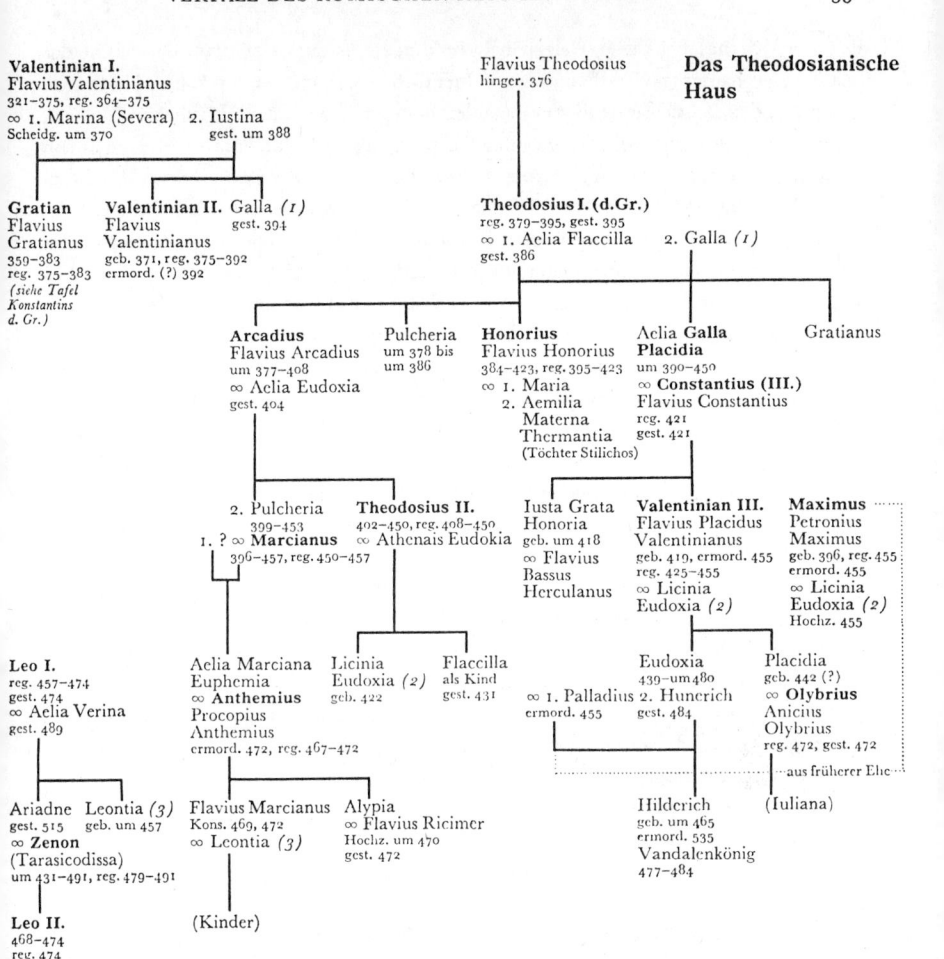

Symmachus, eine religiöse Tradition respektieren, die des Reiches Heil, Unverletzlichkeit und Wohlstand gesichert habe, und es gebe »mehr als einen Weg, auf dem man zum großen Geheimnis des Glaubens vordringen« könne. Ambrosius widerlegte Symmachus Punkt für Punkt: nur den Christen (lies: den orthodoxen) sei die Wahrheit anvertraut; dem Kaiser drohte er mit Exkommunikation, falls dem Verlangen der Heiden stattgegeben würde. Das kaiserliche Kabinett lehnte Symmachus' Gesuch ab, aber die Unruhe und Erregung unter der römischen Aristokratie hatte damit nicht aufgehört.

Fragen der Behandlung der nichtkatholischen Christen und der Heiden lösten weitere Konflikte zwischen dem Bischof von Mailand und den Kaisern aus. So verschanzte sich Ambrosius mit seinen Getreuen 385 in der Porcianischen Basilika, weil ein arianischer Priester, Schützling der Kaiserin Iustina, die Kirche für sich beanspruchte. Einem ausdrücklichen Befehl Valentinians II. zum Trotz blieb Ambrosius hinter Barrikaden in der belagerten Kirche; bei dieser Gelegenheit verkündete er zum erstenmal das Recht der Bischöfe, über Kaiser zu Gericht zu sitzen. Öffentlich beschimpfte er den Kaiser Theodosius 388, weil er dem zuständigen Bischof befohlen hatte, die von einem christlichen Mob auf Anstiftung der Mönche angezündete jüdische Synagoge in Callinicum in Mesopotamien wiederaufbauen zu lassen. Ein andermal beschuldigte er den Kaiser, den Befehl erteilt zu haben, die im Zirkus von Thessalonike wegen eines Aufstandsversuchs eingesperrten Einwohner umzubringen. Aus Angst vor der Exkommunikation gab Theodosius immer wieder nach; als er schließlich doch exkommuniziert wurde, fand er sich bereit, an einem Weihnachtstag, um Vergebung zu erlangen, öffentlich Buße zu tun. Für Ambrosius mit seinem schneidend rigorosen Dogmatismus war der Kaiser wie jeder andere Sterbliche ein Sünder, über den die Kirche zu richten hatte. Die Lehren dieser ersten bezeichnenden Episode im Kampf zwischen Kirche und Reich sollte das Papsttum des Mittelalters nicht vergessen.

Als treuer Sohn der Kirche konnte Theodosius nicht umhin, die früher gegen das Heidentum getroffenen Maßnahmen zu verschärfen. Er erneuerte das Verbot der Opfer, der Statuenverehrung, des Besuchs heidnischer Tempel. Um die heidenfeindliche Gesetzgebung Gratians und Theodosius' zu Fall zu bringen, hatte der Höfling Eugenius, von der Armee auf den Schild gehoben und von den führenden Heiden Roms tatkräftig unterstützt, die Macht an sich gerissen. Der Staatsstreich wurde niedergeschlagen, und zur Strafe erließ Theodosius am 8. November 392 ein Gesetz, das alle öffentlichen und privaten Kulthandlungen des Heidentums, sogar einschließlich der immer noch Zeus zu Ehren veranstalteten Olympischen Spiele, endgültig untersagte. Die berühmtesten und am meisten verehrten Tempel, darunter der Apollon-Tempel zu Delphi und das Serapeion zu Alexandreia, wurden geschlossen. Das war das Todesurteil. Schon dreizehn Jahre früher hatte Gratian das Heidentum aus dem offiziellen Dasein des Staates verbannt. Jetzt verlor es jede Grundlage einer legalen Existenz. Die katholische Kirche, die alle anderen christlichen Bekenntnisse besiegt hatte, beherrschte das Feld.

Wie war es zu diesem Schlag gegen das Heidentum gekommen? In dem ausgedehnten und an seinen vielen Grenzen ständig bedrohten Reich hatten sich seit zwei Jahrhunderten immer wieder Usurpatoren erhoben, die aus eigenem Antrieb oder auf Betreiben anderer verzweifelte Versuche unternahmen, dem Namen Roms im Sinne seiner alten Tradition zum Sieg zu verhelfen. Ihnen stellten die Kaiser als lebendes Symbol ihrer Autorität die erbliche Stellung ihrer Söhne entgegen: im 3. Jahrhundert als Cäsaren, im 4. Jahrhundert als Augusti. Bezeichnenderweise stützten sich in der Ära Gratians und Theodosius' die Usurpatoren, auch die christlichen, stets auf die Heiden, vor allem auf die Träger des politischen Heidentums, die Aristokraten von Rom. Besonders deutlich zeigte sich das am Ende der Regierungszeit Gratians. Der Kaiser war ausgezogen, die Alemannen in Raetien, der heutigen Schweiz, zu bekriegen. Aber er erfreute sich nicht der Zuneigung der Soldaten. Die Stimmung des Heeres machte sich Magnus Maximus, Armeebefehlshaber in Britannien, zunutze. Er ließ sich erst von seinen eigenen Truppen, dann von den Garnisonen Belgiens und Germaniens zum Augustus ausrufen und fand den Beifall der großen heidnischen Herren Roms. Möglicherweise hatte er etwas damit zu tun, daß Gratian, von seinen Soldaten verlassen, am 15. August 383 in Lyon ermordet wurde.

Kurz vor diesem Mord oder unmittelbar danach hatte sich Theodosius beeilt, seinen Sohn Arcadius zum Augustus zu erklären. Es gab jetzt vier Augusti: Theodosius und Arcadius in Konstantinopel, Valentinian II. in Mailand und Maximus in Trier. Maximus ließ sich von seinen Kollegen anerkennen und wetteiferte mit Theodosius im Kampf gegen die Häretiker. Unter anderem verfolgte und tötete er den spanischen Ketzer Priscillianus und dessen Anhänger, rigorose Moralisten, die den Sittenverfall der Kirche angriffen, weil sie sich mit weltlichen Mächten eingelassen und weltlichen Genüssen ergeben habe. Daß Maximus' Position schwach war, zeigte sich bald, als er den Hadrianswall in Britannien aufgeben mußte, der damit den Händen Roms für immer entglitt, und die Plünderung Kölns durch die Franken nicht verhindern konnte. Auch seine finanzielle Lage war schlecht. Dennoch konnte er Valentinian zwingen, Mailand zu räumen und den Rückzug nach Thessalonike anzutreten. Nun zog Maximus mit seiner Armee – wie einst Julian – gegen den Kaiser von Konstantinopel. Aber Theodosius hatte die besseren Truppen: Franken und Sachsen, vielleicht auch Hunnen. Maximus wurde bei Siscia an der Drau und bei Poetovio geschlagen; im August 388 ermordeten ihn seine Soldaten.

Die letzte politische Reaktion des Heidentums zeigte sich in Gallien, wo das flache Land und viele Städte noch überwiegend heidnisch waren. Im Dienst der Kaiser standen dort viele Senatsaristokraten und sämtliche Frankenhäuptlinge. Einer der Franken, Arbogast, ein Heide, der Valentinian II. als »Soldatenmeister« gedient hatte, ließ seinen Herrn im Mai 392 umbringen. Er wagte es aber nicht, den Purpurmantel für sich zu beanspruchen, und hängte ihn einem Hofbeamten von Theodosius, dem Christen Eugenius, um. Im Frühjahr 393 wurde das Heidentum in Gallien, Italien und Afrika feierlich in seine alten Rechte eingesetzt. Arbogast und seine Freunde, die großen Heiden Roms, der Prätorianerpräfekt Nicomachus Flavianus und der Stadtpräfekt Symmachus, ließen die Tempel wiedererrichten und die Kultstätten der Isis- oder Kybele-Mysterien öffnen. In Rom wurde eine neue Serie Schaumünzen, *contorniates* genannt, in Umlauf gebracht: man feierte mit ihnen – wie zu Zeiten Constantius', diesmal aber mit Schadenfreude und Rachegefühlen – das Andenken der Kaiser, die wie Nero das Christentum verfolgt hatten, oder brachte demonstrativ zum Ausdruck, daß Alexander der einzige König gewesen sei, dem die Götter die Weltherrschaft wirklich verheißen hätten. An den Grenzen Italiens kam es 394 zu einem wütenden Religionskrieg. Am Fluß Frigidus (heute Vipava), in der Nähe von Aquileia, stieß Theodosius, der vom Osten herbeigeeilt war, auf Eugenius und seine fränkischen Verbündeten. Von neuem blitzten auf Eugenius' Feldzeichen die Bildnisse der Götter der Tetrarchie, Iuppiters und des Genius des römischen Volkes; sie waren wieder dort angebracht, von wo sie die Söhne Konstantins entfernt hatten, um aus dem Feldzeichen der Armee das Labarum mit dem Chrismon zu machen. Den Heiden standen Theodosius' Krieger gegenüber, auch sie zum größten Teil Barbaren, aber mit den Reliquien der Heiligen versehen. Eugenius und seine heidnischen Bundesgenossen wurden besiegt und vernichtet. Jetzt konnte Theodosius seine heidenfeindliche Gesetzgebung auch auf den Westen ausdehnen.

Von dieser Zeit an hörte der Staat auf, die Freiheit der Religionsübung anzuerkennen, deren Prinzip zu Zeiten Konstantins und seiner Söhne so oft proklamiert worden war. Von dieser Zeit an war das Heidentum in all seinen Formen verboten. Es lebte dennoch im Denken und Verhalten mancher Intellektueller, in ihren philosophischen Ansichten oder ihrem Mystizismus weiter, und es wurde in den Dörfern und sogar in den Kleinstädten praktiziert. Der heilige Martin von Tours, ein Zeitgenosse des Theodosius, wurde von der Kirche als »Apostel des gallischen Dorfes« gefeiert, weil er in diesen Siedlungen (die von Tours aus verwaltet wurden) zum erstenmal Kirchengemeinden organisiert hatte. Der Katholizismus war zur einzigen »offiziellen« Religion des Reiches geworden; aber die Bauern Galliens konnte er nur langsam, mit vielen Kompromissen und Zweideutigkeiten erobern.

Kaiser und Bürokraten

Jahrhundertelang hatte das Reich eine Hauptstadt, eine Stadt also, die als sein »Haupt« galt, als der Ort, an dem die Regierenden, welchen Titel sie auch haben mochten, versammelt waren. Man kann sogar sagen, daß kein Staat mit seiner Hauptstadt enger verbunden war als das Römische Reich; denn fast drei Jahrhunderte lang war der Kaiser nur legitim, sofern ihm seine Machtbefugnisse vom Senat übertragen worden waren, und der Senat tagte in Rom, nie an einem anderen Ort. Genauso hatte es sich in der Republik zugetragen: nur in den Comitien von Rom konnten die Träger der Staatsämter gewählt werden. Rom war im wahrsten Sinne des Wortes der »Sitz des Reiches« und blieb es, wenn auch nur noch symbolisch, im 4. Jahrhundert. In den Augen aller Bewohner der Welt — Christen, Heiden, Barbaren — strahlte es weiterhin seinen Ruhm aus. Erst gegen Ende einer langen Regierungszeit kam Constantius II. nach Rom, damit aber hatte er den Gipfel erklommen. Als Alarich und seine Goten Rom plünderten, wollten sie die Stadt zunichte machen, um damit das Reich zu enthaupten. Der frevelhafte Anschlag erschütterte den heiligen Augustinus bis in die Tiefen seiner Seele.

Das Neue war, daß die Welt eigentlich nicht mehr von Rom aus regiert wurde. Die Stadt behielt den Senat, aber er war nur noch eine Versammlung der großen Notabeln, und den Vorsitz führte nicht mehr einer der Konsuln, sondern der Stadtpräfekt, ein Beamter, der seine Befehle vom Kaiser empfing. Dieser Verwaltungschef war Richter, Ordnungshüter und Direktor der Lebensmittelversorgung für die Stadt, die Vororte und die Umgebung im Umkreis von hundert Meilen von der Stadtmauer. Das war nicht, wie man gesagt hat, der Kustos eines Nationalmuseums, sondern der Hüter eines noch ungeteilten glanzvollen Erbes, dessen jeder für seine geistige Existenz bedurfte, das aber dem Leib des Reiches keine Nahrung mehr gab und keinen Schutz mehr gewährte, denn alles spielte sich jetzt außerhalb Roms ab. Vielleicht war das der Grund, warum sich die christlichen Kaiser, ja sogar noch Theodosius, ihre Stadtpräfekten unter den großen Heiden der Aristokratie Roms aussuchten; im Namen der glorreichen Vergangenheit der Stadt konnte es einer von ihnen, Symmachus, wagen, beim Kaiser Gratian in Sachen des Altars der Siegesgöttin in der Tonart einer Warnung und Ermahnung vorstellig zu werden.

Seit der Tetrarchie wurde das Reich jeweils von dem Ort aus verwaltet, an dem sich der Kaiser aufhielt; Ämter und Beamte begleiteten den Kaiser, wenn er sein Quartier von einem Ort in den anderen verlegte. (Über den Ortswechsel geben die Schlußformeln der Regierungsakte Auskunft.) Am häufigsten ließ sich der Hof in Städten nieder, wo es von den Tetrarchen oder von Konstantin erbaute Paläste gab: im Westen in Trier, Mailand und Sirmium, im Osten in Konstantinopel, Antiocheia und Thessalonike. Von den langen Aufenthalten Valentinians und Gratians in Trier datieren die Basilika und die großen Kaiserthermen, von den langen Aufenthalten Konstantins, Constantius' II. und Theodosius' in Konstantinopel die Plätze, die Säulengänge, die Rennbahn, der große Palast und die Kirchen, ein ganzer Kranz von Denkmälern, in denen die wirkliche Hauptstadt lebendig wird, die Hauptstadt der Kaiser, die wir die byzantinischen nennen.

War Konstantinopel schon bei seiner Gründung dazu bestimmt, das neue Rom zu werden? Darüber wird gestritten. Vermutlich hatte Konstantin solche Absichten 324 noch nicht, als er dort nach dem Sieg über Licinius die provisorische Residenz errichtete, die zur »Konstantinstadt« werden und Nikomedeia, die »Krönungsstadt« Diokletians, ablösen sollte. Die Geldstücke, auf denen die »Göttin Roma«, die Legendenmotive der Stadtgründung und die Friedens-, Wohlstands- und Siegessymbole abgebildet sind, wurden keineswegs nur in Konstantinopel, sondern ebenso auch in Rom und anderen Städten des Reiches geprägt. Daher verherrlichen sie nicht so sehr die Geburt einer neuen Hauptstadt des Reiches wie die »römische« Wesensart des Kaisers und seine Bindung an die Ideenwelt des legendenumwobenen Roms, der Ewigen Stadt. Gewiß wurde das von den Vestalinnen so lange und so ehrfürchtig gehütete Palladium nach 330 im Sockel der Statue des Konstantin-Helios auf dem Forum von Konstantinopel aufbewahrt; das aber war das Unterpfand des göttlichen Schutzes des Reiches, und der Kaiser selbst betrachtete sich als seinen Hüter.

Unter Konstantin war die neue Stadt auf keinen Fall ein gewolltes christliches Gegenstück zur historischen Hauptstadt Rom als der heiligen Stätte des Heidentums. Der gewaltige Petersdom in Rom, mit dessen Bau zu Ehren Christi Konstantin wohl 333 begann, war, wie Eusebius von Caesarea etwa um dieselbe Zeit sagte, der Verehrung aller Völker der Erde zugedacht. Damals konnte – jedenfalls im religiösen Bereich – von einer Rivalität zwischen Rom und Konstantinopel keine Rede sein. Die offizielle Konstituierung der neuen Stadt erfolgte denn auch 328 nach dem alten römischen Stadtgründungsritus; am Tage der feierlichen Einweihung, am 11. Mai 330, gab es Festspiele im Zirkus; Soldaten mit Kerzen in der Hand geleiteten die Statue Konstantins, die ihn in der Haltung und im Gewand des Sonnengottes darstellte, durch das Spalier kniender Menschen, und am Fuße der Porphyrsäule, auf die sie hinaufgehoben wurde, ließ man Weihrauch verbrennen und Wein fließen, wie man es auch anderswo zu Ehren eines göttlichen Heros, dessen Namen die von ihm gegründete Stadt erhielt, getan hätte. Erst 359 gab es in Konstantinopel einen Stadtpräfekten wie in Rom, erst im Jahre darauf einen eigenen Senat. Noch später nannte Valens die östliche Hauptstadt »Mutter des Reiches«. Zu dem Zeitpunkt schließlich, da sich Gratian und Theodosius zum entscheidenden Kampf gegen das Heidentum entschlossen, 381 auf dem Ökumenischen Konzil, hieß es, Konstantinopel sei ein »neues Rom«; da es im alten Rom bereits einen Papst gab, erhielt das neue einen Patriarchen, dazu von höherem Rang als Antiocheia und Alexandreia; Haltung und Aussehen einer Hauptstadt hatte es bereits.

Um der neuen Stadt Einwohner zu geben, hatte Konstantin Handwerker und Arbeiter aus Asien und Syrien kommen lassen müssen; versprochen wurden ihnen freie Getreiderationen und Steuerfreiheit; aus anderen Städten kamen Notabeln, die Konstantin mit großen Domänenschenkungen in den Provinzen anlockte. Eine »bewohnte Landschaft«, wie ihm nachgesagt worden ist, war Konstantinopel nie; unter dem Schutz des Mauerwerks, das nicht nachgab und auch 379 für die Goten uneinnehmbar blieb, war eine richtige Stadt nach antikem Vorbild entstanden, von Anfang an auf römische Art in vierzehn Bezirke eingeteilt und mit einem ausgebauten Straßennetz versehen. Von ihrer Größe sprachen ihre monumentalen Bauten: die geräumigen Säulengänge, deren Statuen aus den Tempeln des Zeus von Dodona und des Apollon von Delphi entführt worden waren, und die gewaltigen Kirchen, darunter die berühmtesten, die Irenenkirche, die erste Hagia Sophia, von Constantius II., dem Arianer, 360 eingeweiht, und die Kirche der Heiligen Apostel mit den Gräbern Konstantins und Constantius'. Auf das Meeresufer blickte wie in Spalato der kaiserliche Palast; heute sind von ihm bis auf die Rennbahn nur armselige Ruinen übrig, aber seine ursprünglichen Elemente sind in den Texten ausführlich beschrieben: die Vorhalle, der ihre Kuppel aus vergoldeter Bronze den Namen Chalke verlieh; die großen säulenumgebenen Höfe wie der Magnaura-Hof, der vielleicht den Hintergrund für das am Sockel des Theodosius-Obelisken auf der Rennbahn eingemeißelte Bild abgab; die prunkvollen Speise- und Empfangssäle; die Wachthäuser, Mannschaftsräume, Verwaltungsgebäude. Das war eine Stadt für sich, Residenz des Souveräns und des Hofes, *Sacrum Palatium*.

Der Palast war das lebenspendende Zentrum. Von hier aus wurde die gesamte politische, rechtliche, wirtschaftliche, soziale, kulturelle und religiöse Organisation des Reiches gelenkt und überwacht, seine Verteidigung gesichert. Von hier wurden die kaiserlichen Reglements, Direktiven und Botschaften ausgesandt, die alle göttlichen und menschlichen Angelegenheiten auf Erden regelten, denn hier residierte, wenn Kriege ihn nicht abriefen, der Kaiser, und von ihm ging die Staatsgewalt aus, nicht mehr wie zu Beginn des Reiches auf rechtliche, sondern durchweg auf religiöse Autorität gegründet. In der Regel wurde ein neuer Augustus vom regierenden Augustus, der dazu den Purpurmantel des Imperators umwarf, der Armee vorgestellt, die ihm mit großem Geklirr der Schilde zujubelte; mitunter trugen ihn die Soldaten, wie es Julian in Lutetia geschah, zum Festgelände. Von diesem germanischen Ritus abgesehen, unterschied sich die Ausrufung des Kaisers durch die Armee nicht wesentlich von der Einsetzung des Imperators, wie sie Claudius oder Nero den Prätorianern verdankten. Nur hatte im 1. Jahrhundert noch der Senat zusammentreten müssen, um das Fait accompli zu ratifizieren, den neuen Imperator also mit dem gewichtigeren Namen Augustus zu »benennen« und ihm vor allem seine mannigfaltigen Befugnisse durch ein besonderes Gesetz zu übertragen. An die Stelle dieser Investitur trat jetzt das nochmalige Erscheinen des neuen Kaisers – nun mit den Symbolen der Kaiserwürde ausgestattet – vor den Soldaten, deren Huldigung er jetzt als vollgültiger Augustus entgegennehmen konnte. Daran schloß sich die Ansprache an die Armee als Ersatz für die frühere Ansprache an den Senat.

Theodosius I.
mit Valentinian II. (links) und seinem Sohn Arcadius bei der Übergabe einer Ernennungsurkunde an einen Beamten
Silbermissorium, 388. Madrid, Real Academia de la Historia

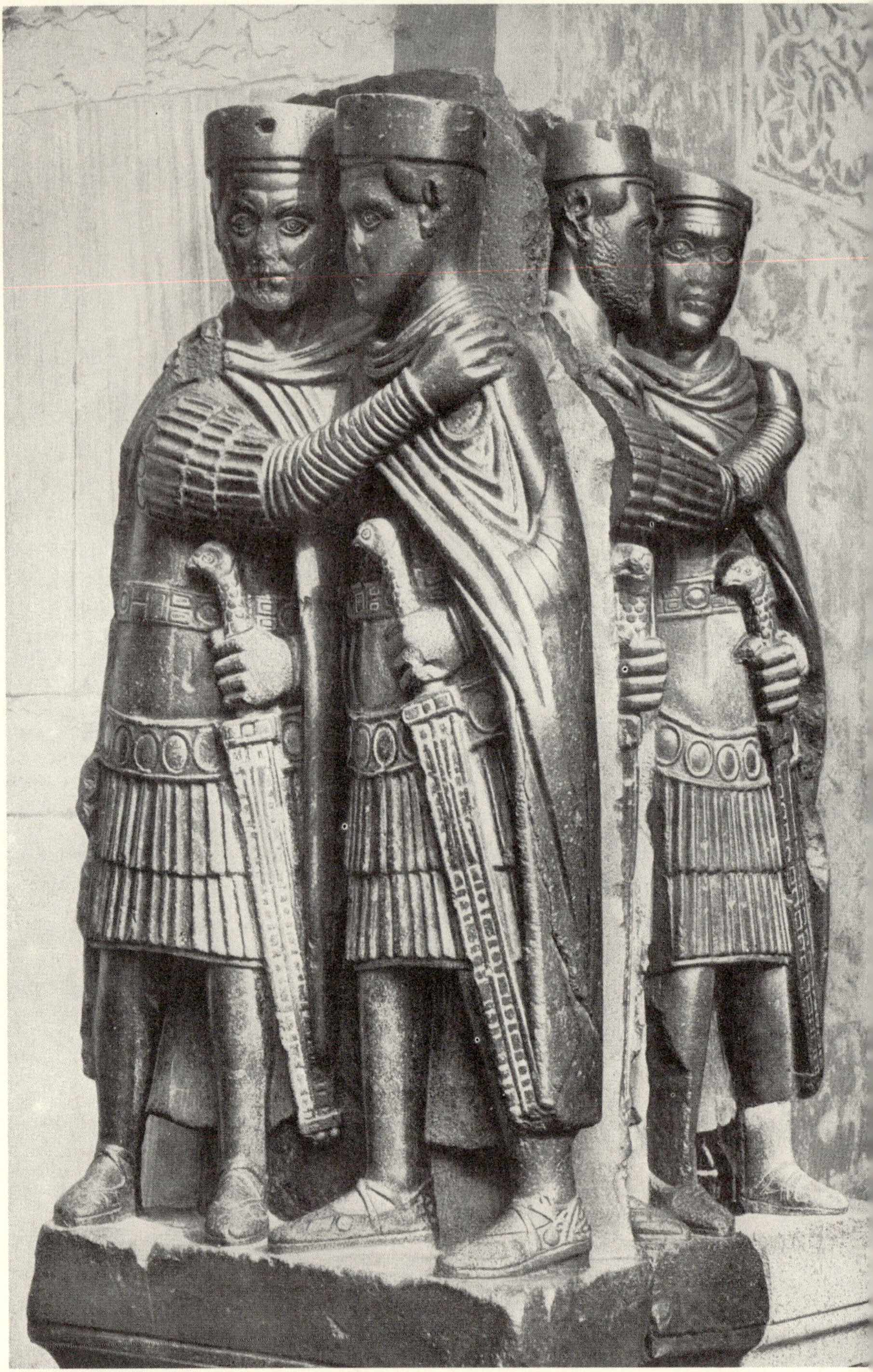

Theodosius I. mit seinen Söhnen in einer Zirkusloge
Relief am Sockel des Obelisken im Hippodrom in Konstantinopel, 390

Die Tetrarchen
Porphyrgruppe an der Südseite von S. Marco in Venedig, um 300

Das Innere der Aula Palatina in Trier, 4. Jahrhundert

Wo bleibt in diesen militärischen Riten, in denen sich ein altes Ritual einer neuen Situation anpaßt, der Gott der Christen? Kein Bischof erscheint, um ein Gebet zu sprechen, den priesterlichen Segen zu spenden oder die Salbung vorzunehmen. Früher verliehen die offiziellen Titel dem neuen Kaiser wahrhaft göttliche Eigenschaften. Dem Imperator sicherte der Titel den ausschließlichen Anspruch auf den Sieg, dem Augustus die Gnade, mit der die Götter seinen Taten zum Besten des Staates Wirkungskraft verliehen. Jetzt kann Themistios dem Kaiser Constantius II. sagen: »Der König ist das lebende Gesetz, das göttliche Gesetz, das von oben herabgestiegen ist, der Ausfluß seines Wesens, auf das göttliche Gesetz unbedingt ausgerichtet, unbedingt bestrebt, ihm nachzueifern.«

In der politischen Geschichte des Arianismus, zu dem sich die Kaiser im Osten von Konstantin bis Valens bekannten, war die Übereinstimmung des kaiserlichen Willens mit dem göttlichen auf einzigartige Weise verbürgt. Der Kaiser war wie Gott *kosmokrátor*, »Beherrscher der Welt«; hatten früher nur die Kleinstadtschmeichler in ihren Ergebenheitsbezeigungen den Kaiser *dominus* genannt, so machten Konstantin und Licinius den Anfang damit, sich auf den Münzen offiziell so zu bezeichnen. Jetzt war also der Kaiser der einzige Beschützer der Rechte freier Menschen; er konnte diese Rechte erweitern, sichern, vor allen Anschlägen bewahren, denn er war nach seiner eigenen Formel »für das Wohl des Staates geboren«, weil Gott es so gefügt hatte. Er war der Urgrund aller Wohltaten, die »Vorsehung«. Zu ihm reckten die Soldaten ihre Arme empor, als sie an der Milvischen Brücke nach Strafe für Maxentius riefen, wie es immer Menschen tun, die vom Sonnengott Gerechtigkeit erbitten; denn auch er war das Licht der Welt.

Die Imperatoren der weströmischen Zeit hatten sich mit dem Gewand Iuppiters bekleidet. Die christlichen Kaiser konnten das Gewand ihres Gottes nicht nachmachen, denn ihnen war verboten, sich von ihm ein »geschnitztes Bild« zu machen, und sie trugen die Galakleidung ihrer Vorgänger mit ihren Gemmen, Perlen und Stickereien, aber sie vermehrten deren Wert und vertieften den Sinn der Kostbarkeiten, als hätten sie zeigen wollen, wie weit sie ihre göttliche Majestät von den gewöhnlichen Sterblichen entfernte. Man vergleiche zwei Werke, die dasselbe Sujet, die »Eintracht der Kaiser«, darstellen. Die porphyrnen Tetrarchen, die man am Markus-Dom in Venedig sieht, sind Soldaten mit massigen und rohen Gesichtern; sie tragen weder Juwelen noch Stickereien auf ihrem Kaisermantel; nur die Gravierungen des Schwertes lassen vermuten, daß es ein goldenes Stichblatt und eine edelsteinbesetzte Scheide hatte. Ganz anders zeigt sich Theodosius auf der großen Silberschale von Madrid: wie auf einer Ikone vom Heiligenschein umrahmt, thront er majestätisch zwischen seinem Sohn Arcadius und Valentinian II. Die drei Kaiser tragen bestickte Seidenchlamys, und an der Schulterspange sind Perlenketten befestigt; Perlen schmücken auch ihre Schuhe und das schwere Diadem, das die feingeschnittenen Gesichter und die leblosen Augen hervorhebt.

Purpur, Stickereien und Perlen waren keine Neuheit. Das alles gab es schon in der kaiserlichen Garderobe des 3. Jahrhunderts, die ihrerseits die Tradition des festlichen Imperatorgewandes und der orientalischen Königsroben fortführte, um die Allmacht des Königs der Götter und die Würde des Königs der Könige zu demonstrieren. Gegen Ende des 4. Jahrhunderts ging man zum Ikonenstil über, aus dem jedes Element der Wirklichkeit verschwunden war. Dabei bezeichneten sich die Tetrarchen als Söhne der Götter, während Theodosius und seine Kollegen, wie Ambrosius versicherte, nur Menschen waren, dem Bösen zugeneigt und der Sünde verfallen.

Im antiken Zeremoniell sollte alles der von der Wirklichkeit losgelösten Majestät der Kaiser dienen. Bei Julian fanden die Empfänge noch nach alter römischer Tradition in den frühen Morgenstunden statt. Der Kaiser stieg von seinem Thron herab, durchschritt die Menge und drückte die Hände seiner Besucher. Aber Ammianus sah darin, obgleich er sein Andenken hochhielt, eine »deplacierte Affektiertheit«. Ihm erschien ein ganz anderes Zeremoniell als geboten. Darin waren die privaten und öffentlichen Empfänge nach überaus strengem Protokoll geregelt: die Reihenfolge der Audienzen richtete sich nach dem Rang, der den Besuchern in den Prozessionen bei kaiserlichen Zeremonien am Hof oder in der Provinz zustand. Im Palast wachten darüber der »Audienzmeister« und seine Türhüter; die als Miliz organisierten »Stillegebieter« sorgten für tiefes Schweigen, als sei man in Gegenwart der Gottheit. Der Kaiser rührte sich nicht von seinem Thron; die Besucher fielen zu Boden und durften verehrungsvoll seine Füße küssen. Das Gesuch oder die Gabe, die man dem Kaiser überreichte, mußte man ihm mit verhüllten Händen darbieten; das entsprach einem Ritus, der aus dem Persien der Achaimeniden über die hellenistischen Monarchien an den römischen Hof gelangt war; unter den Cäsaren erhielt er sich in den Kulten der Isis und der Kaiser, und für das 4. Jahrhundert bezeugen ihn die christlichen Zeremonien und die christliche Ikonographie.

Bisweilen wurden Bevollmächtigte der anderen Kaiser in feierlicher Audienz empfangen. Ambrosius beschreibt den Empfang, den ihm Maximus in Trier 386 als Abgesandtem Valentinians II. bereitete. Beim Betreten des Palastes begrüßte ihn als Kämmerer ein Eunuch, vermutlich schon an dem von Wachthäusern umrandeten monumentalen Eingang zum großen Säulenhof. Von dort ging es zum »Heiligtum« genannten geheimsten Saal des Palastes, wo das kaiserliche Kabinett tagte. Auf einer Erhöhung stand der Thron (in Konstantinopel war es der alte kurulische Sessel der römischen Konsuln, den die Kaiser mit Goldtäfelchen und Edelsteinen hatten verzieren lassen), von dem aus Maximus ihn heranwinkte. »Ich war«, schreibt Ambrosius, »von Mitgliedern des Kabinetts umringt, die mich drängten, zum Kaiser emporzusteigen.« Es gehörte wohl dazu, daß man sich zu Boden warf. Ambrosius verweigerte die Untertänigkeitsbezeigung, die sich mit der Botschaftereigenschaft ebensowenig vertrug wie mit der Bischofswürde.

In der *aula palatina*, die sich erhalten hat und vortrefflich restauriert worden ist, oder im großen Säulenhof, der vor ihr liegt, muß Ausonius in Gegenwart des Kaisers Gratian sein Danksagungsgebet als neuernannter Konsul gesprochen haben. Ein aus der Zeit Justinians stammendes Mosaikbild in Ravenna zeigt die Würdenträger gleichsam in Reih und Glied in den Säulengängen des Eingangs; darüber erheben sich die überfüllten Zuschauertribünen. So war es aber auch schon zu Theodosius' Zeiten: eine ähnliche Zeremonie ist am Sockel des Obelisken dargestellt, den er in der Rennbahn des Palastes von Konstantinopel hatte aufstellen lassen. Bis ins 14. Jahrhundert läßt sich der Nachhall dieses Rituals im Hofzeremoniell von Byzanz verfolgen. Die Aura der hieratischen, geheimnisumwitterten Erhabenheit strahlte es vom 4. Jahrhundert an aus; schon in den Anfängen war alles darauf abgestellt, die gottgleiche Macht des Kaisertums den Untertanen zu entrücken.

Lange vor der Tetrarchie galt alles, was vom Kaiser ausging, als »heilig«: die Hand, mit der er die von seinem göttlichen Geist eingegebenen Regierungsakte unterzeichnete, ja seine geringfügigsten Beschäftigungen und Interessen; sein Haus war ein Tempel, seine Briefe waren Himmelsbotschaften. Im 4. Jahrhundert war im Alltag von den »Riten des heiligen Palastes« die Rede, wenn höfische Zeremonien gemeint waren; von den kaiserlichen Wohnräumen hieß es, sie seien »entlegenere Heiligtümer als die anderen«. Einen bestimmten Raum durften, weil er als der heiligste galt, nur besonders bevorzugte Beamte betreten – wie Mysterienpriester das Allerheiligste des Tempels.

Was Wunder, daß die Kaiserbilder in den Lagerkapellen und in den Amtsräumen der hohen Beamten zwischen zwei Kerzen aufgestellt waren. Seit langem umrahmten den Kaiser brennende Kerzen, wenn er auf der Rednertribüne des Forum Romanum Platz nahm; in den offiziellen Prozessionen wurden Kerzen von jungen Männern getragen, die hohen Kandelaber auf die Oberschenkel aufgestützt; wenn Kinderchöre die Glorie des Kaisers zu seinem Geburtstag oder zum Jahrestag seines Regierungsantritts im Wechselgesang verkündeten, war die Kerze in der Hand des Chorleiters das Symbol des wohltätigen Lichts, das von der Person des Kaisers ausströmte. Die heidnischen Gelehrten, die im letzten Viertel des 4. Jahrhunderts die *Historia Augusta* schrieben, behaupteten, die Römer hätten sich durch die angeblich neuen persischen Riten am kaiserlichen Hof in ihrer Würde als freie Bürger gekränkt gefühlt. Das war gewollt boshaft oder zum mindesten voreilig. Stimmt es mit dem achaimenidischen Ursprung, so waren kaiserliche Garderobe und höfisches Zeremoniell keine neuen Importe. Im Ritual trennte kein sichtbarer Einschnitt das heidnische westliche vom bereits weitgehend christlichen östlichen Reich. Neu war nur das Verpflichtende, Zwingende der höfischen Riten, ein charakeristisches Merkmal wachsender Unterdrückungslust.

In höherem Maße als der Kaiser des älteren Reiches, der in seinem persönlichen Dienst nur einige Freigelassene und Geschäftsagenten beschäftigte, war der Augustus des späteren Reiches von Kämmerern und Bedienten umgeben, von denen manche aus Staatsämtern kamen und viele Eunuchen waren; sie unterstanden dem »Vorsteher des heiligen Palastes«, dem der Kommandeur der Leibwache und der Chef der kaiserlichen Kleiderkammer beigegeben waren. Manche von ihnen erlangten erheblichen Einfluß, so Eusebius bei Constantius II. oder Gorgonius beim Cäsar Gallus. Der kaiserliche Hof mit seinen Schlafzimmerintrigen und Prinzessinnenkabalen ließ manche Historiker an den Hof der Ptolemäer denken; auch mit dem späten byzantinischen oder dem ottomanischen Hof könnte man Vergleiche anstellen. In zunehmendem Maße wurden zu solchen Funktionen die früheren »Gefährten« der Cäsaren, die *comites*, herangezogen; in Konstantinopel wurden sie unter Konstantin zu »Grafen«, denen kommissarische Sonderaufträge zur Überwachung oder »Gleichschaltung« der regulären Amtsträger anvertraut wurden. Bald sollte dieser Titel allerdings zu einem bloßen Ehrenzeichen werden, mit dem der Souverän sein besonderes Vertrauen bekundete.

Wie zur Zeit der römischen Cäsaren wurden die wichtigsten Entscheidungen in einer Art Kabinettsrat vorbereitet und getroffen: die Sitzungsprotokolle notieren den Inhalt der von den Kaisern unterzeichneten Regierungsakte, die später in den Gesetzessammlungen von Theodosius und Justinian kodifiziert werden sollten. Im 2.Jahrhundert hatten dem »Rat des Prinzeps« Konsuln und Konsulare, aktive oder verabschiedete hohe Beamte, Fachjuristen angehört. Im 4.Jahrhundert ließen sich die Kaiser nicht mehr von hohen Würdenträgern und führenden Männern der Verwaltung bei den Regierungsgeschäften beraten. Jetzt setzten sich nicht mehr »Assistenten« mit dem Chef zusammen, sondern stehend, aufgereiht *(consistentes)* rapportierten Subalterne; der Rat des Prinzeps war zum *consistorium* geworden.

In diesem neuen Kabinett sieht man zunächst den »Vorsteher der Ämter«: ihm unterstehen die Kanzleien, in denen die Schreiber wie auch schon früher die Akten führen und bearbeiten; er verfügt über das Sicherheitspersonal, das Protokoll, die Kuriere, den Transport und die Staatspolizei; er nimmt die Stelle ein, die im 3.Jahrhundert, bevor Diokletian seine Machtbefugnisse beschnitten hatte, dem Prätorianerpräfekten zukam. Sein Verantwortungsbereich ist umfassend, aber er führt nicht die beiden Dienstrollen, in denen sämtliche Beamte des Reiches eingetragen sind; daher kann er auch keine wirksamen Sanktionen verhängen und nie so gefährlich werden wie der Prätorianerpräfekt des 3.Jahrhunderts. Neben ihm gehören dem Kabinett die beiden Grafen der »heiligen Gaben« und des »kaiserlichen Schatzes« an, die die Finanzen kontrollieren; dazu noch verschiedene Fachjuristen. Normalerweise werden der »Vorsteher der Miliz« und der »Vorsteher der Infanterie und Kavallerie« zu Beratungen nicht herangezogen, außer wenn es sich um die Aburteilung von Hochverratsvergehen handelt; die unter Konstantin durchgeführte Trennung der Militärgewalt von der Zivilgewalt findet darin ihren sichtbaren Ausdruck.

Eine Stufe höher als diese Ressortchefs steht der »Quästor des heiligen Palasts«, der redegewandt und rechtskundig sein muß: er ist der persönliche Referent des Kaisers und zugleich vortragender Staatssekretär; er kann sich gewaltigen Einfluß verschaffen. Ihm ist die »kleine Liste« anvertraut, das Verzeichnis der mittleren und niederen Beamtenpositionen für das gesamte Reich. Wie viele Gesuche und Bewerbungen kommen an ihn heran? Wie ehedem der Rat des Prinzeps berät das Kabinett über große und kleine Verwaltungsgeschäfte, über Krieg und Frieden (an den Grenzen und in der weiten Welt) und vor allem über zivilrechtliche Streitigkeiten und Prozesse. Dem Kabinett stehen die »Notare« zur Seite, die die Protokolle und die Ernennungsurkunden für alle Ämter abfassen. Auch sie sind hierarchisch organisiert; ihr Chef, der *primicerius notariorum*, untersteht dem Kaiser unmittelbar, er verwaltet die »große Liste«, das Personalregister der hohen Staatsämter. Im 5.Jahrhundert bilden einige der Notare, die *referendarii*, eine besondere Kanzlei, die dem Kaiser direkt Berichte unterbreitet. Sie erhalten damit den Vorrang vor den Leitern der ältesten kaiserlichen Ämter der »Bücher«, der »Briefe« und der »Archive«. Viele *referendarii* ziehen Vorteile aus dem engen Kontakt mit dem Herrscher und seinen Ratgebern und aus der laufenden Einsicht in Geheimvorgänge: sie machen Karriere; manch einer wird Konsul, Graf des Ostens oder Präfekt von Konstantinopel.

Oberhalb der alten öffentlichen Ämter, die blieben, aber keinen wirklichen Einfluß mehr hatten, entwickelte sich auf diese Weise in der nächsten Nähe des Kaisers ein Generalstab oder »Gehirntrust«, der direkt dem Kaiser unterstand und den Willen des Kaisers durchzusetzen hatte. Eine komplizierte Rangordnung und eine raffinierte Dosierung der Vorrechte lenkten den persönlichen Ehrgeiz der Beamten auf verschiedene Ziele, schürten Neid, Mißgunst, Konflikte. Wichtig war, daß die Besetzung der Ämter nicht über einen einzigen Personalchef ging, sondern von zwei in verschiedenen Ressortbereichen placierten Beamten vorgenommen wurde; wichtig war ebenfalls, daß die Staatspolizei, die alle miteinander zu überwachen hatte, einem »Vorsteher der Ämter« unterstellt war, der keine Repressalien anordnen und keine Disziplinarmaßnahmen treffen konnte. Der Kaiser allein sollte als oberster Schiedsrichter über Menschen und Gesetze entscheiden.

Das Durcheinander der vielen Ämter, von dem Julian entsetzt war, verlangsamte die Ausführung der im Kabinettsrat beschlossenen Maßnahmen; bisweilen wurden sie durch unendliche administrative Komplikationen zunichte gemacht. Mit der Zersplitterung der Verantwortung und der Langsamkeit des Instanzenzuges vermehrte sich die Korruption so üppig, daß man sie, um sie einzuschränken, als unvermeidliches Übel hinnahm und bestimmten Regeln unterwarf. Die Geschenke, die die Gerichtsdiener von den Rechtsuchenden nicht schlicht entgegennahmen, sondern ihnen abforderten, machte Gratian zu einem offiziellen Bestandteil ihrer Besoldung. Daß sich die Chefs der Truppeneinheiten für Rekruten, die in den Musterungslisten als Ersatzleute geführt wurden, aber den heimischen Herd nie verlassen hatten, Rationen bewilligen ließen, wurde offiziell geduldet und die Bezahlung dieser Rationen den Ortsgemeinden auferlegt. Daß für die Ausstellung von Ernennungsurkunden Geschenke an die ausstellenden Beamten abzuführen waren, galt als selbstverständlich. Darin, daß die Kaiser mit solchen Mißbräuchen befaßt wurden, die eigentlich von den Orts- oder Provinzbehörden hätten unterbunden werden müssen, zeigte sich eine der größten Schwächen des neuen Reiches: die übermäßige Zentralisation, in der sich die Unsicherheit und das ständige Mißtrauen des persönlichen Regiments spiegelten.

Man könnte versucht sein, in der mißtrauischen Angst vor Machtanwärtern den Grund zu sehen, weswegen Konstantin das militärische Kommando von der Zivilgewalt trennte; in Wirklichkeit war diese Trennung der logische Abschluß einer langen Entwicklung. Wie sich das ausgewirkt hat, zeigt der Vergleich einer Inschrift von 303, aus der Tetrarchenzeit, mit einer entsprechenden Inschrift aus der Zeit Valentinians I.: unter Diokletian kamen die Weisungen für den Bau einer befestigten Anlage von den Provinzbehörden; zwei Generationen später gab sie der »Vorsteher der Infanterie und Kavallerie«. Unter Konstantin verschwanden die als Legaten des Augustus amtierenden Proprätoren, die zu Konsularen wurden, ohne je als Konsuln amtiert zu haben. Ebenso verschwanden die Prokuratoren, deren Funktionen auf einfache Gouverneure übergingen. Von dieser Zeit an hingen die Ämter der Gouverneure und Feldherren nicht mehr mit der römischen Magistratur zusammen, auch nicht der Form nach. (Ursprünglich waren die Befugnisse der gewählten Träger der Staatsgewalt im Frieden wie im Krieg unteilbar und erstreckten sich auf die Zivilbevölkerung ebenso wie auf das Militär.) Jetzt gab es nur mehr Ressortbeamte, die zu verschiedenen Kompetenzbereichen der Hierarchie gehörten: Zivil- und Militärbereich waren geschieden.

Das Personal der Gouverneure bildeten die *officiales*, auf jeder Rangstufe mit denselben Amtsbezeichnungen wie die Militärbeamten. Zu ihren Gehältern kamen Sondervergütungen, die von den Bittstellern nach einem offiziellen Tarif zu zahlen waren. In der Provinz mußte der Hof nach wie vor auf die gesellschaftliche Oberschicht Rücksicht nehmen: ihr wurden ihre beratenden Körperschaften belassen, durch die sie ihre Interessen zur Geltung bringen durfte; indes wurden ihre Tagungen anläßlich der zu Ehren des Kaisers veranstalteten jährlichen Festspiele abgehalten und standen unter der Aufsicht der Priester des Kaiserkults, später unter der Aufsicht der mit Ehrentiteln ausgezeichneten Großgrundbesitzer. Eine solche öffentliche Meinung war leicht zu steuern und gelehrig genug.

Weil sich Diokletian über die Machtstellung der Prätorianerpräfekten im klaren war, hatte er das von ihnen verwaltete riesige Reich in zwölf Regionen zerlegt; von einem »Stellvertreter des Prätorianerpräfekten« mit umfassenden Steuerbefugnissen geleitet, umfaßte eine Diözese mehrere Provinzen. Aber im späteren Reich gewannen die Prätorianerpräfekten ihre alte Position wieder: sie wurden zu Generalstabschefs, gelegentlich sogar zu Regierungschefs der einem Imperator übertragenen Länder. Sie waren jetzt echte Vizekönige: wie mächtige Vizekönige, erfuhren Gallus und Julian am eigenen Leibe. Unter Konstantin, als es einen Augustus und drei Cäsaren gab, gab es dementsprechend vier Prätorianerpräfekten; das Gebiet, das die politische Entwicklung dem einzelnen Herrscher eintrug, bildete die Präfektur.

Diese voneinander dicht abgeriegelten Hierarchien komplizierten die Verwaltung und vermehrten die Beamtenposten noch mehr. Nach vorliegenden Berechnungen hatte ein Provinzgouverneur etwa hundert Beamte; im Sinne des beliebten Grundsatzes, wonach sich das Ansehen eines Behördenchefs nach der Zahl seiner Untergebenen bemißt, hatte der Stellvertreter des Prätorianerpräfekten deren dreihundert, Arcadius' »Graf der heiligen Gaben« sogar achthundertfünfzig; der Prätorianerpräfekt des Ostens, der – eigentlich mit autonomen Befugnissen – an der Spitze der Diözese stand, beschäftigte weitere sechshundert Beamte. In einer einzigen Stadt amtierten also nicht weniger als siebzehnhundert Beamte der Provinzverwaltung. In welchem Maße sie sich als nützlich erwiesen, ist schwer zu sagen. Ihre vielen Aktenkataloge, Inventare und Register, von denen wir Kunde haben, dürften sie kaum angelegt haben, um bessere Arbeit zu leisten. Jedenfalls war die Bürokratie in den kaiserlichen Kanzleien und auf allen Stufen der Verwaltungspyramide gigantisch.

Wirtschaft, Steuern, Sozialstruktur

Drei Jahrhunderte lang war das Römische Reich ein einheitliches Wirtschaftsgebiet: der Warenverkehr ging unbehindert vor sich; er passierte die Zollämter, aber sie hatten nur fiskalische Funktionen. Die Produktion, die auf der Arbeit von Freien und Sklaven beruhte, war keiner Kontrolle unterworfen. (Allerdings verbot Domitian den Weinbau in Gallien, um dem italienischen eine günstigere Position zu verschaffen.) Grundbesitzer und Kolonen waren nur durch ihre eigenen Verträge gebunden. Die staatlichen Korporationen, die nie wirtschaftliche oder steuerliche Zwecke verfolgt hatten, nahmen nach wie vor alle auf, die denselben sittlichen oder religiösen Interessen nachgingen. Die im wesentlichen liberale Wirtschaft beruhte theoretisch noch am Ausgang des 3. Jahrhunderts auf der Wertbeständigkeit der verschiedenen Gold- und Silbermünzen und dem Vertrauen, das die Verbraucher den an sich wertlosen Scheidemünzen aus Bronze entgegenbrachten. Die Kriege an den Reichsgrenzen und die militärische Anarchie untergruben dies Vertrauen und veränderten den Wert der Münzen. Die Geldreformen Caracallas und Aurelians gaben dem Geldwesen kein neues Fundament; da sie die Kaufkraft des Geldes nicht beeinflussen konnten, gingen sie nur darauf aus, dem Publikum mit einer besseren Legierung größeres Vertrauen zum Denar, der gebräuchlichsten Scheidemünze aus leicht versilberter Bronze, einzuflößen.

Diokletian versuchte 296, die Gold-Silber-Relation zu stabilisieren: um das Wertverhältnis der beiden Metalle unter Kontrolle halten zu können, ließ er für das ganze Reich eine Goldmünze zu $1/60$ Pfund Feingold, den *Aureus*, und eine Silbermünze zu $1/96$ Pfund Feinsilber prägen. Aber das Umlaufsgeld im Geschäftsverkehr blieb der Denar, die Bronzemünze mit dem minimalen Silbergehalt. Da die Produzenten für schlechtes Bronzegeld nichts verkaufen wollten, blieb Diokletian und seinen Ratgebern — im 3. Jahrhundert kannte man nicht viel anderes — nichts übrig, als Festpreise für sämtliche Waren, auch für Gold, einzuführen; damit sollte der Denar in ein festes Verhältnis zu den Marktpreisen und zum Gold gebracht werden.

Das Experiment scheiterte, der Denar verlor weiter an Wert, und die unteren Schichten der Gesellschaft, die über andere Zahlungsmittel nicht verfügten, verarmten. Diokletian hatte, wie neuere Historiker mit Zahlenmaterial dartun konnten, zu Unrecht angenommen, daß man dem minderwertigen Denar zwangsweise einen höheren Wert zudiktieren könne, als ihm die Verbraucher zubilligten; als der Denar um 175 noch stabil war, beruhte sein Wert auf seinem nicht geringen Silbergehalt. Das Bronzegeld mit dem kaum durchführbaren Höchstpreisedikt zu stützen und gleichzeitig die Ausgabe von Goldmünzen, die als Wertmesser gelten sollten, aufs äußerste zu beschränken, hieß, das ganze System dazu zu verurteilen, an seinem inneren Widerspruch zugrunde zu gehen.

Im Rahmen einer späteren Reform, die die Autoren des 4. Jahrhunderts, ohne ein genaueres Datum anzugeben, auf Konstantin zurückführen, wurde eine neue Goldmünze geschaffen: der *Solidus*; der Staat rechnete künftighin in Solidi, während die Untertanen noch lange Zeit bei der Gewohnheit blieben, in Denaren zu rechnen. An Gewicht und Metallgehalt erwies sich der Solidus als bemerkenswert stabil; er verschaffte dem Währungssystem der Teilungszeit und der späteren byzantinischen Epoche einen so guten Ruf, daß sich sein Andenken durch viele Zeitalter hindurch erhielt; noch im 20. Jahrhundert ehrten die Namen der kleinsten französischen und italienischen Scheidemünzen, Sou und Soldo, den konstantinischen Solidus.

Die Wertbeständigkeit des Gold-Bronze-Verhältnisses, auf die im 3. Jahrhundert so streng geachtet wurde, gaben die kaiserlichen Ämter allerdings sehr bald auf, so daß in

Denaren ein Ochsengespann unter Konstantin etwa zwanzig- bis vierzigmal soviel kostete wie nach dem Preistarif von 301. Die Kaufkraft der Menschen, die nur Denare hatten, sank fast auf den Nullpunkt. Unter Constantius II. schrieb der anonyme Autor von *De rebus bellicis:* »Weil Goldmünzen unter Konstantin im Überfluß ausgegeben wurden, ist das Gold an Stelle der Bronze zum Zahlungsmittel auch für die kleinen Geschäfte geworden. Die Armen verelendeten so sehr, daß sie Räuberbanden bildeten.« In Ägypten, wo sich die Preisentwicklung an Hand der Papyri verfolgen läßt, war der Denar 360 auf ein Hundertzwanzigstel seines Wertes von 346 gesunken.

Seit Julian versuchten die Kaiser, dem Bronzegeld einen realen Wert zu geben, ohne den Solidus anzutasten; anders ausgedrückt: sie machten Anstalten, die Preise zu regulieren oder gar die Wirtschaft zu lenken. Die Ergebnisse ließen nicht auf sich warten; in Gold umgerechnet, betrug der Getreidepreis in Konstantinopel unter Julian nur ein Fünftel, unter Valentinian I. sogar nur ein Sechstel (= 0,083 Solidus) des Bronzepreises von 301; bis zum 9. Jahrhundert blieb er nahezu unverändert; das trug nicht wenig zur sozialen Stabilität des byzantinischen Reiches bei. Im Westen wurde die Deflation noch weiter getrieben: bis 445 sank der Getreidepreis in Afrika, allerdings einem Getreideüberschußgebiet, auf 0,033 oder gar 0,025 Solidus. Schweinefleisch, als Volksnahrungsmittel für diese Zeit besonders wichtig, hatte 360 0,027 Solidus gekostet und kostete 445 nur noch 0,004 Solidus. Der Denar erfuhr eine entsprechende Aufwertung, obgleich er von den Staatskassen nicht in Zahlung genommen wurde. Theodosius II. verfügte 424, daß auch die *capitatio* nicht mehr in Denaren, sondern nur noch in Gold oder in Naturalien zu entrichten sei.

Zum erstenmal in der Weltgeschichte gab es eine Goldwährung. Das Gold war zur Grundlage des Wirtschaftslebens geworden und blieb es auch bei den deflationistischen Maßnahmen Julians und Valentinians I. Fielen die in Gold berechneten Preise, so erhielt auch das Bronzegeld einen gewissen Wert, der allerdings wie beim heutigen Papiergeld von der umlaufenden Menge des Münzgeldes abhing. Unter Theodosius I. wurden auch kleine und kleinste Scheidemünzen aus Gold und Silber für die geringfügigeren Transaktionen ausgegeben, so daß der Bedarf an Bronzemünzen zurückgehen und ihr Wert steigen mußte. Vonnöten war infolgedessen die strikteste Kontrolle der Tätigkeit der Prägeanstalten und vor allem auch der Operationen der Wechsler *(nummerarii)*, die die Goldsolidi und Bronzedenare mit einem Aufgeld in Umlauf bringen durften. Allmählich entstand eine Währungsgesetzgebung, die es früher nicht gegeben hatte; einige ihrer Spuren haben sich im *Codex Theodosianus* erhalten. Diokletian hatte bereits seine »Finanzinspektoren«; bei Valentinian I. muß es ständige Währungs- und Wirtschaftsreferenten gegeben haben.

Das Interesse für solche Fragen, das neuere Historiker bei den Kaisern der zweiten Hälfte des 4. Jahrhunderts entdecken, läßt vermuten, daß das viel mit den Verfahren zu tun hatte, mit denen Steuern veranlagt und eingetrieben wurden. Die Experten Valentinians und Theodosius' interessierten sich für Warenzirkulation und Warenverteilung viel weniger als für den Eingang der Steuergelder.

Im 3. Jahrhundert wurden zahlreiche direkte und indirekte Steuern erhoben; in den Provinzen waren die ergiebigsten die Land- und Kopfabgaben, vor allem die Annona; in der Steuerpflicht bestand kein Unterschied zwischen Römern und Nichtrömern. In Ägypten unterlagen der Kopfsteuer nur Männer, in Syrien Männer und Frauen im Alter von vierzehn bis fünfundsechzig Jahren; die Grundsteuer wurde nicht von der Bodenfläche, sondern vom Ernteertrag erhoben. Die Annona, die ursprünglich nur für die Dauer des Krieges und nur in der Nähe des Kriegsschauplatzes zu zahlen war, war zu einer ständigen Steuer geworden, die im gesamten Reich für die Finanzierung der Armee eingetrieben wurde; sie wurde auf die Gemeinden umgelegt, deren Einwohner für ihre Aufbringung kollektiv hafteten. Diokletians Kapitationssteuer war eine reformierte Annona. Seine Neuerungen bestanden in zwei Bestimmungen: der Berechnung in *capita*, deren Wert periodisch in Solidi festgesetzt wurde, und der Veranlagung nach der Zahl der Bewohner eines Gutes, seiner Fläche und der Kopfzahl des Arbeitsviehs, wobei zu den Steuerpflichten auch die Lieferung von Rekruten und Kleidungsstücken für die Armee gehörte. Es kam dem Staat nicht darauf an, wer der Eigentümer des Bodens war: ein Aristokrat oder ein einfacher Dorfbewohner; nicht die Person war steuerpflichtig, sondern der Boden je nach seiner Produktivität; wer ein Grundstück nicht bewirtschaftete, unterlag der Kapitationssteuer ebensowenig wie der landlose Bauer. Das besagt nicht, daß Diokletian es auf ein gerechtes Steuersystem abgesehen hatte; in Wirklichkeit führte sein System dazu, daß die wirtschaftlich Schwachen zermalmt wurden.

Im 3. Jahrhundert hätten die Steuerpflichtigen durchaus den Wunsch hegen können, ihre Steuern lieber in bar als in Naturalien zu entrichten: es war sinnlos, Bronzemünzen zu horten, die keinen festen Wert hatten. Nach Konstantin mußte sich umgekehrt jede Barzahlungsverpflichtung bedrohlich auswirken. Gold war knapp, und die *capita*-Sätze wurden in Solidi berechnet. Dabei hatten die Bürokraten die Möglichkeit, Preisspannen zu manipulieren und daran zu verdienen. Wurde die *capitatio* nicht in natura, in Lebensmitteln oder Vieh, entrichtet, so bestimmten die Beamten, was dafür in bar zu zahlen war; ebenso bestimmten sie die Abnahmepreise, die Landwirten bei der — wiederum von den Beamten angeordneten — Zwangsablieferung von Lebensmitteln oder Vieh gezahlt werden sollten. Die Differenz ging in ihre Tasche; die für die Aufbringung der Kapitationssteuer verantwortlichen Notabeln trugen die Kosten dieser »Erpressungskunstgriffe«, wie sie in *De rebus bellicis* genannt wurden.

Zweifellos zog es die Mehrheit der Steuerpflichtigen vor, die Steuern, sofern sie die Zahlung überhaupt bewältigen konnten, in Naturalien abzuführen. Eine Ermäßigung der Steuerlast war nur zu erreichen, wenn die Zahl der veranlagten *capita* oder ihr Warenäquivalent gesenkt wurde. Es war keineswegs so, daß die Armee und die Bürokratie die Naturalwirtschaft begünstigt und die Steuerpflichtigen in ihrer Masse ein Interesse an der Geldwirtschaft gehabt hätten. Eher traf das Gegenteil zu.

In diesem Licht treten die Konsequenzen des Systems in aller Schärfe hervor. Nicht sehr wichtig war, was die Feinde des Regimes in ihren Beschwerden vorbrachten: daß die Beauftragten des Fiskus Einsicht in Dinge, die sie nichts angingen, verlangt und mit unberechtigten Veranlagungen Reiche und Arme ruiniert hätten. Wichtiger war, daß sich Steuerpflichtige, deren Grundbesitz die Steuerlast nicht zu tragen vermochte, zur Flucht veranlaßt sahen; da ganze Bezirke für die Aufbringung der Steuern kollektiv hafteten, ging die

Steuerschuld der Flüchtigen zu Lasten ihrer Nachbarn. Von noch größerer Tragweite waren zwei weitere, miteinander verflochtene Folgeerscheinungen.

Privater Grundbesitz wurde für den Staat zu einem wertvollen fremden Gut, das geschont werden mußte, weil er in immer höherem Maße auf gesicherte Steuereinnahmen angewiesen war. Auf finanziell leistungsfähigen großen Besitz mußte also besondere Rücksicht genommen werden. Dem Kaiser war es durchaus recht, daß nicht nur große Privatdomänen, sondern auch riesige agrarische Vermögen entstanden, die sich aus vielen Gütern und Domänen in verschiedenen Teilen des Reiches zusammensetzten. Der römische Stadtpräfekt Symmachus besaß Ländereien in Italien, auf Sizilien, ja sogar in Mauretanien. Der heiligen Melanie gehörten zur Zeit des Theodosius sechzig Güter, jedes zu dreihundert Hektar. Es dauerte nicht lange, bis diese mächtigen Grundbesitzer nach dem Vorbild der Palastbürokraten, die sich kraft ihres Amtes besondere Vergünstigungen verschafften, Vorrechte erlangten, die das Prinzip der Besteuerung des Bodens ohne Rücksicht auf die Eigentumsverhältnisse zunichte machten. War der Grundbesitzer ein *clarissimus*, so traf die *capitatio* seinen Boden nach einer Sonderveranlagung oder überhaupt nicht. Auch das frühere Reich hatte Steuerprivilegien gekannt: Steuerfreiheit wurde einzelnen Personen oder auch Gemeinschaften — einer Stadt, einer Völkerschaft, einer Region (zum Beispiel Italien) — gewährt. Völlig neu war dagegen die Steuerbefreiung einer bestimmten Gesellschaftsklasse. Damit kündigte sich die Steuerimmunität an, die zu einem der typischen Merkmale des mittelalterlichen Feudalsystems werden sollte.

Da das Gold, mit dem die Steuern zu bezahlen waren, knapp war, war es für die Grundbesitzer auf der anderen Seite wichtig, im alltäglichen Geschäftsverkehr möglichst wenig Gold auszugeben, also wenig zu kaufen. Das Gold wurde gehortet, und um ihre Warenkäufe einzuschränken, gingen die Grundbesitzer, auch die reichen, immer mehr dazu über, ihre Güter als autarke Selbstversorgungsbetriebe zu bewirtschaften. Auf Ausonius' Gut bei Bordeaux in der Gironde, das keine große Domäne war, arbeiteten nicht nur Sklaven und Kolonen, sondern auch Zimmerleute, Maurer und Schmiede. Was auf dem Gut nicht verbraucht wurde, wurde zwar nach wie vor verkauft, aber was sein Land nicht hergab, suchte Ausonius keineswegs — anders als seinerzeit Cato — anderswo käuflich zu erwerben. An einer Produktion, die sich nach der Marktnachfrage hätte richten müssen, lag ihm nicht im geringsten. Das war bereits die Selbstversorgungswirtschaft des mittellosen Bauern, nicht mehr der großzügige Betrieb des freien und unabhängigen Eigentümers. Aus diesem Intellektuellen, dem seine Tätigkeit am kaiserlichen Hof ein beträchtliches Vermögen eingebracht hatte, sprach bereits, wenn er Grundbesitzer spielte, der mittelalterliche Feudalherr, der von seinem Land lebt, ohne von der Wirtschaftskonjunktur etwas wissen zu wollen.

Der größeren Last und der größeren Bedrückung waren die kleinen Eigentümer ausgesetzt. Die Steuern waren sofort nach Bekanntgabe der Veranlagung fällig; die den Schwachen gegenüber mißtrauischen und unnachsichtigen Behörden duldeten keinen Verzug. Den Kleinbesitzern blieb häufig nichts anderes übrig, als sich unter erschwerten Bedingungen von Wucherern Geld vorstrecken zu lassen oder — noch häufiger — sich unter den Schutz der Mächtigen zu begeben, sie als Patrone zu gewinnen und ihnen den eigenen

Grundbesitz zu verpfänden, um sich des Fiskus erwehren zu können. Das Übermaß der steuerlichen Ausbeutung löste im Osten schwere soziale Erschütterungen aus. In einem Alarmbericht des Prätorianerpräfekten des Ostens an Constantius II. hieß es 360, daß unzählige Kolonen, ja ganze Dörfer die Zahlung der Steuern und sogar des Pachtzinses an die Grundbesitzer verweigerten; sie verschrieben sich als Klienten den »Mächtigen« und den hohen Militärs und bekämen dafür Wachmannschaften gestellt, die sich nicht scheuten, die Steuereinnehmer davonzujagen. Unter Theodosius gab es auch schon »Mächtige«, die sich das Recht anmaßten, über ihre Schutzbefohlenen zu Gericht zu sitzen, und eigene Privatgefängnisse unterhielten. Später entstand daraus das Kerkerloch der feudalen Ordnung.

Nach und nach führte die Bedrückung durch den Fiskus zur Entstehung einer neuen Klasse, der an die Scholle gebundenen Kolonen. Ihre Existenz ist seit 332 nachgewiesen. Ursprünglich waren sie Pächter, die als Freie sogar Grundbesitzer hätten werden können, die sich aber im Rahmen des Pachtverhältnisses vertraglich an den Boden binden ließen, den sie bewirtschafteten. Verließen sie ihn ohne Einverständnis des Grundbesitzers, so konnten sie von den Behörden zurückgeholt werden. Der Staat stimmte dieser Entwürdigung der Lebensumstände freier Menschen zu, weil der für die Steuerzahlung verantwortliche Grundbesitzer seine Säumigkeit oder Zahlungsunwilligkeit stets glaubhaft begründen konnte, wenn er nicht mehr über die Arbeitskraft der in seiner Steuererklärung aufgeführten Kolonen verfügte. Provinzgouverneure, die keine *capita* einbüßen, und Grundbesitzer, die nicht für die Steuerschulden säumiger Zahler aufkommen wollten, wandten sich immer wieder an den Staat, um die Rückführung der flüchtigen Kolonen zu erreichen. Hinzu kam, daß jede Besitzteilung die Familie des Kolonen auseinanderreißen konnte; blieb aber die Domäne von Generation zu Generation in den Händen derselben Familie, so vererbte sich auch die Bindung des Kolonen an den Grundbesitz. Mit gewisser Berechtigung kann man im Kolonen des späteren Reiches das Urbild des mittelalterlichen Leibeigenen sehen.

Dazu war es im Gefolge der Steuerverfassung der *capitatio* gekommen. Einen ähnlichen Ursprung hatte die Leibeigenschaft in Rumänien, wo Michael der Tapfere 1595 die Bauern an den Boden fesselte, um den Eingang der den Grundbesitzern auferlegten Steuern sicherzustellen. Nicht anders war es in Rußland, als Boris Godunow den Bojaren, die ihm Steuergelder schuldeten, 1597 das Recht gab, Freisassen zu verfolgen, die vom Bojarenland geflohen waren.

Über dem Kolonat, das in einigen Teilen des Reiches die vorherrschende Agrarverfassung war, sollte man allerdings die Sklaverei nicht vergessen. Sklaven gab es überall. Sie boten einen doppelten Vorteil: einmal konnten sie nicht als Soldaten eingezogen werden, und zum andern ließ sich dank ihrer billigen Arbeitskraft der Preis drücken, den man für die Arbeitsleistung der freien Kolonen zahlen mußte. Die Lebensbedingungen der Sklaven hatten sich im 2. Jahrhundert nicht unwesentlich gebessert: das 2. Jahrhundert sah im Sklaven immerhin einen Menschen, ohne sich freilich über das Empörende eines Zustands Gedanken zu machen, der als notwendiger Bestandteil der menschlichen Gesellschaft angesehen wurde. Auch im 4. Jahrhundert bereitete das weder Bischöfen noch Philosophen besonderes Kopfzerbrechen. Dennoch kamen verstärkte Antriebe zu tätiger Nächstenliebe aus christlichen Kreisen, die in den Sklaven »Brüder im Geiste, wie alle Gläubigen den Pflichten der Religion untertan«, sehen wollten.

Besser waren die Verhältnisse in den Städten. Das Höchstpreisedikt hatte den Arbeitern in der Stadt doppelt so hohe Löhne zugebilligt wie auf dem Lande. Was aber das Wirtschaftsleben der Städte einengte, war der Druck der Korporationen, die inzwischen regulierende Funktionen an sich gezogen hatten und ihrerseits vom Staat beherrscht wurden. Als Käufer genossen ihre Mitglieder besondere Vorteile, da sie zu Preisen einkaufen durften, die der Staat festsetzte; so hatten die Schweinefleischhändler von Rom das Einkaufsmonopol für ganz Italien, was ihnen regelmäßige Gewinne sicherte. Dafür mußten aber auch ihre Lieferungen regelmäßig erfolgen; die Weber von Kyzikos waren verpflichtet, dem Staat jährlich zu einem vorgeschriebenen Zeitpunkt eine bestimmte Anzahl von Militärmänteln zum festgesetzten Preis abzugeben.

Immer mehr hingen Produktion und Verbrauch von der staatlichen Reglementierung ab. Ein öffentlicher Wirtschaftssektor entstand, der von Bürokraten beherrscht wurde und an dem sich viele von ihnen bereicherten. Er umfaßte vor allem die Lebensmittelversorgung der Städte und der Armee, den Verkauf hochwertiger Nahrungs- und Genußmittel (Wein!) und den Verkehr. Viele Nachrichten haben sich über die Korporation der zweihundertvierundsechzig Bäcker Roms erhalten. Die Befugnisse der Korporation waren staatlich geregelt, die Gewinnspannen wurden kontrolliert; der Beruf war erblich: wer eine Bäckerei erbte, mußte beim Backtrog bleiben, und wer eine Bäckerstochter heiratete, mindestens fünf Jahre lang Brot backen. Aus der Welt der Korporationen wurden die Menschen geholt, denen Ehrenämter (ohne Besoldung) auf der unteren Ebene der Stadt- oder Staatsverwaltung anvertraut wurden.

Eine Stufe tiefer in der Klassenhierarchie standen die Kurialen. Sie besorgten die städtischen Verwaltungsgeschäfte, besteuerten die Lebensmittel und wachten über die Sicherheit der Städte (die man fast überall mit Mauern schützen wollte; sie wiederum sollten aus den Trümmern älterer Denkmäler erbaut werden). Im Auftrag des Staates unterwarfen sie sich drückender Verantwortung. Als kleine Haus- und Grundstücksbesitzer mit Ahnengalerie und Standesstolz, aber ohne ausreichende Lebensgrundlage, waren sie Steuereinnehmer, die nicht nur kein Gehalt bezogen, sondern auch für die Steuern anderer kollektiv hafteten; sie konnten ihren Besitz nicht veräußern, da der Staat ihn als Kaution mit Beschlag belegte. Dieser halben Knechtschaft suchten sie zu entrinnen, indem sie Berufsbeamte, Lehrer, Priester wurden, womit sie auch noch Steuerfreiheit erlangten. Manche von ihnen gaben ihre Häuser in der Stadt auf und suchten Zuflucht auf dem Lande, wo sie vielleicht noch Besitz hatten. Andere wieder ließen alles, Besitz und Familie, im Stich und wurden Mönche. Der Staat erließ viele Gesetze, um solche Kolonen in der Toga oder gottgeweihten Armen gegen ihren Willen an ihren ursprünglichen Stand zu binden; zugleich wurden den treuesten, praktisch unbezahlten Dienern des Staates für ihre opferreichen Dienste das Ruhegehalt und die Steuerfreiheit der vom Staat »Ausgezeichneten« *(honorati)* versprochen.

Nur im Ägypten der Ptolemäer mit seiner staatlich gelenkten Wirtschaft hätte man proportional ebenso viele Staatsbeamte finden können. Von diesen Söhnen städtischer

DAS RÖMISCHE REICH IM JAHRE 395 n. CHR.

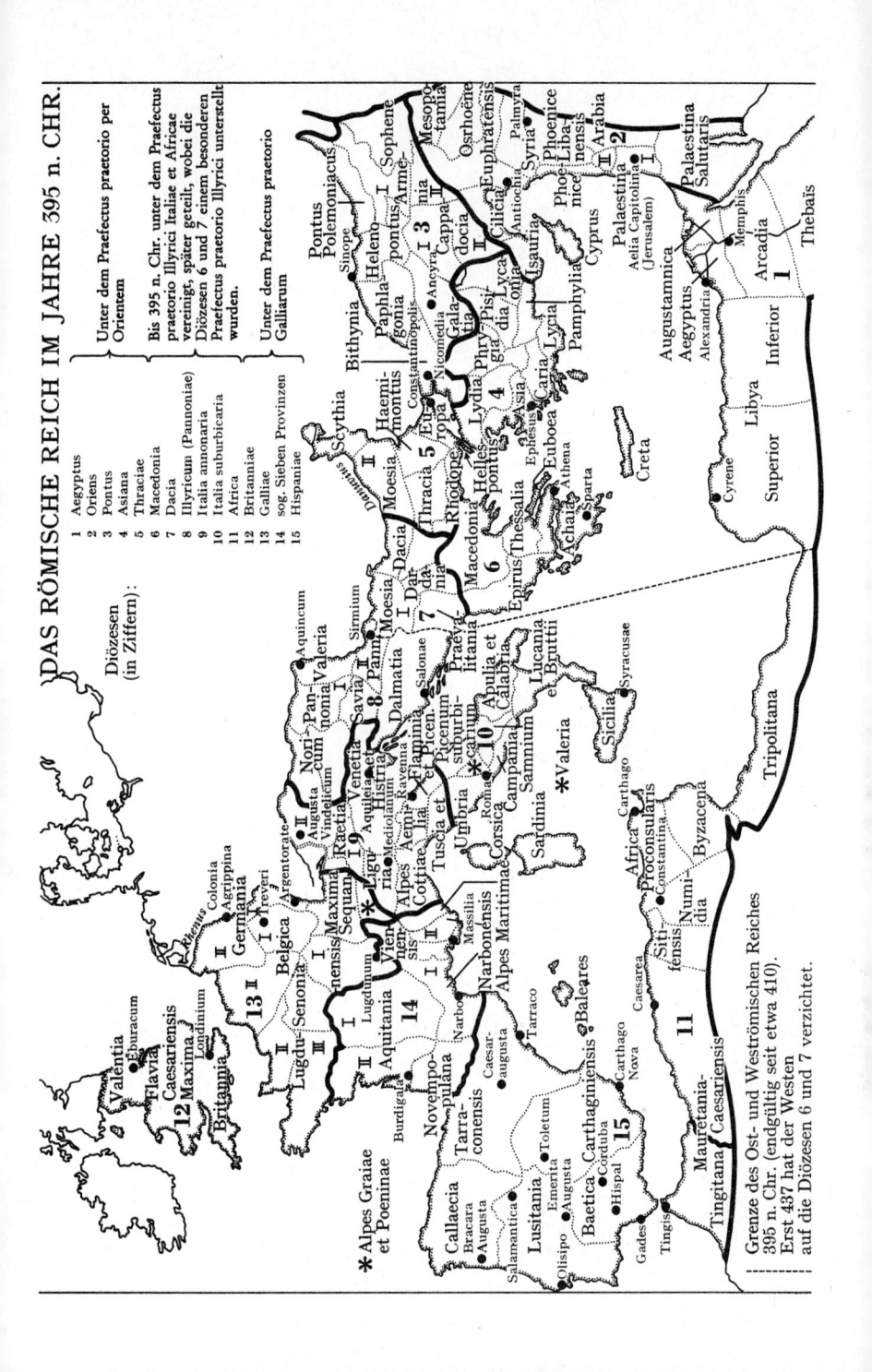

Diözesen (in Ziffern):

1. Aegyptus
2. Oriens
3. Pontus
4. Asiana
5. Thraciae
6. Macedonia
7. Dacia
8. Illyricum (Pannoniae)
9. Italia annonaria
10. Italia suburbicaria
11. Africa
12. Britanniae
13. Galliae
14. sog. Sieben Provinzen
15. Hispaniae

Unter dem Praefectus praetorio per Orientem

Bis 395 n. Chr. unter dem Praefectus praetorio Illyrici Italiae et Africae vereinigt, später geteilt, wobei die Diözesen 6 und 7 einem besonderen Praefectus praetorio Illyrici unterstellt wurden.

Unter dem Praefectus praetorio Galliarum

--- Grenze des Ost- und Weströmischen Reiches 395 n. Chr. (endgültig seit etwa 410). Erst 437 hat der Westen auf die Diözesen 6 und 7 verzichtet.

* Alpes Graiae et Poeninae

Bürger- und Beamtenfamilien hatten viele eine Spezialausbildung erhalten: in Gallien an den Universitäten von Autun und Bordeaux, im Osten an denen von Athen und Beirut; noch mehr Beamte kamen von den Rhetorenschulen in Ost und West. Voneinander durch Titel und Rangordnungsbestimmungen der Kanzleien abgehoben, bildeten sie eine besondere Klasse mit festgelegter Rechtsstellung; von allen Kaisern hatte Valentinian I. am meisten zur Klarstellung ihrer Rechte und Pflichten beigetragen. Sie konnten aber auch in die höchsten Ämter des kaiserlichen Palastes aufsteigen und dadurch in die Klasse der *clarissimi*, die Senatorenklasse, gelangen, die sie verjüngten.

Anders als zu Zeiten des Antoninus ließ sich aus der Zugehörigkeit zu einer Klasse nicht mehr der Anspruch auf eine bestimmte Laufbahn ableiten; umgekehrt verlieh jetzt die dienstliche Laufbahn die den beiden privilegierten Klassen der Bürokraten und der Senatoren vorbehaltenen Titel. Im Sinne einer jahrhundertealten Tradition bereitete die Senatorenwelt den Neuankömmlingen keine freundliche Aufnahme; Konstantin, der an dieser Verwischung der Standesgrenzen schuld sein sollte, erschien ihr als ein zweiter Heliogabal, ein Greuel für Wohlgesinnte. Natürlich waren die Schnüffeleien der Staatspolizei der *agentes in rebus* allen ein Ärgernis — und erst recht der Senatsaristokratie; gerade den Neureichen unter den Berufsbeamten, unter denen es nicht wenige Söhne und Enkel von Kurialen gab, begegnete sie steif und hochnäsig. Im Osten gelang es ihr wenigstens, den eigenen Söhnen die höchsten Posten und die bestdotierten Sinekuren zu reservieren; im Westen führte eine gewisse Funktionsteilung dazu, daß Beamte bescheidener oder gar barbarischer Herkunft denen näherrückten, die von den großen römischen Familien abstammten; wer Beamte nach wie vor nicht für gesellschaftsfähig hielt, war zutiefst entrüstet.

Wer Mitglied des Senats werden wollte, mußte ein ziemlich ansehnliches Vermögen versteuern; für die Einteilung der Senatoren in drei Kategorien war nur noch das Vermögen maßgebend, nicht mehr deren frühere Ämter. Die Senatoren waren auch wirklich sehr reich. Sie mußten es sein, denn das Prätorenamt verschlang mit den ihm übertragenen öffentlichen Spielen enorme Summen; Symmachus kostete die Prätorentätigkeit seines Sohnes zweitausend Pfund Gold. Fast ebenso kostspielig war das Konsulat, auch wieder wegen der öffentlichen Spiele und wegen der Geschenke, die ausgeteilt werden mußten. Darin erschöpfte sich im wesentlichen die Tätigkeit der Inhaber der Magistraturämter, die nichts mehr zu entscheiden und über nichts mehr zu urteilen hatten, weil der Kaiser und seine Ämter sämtliche Entscheidungen trafen. Viele Senatoren nahmen an Senatssitzungen nicht mehr teil und kamen nicht einmal nach Rom. Sie lebten auf dem Lande, auf ihren Gütern.

Im Westen haben sich viele Spuren ihrer luxuriösen Landsitze erhalten. In der Tradition der hellenistischen Zeit waren sie von offenen Galerien umrandet und von zahlreichen Höfen, Thermen, Teichen und Gärten umgeben. Das Steinpflaster war mit Mosaik ausgelegt, und hin und wieder bezeugte eine mythologische Szene die Kultur und Bildung des Gutsherrn. Ein schützendes Mauerwerk gab es in Gallien und Britannien in der Regel weder in der Nähe der Gebäude noch in weiterer Entfernung. In Montmaurin (Gallia Narbonensis) am Fuße der Pyrenäen oder in Martres-Tolosane in derselben Gegend waren die größten Villen der westlichen Aristokraten jedem, der da kam. zugänglich; etwas abseits lagen die kleinen Häuser der Kolonen und die Wirtschaftsgebäude. Nichts schien den Frieden der Felder zu trüben.

In Afrika beschäftigte sich der Gutsherr Iulius, wenn er nicht gerade zu Fuß oder zu Pferd jagte, damit, von seinen Kolonen die je nach Jahreszeit in Naturalien fällige Pacht einzuziehen; sie reichte für große Festgelage, die er seinen Nachbarn gab. Seine Frau pflegte, von Dienerinnen umgeben, Putz und Schönheit oder erging sich unter den Bäumen des großen Gartens. Weder er noch sie lasen oder diskutierten, wie es so viele reiche Römer in den Zeiten Ciceros oder Plinius' in den Villen von Tusculum oder am Comer See getan hatten. Die Villa war hier fast ein befestigtes Schloß. Die traditionelle Galerie zu ebener Erde, die die Fassade gebildet hatte, mit ihren Arkaden und ihren nach dem Garten zu weit offenen Eckräumen, war jetzt oberhalb einer glatten Mauer erhöht angebracht und konnte als Brustwehr für den Rundgang der Wache dienen. In Afrika bot das flache Land wenig Sicherheit. Kolonen, die nicht mehr »Sklaven der Erde« sein wollten, flüchtige Sklaven und Militärpflichtige, die, um nicht den Militärbehörden zur Abgeltung von Steuern als Rekruten überstellt zu werden, geflohen waren, bildeten Banden von Aufständischen, die die Gegend unsicher machten. Vielleicht schlossen sie sich auch mit den *circumcelliones* zusammen, ursprünglich freien Landarbeitern, die sich normalerweise in Kolonnen zur Arbeit verdingten, die aber durch Arbeitslosigkeit Bettler oder Räuber geworden waren, so daß sie nun »um die Scheunen herumschlichen« und den Reichen Furcht einflößten.

Einen eigenen, bedeutenden Platz nahm im christlichen Reich das gesellschaftliche Gebilde der Kirche ein. Der kirchliche Sektor rekrutierte sich aus allen Klassen und Kulturkreisen. Antonius, der »Vater der Mönche«, war ein Fellache aus Oberägypten, nicht unbegütert, aber ungebildet; Hieronymus ein Beamter, der das »religiöse Leben« den Beförderungschancen der bürokratischen Karriere vorgezogen hatte; Basileios ein Großgrundbesitzersproß, der, wäre er nicht Bischof von Caesarea geworden, in seiner Stadt wenigstens zum Notabeln hätte aufsteigen können; Ambrosius ein Heide, der noch nicht einmal getauft war, als man ihn zum Bischof von Mailand machte. Diese Kirchengesellschaft war finanziell unabhängig, denn dank den Spenden der Kaiser und der Gläubigen, den Zuwendungen des Staates und der Steuerfreiheit der Geistlichen hatte sie große Reichtümer zusammentragen können. Sie hatte eine eigene Gerichtsbarkeit, der ihre Geistlichen unterstanden; als Schiedsrichter in zivilrechtlichen Streitigkeiten fällten ihre Bischöfe rechtskräftige Urteile. Die Kirche hatte im Osten die Eingriffe der Kaiser geduldet, weil sie wie die Kaiser arianisch war; im Westen verdankte sie Ambrosius die Unterstellung der katholischen Kaiser unter ihre Gewalt. Überall griffen die Bischöfe in weltliche Angelegenheiten ein: sei es als Partei, sei es als entscheidende moralische Autorität, sei es als Hüter des rechten Glaubens im Kampf gegen die Häresie, deren Unterdrückung sie vom Staat forderten.

Eine neuartige Frömmigkeit, an der sich die Gefühle entzündeten, kam allenthalben zur Geltung. Das 4. Jahrhundert war die Zeit der Heiligenverehrung, des Reliquienkults, der Wallfahrt; niemals zuvor war die Bibel mit der Inbrunst gelesen worden, mit der man jetzt Athanasius' »Leben des Antonius« und Sulpicius Severus' »Leben des heiligen Martin«

las. Aber während das siegreiche Christentum im Osten das Heidentum mit der Zerstörung seiner berühmtesten Tempel um Glanz und Symbole gebracht hatte, beherrschte es im Westen nur die Städte; das flache Land blieb noch jahrhundertelang Objekt der Christianisierung. Um der Ausbreitung des Glaubens willen verlangte der heilige Augustinus von seinen Geistlichen die Kenntnis des Punischen, übersetzte Ulfilas die Bibel ins Gotische; aber die Kirche, die ebenso wie die kaiserliche Kanzlei nur die zwei Kultursprachen beherrschte, war im Westen lateinisch und orthodox, im Osten griechisch und allen Ketzereien ausgesetzt. Sie hatte nichts dagegen, sich auf die Teilung des Reichs einzustellen, die sich immer deutlicher abzeichnete.

In der Gesellschaft dieses Reiches ging alles organisierte Leben vom Kaiser aus; die Transmission besorgten seine Palastbeamten und seine Amtsträger in den Diözesen und Provinzen. Der Fiskus und die dirigierte Wirtschaft formten in ihrem Geist und im Sinne ihrer genauestens festgelegten Ansprüche die verschiedenen Klassen, um sie bei der Verwaltung der Städte und Dörfer und mehr noch in der staatlichen Organisation einsetzen zu können. Jeder war verpflichtet, dem Staat an dem ihm zugewiesenen Platz zu dienen, und durfte diesen Platz nicht verlassen, ohne sich der strengsten Bestrafung auszusetzen. Die kaiserlichen Reglements des 4. Jahrhunderts sahen die Todesstrafe in fast ebenso vielen Fällen vor wie die in Gold zu entrichtenden Sühnezahlungen, häufiger jedenfalls als die Gefängnisstrafe. Viele, denen die Kasernierung (auch das Beamtentum war *militia*) unerträglich war, entflohen aus dem Gefängnis, zu dem das Reich geworden war. Manche träumten von der Vergangenheit und entwarfen Reformen im Geiste der Tradition des Reiches, der sie aber nicht zu neuem Leben verhelfen wollten. Die meisten ereiferten sich über theologische Streitfragen, um sich außerhalb der Zeit zu stellen und von einer Welt zu lösen, die von der Bürokratie noch enger gemacht wurde, als sie ohnehin schon war. Und zur großen Empörung der Bürokraten flüchteten einige unter Hinterlassung nicht nur ihrer Habe, sondern auch ihrer Steuerverpflichtungen in die Wüste oder in die Klöster, um dem wahren Gott zuliebe die Dämonen zu bekämpfen.

Das 4. Jahrhundert hatte einen Verwaltungsapparat geschaffen, der sich für das Funktionieren der Regierungsgewalt und, was zu oft vergessen wird, für die Erhaltung des sozialen Friedens in einem von allen Seiten bedrohten Reich als wirksam genug erwies. Als aber zu Beginn des 5. Jahrhunderts mächtige Barbaren – anderen Barbaren folgend, mit denen man sich bereits angefreundet und die man sogar in die kaiserliche Familie aufgenommen hatte – über die Grenzen einbrachen, schien es kaum noch lohnend, eine Zivilisation zu verteidigen, die viele nur noch in der Maske einer schikanösen und bedrückenden Bürokratie kannten.

Die großen Invasionen

Theodosius I. starb am 17. Januar 395 und hinterließ das Reich seinen beiden Söhnen. Bei der Teilung des Erbes erhielt Arcadius, der ältere, den Osten, den er bereits in Abwesenheit seines Vaters verwaltete; Honorius, dem jüngeren, fiel der Westen zu. In der Praxis wurden die Provinzen und die Verwaltung aufgeteilt; fortan gab es zwei Hauptstädte und zwei kaiserliche Kanzleien. Verfassungsmäßig blieb das Reich indes auch im 5. Jahrhundert wie im Jahrhundert vorher zugleich einheitlich und zweigeteilt. Zwei Kaiser waren längst nichts Neues mehr; daß es nur einen geben könne, war schon kaum vorstellbar geworden. Konstantinopel jedoch präsentierte sich, wer immer der Kaiser sein mochte, als Hauptstadt des Reiches; es war für den Osten seit 375 die kaiserliche Residenz mit ihren Ämtern und ihrem Palast geblieben und hatte sowohl im weltlichen als auch im religiösen Bereich eine eigene Verwaltungsorganisation entwickelt, während im Westen die Residenzen wechselten. Erst danach wurde auch im Westen einer einzigen Stadt eine mehr oder minder entsprechende Stellung zuteil: Trier trat endgültig hinter Mailand zurück. Bei alledem blieb Rom das mystische Zentrum der Reichseinheit, obschon sich Konstantinopel, seit einiger Zeit das »neue Rom«, bemühte, wenigstens im Osten dieselbe Stufe zu erklimmen. Immerhin sollte Konstantinopel nie mehr aufhören, Reichshauptstadt zu sein, wohingegen das Römische Reich im Westen im 5. Jahrhundert auseinandergebrochen ist. Eben darum ist 395 für viele Historiker der entscheidende Wendepunkt der Weltgeschichte.

Den Zeitgenossen von Arcadius und Honorius konnte sich das Bewußtsein der geschichtlichen Wende kaum aufdrängen. Die zentralen Institutionen der beiden Regierungen glichen einander wie ein Ei dem anderen; der Goldsolidus war überall eine starke und stabile Währung; im Westen wie im Osten war die Armee im gleichen Maße »barbarisiert«: unter den überwiegend germanischen Offizieren wurden auch ihre Kampfmethoden immer mehr germanisch. Wie das hellenische Gymnasium im Osten hatte die lange Blütezeit des Städtewesens im Westen wenigstens bei »Lateinern« den Sinn für die Gemeinsamkeit der Zivilisation hervorgebracht. Jetzt, unter dem Druck der autoritären Herrschaft der Kaiser, bescherte es allerdings den Provinzen mehr Leid als Freud. Die einheitliche Steuerverfassung zog auch überall analoge Veränderungen in Wirtschaft und Sozialstruktur nach sich; nur im Grad unterschied sich der ausgeübte Zwang. Der Zufall wollte es, daß beide Söhne des Theodosius Schwächlinge waren und sich am Gängelband führen ließen: Arcadius vom Prätorianerpräfekten des Ostens, Rufinus, und Honorius von Stilicho, dem Oberbefehlshaber der kaiserlichen Armeen des Westens.

Die wesentlichen Unterschiede zwischen den beiden »Reichsteilen« waren weniger in den Institutionen begründet als in der Kultur und in den Menschen. Der Osten war reicher und wurde von den Umständen mehr begünstigt als der Westen. Gut lebte es sich gewiß auch in Gallien, Spanien und Afrika, die schon seit langem erschlossen waren; aber diese Länder blieben abseits der großen Handelswege, die nicht mehr zum Mittelmeer, sondern zu den Britischen Inseln führten, zum Rheinland um Köln und Trier, nach Belgien um Tongern, Bavai und Reims, in Gegenden, die schon um die Mitte des 4. Jahrhunderts einen kräftigen Aufschwung erlebten. Die Städte des hellenistischen Ostens waren reich, weil ihre blühende Entwicklung allen Unbilden zu trotzen schien. Ihr industrielles Luxuswarenmonopol war unerschütterlich, und außerdem lagen sie am Rande einer sich gerade entfaltenden Welt, des Persiens der Sasaniden und Indiens. Karawanenstädte wie Gerasa an der Peripherie der Syrischen Wüste mochten zwar arm und mittellos anmuten, weil die Araber die Karawanenstraßen gefährdeten; aber Syrien und Asien prosperierten: Johannes Chrysostomos, Libanios und Basileios von Caesarea sagen es ausdrücklich oder deuten es an.

Das rege Leben dieser Städte zeigen am Beispiel Antiocheias die Reden Libanios' oder die bebilderte »Reiseroute« auf dem Mosaik von Yakto. Am Ausgang des 4. Jahrhunderts erfreuten sie sich eines größeren Wohlstands und einer besseren geistigen Verfassung als zur Zeit Konstantins. Nach dem alarmierenden Goteneinbruch von 379 rühmten die Inschriften den Widerstand, den manche Städte Griechenlands den Barbaren entgegengesetzt hatten. Im griechischen Afrika konnte es Bischof Synesios von Kyrene wagen, die einflußreiche Position des Goten Gainas am Hof von Konstantinopel öffentlich anzuprangern. »Die Barbaren«, sagte er, »bilden einen Fremdkörper; man muß sie von den Ländereien, auf denen man sie unvorsichtigerweise angesiedelt hat, aus dem Gemeinwesen, aus den Häusern der Reichen, aus der Armee, aus dem Senat vertreiben. Sobald sie die Kurie hinter sich gelassen haben, ziehen sie wieder ihre Pelze an und verspotten die Toga.« Das war die typische Reaktion eines Hellenen, der um seine Kultur, seine Lebensweise, seine Institutionen besorgt war; er wollte keinerlei Berührung mit Menschen, die nicht auch Hellenen waren. Das zwingende Gefühl, daß es über alle Interessen, Ambitionen und Wechselfälle der kaiserlichen Politik hinaus ein gemeinsames Erbe zu verteidigen gelte, machte die Stärke des Ostens aus, als er sich zu Beginn des 5. Jahrhunderts der Gefahr der großen Invasionen gegenüber sah; dagegen war der lateinische Westen, dem der Staat nur als verhaßtes Zwangssystem erschien, dem Ansturm der Barbaren schutzlos preisgegeben.

Am Anfang des 5. Jahrhunderts brach das Unheil über Westeuropa in Gestalt der Hunnen aus den Tiefen Asiens herein; in Asien haben, wie mit Recht gesagt worden ist, »große ethnische Umwälzungen immer zur Folge, daß die Stämme der Mongolei und Turkestans nach dem europäischen Osten zurückfluten müssen«. Gegen Ende des 3. Jahrhunderts hatten mongolische Nomaden, die die Chinesen Hsiung-nu nannten und die für uns die Hunnen sind, die Chinesische Mauer durchbrochen und das Himmlische Reich bis zum Gelben Fluß gebrandschatzt. Von anderen Mongolen und Tungusen verdrängt, mußten sie nach dem Westen zurückweichen, übers Altai-Gebirge, dann, von ihren Stammesverwandten verfolgt, über die Steppen bis zum Ural, schließlich in die große russische Ebene. Vielleicht lockten sie die reichen Städte der griechisch-skythischen Zivilisation an den Küsten des Schwarzen Meeres. Unterwegs zersprengten ihre Horden die Alanen, ein immer noch primitives Volk indoeuropäischer Herkunft, das zwischen dem Don und dem Kaspischen Meer ein Nomadendasein führte, dann die Ostgoten, die sie über den Dnjestr trieben und die ihrerseits die Westgoten weiter nach dem Westen hin drängten; aus den rumänischen Niederungen wurden die Westgoten bis an die römische Donaugrenze gestoßen. Für den Augenblick war das Reich dadurch gerettet worden, daß Theodosius den zersprengten und besiegten Westgoten Moesien überließ und ihnen, wie Ammianus erzählt, sogar Boote für die Donauüberfahrt zur Verfügung stellte. Dann aber wurde das Reich von seinen neuen Bundesgenossen verwüstet: nach dem Tod des Theodosius hatte ganz Illyrien bis zu den Karpaten ihre Raubzüge zu erdulden, und der westliche

Oberbefehlshaber Stilicho konnte ihnen 397 nur damit Einhalt gebieten, daß er ihnen neue Gebiete versprach, wo sie, wie er hoffte, endlich zur Ruhe kommen würden.

Heiden und Christen forschten nach den Ursachen dieser Katastrophen; die einen fanden sie darin, daß der Kult der Götter nach dem Tod Julians auf ruchlose Weise preisgegeben worden sei, die anderen sahen sie im Zorn des einen Gottes, den die Sünden der Römer heraufbeschworen hätten. Libanios sagte: »Man spreche mir nicht von unserer Feigheit, unserer Weichheit, unserer geringen Begeisterung, und man rede sich nicht ein, das sei die Ursache der Überlegenheit der Barbaren gewesen.« Es gab andere, sehr menschliche Gründe für die Erfolge der Goten, in erster Linie den Streit zwischen den wirklichen Herren des Reiches, Flavius Stilicho, dem Regenten des Westens, und erst Rufinus, dann Eutropius, den Ratgebern des östlichen Kaisers.

Stilicho, der Sohn eines Vandalenoffiziers, verdankte seinen erstaunlichen Aufstieg seinen soldatischen Qualitäten, seinem diplomatischen Talent und seiner absoluten Treue zur herrschenden Dynastie; diese Treue wurde damit belohnt, daß er die fanatische Römerin Serena, eine Nichte des Kaisers Theodosius, heiraten durfte. Der alternde Kaiser wußte offenbar, daß er eine Usurpation Stilichos nicht zu befürchten brauchte: er machte ihn zum Vormund seines Sohnes Honorius und übertrug ihm damit auch die Regierung des Reiches. Im Gegensatz zu Stilicho war Rufinus der typische korrupte Beamte, ehrgeizig und skrupellos. Die beiden Regenten haßten einander. Zum Streitapfel wurde das östliche Illyrien, das Gratian ursprünglich Theodosius anvertraut hatte und das bald mit der großen Präfektur Italien-Africa-Illyrien vereinigt, das heißt der westlichen Domäne des Honorius zugeschlagen worden war. Stilicho wollte sich dorthin begeben, um die Goten zu bekämpfen, sicherlich mit der Absicht, sich auch in Konstantinopel als Herrscher zu etablieren. Rufinus durchschaute den Plan, brachte es zuwege, ihn im Namen des Honorius zu veranlassen, seinen Feldzug in Thessalien abzubrechen, und setzte durch, daß Theodosius' Armee nach dem Osten zurückkehrte. Aber er ging in eine offenbar von Stilicho gestellte Falle und wurde im November 395 ermordet.

Von diesem Augenblick an war das Reich der Spielball der ehrgeizigen Herrschaftspläne, denen sich die jeweils Mächtigen ungeachtet der drohenden Nähe der Barbaren verschrieben. Stilicho war gerade an den Rhein und an die Donau gezogen: im Rheinland mußte die von den Germanen gestörte Ordnung wiederhergestellt werden, und an der Donau hielt er es für vordringlich, nach den Geboten der theodosianischen Strategie die Markomannen in Pannonien anzusiedeln. Diese Gelegenheit benutzte Eutropius, ein Eunuch, dem sein Großkämmereramt in Konstantinopel großen Einfluß verschaffte, dazu, den Regenten des Westens zum Staatsfeind zu erklären und die Güter, die Stilicho wie viele andere hohe Persönlichkeiten im östlichen Teil des Reiches besaß, zu beschlagnahmen. Gleichzeitig unterstützte er ganz offiziell den Aufstand des maurischen Fürsten Gildon, des Comes Africas und eines früheren Freundes des Usurpators Maximus, gegen die Regierung des Westens. Stilicho mußte seine Truppen vom Balkan abziehen, für die Bevölkerung Roms Getreide aus Gallien und Spanien besorgen, weil Gildon die afrikanischen Getreidetransporte aus Karthago nicht herausließ, und schließlich Truppen nach Afrika schicken. Gildon, dem die Soldaten davongelaufen waren, wurde bald festgenommen und hingerichtet.

Nun konnte Stilicho das Werk Valentinians I. an den Grenzen fortsetzen. Er stellte die Forts am Hadrianswall wieder her und errichtete neue Befestigungen an der Küste, um den Sachsen bei ihren Einfällen in Britannien den Weg zu versperren; das gleiche geschah auch am Rhein, wo außerdem neue germanische Kolonen angesiedelt wurden. Da Trier zu exponiert lag, wurden die Ämter der Präfektur Gallien nach Arles verlegt. In Mailand war Stilicho der allmächtige Regent; er hatte seine Tochter Maria mit dem jugendlichen Kaiser Honorius verheiratet und schien den Jüngling ganz zu beherrschen. Er umgab sich mit Heiden und ließ sich von ihnen sagen, daß das Machtgleichgewicht zwischen Herrschern und Senat, der Wohlstand der freien Städte mit ihrer Selbstverwaltung und der Grundsatz der Toleranz gegenüber allen Religionen die Tragpfeiler der historischen Größe Roms gewesen seien. Von dieser Warte aus prangerte er die Tyrannei des Eutropius, seine Intransigenz in religiösen Dingen und die Unterdrückung der Bürger durch die Bürokratie von Konstantinopel an. Zwischendurch wurde für wirksame Propaganda gesorgt. Claudius Claudianus, ein Grieche aus dem Osten und der letzte große lateinische Poet, besang Stilichos Ruhm und verfolgte die Feinde des Regenten mit bösen Invektiven. An historische Themen anknüpfend und von der Berechtigung seines Hasses gegen Eutropius und den Hof von Konstantinopel überzeugt, träumte Stilicho von der Wiederherstellung einer echten Einheit des Reiches, die der Tradition eher entspräche als die von beiden Höfen wider besseres Wissen proklamierte »Einstimmigkeit«.

Aber in Konstantinopel war die Kaiserin Aelia Eudoxia den verhaßten Mentor Eutropius nicht losgeworden, um nun in Stilicho einen neuen Meister zu finden; erst recht galt das für die Palastbeamten. Ihre wütende Ablehnung galt Stilicho, dem »Barbaren«; die begeisterten Hellenen wurden nicht müde, das »Barbarentum« anzuschwärzen, das, wie sie meinten, Stilichos frisch erworbene römische Kultur mit ihrem Firnis nicht zu verhüllen vermochte. Um ihre Feindschaft tatkräftig zu bekunden, gingen sie daran, alle »Barbaren« aus der Armee und der Beamtenschaft hinauszudrängen. Der Konflikt spitzte sich zu, als der Gote Gainas, der eine in ihrer Mehrheit gotische kaiserliche Armee befehligte, Konstantinopel besetzte und einen barbarenfreundlichen Prätorianerpräfekten ernannte. Gegen ihn wurde die Bevölkerung aufgehetzt; er mußte die Stadt räumen, und bald gab es in der Armee und im Hofstaat des Ostens keinen Barbaren mehr. Die fanatische Barbarenfeindschaft lebte nur von Illusionen. Wie wollte man den Goten an der Donau und den Hunnen im Kaukasus widerstehen, wenn man ihnen keine wirksameren Waffen, als sie sie selbst hatten, entgegensetzen konnte, wenn sich die Hellenen dem Militärdienst entzogen oder dem Heer im Rahmen der *capitatio* nur die untauglichsten Kolonen als Rekruten zur Verfügung stellten, wenn gute Generale und tapfere Soldaten nur unter den Barbaren zu finden waren, die die Kaiser an den Grenzen angesiedelt hatten? Mit solchen Skrupeln gab sich Bischof Synesios von Kyrene nicht mehr ab, als plündernde Wüstennomaden einige Jahre später seine Kirchen zerstörten: er schrieb an die Behörden in Konstantinopel, man solle ihm bewaffnete Hunnen schicken, denn nur Hunnen hätten das Zeug, seine Provinz zu verteidigen.

Wie dem auch sei: die Germanenfeindlichkeit des Palastes von Konstantinopel brachte die beiden kaiserlichen Höfe in scharfen Gegensatz zueinander. Daraus hätte ein Krieg oder zum mindesten ein kräftiger Vorstoß Stilichos gegen den Osten hervorgehen können, wenn dem Westen nicht durch die plötzliche Offensive der von Alarich geführten Westgoten die Hände gebunden worden wären. Nachdem Alarich mit seinen Banden Thessalien und die Peloponnes ausgeraubt hatte, war ihm von Eutropius das östliche Illyrien als Domäne zugewiesen worden. Er sollte das Land vor Stilicho bewahren, und man darf annehmen, daß er im Einverständnis mit der Regierung des Ostens handelte, als er auf der Suche nach besserem Land nach dem Westen aufbrach.

Vielleicht war also die persönliche Fehde der Regenten der wahre Ursprung einer Völkerwanderung, die mit dem Fall Roms endete. Alarich durchquerte die Donauprovinzen, ohne auf Widerstand zu stoßen, denn Stilicho war in Raetien, um Vandalen und Alanen über den Rhein zurückzutreiben. Da es ihm an Truppen fehlte, plante er die Ansiedlung eines Teils der Vandalen und Alanen in Italien. Alarich kam ihm mit der Besetzung Aquileias zuvor. Nun war das Reich des Westens in zwei Teile zerschnitten. Bald standen die Westgoten vor Mailand, wo Honorius mit seinem Hof residierte. Doch gelang es Stilicho mit seinen vandalischen »Verbündeten«, den Kaiser zu befreien. Er überfiel die Westgoten auf den Straßen, die zum Mont Genèvre und zum Brenner führten, schlachtete nicht wenige ab und versperrte dem Rest den Rückzug über die Alpen. Alarich mußte verhandeln und sich damit abfinden, daß er außerhalb Italiens, an den Ufern der Save, als »Verbündeter« angesiedelt wurde.

Nachdem sich Mailand als gefährdeter Grenzposten erwiesen hatte, verlegte Honorius Hof und Residenz nach Ravenna, das leichter zu verteidigen und von wo aus das östliche Reich eher zu erreichen war; Stilicho träumte vielleicht noch davon, den Osten seiner Oberhoheit unterwerfen zu können. Italien, das große Ängste ausgestanden hatte, glaubte sich nun gerettet. Claudianus verabsäumte nicht, Stilicho als Bezwinger der Goten in Ruhmesgesängen mit Marius zu vergleichen, der Italien vor Cimbern und Teutonen bewahrt hatte; ja, er schwang sich sogar zu der dichterischen These auf, Stilicho habe die Westgoten selbst vom Joch Alarichs, ihres Tyrannen, befreit. Im Befreiungsrausch feierten Honorius und Stilicho in Rom im Herbst 403 ihren Triumph. Es sollte sich bald zeigen, wie kurzlebig er war.

Mittlerweile hatten sich, von den Hunnen vorwärts gedrängt, andere Völker in westlicher Richtung in Bewegung gesetzt. Ende 405 waren die »blendenden Goten«, die sich historisch als Ostgoten identifizieren lassen, unter der Führung Radegasts bis an den Brenner vorgedrungen; nach so vielen illyrischen Städten und Dörfern wollten sie nun auch Rom plündern. Sie verwüsteten Oberitalien und verbreiteten Schrecken, wo immer sie hinkamen. Schließlich aber hatte Stilicho in Fiesole bei Florenz genug Westgoten, Alanen und sogar Hunnen versammelt, um die Ostgoten einkreisen zu können; sie mußten sich ihm auf Gnade oder Ungnade ergeben. Wieder war er der große Befreier.

Und wieder glaubte er dem Hof von Konstantinopel gegenüber auftrumpfen zu können. Das kaiserliche Ehepaar lag im Streit mit dem Patriarchen Johannes Chrysostomos, den es wegen »starren Dogmatismus« in die Verbannung geschickt hatte, und Stilicho bewog Papst Innozenz I., sich in den Konflikt einzumischen und zu verlangen, daß der Patriarch aus dem Exil zurückgerufen werde. Außerdem bereitete Stilicho, nachdem er die Ostgoten-

Der Sarkophag des Flavius Stilicho
in S. Ambrogio in Mailand. Anfang 5. Jahrhundert

Christus im Garten Gethsemane
Relief auf der Holztür von S. Sabina in Rom, um 430

gefahr losgeworden war, eine militärische Aktion vor: er stellte insgeheim in Ravenna eine Flotte zusammen, und in Illyrien bewaffnete er vor aller Augen Alarich und seine Goten. Germanenfeindliche Heiden und Christen in seiner Umgebung befürchteten bereits einen für die Reichsidee verhängnisvollen Krieg zwischen den Kaisern, und Serena bemühte sich eifrig um eine Verständigung. Auf den geplanten Krieg mußte aber Stilicho aus einem anderen Grund verzichten: eine neue Gefahr zog herauf.

Von den Hunnen in Bewegung gebracht, rollte eine neue Barbarenlawine heran: Vandalen, Sarmaten, Alanen, Sueben, Alemannen, nach (vermutlich übertriebener) Schätzung der Zeitgenossen zusammen hunderttausend Mann. Am 31. Dezember 406 wurden die römischen Verteidigungsposten am Brückenkopf von Mainz überrannt; von dort verbreitete sich die Masse der Barbarenkrieger über ganz Gallien bis zu den Pyrenäen. Die entsetzten Gallier gaben sich sogleich — wie schon früher bei ähnlichen Gefahren im 3. Jahrhundert — einen neuen Kaiser, der Römer war. Diesen Flavius Claudius Constantinus hatte die Zivilbevölkerung Britanniens schon 406 im Kampf mit den Scoten und den sächsischen Seeräubern zu Konstantin III. gemacht, vielleicht wegen seines Namens, der Gutes zu verheißen schien. Von den Galliern gerufen, nahm der Usurpator seine besten Truppen mit. Fortan mußte Britannien für seine Verteidigung selbst sorgen; die Folge war, daß es bei allen Bekenntnissen zu Rom allmählich wieder ins Keltentum zurückglitt, und als die Inselbewohner angesichts der Nöte des 5. Jahrhunderts nach Armorica übersetzten, gaben sie der neuen Heimat neben ihrer alten Sprache auch ihren Namen: aus Armorica wurde die Bretagne.

In Gallien erfocht Konstantin III. einige Siege über die Barbaren, siedelte zahlreiche Banden in der Rechtstellung von »Verbündeten« an und machte, durch diese mäßigen Erfolge beschwingt, Arles zur Hauptstadt eines von Honorius unabhängigen Staates. Stilicho konnte ihn nicht vertreiben. Er mußte wieder Beziehungen zum Osten aufnehmen und alle Kriegsvorbereitungen aufgeben, zumal auch noch Alarich angesichts dieser offensichtlichen Schwierigkeiten übermütig wurde und für die Einhaltung seiner vertraglichen Verpflichtungen enorme Goldbeträge verlangte. Stilicho zahlte, ungeachtet der Entrüstung des Senats, weil er mit Hilfe Alarichs und seiner Barbaren den Römer Konstantin zu schlagen hoffte. In Rom wurde gegen eine Politik gemeutert, die zu Katastrophen, Demütigungen und unerträglichen Konflikten führte. Es fiel Claudianus nicht ganz leicht, diese Politik in seinen offiziellen Panegyriken gegen die heidnischen und christlichen Kritiker zu verteidigen.

Ein neues Ereignis veränderte die Situation: Arcadius starb 408 und hinterließ als Nachfolger seinen unmündigen Sohn, Theodosius II. Stilicho verlangte und erhielt von Honorius den ehrenvollen Auftrag, als Vormund des jungen Prinzen nach Konstantinopel zu gehen. Endlich konnte er, ohne sich schlagen zu müssen, dem Osten seine Macht aufzwingen. Aber er hatte beim Senatsadel und bei Hofe jegliches Prestige eingebüßt; der germanenfeindlichen Partei gelang es, dem leicht beeinflußbaren Honorius einzureden, daß sein Schwiegervater die Dynastie verrate. Die allenthalben verbreitete Flüsterpropaganda erfaßte auch die Truppen römischer Nationalität, die im Hinblick auf den Gallien-Feldzug in Pavia zusammengezogen worden waren. Während einer Parade wurden in Honorius'

Gegenwart die hohen Würdenträger – ob Barbaren, ob Römer – abgeschlachtet; von Panik ergriffen, setzte Honorius an die Stelle der Ermordeten Römer, die zur Anti-Stilicho-Partei gehörten. Stilicho aber widerstrebte es, mit seinen Barbarentruppen gegen die meuternden Römer von Pavia ins Feld zu ziehen. Das wurde ihm als Schwäche ausgelegt, und Honorius ließ sich dazu bewegen, seiner Festnahme zuzustimmen. Stilicho wollte immer noch nicht kämpfen; er zog es vor, in einer Kirche in Ravenna Zuflucht zu suchen, wurde aber mit einem Trick aus der Kirche herausgelockt. Wieder lehnte er es ab, von seinen Getreuen gerettet zu werden; am 22. August 408 wurde er enthauptet.

Dem Mord folgte eine blutige Säuberung der Armee und des Hofstaats. Dem toten Stilicho sagte die siegreiche germanenfeindliche Partei die ärgsten Verbrechen nach; das geringste war wohl noch, daß er den Barbaren den Weg nach Italien und Rom freigegeben habe, um sich mit ihrer Hilfe des Reiches zu bemächtigen. Die Ankläger erinnerten sich nicht mehr daran, daß Stilicho eben diesen Weg den Barbaren zweimal verlegt hatte. Ebenso absurd war nach dem, was die sehr römischen Kaiser Gratian und Theodosius in dieser Richtung getan hatten, die Beschuldigung, Stilicho habe die Barbaren beschäftigt und in den Dienst der Armee gestellt. In Wirklichkeit war Stilicho dem eigenen Ehrgeiz, der keine Grenze kannte, zum Opfer gefallen: er glaubte wirklich, daß die Vorsehung ihn ausersehen hatte, die Einheit des Reiches zu erneuern, ganz gleich, mit welchen Mitteln; deswegen konnte er auch dazu greifen, Alarich zu bestechen, damit er ihm helfe, den Osten unter seine Botmäßigkeit zu bringen. Seinen Mördern stellte er sich mit der Würde eines Cäsar am Schicksalstag der Iden des März.

Nachdem Stilicho tot und seine Anhänger auseinandergesprengt waren, konnte Alarich den Preis für den Abzug seiner Banden diktieren, und der neue Prätorianerpräfekt Iovius war verhandlungswillig. Die germanenfeindliche Partei war jedoch dagegen, obgleich sie Alarich nicht daran hindern konnte, auf direktem Wege nach Rom zu marschieren. Alarich gab sich gar nicht erst die Mühe, Honorius und seinen Hof in Ravenna zu belagern; er verzichtete auch auf die Belagerung Roms und griff dafür zur Blockade. Er hielt in Ostia alles Getreide aus Afrika an und besetzte die Ufer des Tiber ebenso wie alle Landstraßen, über die Fleisch und Gemüse nach Rom gebracht werden konnten. Die hungrigen Römer griffen zu Magie und Opfern, um den Zorn der Götter zu beschwichtigen; Papst Innozenz drückte die Augen zu. Erst als ihm eine Abordnung des Senats ein enormes Lösegeld zugestand, hob Alarich die Blockade auf. Er kassierte fünftausend Pfund Gold, dreißigtausend Pfund Silber, viertausend Seidentuniken, dreitausend purpurgefärbte Häute, dreitausend Pfund Gewürze. Alarich konnte seine Krieger nicht nur entlohnen, sondern auch wie Höflinge ausstaffieren. Die nötigen Beträge aufzubringen war nicht einfach: sogar die Christen weigerten sich, die Goldstatuen aus ihren Tempeln herzugeben, an denen sie hingen, weil es für sie ererbter Besitz war.

Mit seiner Beute zog sich Alarich nach Etrurien zurück, wo er auf den Rest des Lösegeldes wartete; ja, er forderte Zuschlagszahlungen: mehr Geld, Niederlassungsrechte in Venetien, Istrien, Noricum und Dalmatien und den Titel des »Herrn der zwei Waffen«. Damit hielte er die Gebirgspässe und Häfen Italiens in seiner Hand und wäre zugleich der legitime Befehlshaber der römischen Armeen. Wollte er ein zweiter Stilicho werden? Oder wollte er ein Barbarenhäuptling bleiben und von dem Einkommen leben, das ihm Italien als seine persönliche Domäne – wie einst Ägypten zur Blütezeit des Reiches – hätte liefern müssen?

Die Verhandlungen wurden abgebrochen, woraufhin Alarich Ende 409 Rom mit einer neuen Blockade von der Außenwelt abschnitt. Jetzt zwang er den Senat, Honorius die Kaiserwürde abzusprechen und als neuen Kaiser den Stadtpräfekten Attalus zu proklamieren, in dem er einen gefügigen, aber auch autoritativen Verhandlungspartner vermutete. Der Greis Attalus war zwar bereit, Alarich einen Wunsch zu erfüllen und ihn zum Oberbefehlshaber zu machen, aber er war keineswegs so charakterlos wie etwa Honorius im Fall Stilicho. Er hielt schöne Reden über die Größe Roms, suchte sich seine Beamten unter den fanatisch heidnischen römischen Aristokraten zusammen, verweigerte Alarich die Landung in Africa, die angeblich dem Zweck dienen sollte, die vom Comes Africas unterbrochene Versorgung Roms wiederherzustellen, und war so erfolgreich, daß er für Alarich untragbar wurde. Alarich zögerte nicht lange, ihn abzusetzen.

Unterdessen hatte Honorius, der in Ravenna blockiert war und keine Aussicht mehr hatte, Italien wiederzugewinnen, auch schon die Hoffnung auf die Hilfe des Usurpators Konstantin, dem er den Titel Augustus einzuräumen bereit war, und auf die erflehte Unterstützung des Hofes von Konstantinopel fast aufgegeben, als bei ihm eine von Anthemius, dem Regenten des Ostens, entsandte kleine Armee eintraf. Dadurch ermutigt, erklärte er sich bereit, mit Alarich zu verhandeln. Diese Verhandlungen scheiterten jedoch an einem blutigen Zwischenfall, und Alarich umzingelte nun Rom zum drittenmal, diesmal fest entschlossen, sich der Stadt zu bemächtigen. Die ausgehungerte Stadt ergab sich am 24. August 410; angeblich sollte Verrat mit im Spiel gewesen sein. Die Goten konnten nun drei Tage lang plündern, notzüchtigen, Häuser in Flammen aufgehen lassen. Die Spuren der Verwüstung, die bei manchen Ausgrabungen zum Vorschein gekommen sind, lassen vermuten, daß die Zeugnisse der Zeitgenossen nicht übertrieben haben.

Seit die Gallier im 4. Jahrhundert v. Chr. Rom eingenommen und geschändet hatten, war die Stadt unversehrt geblieben. Ihr Fall wirkte im ganzen Reich niederschmetternd. Erschütternde Zeilen, die der heilige Hieronymus hinterlassen hat, bezeugen, wie schmerzhaft das Erlebnis war. Schon lange hatten die Heiden die Unbilden der Zeit auf den Zorn der Götter zurückgeführt, den die Christen mit ihrer Gottlosigkeit hervorgerufen hätten. Nach der Brandschatzung Roms wog dieser Vorwurf beängstigend schwer, ja, er brachte den Glauben der Christen ins Wanken. Sogar Christen sagten, das Unheil habe »den Staat durch die Schuld der christlichen Kaiser getroffen, die die christliche Religion am besten befolgen«. Andere Christen fragten sich, warum die Heiligen, deren Reliquien in Rom so zahlreich seien, der Stadt die wilde Gewalt der Barbaren nicht hätten ersparen können: »Wozu sind die Gräber der Apostel gut? Was sagst du? Ich aber sage: Rom erleidet so viel Schlimmes. Wozu sind die Gräber der Apostel gut?«

Um die Heiden zu widerlegen und den Christen, die sich in dieser Entfesselung des Bösen vom Gott der Güte verlassen fühlten, Trost zu spenden, schrieb der heilige Augustinus die zweiundzwanzig Bücher seiner *de Civitate Dei*. Was untergegangen sei, sagte er sinngemäß, sei nicht viel: Gebäude aus Stein und Holz, sterbliche Menschen; nicht notwendigerweise sei das Römische Reich untergegangen, denn dem Sieg der Barbaren sei keine Zukunft beschieden. Dennoch glaubte Augustinus nicht mehr an die Ewigkeit des Reiches: »Vielleicht ist das nicht das Ende der Stadt; aber eines Tages wird die Stadt am Ende sein.« Das war die Bilanz des Jahres 410: Verwirrung und Verzweiflung bei den Heiden, für die sich im ewigen Rom das Dasein der Götter symbolisch kundtat; erschütterter Glaube bei den Christen, deren Gott das Kommen der Katastrophe geduldet hatte. Von dem schweren Schlag sollten sich die Heiden nicht mehr erholen: die Verwüstung Roms hatte ihnen den Vertrag, auf dem ihr Vertrauen zu den Göttern beruhte, als Illusion enthüllt. Den Christen blieb allerdings als immer dargebotene Zuflucht das Reich Gottes.

Vandalen und Westgoten im römischen Westen

Die Vandalen, die am letzten Tag des Jahres 406 den Rhein in der Gegend von Mainz in kompakten Massen überschritten hatten, waren aus der heutigen Slowakei gekommen. Einen Teil von ihnen nannte man Asdingen. Andere Vandalen, Silingen, saßen zu Anfang des 5. Jahrhunderts in Schlesien. Die beiden Teile dieses Volkes und die Alanen, die iranischer Herkunft waren, waren eine Zeitlang von den fränkischen »Verbündeten«, die Widerstand leisteten, aufgehalten worden. Aber die Eindringlinge waren zu zahlreich, und der im Dezember 406 vereiste Rhein bot ihnen zwischen Mainz und Worms einen bequemen Übergang. Sie ergossen sich über ganz Gallien. Am Plündern der Städte mehr interessiert als an anbaufähigem Land, folgten ihre zahlreichen Banden in getrennten Märschen den großen römischen Straßen. Das ist wohl der Grund, warum nur wenige Texte die Stätten ihrer Verwüstungen und Massaker aufzählen, und das auch nur zusammenhanglos.

Der Usurpator Konstantin III., den die angstbebende Bevölkerung nach Gallien geholt hatte, sperrte mit Hilfe der barbarischen »Verbündeten« so manchen Rheinübergang und vernichtete so manche Vandalenbande, aber er konnte die große Masse der Vandalen nicht daran hindern, sich auf der Suche nach Gebieten, wo sie die ersten Plünderer sein könnten, bis nach Spanien zu wälzen. Da Konstantin zu eifrig damit beschäftigt war, die noch zu Honorius haltenden römischen Truppen außer Gefecht zu setzen, konnte er die Verteidigung der Pyrenäenpässe nur desorganisieren. Nachdem die Vandalen die Reichtümer Galliens ausgeschöpft hatten, fielen sie im Herbst 409 – hauptsächlich über Roncesvalles – in Spanien ein. Während sich Asdingen und Sueben in Galicia und Asturien niederließen, brauchten die Silingen noch zwei Jahre, um bis an den Duro und den Tajo zu gelangen.

Hinter ihnen richteten sich die Westgoten im südlichen Gallien ein; damit war den Vandalen die Rückkehr in ergiebigere Gebiete, als es Spanien war, abgeschnitten. Die Westgoten waren aus Süditalien und Sizilien gekommen. Africas Comes Heraclianus hatte ihnen durch seine Verteidigungsvorbereitungen den Wunsch ausgetrieben, das Meer zu überqueren; außerdem hatten sie erleben müssen, wie ein Sturm den größten Teil ihrer Invasionsflotte zerstörte. Als Alarich 410 in Cosenza in Kalabrien starb, war er auf dem

Weg nach dem Norden. Der neue König Ataulf führte die Westgoten in die Po-Ebene zurück, ohne von den Römern daran gehindert zu werden: Stilicho war seit 408 tot, und Honorius hatte seine Kräfte im Kampf gegen die Usurpatoren, die sich einer nach dem andern erhoben, verbraucht. Die Westgoten überschritten die Alpen erst 412 am Mont Genèvre. Ataulf verkaufte ihre Dienste an Honorius und bemächtigte sich in Valence an der Rhône des Usurpators Iovinus, der den Purpur in Trier an sich gerissen hatte. Da aber Honorius das Getreide nicht liefern konnte, das die Westgoten brauchten, zogen sie nach Marseille, um es zu verlangen. Sie wurden zurückgeschlagen und wandten sich den römischen Städten längs der Via Domitiana zu: Nîmes, wo die Arena und die benachbarte Plotinus-Basilika in Brand gesteckt wurden, Béziers, Narbonne, Toulouse. Eine Zeitlang blieben sie in Bordeaux, plünderten die Weinkellereien und verbrannten die Gutshäuser der Gironde und des Médoc.

Die Westgoten hatten das narbonensische Gallien und Aquitanien bereits völlig ausgeraubt, als Honorius' neuer Befehlshaber Flavius Constantius mit seinen Truppen in Gallien einzog. Der neue General war Römer, Anhänger der barbarenfeindlichen Partei, schon unter Theodosius ein bewährter Offizier. Er war mit den Usurpatoren fertig geworden: Konstantin III. hatte sich 411 in Arles ergeben und war enthauptet worden. Constantius hatte Ataulf und seine Westgoten 412 gegen Iovinus losgelassen und ihn völlig ausschalten können. Nun war Heraclianus, der frühere Comes Africas, an der Reihe, der unvorsichtigerweise in Italien gelandet war.

Von einer völligen Wiedereroberung des Westens war keine Rede, denn man konnte sich weder auf das Menschenreservoir des zum Teil von Hunnen besetzten Illyriens noch auf die fränkischen, burgundischen und alemannischen »Verbündeten« verlassen, die von der Barbarenflut von 407 in alle Winde verweht worden waren. Italien erholte sich mühselig von den Verlusten, die es während des Einfalls Alarichs erlitten hatte. Africa war zerrissen: einmal waren auf Heraclianus' Revolte grausame Repressalien gefolgt, dann wurden auf Grund der Beschlüsse der Konferenz von Karthago von 411 die Donatisten verfolgt, die in der früheren Prokonsularprovinz und in Numidien überaus zahlreich waren. Zum mindesten mußten das südliche Gallien und die Mittelmeerregion Spaniens gehalten werden. Auch diese Aufgabe fiel dem tapferen und loyalen Constantius zu.

Er blockierte die Küsten der Gallia Narbonensis und fing die überseeischen Getreidelieferungen ab, so daß Ataulf mit seinen ausgehungerten Westgoten über die Pyrenäen ins Gebiet von Tarraco (Katalonien) auswandern mußte; er führte seine römische Gefangene Galla Placidia, die Tochter Theodosius', mit sich, die er in Narbonne mit großem Pomp in römischen Festgewändern am 1. Januar 414 geheiratet hatte. Ein Sohn kam 415 in Barcelona zur Welt, blieb aber nicht am Leben. Ataulf selbst wurde im August 415 ermordet. Constantius sperrte die Pyrenäenpässe und blockierte die Küsten Spaniens. Den Westgoten blieb nichts anderes übrig, als zu »Verbündeten« Roms zu werden: sie mußten sich vertraglich verpflichten, das von den Sueben besetzte Spanien für den Kaiser zurückzuerobern. Ihr neuer König Wallia lieferte Galla Placidia ihrem Halbbruder Honorius aus, der sie zur Belohnung für Rettung und Schutz dem Oberbefehlshaber Constantius vermählte; die Quellen behaupten, daß sie den neuen Gemahl nicht liebte.

Allmählich trug Constantius' große Begabung zur Wiederherstellung der römischen Ordnung in Gallien bei. Wallia, der sich zu begierig gezeigt hatte, in Narbonne das Werk Ataulfs fortzusetzen, wurde mit seinen Goten nach Aquitanien verlegt, wo er die Küsten gegen die sächsischen Seeräuber zu verteidigen hatte. Die Wacht am Rhein hatte Constantius auf seine fränkischen und römischen Generale verteilt und den Schutz der Alpenpässe einem Comes aus Italien und einem Comes aus Illyrien übertragen, um keinen von beiden zu groß werden zu lassen. Er organisierte die Verteidigung des Reiches an allen Grenzen und mochte so als ein neuer Valentinian erscheinen. Als er den Gepflogenheiten entsprechend zum Konsul für 417 ernannt wurde, beschenkte er seine Freunde mit Elfenbeinplaketten, auf denen er als Sieger, gefangene Vandalen und Alanen zu seinen Füßen, dargestellt war. Am 8. Februar 421 erhob ihn Honorius zum Augustus; seine Position unterschied sich wesentlich von der Stilichos.

Fast sah es so aus, als sei wieder der Frieden für immer eingekehrt. Von neuem vertrauten die Heiden auf die Götter, die die ewige Größe Roms verbürgten. Auch für die Christen gab es eine trostreiche Erklärung der verhängnisvollen Ereignisse der jüngsten Vergangenheit: die Römer waren ihrer Sünden wegen gezüchtigt worden und konnten sich von neuem unter göttlichen Schutz stellen; man konnte ein altes eusebianisches Thema aufgreifen und durfte sich darauf verlassen, daß es im Rahmen der wie durch ein Wunder neugeschaffenen Einheit des Reiches eines Tages nur noch Christen katholischen Bekenntnisses geben werde. Die Christianisierung der Barbaren schien Fortschritte zu machen: schon hatten sich die Burgunder des Königreichs von Worms taufen lassen.

Selten hing die Geschichte so sehr von den Taten und Schicksalen Einzelner ab. Der Frieden war so wenig gesichert, daß schon der Tod des Constantius — er war am 2. September 421 gestorben — alles wieder auf den Kopf stellte. Die germanenfeindliche Partei, die wieder den schwachen Honorius beherrschte, vertrieb Galla Placidia, weil sie verdächtigt wurde, mit den Goten zu sympathisieren. Durch den Ausfall des energischen Constantius ermutigt, stießen die Hunnen an den Grenzen vor: sie besetzten beide Teile Pannoniens. In Spanien richteten sich die Vandalen in Cartagena ein: sie machten daraus einen Flottenstützpunkt, dessen Zufahrtswege sie mit der Besetzung der Balearen schützten. Nachdem Honorius 423 gestorben war, behauptete die Regierung des Ostens, nicht der vierjährige Sohn der Galla Placidia, sondern Theodosius II., der Sohn des Arcadius und älteste Enkel Theodosius' I., sei der einzige legitime Herrscher des Reiches. Wieder wurde das Reich zur Beute kurzlebiger Usurpatoren, während der Westgotenkönig Theoderich mit eleganter Geste für Galla Placidias Sohn Valentinian III., den anderen Enkel des großen Theodosius, Partei ergriff. Schließlich bequemte sich die Regierung des Ostens 424 dazu, Valentinian III. zum Cäsar zu machen, und brachte Galla Placidia nach Ravenna zurück: man baute auf den Dank und die Gefügigkeit der Regentin. War sie nicht in Ravenna in einem unzugänglichen Sumpfgelände isoliert und überdies gar nicht in der Lage, große Pläne zu schmieden, die nur dann Erfolg versprechen, wenn man über starke und von bedingungslos loyalen Generalen befehligte Armeen verfügt?

Da der Regierung des Westens alle anderen Provinzen verlorengegangen waren, hing sie faktisch von einer einzigen Provinz ab, Africa, und damit von einem einzigen Befehlshaber: Bonifacius, dem Comes Africas, der ein guter General, aber nicht leicht zu manipulieren war, zumal er über eine eigene Armee verfügte. Bis dahin hatte es sich als möglich erwiesen, Rom und Italien die Kontrolle über die wichtigste und unentbehrliche Quelle der Getreideversorgung zu sichern. Da die Goten und Vandalen keine seefahrenden Völker waren, konnte man sich in dem Glauben wiegen, daß die römische Flotte die Seeherrschaft überhaupt nicht einbüßen könne. So hatte Alarich nach der Einnahme Roms auf Karthago verzichten müssen, weil die Römer ihm die Schiffe nicht gaben, die er brauchte.

Gerade darauf richtete sich der Plan, den der neue Vandalenkönig Geiserich, ein hinkendes, jähzorniges und gewalttätiges kleines Männchen, insgeheim gefaßt hatte. Wie Alarich zog ihn Africa an, das Land mit dem sich ständig erneuernden Reichtum der großen Getreideflächen, mit den riesigen Schätzen der unzähligen Kirchen und Klöster, mit den goldgefüllten Tresoren der großen Domänenbesitzer. War es den Vandalen möglich, diese Schatzkammer an sich zu bringen, so mußte sie das Meer vor der Begehrlichkeit anderer Barbaren schützen. Geiserich versammelte seine Mannen, etwa zehn- oder fünfzehntausend an Zahl, mitsamt ihren Familien in Tarifa an der äußersten Spitze Spaniens und brachte sie in vielen Schiffsreisen nach Africa. Sie durchquerten Marokko und Algerien. Ihre Marschroute kennen wir nicht, aber sie müssen über Tenes an der Küste gezogen sein, wo eine bewundernswerte Goldschmucksammlung ihrem Raubzug entgangen war und sich bis in die Neuzeit erhalten hat.

Im Frühjahr 430 standen sie vor Hippo Regius, dem Bischofssitz des heiligen Augustinus, wohin der Comes Bonifacius nach einer schweren Niederlage geflohen war. Im vierten Monat der Belagerung, die insgesamt elf Monate dauerte, starb Augustinus. Er hatte nicht aufgehört, die Berechtigung des bewaffneten Widerstandes zu proklamieren. Bonifacius gelang es, mit den Einwohnern der Stadt zu entkommen. Mit mageren Verstärkungen, die ihm Konstantinopel gesandt hatte, nahm er den Kampf von neuem auf. Er wurde geschlagen, und den Vandalen bot sich das ganze römische Africa dar. In der Hoffnung, Karthago und die Provinz Africa halten zu können, schloß Valentinian III. mit ihnen 435 einen Vertrag, der ihnen Numidien überließ.

Vier Jahre später besetzte Geiserich Karthago fast ohne einen Schwertstreich. Gegen das vage Versprechen eines jährlichen Tributs, der die römische Souveränität symbolisieren sollte, trat ihm der römische Kaiser das Besitzrecht an den Getreideflächen und Olivenplantagen der Provinz Africa und der Leptis Magna ab. Geiserich erhielt die Getreidekammer Roms und mit ihr ein ganzes Volk, das durch das römische Recht geprägt worden war und die Sprache Roms sprach. Ihm war das einzige Land des römischen Westens zugefallen, in dem das Christentum schon damals in die Tiefen des flachen Landes eingedrungen war.

Mit diesem Erbe belohnte Geiserich die Mühen seiner Krieger. Raub, Plünderung, Massaker folgten einander in den Städten und Dörfern. In dem Land, das die Leiden der Donatistenverfolgung durchgemacht hatte, wurde der Vandalenkönig, der wie sein Volk Arianer war, zum Verfolger der Katholiken: er beschlagnahmte ihre Kirchen, sofern er sie nicht systematisch ausplünderte, er belegte die Geistlichkeit mit schwerem Tribut, er terrorisierte die Gläubigen oder bestach sie, um sie zum Anschluß an die arianische Kirche zu zwingen. Die schwersten Schläge mußte der römische Adel hinnehmen. Geiserich enteignete die Adelsgüter und vertrieb die Grundbesitzer; sie entkamen als Flüchtlinge nach Italien, sogar nach Syrien.

Wahrscheinlich waren die Verwüstungen der Vandalen nicht schlimmer als die der Alanen, der Goten oder der Hunnen. Aber kein anderes Barbarenvolk hat in seine wilde Grausamkeit so viel systematische Wut und Raubgier hineingelegt; zwischen dem Meer und der Wüste wie in einem Jagdgehege gefangen, war die römische Bevölkerung Africas der ganzen Wucht der Vandalenschläge ausgesetzt. Nur in einem waren die Vandalen unbedacht: die Bischöfe und Senatoren, die sie verjagten, hatten das Talent, über das, was geschehen war, zu berichten, und ihre Berichte haben die Nachwelt erreicht. Für immer heftet sich der Name der Vandalen an die Wut und den Fanatismus der Zerstörung; das ist die Rache für das vergossene Blut und die aufgehäuften Trümmer.

Reich und Ravenna

Honorius, der Kaiser des Westens, war im Dezember 402 von Alarich und seinen Goten in Mailand eingeschlossen worden. Sobald die Belagerung vorbei war, flüchtete er mit seiner Familie und seinem Hof nach Ravenna. Die Stadt war durch die Mündungsarme des Po-Deltas und kaum passierbare Sümpfe geschützt; sie lag dicht bei Classis, das einer der beiden Kriegsflotten des Reiches jahrhundertelang als Stützpunkt gedient und zugleich eine wichtige Rolle als Handelshafen gespielt hatte. Der Kaiser glaubte, hier vor Überraschungen sicher zu sein; im Notfall konnte von hier aus die Hilfe Konstantinopels angerufen oder der Rückzug nach dem Osten angetreten werden.

Zu Beginn des 5. Jahrhunderts war Ravenna nur noch eine Kleinstadt, ohne Industrie und fast ohne Handel, denn der Hafen von Classis, da es keine Kriegsflotte mehr gab, war verschlammt. Die Mischbevölkerung der Stadt bildeten hauptsächlich Römer aus Norditalien, die sich hier sicherer fühlten, und Levantiner der verschiedensten heidnischen und christlichen Glaubensbekenntnisse des Ostens. Aus einer Garnisonstadt ohne Truppen und einem Hafen ohne Schiffe hatte die Barbarengefahr ein Asyl, eine Zufluchtsstätte gemacht. Der Hof hatte hier nichts zu tun, als sich seinen anmaßenden Ansprüchen, seinen Intrigen und seiner Frömmelei hinzugeben; es war ein schon byzantinisches Dasein.

Keine Riten des antiken Protokolls wurden vernachlässigt: im Zeremoniell sahen die Nachkommen Theodosius' des Großen das Wahrzeichen und die Bestätigung ihrer Legitimität. Besonders aktiv war in der Regierungszeit Valentinians III. die Bürokratie, die allerdings gelegentlich auch ausgezeichnete Reglements auf dem Gebiet des Zivil- und Verwaltungsrechts abzufassen wußte. Die Ereignisse zu meistern war indes den Kaisern von Ravenna nicht beschieden. Als Alarich 410 gen Rom marschierte, ließ er Ravenna links liegen; es hatte für ihn keinen Sinn, seine Goten in die abseitige Residenzstadt zu bringen.

Wer Geschichte machte, waren nicht die Kaiser, sondern die Heerführer, zunächst, als Honorius regierte, Stilicho und nach ihm Constantius, dann, nachdem Honorius 423 gestorben war, Bonifacius, der Comes Africas, und später Aëtius. Das Leben des Hofes war von den Konflikten beherrscht, die von Parteigängern der Generale barbarischer Abkunft mit ihren, den römischen Traditionen blind ergebenen Gegnern ausgefochten wurden. Zu allem Überfluß fachte der religiöse Fanatismus die Gegensätze an: die meisten Freunde der germanischen Armeechefs waren Arianer, dagegen die theodosianische Dynastie und ihre Getreuen glühende Katholiken.

Honorius hatte sich schwächlich und feig, kleinmütig und eifersüchtig, wetterwendisch und doch manchmal starrköpfig gezeigt. Sein Neffe Valentinian III., Sohn der Galla Placidia und Constantius' III., war grausam und brutal, aber stets unter der Fuchtel der Mutter, deren Glauben, Vorurteile und Frömmigkeit er teilte. Man sah ihn oft in Rom, in der Nähe der Päpste, nie bei den Armeen. Bis zu ihrem Tod (450) beherrschte die starke Persönlichkeit Galla Placidias die Regierung des Westens. Immer war sich diese Tochter Theodosius' der Sendung bewußt, die nach ihrer Meinung die theodosianische Dynastie zu erfüllen hatte und die für sie mit der Größe Roms unzertrennlich verbunden war. Als sie 388 in Mailand zur Welt gekommen war, tat Theodosius reumütig Buße als von Ambrosius überführter Sünder. Ihre Kindheit stand im Schatten der Basiliken, von deren imposanten Zeremonien sie immer angezogen wurde. Ihre Orthodoxie war ohne Fehl. Sie führte in Ravenna den Kult der Heiligen Gervasius und Protasius ein, die typisch für den römischen Katholizismus waren. Papst Leo kannte keine treuere, keine freigebigere Büßerin; auf dem Triumphbogen der Basilika San Paolo fuori le Mura, die sie auf eigene Kosten hatte vergrößern und mit Goldmosaiken verschönern lassen, steht ihr Name neben dem des großen Papstes. Ihr Glaube ließ sich nicht von theologischen Sorgen anfechten; jeder Ketzer, den ihr die römischen Bischöfe meldeten, war für sie ein Rebell, und sie hielt es für ihre Pflicht, ihn zu vernichten oder mindestens aus öffentlichen Ämtern zu entfernen. Ihr eigenes Seelenheil stand auf dem Spiel.

Sie lebte in einer Zeit, in der sich Katastrophen häuften und in der viele glaubten, das Ende der Welt sei gekommen. Die Bischöfe, von denen sie umgeben war, sagten unaufhörlich, die Katholiken mit ihrer Lauheit und Lasterhaftigkeit seien daran schuld, daß heidnische oder arianische Barbaren die kaiserlichen Armeen so oft besiegten und die römische Bevölkerung abschlachteten. Immer wieder sprachen die Prediger vom Jüngsten Gericht, das in diesen frühen Jahren des 5. Jahrhunderts ins römische Glaubensbekenntnis einging. In Ravenna ließ die Kaiserin ihr Mausoleum errichten, dem sie als Grundriß das Kreuz gab, wie sie es in Mailand in der Kirche der Heiligen Apostel gesehen hatte; gegenüber dem guten Hirten ließ sie dort das Mosaikbildnis einer glühend reinen, von der Gloriole umstrahlten Gestalt eines Kreuzträgers anbringen, der zum Scheiterhaufen hinabsteigt, und manch einer meinte, der Kreuzträger sei nicht der heilige Laurentius, sondern der auferstandene Christus, der am Ende der Zeiten Gericht hält über die Lebenden und die Toten.

Klug, geschickt und listenreich, wußte Galla Placidia ihren Neffen Theodosius II., der sie 421 in Konstantinopel aufgenommen hatte, drei Jahre später dazu zu überreden, ihr eine Armee zu geben, die sie nach Ravenna zurückbringen und den Machtanwärter Johannes, einen Bürokraten, den die Armee des Aëtius zum Augustus gemacht hatte, vertreiben sollte. Mehr noch: sie brachte den Kaiser des Ostens dazu, seine eigene Tochter Licinia Eudoxia ihrem Sohn Valentinian III. mitsamt der Kaiserinvestitur anzugeloben. Mit einigem Recht nannte sie Petrus Chrysologus, Bischof von Ravenna, die »Mutter des christlichen Reiches«. Mit dem bloßen Titel, der ihr in der Rangtafel der Dynastie gewiß einen Ehrenplatz sicherte, aber doch keine wirkliche Macht gab, konnte sich Galla Placidia nicht begnügen. Ravenna hing 424 von der Gnade Konstantinopels ab. Mit dieser Situation fand sich die Kaiserin nur ab, solange ihr noch eine gute Armee unter dem Befehl eines tüchtigen, loyalen und gut katholischen Befehlshabers fehlte.

Tüchtig und loyal waren beide Heerführer, zwischen denen sie wählen konnte: Bonifacius und Aëtius. Das Katholische gab den Ausschlag, und sie wählte Aëtius, obgleich er den Usurpator Johannes unterstützt hatte; Bonifacius kam nicht mehr in Frage, seit er sich in Afrika zum Arianismus hatte bekehren lassen. Darüber aber, wem die Verfügungsgewalt über die kaiserlichen Armeen wirklich zufallen sollte, entschied ein Bürgerkrieg. Nach dem Fall von Hippo Regius nach Ravenna zurückbeordert, hatte Bonifacius den von Galla Placidia zunächst ernannten Oberbefehlshaber Felix besiegt; dann schlug er auch Aëtius, der eben erst Unruhen in Gallien unterdrückt hatte. Als er kurz darauf starb, sah Galla Placidia darin ein Gottesurteil: sie ließ sich dazu bewegen, Aëtius zum Oberbefehlshaber zu ernennen, verlieh ihm später den seit Konstantin als hohe Auszeichnung geltenden Titel eines Patrizius und machte ihn zum Vormund Valentinians III. Drei Jahrzehnte lang, von 424 bis 454, war Aëtius der wahre Herrscher des Westens. Als Römer (Sohn des Prätorianerpräfekten Iovius) geboren, war er nach der Verwüstung Roms von Alarich als Geisel mitgenommen worden und hatte am Hof des Hunnenkönigs Ruas gelebt. Es hieß, er habe dort zahlreiche Freunde hinterlassen. Jedenfalls war er frei von Vorurteilen gegen Barbaren und führte geradlinig die Verständigungspolitik von Theodosius und Stilicho fort, über die zu deren Zeit hätte gestritten werden können, die aber 435 für den Kaiser von Ravenna der einzige Ausweg war. Obgleich die Mittel, deren er sich bediente, unzureichend und seine Entschlüsse oft kurzsichtig waren, war Aëtius, wie wiederholt gesagt wurde, der letzte Strohhalm des weströmischen Reiches.

Africa war für die Römer verloren, woraus Honorius mit dem vertraglichen Verzicht auf die afrikanischen Provinzen und ihre Einwohner die Konsequenz gezogen hatte. Bis auf den Nordosten, einen Teil der Hispania Tarraconensis, beherrschten die Sueben ganz Spanien. Britannien, das die Römer seit 407 aufgegeben hatten, ging allmählich in die Hände der Sachsen über. Nördlich der Alpen ließen sich im teilweise von Hunnen besetzten Westillyrien die Juthungen nieder. Sogar Gallien wurde von der steigenden Germanenflut bedroht. Schon hatten sich die Goten in Aquitania Secunda rings um Bordeaux als »Verbündete« angesiedelt, und am Rhein faßten Franken, Burgunder und Alanen in den beiden alten Germania-Provinzen Fuß.

Auch mit der Hunnentruppe, die er bis 450 stets bei sich hatte, reichten Aëtius' römische und Barbarenformationen nicht zum Widerstand an allen Fronten aus. In Spanien griff Aëtius nicht ein; er tat auch nichts dagegen, daß die Sueben aus dem gebirgigen Galicia, in das sie die Vandalen hineingedrängt hatten, ins reiche Baetica hinabstiegen. Das von den Vandalen zeitweilig besetzte (und daher später Andalusien genannte) Lusitania, das künftige

Kastilien und die Region von Cartagena erlebten von neuem Massenplünderungen, und auf die Verwüstung folgte die Hungersnot. Das Elend wurde so groß, daß die Sueben selbst der Räuberei ein Ende bereiteten und einen Modus vivendi mit der römischen Bevölkerung fanden. Aëtius mußte zusehen, wie ein mächtiger suebischer Staat entstand, gegen den er nicht mehr ankämpfen konnte.

In Britannien wie auch übrigens in Nordspanien wurde die Sicherheit einzelner Bezirke von lokalen Milizen verteidigt. Längere Zeit gelang es ihnen, die Invasion zurückzudrängen; zum Teil kämpften sie unter dem Kommando ihrer Bischöfe, so in Verulanium (Saint Albans) unter dem heiligen Germanus von Auxerre, der zweimal die Abwehraktionen leitete. Von Aëtius erhielten sie keine Truppenhilfe. Er tat auch nichts dazu, Sachsen oder Pikten als »Verbündete« zu gewinnen, das heißt als waffentragende Kolonen anzusiedeln und vertraglich zu verpflichten, auf Anforderung der römischen Behörden jederzeit als Krieger verfügbar zu sein. So wurde Britannien im 5. Jahrhundert seine römische Bevölkerung los, und dann fand der Kampf sein Ende, weil es keine Kämpfer mehr gab.

Auch den Donau-Ländern kam Aëtius nicht zur Hilfe. Die Hunnen hatten sich seit 409 als »Verbündete« in einem Teil der alten Provinz Pannonien niedergelassen. Viele Provinzen nördlich der Alpen waren nach dem Durchzug so vieler Barbaren ruiniert. Noch 448 sollte ein Herzog von Noricum die Zugänge zum Brenner bewachen, über den sehr viele Kolonnen der Eindringlinge ihren Weg nahmen; daß er bei dieser Gelegenheit mit den Hunnen Fühlung nahm, zeigt, wie ängstlich die Verteidiger Italiens dem Hunneneinbruch auswichen.

Neben Italien war dem Kaiser in Ravenna nur noch Gallien übriggeblieben. Zur Zeit der *Pax Romana* die dichtestbevölkerte und bestbewirtschaftete Region des Reiches, hatte Gallien als einziges Land des Westens die Erzeugnisse seiner Gewerbe — Töpferware, Fertigkleidung — und seiner Landwirtschaft — Burgunder- und Bordeauxweine, Lothringer und Morvan-Schinken — in ferne Lande exportiert. Diese einst reichen Provinzen, die von unzähligen germanischen und gotischen Banden ausgeraubt worden waren, lebten jetzt in solchem Elend, daß, wie Bischof Apollinaris Sidonius von Clermont (Auvergne) sagte, zum Wiederaufbau der zerstörten Kirchen die Arme fehlten und in ihrem Mauerwerk Gras wuchs. Wie nach den Verwüstungen des ausgehenden 3. Jahrhunderts tauchten im Niemandsland zwischen den einzelnen Bezirken, die den barbarischen »Verbündeten« zugewiesen worden waren, wieder Bagaudenhaufen auf. Was sich hier zusammenfand, waren nach Salvianus' Beschreibung von ihren Höfen vertriebene Bauern, Deserteure der römischen Armeen, Kolonen, die sich ihren Dienstverpflichtungen entzogen, flüchtige Sklaven und schließlich echte Räuber und Banditen; unter denen, die mitzogen, war auch ein Arzt, der die Hoffnung auf ein normales Leben aufgegeben hatte; hier nannte er sich »Eudoxius«, »Mann von gutem Ruf«, und hatte Einfluß. Ihre Raubzüge suchten Armorica und die Pyrenäen-Grenzbezirke heim. Für die in Gallien regierenden westgotischen und alanischen Könige waren sie Aufständische, die niedergeworfen werden mußten; empfindlicher reagierten Aëtius und die Römer: sie sahen in den Entwurzelten Vogelfreie, Sklaven, die es zu züchtigen galt.

König Goar und seine Alanen zogen gegen sie 448 im Loire-Tal los; im Jahre darauf säuberten die Sueben, von Aëtius gerufen, das ganze Gebiet zwischen den Pyrenäen und dem Ebro von den Bagaudenhaufen. Dem Land und seinen Bewohnern brachten aber die Strafexpeditionen vielerorts nur zusätzliches Leid und Elend. An den Seeküsten griff Chaos um sich: in Boulogne und auf der Cotentin-Halbinsel landeten sächsische Seeräuber; sie trieben die von ihren Stammesgenossen aus Britannien verjagten Kelten dazu, fern von ihrem Zugriff, in Armorica, Zuflucht zu suchen. Die Wanderung der britannischen Kelten nach Armorica nahm ein ganzes Jahrhundert in Anspruch und verwischte alle Spuren der römischen Zivilisation und vor allem der lateinischen Sprache.

Andere Probleme warf der mehr oder minder genehmigte Zustrom der Barbaren in Gallien auf. In Wirklichkeit war das viel weniger eine Domäne des Kaisers von Ravenna als Besitztum der Barbaren, die seit Theodosius und Gratian als »Verbündete« angesiedelt worden waren. In dem Maße, wie das von den römischen Herzogen und Grafen tatsächlich beherrschte und regierte Gebiet immer kleiner und die kaiserliche Gewalt immer dünner wurde, spielten sich die Häuptlinge der kaum seßhaft gemachten Wanderhorden als unabhängige Könige auf. Aëtius war geschickt genug, sie aufeinanderzuhetzen und ihre Gegensätze auszunutzen. Aber er konnte sie auf die Dauer nicht in Schach halten.

Die ripuarischen Franken nahmen Köln und — zum viertenmal in einem Vierteljahrhundert — Trier. Die Einfälle der salischen Franken setzten sich bis 430 fort und verwandelten sich dann in einen Krieg gegen die Städte Nordgalliens. Ihr König Chlodio folgte über Tongern und Bavai der großen Verkehrsstraße Köln—Boulogne, bemächtigte sich der Städte Tournai und Cambrai und stieß bis Hesdin vor, wo ihn Aëtius aufhalten konnte. Die Burgunder, die am Rhein in der Gegend von Worms saßen, nutzten die Schwäche der römischen Truppen und die Tatsache, daß Aëtius mit der Unterdrückung von Aufständen beschäftigt war, und setzten sich ihrerseits in Bewegung, offenbar mit dem Ziel, den anderen großen Verkehrsweg Galliens, die Transversale Metz–Châlons–Reims in ihre Hand zu bekommen. Aëtius selbst führte 436 einen Feldzug im Elsaß und konnte gegen die Burgunder die Hunnen einsetzen, die um diese Zeit Mitteldeutschland beherrschten. Der Widerhall dieser Ereignisse ist das Nibelungenlied mit der Gestalt eines Etzel, der die Charakterzüge Attilas und Aëtius' in sich zu vereinigen scheint. Unter den Burgundern richteten die Hunnen ein gewaltiges Gemetzel an; die Überlebenden mußten als »Verbündete« nach »Sapaudia« verpflanzt werden, einem Groß-Savoyen, das sich von Neuchâtel bis Grenoble hinzog. Damit war für die nach Italien führenden Gebirgswege, namentlich den wichtigsten, über Agaunum (St. Moritz) und den Großen Sankt Bernhard, die Rückendeckung gesichert.

Seit Stilicho die Regierungsämter von Trier nach Arles gelegt hatte, war Arles zum Zentrum der römischen Verwaltung in Gallien geworden. Die Westgotenkönige von Toulouse fühlten sich versucht, sich der Stadt zu bemächtigen, vielleicht um sie zur Hauptstadt ihres Königreichs zu machen; zweimal belagerten sie Arles, und Aëtius konnte sie nur vertreiben, indem er ihnen den westlichen Teil der Gallia Narbonensis abtrat. Dann brach Theoderich I. den Bündnisvertrag von neuem und erschien ein drittes Mal vor Narbonne, das nur mit Mühe gerettet werden konnte: Aëtius mußte mit den Westgoten verhandeln und die Autonomie ihres Königreichs anerkennen. Theoderich schien eine Koalition der Barbarenkönige im westlichen Mittelmeergebiet mit dem Sueben Reccarius und dem Vandalen Geiserich vorzubereiten, als der große Einbruch der Hunnen 451 in Gallien alles über den Haufen warf.

Attila

Als die Hunnen, deren Wanderungen die großen Barbareninvasionen zu Beginn des 5. Jahrhunderts auslösten, 451 in Massen über den Rhein kamen, waren sie für die Römer keine Unbekannten mehr. Schon etwa ein Jahrhundert früher waren sie bis an den Mittellauf der Donau vorgedrungen; das östliche Reich hatte sie zur Genüge kennengelernt. Der Historiker Ammianus Marcellinus, der sie um 380 dem gebildeten Publikum Roms beschrieb, wußte allerdings über ihre Sitten und ihre Organisation nicht viel mehr als seinerzeit Tacitus über die Germanen. Immerhin war Ammianus den in Felle gekleideten »zweifüßigen Tieren«, die »wie festgenagelt auf ihren häßlichen und ungestalten Pferden saßen«, wenigstens begegnet. Auch Apollinaris Sidonius, der von ihnen ein ähnliches Bild entwarf, hatte sie in Gallien 466 ausgiebig beobachten können.

In Wirklichkeit waren die Hunnen nicht mehr die zu Pferde lebenden Reiter, die Ammianus beschrieben hatte. In Pannonien, wo die Kaiser sie angesiedelt hatten, hatte ihr König seinen prunkvollen Hof; Aëtius war nicht der einzige, der mit ihm vertraut war. In der Mitte Europas, zwischen Don, Karpaten, Donau und Oder, beherrschten sie ein gewaltiges Gebiet, von dem sie einen Teil der Einwohner, Germanen, Sarmaten, Goten, vertrieben hatten. Die Ostkaiser zahlten ihnen seit 430 einen Tribut, lobten ihre bewährten Dienste in den Grenzkriegen. Bischof Synesios von Kyrene schätzte (um 400) ihre militärischen Meriten viel höher ein als die der römischen Truppen.

Attila hatte seinem Reich wenigstens eine rudimentäre staatliche Organisation gegeben. Sein Regierungsrat war nicht mehr wie in einem Stammesverband die Versammlung der Klanhäuptlinge, sondern ein Gremium von »Freunden«, unter denen Angehörige der verschiedenen germanischen, sarmatischen und gotischen Völkerschaften, ja sogar Römer vertreten waren. Um ihn herum wurde nicht nur Hunnisch, sondern auch Latein und Gotisch gesprochen; ein reger Gesandtschaftsverkehr verband den Hunnenhof in der ungarischen Ebene mit dem Hof von Konstantinopel. Attilas Reich war zwar nicht in Provinzen, aber wenigstens in eindeutig abgegrenzte Kommandobezirke eingeteilt. Die »Freunde«, die ihnen vorstanden, zeichnete der König mit Prunkwaffen aus; darunter waren goldplattierte Bogen, wie sie in den Gräbern der Hunnenhäuptlinge in Polen, Ungarn und der Ukraine aufgefunden worden sind. Die Grabfunde verraten neben mongolischen Traditionen als Bestandteile der Mischzivilisation der Hunnen auch persische und gotische Elemente. Gewiß kann es sich dabei auch um bloße Trophäen aus ihren diversen Streifzügen oder um Gegenstände handeln, die von ihnen besiegte Völker früher einmal erbeutet hatten.

Ohne Zweifel waren die Hunnen Nomaden geblieben und nahmen ihr Nomadendasein nach Attilas Tod von neuem auf. Nur mit Vorbehalt läßt sich daher von einem Hunnenstaat sprechen; die von den Hunnen besiegten Völker mußten zwar mit Frondienst und Naturalabgaben den Bedarf der Sieger decken, aber reguläre Steuern gab es ebensowenig wie ein geordnetes Gerichtswesen. Da sie sich für Ackerbau nicht interessierten, waren die Hunnen vor 441 nicht ins Römische Reich eingedrungen; im Unterschied zu den Goten hatten sie auch den Bestand des östlichen Reiches nie in Gefahr gebracht.

Ein nichtiger Anlaß hatte die Hunnenhorden 441 zu Raubzügen in die Balkanprovinzen aufbrechen lassen. Sirmium (Mitrovica) fiel, nach ihm Naissus (Nisch), dann Philippopel. Den Abzug der Hunnen mußte Theodosius II. teuer erkaufen: er verpflichtete sich, ihnen einen dreifachen Tribut zu zahlen, und die Römer, die aus hunnischer Gefangenschaft entflohen waren, auszuliefern. Um 445 erschien Attila südlich der Donau, schlug die römische Armee zusammen und verwüstete, sagt Priskos, ein Zeitgenosse, über siebzig Städte.

Daß sich Attila dem Westen zuwandte, hatte seinen Grund wahrscheinlich darin, daß die radikal ausgerauten Provinzen den Bedarf seiner Horden nicht mehr decken konnten, und nicht, wie behauptet worden ist, in perfiden Machenschaften Theodosius' II. (auch wenn man nicht daran zu zweifeln braucht, daß er die plündernden Banden loswerden wollte). Möglich ist auch, daß der Barbarenhäuptling daran dachte, das noch ziemlich reiche Gallien an sich zu bringen, um sich dort als Ehemann einer römischen Prinzessin und anerkannter König niederzulassen. Jedenfalls erzählt der Historiker Priskos von bewegten Verhandlungen über die geplante Vermählung des Hunnenfürsten mit Honoria, der Nichte des Kaisers Honorius, die ganz Gallien als Mitgift mitbekommen sollte. Ob Attila dabei die Absicht hatte, Bundesgenosse der Römer gegen die Westgoten oder umgekehrt Feind der Römer und Freund der Westgoten zu sein, ist nicht mehr festzustellen.

Nachdem er seinen Truppen Mannschaften aus in Mitteleuropa unterworfenen Völkern hinzugefügt hatte, setzte Attila im Frühjahr 451 über den Rhein, nahm am 7. April im Vorbeigehen Metz ein und machte sich nach Paris auf. Indes war von Paris seit zwei Jahrhunderten nichts als die kleine Seine-Insel (Cité) übrig; für Plünderer, die an der strategischen Bedeutung der Insel kein Interesse hatten, war das wenig verlockend. Üppigere Beute versprachen Orléans und die Städte des Loire-Tals; vielleicht wußte das Attila von Eudoxius, dem früheren Arzt und Bagaudenhäuptling, den er an seinem Hof aufgenommen hatte, nachdem die Bagaudenrevolte gerade in dieser Gegend von Aëtius und seinen suebischen Verbündeten unterdrückt worden war. Bischof Aignan von Orléans hielt der Belagerung stand, bis Aëtius mit Theoderich I. zum Entsatz kam. (Als »Verbündeter« mußte der Westgotenkönig nach dem Vertrag, den sein Vorgänger Wallia 416 unterzeichnet hatte, dem Waffenruf des Kaisers Folge leisten.) Attila wich nach dem Westen aus. In einer blutigen Schlacht auf dem Campus Mauriacus (den »Katalaunischen Gefilden«) in der Gegend von Troyes in der Champagne kam Theoderich ums Leben; Attila konnte sich ungehindert über den Rhein zurückziehen. Möglicherweise war ein halber Sieg Aëtius gerade recht; ein ganzer hätte die Westgoten in Gallien zu stark gemacht. Freilich ist das nur eine Vermutung; das wirkliche Kräftegleichgewicht in Gallien war nach dem wilden Ausbruch der Gewalt schwer zu durchschauen.

Attila war nur zeitweise geschwächt worden. Schon im Frühjahr 452 warf er sich auf Italien. Auf Anhieb wurde Aquileia genommen; aus dem bedrohten Ravenna floh Valentinian III. zum Papst nach Rom. Wie Alarich vor ihm, zog es Attila vor, Mailand und Pavia zu plündern. Die Lage des Westreiches war verzweifelt. In der Nähe von Mantua empfing Attila den Papst Leo, der um Waffenstillstand bat und für die Räumung Italiens im Namen der Römer eine jährliche Tributzahlung anbot; früher, 448, hatte es ein solches Arrangement dem Kaiser erlaubt, mit den Hunnen in Frieden zu leben. Attila stimmte zu, denn ihn hatte gerade die Nachricht erreicht, daß die Hunnen daheim von einer Armee des Ostreiches angegriffen worden seien. Er zog also ab, und im nächsten Jahr starb er. Rom und das Reich waren gerettet. Aëtius hatte dazu nichts zu tun brauchen.

Bald danach fiel das Hunnenreich auseinander, womit wohl am deutlichsten bewiesen war, daß es ein echtes Staatsgebilde nicht entwickelt hatte. Die von Attila unterworfenen germanischen Völker erhoben sich und trugen einen blutigen Sieg über ihre Unterdrücker davon. Soweit noch größere Hunnenhorden übrigblieben, kehrten sie in die südrussischen Steppen zurück; nur kleine Hunnenverbände wurden als »Verbündete« auf dem Balkan angesiedelt. Da Attila ihn nicht mehr daran hinderte, konnte der Ostkaiser unter den germanischen Völkern an den Ufern der Donau wieder nach Belieben Söldner anwerben.

Bedeutende Nachwirkungen hatte die Hunneninvasion in Gallien. Seit Ataulf und Wallia hatten die Westgoten in enger Berührung mit den Römern der Gallia Narbonensis gelebt und den Einfluß der lateinischen und christlichen Kultur am stärksten von allen Barbarenvölkern verspürt. Die Hunnengefahr, die offensichtlich eine ihnen gemeinsame Zivilisation bedrohte, ließ beide Bevölkerungsgruppen noch enger zusammenrücken. Allerdings wußte Theoderichs Nachfolger Thorismund die Notlage des Kaisers von Ravenna und die Schwäche Aëtius' zu nutzen: er dehnte den Westgotenstaat nördlich bis Orléans aus und machte die früheren alanischen »Verbündeten« zu seinen Untertanen. Wäre er nicht 453 ermordet worden, so hätte er vielleicht auch noch Arles genommen, das die Westgotenkönige schon lange zu ihrer Residenz hatten machen wollen.

Theoderich II., der ihm als König folgte, kämpfte im Auftrag Valentinians III. als »Verbündeter« gegen die Bagauden der Hispania Tarraconensis und zwang die Sueben von Galicia, einen Teil des Gebiets, das sie an sich gerissen hatten, zurückzugeben. So zeichnete sich ein Wandel ab: ein Königreich war im Entstehen begriffen, das sich dem Prestige Roms verhaftet fühlte und Römer und Barbaren in einem neuen Gebilde zusammenführte. Noch bestanden rechtliche Bande, die den jungen Staat dem alten Römischen Reich unterordneten. Auf einer neuen, vernünftigeren und solideren Grundlage hätte sich das Römische Reich regenerieren und am Leben erhalten können. Doch hing seine Regierung zu sehr von den Intrigen und Komplotten des Hofes ab. In Ravenna wurde Aëtius, dem Bezwinger der Hunnen, die Politik der Zusammenarbeit mit den Westgoten, mit Barbaren und Ketzern also, vorgeworfen. Der nationalistischen und katholischen Partei fiel es nicht schwer, dem schwachen und mißtrauischen Valentinian III. einzureden, daß sich Aëtius mit Hilfe der barbarischen Häretiker seines Thrones habe bemächtigen wollen. Aëtius hatte Siege errungen und war dennoch – wie Stilicho 408 in Ravenna – auf sich allein gestellt. Im September 454 wurde ihm in Rom in Gegenwart Valentinians III. der Hals durchschnitten.

Zwei Getreue rächten ihn: im März 455 ermordeten sie Valentinian, den letzten Sproß der theodosianischen Dynastie. (Theodosius II. war schon seit 450 tot.)

Solange Theodosius der Große und seine Nachkommen regierten, waren Leben und Politik des Westreiches einem einzigen Ziel untergeordnet. Gewiß hatten die Schwierigkeiten, auf die man stieß, die verschiedensten Aspekte; Attilas Hunnen waren nicht Alarichs Goten, und unter den Kaisern gab es keine so kraftvollen Persönlichkeiten. Aber im Vordergrund stand vom Anfang bis zum Ende dieser dramatischen Periode unverrückbar dasselbe entscheidende Problem: Verwirklichung der Einheit des Reiches im Angesicht der großen Invasionen. Davon leitete sich alles andere her: die stets sehr heiklen Beziehungen zwischen den beiden Teilen des Reiches; der unvermeidliche Konflikt zwischen dem Oberbefehlshaber, dem Herrn über Armeen und Regierung, und dem Kaiser, der keine wirkliche Macht hatte, aber der Träger eines Amtes von hohem Prestige war – Stilicho gegen Honorius, Aëtius gegen Valentinian III. –; die Rolle der von ihren Beichtvätern beherrschten Frauen der kaiserlichen Familie: Serena, Iustina, Galla Placidia; der Antagonismus zwischen germanenfeindlichen Römern und Römern, die sich mit den Barbaren verständigen wollten; schließlich die ständige Verschärfung aller Konflikte durch das Hineinspielen der religiösen Gegensätze, da doch die Römer katholisch und die Barbaren arianisch waren. Die plötzlichen Katastrophen, denen wunderbarerweise kurzlebige Wiederauferstehungsepisoden folgten, schufen auf diesem Hintergrund die schier unabweisbare Vorstellung, das Ende der Welt sei gekommen und der Tag des Jüngsten Gerichts angebrochen. Und damit war schlechterdings alles, Vergangenheit und Gegenwart, in Frage gestellt.

Ende des Westreiches

Im Verlauf von sechs Monaten hatten zwei Morde das Reich des Westens 455 um die beiden Personen gebracht, die legitim an der Spitze des Staates gestanden hatten. Zwanzig Jahre später wurde der Kaiser Romulus Augustulus, dessen Reich nur noch aus der Kleinstadt Ravenna bestand und kein Heer mehr hatte, überflüssig, und Odoaker gab ihm einen ehrenvollen Abschied mit gesichertem Ruhesitz auf einem Landgut in der Nähe von Neapel. Weder der Kaiser noch das Reich war einem Mord zum Opfer gefallen. Bis zum Schluß waren die Herrschaftsansprüche der legitimen Kaiser unumstritten, mochte das Gebiet, in dem ihnen gehorcht wurde, noch so sehr geschrumpft, ihre effektive Regierungsgewalt noch so sehr zusammengefallen sein. Nach wie vor galt den Kaisern die Treue der hohen Beamten und der großen Grundbesitzer, der in den ruinierten Städten mühselig dahinvegetierenden Gemeindeverwaltungen, der hauptstädtischen Volksmassen, der zur Staatskirche erhobenen katholischen Kirche, der patriotischen »Intellektuellen« christlicher und heidnischer Observanz. Im Westen wie im Osten vergruben sich die Kaiser in ihren Palästen, aus denen sie kaum hervorkamen, aber sie machten Gesetze für beide Teile des Reiches und unterzeichneten gemeinsam die wichtigsten Regierungsakte. Als Theodosius II. die seit 312 erlassenen kaiserlichen Reglements und Verfügungen im *Codex Theodosianu* zusammenfaßte, wurde die Gesetzessammlung von Valentinian III. akzeptiert und gebilligt, und ihre Vorschriften galten ab 1. Januar 439 uneingeschränkt sowohl im Osten als auch im Westen. Beide Kaiser und beide Höfe waren katholisch, in Konstantinopel wie in Ravenna; hier wie dort hatte der Goldsolidus dasselbe Gewicht und denselben Metallgehalt. Noch immer waren die Köpfe hüben wie drüben von der römischen Idee des Universalreichs ergriffen.

Aber diese juristische, moralische und gefühlsmäßige »Einstimmigkeit« war fast nur noch theoretisch; die Tatsachen straften sie Lügen. Der Osten war die Goten losgeworden und von den Hunnen verschont worden; er war reicher und hatte einen festeren inneren Zusammenhalt als der zu drei Vierteln barbarisierte Westen. Deswegen betrieben die Kaiser um die Mitte des 5. Jahrhunderts eine verschiedene Politik; deswegen vertraten sie entgegengesetzte Interessen, und deswegen gingen ihre Schicksalswege auseinander. Warum gab es im Westen nach 476 keinen Kaiser mehr, während die Institution des Kaisertums in Konstantinopel noch ein langes Leben vor sich hatte? Man kann nicht einfach sagen, an allem seien die Barbaren, ihr Einfall und das Unheil schuld gewesen, das sie den Menschen, ihren Städten und ihren Institutionen bescherten. Rom hatte Alarichs Goten überstanden; in Gallien, in Spanien und in Afrika waren die Römer nach den großen Invasionen noch so zahlreich, daß die Westgoten, Alanen, Sueben, Vandalen ihr Latein übernahmen, so daß die Nachkommen der Eindringlinge im Endeffekt alles latinisierten, sogar ihre eigenen Namen.

Die in der zweiten Hälfte des 5. Jahrhunderts entscheidende Tatsache war die Rivalität der ethnischen Gruppen im Innern des Reiches, von denen jede ihren eigenen Kandidaten auf den Kaiserthron bringen wollte. Das Übel hatte seine Wurzeln weniger darin, daß die Barbaren durch verschiedene Gebiete des Reiches gezogen waren und sie mit Greueln aller Art heimgesucht hatten, als vielmehr in der Ansiedlung dieser Völker im Innern des römischen Staatsgebiets. Was dabei geschah, verdient hervorgehoben zu werden.

Nach der Schlacht von Adrianopel (378) wurden die ersten Barbarenstämme – erst von Gratian, dann von Theodosius I. – als Grenzwache an der Donau angesiedelt. Durch Verträge, deren Bestimmungen sie in der Regel aufs strengste befolgten, verpflichteten sich diese »Verbündeten« oder, wie man im 5. Jahrhundert häufiger sagte, diese »Gäste« eidlich, dem Reich für Land und Sold als Soldaten zu dienen. Die für das Reich unheilvollen Auswirkungen kamen daher, daß man diese neuen Einwohner weder als Besatzungs- oder Feindesmacht noch auch als neue Bürger, sondern gleichsam als ortsansässige Ausländer behandelte; man sah in ihnen geschlossene ethnische Gebilde, die nicht nur ihre Sitten, sondern auch ihre Häuptlinge und ihre Stammesverbandsorganisation behalten sollten. Der Nationalstolz der Römer brachte es mit sich, daß die römische Oberschicht in den Provinzen und vor allem am Hofe von Mailand und Ravenna die »Barbaren« rechtlich und gesellschaftlich aussperrte, auch wenn sie nichts anderes verlangten, als dem Kaiser und dem Reich von Rom dienen zu dürfen; die einzige Funktion, die ihnen zugestanden wurde, war die von Söldnern. Vergessen läßt sich nicht, daß die Angehörigen dieser von oben herab behandelten Völker, noch bevor sie die Mehrheit der Soldaten stellten, zu den besten und tüchtigsten Elementen der »römischen« Armeen geworden waren; es kam

— auch wenn es gegen ihre Stammesbrüder ging — nur äußerst selten vor, daß sie ihrem Soldateneid auf dem Schlachtfeld untreu wurden. Wie schnell und wie leicht die »Fremden« in Kultur, Bräuchen und Sprache zu Römern wurden, ist sattsam bekannt. Doppelt schwer wiegt die Schuld, die germanenfeindliche Cliquen an den Höfen von Mailand und Ravenna mit ihrer Politik der Rassendiskriminierung auf sich geladen hatten.

Aber nicht dadurch war das Reich über Nacht in Gefahr geraten, daß die ersten »Verbündeten« ihre Siedlungsbezirke von Gratian und Theodosius zugewiesen bekamen; von den Lebenszentren des Reiches weit entfernt, leisteten sie ihre nützlichen Dienste, die jeden möglichen Schaden bei weitem aufwogen; ganz bestimmt bedrohten sie nicht den Bestand des Reiches. Anders wurde es, als Westgoten, Alanen, Sueben und Vandalen selbständige Staatsgebilde im Innern des Reiches errichteten, als die Vandalen ihm mit Gewalt ganze Provinzen wegnahmen, als die Westgoten ihre autonomen Herrschaftsgebiete in den reichsten Provinzen Spaniens und Galliens etablierten. Immer noch hätten allerdings ihre Massen und ihre Führer, wie das Beispiel der Westgoten Theoderichs II. beweist, ins Römische Reich integriert werden können. Indes wurden sie mit allen Mitteln außerhalb der römischen Gemeinschaft gehalten und praktisch gezwungen, sich an den eigenen nationalen oder Stammeszusammenhalt zu klammern. Darum waren sie auch, als die von Theodosius gestiftete Dynastie erloschen war, bereit, dem Appell ihrer Führer zu folgen und in die Angelegenheiten des Reiches aktiv einzugreifen. Aëtius hatte sich gewaltig anstrengen müssen, um diesen Eingriff abzuwehren. Die Beseitigung Aëtius' und Valentinians bedeutete, daß mit dem militärischen Ansehen des einen und dem rechts- und traditionsbedingten Nimbus des anderen auch die letzten Hindernisse gefallen waren, die die Entfesselung der konkurrierenden Machtansprüche der »Gäste« hätten vereiteln oder eindämmen können. Das Übel, lange vor den Invasionen des 5. Jahrhunderts entstanden, mußte jetzt zu einem tödlichen Ausgang führen. Was folgte, war ein teils dramatischer, teils grotesker Todeskampf, der nicht weniger als zwanzig Jahre dauern sollte.

Zum zweitenmal in einem halben Jahrhundert erlebte Rom die Schrecken der Besetzung, der entfesselten Gewalt, der Massenplünderung. Mit seinen Vandalen war Geiserich 455 in Italien gelandet. Kampflos besetzte er am 2. Juni die wehrlose Stadt. Zwar konnte Papst Leo bei ihm erwirken, daß Folterungen und Metzeleien unterblieben, aber zwei Wochen lang wurde systematisch geraubt, geplündert, zerstört. Als Geiserich abzog, nahm er alles mit, was er zusammenraffen konnte: Gold und Juwelen und alle Trophäen der einstigen römischen Siege, darunter auch die Überreste des Tempels von Jerusalem, die Titus drei Jahrhunderte zuvor nach Rom gebracht hatte. Wie Alarich bei der ersten Verwüstung Roms sorgte auch er dafür, daß zu seinen Gefangenen Prinzessinnen des kaiserlichen Hauses zählten. Eine von ihnen, Eudoxia, Tochter Valentinians III. und Enkelin Theodosius' II., gab er seinem Sohn Hunerich zur Frau: vielleicht wollte er, der Barbar, sich über die römische Aristokratie erheben, vielleicht wollte er auch — wie Stilicho unter Honorius — zum obersten Chef der römischen Armeen und zum Vormund eines römischen Kaisers werden. Ohne zu zögern, gliederte er seinem Staat Tripolitanien und Byzacium an, die in der von Valentinian III. 442 unterzeichneten Urkunde über die Abtretung Africas nicht einbegriffen waren. Aber das unverhüllte Interesse des Vandalen an der Kaiserkrone stieß auf Widerstand. Von der Senatsaristokratie aufgerufen, erhoben sich Gallien und Italien. Geiserich wurden nacheinander zwei neue Kaiser entgegengestellt.

Die Aristokraten Galliens und der Westgotenkönig Theoderich II. einigten sich im Juli 455 zu Beaucaire auf Galliens Prätorianerpräfekten Avitus, einen römischen Adligen aus der Auvergne. Man kann Theoderich nicht nachsagen, daß es ihm dabei um die Vergrößerung seines Tolosanischen Reiches auf Kosten der gallischen Bezirke ging, die der Regierung von Ravenna noch verblieben waren; er hatte für das Reich Seite an Seite mit den römischen Truppen gegen die Sueben im tarraconensischen Spanien gekämpft und erstrebte offenbar die Wiederherstellung der Reichsgewalt im Westen. Avitus konnte in Italien einziehen. Es gelang ihm aber nicht, Rom, dem Geiserich die Zufuhr afrikanischen Getreides abgeschnitten hatte, mit Lebensmitteln zu versorgen, und vom Kaiser von Konstantinopel wurde er als Usurpator behandelt. Er entging zwar mit knapper Not einer Falle, die ihm zwei frühere Offiziere von Aëtius, der Suebe Ricimer und der Römer Maiorianus, gestellt hatten, kam jedoch auf dem Weg nach Gallien, wo er gehofft hatte, Unterstützung zu finden, ums Leben. Er hatte fünfzehn Monate regiert.

Ihm folgte als Kaiser ein anderer Römer, Maiorianus, der sich den Barbaren Ricimer als Oberbefehlshaber, bald auch mit dem Titel eines Patrizius, zulegte. Zunächst mußte diese neue Regierung Gallien zurückerobern, denn die gallischen Burgunder und Westgoten wollten sie nicht anerkennen. Den Burgundern entriß Ricimer Lyon und siedelte viele von ihnen jenseits der Saône in der neuen Region »Lugdunensis Prima«, dem späteren Burgund, an. Den Westgoten wurde Arles genommen; eine Zeitlang machte es Maiorianus zu seiner Residenz. Von Spanien aus wollte er die Vandalen aus Africa vertreiben. Aber schon in Spanien brachte Geiserich genug Feinde gegen ihn auf. Maiorianus' Flotte wurde geschlagen und zerstreut, bevor sie in Alicante die Truppen an Bord genommen hatte, die sie nach Mauretanien hätte bringen sollen. Da Geiserich die Seewege kontrollierte, mußte Maiorianus mit ihm Verhandlungen aufnehmen; um von ihm anerkannt zu werden, bekräftigte er die Abtretung Byzaciums und Tripolitaniens. Er kehrte nach Italien zurück und fiel im Juli 461 einer von Ricimer organisierten Militärverschwörung, über die wir wenig wissen, zum Opfer: auf der Reise von Genua nach Pavia wurde er ermordet.

Avitus und Maiorianus waren die beiden letzten westlichen Kaiser, die noch den Namen Kaiser verdienten. Weder der eine noch der andere schloß sich in der relativen Sicherheit und Indolenz des Hoflebens von der Wirklichkeit ab. Beide wollten sie das Reich wiederherstellen und ihm von neuem Achtung verschaffen. Aber mit ihren geringen Kräften hingen sie von der Gnade ihrer barbarischen Beschützer ab; als sie den Barbarenfürsten zu unbequem wurden, wurden sie an der nächsten Wegkreuzung ohne Revolution oder Krieg beiseite gebracht.

Was vom Reich übriggeblieben war, lag in den Händen des Oberbefehlshabers Ricimer. Aber der Suebe wollte oder konnte sich nicht zum Augustus machen: weder die Römer noch die verbündeten Könige hätten ihn geduldet. Er gab also den Purpur adligen Römern, die nur Marionetten sein konnten, da Ricimer nicht die Macht hatte, sie den Römern oder den verbündeten Königen aufzuzwingen. Das zeigte sich sofort: dem von ihm eingesetzten Kaiser Libius Severus verweigerte der ehemalige Maiorianus-Offizier Aegidius, der im

Norden Galliens über gute frankische Truppen verfügte, die Anerkennung. Ricimer schickte gegen ihn den Westgotenkönig Theoderich vor, dem er für seine Dienste Narbonne abtrat. Während nun Aegidius die Westgoten vor Orléans festhielt, unternahm Geiserich mit Unterstützung des östlichen Kaisers den Versuch, alle für eine legitimistische Haltung Empfänglichen um den Senator Anicius Olybrius zu sammeln, der eine Tochter Valentinians III. geheiratet hatte.

Damit war für Ricimer seine Strohpuppe Severus nutzlos geworden. Er ließ den »Kaiser« vergiften und regierte zwei Jahre, wie es sich gerade traf, ohne jeden Träger der Kaiserwürde. Dann ließ er sich 467 vom Konstantinopeler Kaiser Leo I. den Griechen Anthemius als Schwiegervater und Westkaiser servieren und erwarb damit eine eigene Legitimitätsquelle. Geiserichs Gegenschlag war die Entsendung von Schiffen, die Raubzüge an den Küsten der Peloponnes veranstalteten. Um ihn zur Räson zu bringen, ließ Leo I. seine Flotte vor Karthago Position beziehen. Sie wurde aber zersprengt; der Kaiser mußte mit den Vandalen einen Kompromiß schließen und Anthemius fallenlassen. Ricimer, der auf Sizilien und Sardinien gelandet war, wurde gezwungen, diese vandalischen Besitzungen wieder zu räumen.

Das Debakel der kaiserlichen Streitkräfte rief in Gallien die Kräfte der Anarchie wach. Die Burgunder ergossen sich über das ganze Land bis zur Durance. Der neue Westgotenkönig Eurich vertrieb die letzten römischen Truppen aus den Zentralbezirken Galliens und schloß sie in der Auvergne ein, die damit zur letzten Bastion des römischen Widerstandes wurde. Für den Dichter Apollinaris Sidonius, der mehrere Jahre im belagerten Clermont durchhielt, waren die römische und die katholische Sache mehr denn je zu einer Einheit geworden, der es die Treue zu wahren galt; die einzige Hoffnung war aber nur noch die Bekehrung der arianischen Feinde: das Reich mochte untergehen, wenn nur in einem durchweg katholischen Gallien, in dem Römer und Barbaren zueinander fänden, die römische Kultur wieder zum Leben erwachte.

Die allgemeine Verwirrung wurde noch dadurch vermehrt, daß Ricimer Anthemius im Stich ließ und sich auf Olybrius' Seite schlug. Klarer wurde die Situation auch dann nicht, als Ende 473 der Tod alle drei hinwegraffte. Ein neues Volk stand vor den Toren Italiens: die Ostgoten unter Theoderich. Nach Ravenna war unterdes aus Konstantinopel ein neuer Kaiser für den Westen gekommen: Iulius Nepos. Aber er hatte keine Armee. Die Vandalenflotte schnitt ihm jede Zufuhr von Verstärkungen ab. So konnte er auch nicht in Gallien Fuß fassen und mußte sich damit abfinden, auch noch den Rest des Westreiches zu verlieren. Bald nahm ihm der Westgotenkönig Eurich trotz Widerstand der von den Bischöfen angespornten lokalen Milizen Provence und Auvergne weg. Die Eroberungen des Westgotenkönigs wurden vertraglich anerkannt; seiner Souveränität unterstanden nun Gallien zwischen der Rhône, der Loire und dem Ozean ebenso wie das tarraconensische und das suebische Spanien. Orestes, der Feldherr des Iulius Nepos, machte sich diese im römischen Italien mit tiefer Entrüstung aufgenommene Kapitulation zunutze, um den »griechischen« Kaiser aus Ravenna zu vertreiben. Anstelle des Iulius Nepos proklamierte er am 29. Oktober 475 dessen Sohn Romulus zum Augustus. Dem jungen Mann, der nichts und niemanden hinter sich hatte, legte der östliche Kaiser Zenon den Spottnamen Augustulus,

»kleiner August«, bei, und so ist der Name des letzten Kaisers von Westrom in die Geschichte eingegangen.

Lange konnte der Todeskampf des westlichen Reiches nicht mehr währen. Aus Gallien von den Burgundern und den Westgoten verjagt, vermochte die Staatsgewalt des Kaisertums dem Machtanspruch des Skirenoffiziers Odoaker nicht standzuhalten, der unter seinem Kommando die letzten römischen Kräfte vereinigt und Orestes, den Feldherrn des Romulus Augustulus, ums Leben gebracht hatte. Für seine Krieger, Barbaren der verschiedensten Nationalitäten, brauchte er Land, und um auf die italienische Aristokratie Eindruck zu machen, mußte er sich die Protektion der einzigen noch geltenden Autorität, des oströmischen Kaisers in Konstantinopel, verschaffen. Von Odoaker unter Druck gesetzt, forderte der römische Senat Kaiser Zenon Anfang 477 auf, zum alleinigen Kaiser zu werden und Odoaker die »zivilen und militärischen Angelegenheiten« im Westen mit dem Titel eines Patrizius zu überlassen. In einer zauberhaften Ecke des Golfs von Neapel wurde für den letzten westlichen Kaiser ein luxuriöser Ruhesitz eingerichtet.

Nach Gallien ging also auch Italien in die Hände der Barbaren über. Aber in den römischen Formen, die beibehalten wurden, barg sich, auch wenn sie wie reiner Hohn anmuteten, die Anerkennung der Idee des Römischen Reiches. Den Barbarenreichen, die aus seiner politischen Auflösung hervorgingen, sollte es nie gelingen, sich von seinem Prestige und Einfluß ganz zu lösen. Die Wiederauferstehung des westlichen Reiches, die Jordanis, der Historiker der Goten im 6. Jahrhundert, ins Lächerliche zog, war kein bloßer Mythos. Als die Barbarenreiche zu einer politischen Einheit zusammengeschlossen wurden, zeigte sich deutlich, daß die Einigung nur auf der Basis der römischen Idee der Universalherrschaft möglich war, die jetzt allerdings mit der Idee der Universalkirche und mit der Vorstellung von der Macht der germanischen Völker verschmolz. Von einer solchen Erneuerung des Reiches hatten schon inmitten der anschwellenden Anarchie und der entfesselten Gewalt des 5. Jahrhunderts ein Apollinaris Sidonius, Römer und Bischof, und ein Theoderich, König der Westgoten, geträumt. Aber ehe die *renovatio imperii Romani* Wirklichkeit werden konnte, mußten noch drei Jahrhunderte vergehen, mußte sich Karl der Große die Krone aufs Haupt setzen.

Königreich der Westgoten

Aus Italien hatte die Westgoten der Hunger vertrieben. Die Einnahme Roms hatte ihnen eine enorme Kriegsbeute und zahlreiche Gefangene eingebracht, aber kein Getreide. Weder in Italien noch in Sizilien konnte Alarich den fruchtbaren, ertragreichen Boden finden, den er für seine Krieger brauchte. Africa, die Getreidekammer Roms, war ihm verschlossen geblieben, weil der Sturm seine Flotte zerstört hatte. Er war nach Kampanien und dem cisalpinischen Gallien, um wieder zu Kräften zu kommen, unterwegs. als ihn der Tod in Kalabrien ereilte (410).

Auch der neue König Ataulf hatte keinen anderen Ausweg, als die Schätze der Provinzen zu erschöpfen, die er durchquerte, als er sich mit seinen Kriegern in den Dienst Honorius' stellte. In Gallien zog er völlig legal ein. Von einem Ende des Reiches zum anderen waren so viele Truppen, meistens barbarische, hindurchgezogen, die man, ob man wollte oder nicht, ernähren mußte, daß die Kaiser besondere Gesetze über die Unterbringung von Militärpersonen erlassen hatten. In einem Edikt vom 6. Februar 398 hatten Honorius und Arcadius die zulässigen Höchstanforderungen der Truppen auf ein Drittel der Gesamtzahl der Häuser, der Ernteerträge und der Lagervorräte beschränkt. Theoretisch waren die Krieger Ataulfs mit ihren Familien nichts anderes als Truppen im Umzug, in gewissem Sinne Garnisontruppen wie alle anderen. Da sie aber brutale und gesetzlose Barbaren waren, raubten sie die Bevölkerung aus und preßten ihr Lösegelder ab, so daß die Menschen bei ihrem Herannahen blindlings davonliefen, manchmal sehr weit weg; der heilige Hieronymus begegnete in Palästina einem angesehenen Grundbesitzer aus Narbonne, der außerhalb Galliens genug Güter hatte, um bequem Zuflucht zu finden.

Indes wollte Ataulf nicht bloß ein Häuptling barbarischer Wanderbanden sein. In Narbonne heiratete er 414 Galla Placidia, die Schwester des Kaisers Honorius; es gab dabei viel Pomp und Prunk nach römischem Zeremoniell. Über den Sinn der Heirat gab der Standesherr aus Narbonne dem heiligen Hieronymus näheren Aufschluß. Danach schwebte Ataulf vor, aus dem gesamten römischen Gebiet ein Gotenreich zu machen, Cäsar und Augustus zu werden; »infolge ihrer zügellosen Barbarei gehorchten aber die Goten – das wußte er aus Erfahrung – keinen Gesetzen; doch sollte man dem Staat die Gesetze nicht nehmen, ohne die ein Staat kein Staat sei; so habe er sich wenigstens vorgenommen, seinen Stolz darein zu setzen, den römischen Namen in seiner Unversehrtheit mit Hilfe der gotischen Kraft wiederherzustellen und zu verbreiten«.

So hatte König Ataulf seine großspurigen Pläne, in deren Dienst er entschlossen war seine Krieger zu stellen. Seine »Gotia«, womit er die bisherige »Romania« ablösen wollte, sollte römisch sein: einmal kraft der Tradition des Imperiums, die ihm Galla Placidia als Mitgift mitbrachte, zum andern kraft der Gesetze, die im wesentlichen nur römische Gesetze sein konnten, weil die Westgoten überhaupt keine kannten. Der »gotischen Kraft« sollten Verteidigung und Erweiterung eines Staates anvertraut werden, der nichts anderes sein konnte als das Römische Reich. Das wäre das Ende des Nomadendaseins mit seinen Abenteuern, seinen endlosen Wanderungen und der unsicheren Versorgung gewesen, das Ende aber auch der wilden Freuden des Raubens und Plünderns; dem Barbarenvolk blieben unter der Herrschaft der Normen eines wesentlich römischen Rechts nur noch die Sicherheit eines seßhaften Lebens auf den ihm zugewiesenen Ländereien und das friedliche Zusammenleben mit den Römern vom alten Stamm.

Der vorzeitige Tod Ataulfs vertagte die Verwirklichung des Vorhabens, das offenbar durchaus ernst gemeint war; er machte es nicht hinfällig. Für den Augenblick mußte Ataulfs Nachfolger Wallia von Constantius den üblichen Status der »Verbündeten« entgegennehmen, aber immerhin mit besonderen Vorrechten. Die Westgoten durften sich in den reichen Ebenen der Aquitania Secunda niederlassen: in der Gascogne, im Périgord, in der Saintonge, im Poitou und im Tolosanischen Languedoc. Sie ließen sich mehr zuteilen, als nach dem Edikt von 398 den Garnisontruppen zustand, denen die »Verbündeten« rechtlich gleichgestellt waren: ihnen fiel nicht ein Drittel der Häuser und Ernten, sondern das Doppelte zu. Dem fügte Constantius eine jährliche Zahlung aus Staatsvorräten hinzu, die sich auf zweiundfünfzigtausend Hektoliter Weizen belief. Augenscheinlich wollte Honorius' Oberbefehlshaber den unbändigen Ehrgeiz der Westgotenkönige in den Annehmlichkeiten des Daseins im sanften, üppigen, verweichlichenden Aquitanien einschläfern: abseits von den Städten der Gallia Narbonensis und ihrer durchweg römischen Zivilisation, fern von den kaiserlichen Residenzen, aber auch isoliert von den großen Barbarenvölkern, den Burgundern des Rheinlands und den Vandalen Afrikas. Vor allem aber band er sie an die Rechtsstellung der »Verbündeten«; er machte aus ihnen Ausländer mit festem Wohnsitz, denen das Aufgehen in der römischen Gemeinschaft grundsätzlich verschlossen war. Der Westgotenvertrag von 416 mußte die Germanenfeinde am Hof von Ravenna erfreuen und der Eheschließung des Constantius mit der römischen Prinzessin Galla Placidia, der trauernden Witwe des Westgoten Ataulf, Hindernisse aus dem Weg räumen. Ihre Tonart änderte sich in den folgenden Jahren: sie beschuldigten Galla Placidia, die Westgoten protegiert und ihre Übergriffe insgeheim gefördert zu haben. Die Prinzessin wurde 423 verbannt, mußte einige Jahre am Hof von Konstantinopel verbringen. Die Westgotenkönige nutzten unterdes die Schwierigkeiten, an denen das Reich so oft zu laborieren hatte, und fielen über die ihnen versagte Provinz von Narbonne her: sie belagerten Narbonne 436 und 439; sie belagerten vor allem Arles 425, dann wieder 430 und 439, denn hier residierten die Präfekten der Diözese Gallien und manchmal auch die Kaiser, und in gewissem Sinne galt die Stadt als eine der Hauptstädte des Reiches.

Was die Goten in Arles suchten, war aber um diese Zeit keineswegs die Hauptstadt eines von Rom unabhängigen Staates, der das Erbe der Imperiumstradition nur sehr begrenzt hätte antreten können. Tatsächlich blieben die Westgotenkönige lange Zeit echte »Verbündete«: sie wollten zwar ihr Gebiet hin und wieder durch eine Revolte vergrößern, aber im Einklang mit dem Vertrag, den zu achten sie geschworen hatten, erkannten sie die römische Souveränität ohne Vorbehalt an. Theoderich I. fiel auf den »Katalaunischen Gefilden« unter römischen Feldzeichen; für den Kaiser eroberte sein Sohn Theoderich II. 456 einen Teil Spaniens; das Gotenheer, das 459 die Pyrenäen überschritt, um gegen Geiserich zu kämpfen, stand unter dem Befehl des römischen Generals Nepotianus, des »Vorstehers der Armeen« des Kaisers.

Erst gegen 475, am Vorabend seines endgültigen Zerfalls, räumte das westliche Reich dem Westgotenkönig von Toulouse, Theoderichs II. Bruder Eurich, die volle Unabhängigkeit und Souveränität ein. Die irrige Vermutung, die Westgoten hätten den Römern beides schon 426 mit Gewalt entrissen, beruhte auf einigen Berichten über das Leben der römischen Bevölkerung im Siedlungsbereich der westgotischen »Verbündeten« und über manche Vorgänge am Hof von Bordeaux oder Toulouse. Christliche Autoren klagten über Erpressungen und sonstige Missetaten der Westgoten Aquitaniens nur deswegen mit besonderer Schärfe, weil ihnen das die Gelegenheit bot, die Sünden der Katholiken anzuprangern, die es mit ihrem sittenlosen Treiben und ihrer Feigheit im Angesicht der Ketzerei nicht anders verdient hätten, als von den Westgoten ausgenommen zu werden. Geht man solchen Aussagen auf die Spur, so zeigt sich sofort, wie sehr sie übertreiben. Ob der heilige Paulinus von Nola recht oder unrecht hatte, als er sich über die zu niedrige Entschädigung für eins seiner Güter beklagte, das an Goten gefallen war, ist unwichtig; wichtig ist der Grundsatz der Entschädigung: von nacktem Raub war keine Rede. Zwei Söhne dieses Heiligen fanden sich mit der Herrschaft der Westgoten recht willig ab: sie hatten Bordeaux beim Einzug der Barbaren verlassen, kehrten aber bald »aus Liebe zur Freiheit« zurück; diese beiden Enkel des Dichters Ausonius zogen es vor, sich am Hof Theoderichs I., »inmitten seiner Freundschaftsbezeigungen und seiner Wutausbrüche«, niederzulassen, weil sie die Rückerstattung des enteigneten Familienbesitzes erhofften.

Der gallisch-römische Großgrundbesitzer Avitus, derselbe, der 456 Kaiser wurde, war ein enger Vertrauter des Hofes von Toulouse: er führte den Sohn des Königs, den künftigen König Theoderich II., in die Lektüre Vergils ein und brachte ihm später römisches Recht bei; er vermittelte ihm also die zwei entscheidenden Bildungsgüter, die normalerweise zur Erziehung eines römischen Aristokraten gehörten. Apollinaris Sidonius, der Theoderich II. ebenfalls gut kannte, hat ein lebendiges und detailliertes Porträt des Königs hinterlassen. Der König trug Zöpfe nach der Mode der Barbaren, und seine Leibwache hüllte sich wie die Krieger Alarichs in Pelze; er liebte die Jagd und gewalttätige Spiele. Aber er entfernte aus seinem Empfangssaal die lärmende Wache, wenn er mit Freunden würfeln oder Musik hören wollte. Sein Tafelgeschirr war von feiner Qualität, und serviert wurden erlesene Speisen; Exzessen gab man sich nicht hin. Er sagte regelmäßig seine Gebete auf und besuchte die arianischen Kirchen, ohne die Frömmigkeit auf die Spitze zu treiben. (Trotz allen Veränderungen der Mode und der Sitten sah das Leben eines Fürsten von Toulouse zur Zeit der Minnesänger, des Grafen Raymond VII., nicht sehr viel anders aus.) Als Apollinaris Sidonius 456 vor versammeltem Senat in einem offiziellen Panegyrikos das Bündnis mit den Westgoten pries und von ihm die Rettung des Reiches erwartete, konnte er bei den Führungsschichten der Römer und der Westgoten – anders als zur Zeit Galla Placidias am Hof von Ravenna – keinen Anstoß mehr erregen.

Das Bündnis sicherte den Westgotenkönigen eine günstige Position bei der kommenden Aufteilung der weströmischen Erbmasse. Sobald Eurich dank dem Verfall der Staatsautorität Roms seine juristische Unabhängigkeit erlangt hatte, annektierte er 476 Marseille; im Jahre darauf setzte er durch, daß ihm Odoaker die künftige Provence abtrat. Sein Königreich zog sich nun von der Loire und den Alpen bis zum Atlantischen Ozean und den Herkules-Säulen hin. Daß er allen anderen Barbarenstaaten überlegen war, verdankte er der Ergiebigkeit des Bodens und dem Reichtum an Mineralien, einer starken Militärmacht und dem Zusammenhalt der Bevölkerung, die verschiedenstämmig war, aber im Dienste des Königs und in einer gemeinsamen Kultur ihre Einheit fand.

Der Schaden der Westgotenkönige war, daß sie die Beutegelüste der mit der letzten Wanderungswelle heranrollenden Barbaren, der Franken, weckten. Alarich II., der Sohn Eurichs, hielt es für richtig, Syagrius, dem Feind Chlodwigs, in Toulouse Gastfreundschaft zu gewähren. Prompt eroberte Chlodwig Tours und Saintes, und es fiel dem Westgotenkönig 496 nicht leicht, die beiden Städte zurückzuholen. Zwei Jahre später folgten weitere Raubzüge der Franken südlich der Loire, und 507 schlug Chlodwig die Westgoten in

Vouillé in der Nähe von Poitiers und richtete ein furchtbares Gemetzel an, bei dem auch Alarich II. umkam. Das war der Zusammenbruch der Westgotenmacht in Gallien; auch Toulouse fiel. Vielleicht wäre es die Schlußkatastrophe geworden, wäre nicht der Ostgotenkönig Theoderich dem neuen Westgotenkönig Amalrich zu Hilfe gekommen. Arles, Nîmes, Narbonne, Barcelona wurden befreit. Aber behaupten konnten sich die Westgoten in Aquitanien nicht mehr. Die Provence hatten sie zum Dank für seinen wundertätigen Eingriff an Theoderich abgegeben, und ihre restlichen gallischen Besitzungen bestanden, als Chlodwig 511 starb, nur noch aus dem Languedoc.

Seitdem blieben die Westgoten den ständigen Raubzügen der Franken ausgesetzt: die Arianer im Languedoc und in Spanien als Ketzer zu verfolgen war für die Franken ein ausreichender Vorwand, ertragreiche Plünderungen vorzunehmen. Kriegerische und religiöse Gewalt kennzeichnete das 6. Jahrhundert im westgotischen Spanien: Arianer und Katholiken befehdeten einander mit zunehmender Wut in Hofintrigen und manchmal auch in bewaffneten Aufständen, bis König Reccared 589 zum Katholizismus übertrat.

Diese wirren Ereignisse, dies ewige Hin und Her der bewaffneten Truppen, diese Kriege: in alledem werfen bereits die Kriege des Mittelalters ihre Schatten voraus, die ebenfalls häufig aus persönlichen Konflikten entstanden, engbegrenzte Ziele hatten und mit territorialen Sanktionen endeten. In höherem Maße jedoch beanspruchen die Institutionen des Westgotenreiches und seine gesellschaftliche Entwicklung im 5. Jahrhundert das Interesse des Historikers. Hier lassen sich die Ursachen des ungewöhnlichen Aufschwungs des westgotischen Spaniens vom 7. bis zum 10. Jahrhundert erkennen. In keiner anderen Region des Westens konnte das Grundproblem, das sich aus der Berührung der ungeschlachten Barbaren mit der römischen Zivilisation ergab, einer schnelleren und glücklicheren Lösung zugeführt werden. In der Lebensspanne einer einzigen Generation hörten die Westgoten Aquitaniens auf, Barbaren zu sein: sie waren »Zivilisierte« geworden; aber ihre Institutionen hinkten hinter ihren Bräuchen und Sitten her.

Da die Westgoten bis zum Ende des westlichen Reiches »Verbündete« blieben, waren »Könige« für sie zunächst nur von Kriegern gewählte Häuptlinge. Nachdem sich aber diese »Könige« eine ständige Residenz in einer Stadt, einen Hof und Beamte zugelegt hatten, waren sie keine einfachen Bandenführer mehr. Nach germanischem Brauch hing ihre Einsetzung bis zum Ende des 6. Jahrhunderts von der Wahlentscheidung der militärischen Führer ab; sehr bald gab es jedoch als mögliche Bewerber nur die Söhne oder Verwandten des letzten Königs. Die königliche Macht war aus Kriegen hervorgegangen und daher absolut. Die Position der Könige gegenüber ihren eigenen Stammesgenossen war nicht dieselbe wie gegenüber der römischen Bevölkerung. Ihre Westgoten schuldeten ihnen soldatischen Gehorsam, den weder geschriebene Gesetze noch Bräuche milderten. Dagegen beruhten die Pflichten der Römer gegenüber dem Barbarenkönig nur auf dem Wortlaut des Vertrages, der die Barbaren zu »Verbündeten« machte. In dem Maße jedoch, wie die Staatsautorität Roms in den Ländern, die den »Verbündeten« überlassen worden waren, zerbröckelte, blieb als einzige gesetzliche Gewalt nur der oberste Führer der Barbarenkrieger bestehen: so wurde der »König« der »Verbündeten« de facto auch für die Römer zur anerkannten Regierungsgewalt.

In ihrem Heer hatten die Westgoten keine Offiziere mit Verwaltungsfunktionen. Sie waren Krieger ohne Intendantur und kannten keine Beamten. Als Constantius sie 416 in Aquitanien festsetzte, hatten sie keine Verwaltung, die sie an die Stelle der römischen hätten setzen können. Aber schon lange bevor sie aus »Verbündeten« zu Trägern eines unabhängigen Staates geworden waren, mußten sie wohl oder übel die römischen Hoheits- und Aufsichtsbeamten ablösen. Bezeichnenderweise hat es sie nicht gelockt, die überkomplizierte Hierarchie mit der Überproduktion von Beamten nachzuahmen, die sich im Römischen Reich sowohl in den obersten Regierungsstellen als auch in der Verwaltung der Provinzen als Bremsklotz erwies. Vermutlich gab es bei ihnen keine »Getreuen«, die begierig gewesen wären, Ämter zu besetzen. Ein triftigerer Grund mochte darin liegen, daß sie bis 475 »Verbündete«, in politischer Beziehung also Ausländer, blieben. Und vielleicht hatten sie sich bis zu dem Zeitpunkt, da sie unabhängig wurden, an eine einfache und tüchtige Verwaltung gewöhnt.

Seit dem 5. Jahrhundert war der »Graf« der Westgoten als Beauftragter des Königs der Zivildirektor einer typischen römischen *civitas* alten Stils: er war für die Steuererhebung verantwortlich, zugleich aber auch als Truppenbefehlshaber mit der Aufrechterhaltung der Ordnung betraut und schließlich der Richter für seinen Bezirk, also das eigentliche ausführende Organ der königlichen Gewalt. Er glich weniger dem Prokonsul der Republik oder dem Legaten des frühen Kaiserreiches als dem Intendanten des Königs von Frankreich unter dem *ancien régime*, der als Stellvertreter des »in seiner Provinz anwesenden Königs« amtierte. Wie dem Intendanten unterstanden auch ihm »Unterbeauftragte«, die gleichzeitig als Offiziere des Gotenheeres und als Richter fungierten.

Die Aufteilung des Bodens hätte zur Entstehung einer vorfeudalen Ordnung führen können. In Wirklichkeit geschah das nicht. Der westgotische Adel, der auf seinen Stammbaum stolz war und über genug Land und Kolonen verfügte, widerstand der Romanisierung zweifellos in höherem Maße als andere Klassen. Er hing aber direkt vom König ab; seine Selbständigkeit wurde vollends untergraben, als der König Anfang des 6. Jahrhunderts die den »Verbündeten« garantierte Steuerfreiheit auf seinen Ländereien abschaffte. Auf der anderen Seite machte das Dahinschwinden des Familienverbandes der alten germanischen Sippe den Weg frei für erbliches Eigentum nach römischem Recht. Der Hof mit seinen immer mehr römischen Sitten »zivilisierte« noch gründlicher die Söhne der Waffengefährten Alarichs.

Auch das Heer büßte den Nationalcharakter der »gotischen Kraft« ein, der ihm zu Zeiten Ataulfs eigen war. Seit dem 5. Jahrhundert wurden Römer ins Heer aufgenommen; auf ihren Schlössern in Kastilien und der Gascogne bedienten sich die Grafen und Herzöge lateinischer Begriffe und Ausdrücke; sie organisierten die Truppenversorgung und die Rekrutierung der Soldaten im Rahmen eines Systems, dem die alte römische *capitatio* zugrunde lag. Trotz konfessionellen Unterschieden beschleunigten die Mischehen in allen Gesellschaftsschichten die Verschmelzung der Besetzer mit den Besetzten. Das Personalitätsprinzip, das die »Verbündeten« ihrem eigenen Recht unterstellte, wurde ständig durchlöchert, da die herrschenden Sitten der Verschmelzung der Völkerschaften und der Gemeinsamkeit der Lebensweise und Kultur keine Hindernisse entgegenstellten.

Als erster unter den Barbarenkönigen veröffentlichte Theoderich I. seine Gesetze in lateinischer Fassung; damit war der Aufbau der juristischen Rüstung für eine neue Gesellschaft in Angriff genommen, in der sich die Gegebenheiten der Geschichte mit der neuen Wirklichkeit verflechten mußten. Nachdem Eurich zum unabhängigen König geworden war, beauftragte er römische Juristen, die Gesetze zu kodifizieren. Soweit seine Bestimmungen bekannt sind, ging der *Codex Euricianus* darauf aus, ein Provinzialrecht zu schaffen, das sich nach Möglichkeit der unter den Römern Spaniens geltenden Rechtspraxis angleichen sollte. Viele seiner Bestimmungen waren unmittelbar dem *Codex Theodosianus* und den Arbeiten der römischen Juristen aus dem Anfang des 3. Jahrhunderts entnommen; offenbar gab es unter seinen Verfassern Juristen, die sich im klassischen römischen Recht gut auskannten. Das galt für das Erbrecht, für die Regelung der Verträge und für einen Teil des Strafrechts, das im späten Reich die Strafen nach dem gesellschaftlichen Rang des Schuldigen abstufte. Mit der Kodifizierung wurden aber auch bestimmte germanische Bräuche verewigt: der Gebrauch peinlicher Strafen und die genaue Bestimmung der verschiedenen Strafmaße, die Häufigkeit der Todesstrafe und der Prügelstrafe ebenso wie verschiedene Formen der Buße.

Unter einem König, der sich eher für germanisch als für römisch hielt, entstand ein Königreich, dessen besondere Wesensart darin bestand, daß die »gotische Kraft« in eine staatliche Organisation eingegliedert wurde, deren rechtliche und gesellschaftliche Verfassung hauptsächlich durch römische Gesetze bestimmt war. Davon hatte Ataulf geträumt; Eurich verwirklichte den Traum. Allerdings konnte dieser mit neuer Kraft ausgestattete Staat nicht mehr dazu beitragen, »den römischen Namen in seiner Unversehrtheit wiederherzustellen und zu verbreiten«, denn um diese Zeit war der Todeskampf des Weströmischen Reiches bereits zu Ende gegangen.

Die Vandalen in Afrika

Trägt man auf einer Karte Afrikas die Punkte ein, an denen das Auftreten der Vandalen bezeugt ist, so stellt man fest, daß ihr Staat über das nordöstliche Berberland nicht hinausgegangen war. Sie besetzten nur das schon Caesar bekannte Land – und nicht etwa das Afrika Valentinians III., das zusätzlich noch Teile Mauretaniens (Mauritania Sititensis und Mauritania Caesariensis) umfaßte und bis zum Muluja reichte. Auf diesem begrenzten Gebiet siedelte Geiserich sein Volk an, das aus etwa achtzigtausend Menschen, darunter sechzehntausend Kriegern, bestanden haben soll. Nach dem Westen zu wurde das eroberte Gebiet nie erweitert und nur eine Zeitlang das Aures-Gebirge hinzugenommen. Valentinian III. hatte Geiserich 442 Numidien überlassen und ihm im Vertrag von 454 auch die Provinz Africa (Byzacium und Tripolitanien) abgetreten; die 442 festgelegte Westgrenze wurde nie vorgeschoben. Im Gegensatz zu den Westgoten in Spanien, den Ostgoten in Italien und den Franken in Gallien, die nie aufhörten, ihre Eroberungen ständig auszudehnen, hielten sich die Vandalen in der ganzen Zeit ihrer Afrika-Herrschaft getreulich an die von Geiserich ursprünglich gezogenen Grenzen.

Die freiwillige Selbstbeschränkung erklärt sich daraus, daß sich Geiserich von Anfang an der großen Getreide- und Ölerzeugungsgebiete bemächtigt hatte. Als er 455 die Ausfahrt der römischen Annonenflotte verhinderte, ging es ihm nicht darum, dem Italien der Kaiser von Ravenna seine Gesetze aufzuzwingen. Seine Ambitionen waren nicht politischer Natur. Es kam ihm nur darauf an, seinen Kriegern den ewigen Nießbrauch der Ernten Afrikas zu sichern. Freilich hatte er, nachdem ihm der Kaiser 455 den Besitz Karthagos und der dazugehörigen Wirtschaftszone garantiert hatte, sogleich auch von Sizilien, Sardinien und Korsika Besitz ergriffen; er dachte dabei aber nicht an die Errichtung eines Getreidemonopols (diese Inseln hatten ohnehin nicht das Verlangen, Rom und Mittelitalien zu ernähren), sondern ausschließlich daran, etwaigen Raublustigen den Weg zu seinen afrikanischen Weizenfeldern zu versperren. Auf Sizilien interessierten ihn weniger die Getreideebenen des Hinterlandes von Syrakus als der Vorposten und Flottenstützpunkt Lilybaeum (Marsala) im Westen der Insel, wo er stets Vandalengarnisonen hielt.

Die Vandalen waren keine Händler und trieben keine durch Handelsinteressen bedingte Politik. Geiserich hatte nie eine Kriegsmarine, sondern nur die für den Getreidetransport der römischen Annona bestimmte Flotte, die ihm im Hafen von Karthago in die Hände gefallen war. Da er keineswegs die Absicht hatte, die von einem Mittelmeerbecken zum andern segelnden Handelsschiffe zu überfallen (das Karthago der Vandalen war nicht das spätere Algier der Barbaresken), genügten ihm die römischen Schiffe, die er sich angeeignet hatte, für gelegentliche Ausflüge ins griechische Herrschaftsgebiet der byzantinischen Kaiser: er verwüstete 474 das epirotische Nikopolis und plünderte 476 die Insel Zakynthos (Zante). Jahrzehnte früher hatte er die Ernte Kalabriens eingesteckt (456) und Rom ausgeraubt (455). Ebensowenig wie Alarich lag ihm daran, die Einwohner Roms abzuschlachten, deren Schutz ihm Papst Leo ans Herz gelegt haben soll. Aber er raffte alle bewegliche Habe des Palastes und alle wertvollen Statuen der Kapitol-Tempel zusammen, die sich dank dem Respekt der Römer vor Denkmälern vergangener Zeiten bis dahin erhalten hatten. Hatte ihm Alarichs Beispiel keine Ruhe gelassen? Jedenfalls nahm er nicht nur reiche Senatoren mit, denen sich ein hübsches Stück Lösegeld abpressen ließ, sondern auch die Damen des kaiserlichen Hauses: die Witwe Valentinians III. und ihre Töchter.

Die Witwe ließ er frei: sie mußte ihm dafür den Besitz, den sie von Valentinian geerbt hatte, verschreiben. Eine der Töchter verheiratete er mit seinem Sohn Hunerich; als die zweite den römischen Senator Olybrius geheiratet hatte, unterstützte er dessen Ansprüche auf den Kaiserthron: immerhin war es der Schwager seines Sohnes. Die dynastische Ehepolitik zeigt, daß Geiserich der großen Diplomatie der Epoche nicht so gleichgültig gegenüberstand, wie gelegentlich behauptet worden ist. Auf den Kaiser machte das so erheblichen Eindruck, daß er seine Flotte dreimal gegen das vandalische Afrika auslaufen ließ. Der Erfolg war nicht sehr groß: Geiserich versprach lediglich (470), die Provinzen des Ostreiches nicht mehr zu überfallen; dagegen verpflichtete sich der Kaiser, keine Truppen mehr auf dem Territorium der Vandalen zu landen.

Geiserich war der große König der Vandalen; als er 477 im Alter von achtundachtzig Jahren starb, hatte er vom Kaiser des Ostens einen vorteilhaften Frieden erlangt und auf einem Territorium, dessen Grenzen bis zur byzantinischen Rückeroberung unverändert bleiben sollten, einen unabhängigen und achtunggebietenden Staat geschaffen. In diesem Staat lebten unter der strengen Herrschaft einer autoritären Monarchie die vandalischen Eroberer. Ohne sich mit der Masse der romanisierten Berber zu vermischen, beuteten sie das Land aus — wie eine Besatzungsmacht auf feindlichem Boden.

Gleich nach ihrem Einzug in Afrika bemächtigten sich die Vandalen der Besitzungen der Krone, die im späten Reich vom »Grafen des kaiserlichen Schatzes« verwaltet wurden. Im reichsten und größten Teil des Landes übernahmen sie schon 422 einen Bodenbesitz von anderthalb Millionen Hektar, was etwa der gesamten Anbaufläche des heutigen Tunesiens entspricht; zu diesen gewaltigen Getreide- und Olivenbaumflächen kamen die Reichsdomänen der Numidia Cirtensis, deren Ausdehnung nicht mehr bekannt ist, und der Privatbesitz der reichen Römer hinzu; ihres Bodens beraubt wurden auch viele mittlere und kleine Besitzer des tunesischen Sahel und der Bezirke von El Djem und Kairuan, deren Felder und Olivenhaine aus römischem Legionärsbesitz auf wenige Hektar zusammenschrumpften: Luftaufnahmen zeigen sie noch als kleine Pünktchen dort, wo seit Jahrhunderten nur noch Steppe ist.

Das geraubte Land wurde zum Besitz der Eindringlinge, und zwar die gesamte Fläche, nicht wie im »Groß-Savoyen der Burgunder« ein Drittel, auch nicht wie im westgotischen Aquitanien oder Spanien zwei Drittel. Der König und seine Söhne behielten die großen Domänen im Westen. Die Offiziere erhielten in der früheren Prokonsularprovinz, wo der Klein- und Mittelbesitz überwog, ihren Anteil nach germanischem Sippenbrauch bei der Neuverteilung des enteigneten Grundbesitzes. Dafür galten dieselben Regeln wie für die Verteilung der Kriegsbeute: der Tausendschaftsführer *(millenarius)*, dem tausend Familien unterstanden, wies die Bodenanteile den zweihundert Kriegern zu, die von diesen Familien für den Heeresdienst gestellt werden mußten; er selbst richtete sich im besten römischen Gutshaus des Bezirks ein, seine Mannen und ihre Familien in den Häusern der früheren kleinen Grundbesitzer. Die römischen Besitzer wurden vor die Wahl gestellt, entweder fortzugehen oder sich in den Dienst der neuen Herren zu stellen und für sie als Kolonen den Boden zu bewirtschaften, der früher ihnen gehört hatte. Die Zahl der Vertriebenen war so groß, daß Valentinian III. ihnen 451 in den benachbarten mauretanischen Provinzen Land aus staatlichem Besitz zuweisen mußte.

Was wurde aus der römischen Großgrundbesitzerklasse? Genaues darüber ist nicht bekannt, denn die einzigen, die sich weiterhin — vielleicht etwas zu beharrlich — über Raub und Greuel der Vandalen beklagten, die flüchtigen Aristokraten, waren nicht mehr im Lande, also keine Augenzeugen. Zweifellos besaßen auch in der Vandalenzeit prominente Familien gewaltige Domänen. Das geht aus in Holz eingeritzten Verkaufsverträgen hervor, die der französische Gelehrte Albertini 1929 aufgefunden hat (»Albertini-Tafeln«). Danach gab es zwischen 493 und 496, in der Regierungszeit Hunerichs, eine zahlreiche Sklaven- und vor allem Kolonenbevölkerung, die das Land nach dem römischen Gewohnheitsrecht, wie es aus dem römischen Afrika des 2. Jahrhunderts zur Genüge bekannt ist, bebaute:

den Grundbesitzern fielen die Naturalabgaben zu, den Kolonen die Arbeit, aber auch die zeitlich nicht befristete Verfügung über den Boden. Die Eigentums- und Arbeitsverfassung hatte sich somit unter den Vandalen nicht geändert. Allerdings gibt es solche Angaben nur einmal, und sie stammen aus der Gegend von Tebessa, die von den Zentren der Vandalenniederlassungen zu weit entfernt war, als daß man sie in die große Bodenenteignungsaktion einbezogen hätte.

Soll man im fanatischen Kampf der katholischen Kirche gegen die arianischen Vandalen den Ausdruck einer Widerstandsaktion der römischen Großgrundbesitzer vermuten? Beweise dafür sind in den Texten, an die sich der Historiker halten muß, nicht zu finden. Jedenfalls mußte der Einfluß der Großgrundbesitzer im Gefolge der Bodenenteignung entscheidend zurückgegangen sein. Anderseits gab es im Kampf gegen die Eroberer kaum einen Unterschied zwischen Katholizismus und Römertum; man kann also mit gutem Grund annehmen, daß die von der römischen Kultur ebenso wie vom Christentum unbestreitbar erfaßten und erfüllten Berber, die kleinen Leute der Städte und die Kolonen des flachen Landes, auch die Hauptstützen des katholischen Widerstands waren.

Nach dem Personalitätsprinzip hätten die Römer ihre besonderen Gerichte und ihr eigenes Recht behalten müssen. Ihre Gerichte waren aber gehalten, im Namen des Vandalenkönigs und unter der Aufsicht eines hohen Beamten des Vandalenstaates Recht zu sprechen. Für Verfahren, bei denen die Prozeßparteien verschiedenen Nationalitäten angehörten, waren ausschließlich die vandalischen Gerichte zuständig, die nach germanischem Gewohnheitsrecht urteilten.

So standen sich zwei Gesellschaften gegenüber: die vandalische, die von der Arbeit der früheren Landbewohner lebte und sie dank der Vorzugsstellung ihres Rechts beherrschte, und die römische, die durch die Enteignungen enthauptet und dezimiert worden war. Das Interesse des Königs verlangte die gegenseitige Isolierung der beiden Gesellschaften: Mischehen waren verboten; Rechtsinstitutionen, in denen sich römisches Recht und germanische Bräuche einander hätten angleichen und die Verschmelzung der beiden Nationalitäten vorbereiten können, durften nicht geschaffen werden. Auch das war ganz anders als in den von Westgoten eroberten Ländern. Hier machte sich bemerkbar, daß die Vandalen nie als »Verbündete« Roms gelebt hatten. Sie hatten diese auf Rechtsgrundsätze gegründete Lebensregelung, die Raub und Mord ausschloß, die gegenseitige Befruchtung verschiedener Zivilisationen ermöglichte und zur Entstehung neuer gesellschaftlicher Gebilde beitrug, nie kennengelernt und waren von ihr nicht geformt worden.

Nun an das Land gebunden, von dem sie sich ernährte, lebte die vandalische Gesellschaft in ihren Gutshäusern und am königlichen Hof zweifellos im selben Luxus und mit denselben Annehmlichkeiten wie ihre Vorgänger. Nur ihre Angehörigen durften Kriegsdienste verrichten; sie waren daher jederzeit auf Abruf dienstpflichtig. Unter der heißen Sonne Afrikas griffen sie wieder zur germanischen Ausrüstung und Bewaffnung der Völkerwanderungszeit: zum spitzen kegelförmigen Helm, zum Panzer, zum Bogen und zum großen Schwert. Doch der Gefechtsgeist der großen Reiterzüge ließ sich in Afrika schlecht konservieren. Von einigen Überfällen auf griechische und italienische Küsten abgesehen, hatten sie vor der letzten großen Niederlage kaum noch Gelegenheit zu kriegerischen

Taten. Im Laufe eines Jahrhunderts hatten sie sich in eine Kaste verwandelt, die den vor ihr stehenden Aufgaben geistig und technisch nicht mehr gewachsen war.

Im Krieg wie im Frieden war ihr Oberhaupt nach wie vor der König, das unerläßliche institutionelle Zubehör einer Gesellschaft von Kriegern. Aber während des »Vandalenfriedens« war aus dem einstigen obersten Stammesfürsten ein absoluter Herrscher geworden. Die Versammlung des Vandalenvolkes trat zwar nach wie vor zusammen, um im Einklang mit der Tradition das älteste männliche Mitglied der königlichen Familie, den betagtesten Fürsten von Geblüt als König zu benennen. Aber seit dem Regierungsantritt Hunerichs wurde dafür gesorgt, daß die Wahl auf den Sohn, Bruder oder Neffen des letzten Königs fiel. Die Königsmacht war erblich geworden – wie beim Adel der Besitz der Bodenanteile aus den »Vandalenzuweisungen«.

In vierzig Regierungsjahren hatte sich Geiserich gewandelt. Der hinkende Held der Völkerwanderung war noch immer grausam und hart, habsüchtig und ein Verächter des Gepränges, dem sich seine Gefährten hingaben. Aber inzwischen hatte er an den gewundenen Umwegen der römisch-byzantinischen Diplomatie Gefallen gefunden. Statt in der Sprache des Befehls Probleme zu durchhauen, hatte er, wie die Griechen sagten, seinen Spaß daran, »Konflikte zu säen und Haß anzustacheln«. In seinem Palast von Maxula bei Tunis verschanzt, den er nicht häufiger verließ als Valentinian III. seine Residenz in Ravenna, verzichtete er leichten Herzens darauf, die offenen Städte des römischen oder griechischen Feindes mit Brutalität und Zerstörungswut heimzusuchen. Er schien sich darin zu gefallen, den erworbenen Besitz eher als Eigentümer denn als Eroberer und Unterdrücker seines eigenen Königreichs zu verwalten. Er tat es im Stil eines unumstrittenen Gebieters. Land und Menschen hingen von seinem Willen ab.

Fast immer war der Leiter der königlichen Kanzlei, der Verwaltungsfachmann und juristischer Sachverständiger sein mußte, ein Römer. Der Posten des ersten Ministers wurde dagegen in der Regel mit Vandalen besetzt. Auch die wichtigsten Beamten, die Tausendschaftsführer, die den organisatorischen Formationen der neuen vandalischen Eigentümer vorstanden, und die Verwaltungschefs der Balearen, Sardiniens und Korsikas waren Vandalen. Als Amtsträger waren sie auf allen Stufen mit Hoheits- und Herrschaftsbefugnissen ausgestattet. Zwischen dem Hof und den Städten gab es – wie auch in den Ländern der Westgoten – keine Mittelspersonen mehr, keine Provinzgouverneure mit einem Rattenschwanz von Ämtern. Dennoch wurden die Ortsgemeinden beibehalten, weil sie wie auch zu Zeiten der Römer für die Ausbeutung des Bodens und der Menschen unentbehrlich waren; an ihrer Spitze standen weiterhin die von unbezahlten Diensten und obligatorischen Geschenkausteilungen erdrückten Notabeln, nach wie vor für die Eintreibung der traditionellen Steuern verantwortlich. Geblieben war die lastenreiche *capitatio*; in ihren Erhebungsmethoden und in der Regelmäßigkeit des Steueraufkommens nie wankend, überdauerte sie ein Jahrhundert nach dem andern. Die Vandalen überließen es gern anderen, für die Vollstreckung der Befehle des Königs Sorge zu tragen. So nahm das Leben in den kleinen Städten seinen Gang, eintönig, ereignislos; freigebig konnten die Städte nicht sein, ihr Äußeres wurde nicht verändert, und deswegen gibt es auch kaum öffentliche Inschriften aus der Vandalenzeit. Freilich war dies Beharrungsvermögen trügerisch: es überdeckte nur den mehr oder minder ständigen Konflikt zwischen den Einheimischen, die Katholiken, und den Eroberern, die Arianer waren.

Die arianische Kirche stellte sich zwar als autonome Gemeinschaft dar, aber sie war keine reine Vandalenkirche, denn sie war nicht national und daher auch nicht in ihrer Ausbreitung begrenzt. Genau wie die katholische Kirche nannte sie sich ökumenisch, und sie betrieb — oft mit Erfolg — ihre Propaganda unter den katholischen Römern. Der Konflikt war durchaus religiöser Natur; es ging um die letzte Wahrheit. Erst mit dem Eingriff der Könige wurde der Konflikt zu einer Angelegenheit der Politik.

Geiserich hatte sich meistens tolerant gezeigt. Dagegen gebührt seinem Sohn Hunerich ein Ehrenplatz unter den großen Glaubensverfolgern, Seite an Seite mit Herodes oder Galerius. Mit ungewöhnlicher Brutalität wütete er gegen alle, die dem Glaubensbekenntnis von Nicaea anhingen; er nannte sie »Homoousier« und gab damit dem Konflikt seine präzise Ortsbestimmung. Ihm lag kaum daran, daß es in seinem Staat nur eine Kirche geben sollte. Mit der Einheit des Glaubens strebte er die Verschmelzung der beiden politischen Gemeinschaften an, deren Unterschiedlichkeit jedoch das eigentliche Fundament des Vandalenstaates bildete. Der von der arianischen Kirche betriebenen Propaganda spendete er den Segen der königlichen Autorität. Ein Edikt von 484 befahl die sofortige allgemeine Bekehrung seiner römischen Untertanen. Über die Widerspenstigen, deren Glauben die angekündigten Sanktionen nicht hatten erschüttern können, prasselten die schwersten Strafen hernieder: Beschlagnahme des gesamten Vermögens, Leibesstrafen, Verbannung. Mit grausamer Ironie suchte Hunerich aus den Sammlungen der römischen Gesetze die Bestimmungen heraus, die die orthodoxen Kaiser gegen Häretiker erlassen hatten, und wandte sie gegen die Katholiken an: Auflösung aller katholischen Einrichtungen, Absetzung ihrer Amtspersonen, Enteignung des Kirchenvermögens zugunsten der Arianer, Ächtung der Widerspenstigen, denen die Römern zuerkannten bürgerlichen Rechte abgesprochen wurden, Vertreibung der Bischöfe und Priester und ihre Verschickung zur Zwangsarbeit in den Bergwerken. Es gab über fünftausend Märtyrer und eine solche Unzahl von Abtrünnigen, daß in den katholischen Ländern durch Konzilbeschlüsse und päpstliche Botschaften besondere Bestimmungen über ihre Wiederaufnahme in den Schoß der Kirche erlassen werden mußten.

Die Nachfolger Hunerichs, seine Neffen Gunthamund und Thrasamund, beseitigten die Katholikenverfolgung in mehreren Etappen: Kirchen und Klöster wurden zurückgegeben, die Geistlichen freigelassen, die Freiheit des Gottesdienstes wiederhergestellt. Zum Religionsfrieden hatten offensichtlich Ereignisse außerhalb Afrikas geführt. Kaiser Zenon, der im Streit mit der Kirche von Rom lag, hatte keine Neigung gezeigt, in Afrika einzugreifen, und Papst Felix III., dessen Missionare sich bis dahin nicht nur als Träger der katholischen Botschaft, sondern auch als Vertreter der politischen Tradition Roms bewährt hatten, besaß nicht genug Geld, um weitere Missionare nach Afrika zu schicken. Thrasamund, der vornehmer gesinnt war als sein Bruder, brachte keine Katholiken mehr um, sondern zog es als überzeugter Arianer vor, den Irrglauben der katholischen Kirche dadurch zu bekämpfen, daß er katholische Geistliche einerseits in theologische Dispute verwickelte und anderseits ohne Sondergesetze, aber auch ohne sichtbare Terrorakte absetzte oder verbannte.

Urkunde einer Landschenkung des Odoaker an den Beamten Pierius, 489
Wien, Österreichische Nationalbibliothek, Papyrussammlung

Der Westgotenkönig Alarich II.
Stark vergrößerter Siegelstein mit dem Bildnis des Herrschers, Ende 5. Jahrhundert
Wien, Kunsthistorisches Museum, Antikensammlung

DE ALLVBIONE

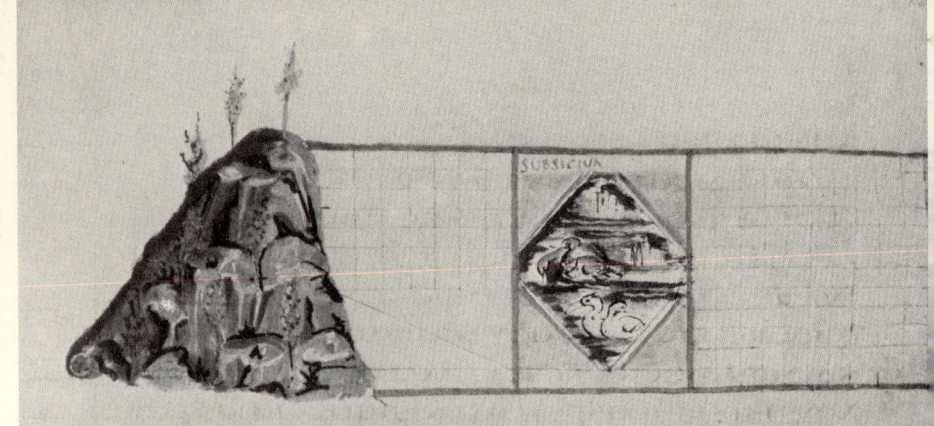

Controuersia est status effectu ibi efficitur
enim subinde et per tempora mutatur in hac co-
trouersia plurimum sibi uindicat ius ordinariu
acturenim de eo solo quod alluat flumen et sub-
tiles introducuntur questiones an de co per-
tinere debeat cui in altera ripa recedente aqua
solum creuit hic qualiquid acris desiderat
transire et possidere illud beat quod flumen re-
liquid nisi quod illud subtilissime perferitur
cuius solum nisi non satiat transire in alteram
ripam sed abductum esse relotum et illud contra
uicinum concedissimile nacrum habere quod
hic forte cui ueni nequeo solum misceri apud
illum adque barenac lapides et humum lauio
inuectum reouanserit illud preterea quod
nemissis super aque fecerit et nunc quoque

»Über die Bewässerung«
Eine Seite aus dem »Corpus Agrimensorum Romanorum«, einer im
6. Jahrhundert in Oberitalien entstandenen Kopie der Schriften der römischen Landmesser
Wolfenbüttel, Herzog-August-Bibliothek

Ganz anders verhielt sich sein Nachfolger Hilderich. Er hatte vierzig Jahre am Hof von Konstantinopel gelebt. Er war zwar Arianer, aber frei von Katholikenhaß. Er erlaubte die Rückkehr der verbannten Priester, die Wiedereröffnung der Kirchen und den Zusammentritt der Synoden. Seinen vandalischen Untertanen paßte das um so weniger, als sich in den alten römischen Provinzen Mauretaniens, die von den Kaisern von Ravenna aufgegeben worden waren, seit einer Generation neue Fürstentümer aufgetan hatten, die sich zum Ziel setzten, das gefährdete Römertum und zum Teil auch den katholischen Glauben zu verteidigen. Dazu gehörten das Reich Masuras, des »Königs der Mauren und Römer«, in der Gegend von Altara (Lamoricière), und das Reich Masties' im Aures-Gebirge, der sich sogar »König und Imperator der Mauren und Römer« nannte. Sie müssen kurz nach 496 ins Vandalengebiet eingefallen sein, denn aus diesem Jahr stammt das späteste Aktenstück der »Albertini-Tafeln«, der in der Gegend von Tebessa vergrabenen Domänenarchive. Keine drei Jahrzehnte später, 523, erfaßte ein Aufstand der Berber den gesamten Westen Byzaciums; einer der Rebellenhäuptlinge, Antalas, der ebenfalls als »König« auftrat, fügte dem Vandalenheer 530 eine so furchtbare Niederlage zu, daß vandalische Militärverschwörer, die Hilderich Schwäche vorwarfen, ihn ermordeten und durch den tapferen Krieger Gelimer, den ältesten Fürsten aus dem Königshaus, ersetzten; er sollte der letzte König der Vandalen sein.

Die Begeisterung der Armee hatte Gelimer zum König gemacht. Nervös, impulsiv, plötzlichen Depressionen unterworfen, war er jedoch keineswegs der Mann, den Vandalenstaat vor dem Niedergang zu bewahren. Er beging den Fehler, der wachsenden Macht Kaiser Justinians zu trotzen, vielleicht weil er sich dachte, daß Justinian, in einen schweren Kampf mit dem Persien der Sasaniden verstrickt, zögern werde, die Herausforderung anzunehmen. Justinian aber war stark genug: er brachte ein Heer von fünfzehntausend Mann zusammen, die auf fünfhundert Schiffen nach Afrika befördert wurden. Belisar, der Befehlshaber dieser Truppe, landete im September 533 mit besonderen Vorsichtsmaßnahmen in der Nähe von Sousse. Er verbündete sich mit den aufständischen Berbern und den Kameltreiberstämmen Tripolitaniens, marschierte auf Karthago, schlug Gelimer zehn Meilen vor der Stadt am Engpaß von Decimum und konnte daraufhin die Vandalenhauptstadt kampflos besetzen; er bewahrte sie vor Plünderungen. Gelimer führte den Feldzug noch einige Monate fort, mußte aber schließlich kapitulieren.

Der byzantinische Sieger liquidierte die Vandalen: die einen verkaufte er als Sklaven, die anderen siedelte er vereinzelt unter den Mauren der Grenzbezirke an; viele nahm er in den griechischen Osten mit, um sie als Söldner gegen die Perser Krieg führen zu lassen. Offenbar hielt es Justinian für möglich, auch die bloße Erinnerung an die hundertjährige Anwesenheit der Vandalen auf afrikanischem Boden auszulöschen.

Man kann nicht umhin, nach den Ursachen dieses blitzartigen Untergangs eines ganzen Volkes zu fragen. Nach einer Version sind die Vandalen dahingeschwunden, weil die Nachfolger Geiserichs in einem Staat, in dem der König eine entscheidende Institution war, recht armselige Gestalten waren; demnach mußte der Vandalenstaat zerbrechen, sobald ein Gelimer oder ein Hilderich an seiner Spitze stand. Nach einer anderen Version war es der große Fehler der Vandalen, daß sie sich nicht um das »verlassene Afrika«, das Afrika der westlichen Mauren, kümmerten; als Minderheit, die in ihrer Isolierung verharrte, hätten sie früher oder später dem Gewicht der Zahl erliegen, von einer Koalition ihrer Nachbarn und der Feinde im Osten besiegt und zersprengt werden müssen. Eine dritte Version beschuldigt die verjagten römischen Großgrundbesitzer, mit dem grimmigen Haß der Enteigneten und dem ohnmächtigen Ressentiment der vertriebenen Herren den grausamen Kampf der einheimischen Katholiken gegen die arianischen Eroberer geschürt zu haben. Der glänzende Erfolg der westgotischen Stammesverwandten der Vandalen legt eine andere Antwort nahe. Auch die Westgoten waren in Aquitanien und Spanien eine Minderheit, aber sie machten aus ihrem Besatzungsregime kein dauerhaftes Regierungssystem. Ein immer nur für kurze Zeit sinnvolles Besatzungsregime eignet sich grundsätzlich nicht dazu, das untilgbare Erbe einer geschichtlichen Vergangenheit aufzunehmen und zu verarbeiten; die Entwicklung der gesellschaftlichen Kräfte geht über ein solches Regime hinweg, so daß es am Ende, wie anschaulich gesagt worden ist, zu einer »politischen Abstraktion ohne menschliche Tiefe« wird.

Betrachtet man die Geschichte der Vandalen in Afrika aus diesem Blickwinkel, so wird sofort deutlich, daß sie nur eine kurzlebige Episode sein konnte. Dieser Boden war seit eh und je dazu verurteilt, die verschiedensten Herrschaftssysteme zu ertragen, und jedes hat ihm seinen Stempel aufgeprägt. Als einzige hat die Herrschaft der Vandalen nur Erinnerungen an Gewalt und Greuel hinterlassen — und einige Gräber.

Von Odoaker zu Theoderich

Im Jahre 477 – in Afrika war gerade, abseits vom großen Römischen Reich, der Vandalenkönig Hunerich auf dem Höhepunkt der Macht – hätte auch der Barbar Odoaker zum König eines Barbarenvolkes werden können. Aber dieser römische Offizier, von dem man nicht weiß, ob er von Germanen oder von Hunnen abstammte (er war als Skire geboren, aber in Galizien, wohin die Skiren verschlagen worden waren, herrschten die Hunnen), zog eine römische Lösung vor. Er setzte den letzten der Kaiser von Ravenna aufs Altenteil, schickte dessen kaiserlichen Ornat, das Wahrzeichen des Imperiums, nach Konstantinopel zurück und ging an die Wiederherstellung des seit anderthalb Jahrhunderten geteilten Reiches. Er hatte Orestes, den Oberbefehlshaber Iulius Nepos', des »griechischen« Kaisers von Ravenna, ums Leben gebracht, und alle Städte Norditaliens, Pavia, Piacenza, Ravenna, hatten sich ihm ergeben müssen. Er war Herr über die letzte dem Namen nach römische Armee, die allerdings nicht aus Römern, sondern aus Barbaren aller Nationen bestand. Dem terrorisierten Italien, dem Senat von Rom und den letzten Bürokraten konnte er diktieren, was ihm einfiel. Aber er hatte nur eins im Kopf: das Reich, das verteidigt werden mußte.

Er wurde also 477 nicht Barbarenkönig, sondern ließ den Senat Kaiser Zenon auffordern, zum alleinigen Souverän des Reiches zu werden; für sich selbst verlangte er die Würde des

Patrizius, den Oberbefehl der Armee und die Kontrolle der Verwaltung. Einen Kaiser des westlichen Reiches gab es nicht mehr; sogar im Innersten des Palastes von Ravenna, auf den das Römische Reich zusammengeschrumpft war, geisterte nicht einmal mehr der sichtbare Schatten einer Macht, die für immer dahingegangen war. Es erhielt sich aber die Fiktion des Reiches; der »römische Name«, zum Mythos erstarrte Geschichte, nötigte dem Skiren, der allen »zivilen und militärischen Angelegenheiten« vorstand, Respekt und Ergebenheit ab.

Schon seine ersten Taten bezeugten die Grundrichtung seines Verhaltens. Um seine Anhänger für den Schlag gegen Orestes in Pavia zusammenzubringen, hatte er ihnen Land in Italien versprochen; nach den für »Gäste« und »Verbündete« geltenden Regeln hätte es sich um ein Drittel der Ackerfläche des Landes handeln müssen. Odoaker enteignete aber nur so viel Boden, wie er für die Ausgabe von Anteilen an seine Soldaten brauchte, und beließ den Rest den römischen Grundbesitzern. Er legte Wert darauf, sich als Römer zu geben, und legte sich den Namen Flavius zu, vielleicht wie viele andere zu Ehren Konstantins. In den Kreisen der Aristokratie war man ihm dafür dankbar, daß er, der Arianer, dem seine Religion erlaubte, in innerkirchliche Angelegenheiten einzugreifen, darauf verzichtet hatte, die Geistlichkeit und das Volk von Rom bei der Papstwahl unter Druck zu setzen, daß er den Vandalen fast ganz Sizilien fortgenommen und die von neuen barbarischen Eindringlingen bedrohten Zugänge zu den Alpenpässen wirksam geschützt hatte. Er wußte dem Selbstgefühl des Adels zu schmeicheln, indem er auf hohe Verwaltungs- und Armeeposten Angehörige der großen Familien der Decii und der Anicii brachte, deren Ahnen den Konsulatskalender der Republik und des Kaiserreichs jahrhundertelang mit ihren Namen geziert hatten. Seine loyale Haltung und seine Hingabe an das Gemeinwohl sicherten ihm die Sympathien auch solcher Römer, die sich unter anderen Umständen als die wildesten Germanenfeinde gebärdet hätten.

Odoakers Erfolge waren Anlaß zu ernsten Besorgnissen in Konstantinopel. Gegen den Skiren Odoaker mobilisierte der Kaiser den Ostgoten Theoderich aus dem fürstlichen Amalergeschlecht. Theoderich war gerade bei seinen Kriegern in Moesien, wo die Ostgoten als »Verbündete« angesiedelt worden waren. Als ihn Zenon nach Italien schickte, versah er ihn mit den Titeln des Patrizius, also einer kaiserlichen Vertrauensperson, und des »Vorstehers der Miliz«, eines Militärbeauftragten des Kaisers. Im Frühjahr 489 drängte Theoderich die Barbarentruppen, mit denen ihm Odoaker den Durchbruch nach Italien versperren wollte, bis an den Isonzo zurück. Die Ostgoten plünderten die Bezirke, in denen sich die Getreuen Odoakers angesiedelt hatten, und nahmen Mailand und Pavia. Von den Burgundern, die Odoaker als Verstärkung hatte kommen lassen, wurde Theoderich in Pavia belagert. Aber ihm kamen die Westgoten, die er gerufen hatte, zu Hilfe. Er konnte sich befreien und Odoaker in einer großen Schlacht im August 490 aufs Haupt schlagen. Odoaker gelangte bis nach Ravenna, wurde jedoch von Theoderich in eine Falle gelockt und erschlagen. Von einer Aktion der Römer gegen die Barbaren war bei alledem keine Rede. Auf beiden Seiten waren Heerführer und Soldaten Barbaren, und den Institutionen des Kaisertums und dem römischen Herrschaftssystem waren beide Gegner gleichermaßen ergeben.

Diese Einstellung bewies Theoderich als Sieger, ohne lange zu zögern. Einige Anhänger Odoakers hatten dessen Sohn Thela als Augustus ausgerufen. Theoderich ließ sie sofort als Komplizen eines Usurpators nach den Hochverratsgesetzen des Reiches verfolgen. (Das entsprechende Dokument, das er als Patrizius und Vertreter des Kaisers unterzeichnete, ist das früheste Edikt, das sich aus seiner Regierungszeit erhalten hat.) Diese Staatstreue hinderte ihn nicht, sich von diesem Augenblick an als »König der Goten« zu bezeichnen, das heißt sich einen Titel zuzulegen, den ihm der Hof von Konstantinopel erst zehn Jahre später bewilligen sollte. Im Anfang stand seine Herrschaft in Italien nicht auf allzu festen Füßen; um so größere Aufmerksamkeit mußte er den Entwicklungen jenseits der Alpen schenken.

Die Wohngebiete der Ostgoten berührten sich mit dem Oströmischen Reich nur an der Drina in Bosnien; überall sonst waren ihre Nachbarn Germanen: Vandalen im Süden, auf Sizilien, Westgoten in der Provence, Burgunder am Ausgang der entscheidenden Alpenstraße, die über den Großen Sankt Bernhard führte, Alemannen und Rugen nördlich der Alpen in Raetien und im Noricum. In Nordgallien nahm Chlodwigs fränkisches Königreich eine besorgniserregende Entwicklung auf Kosten seiner Nachbarn, der Römer der Ile-de-France und der Westgoten Aquitaniens. Theoderich mußte mit der Möglichkeit rechnen, daß sich der Ostkaiser solcher Kräfte bedienen könnte, um die Ostgoten westlich der Alpen festzuhalten und sich mittlerweile in Italien eine eigene Position zu verschaffen. Angesichts dieser Gefahr war es für Theoderich besonders wichtig, an all seinen Grenzen den Frieden zu sichern: in Gallien, im Germanenland nördlich der Alpen, an der Donau. Mit großem Geschick gelang es ihm, das allseitige Kräftegleichgewicht zu erhalten; sein Ansehen als Patrizius, alleiniger Vertreter des Kaisers und Herr über die Geschicke Roms, der »Mutter des Reiches«, spielte er gegen die anderen Mächte aus, um ihnen Bündnisse mit ihm als wünschenswert erscheinen zu lassen. Dynastische Eheschließungen besiegelten die Bündnispolitik. Theoderich war bereits Chlodwigs Schwager und konnte hoffen, ihn sich weiter zu verpflichten; eine seiner Töchter verheiratete er mit dem Westgotenkönig Alarich II., eine andere mit Sigismund, dem Sohn des Burgunderkönigs Gundebald, seine Schwester wiederum mit dem Vandalenkönig Thrasamund; mit Hilfe anderer Familienbeziehungen dehnte er seinen Einfluß auch nördlich der Alpen aus.

Als Kaiser Anastasius Theoderich schließlich als König der Ostgoten anerkannte, mochte der König ums Jahr 500 ernsthaft meinen, er sei zum Oberschiedsrichter für den Westen geworden. Er hatte den Frieden in Gallien gesichert; er hatte es zuwege gebracht, die Grenzen seines Herrschaftsgebietes selbst zu bestimmen: sowohl an der Rhône, in der Provence, als auch an der Donau, wo nach dem stolzen Ausspruch seines begeisterten Verehrers des Ennodius, Bischofs von Pavia, die »Ostgrenze Italiens« nunmehr bei Sirmium verlief.

Das mühsam erzielte Gleichgewicht war jedoch wenig stabil. Theoderich konnte den Burgunder Gundebald nicht daran hindern, sich mit Chlodwig zu verbünden, der auf diese Weise die Hände zum Angriff auf Alarich II. freibekam; der Westgotenkönig wurde 507 in Vouillé besiegt und ließ sein Leben auf dem Schlachtfeld. Im folgenden Jahr erlitt Theoderich gleich zwei Niederlagen: einmal wurde er von der kaiserlichen Flotte in

Der Palast Theoderichs d. Gr. in Ravenna
Aus den Mosaiken in S. Apollinare Nuovo in Ravenna, Anfang 6. Jahrhundert

Das Grabmal Theoderichs d. Gr. in Ravenna, erstes Viertel 6. Jahrhundert

Apulien angegriffen, ohne daß ihm sein Schwager Thrasamund zu Hilfe geeilt wäre; zum andern zeichnete der Kaiser in Konstantinopel den Franken Chlodwig mit dem höchsten Ehrenamt, dem Konsulat, aus und übersandte ihm außerdem die Insignien, mit denen sein Königstitel anerkannt wurde. Für Theoderich war das Grund genug, ernsthaft besorgt zu sein: das in Gallien hergestellte Gleichgewicht war erschüttert, und der Kaiser, als dessen treuer Vertreter im Westen er sich stets gezeigt hatte, hatte ihn fallenlassen. Er brachte es dennoch fertig, sich jenseits der Alpen wieder zu behaupten: er konnte den Franken in der Provence Einhalt gebieten und den Ausbruch eines Krieges zwischen Burgundern und Franken dadurch verhindern, daß er beide zwang, ihn als Schlichter zu akzeptieren.

Nun fühlte sich Theoderich stark genug, dem Kaiser Anastasios einen respektvollen, aber entschiedenen Brief zu schreiben. Später hat Cassiodorus diesen Brief seiner Sammlung der Regierungsakte der Ostgotenkönige vorangestellt, gleichsam als programmatisches Dokument, das Ziel und Inhalt der Politik Theoderichs für den Westen definierte. Theoderich protestierte dagegen, daß Ehrungen und Titel, die von Rechts wegen ihm vorbehalten sein sollten, an andere gegeben würden. War er nicht das Bollwerk des Reiches, da er doch in seiner Jugend am Hof von Konstantinopel »mit Gottes Hilfe gelernt« hatte, »wie man in aller Billigkeit über die Römer herrschen könne«? Seine Herrschaft, schrieb er, sei nur eine Nachbildung der kaiserlichen, denn was sich in zwei Staatswesen darstelle, sei ein einziges Reich. Und weiter schrieb er: »Hinzu kommt die heilige Liebe für die Stadt Rom, von der man nicht abtrennen kann, was kraft der Einheit des Namens ein Ganzes bildet.« Rom sei der Mittelpunkt des Reiches, das einen einzigen Willen haben müsse; das müsse die allgemeine Meinung sein.

Der Gotenkönig träumte nicht von einer von außen auszuübenden Vorherrschaft über die Welt der Germanen. Das Netz der dynastischen Ehen, das er hatte knüpfen wollen, sollte nur dem Zweck dienen, den Frieden unter den Barbarenkönigen zu erhalten, um sie erst recht an die Autorität des römischen Namens zu binden. Theoderich wollte sogar »die Dinge so wiederherstellen, wie sie einst waren«, das heißt das Römische Reich von neuem erstehen lassen, und er wollte im Westen der Schirmherr dieses Reiches sein. Das war kein Traum, sondern eine konsequent verfolgte Politik. Schon Ataulf und Eurich hatten mit größerem oder geringerem Erfolg das Prinzip dieser Politik in die Praxis umzusetzen gesucht. Nur die äußeren Umstände hatten sich seitdem gewandelt: es gab im Westen keinen Kaiser mehr, Theoderich aber herrschte in Italien, das Wiege und Mittelpunkt des Reiches war. Als Hüter der römischen und imperialen Tradition konnte er dem Kaiser nahelegen, alle alten und neuen Kräfte eines Reiches, das eins geblieben war, um sich zu sammeln. Auf der anderen Seite zeigte Theoderich mit der Unwandelbarkeit seiner Haltung gegenüber den Römern, daß er sich mit Worten nicht begnügte, daß es ihm aber auch nicht in den Sinn kam, jemanden hinters Licht führen zu wollen.

Im Königreich der Ostgoten war unter der Herrschaft des Barbarenkönigs tatsächlich alles römisch oder sollte es sein: Regierung, Gesetzgebung, Kultur. Theoderich hatte Ravenna aus den Trümmern emporgehoben, um es zu seiner Hauptstadt zu machen. Dort stand sein Palast. Das berühmte *Palatium*-Mosaik in der großen, von ihm erbauten Basilika San Apollinare Nuovo zeigt den großartigen Eingang zur königlichen Behausung und läßt den riesigen Hof unter freiem Himmel erahnen, in dem die festlichen Hofempfänge stattfanden. Aus den Texten wissen wir, daß es hier wie in allen kaiserlichen Palästen einen großen Audienzsaal mit einer dreifachen Eingangspforte gab, in dessen Hintergrund sich auf einer Erhöhung der Kaiserthron erhob. Vom Palast in der Nähe von San Apollinare Nuovo (die große Ziegelfassade des »Palasts der Exarchen« gehörte nicht zu ihm) ist nichts übriggeblieben als der im Boden erkennbare Grundriß, denn das bei Ausgrabungen freigelegte Fundament ist wieder zugeschüttet worden. Wie in der großen sizilianischen Villa bei Piazza Armerina, die sehr wohl ein kaiserlicher Jagdpavillon aus dem 4. Jahrhundert sein könnte, gab es hier große Säulengänge für die Hofprozessionen, einen riesigen Audienzsaal und einen weiteren mit drei Bogen überwölbten Saal für festliche Bankette, unerläßliche Stätten des höfischen Zeremoniells. Wahrscheinlich hatte Theoderich, wie es sich für den Schirmherrn des Westens und den alleinigen Vertreter des Kaisers gehörte, die traditionelle Ausstattung der majestätischen kaiserlichen Bauwerke getreulich kopiert.

Er bekundete denn auch stets seine Hochachtung vor dem Kaiser. Er datierte seine Regierungsakte mit den Amtsjahren der beiden vom Kaiser ernannten Konsuln; daß der Hof von Konstantinopel den einen Kandidaten, den er benennen durfte (und der ein Römer aus dem Westen sein mußte), stets akzeptierte, änderte nichts daran, daß die Konsuln kaiserliche Beamte waren. Er versah zwar die Goldsolidi mit seinen Initialen, aber die Gold- und Silberscheidemünzen, die er für den täglichen Zahlungsverkehr prägen ließ, trugen den Namen des Kaisers; daß er dem alleinigen Kaiser Respekt und Treue zollte, war damit weithin sichtbar: jeder Untertan konnte sich jederzeit davon überzeugen, wenn er eine Münze in die Hand nahm.

Um den König gruppierte sich die bekannte Hierarchie der hohen Beamten: Theoderich hatte seine Prätorianerpräfekten, seinen »Vorsteher der Ämter«, seinen »Quästor des heiligen Palasts«, seinen »Grafen der heiligen Gaben«, kurz alle Ränge aus dem kaiserlichen Regierungsstab, die es in der Ämterhierarchie der Barbarenkönige von Toulouse, Lyon oder Karthago nicht gab. In Rom amtierten weiter der Stadtpräfekt mit seinen Unterpräfekten, die Präfekten der Annona und die von Augustus geschaffenen Präfekten der Wachen. Vor dem Senat, dessen Sitzungen in der von Diokletian auf dem Gelände der Kurie Caesars wiederaufgebauten neuen Kurie stattfanden, ließ Theoderich die Königsansprachen verlesen, nicht mehr wie früher trockene Berichte, die auf ein *senatusconsultum* hinausliefen, sondern Verkündungen der wiederentdeckten Kaiserwürde, in einem prunkhaften Stil abgefaßt, wie er dem Geschmack des Zeitalters entsprach. In den Provinzen, deren Abgrenzung und Einteilung auf das 4. Jahrhundert zurückging, hatte sich nichts geändert. Die Städte hatten immer noch ihre Kurialen und Kuratoren, die für die Aufbringung der drückenden Kapitationssteuer und anderer Abgaben sorgen mußten.

Nach wie vor rekrutierten sich die Inhaber der Regierungs- und Verwaltungsämter ausschließlich aus den Reihen der Römer; Stufe um Stufe legten sie die vorgeschriebenen Etappen einer durch die traditionellen Ehrentitel gekennzeichneten Laufbahn zurück. Unter ihnen fanden sich die Nachkommen der großen Familien der alten Zeit wieder, so Quintus Aurelius Symmachus, der Schwiegervater des Konsuls Anicius Manlius Torquatus Severinus Boëthius, oder Flavius Magnus Aurelius Cassiodorus. Cassiodorus war der Sohn eines Prätorianerpräfekten, der als persönlicher Adjutant Theoderichs Dienst tat; er selbst wurde Quästor, Vorsteher der Ämter und Prätorianerpräfekt. Im Verlauf von vierzig Jahren diente er vier Ostgotenkönigen, denen er sich durch seine Sachkenntnis und seine literarische Bildung unentbehrlich machte. Um alle wichtigen Verfügungen jederzeit griffbereit zu haben, stellte er vierhundertachtundsechzig Urkunden der Regierungskanzlei zu einer Textsammlung zusammen, die den mittelalterlichen Höfen als Modell dienen sollte.

Im Gegensatz zu seiner römischen Verwaltung war Theoderichs Armee durchweg gotisch. Schon seit langem gab es keine Römer, sondern nur noch Barbaren unter den Waffen. Die Goten saßen in den Militärsiedlungen der Po-Ebene, lebten von der Arbeit der an ihren Boden gebundenen Kolonen und konnten jederzeit zu den Waffen gerufen werden. Ihre Offiziere waren dem eigenen Volk entnommen; der rangälteste Offizier war – wie in den Barbarenreichen – der Graf, der nicht nur Truppenkommandeur war, sondern, soweit es um die Krieger und ihre Familien ging, auch richterliche Befugnisse ausübte. In den Provinzen stand der Graf als Chef des Heereswesens dem Gouverneur zur Seite; auf diesem Posten konnte er es bisweilen zu großem Einfluß bringen: so wurde der Graf von Syrakus zum faktischen Gebieter Siziliens.

Die Römer behielten ihre eigenen Gerichte, aber entschieden wurde in diesen Gerichten nach den Vorschriften eines Rechts, das für alle freien Einwohner des ostgotischen Königreiches galt. Die Rechtsinstitute zeigten eine charakteristische Neuerung: zwischen 493 und 507 wurde das sogenannte »Theoderich-Edikt« erlassen, dessen wichtigste Vorschriften – wie die des Alarich-Breviariums – aus dem *Codex Theodosianus* und den *Sententiae* des Iulius Paulus, eines Juristen des 3. Jahrhunderts, übernommen waren. Nur in wenigen Punkten läßt sich darin der Einfluß des gotischen Gewohnheitsrechts erkennen. Um 510 schrieb Theoderich an den Gotengrafen Suhivad: »Wir erlauben es nicht, daß Goten und Römer unter zwei verschiedenen Gesetzen leben, während wir sie doch in derselben gemeinsamen Zuneigung vereinen.« So war hier das Personalitätsprinzip, das jeder Völkerschaft ihr Recht beließ und das von den anderen germanischen Königen weiterhin befolgt wurde, bereits im Schwinden begriffen; die grundsätzlich verschiedene Behandlung der Angehörigen verschiedener Völker galt im ostgotischen Italien faktisch nur noch für den Militärdienst. Auch in bezug auf fiskalische Verpflichtungen waren Barbaren und Römer gleichgestellt: der Grundbesitz der Goten wurde ebenso besteuert wie der Grundbesitz der Römer.

Theoderich begnügte sich nicht mit Lippenbekenntnissen zu den »Wohltaten der *Pax Romana*«. Er zeigte stets seine Anhänglichkeit an die Traditionen der Kultur und Kunst des Altertums. Zwar soll er so ungebildet gewesen sein, daß er seine Regierungsakte mit einem Tupfen unterzeichnen mußte; aber er war voller naiver Bewunderung für alles, was mit der römischen Vergangenheit zu tun hatte. Er ließ die Monumente der Stadt restaurieren, vor allem solche, die ihm mit der Wucht ihrer Masse imponierten: die Aurelianische Mauer, das Kolosseum, das Theater des Pompeius. Die Basiliken, die er in seiner Hauptstadt für die Arianer baute, sollten größer und schöner sein als die Basiliken, die Galla Placidia für die Katholiken hatte errichten lassen. San Apollinare Nuovo, Santo Spirito und das Baptisterium der Arianer haben mit dem Sieg des Katholizismus ihre besondere arianische Ikonographie eingebüßt, über die wir infolgedessen nichts wissen. Aber ihre gewaltige Ausdehnung bezeugt wiederum das Grandiose und Großartige, das der Gotenkönig vor aller Welt erstrahlen lassen wollte. Das Mausoleum, das er für sich bauen ließ, will mit seiner aus einem Stein gehauenen Kuppel beachtet sein, aber sein eigentlicher Zweck war, ganz besonders an die Rundbauten zu erinnern, die die theodosianische Dynastie für ihre Grabmäler an den Seitenflügeln der konstantinischen Basilika hatte anbringen lassen und die inzwischen dem Klassizismus Michelangelos erlegen sind.

Der Gotenkönig dachte immer wieder an Rom, wenn er sich mit Rhetoren umgab, die seinen Ruhm besingen sollten: sein Panegyriker und Hofdichter Ennodius, der Bischof von Mailand, erinnerte in seiner Manieriertheit und wortreichen Belesenheit an Claudianus, der dieselbe Rolle ein Jahrhundert zuvor am theodosianischen Hof gespielt hatte. Daß Theoderich Zirkusspiele, die er verabscheute, wieder veranstalten ließ, entsprang dem Bedürfnis, eine mit ihren Umzügen, ihrer Geldausschüttung und ihren Sprechchören für das höfische Ritual wesentliche Zeremonie ins Leben zurückzurufen.

Nur einmal in seinem Leben kam der hingebungsvolle Verehrer alles Römischen nach Rom. Er feierte seinen Einzug mit dem festlichen Zeremoniell der alten Zeiten; der Senat empfing ihn in feierlicher Prozession, und zum erstenmal sah man den Papst an seiner Spitze. Rom selbst verkörperte sich für das allgemeine Bewußtsein in der Person des Kirchensouveräns, denn seit Leo dem Großen galten die Apostel Peter und Paul, deren Nachfolger der Papst sein wollte, als die wirklichen Gründer der Ewigen Stadt. Vielleicht kniete der arianische König in der Basilika in frommer Andacht weniger vor dem meistverehrten Heiligen des Katholizismus als vor dem neuen Romulus.

Der König der Ostgoten konnte sich nun in der Tat für den wahren Herrn des Westens halten. Auf seine Truppen konnte er sich verlassen. Er hatte alles um sich geschart, was in Italien römisch war. Sein Einfluß auf die Politik des Westens war beträchtlich, bisweilen entscheidend. Durch seine Beauftragten am Hofe seines Enkels, des Westgotenkönigs Amalrich, regierte er faktisch auch in Barcelona. Chlodwig, der seine Pläne so oft durchkreuzt hatte, lebte nicht mehr. Kaiser Iustinus I. schien ihn anzuerkennen, als er ihm das Vorschlagsrecht für beide Konsuln des Jahres 523 einräumte (er wählte Boëthius und Symmachus, zwei westliche Römer). Auf die Dauer mußte allerdings Konstantinopel an dieser Vormachtstellung des Königs Anstoß nehmen, und in Italien zerbrachen religiöse Leidenschaften die *Pax Ostrogothica*.

Im Osten hatte Iustinus 519 die Orthodoxie wiedereingeführt; und 523 verfügte er den Ausschluß der Arianer von allen Zivil- und Militärfunktionen. Auch unter den Untertanen des Ostgotenkönigs gab es etliche, die sich darüber freuten. Vielleicht war der Konsul Boëthius einer von ihnen. Man beschuldigte ihn, geheime Verbindungen mit dem byzantinischen Hof aufrechterhalten zu haben; er wurde in Haft genommen, vor Gericht gestellt und 524 zum Tode verurteilt. Im Gefängnis gab sich der christliche Denker philosophischen Meditationen hin und schrieb sein großes Werk *De consolatione philosophiae*. Zwei Jahre später wurde Papst Johannes I. ins Gefängnis geworfen, weil er beim Kaiser den Widerruf der Gesetze gegen die Arianer nicht erwirkt hatte; er starb im Gefängnis. In Verona brachen Unruhen aus, bei denen arianische Goten mit katholischen Römern ins Handgemenge gerieten; Theoderich verbot daraufhin den Katholiken in ganz Italien, Waffen zu tragen. Im Senat begann sich eine »byzantinische« Partei bemerkbar zu machen.

Dennoch kann man nicht sagen, daß diese minderen Einzelfakten eine abrupte Umkehr in der Haltung Theoderichs und den Beginn einer Katholikenverfolgung anzeigten. Der Gotenkönig hatte sich seit jeher als Vorkämpfer der Tradition Roms und des Reiches gegeben; er hatte Katholizismus und Römertum stets zu trennen gewußt. Im Gefängnis hatte Boëthius gut reden. Er wetterte gegen »Könige, die, von unheilbringenden Waffen behütet, auf erhöhtem Thron sitzen, deren scheeles Auge Drohungen aussendet, deren Rage die Herzen erzittern läßt«. So wurde der Eindruck erweckt, als habe der alte König alles verleugnet, was sein Lebensinhalt gewesen, als sehe er in den Römern fortan nur Rebellen, die zu vernichten seien, und im Katholizismus die Sache des Feindes. Zum Porträt des Verfolgers, der der König geworden sein sollte, paßte natürlich die Strafe, die auf dem Fuß folgte: unerwartet starb der König 526; dazu paßte auch der zweite Widerruf als letzter Beweis: hatte nicht der König seiner Tochter Amalasuntha, die für ihren Sohn Athalarich als Regentin die Geschäfte führen sollte, den Rat erteilt, mit dem römischen Senat und dem Ostkaiser im Einvernehmen zu leben? Freilich stammt diese Version vom Byzantiner Jordanis. An einen reumütigen Rückzug des Königs braucht man nicht zu glauben: nichts nötigte ihn dazu, denn es war keine Wendung, geschweige denn eine aufsehenerregende eingetreten.

Man muß aber auch festhalten, daß zwischen der Schwenkung zur Orthodoxie in Konstantinopel und der Krise von 523 vier Jahre lagen; unmittelbar vor der angeblichen Abkehr Theoderichs von der Tradition der Toleranz und Verständigung hatte ihn, den arianischen König, der gerade den Gipfel seiner Macht erklommen hatte, der katholische Kaiser mit Ehren überschüttet. Viel wahrscheinlicher ist, daß Boëthius der Rache einiger gotischer Würdenträger zum Opfer gefallen war, denen er Erpressungen vorgeworfen hatte und die dem König hatten einreden können, Boëthius habe das in ihn gesetzte Vertrauen enttäuscht. Zu beachten ist auch, daß ein Teil der in Rom maßgeblichen Kreise nicht auf seiten Boëthius' stand. Der Papst aber wurde gefangengesetzt, weil er mit seinem Auftrag gescheitert war. Zweifellos fühlte sich der König durch die kaiserliche Brüskierung verletzt und gekränkt; daher der Wutausbruch, der kaum etwas anderes sein konnte als eine Augenblicksaufwallung. Er genügte aber für die katholische Tradition, die dann an seinen plötzlichen Tod die phantastischsten Legenden knüpfte. Gerechter waren die germanischen Dichter, die in ihren Heldensagen nur die Erinnerung an die kriegerischen Taten des Dietrich von Bern (Verona) wachhielten; und der Wahrheit näher waren die Römer Italiens, die sich zehn Jahre später weigerten, in den Soldaten Belisars ihre Befreier zu sehen, und damit bestätigten, daß die Wohltaten der *Pax Ostrogothica* auch in den letzten Lebensjahren Theoderichs nicht bedroht waren.

Geburt des Königreiches Francia

In Gallien hatte das Verschwinden des letzten Westkaisers ebenso gravierende Folgen wie in Italien: es gab dem Ehrgeiz und dem Appetit der Barbarenkönige freien Lauf. Der mächtigste von ihnen war der Westgotenkönig Eurich, der das gesamte Land zwischen der Loire, dem Ozean und der Rhône in seiner Hand hielt. Er mußte allerdings mit dem Burgunderkönig Gundebald rechnen.

Seit dem Tod des Kaisers Maiorianus hatten die Burgunder die Grenzen »Groß-Savoyens«, das ihnen Aëtius nach der Hunneninvasion eingeräumt hatte, gesprengt und sich über das Stromgebiet der Saône und der Rhône bis zur Durance ausgebreitet. Ihre Hauptstadt war Lyon. Wie die Westgoten wurden sie von der römischen Aristokratie akzeptiert und anerkannt, weil sie ihr die wichtigsten Verwaltungsposten und den größten Teil ihres Grundbesitzes belassen hatten. Die Gesetze, die sich die Burgunder gegeben hatten, atmeten in vielem den Geist des römischen Rechts, behielten aber auch nicht wenige Züge germanischer Bräuche. So war für sie der Reichtum nicht unbedingt, wie es das römische Recht der Periode nahelegte, der Bestimmungsgrund besonderer Vorrechte. Fremd war ihnen die römische Gleichberechtigung der Geschlechter im Erbrecht. Im Strafrecht erlaubten sie in zahlreichen Fällen die Abgeltung der Strafe durch eine Geldbuße. Die eigentliche Barriere zwischen der burgundischen und der römischen Gemeinschaft war indes religiöser Natur: im Gegensatz zu den Römern waren die Burgunder Arianer.

Im übrigen Gallien herrschte Konfusion. Die Autorität des Kaisers bestand nicht mehr. Syagrius, der Sohn des letzten »Vorstehers der Miliz in Gallien«, der sich »König der Römer« nannte, hatte sich zwischen der Loire und der Oise eine eigene Domäne mit Soissons als Hauptstadt zurechtgeschnitten; bald kämpfte er gegen die Westgoten Aquitaniens, bald schlug er sich mit den sächsischen Seeräubern, die die Loire bis nach Angers hinaufsegelten. Im Kampf gegen beide muß er wohl den salischen Franken in der Gegend von Tournai und Cambrai ein Bündnis aufgezwungen haben, denn die *Lex Salica* spielt auf das »Römerjoch« an, das die Franken hätten ertragen müssen.

Im Norden und im Nordosten, in den früheren belgischen und germanischen Provinzen Roms, war der Zusammenbruch der römischen Macht so gut wie vollständig; alles wurde den einstigen »Verbündeten« überlassen, die unzivilisierte Heiden geblieben waren: den Alemannen der Nordschweiz, des Elsaß und Lothringens, den ripuarischen Franken am Rhein stromabwärts von Mainz und den salischen Franken der Toxandria (der heutigen Bezirke Friesland und Limburg). Die salischen Franken drängten nach dem Süden. Sie überquerten die große römische Straße Boulogne–Bavais–Tongern und bewegten sich auf die Städte des Loire-Tals zu. Ihr Häuptling war Childerich, der 482 in Tournai starb und mit einem Juwelenschmuck begraben wurde, dessen goldgefaßte dunkle Steine den Archäologen des 19. Jahrhunderts Bewunderung einflößten.

Die salischen Franken waren fremdartige Krieger. Apollinaris Sidonius, der so viele andere erlebt hatte, sagte von ihnen: »Vom Scheitel hängt ihnen eine blonde Mähne in die Stirn; ihr Nacken, der unbedeckt bleibt, glänzt, weil er haarlos ist; ihre Augen sind grün und weiß, und der Augapfel ist glasig; ihr Gesicht ist völlig rasiert; ... anschmiegsame

Europa um 530

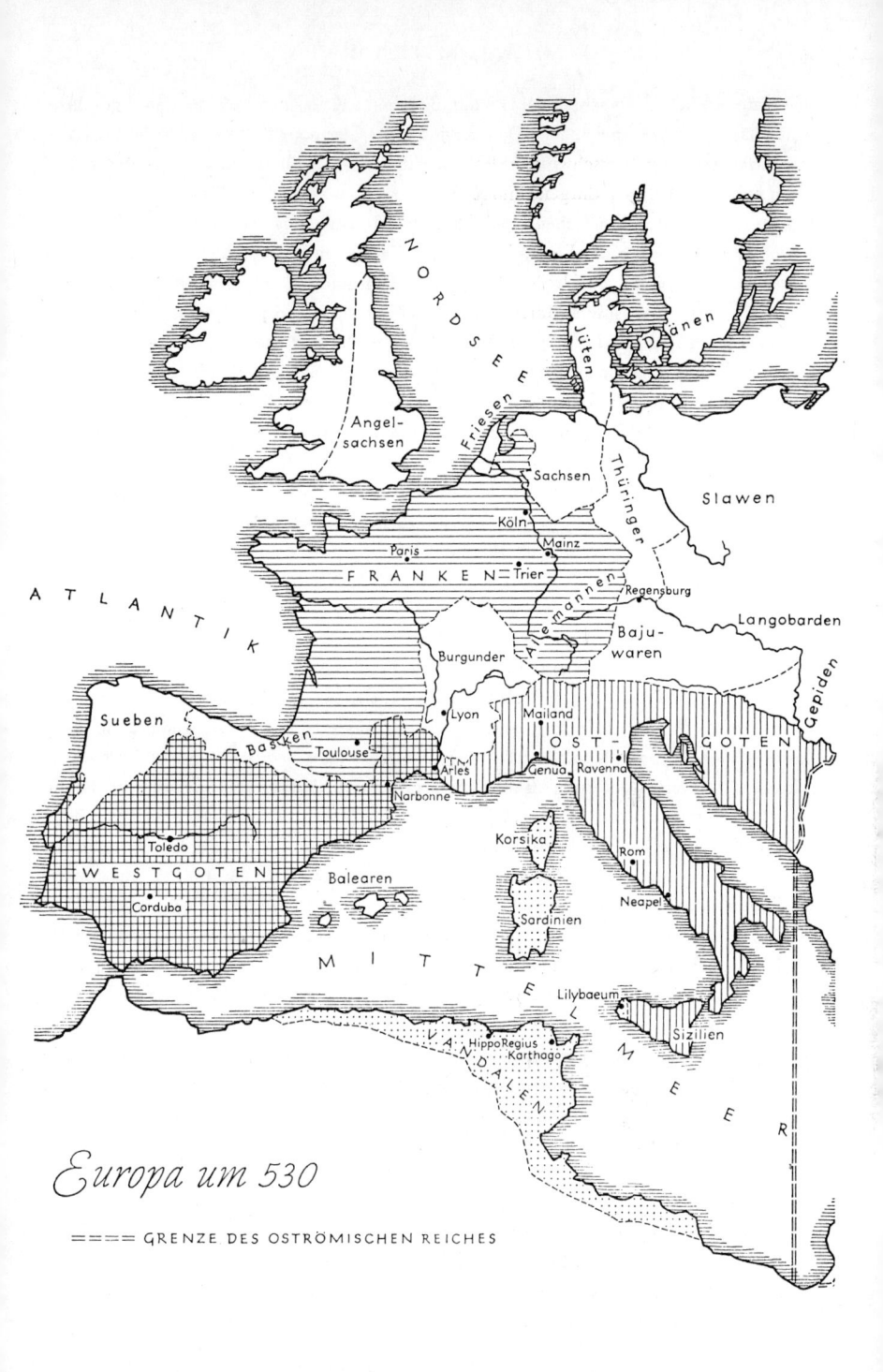

==== GRENZE DES OSTRÖMISCHEN REICHES

Gewänder schließen die schlanken Gliedmaßen dieser Krieger ein;... an der abgezehrten Hüfte hängt ein Wehrgehänge.« Dem Bischof von Clermont fiel auf, daß sie eine zweischneidige Streitaxt besonders geschickt zu handhaben wußten; außerdem attestierte er ihnen leidenschaftliche Kriegsbegeisterung.

Zum Gründer des fränkischen Königreichs wurde Chlodwig, der Sohn Childerichs. Als Eurich 484 starb, sahen diese kriegsbegeisterten Germanen in der Schwächung der Königsgewalt unter den Westgoten eine willkommene Gelegenheit, zur Offensive überzugehen. Chlodwig griff zunächst Syagrius an, den er bei Soissons besiegte. Der Geschlagene flüchtete zu Alarich II., der aber so ängstlich war, daß er ihn an Chlodwig auslieferte. Syagrius wurde enthauptet. In den folgenden Jahren beseitigte Chlodwig alle Rivalen im eigenen Volk. Er wurde zum faktischen König aller salischen Franken. Ihre Masse wurde durch den Zuzug derer vermehrt, die am Rhein die von den abwandernden »Verbündeten« freigegebenen Plätze besetzten. Durch diese Erfolge beeindruckt, stellten sich die ripuarischen Franken unter seinen Schutz und machten sich ihrerseits in westlicher Richtung auf den Weg; über Trier und Metz erreichten sie die Einfallstraße, die über Châlons und Reims führt.

Schon 486, nach der Niederlage des Syagrius, hatte der heilige Remigius, Bischof von Reims, an Chlodwig geschrieben und für seine Gemeinde um Schutz vor Plünderungen gebeten; er stellte dem König der Franken die Vorteile vor, die ihm aus gutem Einvernehmen mit den Städten und den sie vertretenden Bischöfen erwachsen müßten. Vermutlich um den Bekehrungserfolgen entgegenzuwirken, die die Arianer in der Umgebung Chlodwigs erzielt hatten, setzten sich die gallischen Bischöfe für die Heirat des Königs mit Klothilde, der Tochter des Burgunderkönigs, ein. Die Macht des Burgunderkönigs allein hätte wohl genügt, den König der Franken an diesem Plan Gefallen finden zu lassen. Aber Klothilde war eine treue Katholikin: sie setzte bei Chlodwig durch, daß ihre Kinder katholisch getauft wurden. Damit nahm Chlodwigs Schicksalsweg eine neue Wendung.

In der literarischen Tradition wird Chlodwigs Bekehrung bald als die Wirkung von Wundern, deren Zeuge der Frankenkönig am Grabe des heiligen Martin in Tours gewesen sei, bald als das Resultat eines Gelübdes gedeutet, das er vor der »Schlacht von Tolbiac« abgelegt habe; nur weiß man nicht genau, wo und wann diese Schlacht gegen die Alemannen im Rheinland stattgefunden haben soll. Diese zweite Version geht offenbar auf die Erzählung vom Wunder an der Milvischen Brücke zurück, wohin die Heiligengeschichte die Bekehrung Konstantins und die Grundsteinlegung des christlichen Kaiserreichs verlegt hat. Ähnlich soll die Bekehrung des neuen Konstantin und die Geburt der katholischen Monarchie in »Francia« vom »Gelübde von Tolbiac« datieren. Das Datum ist umstritten: 498 ist plausibler als 506. Sicher ist nur, daß sich Chlodwig mit dreitausend Kriegern in Reims an einem Weihnachtstag hatte taufen lassen. Den katholischen Bischöfen der arianischen Königreiche ging sogleich die Kunde zu: die stärkste Militärmacht, die es in Gallien je gegeben hatte, war katholisch geworden. Der heilige Avitus von Vienne im Burgunderland frohlockte; er grüßte in Chlodwig »das Licht der Sonne, die bereits hoch in ihrem Lauf steht«, einem anderen Licht zur Seite, dem Licht des katholischen Kaisers; er hoffte, auch sein Souverän, der Burgunderkönig Gundebald, werde den arianischen Glauben abschwören und Katholik werden.

Als Chlodwig 500 die Burgunder angriff, bejubelte der Bischof von Vienne den Einfall der Franken, als komme er von Gott. Da aber ein leichter Sieg nicht zu erreichen war, zog es Chlodwig vor, mit Gundebald zu verhandeln; er überredete ihn, das Bündnis der Burgunder mit den Westgoten aufzugeben. Das Ansehen des Frankenkönigs, der Katholik geworden war, unter der römischen Bevölkerung des Burgunderstaates war so groß, daß sich Gundebald genötigt sah, für seinen Staat zwei verschiedene Rechtsgrundlagen zu schaffen: das »Gesetz der Burgunder« (später als *Loi Gombette* bekannt) für seine barbarischen Untertanen und das »Römische Gesetz der Burgunder« für die Römer. Die Beziehungen der beiden Gemeinschaften gründeten sich künftighin sowohl auf geschriebenes als auch auf Gewohnheitsrecht. Das war eine Vorsichtsmaßnahme. Dieselbe Vorsicht veranlaßte Gundebald, ein treuer Bundesgenosse Chlodwigs zu bleiben.

Nur zu spät begriff Alarich II. die Gefahr, die seinem Königreich von einem katholischen Chlodwig drohte. Der Neubekehrte hatte die Sympathien der katholischen Bischöfe Aquitaniens für sich. Der Westgotenkönig aber glaubte die Bischöfe dadurch zur Räson bringen zu können, daß er die am meisten kompromittierten vertrieb oder deportierte. Erst 506 folgte er dem Beispiel Gundebalds und unternahm mit der Veröffentlichung seines berühmten *Breviarium*, der Zusammenfassung der für seine römischen Untertanen geltenden Gesetze, den Versuch, die Römer auf seine Seite zu bringen. Er kam zu spät. Der freundlichen Haltung der Bischöfe Aquitaniens sicher, nahm Chlodwig den Feldzug gegen die Westgoten wieder auf und machte daraus einen Kreuzzug gegen die arianischen Häretiker. Der Sieg, den er in diesem Religionskrieg davontrug, ist bekannt: in Vouillé in der Nähe von Poitiers geschlagen (507), mußten die Westgoten ganz Aquitanien und Toulouse den Franken überlassen. In Marseille und in der Provence kam allerdings den Franken der Ostgotenkönig Theoderich zuvor; er behielt das Gebiet für sich.

Die Schlacht von Vouillé besiegelte die Machtstellung der Franken: sie beseitigte den einen Barbarenstaat in Gallien, der lange Zeit der mächtigste war, und sprengte das Gleichgewichtssystem, das Theoderich so mühevoll aufgebaut hatte. Fortan waren die Franken die Herren Galliens von der Nordsee bis zu den Pyrenäen. Unabhängig blieb nur das Königreich der Burgunder, aber es war nur noch ein zweitrangiger Bundesgenosse. Kaiser Anastasios begriff das sogleich. Er sandte Chlodwig die Insignien, die ihn zum Vertreter des Kaisers in Gallien machten. »Er erhielt«, schreibt Bischof Gregor von Tours, »die Konsulatsurkunde, wurde in der Basilika des heiligen Martin mit der Purpurtunika und der Chlamys bekleidet und setzte das Diadem auf sein Haupt; sodann bestieg er sein Pferd und warf eigenhändig mit der größten Güte Gold und Silber dem Volke zu, das sich auf dem Weg vom Vorplatz der Martinsbasilika zur Stadtkirche von Tours versammelt hatte.«

Chlodwigs Hauptstadt wurde indes weder Tours noch Reims, sondern Paris. Im antiken Lutetia, wo seit Julian Apostata kein Kaiser mehr residiert hatte, brauchte Chlodwig nicht der Nachfolger eines andern zu sein. Wahrscheinlich sagte ihm auch die Lage der Stadt zu: von Paris konnte er bequem nach dem Norden und nach dem Osten vorprellen. Von diesem Zeitpunkt datiert die politische Rolle Nordgalliens; der Süden hatte ausgespielt.

Das disparate Ganze, das Chlodwigs Königreich war, mußte organisiert werden. In Aquitanien wurde das Alarich-Breviarium beibehalten. Nach dem Vorbild der Westgoten-

und Burgunderkönige ließ Chlodwig nun auch für seine Franken einen Gesetzeskodex zusammenstellen, die *Lex Salica.* Unter fränkischer Herrschaft setzten sich in den verschiedenen Teilen des Landes Gesetze durch, die der lokalen Situation und den lokalen Traditionen angepaßt waren. Vergleicht man die Gesetzbücher miteinander, so erfährt man einiges über den Zivilisationsgrad der einzelnen Königreiche. In der ältesten Fassung der *Lex Salica* ist das römische Recht kaum spürbar: alle erdenklichen Verbrechen büßten die Franken mit Geldstrafen; mit der Freiheit und dem Leben hafteten sie nur, wenn sie nicht zahlen konnten. Das Verfahren beruhte auf der Wirkkraft des Eides; bald sollte es zur Feuer- und Wasserprobe und zum »Gottesurteil« führen. Von dem bekanntesten Artikel der *Lex Salica,* der die Frau um das Recht brachte, Grundbesitz zu erben, sollten die Kapetingerkönige auf ihre Art Gebrauch machen.

Als Chlodwig 511 starb, gab es noch keine echte Einheit im Frankenstaat; er war aus den Trümmern anderer Königreiche zusammengetragen worden. Doch war zum erstenmal der Religionsgegensatz zwischen der älteren römischen Bevölkerung und den neu hinzugekommenen Barbaren beseitigt; das einigende Band war dasselbe Glaubensbekenntnis, dazu auch die gemeinsame Kultursprache Latein. Fast unvermeidlich mußten Barbaren und gallische Römer miteinander verschmelzen; den Autoritätszentren des Reiches immer mehr entfremdet, entwickelten sie allmählich auch die Vorstellung, daß sie eine Nation bildeten. Am frühesten findet sich diese Vorstellung bemerkenswerterweise bei Gregor von Tours, den eigentlich alles von den Franken trennte: die römische Abstammung, die Verwurzelung im Senatsadel, die umfassende Bildung.

Wichtig vor allem war an der Schwelle des 6. Jahrhunderts die Tatsache, daß sich eine neue Staatsmacht in größerer Entfernung von den Mittelmeerküsten erhob, von wo bis dahin alle Autorität gekommen war, die staatliches Leben sicherte. Die neue Macht hatte sich von Anfang an Prestige verschafft. Sie war katholisch, ohne daß sie der Papst bei ihrer Geburt eingesegnet hätte; sie war legitim, ohne daß sie um Anerkennung durch den byzantinischen Kaiser, den einzigen Erben der Kaiser von Rom, hätte nachsuchen müssen.

Herrschaft und Zivilisation

Die Geschichte des Seßhaftwerdens der barbarischen Völker im Westen im 5. Jahrhundert besteht aus Paradoxien: Plünderungen, Zerstörungen, Massaker auf der einen Seite, Assimilation der Sieger, die den institutionellen Rahmen und die Sitten einer höheren Zivilisation übernehmen, auf der anderen; militärische und politische Ohnmacht der überfallenen Bevölkerung und ihre aktive Zusammenarbeit mit den Barbaren in neuen Staats- und Regierungsformen; heftige Gegensätze und friedliche Koexistenz der Kirchen. Es ist eine revolutionäre Situation: alle alten Werte der Zivilisation scheinen in Frage gestellt. Die Lösung der Krise bringen die Barbarenkönige, indem sie auf die jahrhundertealte Erfahrung des Römischen Reiches zurückgreifen.

Besonders sticht eine Tatsache hervor. Die Bevölkerung des römischen Spaniens im 4. Jahrhundert wird auf etwa neun Millionen geschätzt. Die Westgoten und die Sueben, die in Spanien eindrangen, zählten mit Familien insgesamt keine zweihunderttausend. Noch weniger zahlreich waren die Vandalen, die den sieben oder acht Millionen Römern und völlig romanisierten Berbern der römischen Provinzen Afrikas gegenübertraten: ihr Volk bestand aus achtzigtausend Menschen, von denen kaum sechzehntausend Krieger waren. In sehr viel größerer Zahl hatten sich die Cimbern und Teutonen herangewälzt, die am Ende des 1. vorchristlichen Jahrhunderts über Italien und die Provence herfielen; dennoch waren sie in zwei entscheidenden Schlachten zerschlagen und zurückgeworfen worden.

Was immer die vielfältigen, tiefen und mitunter fernen Ursachen des Zusammenbruchs des Weströmischen Reiches gewesen sein mögen: damit es so weit kommen konnte, mußten die führenden Gewalten – Kaiser, Bischöfe, Generale, Verwaltungschefs – den Barbaren freie Hand gelassen und sie durch die eigene Schwäche, die Bannflüche, die Ausflüchte, die Kompromisse, das Zögern, die Feigheit und vor allem durch das innere Zerwürfnis ermutigt haben. Denkt man an das Mißverhältnis der Zahlen im Lichte dieser Situation, so zeigt sich, daß der Tod des Reiches nicht der Tod der Idee dieses Reiches war, noch weniger der Tod der römischen Zivilisation.

Ein Ataulf und ein Theoderich hatten die Idee des Reiches übernommen, und sogar Chlodwig war für sie nicht unempfänglich. Die römische Zivilisation aber lebte weiter, mit einzigartigem Glanz bei den Westgoten Spaniens und bei den Ostgoten Italiens, weniger existenzsicher bei den Burgundern Galliens, fast betäubt bei den Franken. Nirgends jedoch verschwand sie ganz und für immer, und sei es auch nur, daß sie im Denken und in der Frömmigkeit der Kirche, im Geschmack und Wissen der Gebildeten, in den Meditationen der christlichen Philosophen, in den Institutionen der Juristen fortbestand.

Was gestorben war, war eine politische Herrschaft, die universal sein wollte, die aber nur die durch ihre Organisation geschützten Kollektivorganismen zur Kenntnis nahm, ohne sie einzuschmelzen. Sie machte für diese Kollektivorganismen Gesetze, sie verwaltete sie, aber sie sperrte sich von ihnen mit Barrieren ab, die weniger der Verteidigung dienten als dazu, eine dünkelhafte Selbstisolierung zu verewigen.

Berthold Rubin

DAS RÖMISCHE REICH IM OSTEN

BYZANZ

Die römische Rochade nach dem Osten

Das Byzantinische Reich des Mittelalters wollte nicht die Fortsetzung des Römerreichs, es wollte dieses Römerreich selbst sein. Solchem Anspruch des Gedankens, der Theorie entsprachen jedoch nicht mehr die Tatsachen des Raumes, der geschichtlichen Entwicklung. Im Zeitalter Konstantins des Großen begegnen wir der Weltstunde, in der die Spannungen der Mittelmeerwelt dem mittelalterlichen Byzanz seine Prägung geben. Wie jede geschichtliche Erscheinung, umschließt Byzanz als Frucht der Vergangenheit die Ernte der ganzen Zeit: Byzanz *vor* Byzanz. Dasselbe gilt für seine Rolle als Same der Zukunft: Byzanz *nach* Byzanz (Jorga). Genesis und Nachwirkung füllen den Kreis der Weltgeschichte, auch der künftigen. Sie verhalten sich wie die Wurzeln eines ragenden Baumes zum Humus, den er nach seinem Vergehen zurückläßt.

Die unverwechselbare Gestalt des mittelalterlichen Byzanz keimt zum erstenmal sichtbar unter Konstantin, wächst unter Theodosius und Justinian und kann erst im Zeitalter der Kalifen als voll entfaltet gelten.

Das Verständnis des byzantinischen Staates und seiner Kultur ist schon dem zeitgenössischen Abendland nicht leichtgefallen. Von den konkurrierenden »Weltherrschern« des Mittelalters in Ost und West und erst recht von den Kirchen, die aus dogmatischen, aber völkerpsychologisch verständlichen Gründen sich auseinandergelebt und schließlich gespalten hatten, von allen diesen stolzen Traditionsmächten war nur gegenseitiger Haß zu erwarten. Das spiegelt sich nicht zuletzt im verächtlichen Schweigen der westlichen Chronisten über Byzanz, Ergebnis einer unbewußten »Sprachregelung« des christlichen Abendlandes, die im krassen Gegensatz stand zu den reichen kulturellen Beziehungen zwischen Westen und Osten.

Mit der Gründung von Konstantinopel hat Kaiser Konstantin der oströmischen Geschichte gleichsam ihr Strombett gegraben. Und noch über diese entscheidende Tat hinaus hat die Erhebung des Christentums zur Staatsreligion das globale Geschehen beeinflußt. Beide Ereignisse bezeugen den Triumph des Ostens, der sich freilich lange zuvor bereits angebahnt hatte. Schon Caesar hatte mit dem Gedanken gespielt, die Hauptstadt nach dem Osten zu verlegen, und die wirtschaftliche Überlegenheit der alten Metropolen Alexandreia und Antiocheia, der Ausgangspunkte der Handelswege nach dem Mittleren und dem Fernen Osten, ließ sich nicht mehr bestreiten. Sie gehört zu den wirksamsten Faktoren des weltgeschichtlichen Sieges des Ostens.

Der Zustrom von Arbeitskräften und Siedlern aus aller Welt nach Byzanz hatte schon vor Jahrzehnten eingesetzt. Die einzigartige Lage dieser Stadt forderte förmlich dazu heraus. Immerhin war Konstantins Entscheidung eine Tat von historischem Rang, die politische und militärische Konsequenz aus der Verlagerung der Schwerpunkte in der römischen Mittelmeerwelt. Mit der feierlichen Einweihung am 11. Mai 330 ging ein Akt über die politische Bühne, der in einem höheren Sinne das Oströmische Reich gründete.

Manche sehen in Konstantins Unwillen über das hartnäckige Heidentum des alten Roms bei seinem Besuch von 326 den letzten Anstoß zur Gründung Konstantinopels. Als ein Tropfen, der das Gefäß zum Überlaufen brachte, könnte auch der von Ammianus Marcellinus so glänzend wie hintergründig geschilderte Besuch des Nachfolgers Constantius im alten Rom gewirkt haben (357). Denn zwei Jahre danach wurden die Senate von Rom und Konstantinopel einander gleichgestellt; der prokonsularische Oberbürgermeister wurde zum Stadtpräfekten, der innerhalb der Bannmeile der östlichen Hauptstadt vizekaiserliche Rechte genoß.

Ein seltsames Zusammentreffen fügt sich bedeutungsvoll diesen historischen Daten an. Am 3. März 357, genau acht Wochen vor dem Besuch des Kaisers Constantius in Rom, wurden die Reliquien der Apostel Lukas und Andreas nach Konstantinopel übergeführt. Damit hängt die Legende vom Apostel Andreas als dem ersten Missionar und von einem gewissen Stachys als dem ersten Bischof Konstantinopels zusammen. Diese Legende sollte vom 7.Jahrhundert an ungeahnte politische Bedeutung gewinnen (Dvornik). Denn Andreas, der ältere Bruder des Apostelfürsten Petrus, eignete sich nicht schlecht als Kronzeuge gegen den Primatsanspruch des älteren Roms. Überhaupt konnte die apostolische Gründung Roms den an Apostelgründungen überreichen Osten nie sonderlich beeindrucken. So schlägt das Zusammentreffen von 357 ein Thema an, das eines Tages zur Dissonanz des westöstlichen Schismas abgewandelt werden sollte.

Constantius versinkt im Strom der Zeiten. Iulianus Apostata, der Antichrist und heimliche Überchrist, unternimmt seinen Versuch, das Rad der Geschichte zurückzudrehen. Er bekämpft und kopiert das Christentum, sucht Platons Ideal vom Philosophen auf dem Thron mit fast christlichen Mitteln zu verwirklichen. Was er wollte, war ein Römertum griechischer Nation, getragen von einem geistigen Völkerbund des Hellenismus. Die Nachwelt blickt fasziniert auf das Zwielichtig-Ahnungsvolle, eigentümlich Moderne des Mannes und sucht nach Erklärungen.

Die Zukunft gehörte den nüchternen illyrischen Generalen Valentinian I. und Valens, unter denen der Osten zum letztenmal seine Gesetze vom Westen empfing. Trotz der unleugbaren Bemühungen dieser Männer stürzte der Osten mit der Niederlage von Adrianopel (378) in einen der reißendsten Strudel seiner Geschichte, der schließlich nicht ihn, sondern den Westen für immer verschlang. Es war ein Höhepunkt in den Kettenreaktionen der germanischen Völkerwanderung, die selbst nur ein Glied in der Kette unaufhörlicher Völkerbewegungen Nordeurasiens war.

Aber diese selben Germanen halfen dem großen Spanier Theodosius I., nochmals das Reich zu retten, und diesmal eindeutig von Osten her. Es war weder Spielerglück noch Gottesurteil, wenn es ihm am Frigidus gelang, das Aufbegehren der heidnischen Konservativen des Westens für immer zu ersticken. Als letzter römischer Kaiser vor Justinians Restauration hat Theodosius über das Gesamtreich geherrscht. Als er 395 das Römerreich unter seine Söhne Arcadius und Honorius teilte, galt dieser Akt selbstverständlich nicht der Spaltung der Mittelmeerwelt, sondern der Überwindung administrativer Schwierigkeiten. Auf dynastischer Grundlage versuchte man die alten Rezepte des diokletianischen Tetrarchenregiments von neuem anzuwenden. Aber eine geheime Rache des Schicksals machte das Testament des Theodosius zum Anfang einer endgültigen Spaltung von Osten und Westen. Das wirtschaftliche, geistige und nicht zuletzt das religiöse Auseinanderfallen der beiden Großräume der Mittelmeerwelt hatte lange vor Theodosius begonnen und beschleunigte sich bald danach in den Wirbelstürmen der Völkerwanderung.

Ostrom im Zeitalter der Reichsteilung

Die Nachfolge Theodosius' des Großen wurde echt konstantinisch im Sinne der Erbmonarchie geregelt. So wurde dem elfjährigen Arcadius, der eigentlich nie so recht erwachsen wurde, die Ehre zuteil, die Tabelle der im engeren Sinne »ost«römischen Kaiser anzuführen. Im Westen herrschte der achtzehnjährige Honorius. Die Regierung blieb in beiden Reichsteilen den Ministern und Generalen überlassen. Der wahre Kaiser der kommenden Jahre hieß Stilicho. Dieser Halbvandale lenkte die Geschicke des Westens, wollte aber auch im Osten seinen Einfluß geltend machen. Der Besitz von Illyricum sollte ihm das Übergewicht geben. Den jungen Kaisern galt er als Testamentsvollstrecker und dank der Heirat mit Serena als älteres Familienmitglied.

Für das Reich bedeuteten nach dem Tode des großen Kaisers einige hunnische Vorstöße nur Nadelstiche, der Vormarsch des schon am Frigidus beteiligten Westgoten Alarich dagegen eine tödliche Gefahr. Fürs erste wurden nicht die illyrischen Streitfragen, sondern König Alarich das Zünglein an der Waage der ostwestlichen Beziehungen. Stilichos östlicher Gegenspieler, der Prätorianerpräfekt Rufinus, wollte den Zorn des Königs auf Illyrien ablenken, stürzte aber in die eigene Fallgrube, denn Stilicho hatte sich bereits mit dem Eunuchen Eutropius über den Sturz des Ministers verständigt. Auf die formelle Anforderung des Arcadius hin setzten sich die Ostkontingente des Westens unter Gainas nach Konstantinopel in Marsch und ermordeten Reichsverweser Rufinus an der Seite seines Kaisers (27. November 395). Für diesen Erfolg verzichtete Stilicho sogar auf Ostillyricum, hielt er sich doch nun ohnehin für den wahren Herrn des Ostens. Zum Zeichen der Zurückhaltung überließ er sogar Griechenland der Wut Alarichs. Doch sah sich Stilicho von Eutropius getäuscht, der nicht daran dachte, dem Verweser des Westens seinen Preis zu zahlen. Erst 397 ging Stilicho, nachdem die Lage sich etwas geklärt hatte, von neuem gegen Alarich vor, mußte sich aber dank den Machenschaften seines jetzigen Rivalen Eutropius rasch zurückziehen. Dafür erhielt Alarich in Epirus die Bestallung zum oströmischen Heermeister von Illyricum. Die tätige Sympathie des afrikanischen Separatisten Gildon für Ostrom zeigt, welchen Grad die Entfremdung zwischen den vor kurzem von Theodosius vereinigten Reichshälften bereits wieder erreicht hatte.

In den drei kurzen Jahren seiner Herrschaft suchte Eutropius den Osten zu konsolidieren. Er gewann sogar militärische Ehren und das Konsulat von 399, gleichzeitig aber Todfeinde durch den Kampf gegen die Großagrarier und andere Schädlinge der Wirtschaft. Hinzu kam die antigermanische Bewegung in Senat und Offizierskorps. Konservative, wie Synesios und Aurelian, waren seit langem entschlossen, die Germanen aus den Streitkräften des Ostens und ihrer Führung zu verdrängen. Ein Gotenaufstand unter Tribigild, nicht auf dem Balkan, sondern in Phrygien, gab den gewünschten Vorwand. Gainas spielte das Zünglein an der Waage, konnte aber nicht verhindern, daß in Konstantinopel, nicht zuletzt auf Betreiben der Kaiserin Eudoxia, die Macht an die konservativen Ultras und Antigermanen überging. Ihr Führer Aurelian wurde Prätorianerpräfekt des Orients, die Kaiserin gewann die Stellung einer Mitregentin. Die Königsrede des Synesius entwirft das Programm einer Politik, die nun von Eudoxia und Aurelian verwirklicht wurde. Die Partei der Senatoren und Großagrarier hatte erkannt, daß von Germanen nicht die soziale Geduld der Reichsbevölkerung zu erwarten war. So wüteten sie mit einer Säuberung, der die militärische Schlagkraft des Ostens für viele Jahre zum Opfer fiel. Der Westen hätte sich trotz des Schicksals, das er Stilicho bereitete, nichts Vergleichbares leisten können. Dem Osten gestattete seine wirtschaftliche Überlegenheit den Umbau der Verteidigung. Vielleicht hat die freiwillige Schwächung ihn vor Experimenten bewahrt und zu der Ruhe beigetragen, die er im Sturmschatten der Völkerwanderung genoß.

Die Germanen kannten weder Zusammenhalt noch Ressentiment, sie unterlagen nur der Schwerkraft des pragmatischen Gebots der Stunde. Es bedeutet keine Paradoxie, wenn sie ihre hartnäckige Dezimierung im Osten mit ebenso hartnäckigen Angriffen auf den Westen beantworten. So wälzte sich Alarichs Heerzug 401 zum erstenmal über die Alpen nach Italien. Stilicho trat ihm zwar erfolgreich entgegen, gewährte aber dann das Recht zur Ansiedlung im Savegebiet auf westlichem Reichsboden. Es folgte der Blitzzug des Ostgoten Radagais nach Italien und der Aufbruch der Vandalen nach Gallien. In so gewaltigen Gefahren versagte das antigermanische Ostrom dem Halbvandalen Stilicho seine Unterstützung, darüber hinaus betrieb es mit allen Mitteln seinen Sturz.

Trotz der Schwäche des Kaisers Arcadius festigte der Hof zu Konstantinopel unter Eudoxia und dem faktischen Regenten Anthemius seine Stellung. Patriarch Johannes Chrysostomos büßte seine Kritik an Eudoxia mit vorzeitigem Tod in der Verbannung, als Zeuge östlicher Kaisermacht. Als Arcadius starb, schöpfte Stilicho Hoffnung, das antigermanische Nest im Osten auszuheben, fiel aber bald den östlichen Intrigen und seiner pedantischen Treue zum Opfer. Anthemius unterhielt zum Westen, aber auch zu Persien freundschaftliche Beziehungen. Die Donaufront wurde verstärkt; 413 wurde mit der theodosianischen Landmauer dem Wachstum der jungen Hauptstadt Rechnung getragen. In Ravenna traf 409 eine östliche Flotte ein, konnte aber die dritte Belagerung und Einnahme Roms durch Alarich nicht verhindern.

In Konstantinopel regierte Pulcheria den Knaben Theodosius und führte einen klösterlichen Ton ein. Die Mönche beherrschten unter Führung Cyrills nicht nur Ägypten, die Grundbesitzer spotteten der kraftlosen Gesetze gegen die ihre Güter vergrößernde »Patroziniumsbewegung«. Die Spaltung Armeniens führte zum Krieg mit Persien, der prompt eine Christenverfolgung nach sich zog. Erst 421 zog mit der Athener Professorentochter Athenais-Eudokia ein neuer Geist der Aufgeschlossenheit im Palast ein. Das Verhältnis zum Westen trübte sich vorübergehend, dann sah es wieder so aus, als sollte Theodosius II. 423 nach dem Tode des Honorius von neuem Herr des Gesamtreiches werden. Man erkannte aber bald, daß die Sache der Dynastie am besten durch Placidia vertreten wurde. Die Krönung Valentinians III. 425 schloß den östlichen Invasionsversuch der Ardabur und Aspar ab.

Vom Hunnensturm bis zum Untergang Westroms

In den dreißiger Jahren überschattete die Eroberung von Nordafrika durch die Vandalen die römische Weltpolitik, in den vierzigern drohte diese Gefahr vom hunnischen Weltreich des Nordens noch übertroffen zu werden. Immerhin bedeutete Geiserichs Griff nach Afrika auch für Ostrom einen Griff an die Kehle. Der afrikanische Separatismus Gildons und der Donatisten erhielt hier einen gefährlichen Nachfolger. Ein neues Karthago bedrohte jetzt die Seeverbindungen des Mittelmeerraumes. Mit dem Hunnenreich des Nordens rechtete man um Flüchtlingsfragen und mußte auf die Anwerbung von Söldnern in ihrem Herrschaftsraum verzichten. Einem Attila kam es nicht auf Landgewinn, sondern auf finanzielle Erpressung an. Er stieß zwar bis zu den Thermopylen und Konstantinopel vor, begnügte sich aber mit der Forderung nach einem *Cordon sanitaire* zwischen Norden und Süden. Berühmt ist der Bericht des Priskos über seine Gesandtschaft zum Hofe Attilas in der Theißgegend. Das Unglaubliche geschah: trotz eines naiven Mordanschlags der Byzantiner entschloß sich auch Attila für Westrom als das lohnendere Angriffsziel.

Die zivilisatorische Leistung, die dem Zeitalter Theodosius' II. mitten im Aufruhr der Völkerwanderung gegönnt war, stellt sich der Nachwelt dar in der Stiftung der Universität, im *Codex Theodosianus* und in der Landmauer, dem heute noch eindrucksvollsten Denkmal der alten Hauptstadt. Der Mauerbau fand seine Vollendung 439 durch Cyrus von Panopolis, der als passionierter Bauherr zwischen Konstantin und Justinian wohl am meisten zur mittelalterlichen Erscheinung der Residenz beigetragen hat. Auch als Befürworter der griechischen Sprache in der Gesetzgebung stand er trotz seiner lateinischen Bildung auf der Seite der Vernunft. Dagegen hat der *Codex Theodosianus* im Westen erheblich länger nachgewirkt als im Osten, wo er bald von den verbesserten Sammlungen Justinians abgelöst wurde. Die Universität (425) ging schon auf Konstantin zurück, ihre Strahlen erhellen trotz einiger Dunkelzonen das Mittelalter.

Die anziehendste Erscheinung des Zeitalters wurde von Ferdinand Gregorovius gewürdigt: Athenais-Eudokia, die seltsam moderne, an Stimmungen aus Milton und Faust erinnernde Dichterin. Erst 443 unterlag sie nach glanzvollen Jahren den Intrigen des Kaiserhofes und zog sich nach Jerusalem zurück, wo sie den Kaiser um zehn Jahre überlebte.

Die weltpolitischen Möglichkeiten des Zeitalters erläutert die Zusammenarbeit des Hunnen Attila mit dem Vandalen Geiserich in Afrika. Im Westen entfaltete sich Aëtius zu einer Persönlichkeit, die Stilicho noch übertraf. Er hat mit großer Klugheit die hunnische Gefahr abgewendet und damit auch dem Ostreich genützt. Der Tod Attilas zersprengte das Hunnenreich in tausend Stücke. Für die mittel- und osteuropäische Germanenwelt bedeutete der vorzeitige Tod Attilas den Verlust ihres Beherrschers und vor allem ihres Einigers. Die Hunnen dieser Ära waren drauf und dran, für die Germanen das zu werden, was die Awaren für das Slaventum geworden sind: ein hölzerner Reif, der nach erfüllter Aufgabe der Einigung vermodert. Diese Entwicklung war auch für das Ostreich bedeutsam, denn sie verhinderte den Anprall einer kontinentalen Germanenfront der Zukunft, wenn sie auch zunächst die Einzelstöße der nun wieder dem freien Kräftespiel ihrer Räume überlassenen Germanenstämme verstärkte.

Das Regiment des Kaisers Marcianus (451–457) erschien schon der nächsten Generation als Muster einer glücklich die Gegensätze versöhnenden Regierung. Er gehörte weder zur alten Dynastie, noch gründete er eine neue, verkörperte aber, obwohl selbst Emporkömmling und »Soldatenkaiser«, die zivilen Tugenden des Regenten wie ein echter Senatsherrscher. Mit ihm begann die staatsrechtlich unbedeutende, aber optisch eindrucksvolle Krönung der byzantinischen Kaiser durch den Patriarchen. Trotz anfänglicher Abhängigkeit von Pulcheria und Aspar gelang es Marcianus, den Nimbus des Ostreichs noch strahlender vom Hintergrund der weströmischen Dekadenz abzuheben. Freilich verdankte der Osten seine Ungestörtheit einer gewissen Vernachlässigung der gesamtrömischen Verpflichtung, indem er dem Westen gegen Attila und die Vandalen nur mit Worten zu Hilfe kam. Das wichtigste Ereignis der Epoche war das Konzil von Chalkedon (451), dessen triumphale Erfolge für den Katholizismus westlicher Prägung freilich mit einem ungeahnten und auf die Dauer die Einheit der Mittelmeerwelt sprengenden Wachstum der häretischen Bewegungen des Ostens bezahlt werden mußten. Denn nicht nur das Monophysitentum, auch der Islam und selbst die jüdischen Reaktionen lassen sich als christliche Häresie verstehen.

Nach Marcianus' vorzeitigem Tod fühlte sich der neue Kaiser, Leo I. (457–474), ebensowenig wie der Vorgänger als Schattenherrscher Aspars, obwohl er ihm den Purpur verdankte. Unter ihm und nicht ohne sein Zutun brandete die zweite antigermanische Welle gegen das Hausmeiertum des Kaisermachers Aspar, bereitete seinen und allen ähnlichen Aspirationen ein Ende. Die Ambivalenz seines Standorts zwischen Tradition und Realismus rückt Aspar neben die tragische Gestalt Stilichos. Er trat für die Zusammenarbeit mit den langsam in die Zone mittelmeerischer Verantwortung einrückenden Germanen des Westreichs ein; sein Tod gehört zu den Voraussetzungen eines Klimas, das für die Ausrottung der Ostgermanen durch Justinian verantwortlich ist. Kaiser Leo träumte wie später Justinian von einer totalen Flurbereinigung im westlichen Mittelmeerraum. Seine Politik führte 459 zum Konflikt mit den Goten, der mit einem Frieden und der bedeutsamen Vergeiselung des Knaben Theoderich bei Hofe endete. Pannonien wurde 472 von den Goten

Reste der Theodosianischen Landmauer
mit Außenring und Graben in der Nähe der Porta Aurea in Konstantinopel, erste Hälfte 5. Jahrhundert

Büste der Personifikation von Konstantinopel und Treuschwur besiegter Feinde
Reliefs von einem Elfenbeindiptychon aus Konstantinopel, um 500
Mailand, Castello Sforzesco

aufgegeben. Die aktivste Gruppe zog unter Theodemir und dem zwei Jahre zuvor zurückgekehrten Theoderich nach Illyricum. Kaiser Leo blieb keine andere Wahl, als die gefährlichen Eindringlinge in Makedonien anzusiedeln.

In Konstantinopel war unterdessen die Macht von der Germanenpartei der Aspar und Ardabur auf die Isaurer des Tarasikodissa, des jetzigen Zenon, übergegangen. Das bedeutete freie Bahn für die Politik der Einmischung im Westen, wo Anthemius als römischer Cäsar, bald Augustus, an der Spitze östlicher Truppen eintraf. Vor allem bedeutete es Krieg mit den Vandalen, die man durch eine nie dagewesene Flottenübermacht zu erdrücken gedachte. Die kostspielige Afrikaexpedition des Basiliskos (468) endete mit einem Fiasko und schenkte Aspar eine Gnadenfrist, die Zenons endgültigen Triumph nicht hindern konnte. Kaiser Leo starb nur zwei Jahre vor dem Untergang des Weströmischen Reiches, den seine Germanenpolitik mitverschuldet hat. Den Luxus dieser Politik konnte sich Byzanz freilich nur deshalb leisten, weil der sasanidische Erbfeind durch den Angriff der Hephthaliten etwas vom Schrecken der asiatischen Gottesgeißel zu spüren bekam. Nach Leo zog sich Byzanz zunächst in sein östliches Schneckenhaus zurück. Es büßte seine Haltung gegenüber Aspar in einem Schmollwinkel ränkevoller Tatenlosigkeit.

Unter dem Einfluß des westlichen Sturmtiefs verlagerten sich die Spannungszonen des Ostreichs in sein westliches Vorfeld, den damals germanisch akzentuierten Balkanraum. Hier bestimmte Aspars Geist in Gestalt seines Verwandten und Testamentsvollstreckers Theoderich Strabo das Gesicht der Politik. Zunächst allein, später in eifersüchtigem Wettbewerb mit seinem amalischen Namensvetter, dem Ostgoten Theoderich, bereitete er den oströmischen Politikern in Thrakien und dessen Nachbargebieten ihre bittersten Stunden. Er bedrohte die Hauptstadt und erreichte 473 in einem Vertrag mit Kaiser Leo die auch für die spätere Doppelstellung der Ostgoten wegweisende Anerkennung als Heermeister bei Hofe und germanischer Volkskönig.

Das Regiment des Isaurers Zenon

Als Leo starb, bereitete der Übergang der Herrschaft an Aspars siegreichen Gegenspieler, den Isaurer Zenon, zunächst keine Schwierigkeiten (18. Januar 474). Als bedeutsame Ereignisse waren die Umsiedlung der amalischen Ostgoten von Makedonien nach Moesia Secunda und der Friedensvertrag mit Geiserich zu verzeichnen. Das kurze Zwischenspiel des Monophysiten Basiliskos unterbricht, bezeichnend genug für die Unbeliebtheit des Isaurerregiments, die Herrschaft des Fuchses Zenon, der bald zurückkehrt, um endgültig über den Osten zu herrschen (476—491).

Die im Schicksalsjahr 476 vollzogene Spaltung der Mittelmeerwelt in eine Ost- und eine Westhälfte sah im Westen Odoaker, im Osten Theoderich Strabo in einer verwandten und doch durch wesentliche Momente unterschiedenen Stellung. In Odoaker und erst recht in seinem Nachfolger Theoderich dem Großen erkennen wir die zu Verwaltern des Kaiseramtes aufgestiegenen Nachfolger eines Stilicho. Theoderich Strabo begann seine Karriere als Erbe der Aspar und ähnlicher Kaisermacher des Ostens und endete vorzeitig als Opfer nicht nur seines ostgotischen Mitbewerbers, sondern auch der überlegenen Kaisermacht des Ostens. Das geschichtliche Gesetz, das den Patriarchen von Konstantinopel im Gegensatz zu den römischen Päpsten die Fittiche beschnitt, wirkte sich auch gegen jedes Hausmeiertum fremder Prägung aus.

Die Ausgangsposition schien für Theoderich Strabo nicht ungünstig, wenn er auch dem Amaler Theoderich an Tradition unterlegen war und längst nicht über eine so geschlossene Gefolgschaft verfügte wie der Ostgotenkönig. Die drei Beteiligten, Kaiser Zenon, Strabo und Theoderich, spielten die Möglichkeiten von Kampf und Bündnis zu dritt in mehrfachem Stellungswechsel durch, wobei sich einzelne Positionen sogar wiederholten. Das Spiel vereinfachte sich durch Strabos Tod nach einem Sturz vom Pferde. Der Amaler beherrschte Südosteuropa als Reichsgeneral, blieb aber König seiner Goten. Unterdessen hatte Zenon versucht, durch sein Unionsedikt von 481 (Henotikon) die Spannungen zwischen den Anhängern des Chalkedonense und den Monophysiten des Südostens zu beseitigen. Aber die Krise wurde dadurch nur verschärft und entlud sich in dem Aufstand des Illus, der von Antiocheia aus eine internationale Einkreisungspolitik gegen Ostrom in Gang zu setzen suchte. Doch folgten seiner Aufforderung weder Odoaker noch der persische Großkönig Peroz, der im entscheidenden Jahr (484) unter den Schwertern der Hephthaliten fiel. Mit tätiger Hilfe Theoderichs konnte Zenon sein isaurisches Herrschaftssystem befestigen.

Die unverhoffte Stabilisierung der Verhältnisse lenkte Zenons Blick nach dem Westen. Er hatte als Folge des vom Patriarchen von Konstantinopel Akakios angeregten Henotikons das »akakianische Schisma« mit dem Papsttum in Kauf genommen, ein Zeichen, wie wenig sich Ostrom damals um die westliche Mittelmeerwelt zu kümmern brauchte. Sein Meisterstreich, die Rückeroberung Italiens durch den römischen »Heermeister« Theoderich, erweist sich als eine Palastintrige, die ihren eigentlichen Zweck verfehlte. Die mühselige Eroberung Italiens und Odoakers Tod änderten im Grunde nichts. Die germanischen Herren Italiens wechselten nur. Gewiß wurde der Balkan bis auf Dalmatien von den Germanen befreit, doch rückten sofort andere nach, die als Nachbarn vielleicht noch unbequemer waren. Zudem standen schon die Slawen bereit, ein etwaiges Erbe anzutreten. Immerhin hat Zenons kühle Intrige für zwei Menschenalter das Gesicht der westlichen Mittelmeerwelt bestimmt und das früheste Modell der romanisch-germanischen Völkergemeinschaft geschaffen.

So hat sich Zenons kurzatmiger Triumph erst im Aufstieg Italiens unter Theoderich zu weltgeschichtlicher Größe entfaltet. Auch der Osten dankte ihm seine Bauernschlauheit nicht, sondern begleitete seinen Sturz mit einem Isaurermassaker, das an die voraufgegangenen Germanenpogrome erinnert. Unter Kaiser Anastasios und dessen Nachfolgern ist es weder einer Volksgruppe noch einer Söldnerpartei wieder gelungen, das Heft in die Hand zu bekommen. Das byzantinische System des Gleichgewichts der Völker hatte spätestens unter dem Vorgänger der Dynastie Justinians seine Perfektion erreicht.

Anastasios und Theoderich der Große

Kaiser Anastasios (491–519) verdankte seine Wahl der Gattin Zenons und setzte dessen Religionspolitik konsequent fort. Gegenüber der isaurischen Militärpartei erwies er sich als echter Senatskaiser. Von einem krassen Systemwechsel kann jedoch nicht die Rede sein, weil auch Zenon im Grunde seines Wesens ein Höfling und um Grade intriganter war als sein Nachfolger. Seinen Ruf als der wirtschaftlichste und weitblickendste Kaiser dieser Ära (so der Historiker Prokop) erwarb sich Anastasios durch seine Finanzpolitik. Er hinterließ bei seinem Tode einen Staatsschatz von dreihundertzwanzigtausend Pfund Gold, eine Leistung, die anzeigte, daß man die katastrophalen Folgen der Vandalenexpedition des Basiliskos inzwischen überwunden hatte. Das ging freilich auch zu Lasten der hauptstädtischen Massen, die sich für den Ausfall mancher Vergünstigungen mit einer nie abreißenden Kette von Aufständen revanchierten. Dazu kam die fortdauernde Verstimmung mit dem Papsttum. Anders läßt sich dieses noch relativ harmlose Schisma kaum bezeichnen. Mit den seit alters unruhigen Südostprovinzen stand man vorzüglich, ebenso mit Theoderich dem Großen, ein Zeichen, daß eine konziliante Religionspolitik nicht geringere Aussichten hatte als Theoderichs politischer Föderalismus der Nachfolgestaaten des Weströmischen Reiches.

Die sichtbarste Leistung dieses Zeitalters war der Bau der anastasianischen Mauer, einer Art »Tschataldschalinie«, die quer durch Thrakien die Hauptstadt vor Überfällen der Barbaren schützen sollte. Damit schuf eine Zeit, in der die Not der Slawen- und Bulgareneinfälle begann, die künftige Landnahme dieser Völker sich bereits am Horizont abzeichnete, sich einen Schutzwall, der sich im Rahmen umfassenderer Maßnahmen zweifellos als wirksam hätte erweisen können. Mit Theoderich kam es über Streitfragen an der gemeinsamen Balkangrenze mehrfach zu leichten Spannungen, die sich aber kaum von denen unterschieden, die einst die Beziehungen der Kaiser von Rom und Byzanz getrübt hatten.

Die Ambivalenz der scheinbar so gelungenen Ordnungen Kaiser Zenons offenbarte sich im Balkanraum am sichtbarsten in der Persönlichkeit des Revolutionsgenerals Vitalianus. Sein Aufstieg zum Würdenträger des Ostreichs wirkt zwar glaubhafter als der der beiden Theoderiche, doch stempelt gerade das ihn zum frühen doppelgesichtigen Vorläufer des slawisch-bulgarischen Zeitalters der Balkanländer. Finanzielle Kompetenzstreitigkeiten zwischen dem Kaiserneffen Hypatius und dem Föderatenführer Vitalianus lösten 513 den Konflikt aus, dessen Ursachen freilich tiefer lagen. Der Kaiser begegnete der Insubordination nach seiner Gewohnheit zunächst mit zivilen Mitteln. Als diese nicht verfingen, rückte Hypatius gegen die Aufständischen vor, wurde aber bei Varna vernichtend geschlagen und geriet in Gefangenschaft. Nach diesem Erfolg sammelte Vitalianus eine Flotte von zweitausend Schiffen und besetzte 514 den Bosporus, bedrohte die Hauptstadt und erzwang ein Konzil, das freilich von der Entwicklung überholt wurde und niemals zusammentrat.

Vitalians kombinierte Operationen zu Wasser und zu Lande erneuerten den Gotenschrecken des 3. Jahrhunderts und stachelten die Reichsregierung zu fieberhafter Tätigkeit an. Als er 515 den Herzstoß gegen die Hauptstadt führte, kam ihm und seinem wenig römisch anmutenden Heer keine oppositionelle Gruppe hinter den Mauern zu Hilfe. Dagegen lieferten ihm Marinus, ein Zivilist, und sein bester Unterführer, der künftige Kaiser Iustinus, eine Schlacht, die noch bei der Abwehr der arabischen Blockade als Vorbild dienen konnte. Mit der erstmaligen Verwendung von Flammenwerfern nach Art des späteren »Griechischen Feuers« erzielten die Regierungstruppen einen Erfolg, der die Schlappe von Varna mehr als wettmachte. Freilich lieferte dieser Bürgerkrieg auch den hunnoslawischen Völkerschaften Osteuropas ein militärisches Beispiel für kombinierte Operationen zu Lande und zur See, enthüllte ihnen vor allem bedenkliche Blößen in der Verteidigung des Oströmischen Reiches. Drei Jahre nach diesem Erfolg ist Kaiser Anastasios hochbetagt gestorben.

Kaiser Iustinus und die Anfänge Justinians

Als Nachfolger kamen der Unglücksgeneral von Varna, Hypatius, oder ein anderes Mitglied der kaiserlichen Familie in Betracht. Außer ihm gab es noch zahlreiche Prätendenten, darunter Vitalianus, der von Norden her die Wahlhandlung drohend überschattete. Nicht zuletzt aus Angst vor ihm wird man zur Schnelligkeit als bestem Auskunftsmittel gegriffen haben. Großkämmerer Amantius ließ sich von Iustinus täuschen, der, von seinem ehrgeizigen Neffen Justinian betreut, nicht daran dachte, ihm als Wahlhelfer zu dienen. Die hauptstädtischen Massen waren als gute Katholiken dem vergangenen Regime nicht freundlich gesonnen. Auch aus diesem Grund trug die Prätorianergarde der »Exkubitoren« mit der Nominierung ihres Führers Iustinus den Sieg davon. Formell gab der Senat den Ausschlag. Vitalianus nahm man mit der Wahl des Glaubensgenossen den Wind aus den Segeln. So kam es am 9. Juli 518 zum Wechsel der Dynastie, der gleichbedeutend war mit einem Wechsel zumindest des religionspolitischen Systems.

Der neue Kaiser Iustinus (518–527) stammte wie Marcianus von der Balkanhalbinsel. Manche Indizien sprechen für die Umgebung von Skopje, andere für die Gegend von Nisch, wo die Ruinen von Caričin Grad vielleicht die Lage von Justinians späterer Gründung, dem Metropolitensitz Iustiniana Prima, anzeigen. Von Bedeutung ist hier lediglich die Lage im lateinischen Sprachgebiet der alten illyrischen Lande und die Zugehörigkeit zu einem Sprengel päpstlicher Oberhoheit, also eine Konstellation der Geburt, die manches von Justinians Romromantik und seiner aggressiven Haltung in westlichen Fragen erklärt.

Noch keine Woche alt, setzte das neue Regime zur ersten Säuberung an. Großkämmerer Amantius wurde dem bestellten Mob vorgeworfen, er und sein Anhang mußten über die Klinge springen. Der Monophysitenpatriarch Severus von Antiocheia erhielt damit eine unmißverständliche Warnung. Der Name Papst Leos des Großen wurde wieder in die Diptychen aufgenommen. Damit war das akakianische Schisma der Kirche beendet, zweifellos die wichtigste Folge des Umschwungs. Vitalianus erhielt von seinem ehemaligen Gegner die Ernennung zum Heermeister bei Hofe. Damit schien die Vergangenheit überbrückt, die Versöhnung im Zeichen des gemeinsamen Glaubens geschlossen. Aber schon im Juli 520 fiel er bei einem Besuch im Kaiserpalast den Streichen gedungener Mörder zum

Opfer. Vitalians von skythischen oder gotischen Mönchen geschürter Übereifer in konfessionellen Fragen trug zu diesem Schicksal ebenso bei wie der Machiavellismus Justinians. Die Innenpolitik bekam einen hektischen Zug. Die »Zirkusparteien« hatten schon unter Anastasios das Haupt erhoben, sie fühlten sich unter Iustinus immer unentbehrlicher. Kein Wunder, da Justinian offen mit den Blauen *(Vénetoi)* paktierte. Die Milizen, Knüppelgarden und jugendlichen Schlägerbanden erfreuten sich nicht nur allerhöchster Duldung, sondern sahen sich als halblegale Werkzeuge zur Verfolgung durchsichtiger Ziele bestätigt.

Ihre dringlichste Aufgabe sah die neue Regierung in der gesetzlichen Verankerung des Wechsels der Religionspolitik durch eine örtliche Synode und durch Aufnahme diplomatischer Beziehungen mit der Kurie in Rom. Die Synode tagte am 20. Juli 518 und sanktionierte den kaiserlichen Rundbefehl, der die Verfolgung der Monophysiten vornehmlich in Syrien und Ägypten einleitete. Patriarch Severus mußte aus Antiocheia fliehen. Seine Anhänger gründeten in der Syrischen Wüste weitab vom Zugriff der Staatsgewalt Emigrantenkolonien, naturgegebene Brutstätten der Reichsfeindlichkeit und des mönchischen Fanatismus. Am 1. August 518 ging die Siegesbotschaft nach Rom, und am 25. März des folgenden Jahres traf die päpstliche Legation in Konstantinopel ein. Das Papsttum genoß seinen Triumph in vollen Zügen, wurde aber empfindlich gestört durch Justinians eigenwillige Einmischung in kirchliche Angelegenheiten von der Art des »theopaschitischen« Streites (der Monarchianer). Schon damals wurde sichtbar, daß dieser Triumph des römischen Stuhles nicht mit den Tagen Leos I. zu vergleichen war. Die östliche Regierung erwartete vielmehr als Dank für den Frontwechsel ein Mitspracherecht in dogmatischen Dingen, das die Päpste noch in schwere Gewissenskonflikte stürzen sollte.

Von diplomatischen Verhandlungen mit der Kurie zu reden entspricht zwar nicht den staatsrechtlichen Gegebenheiten des in der Fiktion immer noch einheitlichen Römerreiches, wohl aber der politischen Realität. Natürlich erwiesen Iustinus' Gesandte auch Theoderich ihre Reverenz. Doch bedurfte es keiner ahnungsvollen Beurteilung der östlichen Kirchenpolitik, um Theoderich die Augen über das dämonische Einkreisungswerk Justinians zu öffnen.

Es kam zu der berechnenden Annäherung der Byzantiner an das Vandalenreich, zur Hinrichtung von Theoderichs Schwester Amalafrida. Theoderichs Bündnispolitik schien bedroht. Sein Prinzip der gleichberechtigten Zusammenarbeit setzte das gegenseitige Vertrauensverhältnis der Nachfolgestaaten Westroms voraus. Als Reaktion auf die Enttäuschung kam es zu den tragischen Ereignissen um Boëthius und Symmachus, die sich als Sprecher der westlichen Senatspartei in dem Glauben wiegten, daß der Osten Italien um Italiens willen hofierte. Die politischen Spannungen der letzten Lebensjahre Theoderichs, der vorzeitige Tod seines Thronerben Eutharich und die kritiklose Byzanzhörigkeit seiner Tochter Amalasuntha enthüllten eine Krise, die auf die geheimen Absichten Ostroms nicht ohne Wirkung bleiben konnte.

Trotzdem lagen sowohl unter Iustinus wie im ersten Jahrzehnt Justinians die Schwerpunkte der Ereignisse noch eindeutig im Osten. Im Kaukasus drangen zunächst die Missionare, dann die militärischen Vorposten bis nach Iberia, dem heutigen Georgien, vor. Dem entsprach die Aktivität bei den Hunnenstämmen von der Nordseite des Schwarzen Meeres.

Auch nach Äthiopien und Südarabien sowie zu den Araberstämmen der Syrischen Wüste und ihrer Randgebiete spannen sich diplomatische Beziehungen mit wirtschaftlichem und militärischem Hintergrund. Mit Persien unterhielt man gute Nachbarschaft, ein Zustand, der sich freilich in den letzten Jahren des Iustinus aus verschiedenen Gründen rasch verschlechterte.

Justinian und Theodora: Persönlichkeit und politische Linie

Iustinus' bedeutendste Leistung war zweifellos die von Eifersucht nicht immer ungetrübte Heranziehung seines Nachfolgers Flavius Anicius Iustinianus. Dieser hastete die Ämterlaufbahn, immer zwei Stufen auf einmal nehmend, hinauf und wurde am 4. April 527 als Mitregent des erkrankten Kaisers bestätigt. Vier Monate später folgte er ihm als Alleinherrscher (527—565).

Schon die byzantinischen Chronisten wußten freilich, daß auch Justinian zumindest seit dem Nikaaufstand des Jahres 532 einen Mitregenten hatte: seine Gattin Theodora. Dergleichen Glanzrollen einer Kaiserin hatte die Geschichte zwar schon gesehen, doch kaum als Ergänzung einer so autoritären Regierung eines Mannes. Wir wissen über das skandalumwitterte Leben dieser Frau dank der Geheimgeschichte Prokops nur zu viele Einzelheiten, die zudem von anderen Quellen bestätigt werden. Als Tochter des Bärenwärters Akakios wuchs die Kleine in der Zirkusluft der Hauptstadt auf und verdiente sich früh ihr Brot mit Possen aller Art, soubrettenähnlicher Tingelei mit etwas Tanz und Gesang. Unser Gewährsmann schildert mit genüßlichem Wortschwall, wie die Halbwüchsige in einer Leda und dem Schwan gewidmeten Pantomime auftrat. Das Privatleben dieser Dame strömt den Geruch byzantinischer Zirkusgarderoben aus. Doch geht es Prokop und seinen Hintermännern nicht nur um den Vollzug einer Art Todesstrafe am bürgerlichen Ruf und nicht um das Naserümpfen von Spießern, sondern um den Fanatismus kirchlicher Sektierer, der Theodora die Wollustkrone mitternächtlicher Visionen aufdrücken will.

In der Lust bewußter Pornographie sollte diese Geheimgeschichte Justinian und Theodora gemeinsam treffen, treffen und entlarven durch den Fanatismus kirchlicher Gegner, deren Haß dem Politiker Prokop erwünschtes Belastungsmaterial lieferte. So wechselt die Szene von der zivilen Pornographie zum religiösen Sittengemälde einer Verteufelung des Kaiserpaars. Der Mann verwandelt sich in den »Fürsten der Dämonen« und Antichrist, die Frau in die große Hure von Babylon.

Das ändert freilich nichts am zivilen Hintergrund der Vergangenheit Theodoras, die nach bewegten Jahren am Zirkus und im Vorstadttheater *ad pornas* eine noch bewegtere Reise durch den Orient antrat. Erst nach der Rückkehr kreuzte der Thronfolger ihren Weg. Diese Liebe knistert wie ein Lichtbogen, in dessen Himmels- und Höllengraden das Metall verdampft. Die kaiserliche Familie witterte fürs erste mehr den Höllengeruch als die himmlische Liebe. Iustinus' Gattin Euphemia tat alles, um die Heirat zu verhindern. Justinians Triumph gehört zu den größten Willensleistungen seines Lebens. Ohne die Qualitäten dieser Frau hätte sein Regime vermutlich das erste Jahrfünft nicht überlebt.

Am 1. August 527 traten Justinian und Theodora die Alleinherrschaft an. Der Haß der Gegner hat des Kaisers Bild wüst verzerrt, verrät aber so erst recht seine geistige Besessenheit, seinen unermüdlichen Fleiß, der freilich der Tyrannengefahr erliegt, alles selbst machen zu wollen. Theodora übertraf ihn in der Kunst des Abstandes von den Dingen, an nüchterner Pragmatik und Sinn für das Reale, nicht zuletzt auch an persönlichem Mut. Die Bilder des Kaiserpaares verraten trotz ihrer frühbyzantinischen Idealität wenigstens einiges von der kompakten Erscheinung des fünfzigjährigen und sechzigjährigen Justinian, von der zierlichen Gestalt und sicheren Haltung der Kaiserin.

Justinian ererbte vom Vorgänger den Perserkrieg. Rom und Persien, jedes sich selber mehr als genug, verschwendeten seit Jahrhunderten ihre Kraft in Konflikten, hinter denen zwar weltweite Handelsinteressen standen, deren politische Widerhaken den gelassen in sich ruhenden Kolossen aber in Wirklichkeit nicht unter die Haut gingen. Und doch wurden diese Konflikte durch das verwandte Weltreichsdenken und den religiösen Gegensatz in einer Weise hochgespielt, die an den tragischen Gegensatz zwischen Frankreich und Deutschland im Zeitalter des Nationalismus erinnert.

So lautete die Frage an Justinian, in welcher Richtung er die im Laufe einer Generation erneuerten Kräfte des Reiches einsetzen wollte. Es gab drei Möglichkeiten: entweder beschränkte man sich auf die Sicherung des Ostreichs, indem man sich an der Ostgrenze und im Balkanraum stark machte. Oder man verleugnete das neue Gesicht der römischen Welt und entschloß sich entweder zu einer aggressiven Orientpolitik oder zur Wiederherstellung der Verwaltungseinheit der Mittelmeerwelt. Justinian und seine Nachfolger haben alle drei Möglichkeiten zwar nicht auf einmal, aber nacheinander zu verwirklichen gesucht. Das (knappe) erste Jahrzehnt Justinians (bis 534) gilt der Sicherung der Ostgrenze, der überwiegende Rest seiner Regierungszeit der gewaltsamen Wiedervereinigung des Römerreiches durch Vernichtung der Vandalen und Goten. Die Sicherung des Balkanraumes glaubte er als eine Art Nebenprodukt seines Gotensieges zu erreichen. Ein Zeichen, daß man zu seiner Zeit die Gefahren aus dem Nordosten ebensowenig vorauszusagen vermochte wie die entsprechende Drohung im arabischen Vorfeld des Südostens. Schließlich haben Justinians Nachfolger die Aggression auch gegen den Osten vorgetragen. Diese Politik hat im Zeitalter des Maurikios durch den Slawensturm und unter Herakleios durch das Vordringen der Araber ihr weltgeschichtliches Fiasko erlitten, das um so dramatischer wurde, als die Katastrophe auf den Triumph über Persien folgte.

Die Entwicklung folgte zweifellos Gesetzen, die sich in der entscheidenden Epoche Justinians der Voraussicht eines Staatsmannes entzogen. Es gab zwar im Balkan wie im südlichen Orient Sturmzeichen genug, die das Kommende ankündigten. Für Dauerangriffe altrömischer Prägung aber fehlte es Byzanz einfach an Kraft. An diesen Fragen scheiden sich die Geister. Für Justinian und fast alle seine Zeitgenossen stand es fest, daß die Rückeroberung Italiens nichts als pragmatische Realpolitik war. Aber »von allen politischen Unternehmungen ist es vielleicht die schwerste, eine Linie zu verlassen, auf der man sich bisher bewegte« (Ranke). Ein genialerer Politiker als Justinian hätte schon damals spüren müssen, daß das Schwergewicht im Osten lag und daß es besser gewesen wäre, den Westen durch indirekte Methoden zu beherrschen.

395 *Theodosius I.* stirbt als Alleinherrscher; sein Testament verfügt die Reichsteilung unter *Arcadius* und *Honorius*.

395—408 *Arcadius* Herrscher des Ostreichs. Als Vormund und Reichsverweser fungieren zunächst *Rufinus* (von *Stilicho* und *Gainas* gestürzt), dann *Eutropius*.

395 *Alarich* bedroht Ostrom, vor allem Griechenland. Der Germane *Gainas* spielt in Konstantinopel eine führende Rolle.

399 *Synesios* von Kyrene, geistiger Führer der Senatspartei, hält die Rede »Perí Basileías«, das Manifest der antigermanischen Partei; Entgermanisierung des Offizierskorps nach dem Tode des *Gainas*.

401 Feldzug *Alarichs* nach Italien, Ansiedlung im Savegebiet, wodurch Ostrom weitgehend von den Schrecken der Völkerwanderung verschont bleibt.

408—450 *Theodosius II.* Umsichtige Regentschaft des *Anthemius* (bis 414).

414 Die Philosophin *Hypatia* wird in Alexandreia vom Pöbel zerrissen.

425 Gründung der Universität Konstantinopel.

438 Codex Theodosianus (erste Ausgabe 429).

439 Vollendung der theodosianischen Mauer in Konstantinopel.

451—457 *Marcianus.* »Goldenes Zeitalter« dank Sparsamkeit und gewisser Sozialreformen.

451 Konzil von Chalkedon: Sieg der katholischen Dogmatik auch im Osten.

457—474 *Leo I.*

459 Konflikt mit den Ostgoten; *Theoderich* geht als Geisel nach Byzanz.

468 Vandalenexpedition der Flotte des *Basiliskos* gescheitert.

472 Aufgabe Pannoniens durch die Goten. *Leo* sieht sich gezwungen, ihre Ansiedlung in Makedonien zu gestatten.

476—491 *Zenon* der Isaurer. Als Triumphator über *Aspar* eröffnet er die neue antigermanische Ära der Wehrpolitik.

476 Untergang des Weströmischen Reiches: *Odoaker* herrscht in Italien.

481 Unionsedikt *Zenons* (Henotikon); trotzdem Verschärfung der Spannungen; Aufstand des Illus.

484 Großkönig *Peroz* stirbt im Kampf gegen die Hephthaliten, fällt daher als Verbündeter des Illus aus. »Akakianisches Schisma« zwischen Ost- und Westkirche: erste ostwestliche Kirchenspaltung (bis 518).

488 Die Ostgoten unter *Theoderich* dem Großen (seit 470) brechen aus Moesia Secunda nach Italien auf. *Theoderich* zieht gegen *Odoaker* als oströmischer Heermeister (magister militum) und als germanischer Volkskönig.

489/490 Schlachten an der Isonzobrücke bei Görz und bei Verona.

491—518 *Anastasios.* Finanzreformen; »Goldenes Zeitalter« aus der Sicht der Opposition gegen *Justinian*.

493 Ravenna fällt nach zweieinhalbjähriger Belagerung (»Rabenschlacht«). *Odoaker* von *Theoderich* ermordet.

493—526 *Theoderich der Große*.

502 Perserkrieg des *Anastasios* (bis 505).

507 Anastasianische Mauer quer durch Thrakien zum Schutz von Konstantinopel. Bau der Festung Dara-Anastasiopolis als Ersatz für das verlorene Nisibis.

513 Bürgerkrieg des *Vitalianus*, der die katholische Sache gegen den Monophysiten *Anastasios* vertritt (bis 515). Belagerung Konstantinopels. *Marinus* und der General *Iustinus* schlagen *Vitalianus*.

518—527 *Iustinus*; an der Wahl ist sein Neffe *Justinian* beteiligt.

518 Das akakianische Schisma wird beigelegt, *Iustinus* söhnt das Ostreich mit dem Papsttum aus; erste Einmischungen Ostroms in die geistlichen Befugnisse der Päpste. Monophysitenverfolgung; später durch die zweideutige Haltung der Gattin *Justinians*, *Theodora*, gemildert (bis 531).

519 *Theoderichs* Thronfolger *Eutharich* wird von *Iustinus* adoptiert, stirbt aber bald darauf. Papst *Johannes I.* reist nach Byzanz, um im Auftrag *Theoderichs* Toleranz zu fordern. Krise um *Boëthius* und *Symmachus* in Italien. Erfolgreiche Missions- und Stützpunktpolitik in Ostkleinasien und Kaukasus (Lazica). Rascher Aufstieg *Justinians* zu höchsten Staatsämtern.

526 Diplomatische und militärische Versuche der Oströmer, Iberia (Georgien) unter ihren Einfluß zu bringen. Tod *Theoderichs* des Großen. Seine Schwester *Amalasuntha* führt für ihren minderjährigen Sohn *Athalarich* die Regentschaft.

527 *Justinian* Mitregent (4. 4.). Tod *Iustinus*' (1.8.).

527—565 *Justinian*. Erste Kampfhandlungen gegen die Perser in Mesopotamien. *Belisar* wird »dux Mesopotamiae« und Kommandant von Dara, sein Geheimsekretär ist der Historiker *Prokop* aus Caesarea.

528 Der Hunnenhäuptling *Grod* läßt sich in Byzanz taufen.

528/529 Plünderungszüge der Lachmidenfürsten *Mundhir III.* in den Ostprovinzen. *Justinian* pariert den Sturz des Kinditenfürsten und die Macht des persischen Satelliten *Mundhir* durch Heranziehung der Ghassaniden und Erhebung ihres Scheichs zum König. »Codex Iustinianus.«

529 Samariteraufstand unter *Julian* (Juni). Klostergründung des heiligen *Benedikt* von Nursia, Untergang der Schule von Athen.

DATENGERÜST · BYZANZ

530 *Belisar* Heermeister des Orients. Gesandtschaft des *Hermogenes* nach Ktesiphon (April). Schlacht bei Dara, erster Großerfolg *Belisars*. Thronbesteigung des Vandalenkönigs *Gelimer* in Karthago.

531 Schlacht bei Sura-Kallinikon: die Perser wollen nach Antiocheia durchstoßen, *Belisar* erleidet am Euphrat (Sura-Kallinikos) eine auch für die Perser verlustreiche Niederlage. Tod des Großkönigs *Kawadh*; sein Nachfolger *Chusro Anoscharwan*.

532 »Ewiger Friede« zwischen *Justinian* und den Persern (11.4.). Nikaaufstand (11.1.), auf *Theodoras* Initiative von *Belisar* und *Narses* niedergeschlagen. Gegenkaiser *Hypatius* wird hingerichtet, der Senatorenstand empfindlich dezimiert.

533 Byzantinischer Handstreich gegen Sardinien und Tripolis. Flottenexpedition *Belisars* nach Afrika, Landung in Caput Vada, Schlacht bei Decimum (13.9.), Einnahme von Karthago, Entscheidungsschlacht bei Tricamarum. Digestenwerk (Pandekten) abgeschlossen.

534 Kapitulation *Gelimers* (Ende März), der in *Belisars* Triumphzug in Konstantinopel auftritt. *Amalasuntha* zieht nach dem Tod *Athalarichs* ihren Verwandten *Theodahad* als König und Mitregenten heran, der sie bald darauf in einem Kastell im Bolsener See ermorden läßt.

535 *Belisar* landet auf Sizilien und nimmt Syrakus (Dezember).

536 Eroberung Neapels. *Belisar* zieht gegen Rom, das von *Theodahads* Nachfolger *Witigis* aufgegeben, aber sofort wieder berannt wird. Anderthalbjähriger »Kampf um Rom«.

537 *Johannes*, der Neffe *Vitalians*, zieht nach Ariminum und nötigt trotz eigener mißlicher Lage die Goten zum Abzug von Rom. Bau der Hagia Sophia beendet.

538 Mailand fällt von den Goten ab, wird aber zurückerobert.

539 Die nach Ravenna wichtigste Gotenfestung Auximum eingenommen. Heermeister *Calluc* auf dem Balkan von den Gepiden geschlagen.

540 *Belisar* ignoriert *Justinians* Vermittlungsvorschlag und bringt die gotische Hauptstadt Ravenna nach längerer Belagerung in seine Gewalt (Mai). Antiocheia von den Persern zerstört. Der von *Witigis* eingefädelte Zweifrontenkrieg bricht los: Angriff der Perser, Einbruch der Sklawinen und Anten von der unteren Donau in Illyricum. *Cassiodorus* gründet das Benediktinerkloster Vivarium in Süditalien.

541 Einnahme vom Lazica durch die Perser. *Belisar* erfolglos gegen Nisibis. In Italien Erhebung des Königs *Totila* (541-552) mit Unterstützung der Goten und der italischen Kolonen; erste Erfolge bei Verona und Florenz.

542 Blitzzug *Belisars* zum Euphrat; Generalsverschwörung.

543 Byzantinischer Vorstoß nach Armenien.

544 Erfolgloser Versuch der Perser, Edessa zu erobern. Der Perserkrieg verlagert sich endgültig nach Lazica und in den Kaukasus. Neapel von *Totila* erobert. *Belisar* abermals in Italien (bis 549).

545 Zweite Belagerung Roms, das von *Totila* evakuiert und seinem Schicksal überlassen wird (17.12.546).

547 *Belisar* setzt sich erneut in Rom fest (April).

549 *Belisar* wird abberufen, des Kaisers Neffe *Germanus* soll den Krieg beenden und durch Heirat mit *Matasuntha* an die dynastischen Gefühle der Goten appellieren. Er stirbt aber. Dritte Belagerung Roms; *Totila* zieht wiederum in Rom ein (16.1.550). Er setzt nach Sizilien über, Bau einer gotischen Flotte.

550 *Liberius*, später *Artabanes* mit einer Flotte nach Sizilien. *Totila* plündert mit seiner Flotte Korfu und griechische Küstenstädte. *Prokops* »Geheimgeschichte«.

551 Vor Sena Gallica (Sinigaglia) verliert *Totila* seine gesamte Seemacht.

552 Angriff der Flotte des *Liberius* auf Südostspitze Spaniens. *Justinian* vermittelt zwischen Langobarden und Gepiden. Endkampf um Italien, mit Hilfe der Langobarden entschieden. *Narses* marschiert auf der Via Flaminia gegen Rom; Schlacht bei Tadinae, Tod *Totilas* auf der Flucht. *Teja* sammelt Truppen im Raum Pavia und fällt im Verzweiflungskampf bei Neapel (Mons Lactarius).

553 Franken und Alemannen in Italien, aber von Seuchen dezimiert und von *Narses* bei Capua vernichtet. Italien oströmische Provinz.

565 Tod *Justinians*.
565-578 *Iustinus II.*

567 Gepiden von den vereinigten Langobarden und Awaren vernichtet.

568 Aufbruch der Langobarden unter König *Alboin* aus Pannonien nach Oberitalien. Ende der germanischen Ära in den Balkanländern, Beginn der slawisch-awarischen.

569 Die Lombardei wird langobardisch.

572 Pavia an die Langobarden verloren, *Alboin* ermordet. Kaiser *Justinians* gleichnamiger Großneffe erobert Dwin in Armenien, aber Verlust der Schlüsselfestung Dara. *Tiberios*, Adoptivsohn des Kaisers und Cäsar, wird mit der Regentschaft betraut.

575 Sieg des *Tiberios* bei Melitene; *Maurikios* wird Oberkommandierender.

578 *Chusro* räumt Armenien und flieht nach Ktesiphon.
578-582 *Tiberios I. Konstantinos*.
580 Vorstoß bis Ninive.
582 Sirmium endgültig an die Awaren gefallen
582-602 *Maurikios*.

590–604 Papst *Gregor der Große*.
584 Gründung der Exarchate Ravenna und Karthago.
586 Sieg des *Philippikos* über die Perser bei Solachon. Die Awaren vor Thessalonike.
587 Niederlage der Awaren bei Adrianopel.
591 Rückführung des Großkönigs *Chusro II. Parwez* auf den persischen Thron, Abschluß eines Versöhnungsfriedens.
592 Zug der Awaren von der Savemündung zum Schwarzen Meer von *Priskos* gestoppt.
594 Eigenmächtiger Waffenstillstand des Papstes mit den Langobarden, vom Exarchen *Kallinikos* anerkannt (598): Fundament für den späteren Kirchenstaat.
600 Awaren vor Konstantinopel.
602 *Maurikios* ermordet, der Subalternoffizier *Phokas* zum Kaiser ausgerufen.
605 Dara von den Persern erobert, die sich zu Rächern des *Maurikios* aufwerfen. Sie unterwerfen Obermesopotamien mit Edessa, stoßen durch Kleinasien bis Chalkedon vor.

610 *Herakleios*, Sohn des gleichnamigen Exarchen von Karthago, bemächtigt sich Konstantinopels; *Phokas* wird gestürzt und hingerichtet.
610–641 *Herakleios*.
614 Jerusalem von den Persern erobert.
615 Perser wieder vor Chalkedon.
616 Die Byzantinischen Stützpunkte in Spanien von den Westgoten, Ligurien von den Langobarden erobert.
617 Awaren vor Konstantinopel. Landnahme der Slawen.
620 Ägypten geht an Persien verloren.
622 Vorstoß des *Herakleios* nach Armenien.
623 Plünderung Kretas durch die Slawen.
626 Zangenangriff der Perser und Awaren auf Konstantinopel.
628 *Herakleios* erreicht Ktesiphon: *Chusro II.* wird gestürzt, sein Nachfolger *Kawadh II.* schließt Frieden.
630 Rückführung der Kreuzesreliquie nach Jerusalem.

Erster Perserkrieg und Nikaaufstand

Der Perserkrieg flammte noch unter Kaiser Iustinus I. wieder auf. Er begann (und endete später) in Lazica, dem alten Kolchis an der südöstlichen Ecke des Schwarzen Meeres. Die macht- und handelspolitischen Differenzen im Kaukasusraum gehörten mit zu den Kriegsursachen, trugen dann auch zum Weiterschwelen des Konflikts nach Einstellung der Kampfhandlungen an den Hauptfronten bei. Der Krieg war die Kehrseite gescheiterter Bündnisverhandlungen, die fast zur Adoption des persischen Thronfolgers durch Iustinus geführt hätten. Er begann im Kaukasus und verlagerte sich bald in den Bereich der südlichen Limeszonen. Für den Sommer 527 wird das erste Husarenstück der Feldherren Belisar und Sittas berichtet, die beide aus dem Gefolge Justinians hervorgegangen waren. Nach einem Rückschlag avancierte Belisar zum Kommandanten von Mesopotamien mit Sitz in Dara, dem »Trutznisibis« der unter Jovian so empfindlich begradigten Grenze. Damals attachierte sich der künftige Generalissimus einen gebürtigen Syrer, Prokopios aus Caesarea, als seinen Geheimsekretär. Diesem glänzenden Rhetor und Stilisten verdanken wir das maßgebliche Geschichtswerk der Epoche.

Der Bau von Sperrfestungen, die im Norden und Süden von Dara wichtige Frontabschnitte zu sichern hatten, fiel persischen Angriffen zum Opfer. Die Rückschläge bewogen Justinian zur Verstärkung seiner Ostarmee. Von besonderer Bedeutung war die Bestallung des landeskundigen Sittas zum Heermeister von Armenien. Die Maßnahmen wirkten sich bis in die Krim und ins nördliche Kaukasusvorland aus. Auch im Süden suchte das Reich seinen Einfluß auf die Araberstämme zu steigern. Der Satellitenstaat Persiens stand seit alters unter der Führung der energischen Lachmiden mit der Hauptstadt Hira in der Wüste südlich von Ktesiphon. Mit Rücksicht auf den gefährlichen Lachmiden Mundhir III., der nach den Worten Prokops den Osten des Reiches fünfzig Jahre lang unaufhörlich plünderte, verlieh Justinian dem Scheich der verbündeten Ghassaniden die Königsherrschaft und machte ihn damit zum Führer der romtreuen Satelliten. Seine Hauptstadt war Djabiya, eine Tagereise südwestlich von Damaskus. Das ausgedehnte Herrschaftsgebiet der Ghassaniden läßt sich durch die Überreste ihrer Bauwerke näher bestimmen. Als Wallfahrts- und Messeort diente ihnen Sergiopolis unweit des Euphrats.

Im April 529 berief Justinian seinen Truppenführer in Mesopotamien auf den Posten des Heermeisters der Ostprovinzen. Belisar packte nun auch im Süden das Werk an, das Sittas schon ein Jahr früher in Armenien begonnen hatte. In dieses Jahr fällt der Aufstand eines gewissen Julian in Samaria, Symptom für die Gärung in der semitischen Welt. Auch die 518 bis 531 ununterbrochenen Monophysitenverfolgungen versetzten den Osten in Unruhe. Das Jahr 530 sah einen energischen Vorstoß der Perser gegen Dara. Es kam zu einer Auseinandersetzung, die Belisar die erste Gelegenheit zur Bewährung als Feldherr gab. Er verfügte über fünfundzwanzigtausend Mann – er hatte freilich eine Festung hinter sich –, während die Perser mit fünfzigtausend Mann anrückten. Vor der römischen Front verlief ein Graben mit Durchlässen, ein Strategem, das man wohl den hephthalitischen Hunnen abgesehen hatte. Die Perser mußten mit starken Verlusten abziehen, doch hüteten sich die Byzantiner vor allzu energischer Verfolgung. In Armenien konnte Sittas zur selben Zeit einen Achtungserfolg erringen.

Das folgende Jahr (531) stand im Zeichen eines persischen Angriffs, der mit geringerer Truppenstärke, aber erheblich weiterreichenden Zielen geführt wurde. Hinter dem Unternehmen steckte als treibende Kraft der Lachmide Mundhir III.; er stellte die arabischen Hilfstruppen und legte dem Großkönig nahe, diesmal ins Herz des römischen Ostens, nach Antiocheia, vorzustoßen.

Im Frühjahr überschritten fünfzehntausend Berittene den Euphrat bei Circesium. Schon war die Räumung der Weltstadt im Gange, als ein Wunder die Lage rettete. Die Perser kehrten um, ohne daß es zu bedeutenden Kampfhandlungen gekommen war. Im letzten Augenblick holte sich Belisar, von seinen Unterführern zum Angriff gezwungen, eine Niederlage. Doch erlitt auch der Gegner empfindliche Verluste. So kam es auf beiden Seiten zur Untersuchung und zu Rückschlägen in der Karriere. Hier verdanken wir dem Chronisten von Antiocheia, Malalas, Berichtigungen der belisarianisch gefärbten Mitteilungen Prokops. Der Krieg ging weiter, wurde aber mit dem Schwerpunkt Armenien von beiden Seiten nur mit halber Kraft geführt.

Großkönig Kawadh I. starb 531, seine Nachfolge trat Chusro I. Anoscharwan, der jüngste von drei Brüdern, an, ein Gegenspieler Justinians von weltgeschichtlichem Format, der für immer in die Sagenwelt des Orients eingegangen ist. Er liquidierte nun endgültig die Reste der Mazdakitenbewegung, trat im Namen des absolutistischen Zentralstaats die Erbschaft der von Kawadh zerschlagenen Sekte und Partei an. Große Reformen schlossen sich an, die dem Staat nach römischem Vorbild durch strenge Steuerpolitik volle Kassen sichern sollten. Ähnlich wie in den Zeiten Ludwigs XIV., verwandelte sich der früher allmächtige Feudaladel in einen Hof- und Beamtenadel, der von der Gunst des Herrschers abhing.

Auch für Kunst und Literatur zeigte sich Chusro ungewöhnlich aufgeschlossen, doch spürten die neuplatonischen Emigranten aus Athen sehr bald, daß sich an der allbeherrschenden Macht der Magier nichts geändert hatte. Das geistige Erbe Zarathustras bestimmte auch in Zukunft das ideologische Gesicht Persiens. Der Übergang in Persien stärkte zwar die Positionen Ostroms, doch sprachen gewichtige Gründe für den Friedensschluß. Der Nikaaufstand tat ein übriges, um Justinian versöhnlich zu stimmen. So kam es am 1. April zum Abschluß des »Ewigen Friedens«, der unbeschadet gegenseitiger Zugeständnisse in Einzelfragen keine Gebietsveränderungen brachte.

Am 11. Januar dieses Jahres hatte Konstantinopel eine Revolution von unerhörter Kürze und Grausamkeit erlebt, die Justinians Stellung zwar für einige Tage erschütterte, im Endeffekt aber gewaltig stärkte. Die Zirkusparteien hatten seit alters Funktionen, deren Widersprüchlichkeit den Forschern manches Rätsel aufgegeben hat. Zunächst handelt es sich um Vereine zur Pflege des Rennsports, zur Veranstaltung von Tierhetzen und anderen Volksbelustigungen. Schon in der Kaiserzeit hatten diese Gruppen eine genossenschaftliche und politische Färbung erhalten. So standen etwa die kleinen Leute und Handwerker gegen die *Jeunesse dorée*, Katholiken gegen Monophysiten und Andersdenkende. Innerhalb der Parteien bildeten sich radikale Gruppen von Jugendlichen, die bei religionspolitischen Auseinandersetzungen oder sozialen Spannungen zu extremistischen Ultras werden konnten. Überdies hatten diese Parteien gewisse Milizaufgaben; sie bildeten eine Art Heimatreserve oder Landsturm, eine Truppe, die in Notfällen zur polizeilichen oder militärischen Dienstleistung herangezogen werden konnte. Unter Kaiser Anastasios war die politische Temperatur in diesen Kreisen laufend gestiegen, eine Folge der Unzufriedenheit der Bevölkerung von Konstantinopel mit der Fortdauer des Zerwürfnisses mit der westlichen Kirche. Das mitten durch Freundschaft und Familie hindurchschneidende Spannungsfeld erinnert an die verwandte kirchenpolitische Situation.

Anfänglich bekannten sich Justinian und Theodora zu den Blauen, die nach dem Thronwechsel von 518 ihre Stunde gekommen sahen. Als Thronfolger hatte Justinian sie über das erlaubte Maß hinaus gefördert, mit steigendem Hineinwachsen in die staatliche Verantwortung aber mehr und mehr Zurückhaltung geübt. Prokop unterstellt ihm übrigens, daß er Differenzen mit Theodora über Parteifragen nur geheuchelt habe, um die Volksmassen gegeneinander auszuspielen. Die Blauen hatten unter Iustinus die Straße beherrscht und waren nur langsam zu zügeln. Es scheint, daß Justinian einen Teil seiner Popularität den Zirkuskreisen verdankte. Die Opposition gegen seine Herrschaft sammelte sich unter dem Zeichen der Grünen, die lieber einen Verwandten des Kaisers Anastasios auf dem Thron gesehen hätten.

In der Provinz führte der Kampf der Parteien zu bürgerkriegsähnlichen Ausschreitungen. Aber auch in der Hauptstadt war es schon unter Iustinus zu Unruhen gekommen, die den Thronfolger zu größerer Mäßigung zwangen. Hinter diesen Wirren standen nicht nur konfessionelle, sondern noch andere, recht verschiedenartige Motive. So hat das Schalten der Großgrundbesitzer ebenso wie die dank solcher Mißwirtschaft drückende Steuerpolitik die innenpolitische Lage verschärft. Die Unzufriedenheit richtete sich gegen den Kaiser und seine Minister. Welchen Haß Justinian schon früh gegen sich entfacht hatte, geht

Hetzjagd auf Bären im Zirkus von Konstantinopel
Relief aus einem (im Zweiten Weltkrieg verbrannten) Elfenbeindiptychon, 517
Ehemals Berlin, Altes Museum

Der älteste Teil des Sinaiklosters am Fuß des Gottesberges
Mauern und Wehrumgang aus justinianischer Zeit

nicht zuletzt daraus hervor, daß die Geheimgeschichte Prokops ihr belastendes Material hauptsächlich der Kronprinzenzeit Justinians und seinen ersten Regierungsjahren entnimmt.

Seltsamerweise nimmt der Jurist Prokop kaum Notiz von dem gewaltigen Gesetzgebungswerk, das Justinian schon in seinem zweiten Regierungsjahr begonnen hatte. In diesem verrät sich nicht nur die ideologisch begründete Liebe zur römischen Vergangenheit, sondern ein Sinn für staatliche Ordnung, der sich am wirksamsten in der Sphäre des Rechts offenbart. Schon 529 lag der *Codex Iustinianus*, die Sammlung der Kaisergesetze, in erster Fassung vor. Im Jahre 530 folgte der Auftrag zur Ausarbeitung des Digestenwerks an eine Juristenkommission unter Vorsitz des Quästors Tribonianus. Für die Theorie des Rechts hat Justinian dank seinen Gesetzessammlungen mehr getan als jeder Kaiser vor ihm. Das Überleben des römischen Rechtsgedankens in Byzanz und im Abendland ist seiner Initiative zu verdanken. Das bedeutet aber nicht, daß es unter seiner Herrschaft übermäßig rechtlich zuging. Weder die Methoden der Innenpolitik noch die Tonart der Außenpolitik verraten viel von der Mäßigung, die man von dem Inspirator der Rechtserneuerung erwartet hätte.

Der mächtigste Minister Justinians, *praefectus praetorio* Johannes der Kappadoker, geriet vor allem durch seine Eigenschaft als Finanzminister des wichtigsten Reichssprengels ins Kreuzfeuer des Hasses der Volksmassen. Seine Methoden der Steuereintreibung mußten ihn bei Armen und Reichen gleichermaßen verhaßt machen. Mehr als je blühte der Weizen der Agenten, Spitzel und Folterknechte, die im Namen des spätantiken Zwangsstaates den letzten Heller aus den Steuersündern herauszupressen hatten. Justinians Ohr war solchen Klagen verschlossen. Ähnliche Unbeliebtheit genoß seltsamerweise der Quästor Tribonianus, Justinians Justizminister, der sich nach Prokop durch unwahrscheinliche Habgier auszeichnete. Es war vor allem sein Kopf, den die Massen bei den Ereignissen des Januar 532 stürmisch forderten.

Sonntag, den 11. Januar, fanden im Hippodrom Zirkusspiele in Gegenwart des Kaisers statt. Vorangegangen waren Tumulte der Parteien, bei denen die Grünen sich ungerecht behandelt fühlten. Großkämmerer Kalopodios hatte einige Rädelsführer verhaften lassen, die jetzt im Gefängnis auf ihre Hinrichtung warteten. Das genügte, um die Stimmung im Hippodrom auf den Siedepunkt zu treiben. Der Kaiser überblickte von seiner Loge aus die brodelnden Massen und beschloß, sie durch den Herold zur Vernunft zu mahnen. Ein glücklicher Zufall hat uns in der erheblich späteren Chronik des Theophanes das stenographische Protokoll des Dialogs zwischen dem kaiserlichen Herold und dem Sprecher der Parteien überliefert.

Zunächst beschweren sich die Grünen, daß ihnen Unrecht geschehe. Der Kaiser streitet das ab; schließlich reißt ihm die Geduld: »Schweigt endlich, ihr Juden, Manichäer und Samariter!« Die Grünen winken dem Katholiken mit dem Zaunpfahl: »Die Gottesmutter *(Theotókos)* stehe uns bei!« Die Blauen greifen ein und vertreiben die Grünen aus dem Zirkus. Am folgenden Tag läßt der Kaiser, um seine Gerechtigkeit zu beweisen, ausgewählte Rädelsführer beider Parteien hinrichten. Dreimal riß der Strick, die Menge forderte stürmisch Gnade und verhalf den Delinquenten zur Flucht in kirchliches Asyl.

Zwei Tage später gingen die Spiele weiter. Plötzlich hörte man statt der üblichen Kaiserakklamationen den Ruf: »Langes Leben den Grünen und Blauen!« Ein Zeichen, daß die Parteien sich unter dem Druck von oben verbündet hatten. Das Rennen endete mit wüstem Tumult, die Massen stürzten auf die Straßen, der Kampfruf »*Nika* – siege« erscholl. Politische Gefangene wurden befreit. Teile des Kaiserpalastes und die Sophienkirche Konstantins wurden in Brand gesteckt. Als am folgenden Tag noch keine Ruhe eintrat, setzte Justinian die beiden verhaßtesten Minister, Tribonianus und Johannes den Kappadoker, ab. Aber er hatte die Zügel zu spät gelockert; jetzt konnte nur noch Härte helfen. Am 15. Januar setzte Justinian zum ersten Male die zufällig in der Hauptstadt anwesenden Generale Belisar und Mundus zur Unterdrückung des Aufstandes ein. Es zeigte sich jedoch, daß selbst Elitetruppen in einer verwinkelten Großstadt wenig ausrichten konnten. Zweifellos trug auch der Milizcharakter der Zirkusparteien dazu bei. In schonungslosen Straßenkämpfen gingen weite Teile der Stadt am Bosporus in Trümmer. Am Abend des 17. Januar mußten die meisten Senatoren, denen Justinian nicht traute, den Kaiserpalast verlassen. Am 18. Januar ließ er die Massen ins Hippodrom rufen und fand sich in demütigender Form zu Vermittlungsvorschlägen bereit, die aber sämtlich abgelehnt wurden.

Jetzt sahen die Gegner des Regimes die Stunde gekommen, um Hypatius, den Neffen des Anastasios, zum Kaiser auszurufen. Auf diese Nachrichten hin dachte Justinian ernstlich an Kapitulation. Fluchtpläne wurden erwogen, denen selbst Belisar seine Zustimmung gab. In dieser entscheidenden Stunde erwarb sich Theodora zum zweitenmal den Titel einer Mitregentin. Sie erinnerte Kaiser, Generale und Minister an das alte Gesetz, das einem davongejagten Kaiser nicht mehr zu leben gestattet, und schloß mit den Worten: »Der Purpur ist das schönste Leichentuch.«

Als die Kaiserin gesprochen hatte, so heißt es bei Prokop, faßten alle Mut, ermannten sich und berieten Gegenmaßnahmen. General Belisar wurde auf die im Hippodrom versammelten Volksmassen losgelassen, die seinen Truppen wie eine Schafherde preisgegeben waren. Nach einem Blutbad ohnegleichen senkte sich Kirchhofsfrieden über die gespenstische Silhouette des brennenden Konstantinopels. Auch Hypatius und seinen Anhang hatte das Schicksal ereilt. Belisars späterer militärischer Gegenspieler, der Kämmerer Narses, hatte kräftig mitgemischt und die Parteien durch Bestechungsgelder von neuem entzweit. Als Resultat des Bürgerkriegs verlor dieses Surrogat altrepublikanischer Freiheiten für längere Zeit seine Bedeutung. Aber auch der Senat lag zitternd zu Füßen Justinians, der künftig mit lautem oder leisem Terror, unterstützt von seiner Gattin Theodora, gegen die oberen Zehntausend wüten konnte.

Nun hatte Justinian auch freie Hand für seine Verwaltungsreformen. Von neuem traten Männer wie Johannes der Kappadoker und Tribonianus an die Spitze der Verwaltung. Tribonianus ist es in den folgenden Jahren gelungen, die große Kodifizierung des römischen Rechts zum Abschluß zu bringen. Johannes der Kappadoker zeichnete verantwortlich für gewisse unbequeme, aber organisatorisch notwendige Reformen der Zivil- und Militärverwaltung, die im Gegensatz zur diokletianischen Trennung der Gewalten nun vielfach in einer Hand vereinigt wurden. Das entsprach einem Zug der Zeit und wurde während der Auseinandersetzung mit der arabischen Weltmacht systematisch weitergeführt.

Johannes der Kappadoker zog die Steuerschraube unbarmherzig an. Die Leistungen dieser Jahrzehnte waren übermenschlich. Aber keiner der Zeitgenossen wurde recht glücklich. Die Kräfte des Reiches waren ebenso durch die Angriffskriege wie durch die ungezügelte Bauwut überfordert. Der Wiederhersteller der Reichseinheit kann darüber hinaus als einer der größten Bauherren der Geschichte gelten. Aus dem Trümmerschutt von 532 steigt die Hagia Sophia, das künstlerische Sinnbild der Zeit. Ihren Baumeistern standen nicht nur alle Erkenntnisse der Mathematik des Altertums zur Verfügung, sie haben sich auch maßgeblich in die Schaffung des mittelalterlichen Stils der christlichen Welt des Ostens eingeschaltet. Was Konstantin der Große begonnen hat, das führte Justinian mit besonderem Elan fort; er hat über die Welt ein Netz von Kirchen geworfen. Auch das berühmte Sinaikloster stammt von ihm.

Die Bautätigkeit beschränkte sich aber nicht auf Kirchen und Klöster. Die östliche Mittelmeerwelt wurde damals an der Donau, am Euphrat und Tigris und in Nordafrika durch gewaltige militärische Anlagen und strategische Straßensysteme nach außen abgesichert. Das alles war nur möglich, weil im Osten das wirtschaftliche Leben noch intakt war, während im Westen längst die Selbstgenügsamkeit des autarken Gutshofes eingekehrt war. Handel und Verkehr spielten im Osten noch eine Rolle, und die Kaufleute verfügten über einen Horizont, der von Lappland bis nach Äthiopien und von Spanien bis nach China reichte. Das byzantinische Goldstück besaß ein mystisches, in seinem Gehalt aber sehr real begründetes Ansehen. Es war den Schwarzen so gut bekannt wie der spätere Mariatheresien-Taler und kann als der Dollar des Mittelalters gelten.

Auf diesen Goldstücken prangte der Kaiser mit dem Reichsapfel, der ja ein Globus war, und diesen Globus krönte das christliche Kreuz. Das war Propaganda für den Staatsgedanken, für das Christentum und nicht zuletzt für den internationalen Handel der Byzantiner. Dank diesen Goldstücken hatte man die Möglichkeit, Söldner anzuwerben und Kriege zu führen, die zu der tatsächlichen Wehrkraft des Reiches in einem schreienden Mißverhältnis standen. So brauchte der Kaiser immer mehr Geld, und es kam in die Wirtschaft ein Zug zur Planwirtschaft, zum Staatskapitalismus, zum staatlichen Monopolwesen. Insbesondere rügen die Zeitgenossen eine Art von kalter Sozialisierung (wenn auch der Begriff noch unbekannt war) auf dem Weg über die Steuerschraube. Gewiß sind das alles keine unbekannten Erscheinungen der spätantiken Wirtschaft. Aber Justinian hat die Krise hochgespielt durch seine Bauwut und vor allem durch seine Kriegspolitik.

Die Angriffskriege:
Vernichtung der Vandalen und Einkreisung der Goten

Die Folgen der Revolution waren rasch überwunden. Belisar blieb zu besonderer Verwendung in Konstantinopel, man hatte etwas mit ihm vor. Ein Jahr später wußte alle Welt, worum es ging. Justinian hatte seine Angriffskriege gegen den Westen eröffnet, er suchte die Einheit der Mittelmeerwelt wiederherzustellen. Was bedeuten hier die Begriffe Einheit und Spaltung? Odoaker, der erste germanische »Nachfolger« der weströmischen Kaiser, galt noch als Usurpator. Aber schon Theoderich kam als offizieller General der Byzantiner. Er herrschte gleichzeitig als Volkskönig der Goten und als Statthalter der Kaiser von Ostrom. In dem Menschenalter bis zur Machtübernahme Justinians hat Theoderich der Große durch geschickte Familien- und Bündnispolitik das Weströmische Reich in eine neue Form gegossen. Das geschah nicht durch Eroberungen, sondern durch eine Art weströmischen Föderalismus, durch das Prinzip der gleichberechtigten Zusammenarbeit des Starken mit dem Starken. Im zentralistischen Denken Justinians aber hatte das Kräftespiel gleichberechtigter Mächte keinen Platz.

Zunächst wandte man sich gegen Afrika und die Vandalen. Dieser Stamm war von allen Germanen am weitesten vorgeprellt. Sie waren den Römern am gefährlichsten geworden, weil sie ihren Lebensnerv, die Seeherrschaft, gefährdeten. Überdies waren sie Arianer. Das Verhältnis zu den Einheimischen und Katholiken ließ mehr als bei anderen Germanen der Völkerwanderung zu wünschen übrig. Doch hatte der Elan der Zeiten Geiserichs längst dem ruhigen Genuß des Gutsbesitzerlebens Platz gemacht. Es gab jedoch innere Rivalitäten, die einzelne zur Emigration nach Byzanz veranlaßten, wo sie einem angespannt lauernden Gegner nicht unerwünschte Zuträgerdienste leisteten. So glaubt man Prokop nicht recht die Naivität der im letzten Augenblick mit primitivsten Mitteln durchgeführten Feindaufklärung. Überraschend wirkt auch die Öffentlichkeit der Diskussion des Feldzugsplans, die teils auf die Selbstsicherheit Ostroms, teils auf die geringe Frequenz der damaligen Verkehrsverbindungen mit Afrika schließen läßt. Im Reichskabinett stellte sich Johannes der Kappadoker mit ausdrücklich gerühmter Furchtlosigkeit den Angriffsplänen des Kaisers entgegen. Den Ausschlag gab offensichtlich die Kirche, die auch für die propagandistische Vorbereitung der Rückeroberung im Vandalenreich selbst verantwortlich zeichnete. Die westlichen Quellen verraten deutlich die künstliche Vertiefung, die der ohnehin störende konfessionelle Gegensatz in dieser Zeit erfuhr.

Die Thronbesteigung Gelimers im Jahre 530 hatte unfreundliche Gesandtschaften zwischen Byzanz und Karthago nach sich gezogen. Eine formelle Kriegserklärung scheint nicht erfolgt zu sein, doch war Gelimer, selbst wenn er keine Beobachter in die Hauptstadt beordert hatte, zumindest durch den Angriff auf Sardinien über die Absichten Justinians unterrichtet. Gegen Sardinien richtete sich im Frühjahr 533 ein Handstreich zur See, während gleichzeitig von Ägypten aus eine Landexpedition nach Tripolis aufbrach. Anfang Juni 533 stach unter Generalissimus Belisar die Flotte mit der Hauptmacht in See. Sie umfaßte an Frachtern fünfhundert, an Kriegsschiffen zweiundneunzig Einheiten. Die Kampftruppen zählten etwa achtzehntausend Mann, eine Zahl, die keinen Vergleich mit dem Unternehmen des Basiliskos im vorangegangenen Jahrhundert aushielt. Gelimer scheint den Angriff überhaupt nicht oder erst für später erwartet zu haben, da seine besten Truppen unter seinem Bruder Tzazon zur Abwehr des byzantinischen Angriffs nach Sardinien beordert waren.

So fiel Afrika im raschen Siegeszug der Truppen Belisars mit relativ geringer Mühe dem Oströmischen Reich zu. Gewiß kam es zu kritischen Situationen, doch wurde jede Gefahr, in die die Reichstruppen gerieten, dank den unbegreiflichen Unterlassungssünden der vandalischen Führung leicht gemeistert. Den Ausschlag gab Belisars Reiterei. Das Reich der Vandalen wurde in wenigen Tagen entscheidend geschlagen, in wenigen Monaten aus der Reihe der Mittelmeerstaaten gestrichen. Die Entscheidung fiel am 13. September 533 bei Decimum unweit des Salzsees am Rande des heutigen Tunis. Die Eroberung von Karthago krönte diesen Erfolg. Die Schlacht von Tricamarum, die Mitte Dezember unweit von Karthago stattfand, schloß die Kampfhandlungen in der Hauptsache ab. Gelimer floh in die Berge, ergab sich Ende März 534 und wurde in ehrenvoller Gefangenschaft nach Konstantinopel übergeführt.

In Karthago leistete sich Belisar die Geschmacklosigkeit, auf dem Thron Gelimers Platz zu nehmen. Seine Stabsoffiziere denunzierten ihn, so daß der kaiserliche Befehl zur Rückkehr nicht ganz ohne den Beigeschmack einer Maßregelung war. Doch feierte Belisar im Hippodrom einen glänzenden Triumph und stand dann Justinian für Absichten zur Verfügung, die weit über Afrika hinausreichten. Sein Nachfolger Solomon übernahm die undankbare Aufgabe der Nachlese, denn Afrika bestand nicht nur aus Vandalen. Die Berber, die damals wie heute gegen jede Fremdherrschaft Front machten, waren von Belisars Blitzkrieg kaum berührt worden. Der byzantinischen Kriegsmaschine waren sie zwar sowenig wie später der arabischen gewachsen, stellten aber stets ein Element der Beunruhigung dar.

Die Goten sahen der Vernichtung ihrer vandalischen Vettern mit einer Verblendung zu, die unbegreiflich wäre, wüßten wir nicht, daß Verräter am Werk waren. Mit der Eroberung Afrikas und der wichtigsten Inseln war die Einkreisung Italiens vollendet. Dort hatte der Tod Theoderichs, 526, seinen minderjährigen Enkel Athalarich auf den Thron geführt. Theoderichs Tochter Amalasuntha vertrat als Regentin eine Politik der Zusammenarbeit zwischen den Oströmern, den Italern und dem Gotenvolk. Ihre halb schwächliche, halb verräterische Beschwichtigungspolitik gegenüber Justinian ließ die vielversprechende Konzeption scheitern.

Theoderichs stolzer Bau einer germanischen Konföderation rings um das westliche Mittelmeer hatte schon zu seinen Lebzeiten die ersten Risse gezeigt. Der Tod seiner Tochter in Karthago war ein deutliches Alarmzeichen. Unter seinen Nachfolgern zerbröckelte die gotische Hegemonie immer beängstigender. Die Franken vernichteten das Thüringerreich und Burgund und verwiesen die Westgoten auf Distanz. Schon 527 erzwangen die Ultras, die Amalasuntha mit Recht nicht trauten, einen schärferen Kurs, der kleine Reibereien mit Byzanz im Raume Sirmium nach sich zog. Amalasuntha beschwichtigte den Osten durch ein verräterisches Geheimabkommen und die Ermordung von drei hervorragenden Gotenführern. Dafür entglitt die Erziehung des Thronfolgers ihren Händen, sie verfeindete sich mit ihrem Vetter Theodahad, und selbst unter den Stadtrömern gab es Strömungen zugunsten einer Verständigung mit der Nationalpartei.

Da starb Athalarich (2. Oktober 534) an den Folgen jugendlicher Ausschweifungen, und Amalasuntha wählte ihren künftigen Henker Theodahad zum Mitherrscher. Die Zusammenarbeit des Königs Theodahad und seiner Gemahlin Gudeliva mit der Königin Amalasuntha endete schon nach einem halben Jahr mit einer Katastrophe. Der byzantinische Sondergesandte Petrus spielte hier eine düstere Rolle. Er steckte in Wirklichkeit hinter der Intrige, der Theoderichs Tochter zum Opfer fiel. Auf die Nachricht von der Ermordung Amalasunthas in dem Inselkastell des Bolsener Sees tat er aber entrüstet und warf Theodahad die Kriegserklärung vor die Füße. Der habgierige Schwächling zitterte um sein Leben und suchte, als sein Winseln vor dem Byzantiner erfolglos blieb, Rückendeckung bei der gotischen Nationalpartei, verriet aber auch diese, indem er die notwendigen Verteidigungsmaßnahmen vernachlässigte.

Restauration und Reconquista: der Gotenkrieg

Im Juni 535 hatte Justinian erreicht, was er wollte. Die Schaukelpolitik der schwachen und verräterischen Amaler hatte ihm ähnlich wie die Wirren im Vandalenreich den Vorwand zum Angriff verschafft. Staatsrechtlich gaben ihm die unverjährbaren Reichsrechte *(iura imperii)* ohnehin jederzeit die Möglichkeit, ohne Rücksicht auf Frieden und Verträge zum Angriff zu schreiten. Und propagandistisch war seine Kriegspolitik nicht zuletzt nach dem Zeugnis der Gesetzgebung des Ostreichs zur Genüge vorbereitet. Im Frühsommer 535 landete Belisar mit etwa zehntausend Mann auf Sizilien, wo er nur unbedeutenden Widerstand fand. Am 31. Dezember 535 zog er kampflos in Syrakus ein. Gleichzeitig marschierte Illyriens Heermeister Mundus ins gotische Dalmatien ein und eroberte Salonae. Sein Tod brachte einen Rückschlag, der aber bald bereinigt wurde. Der Ring um Italien hatte sich mit der Eroberung von Dalmatien und Sizilien nun endgültig geschlossen. Nach Vernichtung der Vandalen besaß Ostrom wieder die alleinige Seeherrschaft im Mittelmeer. Was das für die Verteidigung der langgezogenen Küsten Italiens bedeutete, liegt auf der Hand.

Die Schläge in Dalmatien und auf Sizilien zeigten der Nationalpartei, was sie von Justinian, was aber auch vom eigenen König Theodahad zu erwarten hatten. Der Elende erntete den Lohn des Verräters, und sein Nachfolger Witigis suchte in höchster Eile das Versäumte wiedergutzumachen. Er konnte Dalmatien zurückerobern, büßte aber die ohnehin nicht sehr bedeutende gotische Flotte ein. Unterdessen hatte Belisar (etwa Juli 536) die Straße von Messina überschritten und belagerte Neapel, wo ihm die gotische Besatzung, unterstützt von den in Byzanz religiös verfolgten und auch wirtschaftlich benachteiligten Juden, zwanzig Tage lang Widerstand leistete. Das Exempel, das Belisar, zweifellos mit Billigung Justinians, in der blühenden Metropole Unteritaliens statuieren ließ, stellte der gesamten Bevölkerung der Halbinsel, Goten wie Einheimischen, deutlich vor Augen, was sie von Ostrom zu erwarten hatten. Die Schrecken eines zwanzigjährigen Krieges fanden ihren würdigen Auftakt.

Trotz seiner geringen Truppenstärke von achttausend Mann vertraute Belisar der Schlagkraft seiner hochgezüchteten Reiterei. Der in Spätrom traditionelle, aber jetzt immer heller strahlende Glanz der Reiterwaffe verleiht der Reconquista, der Rückeroberung Afrikas und Italiens, etwas vom Charakter der Feldzüge eines Pizarro und Ferdinand Cortez. Freilich blickte auch die gotische Reiterei auf eine Tradition zurück, deren alte Exerzierfelder Pannonien, Thrakien und Südrußland hießen.

Belisar benötigte nur dreihundert Mann zur Bewachung der Trümmerberge Neapels und wandte sich gegen Rom. Sein Gegenspieler Witigis regierte erst wenige Wochen und hielt es, im Besitz zahlloser Festungen und des uneinnehmbaren Ravenna, für zweckmäßig, die alte Hauptstadt der Welt dem Angreifer zu überlassen. Der Entschluß schien die hinhaltende Taktik eines *Cunctator* zu verraten. Doch machte sich der König selbst einer Übereilung schuldig, denn er wechselte plötzlich die Taktik und setzte seine gesamten Streitkräfte für die Rückeroberung von Rom ein. Der »Kampf um Rom« dauerte etwa anderthalb Jahre und gab Belisar Gelegenheit, sich als Meister des Festungskriegs zu bewähren. Er vollbrachte bei der Wiederherstellung des aurelianischen Mauerrings, der Nutzung der inneren Linie und der maritimen Hilfsquellen unglaubliche Leistungen. Schließlich hatte er den Würgegriff der Goten, die vor Rom verbluteten, so weit gelockert, daß seine Detachements zum Bewegungskrieg übergehen konnten. Berühmt wurde der Vorstoß des Johannes, des Neffen Vitalians, bis in die Nähe Ravennas, der Witigis zum Abzug bewog. Er hatte sich von der kombinierten Land- und Seestrategie der Byzantiner überspielen lassen.

Während die Goten in Ravenna ihre Wunden pflegten, führten Belisar und seine Offiziere in Mittelitalien einen Bewegungskrieg, der in der Hauptsache gewissen Schlüsselfestungen galt. Im Juni 538 traf Narses in Italien ein; er gehörte zu Theodoras engsten Vertrauten und war offensichtlich dazu ausersehen, Belisars selbständige Kriegführung etwas zu zügeln. So leistete er dem verdienten, aber eigenwilligen Neffen Vitalians im Kriegsrat Schützenhilfe, die der gemeinsamen Abstimmung der Entschlüsse nicht eben zuträglich war.

Der Krieg erreichte bereits Norditalien und seine Metropole Mailand. Justinians Hoffnungen auf sofortige Bündnishilfe der Franken trogen, doch erreichte Belisar mit tätiger Unterstützung des Erzbischofs immerhin den Abfall von Mailand. Die Goten schlugen zurück, eroberten die Stadt und verhängten entsprechende Sanktionen. Trotz diesem Erfolg wurde die Kriegslage kritisch. Die Franken erwiesen sich als unzuverlässige Verbündete, die Langobarden verhielten sich reserviert. Die Kaiserlichen eroberten 539 Auximum, die wichtigste Festung nach Ravenna. Jetzt war der Weg zum Sturm auf die Hauptstadt frei.

Auch die diplomatische Tätigkeit war auf beiden Seiten rege. König Witigis nahm mit Persien Verbindung auf, um Großkönig Chusro zum Angriff auf den römischen Osten zu bewegen. Seine Sache stand ernst genug, um ihm den Hinweis auf das gestörte Gleichgewicht der Kräfte beim etwaigen Zusammenbruch des Gotenreiches zu gestatten. Doch scheint Justinian bei allem Haß gegen die Goten einer Interimslösung nicht abgeneigt gewesen zu sein. Zumindest ist nicht erwiesen, daß sein Vorschlag einer Teilung Italiens, bei der die spätere Lombardei den Goten verblieb, von vornherein verlogen war. Der Vorschlag trug zwar den Keim künftiger Konflikte in sich, eröffnete aber auch Möglichkeiten der Zusammenarbeit oder zumindest eines Modus vivendi von der Art der später von den Langobarden erzwungenen Lösung. Justinians Vermittlungsvorschlag wurde von Belisar eigenmächtig sabotiert. Der Verrat in den eigenen Reihen, selbst der Gemahlin Matasuntha, ließ den in Ravenna eingeschlossenen Gotenkönig an seiner Sache verzweifeln. Die Entscheidung fiel durch ein Roßtäuscherstück Belisars, das seinesgleichen sucht. Der

Generalissimus Ostroms ließ durchblicken, daß er bereit sei, die Nachfolge des Gotenkönigs anzutreten. Daraufhin öffnete man ihm die Tore Ravennas, das Ende des Krieges schien gekommen (Mai 540).

In der Tat ließen die Goten zunächst wie versteinert alles mit sich geschehen. Nur einige Unentwegte verweigerten, als der Betrug ruchbar wurde, ihre Demobilisierung. Belisar trat abermals in Begleitung eines gefangenen Königs die Reise nach dem Osten an. Dort war die Stimmung teils gedrückt, teils argwöhnisch. Wieder hatte der Paladin Justinians mit dem Feuer gespielt und mußte feststellen, daß die Zeiten der vizekaiserlichen Vollmachten für ihn vorüber waren. Für den Augenblick standen die Schreckensmeldungen aus Antiocheia im Mittelpunkt des Interesses. Witigis' Gesandtschaft zu Großkönig Chusro hatte ihren Zweck erreicht und den Zweifrontenkrieg entfesselt. Im selben Monat, in dem Ravenna fiel, hatte Chusro am Euphrat die römische Grenze überschritten. Während der Abreise Belisars von Ravenna und seiner Überfahrt nach Byzanz rauchten bereits die Ruinen der Weltstadt Antiocheia als Wahrzeichen der Vernachlässigung des Ostens zugunsten des Abenteuers im Westen.

Die Balkanpolitik Justinians

Gleichzeitig mit dem Triumph von Ravenna und dem Debakel eines vorweggenommenen Arabersturms im Osten erlebte Südosteuropa einen Barbareneinfall, der Justinian und seine Heeresleitung hätte nachdenklich stimmen müssen. Es zeigte sich, daß Ostrom in diesem Raum nicht genug getan hatte, um das durch die Abwanderung der Goten entstandene Vakuum auszugleichen. Diese Unterlassung sollte sich nach der endgültigen Ausschaltung der Germanen aus Südosteuropa (568) wiederholen. Die Slawen, Bulgaren und Hunnen hatten schon unter Anastasios an die Völkertore der Balkanhalbinsel gepocht. Im ersten Jahrfünft Justinians verwies Thrakiens Heermeister Chilbudius, der sich jenseits der Donau bald legendärer Berühmtheit erfreute, vornehmlich die turkvölkischen Bulgarenstämme auf Distanz. Auch Mundus erwarb sich damals Verdienste. Von den germanischen Stämmen saßen damals die Gepiden, Langobarden und Heruler an der unteren Donau. Immer mehr traten ihnen aber die Slawen zur Seite, die in friedlicher Osmose oder mit energischen Beutezügen das Recht der Zukunft anmeldeten. Die Gepiden heimsten soeben als lachende Dritte das gotische Sirmium ein. Unweit von ihnen saßen in der Walachei die mit Sicherheit als Slawen bezeugten Sklawinen. Nach Osten hin schlossen sich in Bessarabien und Südrußland die Anten an, über deren Herkunft noch kein endgültiges Urteil möglich ist. Die sowjetische Forschung sieht in ihnen die Urslawen schlechthin, verfolgt sie zurück bis in die steinzeitliche Tripoljekultur und mißbraucht sie damit für einen panslawistischen Mythos. Die Sklawinen und Anten bedrohten nicht anders als die Germanen, Bulgaren und Hunnen ständig das nördliche Vorfeld von Konstantinopel.

Möglicherweise haben die Erfolge der Mundus und Chilbudius dazu beigetragen, Justinian ein trügerisches Gefühl der Sicherheit zu geben. Chilbudius ist bereits 533/534 gefallen. Weder Mundus noch der vom Osten abkommandierte Sittas konnten Entscheidendes leisten. Die Gepiden nahmen nicht nur Sirmium, sondern auch das unbedeutende Städtchen Bassiane, ein Danzig jener Tage, das Justinian bei seinen Verhandlungen mit Amalasuntha und Theodahad als Kriegsgrund gedient hatte. Justinian stachelte lediglich die Langobarden gegen ihre gepidischen Nachbarn auf, versicherte sich später auch ihrer für die Vernichtung der Goten so wichtigen Dienste. Doch stand der Langobardenkönig Wacho damals (539) noch im Schatten eines Mächtigeren, des Frankenkönigs Theudebert, der von einer fränkischen Herrschaft über Südosteuropa bis unter die Mauern von Konstantinopel träumte. Im Einsatz gegen die Gepiden holte sich Justinians Heermeister Calluc 539 eine Niederlage, während die Langobarden sich zurückhielten. In den folgenden Jahren erwiesen sich Langobarden und Gepiden als äußerst unbequeme Nachbarn des Reiches. Doch sah Justinian seine Lammsgeduld gegenüber den Langobarden später durch ihre Mitwirkung an der Entscheidungsschlacht von Tadinae (552) belohnt.

Im Frühjahr 540 überschwemmten die Sklawinen und Anten das Reichsgebiet und eroberten in Illyrien zweiunddreißig Festungen. Endlich sah sich Justinian veranlaßt, dem Balkanraum die notwendige Aufmerksamkeit zu widmen. Die Verstärkung der Garnison am Thermopylenpaß und vor allem der Bau der zahlreichen Festungen, von denen Prokop in seinen »Bauwerken« berichtet, fallen in diese Zeit. Unter der Belastung eines Zweifrontenkrieges waren jedoch keine wirklich durchgreifenden Maßnahmen zur Sicherung Südosteuropas möglich. Zudem erwiesen sich die besten Festungsgürtel als nutzlos, wenn ihre Besatzungen an anderer Stelle dringender benötigt wurden. Immerhin hatte man kurz nach dem Tode des Chilbudius eine Verwaltungsmaßnahme getroffen, die sich als nützlicher Beitrag zur Verteidigung der unteren Donau herausstellte. Justinian gründete 536 die sogenannte *quaestura exercitus*, in der unter dem Kommando eines Generals zwei Donauprovinzen mit Karien, den reichen Kykladeninseln und Kypros zusammengefaßt waren, also Vorwegnahme des späteren »Themas« (Wehrkreises) der Kibyrrhaioten.

Gleichgewicht der Mächte:
Zweiter Perserkrieg und Ausblutung Italiens

Das Jahr 540 bedeutete Triumph und Peripetie der Politik Justinians. Dem Sieg in Italien standen die Rückschläge auf der Balkanhalbinsel und im Osten gegenüber. Den Ausschlag für den Bruch des »Ewigen Friedens« durch Großkönig Chusro gab das Ende des Gleichgewichts der Mächte, neben Theoderichs Staatengemeinschaft der wichtigste Beweis für die Antiquiertheit des römischen Weltherrschaftsgedankens. Um einen Vorwand war Chusro nicht verlegen; es ging da neben Armenien um die Weiderechte im Gebiet der einst von Diokletian angelegten tiefgestaffelten Verteidigungszonen der *Strata Diocletiana*, also um magere Steppen und Wüsten. Im zeitigen Frühjahr 540 schlugen die Perser los, überschritten bei Circesium den Euphrat, plünderten Sura und schlugen den Weg nach Antiocheia ein.

Zwar eilte des Kaisers Neffe Germanus in die bedrohte Stadt, mußte sie aber wegen des Einsatzes aller Elitetruppen in Italien ihrem Schicksal überlassen. Chusro zerstörte sie gründlich und kehrte, nicht ohne begehrliche Blicke auf die heiligen Stätten Palästinas zu werfen, zurück. Da Sittas in Armenien gefallen war, stand das Jahr 541 wieder unter dem Zeichen Belisars. Er sollte die Feuerwehr spielen und etwaige Gelüste nach dem weströmischen Kaisertum vergessen. Sein Vorstoß im Raume Nisibis blieb erfolglos, während Großkönig Chusro im selben Augenblick Lazica eroberte und dort von der römischen Zwingburg Petra aus ernstlich den Bau einer Schwarzmeerflotte ins Auge faßte. Seinen erneuten Vorstoß von 542 parierte Belisar durch einen berühmten Blitzzug zum Euphrat und ein Täuschungsmanöver, das die Schwäche der östlichen Truppen drastisch enthüllte. Anschließend wurde er in eine Generalsverschwörung verstrickt, kam jedoch mit dem Schrecken und einem Rückschlag für seine Karriere davon, der das Kaiserpaar endgültig von der Furcht vor dem politischen Ehrgeiz seines treuesten Paladins befreite. Das Jahr 543 sah einen römischen Vorstoß nach Armenien, während Chusro 544 ohne Erfolg die christliche Hochburg des Ostens, Edessa, zu erobern versuchte. Damit war der Elan der persischen Angriffe gebrochen, die Auseinandersetzungen verlagerten sich ins nördliche Vorfeld, wo es bis zum Friedensschluß von 561 in erster Linie um den Besitz von Lazica und Iberia mit ihren vorgelagerten Kaukasusländchen ging. Hier suchten die Perser sich für den politischen Geländeverlust zu entschädigen, den sie schon zu Zeiten Iustinus' in Südarabien erlitten hatten. Dort herrschten zwar bis 570 Satelliten der Byzantiner, doch hat sich Prokop unmißverständlich von den Hoffnungen, die Justinian darauf setzte, distanziert. Die Weihrauchstraße und das Rote Meer führten zwar den Händler nach Indien, politisch endeten sie im Wüstensand Arabiens.

Für Italien verlängerten der Zweifrontenkrieg und Justinians Mißtrauen gegen Belisar den Krieg um Jahre, die auf Kosten der durch die militärischen Operationen, durch Hunger und Übergriffe dezimierten Bevölkerung gingen. Mit der Besatzung zogen die Zivilbeamten, insbesondere die Steuereinnehmer Justinians, wie ein blutgieriger Schwarm in das Land ein. Sobald Belisars Betrug ruchbar wurde, wählten die Goten neue Könige, zunächst Ildebad und Erarich, die kurz regierten, dann den jungen Totila, einen jener Unentwegten, die sich 540 nicht geschlagen gaben. Ein Erfolg bei Verona legte den Grund seiner Machtstellung, ein Sieg im Raume Florenz befestigte sie. Die oströmischen Truppen sahen sich bald auf ihre Festungen beschränkt. Totila gewann die Herzen der Bauern durch energische Maßnahmen gegen die Großagrarier des Senats. Er verbesserte nicht nur die Verwaltung, sondern setzte selbst in der Kriegführung seine Auffassung von Fairneß und Toleranz durch. Über Justinians unpopuläre Steuerpolitik errang er moralische Siege, die auch militärisch zählten.

Totilas genialster Gegenzug gegen die trotz des Zweifrontenkrieges erdrückende Übermacht Ostroms war neben der Bauernpolitik der Bau einer gotischen Flotte. Damit verschaffte er dem sterbenden Gotenreich immerhin eine Atempause. Während der Großaktionen des Perserkrieges (bis 544) geschah von seiten des Reiches wenig von Bedeutung. Wenn auch Rom, Ravenna und zahlreiche feste Plätze in oströmischer Hand waren, beherrschte Totila die Räume der Halbinsel ziemlich unangefochten. Im Jahre 544 zog er siegreich in Neapel ein und fügte mit seiner Milde dem Gegner, dessen Greueltaten in frischer Erinnerung waren, eine weitere Niederlage zu.

Belisar war nach Stabilisierung der Lage im Osten wieder frei und ging von neuem nach Italien. Er erhielt jedoch nicht mehr die alten Vollmachten, und es erinnert an »Wallensteins Lager«, wenn es heißt, daß er den Krieg der Kaiserlichen aus eigner Tasche bezahlen mußte, mochte sie von den in Karthago und Ravenna erbeuteten Schätzen noch so prall gefüllt sein. Prokop bescheinigt ihm, daß er in den vier Jahren seines erneuten Kommandos wie ein Flüchtling von Festung zu Festung, von Hafen zu Hafen eilte. Darin verrät sich die Schwäche, zugleich aber auch die Stärke von Byzanz. Die befestigten Städte, die Kastelle und der Seeweg gaben Justinian die Möglichkeit, abzuwarten und den günstigsten Augenblick für den Generalangriff zu wählen. Etwa Ende 545 schloß Totila Rom ein. Meinungsverschiedenheiten mit Johannes, dem Neffen Vitalians, legten Belisars Entsatzpläne lahm, und so zog Totila am 17. Dezember 546 in die einstige Schicksalsstadt der Welt ein. Die Bevölkerung wurde evakuiert, aber trotz ihrer tätigen Mithilfe bei der Verteidigung geschont. Totila aber wiederholte den Fehler seines Vorgängers Witigis; er befahl die Schleifung der Mauern, verzichtete also auf die Besetzung der Stadt, die zwar nicht mehr die wichtigste Festung Italiens, wohl aber das ideologische Kriegsbanner und der Preis des Siegers war.

Inzwischen hatte Justinian den Langobarden neue Wohnsitze in Oberpannonien und Südostnoricum angewiesen und damit nicht nur die fränkische Expansion nach Südosteuropa gestoppt, sondern sich eines wertvollen Bundesgenossen versichert. Der fränkische Imperialismus wurde ohnehin mit Theudebert zu Grabe getragen. Schon im April 547 erhielt Totila die Schreckensnachricht, daß Belisar sich abermals in Rom festgesetzt hatte. Damit sah er sich, statt vor Ravenna zu erscheinen, in der Zwangslage, in einem neuen Sturm auf Rom seinen Fehler vor aller Welt und zur höhnischen Genugtuung der Franken einzugestehen. Nochmals bewährte sich Belisars militärisches Genie und zwang Totila, seine Goten nach schweren Verlusten auf lohnendere Ziele anzusetzen. Aber Belisars Zeit war um, der Kaiser hatte aus den bekannten Gründen beschlossen, Italien nicht von seinem besten General erobern zu lassen. Von Belisars Abruf bis zum Großangriff seines Nachfolgers Narses auf Italien vergingen drei Jahre, die für Ostrom und Justinian eine schwere Belastung bedeuteten. Das literarische Zeugnis dieser 550 gipfelnden Krise ist die »Geheimgeschichte« Prokops, die im Vorwurf gipfelt, daß Justinian Kriege zwar anzuzetteln, aber nicht energisch zu führen verstand.

Totila begann im Frühsommer 549 die dritte Belagerung Roms und führte sie am 16. Januar 550 zum siegreichen Abschluß. Endlich hatte er die geheimnisvolle Rolle Roms durchschaut und nützte seinen Erfolg propagandistisch aus. Noch bedeutsamer wurde sein Angriff auf Sizilien, denn er zeigte, daß Totila auf den Spuren Geiserichs nicht vor dem Griff nach der Seeherrschaft zurückschreckte. Zwar konnte er auf Sizilien noch schreckliche Schläge austeilen, aber er vollbrachte nichts mehr von Bestand. Die Mittel des Gotenstaates begannen zu versiegen. Die unsichere Lage auf Sizilien dürfte aber bei Justinians Entschluß mitgesprochen haben, den entscheidenden Stoß von Norden her zu führen.

Das Jahr 550 schien die Lösung zu bringen. Zunächst schifften sich Liberius, nach ihm Artabanes nach Sizilien ein. Die Hauptarmee formierte sich jedoch in Serdica (Sofia), wo sie unter Leitung des Oberkommandierenden Germanus den Sommer mit Ausbildung und Manövern verbrachte. Germanus war seit kurzem mit der Amalerin Matasuntha vermählt, um an die dynastischen Gefühle der Goten zu appellieren, starb aber plötzlich, und Justinian vertagte seinen Fangstoß nochmals. Totila nützte das geschenkte Jahr zu einem Vergeltungsangriff, dem ersten dieses Krieges, der gegen Reichsprovinzen gerichtet war. Er plünderte Korfu und einige griechische Küstenstädte, verlor aber im Sommer 551 vor Sinigaglia seine gesamte Seemacht. Artabanes säuberte inzwischen Sizilien von den Goten.

Die trotz jahrelangem Zaudern selbstsichere Politik Justinians wird durch nichts besser erläutert als durch den gleichzeitigen Angriff gegen die Positionen der Westgoten Spaniens. Byzanz hatte schon in den dreißiger Jahren Theudis das die Straße von Gibraltar beherrschende Kastell Septem entrissen und war damit Nachbar der Westgoten geworden. Im Frühling 552 sandte Justinian gleichzeitig mit der Aufnahme der Operationen in Italien eine kleine Hilfsflotte unter dem greisen Senator Liberius, der sich nach bewährtem Rezept in Familienstreitigkeiten des Königshauses einmischte und bei dieser Gelegenheit die Südostecke Spaniens unter byzantinische Oberhoheit brachte. Der Ring um das Mittelmeer schien sich von neuem zu schließen.

Die Franken hatten inzwischen Ligurien und Venetien vereinnahmt und ihren Besitz im Alpengebiet abgerundet. Der Tod Theudeberts setzte weiterem Vordringen ein Ende. In Südosteuropa steuerte Justinian einen klaren Kurs, indem er zu den Langobarden hielt. Es kam zu Plünderungen des Reichsgebietes durch protobulgarische Kuturguren und die Sklawinen. Im Jahre 552 vermittelte der Kaiser friedensstiftend zwischen Langobarden und Gepiden, ein Meisterstück seiner teilenden und herrschenden Politik. Im selben Frühjahr begann der Endkampf um Italien. An der Spitze der Invasionsarmee stand Narses, der Vertrauensmann der 548 verstorbenen Kaiserin Theodora. Er verließ im April das Winterlager Salonae (Split) und marschierte längs der Küste nach Ravenna. Nach kurzem Aufenthalt ging der Marsch weiter in Richtung Rom. Man erreichte in Fano die Via Flaminia, die aber durch das Kastell Petra Pertusa an der Gola del Furlo gesperrt war. Man umging die Sperre im Süden und traf im Bereich des Apennins auf das Gotenheer, das von Rom zur Entscheidungsschlacht heranrückte. Totila hatte sein Lager bei Tadinae (Gualdo Tadino) aufgeschlagen, zog aber vermutlich Narses über den Apennin entgegen und traf in diesem Falle unweit Sentinum (Sassoferrato) mit der Invasionsarmee zusammen. Narses verfügte über dreißigtausend Mann, darunter als bestes Kontingent die langobardische Hilfstruppe in Stärke von sechstausend Mann. Der Kampf war für die Goten nicht völlig aussichtslos, wurde aber von den Langobarden entschieden. Totila fand den Tod, sein Nachfolger Teja sammelte im Raume Pavia alles, was noch Waffen tragen konnte. Mit dem letzten Aufgebot stieß er durch Italien bis nach Neapel vor. Dort endete nach längerem Lauern beiderseits des Sarno am Fuß des Mons Lactarius die letzte Schlacht der Goten. Dort ist König Teja gefallen, dessen Ruhm von Prokop mit Worten verkündet wird, in deren antikem Tonfall etwas vom germanischen Heldenlied mitschwingt.

Der Kampf um Italien erforderte noch eine harte Nachlese. Die Festung Cumae, unweit von Neapel, hielt sich noch jahrelang. Anfang des Sommers 553 erschienen Franken und Alemannen in Italien, um zumindest mitzuerben. Seuchen vernichteten die Heeresgruppe des Leutharis, während Butilins Truppen dem Angriff des Narses zum Opfer fielen. Ende 555 kehrte Ruhe ein, im Norden sogar erst 561/562. Der Kampf um die Wiedervereinigung der Mittelmeerwelt hatte mehr als zwanzig Jahre gedauert. Dem Osten erschien das als Triumph der Zähigkeit, aber die ausgesogene Bevölkerung Italiens genoß für wenige Jahre einen Kirchhofsfrieden.

Die alte Herrenschicht, der Senatorenstand der *Romani di Roma*, konnte den Triumph zumindest ihrer Parteisache nicht mehr feiern, sie war vernichtet. Die führenden Kreise von Italien, die um den Papst gescharten konservativen Adelsgeschlechter, waren in der Mühle der Geschichte zermahlen worden. Ihre geistige Situation war tragisch. Theoderich der Große hatte alles getan, um sie zu gewinnen. Das war vor allem daran gescheitert, daß die Goten Arianer, sie aber Katholiken waren. Iustinus und Justinian haben zumindest im Einverständnis mit diesen Kreisen, wenn nicht aus Rücksicht auf sie, ihre Schwenkung zur gut katholischen Lesart der christologischen Frage vollzogen. Den Römern des Ostens und den Römern von Rom stand die gotische Nationalpartei gegenüber. Theoderich war ein ehrlicher Makler zwischen beiden Welten, halb germanischer Recke, halb byzantinischer Diplomat, eine unerhörte menschliche Leistung. Seine Verwandten, seine Dynastie waren Verräter. Eine komplizierte Situation. Die gemeinsame politische Wegstrecke von Konstantinopel und Rom zählte immerhin zweihundert Jahre, die kulturelle Einheit der beiden Mittelmeerhälften etwa sechshundert Jahre. Die römischen Konservativen haben Justinians Krieg gewünscht und unterstützt. Sie haben Theoderichs Tochter, die ursprünglich vermitteln wollte, auf den Weg zum Verrat gestoßen. Sie haben die Machtergreifung der gotischen Ultras provoziert. An dem Widerspruch ihres geschichtlich begründeten Klassenstolzes mit den wahren Interessen Italiens sind sie zugrunde gegangen. Nur ein kulturell aufgeschlossener Gote aus der Schule Theoderichs wäre in der Lage gewesen, den ehrlichen Mittler gegenüber Ostrom zu spielen und trotzdem das Eigengewicht Italiens und des Westens nicht zu verraten. Dieses Eigengewicht war damals eine Tatsache, die zwar geopolitisch verankert, zugleich aber das letzte Wort der Entwicklung war: das neue Wort der Weltgeschichte.

Die Päpste starben zwar nicht aus, das hatten sie den Adligen voraus, aber sie konnten sich ebensowenig als Sieger fühlen. Soweit sie es mit den Goten hielten, hatte man sie wie Verbrecher behandelt. Aber auch unverdächtige Parteigänger des Ostens fühlten sich bald schlechter behandelt, als es jemals unter Theoderich üblich war. Der Stuhl Petri fand in Justinian einen gestrengen Herrn. Und ganz Italien wurde nach dem Siege reglementiert und der veralteten Sozialordnung unterworfen. Die »Pragmatische Sanktion« überliefert die einschlägigen Bestimmungen Justinians: die Kirche wurde für die Hinnahme der Demütigungen in Glaubensfragen mit extremen Zugeständnissen auf dem Gebiet des irdischen Besitzes entschädigt. Narses trug zwar noch nicht den Titel Exarch, regierte aber kaum anders; er genoß vizekaiserliche Rechte, wie man sie dem trotz seiner Treue immer etwas verdächtigen Belisar nicht mehr hatte zugestehen wollen.

Im Osten hatte sich der Krieg auf den Kaukasus konzentriert und endete 561/562 etwa gleichzeitig mit den letzten Kampfhandlungen des Gotenkrieges. Auch Afrika und Spanien konnten als befriedet gelten. Auf dem Balkan ahnte man nicht, daß die Summe der Siege einer Niederlage gleichkam. Belisar feierte dort 559 seinen letzten Triumph, diesmal über protobulgarische Kuturguren aus der Krimgegend. Der Schock der Slaweneinfälle von 550 hatte einer regen diplomatischen Tätigkeit im Norden des Schwarzen Meeres Platz gemacht. Hier erschienen in den letzten Jahren Justinians die Awaren, mit denen der Kaiser und seine Nachfolger handelspolitische Fühlung nahmen, ohne deren Gefährlichkeit zu ahnen. Man witterte eine Möglichkeit, das persische Seidenmonopol von Norden her über Krim und Kaukasusvorland nach der Sogdiane am Aralsee zu umgehen.

Innenpolitik, Wirtschaft und Kultur im Zeitalter Justinians

Als Justinian 565 im Alter von über dreiundachtzig Jahren starb, atmete die Welt hörbar auf. Der Herrscher hinterließ eine Kette stolzer Erfolge. Gleichwohl kritisierte man bei Hofe seine vorsichtig gewordene Außenpolitik und seine mangelhafte Fürsorge für die Armee, während die oppositionellen Kräfte der Innenpolitik trotz ihrer vernichtenden Niederlage im Nikaaufstand niemals verstummt waren. Von zahlreichen kleineren Revolten, Generalsverschwörungen, Parteiunruhen wird berichtet. Sogar der greise Nationalheld Belisar fiel vorübergehend in Ungnade, was zu der später sentimental ausgeschmückten Legende vom blinden Bettler Belisar Anlaß gab. Der Wellengang der Innenpolitik verriet, daß es auch Justinian nicht gelungen war, die sozialen, religiösen und nationalen Fragen seines Reiches einer Lösung entgegenzuführen. Seine Erfolge blendeten die Zeitgenossen und blenden noch heute. Seine Unterlassungen, sein Mißgeschick fanden damals schon mitleidlose Kritiker, die sich aber noch weniger als der Kaiser von Sonderinteressen frei zu halten verstanden.

Justinians Innenpolitik zeichnete sich keineswegs durch Sprunghaftigkeit aus, doch vermochte er ebensowenig die Linie seiner zukunftsweisenden Reformen folgerichtig beizubehalten. Im Verbrauch seiner Minister war er sparsam. Männer wie Hermogenes, Tribonianus, Johannes der Kappadoker und Petros Barsymes haben ihm Jahrzehnte gedient. Der bedeutendste, wenn auch bizarrste von allen war Johannes der Kappadoker, dessen ganze Energie sich während seiner ersten Amtszeit auf die Steuerpolitik richtete. Seine zweite Amtszeit (nach dem Nikaaufstand) reicht bis 541 und brachte zwar neuen Steuerdruck, aber auch interessante Verwaltungsreformen, unter denen die Heeresquästur von 536 und die Neuordnung Ägyptens, 539, hervorragen. Seine Härte gegen die Großagrarier entlockte den Massen Beifallsstürme, die der bestgehaßte Mann des Nikaaufstandes 541 während einer Orientreise kurz vor seinem Sturz begierig genoß. Sein prominentester Nachfolger, Petros Barsymes, entlockte zwar dem Pamphletisten des senatorischen Großgrundbesitzerstandes in seiner »Geheimgeschichte« noch schäumendere Angriffe, vertrat aber eine Wirtschaftspolitik, die vor allem den kleinen Mann ruinierte. Kaiserin Theodora scheute sich nicht, als öffentliche Drahtzieherin dieses Personen- und Systemwechsels aufzutreten. Ihre Verdienste um den Orient werden dadurch teilweise entwertet.

Besonderer Unwille der Wirtschaftskritiker richtete sich gegen die Staatsmonopole, für die man im eroberten Lazika Erfahrungen gesammelt hatte. Im Reich ging es namentlich um die Seide, die eine seltsame, weil nicht unbedingt lebensnotwendige Rolle spielte. Perserkrieg und Staatsmonopol zerstörten hier eine blühende Privatindustrie, was aber dem Kaiserpaar ebensowenig Eindruck machte wie dem fingerfertigen Geldwechsler aus Syrien und jetzigen Minister Petros Barsymes. Gleichzeitig mit dem Triumph im Gotenkrieg (552) verzeichnete Justinian einen sensationellen Erfolg seiner Wirtschaftsspionage. Zwei Mönche schmuggelten in ihren hohlen Spazierstöcken die Brut der Seidenraupe vom Rande Chinas nach Konstantinopel. Justinian rief eine Industrie ins Leben, die zumindest einen Teil des späteren Bedarfs deckte. Der den Metropolen des Ostens nacheifernde, sie bald überflügelnde Gewerbefleiß von Konstantinopel wurde eifrig gefördert. Die Partnerschaft des Staates am Sozialprodukt entsprach zwar den spätantiken Normen, nahm aber unter Justinian infolge des gewaltigen Geldbedarfs für Rüstung und Bauwesen bedenkliche Ausmaße an. Selbst die frömmsten Autoren haben über dem Ruhm der Sophienkirche Justinians die anfechtbaren Methoden ihrer Finanzierung nicht übersehen. Das Resultat dieser Untertanenplünderung erinnerte freilich an die Pyramiden. Diese Kirche rundete sich mit der kühnsten Kuppel der Welt zum Symbol ihrer Zeit. Das Genie zweier Männer, Anthemius von Tralles und Isidor von Milet, hat unter tätigster Mitwirkung des Bauherrn Justinian ein Werk geschaffen, in dem griechische Mathematik, römische Architektur und der Wille des Ostens zum Zentralbau zu einer wohl exemplarischen und weithin nachgeahmten, aber doch einmaligen, nie wieder in vergleichbarer Form erreichten Einheit zusammengeflossen sind. Schon die Zeitgenossen Prokop und Paulus Silentiarius haben den Eindruck auf den Beschauer in Worte gegossen, die nicht nur von religiöser Entrücktheit, sondern auch von ästhetischer Reflexion zeugen. Die Arbeiten begannen schon vierzig Tage nach der Einäscherung der alten Sophienkirche Konstantins im Nikaaufstand (532) und endeten im Dezember 537. Länger zogen sich die Arbeiten an der Apostelkirche hin (536–550). Mit ihren fünf Kuppeln war sie leichter nachzuahmen als die Sophienkirche, ein Vorzug, dem wir es zu verdanken haben, daß trotz der Zerstörung dieser Grabeskirche der Kaiser und Patriarchen durch die Türken und ebenso ihrer Nachahmung, der Johanneskirche in Ephesos, immerhin die Markuskirche von Venedig eine Ahnung von ihrem alten Glanz vermittelt. Diesen beiden Großkathedralen entsprachen zahllose kirchliche Bauwerke in Ostrom wie im neugewonnenen Westreich. Es genügt, an das Katharinenkloster auf der Sinaihalbinsel oder an die Justinianischen Bauten von Ravenna zu erinnern, von denen namentlich S. Vitale mit seinem Einfluß auf das Münster Karls des Großen als eine Hagia Sophia des Westens gelten kann.

Das unvergänglichste Denkmal, das Justinian sich schuf, war zweifellos die Kodifizierung des römischen Rechts, die seit dem 16. Jahrhundert als *Corpus iuris civilis* bezeichnet wird. Dem ersten Kodex der Kaisergesetze (528/529) folgte 530/533 das Digesten- und Pandektenwerk, das aus der Rechtsprechung der klassischen Juristen, insbesondere Ulpianus, Paulus und Papinianus, eine für die Zukunft verbindliche Auswahl traf. Gleichzeitig wurde eine neue Studienordnung erlassen und mit den Institutionen das Lehrbuch für die Rechtsstudenten geschaffen. 534 folgte der Kodex in zweiter Auflage. Der Quästor Tribonianus hatte die Hauptlast der Arbeit zu tragen. Justinian begleitete die Arbeit der Kommissionen mit größtem Interesse und gab entscheidende Anregungen. Als vorbereitende Maßnahme publizierte er fünfzig Entscheidungen alter Streitfragen, die auch in die zweite Auflage des Kodex aufgenommen wurden.

Das Digestenwerk kann als das folgenreichste juristische Buch der Welt gelten. »Nächst der Bibel ist kein Buch so oft herausgegeben und studiert worden wie die Digesten, und es gibt keine Gesetzgebung bis auf den heutigen Tag, die nicht irgendwie von den Digesten beeinflußt wäre, ihr Einfluß ist geschichtlich noch bedeutender als der des Code Napoléon« (Erwin Seidl). Andererseits bedeutete allein die Sammlung der Gesetze, erst recht das Zitierverbot für die hierin nicht erfaßte römische Rechtsliteratur und das Verbot von Kommentaren einen schweren Rückschlag für das wissenschaftliche Denken. Das Corpus Iuris sicherte einem Auszug des römischen Rechts Unsterblichkeit um den Preis der Verfehmung der Originalquellen. Ähnliches war im Bereich der Verwaltung zu beobachten, wo mit der vielberufenen archaistischen Tendenz Justinians nur die Form und nicht das Wesen des Römertums triumphierte.

Die Bedeutung des Gesetzeswerks wird durch solche Überlegungen nicht geschmälert, da das römische Recht ohne seine Zusammenfassung durch Justinian sich in Mittelalter und Neuzeit niemals hätte durchsetzen können. Doch mußte das in Kodex und Pandekten überlieferte römische Rechtsgut sich erhebliche Eingriffe gefallen lassen. Es wurde durch Einschübe und Änderungen rücksichtslos auf den Stand der damaligen Rechtsprechung gebracht. Man hat das früh bemerkt, aber erst die moderne Forschung konnte diese Interpolationen planmäßig untersuchen. Ein *Index Interpolationum* liegt aber erst für die Pandekten, nicht für den Kodex vor. Justinians eigene Rechtsprechung überliefern die nur wenig gekürzt in den Kodex übernommenen Gesetze. Die Erlasse ab 535 sind ungekürzt in den Novellen gesammelt. Die eigenen Rechtsdenkmäler Justinians und seine Änderungen an denen der Vorgänger verraten, daß die Volksrechte des Orients einen nicht unbedeutenden Einfluß hatten. Man suchte das Recht zu vereinfachen. Das Prinzip der Billigkeit und des gesunden Menschenverstandes milderte den strengen Formalismus des römischen Rechts. Das kam dem Personenrecht zugute in der humaneren Handhabung der *patria potestas* und der verbesserten Rechtslage der Freigelassenen. Auch die Frauen erhielten einen größeren Spielraum zugestanden. Am Anfang des Kodex stehen die Kirchengesetze und bezeugen die humanitäre Christlichkeit der weiterentwickelten römischen Generallinie Justinians. Am eindrucksvollsten erleben wir das christlich-römische Herrscherideal in den feierlichen Vorreden der Gesetzeswerke.

Als Standort für einen Rückblick auf die Kirchenpolitik Justinians eignet sich die islamische Welteroberung, in der schon die Byzantiner eine Fortsetzung der vorangegangenen Ketzerlehren witterten. Doch darf man das geistige Leben der Zeit nicht übergehen, das trotz seinem Übergangscharakter Erscheinungen aufweist, die selbst von ewigen Gesetzesschreinen und der heiligen Erz- und Mutterkirche eines Reiches nicht überstrahlt werden. Das Gesetz Homers, daß die Größten am Anfang stehen, stellt einen Prokop an den Anfang

Reste vom Haupttor der unter Justinian I. erneuerten Festung Dinogetia in der Dobrudscha

Das Innere der Hagia Sophia in Konstantinopel
Lithographie nach einem um 1849 gemalten Aquarell von Gàspare Fossati

der nur von den Chinesen (nicht dem Werte nach) übertroffenen Generationenkette der griechischen Historiker Ostroms. Ähnliches gilt für den größten Kirchendichter von Byzanz, den Hymnensänger Romanos Melodos. Der Architekt der gewaltigsten vordanteschen Paradiesespyramide, Dionysios Areopagita, Schmied der endgültigen Legierung von Prophetismus und Platonismus, steht noch der Zeit Justinians nahe.

Das literarische Übergewicht der Kirchenväter, das während des Wirkens der »großen Kappadoker« (Basileios, Gregor von Nazianz und Gregor von Nyssa), eines Johannes Chrysostomos und Augustinus, schwer zu bestreiten war, läßt sich für das 6.Jahrhundert nicht mehr feststellen. Als Theologe glänzte nicht zuletzt Justinian. Seine Schriften gehören zwar nicht zu den literarischen Spitzenleistungen, wir wissen auch nicht, ob er sie verfaßt oder nur veranlaßt hat. Doch stand hinter ihnen die Autorität des Kaisers und sicherte ihnen einen Platz in der katholischen Literatur. Sein Zeitgenosse Leontius von Byzanz verleugnet so wenig wie der Areopagite die Nachfolge der antiken Philosophie, er schreibt nicht so trocken wie der Kaiser, steht aber unter dem gleichen Fluch einer Epigonenzeit. Der monophysitische Standpunkt wurde am nachdrücklichsten in den Schriften des Patriarchen Severus von Antiocheia vertreten. Derselben Richtung huldigte mit unbedeutenden Schattierungen der Aristoteliker Johannes Philoponos. Aus solchem Flachland ragt die einzigartige Dichternatur des Romanos. Er stammte aus den jüdischen Kreisen von Syrien und trat nach seiner Konversion 515 in den geistlichen Stand über. Die Ostkirche verdankt ihm ihre schönsten Hymnen, darunter den *Akáthistos* und das Weihnachtslied. Lassen wir diesen Gipfel aus den Augen, so hält die geistliche Literatur der Zeit einem Vergleich mit der weltlichen nicht stand.

Der bedeutendste Schriftsteller war zweifellos Prokop aus Caesarea, ein gebürtiger Syrer, wenn nicht ein Jude. Er hat in acht Bänden die »Kriegsgeschichte« des Zeitalters Justinians hinterlassen, der die berüchtigte »Geheimgeschichte« und die Beschreibung der »Bauwerke« des Kaisers folgten. Die »Kriegsgeschichte« läßt alles Licht auf Belisar fallen, dessen vertrauter Mitarbeiter Prokop in den entscheidenden Jahren bis 540 war. Justinian dagegen wird trotz der üblichen Konzessionen an das offizielle Herrscherbild recht kritisch gezeichnet. In der »Geheimgeschichte« steigert sich die Kritik zu apokalyptischen Gesichten. Justinian wird im Stil der spätjüdisch-christlichen Apokalyptik verteufelt und nach dem Muster der Verfolgerkaiser Nero und Domitian zum Antichrist und Fürsten der Dämonen befördert. Ein anderer Zeitgenosse nannte Theodora, die Gemahlin des allerchristlichsten Kaisers, »Dämonodora«. Die »Bauwerke« gebärden sich als offiziöser Panegyrikos, doch läßt das Schweigen über Narses und die Bauten von Italien auch hier recht tief blicken. Formal bedeutet Prokop einen Gipfelpunkt griechischer Geschichtsschreibung. So eröffnet er würdig die Reihe der byzantinischen Historiker und schließt die griechisch-hellenistische Geschichtsschreibung trotz des spürbaren Verlustes der muttersprachlichen Spontaneität würdig ab.

Aber auch die Werke des Petrus Patricius, des mächtigen Ministers und skandalumwitterten Sondergesandten, und die des schlichteren Menander verraten noch erstaunliche Qualitäten. Von Petrus besitzen wir Gesandtschaftsberichte teils im Original, teils noch gesteigert durch die Paraphrase Prokops. Seine Weltgeschichte ist verloren. Prokops

Fortsetzer Agathias und Theophylaktos Simokattes verfielen bereits einem fast barocken Schwulst. Über den guten Geschmack wachte die Schule von Gaza, an ihrer Spitze der Rhetor Prokop, der Choricius und vielleicht auch seinen Namensvetter, den Historiker, zu seinen Schülern zählte. Es war die Tradition eines Libanios, die hier gepflegt wurde.

Was Prokop für die Geschichtsschreibung großen Stils, das bedeutet der Antiochener Malalas für Chronistik und volkssprachliche Überlieferung. Wir verdanken ihm eine Weltchronik, die unschätzbare sachliche und — fast noch bedeutsamer — sprachliche Aufschlüsse liefert. Nächst dem Neuen Testament stellt dieses naive Mönchsprodukt das kostbarste Zeugnis für die Vor- und Frühgeschichte der neugriechischen Sprache dar.

Das gleichzeitige lateinische Schrifttum verfügt in Corippus über einen Dichter und Historiker, dessen Leistung zumindest in seiner Zeit hervorragt. Die Eroberung Afrikas fand ihre Justinian kaum erwünschte theologische Rechtfertigung in einem nicht unwürdigen Nachfolger der »großen Afrikaner« vom Schlage Tertullians. Facundus wagte als einer der wenigen, dem Hoftheologen Justinians, Theodoros Askidas, gewichtige Argumente entgegenzuhalten. Auf einer anderen Stufe als Corippus und Facundus stehen freilich die Männer, deren säkulares Werk eine geistige Gratwanderung zwischen Antike und Mittelalter bedeutete: Cassiodorus und Benedikt von Nursia. Mit der Wucht der Tragödie verzeichnet das Jahr 529 zugleich Untergang und Geburt: die faktische — wenn auch vielleicht nicht formelle — Schließung der Philosophenschule von Athen, der Akademie Platons, und die Klostergründung Benedikts. Das 6. Jahrhundert gab mit der »Mönchsregel« des ersten Benediktiners dem christlichen Abendland eines seiner Grundgesetze.

Im Westen fand Prokop in Cassiodorus, dem Kanzler Theoderichs des Großen, einen Geistesverwandten, dessen Geschichte der Goten nur im dürftigen Auszug des Jordanis auf uns gekommen ist. Dafür durfte Cassiodorus verwirklichen, wovon Prokop unter heftigem Ressentiment nur geträumt hatte. Er bekleidete die höchsten Ämter des Westreichs, formulierte die Gesetze des Gotenkönigs. In den zwölf Büchern der *Variae (litterae)* hat er der Nachwelt eine Sammlung von Musterstücken seines Griffels überliefert. In Vivarium gründete er ein Benediktinerkloster, in das er sich nach 540 zurückzog. Er stiftete dort eine theologische Hochschule und hinterließ mit seinen Institutionen eine Synthese von weltlicher und geistlicher Bildung, der das westliche Mittelalter viel verdankt. Cassiodors Frühzeit sah die glücklichen Tage der Zusammenarbeit mit Boëthius, damals noch Mitstreiter Theoderichs im Kampf um eine römisch-germanische Synthese. Das Ideal scheiterte an der rauhen Wirklichkeit und am Gewissenszwiespalt eines geborenen Römers. In Theoderichs Kerker hat Boëthius seinen Schwanengesang verfaßt, den »Trost der Philosophie«. Dieses Büchlein und die »Geheimgeschichte« Prokops sind die menschlichsten Dokumente des 6. Jahrhunderts, geistig und moralisch aber liegen Welten zwischen ihnen. Die Geheimgeschichte verwebt den apokalyptischen Haß von Sektierern nicht ungekonnt mit dem ressentimenterfüllten Gegeifer eines politisch Enttäuschten und in seinem Ehrgeiz Getroffenen. Das Büchlein *De consolatione philosophiae* steht jenseits aller menschlichen Schwächen; es rettet eine der höchsten Tatbewährungen christlicher und antiker Philosophie, verbunden mit germanischem Schicksalsdenken, über das Mittelalter hinaus in die Weltliteratur.

So trägt das Zeitalter Justinians vielfältig-widersprüchliche Züge. Es ordnet sich mit seinem Hauptkonflikt, dem Widerspruch zwischen den Mächten der Beharrung und den Sturmzeichen einer noch verhüllten Zukunft, in die klassischen Übergangsepochen ein. Justinians nimmermüder Fleiß, sein universelles Reglementieren suchte die physische und geistige Energie seines Weltalters zu bündeln. Die verschwimmende Physiognomie des Kaisers, die Unsicherheit, das Tasten, ja selbst eine Nachgiebigkeit, die seine Vorurteile noch übertraf, verraten deutlich, daß er die Kräfte, die sich allenthalben regten, nicht zu bändigen vermochte, weil er sie nicht verstand. Einer der bestbezeugten Herrscher der Geschichte bleibt im Grunde anonym und unbekannt: öffnet sich das Visier, so zeigt es die Züge seiner Zeit.

Justinians Nachfolger Iustinus II. und Tiberios

Schon zu Lebzeiten Justinians hatte sein Regiment sich überlebt. Dem imperialistischen Rausch folgte heilsame Ernüchterung. Der greise Herrscher hat noch persönlich die Politik der unmittelbaren Einmischung durch die der finanziellen Bestechung der Barbarenvölker ersetzt. Die erste Generation seiner Nachfolger glaubte mit ihrer Jugend und Tatkraft die Blütezeit des Vorgängers noch einmal herbeizuzaubern. Sie wußte nicht, daß die Rechnung für die große Zeit noch unbeglichen war. Mit Iustinus II. (565—578) kam, unterstützt vom Kommandanten der Leibwache, Tiberios, ein Neffe Justinians, an die Macht. Seine Gemahlin Sophia, Nichte der Theodora, rettete die Personalpolitik, wenn auch nicht die geniale Dämonie der 548 verstorbenen Kaiserin in das nachfolgende Regime. Der Poet Corippus spiegelt die gewaltige Auffassung vom Kaisertum, die einen Herrscher auf den Schultern Justinians beseelen mußte. Um so tragischer lief sein Schicksal ab.

Ein Tumult beim ersten Erscheinen im Zirkus lag durchaus auf der neuen Linie. Bereitwillig erfüllte Iustinus die heftigen Bitten um Einlösung einer Zwangsanleihe Justinians und machte damit den Anfang zum neuen Kurs der Steuer- und Finanzpolitik. Prokops Geheimgeschichte hätte nicht gerade mit ihrer intimen Biographie des verewigten Kaiserpaars, wohl aber mit ihrem Wirtschaftsteil der Ära Iustinus' als Programmschrift dienen können. Das Goldene Zeitalter, in dem Prokops politisches Idol, der sparsame Landesvater Anastasios, seinen Juliusturm gehortet hatte, schien wiedergekehrt. Den Großagrariern des Senats gab der kaiserliche Kritiker zu verstehen, daß er ihre Standesparole, nach der die Großen die Kleinen fressen, allenfalls für einen Fischteich, nicht aber für die Gesellschaftsverfassung eines Kulturstaats anzuerkennen gewillt sei (Kedrenos). Damit wurde er Zielscheibe von Angriffen, die der dem hohen Klerus und Grundbesitz von Antiocheia nahestehende Euagrios mit verständlicher Sympathie überliefert. Wir besitzen zwar in Theophylaktos Simokattes noch einen verläßlichen Fortsetzer Prokops, sind aber Euagrios für die Fortführung der von Konstantins Hofhistoriker Eusebius gegründeten Tradition der Kirchengeschichtsschreibung verpflichtet.

Trotz allem muß man urteilen, daß nicht der ehemalige Kuropalates Iustinus, sondern ein sehr viel volkstümlicheres Mitglied des justinianischen Hauses, der an allen Fronten des Ostens mit Ruhm bedeckte Generalissimus Iustinus, der rechte Mann für die Nachfolge gewesen wäre. In der Ausschaltung dieses anderen Iustinus, eines Sohnes des Germanus und der Passara, also eines Großneffen Justinians, fassen wir etwas von der noch übers Grab hinauswirkenden Familienpolitik der Theodora. Der Kaiser und seine Gattin hielten ihn zunächst als Augustalis von Ägypten auf Distanz und ließen ihn auf unkontrollierbare Verschwörungsgerüchte hin ermorden. Das Urteil gründet weniger im Charakter des Kaisers als in seinem äußeren Schicksal: er war mit Krankheit geschlagen und endete im Wahnsinn.

Die Schwäche der Balkanpolitik Justinians führte unter seinen Nachfolgern zu weiteren Rückschlägen in Südosteuropa, Italien und den übrigen römischen Einflußbereichen des westlichen Mittelmeerraumes. Ohne jemals auf die westlich akzentuierte Weltherrschaftsthese zu verzichten, sah man sich zur Verlagerung des Gewichts nach den kleinasiatischen Kernlanden des Ostreiches gezwungen. Im Balkanraum stellten sich die Awaren als die gefährlichsten Gegner des Reiches heraus. Justinian hatte diesen Stamm, als er auf der Flucht vor den Westtürken in den Gesichtskreis Ostroms trat, kurzzuhalten versucht, gleichwohl aber zu Bündnissen benutzt und sich hochdienen lassen. Er hetzte sie auf die Uturguren und Anten des heutigen Südrußlands und hoffte, sie an Stelle der Heruler in Pannonia II als Föderaten anzusiedeln. Er und sein Nachfolger haben die Rechnung ohne die gerissene Machtpolitik des Awarenkhans Baianus gemacht, der die Schwäche der Positionen Ostroms durchschaute. Iustinus II. kündigte unmittelbar nach der Thronbesteigung die vertraglichen Abgaben an die Awaren. Er glaubte sie durch die Interessenkollision mit Franken und Langobarden in Schach gehalten, erlebte aber eine Wiederholung der schlagartigen Stellungswechsel im Zeitalter Zenons. Die Franken waren zwar in Thüringen mit den Awaren zusammengeraten, dachten aber nicht daran, Theudeberts Drang nach Südosten zu erneuern. Die Langobarden blickten von Pannonien aus wie alle Germanen begehrlich nach Italien. Ihren schlichten Abschied nach der entscheidenden Mitwirkung bei Tadinae (552) hatten sie nicht vergessen. Doch wollten sie zuvor die Gepiden vernichten, teils aus dem rationalen Grunde der Rückenfreiheit im Osten, mehr noch aus jenem irrationalen Bruderhaß, der die alte Zwietracht unter das Gesetz der Blutrache stellte. Man muß die Heldensage kennen, um den Haß zwischen Langobardenkönig Alboin und seinem Rivalen, dem Gepiden Kunimund, zu verstehen. Noch im Todesjahr Justinians hatten die Gepiden gesiegt, jetzt wurden sie von den vereinigten Langobarden und Awaren vernichtet (567). Mit dieser Schlacht endete das Zeitalter der germanischen Vorherrschaft in Südosteuropa, das 378 begonnen hatte. Die Bedingungen, die Alboin einging, zeugen mit gleicher Beredsamkeit für das langobardische Haßdelirium wie für die Machtstellung der Awaren, die vor dem Siege ein Zehntel des langobardischen Viehbestandes, nach dem Siege das Gepidenland und die Hälfte der Beute erhalten sollten. Kaiser Iustinus zog, wie bereits Justinian, seine Hand von den Gepiden ab und ließ den Dingen ihren Lauf. Eine unbegreifliche Entscheidung, da die awaro-langobardische Politik ihren Dolch gegen Konstantinopel zückte. Er begnügte sich mit der Besetzung von Sirmium, einer der wichtigsten Festungen an der Heerstraße von Italien nach Byzanz.

Um diese Schlüsselfestung entbrannte nun doch der Krieg mit den Awaren. Sie wurde von Bonus tapfer verteidigt und fiel erst 582 den Machenschaften des Baianus zum Opfer. Ein Bündnisangebot der Westtürken gegen die Awaren wies Kaiser Iustinus zurück, da es zweckmäßiger schien, die Türken im Osten gegen die Perser auszuspielen, als sie nach dem Westen zu locken. Der Machtstellung des Baianus und der Awaren vermochte Ostrom mit seinen Bemühungen um die Donaufront keinen Abbruch zu tun. Es konnte diesen Krieg nicht anders als durch Zahlungen beenden.

Inzwischen hatten die Langobarden 568 mit Kind und Kegel Pannonien verlassen, um auf den Spuren der Ostgoten Italien zu erobern. Baianus gestand ihnen lächelnd für zweihundert Jahre das Recht auf Rückkehr zu, einer jener illusorischen Verträge, die allenfalls für das schlechte Gewissen der wanderlustigen Ostgermanen sprechen. Eine bösartige Legende will den Greis Narses für den Einbruch der Langobarden verantwortlich machen, denen 569 fast die ganze Lombardei, 572 auch die alte Gotenresidenz Pavia zufiel. So eifrig Ostrom bis ins Zeitalter Friedrich Barbarossas seine zusammenschmelzenden Stützpunkte in Italien verteidigte, sowenig konnte es Zweifel geben, daß es Alboin war, der Byzanz aus seinen Träumen von der Erneuerung des weltumspannenden Römerreiches aufgescheucht hatte. Obwohl Iustinus und seine Nachfolger mit ihren krampfhaften Bemühungen um Italien der Macht der Gewohnheit huldigten, so konnten sie sich doch ihrer wahren Aufgabe im Osten nicht entziehen. In das politische Vakuum des von den Ostgermanen geräumten Südosteuropas drangen unter dem Schutz der Awaren als eigentliche Sieger die Slawen ein.

Aber auch im Vorderen Orient fanden weder Byzanz noch Persien den Weg zu einer nüchternen Realpolitik. Statt ihre Lebensräume zu sichern, verbluteten beide Reiche unter Kreuzzugsparolen, die bald von der Grünen Fahne des Propheten übertrumpft werden sollten. Wieder ging es um die Probleme des gespaltenen Armeniens, darüber hinaus verweigerte Iustinus nach Ablauf der ersten Dekade des Fünfzigjährigen Friedens den Persern die Weiterzahlung der Tribute. So begann als Gegenstück zum Gotenkrieg ein Ringen im Osten, das ebenfalls zwanzig Jahre, in Wirklichkeit mehr als doppelt solange dauerte. Justinians imperialistisches Abenteuer wiederholte sich mit umgekehrter Stoßrichtung.

Justinians gleichnamiger Großneffe befreite Dwin und Armenien, konnte aber (Mai 573) den Verlust der Schlüsselfestung der gesamten Ostfront, Dara-Anastasiopolis, nicht verhindern. Iustinus II. geriet darüber in eine Nervenkrise und betraute Tiberios als Cäsar und Adoptivsohn mit der Regentschaft. Eine der ersten Handlungen des bewährten Feldherrn und Thronfolgers war der Widerruf der paradoxen Religionspolitik Justins. Trotz seiner sonst recht gemäßigten Haltung hatte dieser nach dem Scheitern von Einigungsversuchen ausgerechnet am Vorabend des Perserkrieges (571) mit einer Monophysitenverfolgung begonnen und dadurch alle Operationen in Armenien, darüber hinaus die Lage im eigenen Reich, namentlich in Syrien und Ägypten, psychologisch aufs schwerste belastet. Tiberios stellte das ab und beantwortete Chusros Bruch eines lokalen Waffenstillstandes mit erfolgreichem Widerstand in Armenien und der Entscheidungsschlacht bei Melitene (575). Der ruhmbedeckte Großkönig Chusro Anoscharwan wäre fast in Gefangenschaft geraten. Er konnte sich retten, verdankte das aber nur der Disziplinlosigkeit der byzantinischen

Soldateska. Die gleiche Unbotmäßigkeit trug Ostroms Feldherrn Justinian einige Rückschläge im eroberten Persarmenien ein, die nicht nur dem Großkönig neue Hoffnung gaben und die Friedensverhandlungen scheitern ließen, sondern auch seine Stellung untergruben. In der Enttäuschung über den verspielten Vernichtungssieg und die Schlappen ernannte Tiberios seinen künftigen Nachfolger Maurikios zum oberkommandierenden General. Damit trat der Krieg in seine entscheidende Phase.

Chusro brach noch einmal den Waffenstillstand und stieß nach Armenien vor. Generalissimus Maurikios verfügte nicht über Söldner, sondern über »Byzantiner« aus Kleinasien und Syrien. Mit solchen nationalen, aber auch kritisch unbotmäßigen Truppen schlug er seine Schlachten. Unter der Wucht des Gegenstoßes mußte Chusro 578 Persarmenien räumen. Er floh nach Ktesiphon, während Maurikios Singara eroberte und an den Toren von Dara und Nisibis rüttelte. Da kam die Nachricht vom Ableben des Kaisers Iustinus, der im Jahr darauf die Todesnachricht Chusro Anoscharwans folgte. Der Übergang der Herrschaft vom todkranken Iustinus auf den Regenten und Adoptivsohn Tiberios I. Konstantinos (578—582) machte keine Schwierigkeiten. Tiberios, ein Thraker von anerkannter Großzügigkeit, rückte gewisse Übertreibungen der berechtigten Reaktion Justins auf die Verschwendungswirtschaft Justinians zurecht und zog die im Nikaaufstand zerschlagenen Zirkusparteien wieder stärker an den Thron heran. Seine Religionspolitik bemühte sich trotz weiteren Monophysitenverfolgungen um Vermittlung.

Mit Großkönig Chusro sank 579 der Gegenspieler Justinians ins Grab, Opfer seines Versuchs, das Gleichgewicht der Kräfte zweier sich ausschließender Weltherrschaftsansprüche zu behaupten oder zugunsten des Orients, der unter Dareios über Kleinasien, Syrien und Ägypten geherrscht hatte, umzustoßen. Sein Nachfolger Hormizd IV. zerriß die Friedensvorschläge, konnte aber gegen den siegreichen Maurikios nur wenig ausrichten. Ostrom legte seine Hand auf Armenien und prellte bis Ninive vor. Der Herzstoß in die feindliche Hauptstadt Ktesiphon scheiterte vorläufig an der Unzuverlässigkeit Mundhirs, des Führers der seit alters mit Ostrom verbündeten ghassanidischen Araber (580). Vier Jahre später wurde sein Sohn verhaftet und die Ghassanidenherrschaft liquidiert. Diese Ereignisse bedeuteten einen Triumph der orthodoxen Religionspolitik über die monophysitisch angekränkelten Araber. In Wirklichkeit steigerte sich die politische Temperatur der semitischen Welt unter dem Eindruck des Bruderkampfes ihrer alten Schutzmächte zu ähnlicher Brisanz wie die der Nachfahren als Folge der Selbstzerfleischung Europas in zwei Weltkriegen.

Tiberios regierte nur vier Jahre (mit seiner Regentschaft waren es acht). Doch verstand er, wie schon Iustinus, diese kurze Spanne durch den Kunstgriff der Adoption gleichsam zu verlängern. So wurde Maurikios sein Nachfolger und kongenialer Fortsetzer. Der Historiker Theophylaktos Simokattes ließ schon Iustinus mit einem echt byzantinischen Zeugnis christlicher Herrscherdemut von der Bühne der Geschichte abtreten. Darüber hinaus belastet er ihn freilich mit dem Vorwurf der Alleinschuld am Perserkrieg durch den Bruch des Fünfzigjährigen Friedens von 561/562. Auch die Abgangsrede des Tiberios kann als Schulbeispiel kaiserlicher Demut gelten. Sie hat vor allem Seltenheitswert durch die Aufrichtigkeit ihrer Erklärungen. Das kaiserliche Zepter bedeute weder Freiheit noch

Zuchtlosigkeit, sondern glorreiche Knechtschaft. Der erste Staatsdiener (im stoischen Sinne) sei wie die Bienenkönigin mit einem scharfen Stachel ausgerüstet, jedoch nicht dem Stachel der Tyrannis, sondern dem einer für das Volk nützlichen Gerechtigkeit. Maurikios möge die Fehler des Vorgängers gutmachen und ihm damit das schönste Grabmal errichten. Mit solch eindrucksvoller Beschwörung der klassischen Tugenden des Adoptivkaisertums endete Tiberios und begann die Herrschaft des Maurikios.

Die Weltstellung des Kaisers Maurikios

Der bisherige Generalissimus, Cäsar und jetzige Herrscher Maurikios (582–602) stammte aus einer römischen Familie Kappadokiens und gab der notgedrungen sparsamen Wirtschaft der Nachfolger Justinians puritanische Züge, die ihm und seiner Familie das gräßlichste Ende eintrugen, das die Geschichte der Kaiser Ostroms kennt. Gegen das Mitspracherecht der Zirkusparteien hatte auch er nichts einzuwenden. Es machte aber böses Blut, daß er die Grünen einseitig unterstützte. Wie Iustinus hat auch er souverän mit seiner Generalität geschaltet. Bedenklicher war die Härte gegenüber dem einfachen Mann. Er verlangte zwar nichts, was er nicht selbst zu geben bereit war, rechnete aber nicht mit der Vaterlandslosigkeit eines Gesindels, das trotz seines Griechen- und Römernamens das verflossene Söldnertum an Käuflichkeit überbot und an Gefolgschaftstreue bei weitem nicht erreichte. Er hat als persönliches Vorbild die moralische Reform vorweggenommen, die Ostrom vom siegreichen Islam schließlich als eine Wirtschafts- und Sozialreform an Haupt und Gliedern aufgezwungen wurde.

Auch Maurikios trieb eine vermittelnde Religionspolitik. Er schreckte nicht zurück vor gewaltsamer Einführung des Katholizismus in Armenien und zeigte dem Donatismus Afrikas, der immer noch Lebenszeichen von sich gab, wieder einmal die geballte Faust. So waren es nicht dogmatische Zwistigkeiten, sondern Fragen der Verwaltung und Disziplin, die zwischen ihm und Papst Gregor dem Großen (590–604) zur Sprache kamen, unvermeidliche Folge der Wendung des Reiches nach Osten und erstes Wetterleuchten der späteren Abtrift des Papsttums zu den Franken. Die römische Kirche gab sich zwar in der Frage des Klostereintritts von Soldaten und Beamten mit einem Kompromiß zufrieden, hatte aber ihren Standpunkt in einer Weise vertreten, die noch unter Justinian kaum möglich gewesen wäre. Damit brachte Gregor eine neue Note in die Beziehungen zwischen Rom und Byzanz und behielt überdies eine persönliche Voreingenommenheit gegenüber Maurikios zurück.

So ganz neu war diese Verstimmung freilich nicht. Sie hatte ihre Vorläufer im Streit der Kirchenverwaltungen um den illyrischen Sprengel, im akakianischen Schisma, schließlich in der Opposition von Aquileia, Venetien und Ligurien gegen Justinians vom Zaun gebrochenen Dreikapitelstreit, einer Opposition, die zwar von Rom nicht geteilt wurde, die aber den Langobarden bei ihrem Einmarsch in Italien als kirchenpolitischer Sturmbock gedient hatte. Solche Tendenzen verstärkten zumindest im Norden den Haß Italiens gegen die byzantinischen Blutsauger, dem das Reich durch die Absetzung des Narses zu spät zu begegnen suchte. Die Neuordnung Italiens nach diokletianischem Muster konnte weder die Eroberung der Lombardei noch das Vordringen der Langobarden nach dem Süden verhindern. Maurikios blieb nur der Rückgriff auf das Verwaltungssystem des Narses übrig. Er schuf um 584 für Italien und Afrika »Exarchate«, die mit ihrer extremen Selbständigkeit auf der Grundlage der Vereinigung von Zivil- und Militärgewalt die Reformen Johannes' des Kappadokers weiterführten und als Großversuche für die mittelalterliche Themenverfassung Ostroms anzusprechen sind. Ravennas erster Exarch Longinus wurde von dem energischen Smaragdus (585–589) abgelöst. Dem Papst, der unter dem Druck der Langobarden einen selbständigen Befehlshaber in Rom wünschte, war damit nicht geholfen. Kaiser Maurikios vertraute auf die Bündnishilfe der Franken, die für byzantinisches Geld alljährlich in Italien einmarschierten, aber nur um ihre eigenen Interessen wahrzunehmen. Kombinierte Operationen der Verbündeten scheiterten an der vermutlich wohlberechneten Unfähigkeit der Franken zu strategischer Zusammenarbeit. Der fränkisch-byzantinische Druck erzeugte immerhin Gegendruck: die feudalistische Zersplitterung der Langobarden wurde 584 durch die Erhebung Autaris zum König überwunden. Zudem gewann der neue Herrscher durch seine Heirat mit der katholischen Theudelinde Rückhalt an Bayern, in gewissem Sinne sogar an der Kirche. Kaiser Maurikios konnte seinen Versuch, Italien durch das Spiel mit den goldenen Kugeln zu halten, nur teilweise mit Erfolg krönen. Exarch Romanus (589–596) sah den Angriffen des Königs Agilulf auf Rom tatenlos zu. In solcher Not legte Gregor der Große das politische Fundament des Kirchenstaats. Justinian hatte den moralischen Vollzug des Romgedankens einem Papst überlassen, dessen Reich nicht von dieser Welt war. Diese Zeiten waren vorbei. Gregor verteidigte Rom mit dem Schwung Belisars und der schwertgewaltigen deutschen Bischöfe späterer Jahre. Dafür glaubte er sich berechtigt, über die Köpfe von Kaiser und Exarch hinweg über Krieg und Frieden zu entscheiden. Theudelinde, jetzt Gemahlin Agilulfs, hatte ihre Hand im Spiel. Es kam 594 zu einem Waffenstillstand, der erst 598 vom neuen Exarchen Kallinikos anerkannt und 609 in einen endgültigen Frieden verwandelt wurde. Mit dieser riskanten Politik hat das Papsttum das halbkoloniale Stützpunktdenken der Byzantiner in Italien *ad absurdum* geführt und jede künftige Initiative in dogmatischen Fragen machtpolitisch untermauert.

In einem Aufstand von 569 versuchten die Berber Nordafrikas, es den Langobarden nachzutun. Der Erfolg blieb ihnen versagt, den »Libyern« damit ein Spätsommer römischer Herrschaft gesichert. Im westgotischen Spanien, dem Anhängsel Afrikas, in astronomischer Entfernung von Konstantinopel, verlor man unter Leovigild Corduba und andere Städte des byzantinischen Sprengels, doch verbesserten sich die Beziehungen durch den Übertritt Reccareds zum Katholizismus und durch des Maurikios Wendung gegen die burgundischen Franken. Der erhoffte Einfluß auf Austrasien teilte das Schicksal des von Byzanz geförderten Prätendenten Gundobald, der 585 in Comminges Verrätern zum Opfer fiel.

Justinians Reconquista des Westens hatte, wenn nicht die erhofften politischen, so doch unleugbar wirtschaftliche und kulturelle Auswirkungen. Auch politisch machten die zahllosen Gesandtschaften an die Höfe der Franken und Westgoten einen Einfluß geltend, der in keinem Verhältnis zu der realen Macht stand, die das Reich an seiner Peripherie oder gar darüber hinaus ausüben konnte. Die Langobarden Italiens wurden zumindest beunruhigt und zersplittert. Der internationale Handel und Verkehr stand noch unter römischem Vorzeichen. Der Arianismus, die einstmals griechische, jetzt germanische Sonderform des Christentums, befand sich in vollem Rückzug. Die Durchdringung der germanischen Kunst mit römisch-byzantinischen Anregungen, der Sieg des südlichen Steinbaus, bereitete sich vor allem in Schmelzkesseln vom Range der Lombardei vor. Das weltgeschichtliche Rückzugsgefecht, das Justinians Angriffskriege in Wirklichkeit waren, vernichtete zwar das, mit den Langobarden verglichen, reifere und vielleicht begabtere Mittlervolk der Ostgoten, sicherte aber gleichwohl dem mittelmeerischen Kräfteaustausch ein knappes Jahrhundert ungestörten Wirkens.

Seine sichtbarsten Erfolge errang Maurikios im Osten. Der zwanzigjährige Krieg wurde freilich nach dem Prinzip der verbrannten Erde geführt und brach nicht nur das Rückgrat der unglücklichen Armenier, sondern schwächte Rom und Persien mehr, als sich verantworten ließ. Maurikios ergriff in Mesopotamien die Initiative. Sein Oberkommandierender, Philippikos, errang bei Solachon unweit Dara 586 einen Sieg, der an Melitene erinnerte, durch Drang nach Beute und Leichtsinn aber rasch entwertet wurde. Der Wechsel des Kommandos zog weitere Rückschläge nach sich. In Persien errang der General Bahram Tschobin 588 einen triumphalen Sieg über die Türken. Im selben Jahr erlebte Ostroms neuer Generalissimus, Priskos, eine Truppenmeuterei, die das Schlimmste befürchten ließ. Doch weigerten sich die Rebellen nicht, neue Schlachten zu schlagen; in ihnen ging der Stern des Herakleios auf, ohne daß eine Entscheidung fiel.

Die Lösung kam überraschend. In Persien empörte sich der Türkensieger Bahram gegen Großkönig Hormizd IV. Der Bürgerkrieg brach aus, der Herrscher verlor seinen Thron und vermutlich sein Leben. Schon bald aber führten die Truppen der Byzantiner unter Narses, verstärkt durch sasanidische Parteigänger, des Großkönigs Sohn, Chusro II. Parwez, im Triumph auf den persischen Thron zurück. Maurikios beschleunigte den Abschluß eines Versöhnungsfriedens, der Ostrom seine alten Festungen und den Einfluß über Armenien wiedergab, die persische Souveränität und Wirtschaft aber unangetastet ließ. Das 20. Jahrhundert kann solche Vernunft nur mit hilflosem Staunen registrieren. Erleichtert wurde der Verzicht auf ein »Versailles« durch die Gefahren, die Byzanz durch den Vormarsch der Awaren und Slawen in Südosteuropa drohten.

Der Awarenkhan Baianus hatte den Byzantinern 582 hinterlistig das lange umkämpfte Prunkstück aus der gepidischen Erbmasse, die Festung Sirmium, entrissen. Maurikios zahlte ihm Tribut, konnte aber nicht verhindern, daß die Slawen 586 vor Thessalonike und der Anastasiosmauer erschienen. Im Jahr darauf holte sich Baianus vor Adrianopel eine Schlappe. Erst der Frieden mit Persien erlaubte Maurikios, seine Armeen auf die Balkanhalbinsel zu werfen. Baianus kam ihm mit einem Streifzug von der Savemündung bis zum Schwarzen Meer zuvor, den Generalissimus Priskos stoppen konnte (592). Die Strafexpedition des folgenden Jahres gegen die Slawen der Walachei trug zum ersten Male nach langer Zeit die Offensive über die Donau vor. Die Operationen scheiterten wie einst in Persien an Meutereien, die den Anlaß zum zeitweiligen Abruf des glänzenden Generals boten. Die

Awaren drangen 600 bis Konstantinopel vor, wurden aber anschließend von Priskos in einer Reihe von mörderischen Schlachten zusammengeschlagen. Der Nomadenstamm, dem es beschieden war, die ersten Umrisse des späteren Habsburgerreiches auf die politische Landkarte zu werfen, stand vor seiner Auflösung. Weit tragischer als einst in Persien vereitelte in steiler Peripetie eine Wahnsinnstat meuternder Truppen die Früchte der errungenen Siege. Die Soldaten weigerten sich, den Winter jenseits der Donau zu verbringen. Sie unterstellten sich der Führung ihres lautesten Schreiers, des Hauptmanns Phokas. Konstantinopel öffnete ihnen die Tore. Die Zirkusparteien verließen Maurikios, der sich in eine Kirche bei Nikomedeia rettete. Phokas wurde am 23. November 602 zum Kaiser ausgerufen. Vor siebzig Jahren hatte Justinian den Nikaaufstand in Blut erstickt. Jetzt wurde Maurikios mit seinen fünf Söhnen als Opfer der entfesselten Leidenschaften des Volkes und der Armee in Chalkedon bestialisch hingeschlachtet.

Phokas, Herakleios und der Rückzug Europas im Vorderen Orient

Die säkulare Katastrophe des an allen Fronten siegreichen Kaisers zwingt zum Einhalten. Was war hier eigentlich geschehen? Mit Ausnahme der Päpste, die ja weit vom Schuß saßen, waren schon die Byzantiner und erst recht die Nachwelt im Urteil über Phokas einig. Man nannte ihn eine Feldwebelnatur ohne höhere Bildung, einen gekrönten Proleten, wenn nicht einen Verbrecher. Es lag auf der Hand, daß der neue Trajan mitten im Siegeszug einem Dolchstoß von hinten erlegen war, geführt von einem Mann des Kasernenhofs, freilich auch der Front, der diese Untat weder durch ein politisches Programm noch durch schöpferische Initiative rechtfertigen konnte. Eines ist sicher: hinter Phokas standen im Augenblick seiner Erhebung so starke Kräfte von Volk und Heer, daß seine Wahl demokratischer und damit römischer genannt werden muß als die irgendeines der letzten Adoptivkaiser einschließlich des Maurikios. Diese Wahl war ein Plebiszit, wie es seit Iustinus I. (518) nicht mehr vorgekommen war. In dieser weltgeschichtlichen Kurzschlußhandlung hat sich Byzanz nicht einem dämonischen Demagogen, sondern dem ersten besten, einem Subjekt von stupider Brutalität, an den Hals geworfen. Damit wird die Frage nach seinem Wert oder Unwert sinnlos. Die Frage lautet vielmehr: Wer war schuld an Phokas?

Seit dem Sturz Johannes' des Kappadokers, des Chefs der Verwaltung Justinians, hatte man die Mißwirtschaft im Innern nicht durch Behandlung des Gesamtorganismus, sondern durch Pflaster zu heilen versucht. Senat und Großagrarier (eine Tautologie!) führten das Wort. Beim ersten Thronwechsel rührten sich die Demen und erzwangen eine mildere Steuerpolitik. Doch kehrte Iustinus II. bald zum Kurs des Vorgängers zurück und machte in seinem Gesetz von 568 eine formvollendete Verbeugung vor Kirche und Grundbesitz. Dann suchte Tiberios mit den Demen zu arbeiten, gleichzeitig senkte er die Abgaben. Dafür steuerte Maurikios den härtesten Kurs des Jahrhunderts. Die Versorgung der Hauptstadt mit kostenlosem oder billigem Brot wurde gekürzt, die Steuerschraube angezogen, die Soldzahlungen an die Streitkräfte wurden herabgesetzt.

Justinian hat den Nikaaufstand mit Hilfe von Söldnern zusammenschlagen lassen. Inzwischen hatte das Heer ein anderes Gesicht erhalten. Justinians Finanzwirtschaft zwang die Nachfolger zu weitgehendem Verzicht auf auswärtige Söldner. Die Armee wurde nationalisiert, jede Provinz stellte ihre eigenen Verteidiger, man griff zu einer Art Wehrpflicht, die später zur Grundlage der Themenverfassung wurde. Eigentlich war das eine gesunde Entwicklung, doch hatte man die Rechnung ohne die bequemen Großstadtmassen, die verlotterten *Graeculi*, das gesinnungslose Levantinertum des Vorderen Orients aufgemacht. Durch die Rekrutierung im Lande wurden die politischen Leidenschaften der Volksparteien in die Armee getragen. Durch die Kämpfe mit Monophysiten und Juden war Ostrom ohnehin ständig im Aufruhr. Die Hauptstadt und der Osten hingen verschiedenen Bekenntnissen an, gemeinsam war ihnen die ständige Bereitschaft zum Bürgerkrieg. Maurikios machte keine Ansätze zu gerechterer Verteilung der Lasten. Im Bewußtsein seiner Siege trat er als Fordernder vor Volk und Armee. Seine Forderungen wurden noch härter durch die Erbschaft Justinians, durch die Lage auf der vernachlässigten Balkanhalbinsel. So war es Maurikios, der den Preis für die Abenteuer des Reiches an den Fronten des fernen Westens wie des Orients mit der schwersten Krise Ostroms und mit seinem Leben bezahlen mußte. »Die Hauptstadt war nicht mehr gesonnen, mit Hintansetzung ihrer eigenen Ruhe und Sicherheit die Weltherrschaft, die der Imperator anstrebte, zu behaupten... Weder die Truppen, die er ins Feld führte, noch die Hauptstadt waren gewillt, sich für ihn zu opfern. Ihr Abfall kann als der Moment angesehen werden, in welchem Byzanz begann, sich auf sich selbst zurückzuziehen« (Ranke).

Damit ist die Schuldfrage beantwortet. Phokas verdankte sein hohes Amt dem sozialen Versagen der Herrenschicht und dem nationalen Versagen der Massen Ostroms. Diesen Massen mußte erst in einem Interregnum ohnegleichen das Licht aufgehen, daß es auf der Welt noch Werte gab, für die sich auch unter Entbehrungen zu kämpfen lohnte. Doch haben weder die Kirche noch der Kreuzzugsgeist noch die späte Einsicht des Großstadtpöbels Byzanz gerettet, sondern der geniale Rückgriff des Armeniers Herakleios auf die völkischen Kraftreserven von Armenien und dem Kaukasus, die es gestatteten, nicht nur die germanischen und hunnischen Reisläufer vergangener Zeiten, sondern auch das von Justinian verspielte Illyrertum so weit zu ersetzen, daß es für die bescheidener gewordenen Ansprüche des byzantinischen Mittelalters reichte.

Der Mann des Volkes, Phokas, lebte und starb als klassischer Tyrann. Seine Erhebung entschied nichts, sondern entfesselte einen Bürgerkrieg. Von seinem einfallslosen Terror wurde das Volk nicht satt. Als erster erhob sich in Edessa der verdiente Narses. Aufstände in Konstantinopel folgten, bei denen die Blauen gegen das Regime Front machten. Die Feuersbrünste des Nikaaufstandes wiederholten sich, verschonten aber die Sophienkirche. Um dem Papst und den Massen der Hauptstadt zu gefallen, entfesselte Phokas im ganzen Reich die Verfolgung der Monophysiten und sonstigen Häretiker, ergänzt durch eine Judenverfolgung. Dadurch brachte er die Grünen gegen sich auf, hatte bald endgültig mit den Demen verspielt und stützte sich ganz auf die Armee, ohne die Generalität und das Offizierskorps des Vorgängers ausschalten zu können. Das Perserreich verstand die Stunde zu nutzen. Chusro II. warf sich in die Pose des Rächers seines kaiserlichen Adoptivvaters, führte einen angeblichen Sohn des Maurikios als Prätendenten mit sich. Die Schlüsselfestung Dara fiel 605. Mit Theodosiopolis rollte Shahin den Norden der Ostfront auf und drang über Caesarea bis Chalkedon unweit Konstantinopels vor. Shahrbaraz unterwarf Obermesopotamien mit Edessa, dem ältesten Vorposten des Christentums. Von den Juden und Häretikern wurden die Feinde mit Jubel als Befreier begrüßt. Als Antwort schritt die griechische Bevölkerung des Ostens zu Judenpogromen. Der Bürgerkrieg raste als Schrittmacher der feindlichen Eroberung von der Hauptstadt bis nach Ägypten und zurück. Die Drachensaat der Väter von Chalkedon, die Saat des Zeitalters Justinians ging auf. Nur der Papst und Italien hofierten den Tyrannen. Die 608 errichtete Phokas-Säule des römischen Forums zeugt von der tiefen Verstimmung Gregors und seiner Nachfolger gegen Maurikios. Es wäre müßig, mit dem gewaltigen Gregor moralisch zu rechten. Er nutzte die Gunst der Stunde für seine Glaubenssache und zog die politischen Konsequenzen aus der Vernachlässigung Italiens durch das Reich; die Reste seiner Herde suchte er in einen toten Winkel des Weltaufstandes gegen das neue Rom zu retten. Die Stunde der großen Apostasie, die Stunde, in der das alte Rom mit fliegenden Fahnen zu den Franken überging, war noch nicht gekommen. Italien brauchte Ruhe, um seine Wunden zu heilen.

Die Rettung kam aus dem Westen, aus Karthago, wo der ruhmreiche General Herakleios das Amt des Exarchen versah. Seine Verbindungen reichten bis ins Herz der Armee und des Kaiserhofes. Als Mittelsmann diente General Priskos, der trotz seiner Beförderung zum Schwiegersohn dem Tyrannen nur unwillig diente. Ein umgekehrter Belisarzug ohne Rückhalt in der östlichen Ländermasse verbot sich von selbst. Ägyptens Wut über den Regierungskurs und seine Nachbarschaft wiesen den Weg. Herakleios ließ Ägypten 608 durch seinen Neffen Niketas besetzen. Die Grünen und der Großgrundbesitz leisteten dabei Vorschub, freilich weniger von gegenseitiger Liebe als von gemeinsamem Haß geeint. Afrika, der dritte Kontinent der Alten Welt, leistete der römischen Sache seinen letzten Dienst. Der Exarch sandte seinen Sohn an der Spitze einer Flotte nach Konstantinopel. Phokas sah sich politisch isoliert. Der junge Herakleios traf am 2. Oktober 610 in der Hauptstadt ein und konnte sie mit Hilfe der Grünen kampflos besetzen. Phokas wurde hingerichtet. Der Sohn des Exarchen von Afrika bestieg den Kaiserthron.

Der Wechsel der Führung bedeutete kein Ende der Qualen, wohl aber einen Neubeginn. Die Familie des jungen Kaisers Herakleios (610–641) stammte aus Armenien, was sozial die Zugehörigkeit zu einer halb iranischen Welt des Feudalismus bedeutete. Militärisch brachten die Armenier unschätzbare Voraussetzungen mit für die Erneuerung des illyrischen (und germanischen) Gefolgschaftsgedankens, die das Gebot der Stunde war. Über Ostrom hing in diesen Jahren das Damoklesschwert eines erneuerten Achaimenidenreiches. 611 ging Antiocheia, 614 Jerusalem verloren. 615 erschien Shahin zum zweiten Male vor Chalkedon, um 620 besetzten die Perser auf den Spuren des Kambyses Ägypten mit Alexandreia. Die Ohnmacht des Kolosses Persien schien nach einem Menschenalter an Allmacht zu grenzen.

Herakleios kannte die Fabel von den tönernen Füßen. Er genoß den Vorteil der inneren Linie und nährte bei seinen Getreuen den Löwenmut der Verzweiflung. Der Gegner sollte bald einsehen, daß er mit der Nachahmung der Finanzwirtschaft Diokletians besser

Kaiser auf der Jagd
Innenfeld eines mehrfarbig gewirkten Gewandbesatzes aus Ägypten, 5./6. Jahrhundert
Mainz, Römisch-Germanisches Zentralmuseum

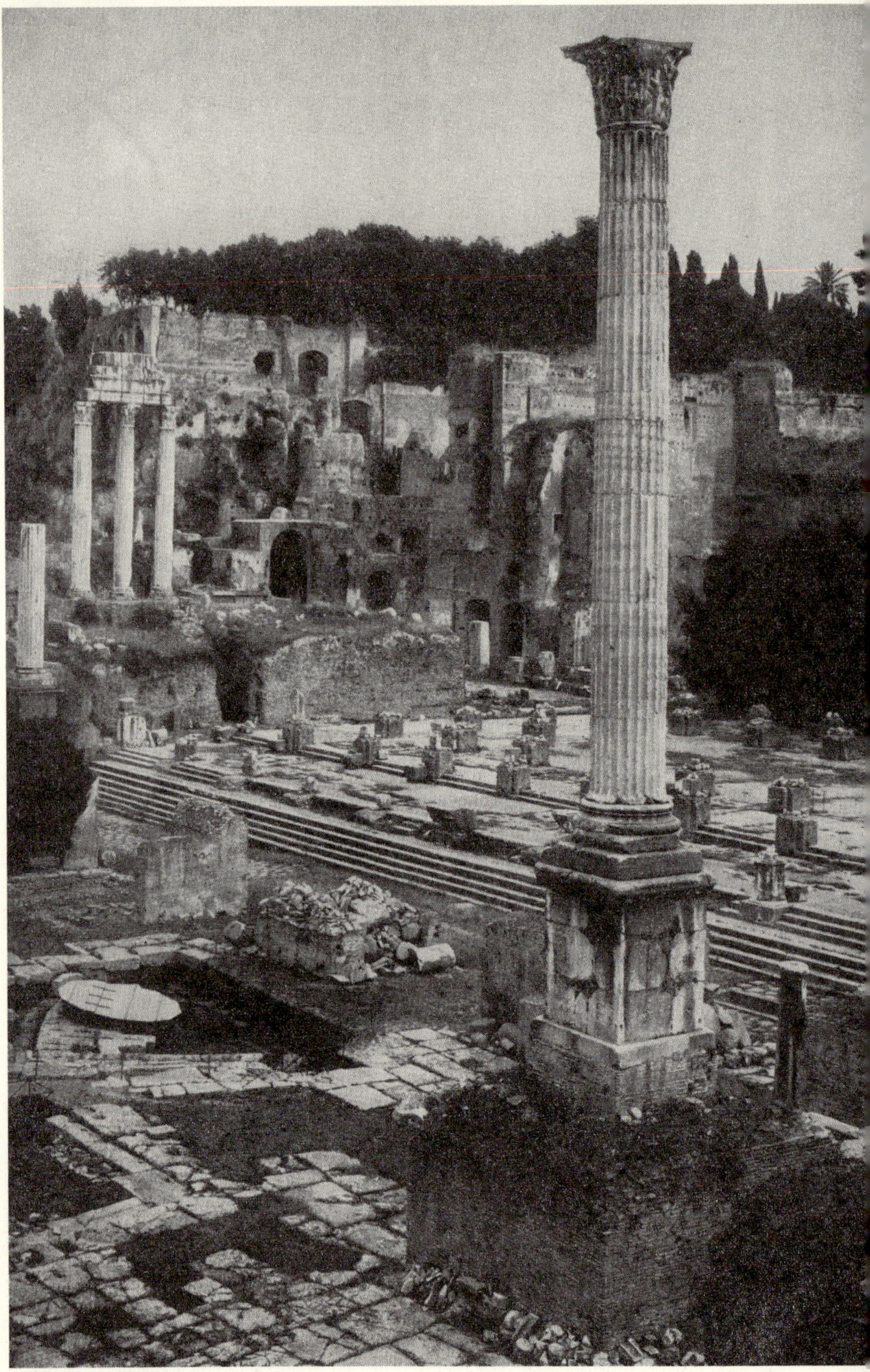

gefahren war als mit diesem Gegenstück zum westlichen Abenteuer Justinians. Herakleios reorganisierte die oströmische Armee in den intakt gebliebenen Provinzen, wenn nicht unter den Augen des Feindes, an Haupt und Gliedern. Die alte These von der in diesen Jahren anzusetzenden Themenorganisation als einer angeblichen Sozialreform dürfte von Karayannopulos widerlegt sein. Patriarch Sergius, Kirche und Mönchtum schossen die für die Rüstungen benötigten Gelder vor. In der Not dieser Stunde schonten sie nicht die Schätze ihrer Kirchen, um das Staatsschiff flottzumachen. Es ergriff die Menschen wie eine Vorahnung der Kreuzzüge, spürbar schon in den Tagen Justinians. Wie damals um Edessa, ging es jetzt um die kostbarste Reliquie. Es galt, das wahre Kreuz Christi, in Jerusalem 614 in persische Hände gefallen, den verhaßten Feueranbetern wieder zu entreißen.

Im Westen rüstete man zum Ausverkauf des Römerreiches. Die byzantinischen Stützpunkte in Spanien fielen um 616 größtenteils an die Westgoten. Der Exarch von Afrika sah sich außerstande einzugreifen. Die Langobarden eroberten Ligurien, die Päpste residierten in Rom mit dem Rücken nach dem Osten, ihr Blick reichte nach Britannien, das für Byzanz das fernste Thule war. Die Awaren standen 617 vor Konstantinopel. Ihre slawische Gefolgschaft setzte die Raubzüge fort, verließ aber das Reichsgebiet nicht mehr, sondern schritt zur dauernden Landnahme. Unter Maurikios hatte das begonnen, jetzt nahm es Ausmaße an, die die Landkarte veränderten. Die Serben und Kroaten nahmen ihre historischen Räume in Besitz. Der Gotenschrecken erneuerte sich sogar am Mittelmeer, dessen nahe Küsten von slawischen Booten geplündert wurden. 623 wurde Kreta von ihnen heimgesucht. Die romanisierte Bevölkerung der betroffenen Balkanländer flüchtete in die Berge oder suchte in den Küstenstädten Schutz. Aus den ärmeren Flüchtlingen dürfte sich das walachische Wanderhirtentum späterer Zeiten rekrutieren, also Schichten, die jede Beziehung zur Kultur verloren hatten, aber immerhin mit den Resten ihrer Sprache einen Beitrag zum späteren Rumänentum leisteten.

In der höchsten Not soll Kaiser Herakleios mit dem Gedanken der Rückkehr nach Karthago gespielt haben. Sein Genius gab ihm den Plan eines Herzstoßes nach Ktesiphon ein, für einen Herrscher in solcher Lage ein Strategem von verzweifelter Kühnheit, ein Einsatz, der die wohlequipierten Vorgänger Trajan und Julian in den Schatten stellte. Aber der Genius, der ihn rief, gab ihm auch die Geduld. Nach langjähriger Vorbereitung gelang es Herakleios 622, das Tor nach Armenien aufzustoßen. In Aserbeidschan wäre Chusro fast in Gefangenschaft geraten und damit der Krieg entschieden worden. Die Auseinandersetzungen nahmen den Charakter eines Duells zwischen hochentwickelten Reitertruppen an, das blitzartige Vorstöße gestattete. Dieser Stand der Kriegstechnik war seit langem durch die Verschmelzung der östlichen Kataphraktentaktik mit der leichten Reiterei der Germanen angebahnt worden, erhielt aber jetzt einen spürbar armenisch-iranischen Einschlag. Herakleios überwinterte im transkaukasischen Kura-Tal und wich vor dem wütenden Gegenangriff des Shahrbaraz bis zur Halys-Linie zurück. Das Jahr 626 sah den Höhepunkt der Krise.

Die Phokas-Säule im Nordwesten des Forum Romanum, 608

Die Perser erschienen unter Shahrbaraz zum dritten Male vor Chalkedon. Von Norden her nahmen die verbündeten Awaren Konstantinopel in die Zange. Shahin suchte die Heeresgruppe des Kaisers mit seinen Streitkräften zu binden. Im Zeitalter Justinians hatte Byzanz nicht gelernt, was Kriege bedeuten. Jetzt schlug das Pendel zurück. Der dreifache Mauerring der Hauptstadt und der Mut ihrer Verteidiger bestanden die Bewährungsprobe. Die Awaren mußten unverrichteterdinge abziehen. Unterdessen hatte Herakleios ohne Rücksicht auf die schrecklichen Gefahren des Augenblicks den Marsch nach dem Kaukasus angetreten, ein Bündnis mit dem zukunftsreichen Chazarenstamm geschlossen und sich mit seiner Armee von Armeniern, Georgiern, Lazen, Abchasiern und Chazaren von Norden her auf Persien gestürzt. Er schlug bei Ninive eine persische Armee, die ihm den Weg verlegen wollte, und er schien im Februar 628 vor der feindlichen Hauptstadt Ktesiphon. Das genügte, um den persischen Pappriesen zu stürzen. Das Wunder des Maurikios wiederholte sich. Eine Revolution stürzte Chusro, dessen Nachfolger, Kawadh II., sich beeilte, Frieden zu schließen. Die persischen Invasionsarmeen weigerten sich wie tote Krebse, ihre Zangen zu öffnen. Shahrbaraz hielt sich noch bis 629 in Syrien und Ägypten. Im März 630 krönte Herakleios seine Triumphe durch die Rückführung des wahren Kreuzes Christi nach Jerusalem. Byzanz, Armenien und die christlichen Kaukasusvölker hatten ihren Kreuzzug gegen die Feueranbeter und den unzuverlässigen Südosten des Reiches gewonnen.

Der fünfte Akt nicht Persiens, aber der Sasaniden bedeutet im exemplarischen Leben des Herakleios die Peripetie einer klassischen Tragödie. Im Augenblick des Sieges explodierte der in vergangenen Jahrhunderten nur an warnenden Rauchfahnen kenntliche Vulkan Arabien. Das religiöse Genie Mohammeds verbündete sich mit dem sozialen Ressentiment der Wüste und dem geistigen Widerstand der Juden und Häretiker zum Generalangriff auf die Herrschaft Europas über den Vorderen Orient. Zur Spaltung zwischen Rom und Byzanz trat ein tiefer Graben zwischen Nord und Süd. Diese neue Grenze quer durch das erst jetzt Geschichte gewordene Römerreich schied die christliche Mittelmeerwelt vom siegreichen Islam, der dritten Weltreligion der Semiten, die dem Norden das Privileg der Völkerwanderung entriß.

Vorislamische Geschichte,
Judentum und christliche Häresie in ihrer Wechselwirkung

Die europäische Herrschaft über den Nahen Osten dauerte mit Ausnahme von Kleinasien von Alexander dem Großen bis Herakleios. In diesem knappen Jahrtausend hatten Westen und Osten einander befruchtet, aber ebenso auch heftig abgestoßen. Die Frage nach den Gründen der plötzlichen Trennung einer so alten und längst über den makedonisch-römischen Imperialismus hinausgewachsenen Gemeinschaft bleibt uns nicht erspart. Gewiß waren die Araber nach dem Muster der Germanen und Slawen längst in ihr mittelmeerisches Vorfeld eingesickert. Ihre Zaunkönige am Rande des fruchtbaren Halbmonds hatten wie die Arminius und Theoderich die Schule Roms, ja sogar des Christentums durchgemacht. Die Einflüsse des Judentums und der christlichen Spielarten erklären zwar nicht die explosive Geburt eines neuen Sterns am Himmel der Weltreligionen, sie wirkten sich aber nicht unwesentlich auf die geistige Struktur des Islams und damit auf seine kulturelle Kontaktfähigkeit im Mittelmeerraum aus. Aber jede Untersuchung der historischen »Schuldfrage«, jede Erforschung der Ursachen der arabischen Völkerwanderung und der Geburt des Islams muß an einem bestimmten Punkt vor dem Mysterium der Natur und der Gnade der Offenbarung ehrfürchtig schweigen. Leichter als die Siegesfahne gibt das schmerzliche Lächeln der Unterlegenen sein Geheimnis preis. Mit welchen Taten und Unterlassungen hat Europa, hat Byzanz seine Jahrtausendkatastrophe im Osten heraufbeschworen? Da ist zunächst an die Judenpolitik der Römer und Byzantiner zu erinnern. Hadrians und Konstantins Edikte, die die Juden am Betreten Jerusalems hinderten, wurden von Justinian und seinen Nachfolgern erneuert. Dieses Verbot gehörte noch zu den harmlosesten Zeichen der römischen Verachtung und des christlichen Hasses gegen die Juden. Selbst Julian hatte sich nicht von ihrer Religion imponieren lassen, sondern ihr zähes Volksbewußtsein geschätzt. Justinians Nachfolger ließen die Zügel locker. Dafür wütete Phokas mit beispiellosen Judenhetzen, und Herakleios ließ nach anfänglichem Zusammengehen förmliche Hetzjagden auf die Juden Palästinas anstellen. Den Grünen von Antiocheia rechnete Kaiser Zenon vor, daß sie mit der Synagoge nur die toten Juden, nicht auch die lebenden verbrannt hätten. Der Haß der Gegenseite gab dem in nichts nach. Allein in Jerusalem sollen beim Aufstand Benjamins von Tiberias neunzigtausend Christen abgeschlachtet worden sein. Noch fanatischer als die Juden waren die Samariter, die nicht nur unter Justinian die Fahne des tollkühnen Widerstandes gegen Ostrom erhoben.

Solange Byzanz und Persien miteinander kämpften, schloß der Widerstand gegen Rom die Zusammenarbeit mit dem Feinde ein. Freilich wetteiferten die Magier, der Klerus der Feuerreligion, mit dem christlichen Mönchtum um die Palme der Unduldsamkeit. Aber die Großkönige hatten ihren Anhang schärfer am Zügel. Justinians Gegenspieler Chusro Anoscharwan ließ die Juden gelten, wenn sie nur ihre Steuern zahlten. Schärfer packte sie Hormizd an, den sein Schlächter Bahram auch in diesem Punkt korrigierte. Er galt den Juden Babyloniens als ein persischer Julian. Aber auch seine Nachfolger trieben zum Unheil Ostroms eine leidlich tolerante Politik. Ostrom sah sich in seiner Politik des religiösen Antisemitismus von Persien desavouiert und büßte die unnachgiebige Haltung von Staat und Kirche mit einer Obstruktion der Juden, die bei jeder Krise, nicht zuletzt beim Verlust des Südostens an die Araber, politisch, sozial und wirtschaftlich mitgesprochen hat. Es genügt zu bemerken, daß die Araber in ihrem Verhältnis zu den Juden das Visier nicht sofort lüfteten. So konnten sie nicht nur in Syrien, Palästina und Ägypten, sondern auch bei der Eroberung Irans das Judentum, das sie begeistert als Befreier begrüßte, für ihre Zwecke ausnützen. Erst später zeigte der Islam seinen Stachel, blieb aber weit hinter dem Antisemitismus von Byzanz und Persien zurück. Kalif Omars Truppenerlasse über Eingeborenenbehandlung gehören zu den taktisch klügsten Dokumenten der Kriegsgeschichte.

Der bigotte Selbstmord Ostroms wurde jedoch nicht nur an den andersgläubigen Semiten, sondern erst recht an den eigenen Abweichlern praktiziert. Wir rühren an den tragischen Streit um die Dreieinigkeit und die wahre Natur Christi.

Im 4. Jahrhundert waren die Dankesgebete der Kirche vom Lärm des Arianerstreits gestört worden. Nach dem Gesetz von These und Antithese gelangte schon damals Apollinaris, ein radikaler Anhänger des Konzils von Nicaea, zu Ansichten, die später als monophysitisch bezeichnet wurden. Für ihn konnte Christus als vollkommener Gott nicht vollkommen Mensch sein. Dagegen erhob sich die Schule von Antiocheia, die vor der Mitte des 5. Jahrhunderts in Nestorius gipfelte. Er gründete eine Kirche, die in Persien reichsfeindliche Züge annahm und bis an die Grenzen Chinas vordrang (nestorianisches Monument im Pei lin von Hsi-an-fu). In Ostrom unterlag er Cyrillus von Alexandreia, der auch den römischen Stuhl für seine Auffassungen gewinnen konnte. Dabei prellte aber der Mittelsmann Eutyches zu weit vor und wurde zum Begründer einer entgegengesetzten Ketzerei. Papst Leo der Große entschied den Streit durch seine klassische Formel, die in der einen Person Christi auch nach der Fleischwerdung zwei vollkommene Naturen, eine göttliche und eine menschliche, unterschied. In dem nach Nicaea berühmtesten aller Konzile, Chalkedon 451, wurde diese Auffassung als Glaubensbekenntnis der katholischen Kirche bestätigt. Die katholische Zweinaturenlehre siegte im Westen, in Konstantinopel und weiten Gebieten des Ostens, doch konnte alle staatliche Förderung nicht verhindern, daß die Monophysiten in Ägypten, Syrien und Palästina die Mehrheit der Bevölkerung für sich gewannen. Trotz ihrer Herkunft vom griechischen Begriffsdenken diente sie vor allem den Eingeborenen als Katalysator ihrer nationalen Leidenschaften. Dreißig Jahre später versuchte Kaiser Zenon in seinem Henotikon (481) den ersten staatlichen Kompromiß. Die bewußt nationale Armenierkirche nahm seine Formel an und hielt in den Synoden von Dwin 505 und 554, endgültig 649 daran fest. Die Päpste rechneten die Ära von Zenons Henotikon bis zur Thronbesteigung Iustinus' I. (518) als akakianisches Schisma. Noch Anastasios stand in freundschaftlichen Beziehungen zum damaligen Führer der Monophysiten, dem maßvollen Severus von Antiocheia. Unter Iustinus I. und Justinian herrschte 518 bis 531 Monophysitenverfolgung. Sie wurde gemildert durch die zweideutige Haltung der Mitregentin Theodora, die in ihrem Palast Severus und anderen Monophysiten Unterschlupf gewährte.

Es folgt eine kurze Periode offizieller Duldung, die 536 endet und jedenfalls mit dem Wunsch nach Rückendeckung im Osten während der Initialzündung der Angriffskriege zusammenhängt. Im Jahre 536 konnte Ephraim von Antiocheia die staatlichen Machtmittel zur Aufspürung und Verfolgung der Monophysiten einsetzen. Es gelang ihm aber nicht, den Widerstand der Volksmassen des Ostens zu brechen. Durch die konfessionelle Intoleranz und eine zentralistische Politik der Entnationalisierung verärgerte sich Justinian die Armenier, auch das ein Grund zum Perserkrieg. Noch schlimmer schaltete er in Ägypten, wo der Patriarch Theodosios zunächst gewaltsam eingesetzt, bald aber abgesetzt und mit dem »Generalstab« der Monophysiten auf der Inselfestung Terkos unweit Konstantinopels interniert wurde. Auf Vorschlag des päpstlichen »Apocrisiarius« Pelagius sandte Justinian einen gewissen Paulus als Nachfolger, der die gewaltsame Chalkedonisierung

Ägyptens mit allen Mitteln in Angriff nahm, bald aber sich durch eine Mordaffäre unmöglich machte. Selbst alte Monophysiten, verbriefte Nonkonformisten, konnten im Parteiendschungel Ägyptens bei Gesinnungsgenossen mit sektiererischen Sonderfärbungen mit den größten Schwierigkeiten rechnen. Kaiserin Theodora, der großen Beschwichtigerin des östlichen Nonkonformismus, gelang es bald, Theodosios in ehrenvolle Überwachung nach der Hauptstadt zu ziehen. Hierher wallfahrteten die Monophysiten aller Länder, unter ihnen Jakob Baradai, der von Theodosios die Vollmacht erhielt, Bischöfe und Kleriker zu ordinieren. Während des Perserkrieges (542) gelang ihm trotz polizeilicher Verfolgung, aber ohne Wissen Theodoras, die Organisation der heute noch bestehenden Jakobitenkirchen, die sich später in das syrische Patriarchat Antiocheia und in die von den Arabern als Kopten bezeichneten Jakobiten des Patriarchats Alexandreia spalteten.

Die religionspolitischen Interessen Justinians verlagerten sich nun auf das Origenesproblem und führten zum Dreikapitelstreit, der wieder die Päpste vor den Kopf stieß. Kurz vor seinem Tode ging Justinian in kühner Parabel noch über Theodora hinaus zum extremsten Flügel der Monophysiten, den »Aphthartodoketen«, über. In solcher kaiserlichen Zickzackpolitik läßt sich nur schwer ein roter Faden aufzeigen. Das Doppelspiel mit Theodora, das ihm Prokop unterstellt, dürfte noch am ehesten den Tatsachen entsprechen. Angriffskriege im Westen und Defensive im Osten fanden ihre Entsprechung, wenn nicht ihre Ursache, in der Religionspolitik. Die toleranten Arianer des Westens hat der Henker der Vandalen und Goten ausgerottet. Vor den Monophysiten des Ostens mußte er kapitulieren. Doch gelang es ihm durch die Schaukelpolitik, nicht nur seine westlichen Freunde in Verlegenheit zu setzen, sondern auch den Osten in einer bürgerkriegsreifen Stimmung zu hinterlassen. Der letzte Seitensprung zeugte nicht von später Einsicht, sondern von jener Lust am theologischen Dilettieren, die Papst und Patriarchen so gut wie seine Minister zur Verzweiflung trieb.

Unter Iustinus II. kehrte man ohne Rücksicht auf die Päpste zur vermittelnden Linie des Henotikons zurück, behandelte die Monophysiten zunächst einmal zuvorkommend, verzichtete gleichwohl auf die letzte Extratour Justinians. Es gelang zwar, die Monophysiten in »Ultras« und kaiserliche »Melkiten« zu spalten, die Wirren gingen aber weiter, so daß Iustinus verbittert auf die Einbahnstraße von Chalkedon zurückschwenkte. Tiberios stoppte zunächst wegen des Perserkrieges, schritt aber dann ebenfalls zu schweren Monophysitenverfolgungen, regierte wie Justinian mit Zuckerbrot und Peitsche. Es spricht Bände, wenn die Monophysiten diese Regierung aus der Perspektive der Phokasära als Goldenes Zeitalter bezeichnen. Anders als Justinian, respektierte Maurikios die Selbstregierung der Kirche und trieb im Sinne der Päpste, die er politisch vernachlässigen mußte, eine orthodoxe, aber maßvolle Politik. Mit ihm endete die justinianische Dynastie, zu der man auch die Adoptivkaiser zählen darf, nach fast hundertjähriger Herrschaft.

Das Gesamturteil über die Religionspolitik dieser Epoche muß von der Betrachtung der Ost- und Westpolitik ausgehen. Um die arianischen Germanen des Westens zu liquidieren, hat die Dynastie sich viel zu spät im hellenistischen Raume stark gemacht. Alexanders Tat wurde nicht zuletzt von Justinian verspielt. Als die Sturmflut schon nahte, hat Herakleios die letzten Einheitsstrümpfe aufgeboten. Armeniens Kirche glaubte man 632 (Synode von

Karin) dem Westen gewonnen, ein Trug, der bald zerrann. In Syrien schien dank der Autorität des kaiserlichen Siegers die Entspannung gesichert. Auch dieser Lehrmeister der Kirche glaubte noch über Zenon hinaus durch Betonung erst der Energie, dann des Willens Christi, den Fanatikern des Glaubenskrieges eine Patentlösung anzubieten. Sein »Monoenergetismus« wurde 633 vom Mönch und baldigen Patriarchen Sophronius feierlich verdammt. Durch die Ekthesis von 638 verwandelte sich dieser in den »Monotheletismus«, die Lehre vom einen Willen Christi, die nur neues Öl ins Feuer goß. Während Syrien, wo ohnehin nichts mehr zu verderben war, etwas besser wegkam, raste von 634 bis 639, also mitten im arabischen Sturm, der Terror eines christlichen Patriarchen durch Ägypten, der sich wie ein neuer Pharao betrug. Mit ihrer Politik gegen Ketzer, Juden, Manichäer, und was es im brodelnden Osten sonst noch gab, begingen Staat und Kirche Ostroms jenen rituellen Selbstmord, an dessen Rand das sozial versagende Mönchtum und die Blickverengung der Kirche Byzanz noch so oft gebracht haben, zum letzten Male und mit dem endgültigen Erfolg in den Jahrzehnten vor dem Türkensturm, als die Parole lautete: lieber türkisch als papistisch.

So stürzte das alexandergleiche Lebenswerk des Herakleios in Verhängnissen, die dem freien Entschluß eines Einzelnen entzogen waren. Die hellenistische Kultur fand zwei Leibeserben, Byzanz und die islamische Völkerwelt. Der biologische Zuwachs, den die Araber durch den Anschluß Irans erhielten, wurde weltgeschichtlich ausgeglichen durch den Anschluß von Armenien an Byzanz. Mit dieser Tat schuf Herakleios die Voraussetzungen des mittelalterlichen Gleichgewichts der Kräfte im Nahen Osten.

UNIVERSALGESCHICHTE
IN STICHWORTEN

NAMEN- UND SACHREGISTER

QUELLENVERZEICHNIS
DER ABBILDUNGEN

UNIVERSALGESCHICHTE IN STICHWORTEN

Von den Anfängen bis um 474 v. Chr.

Die Urbevölkerung Italiens gehört wahrscheinlich dem mediterranen Kulturkreis an (älteste Zeugnisse 2500—2000). Frühe Metall- und Bronzezeit; im Süden entsteht der noch mediterran bestimmte »Apenninische Kreis«, im Norden der schon von nordalpinen Einflüssen durchdrungene »Padanische Kreis« (erste indogermanische Einflüsse? 2000 bis 1100).
Beginn der »Großen Wanderung« (um 1200). Neben den illyrischen Stämmen wandern auch die Italiker ein. Sie bestehen aus den »umbro-sabellischen« Stämmen und der Gruppe der »Latino-Falisker«. Villanova-Kultur (1000—400, Hauptfundort bei Bologna), wahrscheinlich von umbro-sabellischen Stämmen getragen. Beginn der etruskischen Einwanderung (900—800), später auch der griechischen (vgl. Bd. III). Ausdehnung der Etrusker nach Norden und Süden; auch die Siedlungen am Tiber (etwa aus dem 10. Jahrhundert) geraten unter etruskische Herrschaft, die Stadt Rom entsteht (um 750). Beseitigung des Königtums in vielen etruskischen Städten, so auch in Rom (um 500). Der etruskische Einfluß geht stark zurück.

474—270 v. Chr.

Niederlage der Etrusker gegen die süditalischen Griechen bei Kyme (474); sie führt zur Minderung des etruskischen Einflusses in Mittelitalien und zum Vordringen oskischer Stämme (474). Zwölftafelgesetze (um 450), erste schriftliche Fixierung des Rechts in Rom; Entstehung der plebejischen Volksversammlung, erster Schritt zur Gleichberechtigung der Plebejer; Aufhebung des Eheverbots zwischen Patriziern und Plebejern.
Kampf der Römer gegen das etruskische Veii, das zerstört wird (396). Keltensturm; die in Oberitalien eingedrungenen Gallier stoßen nach Mittelitalien und Rom vor (387/386); sie bleiben auch nach ihrem Abzug eine Bedrohung für Rom und Mittelitalien. Regelung der obersten Gewalt in Rom (zwei Konsuln und ein Prätor, 367); in der Folgezeit werden die höchsten Staatsämter auch für Plebejer zugänglich. Erstarkung der Osker durch Gründung des Samnitischen Bundes (um 350). Erster Samnitenkrieg (343—341): Rom unterstützt Capua erfolgreich im Kampf gegen die Samniten; in den folgenden Jahren werden Bündnisse zwischen Rom und den latinischen Städten einerseits und den Städten Kampaniens andererseits abgeschlossen. Latinerkrieg (340 bis 338): Erhebung der latinischen Städte gegen Rom wird niedergeschlagen; die latinischen Städte werden in unterschiedlicher Form in den römischen Staat integriert.
Beginn des Kampfes um die Vorherrschaft in Italien (326): Zweiter Samnitenkrieg (326—304, unterbrochen von 321—315), sein Anlaß ist unsicher. Nach der Niederlage der Römer in den Caudinischen Pässen (321) gelingt diesen die Einkreisung des Gegners durch Gründung eigener Kolonien in dessen Rücken und durch Gewinnung neuer Bundesgenossen. Im Verlauf der Auseinandersetzung beginnt Rom den Bau der Via Appia (312). Rom unterwirft die Aequer (304). Krieg gegen die Sabiner (304—290), in den die Samniten eingreifen; es kommt zum Dritten Samnitenkrieg (298—290), an dessen Ende Rom die Herrin Mittelitaliens ist. Rom wehrt einen Einbruch der Gallier ab (295). Die Plebejer setzen durch, daß ihre Beschlüsse Gesetzeskraft erlangen (lex Hortensia, 287). Endgültiger Abschluß der Ständekämpfe, seitdem schon seit längerer Zeit (seit 300?) auch das Priesteramt den Plebejern offensteht. Nach einem erneuten Einbruch der Gallier (285) sichern die Römer den Norden (Sieg am Vadimonischen See, 283). Tarentinischer Krieg (282—272), der nach einem Überfall auf die römische Flotte im Hafen von Tarent ausbricht. König *Pyrrhos* von Epirus greift auf der Seite Tarents ein, allerdings ohne nachhaltigen Erfolg (vgl. Band III). Er wird schließlich bei Beneventum geschlagen (275) und kehrt nach Epirus zurück. Mit dem Ende des Krieges ist Rom Herrin über Unteritalien.

264—133 v. Chr.

Erster Punischer Krieg (264—241), der auf ein Hilfegesuch der Mamertiner hin ausbricht, die sich mit Syrakus im Kampf befinden. In wechselvollen Kämpfen erringen die Römer ihren ersten Seesieg (Schlacht bei Mylae, 260). Als es den Römern gelingt, die karthagischen Festungen Lilybaeum und Drepanum auf Sizilien einzuschließen und die zum Entsatz herbeieilende karthagische Flotte bei den Aegatischen Inseln zu schlagen (241), können sie den Frieden erzwingen; Karthago verliert Sizilien und zahlt

3200 Talente Kontribution. Rom annektiert anschließend Sardinien in einem Moment der Schwäche Karthagos (Söldneraufstand; 237). Der karthagische Feldherr *Hamilkar Barkas* überschreitet die Straße von Gibraltar und beginnt die Eroberung Spaniens (237/236). Erster Illyrischer Krieg (229): Rom beseitigt Seeräubergefahr in der Adria und schafft Brückenkopf in Dalmatien. *Hasdrubal* baut sein Reich in Spanien aus (229), anerkennt jedoch auf römische Vorstellungen hin die Ebro-Linie. In den folgenden Jahren nimmt Rom mit mehreren Gemeinden in Spanien Verbindung auf. Auf Sizilien und Sardinien/Korsika entstehen die ersten Provinzverwaltungen (227; Militärregierungen werden zur Dauereinrichtung). Erneuter Einfall gallischer Stämme, der bei Telamon aufgefangen wird (225); in der Folgezeit Unterwerfung der oberitalischen Gallier. *Hannibal* übernimmt das karthagische Kommando in Spanien (221). Zweiter Punischer Krieg (218–201): nach der Einnahme von Sagunt *Hannibals* Vormarsch über den Ebro, der die römische Kriegserklärung auslöst. *Hannibal* marschiert nach Italien und bringt Rom empfindliche Niederlagen bei (am Trasimenischen See, 217; Cannae, 216), vermag sich jedoch auf die Dauer in Unteritalien nicht zu halten.

Allmählich reißen die Römer in Spanien und in Italien wieder die Initiative an sich und landen schließlich in Afrika (204). Hier gelingt dem römischen Feldherrn *Scipio Africanus* der entscheidende Sieg über den ebenfalls nach Afrika gegangenen *Hannibal* bei Zama (202). Karthago verliert seinen Besitz in Spanien und am Mittelmeer und ist als Großmacht ausgeschaltet (Abrüstung, Kriegserklärung nur mit römischer Erlaubnis). Erster Makedonischer Krieg gegen *Philipp V.* (215–205), der sich mit Karthago verbündet hatte; eine wesentliche Machtverschiebung findet nicht statt. Aber *Philipp V.* dehnt seine Macht in Griechenland weiter aus; als Rhodos und Pergamon um Hilfe bitten, entschließt sich Rom zum Eingreifen. Zweiter Makedonischer Krieg (200–197); *Philipp V.* wird bei Kynoskephalai (197) geschlagen und auf seinen makedonischen Besitz beschränkt. Rom wirft einen erneuten Aufstand der Gallier in Oberitalien nieder und errichtet dort die Provinz Gallia Cisalpina (200–191).

Antiochos III. von Syrien, seit 192 im Kampf mit Rom, verliert nach einer schweren Niederlage (Magnesia, 189) große Teile seines Reiches an Pergamon und Rhodos; Friede von Apameia (188). Gesetz über die Ämterlaufbahn in Rom (180). Dritter Makedonischer Krieg (171–168); Rom sucht die Wiederherstellung der makedonischen Hegemonie (von *Philipps* Sohn *Perseus* angestrebt) über Griechenland zu verhindern und beginnt den Krieg unter einem Vorwand. Nach der Entscheidungsschlacht bei Pydna (168) wird das makedonische Königtum abgeschafft, das Land in vier Zonen aufgeteilt. Makedonien nach einem Aufstand römische Provinz (148). Da der Achaiische Bund den makedonischen Aufstand unterstützt hat, setzt Rom dessen Auflösung durch; Korinth wird zerstört (146). Zerstörung Karthagos nach dem Dritten Punischen Krieg (149–146) als Antwort auf die Annexionspolitik der Numider. Gründung der Provinz Africa. Das Reich von Pergamon fällt durch Testament an Rom und wird die Provinz Asia (133). Eroberung von Numantia beendet die langjährigen Kämpfe gegen die aufsässigen Spanier (133).

KULTUR Die erste lateinische Tragödie (aus dem Griechischen von *Livius Andronicus* übersetzt) wird in Rom aufgeführt (240). *Gnaeus Naevius* begründet die lateinische Komödie (Zeitkritik) und verfaßt ein Epos über den Ersten Punischen Krieg (um 235). *Quintus Fabius Pictor* schreibt seine Annalen noch in griechischer Sprache (vor 200). *Quintus Ennius* (gestorben 169) versucht sich in allen Gattungen der Dichtung; er führt den Hexameter in die lateinische Dichtung ein. *Titus Maccius Plautus* (gestorben 184) verfaßt seine Komödien (»Amphitruo«, »Miles gloriosus«), *C. Statius Caecilius* (gestorben um 170) bearbeitet griechische Komödien. *Publius Terentius Afer* (gestorben um 159) dichtet Komödien. *Marcus Porcius Cato* (der Ältere, gestorben 149) tritt als Politiker und Schriftsteller hervor (»Origines«, eine Geschichte Roms und Italiens). Der Grieche *Polybios* kommt als Geisel nach Rom und schreibt dort eine Weltgeschichte (167). Der stoische Philosoph *Panaitios* (um 180–110) hält sich verschiedentlich in Rom auf und gewinnt Einfluß auf Politiker und Gebildete. Als Tragödienschreiber tritt *Pacuvius* (gestorben um 131) hervor.

133–30 v. Chr.

Tiberius Sempronius Gracchus setzt als Volkstribun das Ackergesetz durch, das die Landzuweisung aus dem »ager publicus« begrenzt und neue Bauernstellen schafft (133). Als ein Kollege gegen dieses Gesetz interzediert, läßt er ihn gesetzwidrig von der Volksversammlung absetzen. Um sich einer Bestrafung nach Ablauf seiner Amtszeit zu entziehen, betreibt er seine (unzulässige) Wiederwahl; bei den dabei entstehenden Unruhen wird er erschlagen. Der Senat nimmt der Ackerkommission die Kompetenz und legt sie damit lahm (129). *Gaius Sempronius Gracchus* (der jüngere Bruder des *Tiberius*) nimmt die Pläne seines Bruders wieder auf (123); er versucht, mögliche Widerstände abzufangen (Gesetze, nach denen die Wiederwahl eines Volkstribunen, aber praktisch auch seine Absetzung möglich ist), und sucht Verbündete, indem er dem Ritterstand Privilegien im Gerichts- und Steuerwesen verschafft. Er scheitert an der Frage des Bürgerrechts für die italischen Bundesgenossen, das gerade von den unteren Volksschichten abgelehnt wird. Bei den nun entstehenden Unruhen (Notstandserklärung des Senats) läßt sich *Gaius Gracchus* auf der Flucht von einem Sklaven töten (121).

Erste Niederlage eines römischen Heeres im Kampf gegen die Cimbern und Teutonen (bei Noreia in Kärnten, 113). Der Jugurthinische Krieg (111—105): der numidische König *Jugurtha* überfällt seinen Mitkönig und nimmt die Stadt Cirta. Erst *Gaius Marius* (Konsul 107) beendet den Krieg und führt *Jugurtha* im Triumph nach Rom. Schwere Niederlage zweier römischer Heere gegen die Cimbern und Teutonen (105, Arausio, Südfrankreich), Panik in Rom (Furcht vor einem zweiten »Keltensturm«). Heeresreform des *Marius* (104—101): Bildung eines Berufsheeres, besitzlose Bürger werden zum Heeresdienst herangezogen, Versorgung der Veteranen mit Land. *Marius* besiegt die Cimbern und Teutonen vernichtend (Aquae Sextiae, 102, und Vercellae, 101). Als Konsul (zum sechstenmal) sucht er, gestützt auf den Volkstribunen *L. Appuleius Saturninus*, ein neues Siedlungsprogramm durchzusetzen, scheitert aber, als es bei der Wahl des neuen Konsuls zu Straßenkämpfen kommt; seine politische Laufbahn ist damit zunächst beendet. *Livius Drusus* will die gracchischen Ackergesetze durchbringen und den Bundesgenossen das Bürgerrecht zuerkennen (91). Die Gesetze werden vom Senat kassiert; *Livius Drusus* wird ermordet. Bundesgenossenkrieg (91—89): die italischen Stämme fordern das römische Bürgerrecht und erheben sich, als es ihnen verweigert wird. Die Römer müssen es ihnen schließlich zugestehen (lex Plautia Papiria).
Erster Mithridatischer Krieg (88—84); *Mithridates VI.* von Pontos versucht seine Herrschaft auf römisches Gebiet auszudehnen und veranlaßt die Griechen zum Abfall von Rom. Zur Abwehr bestimmt der Senat *Sulla;* diesem entzieht jedoch das Volk auf Betreiben des Volkstribunen *Sulpicius Rufus* und *Marius* das Kommando und beauftragt *Marius* damit. *Sulla* marschiert nach Rom, annulliert die Gesetze des *Sulpicius*, die den Italikern zum vollen Stimmrecht verholfen hatten, und erklärt *Marius* und andere zu Staatsfeinden. *Marius* flieht, *Sulpicius* kommt um. Nun tritt *Sulla* seinen Oberbefehl im Osten an; nach seiner Abreise bemächtigen sich *Marius* und seine Anhänger wieder Roms; Proskriptionen. Inzwischen schlägt *Sulla* die Truppen des *Mithridates* (Chaironeia 86, Orchomenos 85) und zwingt diesen zum Frieden (Dardanos, 84): *Mithridates* wird auf seinen ursprünglichen Besitz beschränkt. *Sulla* landet in Brundisium (83); Bürgerkrieg gegen die Marianer (*Marius* selbst war 86 gestorben); *Sulla* zieht zum zweitenmal in Rom ein (82) und beginnt seinerseits mit Proskriptionen. Als Diktator setzt er eine Verfassungsreform durch: Erweiterung des Senats, Zensur wird abgeschafft, Schwächung des Volkstribunats.
Zweiter Mithridatischer Krieg (84—83): der Proprätor *L. Licinius Murena* zwingt *Mithridates* zur Erfüllung des Friedens von Dardanos. *Sulla* zieht sich aus der Politik zurück (79), stirbt ein Jahr später als Privatmann. *Gnaeus Pompeius* kämpft in Spanien erfolgreich gegen die letzten Marianer (77—72); Neuordnung der spanischen Verhältnisse. *Nikomedes III.* von Bithynien vererbt (74) sein Reich an Rom, *Mithridates* greift ein (Dritter Mithridatischer Krieg, bis 63); Anfangserfolge des *L. Licinius Lucullus*. Konsulat des *Pompeius* und *Marcus Licinius Crassus* (70): Umsturz der ullanischen Verfassung (insbesondere: Wiederherstellung der vollen Macht des Volkstribunats). *Pompeius* beendet das Seeräuberunwesen im Mittelmeer (67) und erhält daraufhin den Oberbefehl gegen *Mithridates* (66; *Lucullus* war 68 vom Senat abberufen worden). Kreta wird römische Provinz (64). Nach dem Ende des Mithridatischen Krieges: Neuordnung Kleinasiens und Syriens durch *Pompeius* (Provinzen Pontus, Syria und Cilicia). Die »Catilinarische Verschwörung« unter Führung des Konsuls *Cicero* niedergeschlagen (63). *Pompeius* landet in Italien und entläßt sein Heer (62). Aber der Senat verweigert ihm die Bestätigung seiner Neuordnung im Osten, seinen Veteranen wird kein Land zugeteilt. Zur Unterstützung seiner Ansprüche schließt er mit *Crassus* und *Caesar* das erste Triumvirat (60).
Konsulat *Caesars* (59), der die Forderungen des *Pompeius* durchsetzt. Als Prokonsul in Gallien für fünf Jahre beginnt *Caesar* die Eroberung des Landes (58), das ihm als Basis für seine Ambitionen in Rom dienen soll. Konsulat von *Pompeius* und *Crassus* (55). Die anarchischen Zustände in Rom führen zur Wahl des *Pompeius* zum »consul sine collega« (Konsul ohne Mitkonsul; 52). Gegner und Freunde *Caesars* kämpfen in Rom um dessen politische Existenz. *Caesar* überschreitet den Grenzfluß Rubico (49) und eröffnet damit den Bürgerkrieg um die Macht; der Rumpfsenat ernennt ihn zum Diktator, er wird Konsul für das Jahr 48 und schlägt die Anhänger des *Pompeius* und des Senats in Spanien. *Caesar* besiegt *Pompeius* bei Pharsalos (48); dieser flieht nach Ägypten und wird bei seiner Ankunft ermordet. *Caesar* entscheidet den ägyptischen Thronstreit zugunsten *Kleopatras*. Nach seinem Sieg über den Sohn des *Mithridates*, *Pharnakes*, bei Zela (Pontus, 47) kehrt er siegreich nach Rom zurück; Wiederherstellung der Ordnung. *Caesar* besiegt seine Gegner unter *Cato* bei Thapsos (Afrika, 46) und erhält die Diktatur auf zehn Jahre. Sieg bei Munda (Spanien) über die Söhne des *Pompeius* (45). *Caesar* wird Diktator auf Lebenszeit; kurz darauf wird er von republikanischen Verschwörern im Senat ermordet (15.3.44).
Marcus Antonius überspielt die Caesarmörder und setzt sich in den Besitz der Erbschaft *Caesars*. Dessen Großneffe und Adoptivsohn, *Octavian*, nimmt die Auseinandersetzung um die Erbschaft auf. Er zahlt die im Testament *Caesars* ausgesetzten Legate für die Plebs mit eigenen Mitteln aus, ebenso Ausrichtung der von *Caesar* eingerichteten »Siegesspiele«. *Octavian* erzwingt sich, nachdem er mit widerrechtlich aufgestellten Truppen, aber im Auftrag des Senats, *Marcus Antonius* geschlagen hat, das Konsulat für 43. Sein Onkel und Mitkonsul *Pedius* erwirkt Gesetz über Ausnahmegericht gegen die Caesarmörder. *Octavian* vereinigt sich mit *Mark Anton* und *Lepidus*

zum (2.) Triumvirat; Proskriptionen der drei, dabei Tod des *Cicero*. Sieg der Triumvirn über die Caesarmörder bei Philippi (42). *Mark Anton* übernimmt die Macht im Osten und in Gallien, *Octavian* in Spanien und Italien, *Lepidus* in Afrika. Bürgerkrieg in Italien (41) wegen der rücksichtslosen Proskriptionen des *Octavian* zugunsten der Versorgung seiner Veteranen. Vertrag von Brundisium (40): durch Verständigung der Soldaten wird der drohende Bürgerkrieg zwischen *Mark Anton* und *Octavian* verhindert; *Octavian* erhält jetzt den gesamten Westen, *Mark Anton* den Osten. Vertrag von Tarent (37): durch Vermittlung *Octavias*, der Schwester *Octavians* und Gemahlin *Mark Antons*, wird ein drohendes Zerwürfnis zwischen beiden verhindert. *Octavians* Feldherr *Vipsanius Agrippa* schlägt *Sextus Pompeius*, den Oberbefehlshaber der römischen Flotte (seit 39 von Octavian als solcher anerkannt) bei Naulochos (Sizilien; 36). *Octavian* schaltet *Lepidus* aus (Wahl zum Pontifex Maximus) und wird so Herr über Afrika. *Mark Antons* Unternehmen gegen die Parther bleibt ohne Erfolg. Er besetzt Armenien (34) und organisiert den Osten des Reiches neu, wobei *Kleopatra* und ihr Sohn *Kaisarion* die oberste Gewalt nach *Mark Anton* erhalten sollen. Nach guter propagandistischer Vorbereitung schlägt *Octavian Mark Anton* bei Actium (31). Im Verzweiflungskampf vor Alexandreia fällt *Mark Anton* (30); *Kleopatra* gibt sich selbst den Tod.

KULTUR *Lucius Accius* (gestorben um 90), Nachdichtungen griechischer Tragödien. *Lucius Caelius Antipater* verfaßt eine Geschichte des Zweiten Punischen Krieges (nach 123). *Marcus Tullius Cicero* (106–43) tritt als Politiker, Redner und Schriftsteller hervor; viele seiner Reden sind erhalten. *Cornelius Nepos* (um 100–32), Verfasser von Biographien. *Gaius Sallustius Crispus* (86–35), bedeutender römischer Geschichtsschreiber (»Bellum Sagunthinum«, »Bellum Catilinae«). *Cornelius Sisenna* (gestorben 67) schildert die Zeitgeschichte (Geschichte Sullas). *T. Lucretius Carus* (gestorben 55) kleidet die Lehre *Epikurs* in Verse (»Über die Natur«). *Gaius Valerius Catullus* (87–54) verfaßt seine Epigramme und Liebesgedichte. Der größte römische Gelehrte *M. Terentius Varro* (116–27 v. Chr.).

30 v. Chr. — 300 n. Chr.

Octavian gibt alle Vollmachten an den Senat zurück, erhält aber unter Verleihung des Ehrennamens *Augustus* die prokonsularische Gewalt über die noch nicht befriedeten oder neuerworbenen Provinzen (damit praktisch den Oberbefehl über alle Truppen, 27). In den folgenden Jahren Ordnung der Provinzverwaltung und der inneren Gesetzgebung. Übertragung der tribunizischen Gewalt an *Augustus* auf Lebenszeit (23). Beginn der Grenzsicherung an Donau und Rhein in offensiven Kriegshandlungen (ab 16); der Vorstoß an die Elbe mißlingt (Schlacht im Teutoburger Wald, 9 n. Chr.).

Der Stiefsohn und Schwiegersohn des Augustus, *Tiberius*, wird nach dessen Tod (14) Prinzeps. *Seianus*, der Führer der Prätorianer und bisherige Günstling des *Tiberius*, wird wegen angeblicher Verschwörertätigkeit mit seiner Familie ermordet (31). Nach dem Tod des *Tiberius* wird sein Großneffe *Gaius Caesar*, genannt *Caligula*, sein Nachfolger (37), bei dem sich jedoch bald Anzeichen einer geistigen Erkrankung bemerkbar machen. Africa kaiserliche Provinz (40). Der Prätorianeroberst *Cassius Chaerea* ermordet *Caligula* (41), dessen Onkel *Claudius* Kaiser wird. Neuordnung der Laufbahnen des Ritterstandes; großer Einfluß der Freigelassenen. Beginn der Ausdehnungspolitik nach Britannien (43). *Judaea* wird als Provinz wieder dem Reich einverleibt (46). Im Verlauf von Familienzwistigkeiten wird *Claudius* vergiftet (54); sein Stief- und Adoptivsohn *Nero* Prinzeps, in seinen ersten Regierungsjahren noch angeleitet von dem Philosophen *Seneca* und dem Prätorianerpräfekten *Burrus*. Der Krieg gegen die Parther (seit 58) endet mit einem Kompromiß (66). *Tiridates*, der parthische Thronkandidat für Armenien, erhält aus der Hand *Neros* das Herrscherdiadem. Beginn der Unruhen in Palästina, *Titus Flavius Vespasianus* besetzt das Land (mit Ausnahme Jerusalems) bis 68. Im Aufstand mehrerer Statthalter wird *Nero* abgesetzt und zum Selbstmord gebracht (68); im Kampf um die Macht folgen *Galba*, *Otho* und *Vitellius* einander als Kaiser (Dreikaiserjahr 69). *Vespasian* setzt sich durch; in den folgenden Jahren stellt er die Ruhe im Reich wieder her, ordnet die Finanzen und die Wirtschaft. *Vespasians* Sohn *Titus* erobert und zerstört Jerusalem (70; römischer Kaiser 79–81). Dessen Bruder *Titus Flavius Domitianus* folgt ihm als Prinzeps (81). Erster Triumph über die Chatten (83), dem sich weitere anschließen (86, 89). Neuordnung an der germanischen Grenze, Bau des Limes (um 90). Infolge der aus Angst vor Attentaten harten Politik des Kaisers kommt es zu einer Palastverschwörung, bei der *Domitian* ermordet wird (96). Der siebzigjährige Konsul *M. Cocceius Nerva* vom Senat zum Prinzeps erhoben. *Marcus Ulpius Traianus* Kaiser (98–117). Kämpfe gegen die Daker, deren Wohngebiete von römischen Kolonisten besiedelt werden. Dakien römische Provinz. Nachfolger Trajans ist sein Großneffe *Publius Aelius Hadrianus*. Die Regierungszeit *Hadrians* (117–138) ist ausgefüllt mit Reisen in die Provinzen; er erreicht einen Verständigungsfrieden mit den Parthern (Euphratgrenze), baut an allen Grenzen Befestigungen und Sicherungen aus; neue Aufstiegsmöglichkeiten für den Ritterstand. Bar-Kochba-Aufstand der Juden (vgl. Band II). Nach dem Tode *Hadrians* wird *Antoninus Pius* Kaiser. Seine Regierung (138 bis 161) ist auf Sicherung und Erhaltung des Bestehenden gerichtet. Unter der Regierung des *Marcus Aurelius* (des »Philosophen auf dem Thron«, 161–180) neue Kämpfe gegen die Parther (161 bis 166) und gegen die Markomannen an der oberen Donau (bis 175). *Mark Aurel* ernennt seinen Sohn

Commodus zum Mitregenten (176). Als Kaiser (180) schließt er überstürzt einen ungünstigen Frieden mit den Barbaren, um sich ungestört den Genüssen in Rom hingeben zu können. Wahllose Vergrößerung des Senats und allgemeine Willkürherrschaft führen zu seiner Ermordung (192).

Im Kampf um die Nachfolge im »Vierkaiserjahr« 193 setzt sich schließlich der Statthalter von Pannonien, *Lucius Septimius Severus*, durch. Sicherung der Euphratgrenze durch militärische Unternehmungen. *Septimius Severus* erklärt sich zum Sohn des göttlichen *Mark Aurel* (fiktive Adoption, Aufnahme der gesamten Ahnenreihe des *Mark Aurel* in die eigene Kaisertitulatur, 196). *D. Clodius Albinus* wird von seinen Truppen in Britannien zum Kaiser erhoben, aber nach einer Niederlage vor Lyon zum Selbstmord getrieben. Beginn einer Reihe von Feldzügen gegen die Parther (Eroberung der Hauptstadt Ktesiphon); Rückkehr des Kaisers nach einem längeren Aufenthalt in den östlichen Provinzen nach Rom (202). Er schaltet den Senat völlig aus und schafft die Steuerverpachtung ab; Steuern werden künftig von »Beamten« eingetrieben. Feldzüge in Britannien (208–211). Nach des Kaisers Tod in York (211) erläßt dessen Sohn und Nachfolger *Marcus Aurelius Antoninus*, genannt *Caracalla* (212 bis 217), die »Constitutio Antoniniana«: alle Bewohner des Reiches erhalten das Bürgerrecht. *Caracalla* hält sich fast immer bei der Armee auf (Germanien, Orient), während seine Mutter *Iulia Domna* die Regierung führt. *Caracalla* wird von einem Prätorianer erdolcht. Sein Nachfolger, der Gardepräfekt *Marcus Opellius Macrinus*, unternimmt alles, um die Zustände im Reich wieder zu normalisieren, kann sich aber gegen die Verwandten des *Caracalla* nicht behaupten, dessen jugendlicher Neffe, *Varius Avitus Bassianus* mit dem Namen *Elagabal*, schließlich den Thron besteigt (218–222); als Sonnenpriester von Emesa sucht er den syrischen Baalskult in Rom heimisch zu machen. Sein Vetter *Marcus Aurelius Alexander* folgt ihm als *Severus Alexander* (222–235) auf den Thron, aber seine Mutter *Iulia Mammaea* führt die Regentschaft. Gegen das neu entstandene Sasanidenreich (vgl. Band II) müssen sich die Römer verteidigen; es kommt aber nicht zu einer Entscheidung (232). Bei einem Unternehmen zur Sicherung der Rheingrenze werden *Severus Alexander* und seine Mutter in der Nähe von Mainz von Soldaten erschlagen (235). Die rheinischen Legionen rufen *Gaius Iulius Verus Maximinus Thrax* (der Thraker) zum Kaiser aus (der erste »Soldatenkaiser«, 235 bis 238).

Nach acht Kaisern, die ständig im Kampf mit Barbaren oder Usurpatoren liegen und alle eines unnatürlichen Todes sterben, besteigt *Publius Licinius Valerianus* den Thron (253). Er erhebt bald seinen Sohn *Publius Licinius Egnatius Gallienus* zum Mitregenten. *Valerian* gerät in sasanidische Gefangenschaft; *Gallienus* herrscht allein (260). Nach kurzer Ruhepause neue Abwehrkämpfe an allen Grenzen. Ermordung des *Gallienus* (268). Ihm folgt *Marcus Aurelius Claudius* auf den Thron. Abwehrkämpfe gegen die Alemannen (Gardasee) und die Goten (Nisch, 269). *Claudius* stirbt an der Pest, als ranghöchster Offizier wird *Lucius Domitius Aurelianus* sein Nachfolger (270–275). Die Reichseinheit ist nach schweren Kämpfen wiederhergestellt. Einführung eines einheitlichen Reichskults (Sol invictus; Geburtstag 25.12.); Münzreform; mit der Annahme des Titels »Dominus et Deus« wird das »Prinzipat« zum »Dominat« erhöht. Abwehrkämpfe gegen Alanen und Goten in Kleinasien, Franken und Alemannen am Rhein, Burgunder und Vandalen an der Donau. Sieg über die Sarmaten an der unteren Donau und gegen die Sasaniden (Einnahme von Ktesiphon, 283).

KULTUR *Publius Vergilius Maro* (70–19), einer der bedeutendsten römischen Dichter (»Bucolica«, »Georgica«, Bücher vom Landbau, »Aeneïs«). *Quintus Horatius Flaccus* (65–8) beginnt um 40 zu schreiben (17 Epoden; Satiren; Carmina; Oden; »Ars poetica«). *Titus Livius* (58 v.Chr.–17 n.Chr.) verfaßt eine Geschichte Roms (»Ab urbe condita«). *Sextus Propertius* (56 v.Chr.–15 n.Chr.) entwickelt die Elegie weiter. *Ovidius Naso* (43 v.Chr.–17[?] n.Chr.), bedeutender Dichter (»Amores«, Liebeselegien; Metamorphosen, Sagengedicht; »Ars amatoria«, Lehrbuch der Liebe). *Lucius Annaeus Seneca* (4 v.Chr.–65 n.Chr.), Philosoph und Schriftsteller, Erzieher *Neros*. *Gaius Plinius Secundus* (der Ältere; 23 bis 79) verfaßt eine »Naturalis historia«. *M. Annaeus Lucanus* (39–65): »Pharsalia« (Werk über die Bürgerkriege). *Curtius Rufus* (um 50) verfaßt eine Alexandergeschichte. *Cornelius Tacitus* (um 50–116[?]), Historiker (»Historiae«, »Annales«, »Germania«), *Decimus Iunius Iuvenalis* (58–140), Satiriker. *Gaius Plinius Caecilius Secundus* (der Jüngere; 61/62–114) hinterläßt bedeutende Briefsammlungen (Briefwechsel mit Trajan). *Marcus Valerius Martialis* (um 40–um 102) wird zum Klassiker des Epigramms. *Gaius Suetonius Tranquillus* (um 70–140[?]) verfaßt Biographien (»De viris illustribus«; Kaiserbiographien). *Lucius Apuleius* (geboren um 125), Verfasser vieler Gedichte, Romane, unter anderem der »Metamorphosen«, »Der goldene Esel«. *Quintus Septimius Florens Tertullianus* (155–223), bedeutender Kirchenvater; das Lateinische als Kirchensprache geht im wesentlichen auf ihn zurück. *Ammonios Sakkas* (175–242), bedeutender Vertreter des Neuplatonismus. *Origenes* (185–254), griechischer Kirchenschriftsteller, entscheidend für die Entwicklung des Dogmas. *Thascius Caecilius Cyprianus* (200–258), Kirchenvater, wirkt besonders für die Einheit der Kirche. *Plotinos* (204 bis 270), der Begründer des Neuplatonismus.

284–395

Diokletian ernennt *Marcus Aurelius Valerius Maximianus* zum Mitregenten und überträgt ihm die Herrschaft im Westen, während er selbst im Osten bleibt. Das Heer wird in Feldheer und »Grenzmiliz« (bewaffnete

Grenzbauern) gegliedert. In den folgenden Jahren Feldzüge an allen Grenzen des Reiches (Rückgewinnung Britanniens, 296). *Diokletians* Reichsreform, Begründung der »Tetrarchie«: zwei Augusti ernennen je einen Cäsar, dadurch Aufgliederung des Reiches in vier Verwaltungseinheiten; Cäsar werden *Constantius Chlorus* und *Galerius*. Übergang zum autokratischen Beamtenstaat mit Berufszwang für die Untertanen. Christenverfolgungsedikt *Diokletians* (303). *Diokletian* und *Maximianus* danken ab (305). *Flavius Valerius Constantinus* (geboren 285) wird zum Augustus ausgerufen (306). Es kommt zu Kämpfen der vier Teilherrscher gegeneinander. Toleranzedikt des *Galerius* (311). *Konstantin* macht sich nach einem Sieg über *Maxentius* (Schlacht an der Milvischen Brücke, 312) zum Herrn über den Westen des Reiches, *Licinius* wird durch den Sieg über *Maximinus Daia* (Adrianopel, 313) Herr über den Osten. *Konstantin* besiegt *Licinius* bei Adrianopel und Chrysopolis und wird Alleinherrscher (»totius orbis imperator«, 324). Weiterer Ausbau des Beamtenstaates: Trennung von militärischer und ziviler Gewalt; Gliederung des Reiches in vier Präfekturen mit Vizekaisern an der Spitze; Schaffung von fünf »Reichsministerien« und einem kaiserlichen Staatsrat, dem »Consistorium«. Konzil von Nicaea (325). Gründung von Konstantinopel (Byzanz) als christliche Stadt gegen das heidnische Rom (328).

Nach dem Tod *Konstantins* (337) Herrschaft seiner drei Söhne. Durch Bruderzwist und Eingreifen des Usurpators *Magnentius* stellt schließlich *Constantius* (ursprünglich Herrscher des Ostens) im Kampf gegen *Magnentius* (Schlacht in den Cottischen Alpen, 353) die Reichseinheit wieder her. *Iulianus* wird von *Constantius* mit der Befriedung Galliens und der Rheinprovinzen betraut und schlägt die Alemannen bei Straßburg (357). Der Tod des *Constantius* macht ihn zum Kaiser. *Iulianus* sieht im heidnischen Hellenismus die Grundlage seines Herrschertums (daher *Apostata*). Nach seinem Tode im Kampf gegen die Perser wird *Flavius Iovianus* Kaiser und schließt mit den Persern Frieden. Aufgabe Armeniens und der Gebiete jenseits des Tigris (363). Dessen Nachfolger *Valentinianus I.* (364—375) erhebt seinen Bruder *Valens* zum Mitregenten. Der Einbruch der Hunnen führt zur Zerschlagung des Gotenreiches in Südrußland (Tod ihres Königs *Ermanarich*) und setzt damit die germanischen Völkerschaften in Bewegung (Beginn der »Völkerwanderung«). Die Westgoten werden in den Reichsverband aufgenommen, erheben sich aber zum Kampf gegen Rom. Schlacht bei Adrianopel (378): Sieg der Goten, Kaiser *Valens* fällt. *Valentinians I.* Sohn *Gratian* ernennt den Spanier *Theodosius I.* zum Herrscher des Ostens (379). *Theodosius* schließt einen neuen Ansiedlungsvertrag mit den Westgoten (382). Armenien wird zwischen Rom und Persien geteilt (387). *Theodosius* schlägt den westlichen Usurpator *Magnus Maximus* und verhilft dem zweiten Sohn *Valentinians I.*, *Valentinian II.*, auf den Thron (388). *Theodosius* besiegt *Eugenius*, der vom Heermeister *Arbogast* nach der Ermordung von *Valentinian II.* zum Kaiser erhoben worden war und mit dem Adel Roms die Wiedereinführung der heidnischen Kulte anstrebte, und wird Alleinherrscher (394). Seine Söhne *Arcadius* (geboren 378) und *Honorius* (geboren 384) werden zu Mitregenten. Nach dem Tod des *Theodosius* wird das Reich zwischen *Arcadius* und *Honorius* geteilt. *Alarich* König der Westgoten.

395—630

Westrom: Herrschaft des *Honorius* (395—423) unter der Vormundschaft des Vandalen *Stilicho*. Erste Einfälle der Westgoten unter *Alarich* in Italien (401), etwas später auch der Ostgoten (unter *Radegast*), die jedoch abgeschlagen werden (405). Vandalen, Quaden und Alanen stoßen durch Gallien nach Spanien vor (407) und werden schließlich dort als Bundesgenossen angesiedelt. *Stilicho* hingerichtet (408). Eroberung und Plünderung Roms durch die Westgoten (410), wenig später Tod *Alarichs*. In der Folgezeit werden die Westgoten Bundesgenossen Roms und erhalten schließlich das Land zwischen Loire und Garonne zugewiesen (Hauptstadt Tolosa). Um Worms entsteht das Burgunderreich. Regierung *Valentianus'* *III.* (425—455) auf Veranlassung des oströmischen Kaisers *Theodosius II.* unter Vormundschaft seiner Mutter *Galla Placidia*. Der Vandalenkönig *Geiserich* führt sein Volk nach Afrika und gründet dort ein unabhängiges Reich (von Rom im Frieden von 442 anerkannt). *Attila* wird König der Hunnen (434); riesige Ausdehnung des Reiches mit dem Mittelpunkt in Ungarn. *Geiserich* erobert Karthago (439). Britannien von den Sachsen erobert (449). Der römische Heermeister *Aëtius* behauptet im Kampf gegen *Attila* das Schlachtfeld auf den Katalaunischen Gefilden (451). Im nächsten Jahr fällt *Attila* in Italien ein, zieht aber gegen Lösegeld wieder ab, da sein Heer selbst unter Seuchen und Hungersnot leidet. Ermordung des *Aëtius* und *Valentinians III.* (455). Plünderung Roms durch die Vandalen. Herrschaft des Sueben *Ricimer* (456—472), der unter verschiedenen Kaisern die tatsächliche Macht innehat. Kaiser *Iulius Nepos* (474—475). Der Heermeister *Orestes* ruft seinen Sohn *Romulus* (genannt *Augustulus*) zum Kaiser aus, den der Skire *Odoaker* bald zur Abdankung zwingt (476). *Chlodwig* (482—511) aus dem Geschlecht der Merowinger macht sich zum alleinigen Herrn der Franken. Er erobert das Reich des letzten Römers *Syagrius* (486). *Theoderich*, König der Ostgoten (seit 470), wird vom oströmischen Kaiser *Zenon* zum Heermeister und Patrizius von Italien ernannt und nimmt von dem Land Besitz (488). Nach der Eroberung Ravennas wird *Odoaker* ermordet (493), *Theoderich* gründet seine Herrschaft in Italien. *Chlodwig* besiegt die Alemannen (496); er tritt zum katholischen Glauben über.

Ostrom: Herrschaft des *Arcadius* (395—408), zunächst unter der Vormundschaft des *Rufinus*, der jedoch auf Betreiben *Stilichos* ermordet wird, dann unter der des Eunuchen *Eutropius* (bis 399); schließlich setzt sich die Kaiserin *Eudoxia* durch. Herrschaft *Theodosius' II.* (408–450); die Regierung führt zunächst seine Schwester *Pulcheria.* Stiftung der Universität Konstantinopel (425). Codex Theodosianus (Gesetzessammlung, 438). *Marcianus* kommt durch Vermählung mit *Pulcheria* auf den Thron (450–457). Die Germanenpartei am Hofe *(Aspar* und *Ardabur)* bringt *Leo I.* (457–474) auf den Thron. Die Volkskönige der Ostgoten werden als Heermeister bei Hofe anerkannt (473). *Tarasicodissa* besteigt als *Zenon I.* den Thron (476–491). Er betrachtet die Einheit des Römischen Reiches als wiederhergestellt und die Herrscher im Westen als seine Beauftragten. Sein Unionsedikt (Henotikon, 481) sucht zwischen Katholiken und Monophysiten zu vermitteln; die Folge davon ist das »akakianische Schisma« zwischen Rom und dem Osten. Drastische Finanzpolitik des Kaisers *Anastasios* (491–519), die immer wieder zu Aufständen führt. Mit der Erhebung des katholischen Generals *Iustinus* zum Kaiser (519–527) findet das Schisma sein Ende. Verfolgung der Monophysiten, steigende Bedeutung der »Zirkusparteien«. *Justinian* (527–565) übernimmt von seinem Vorgänger *Iustinus* den Krieg gegen die Perser, mit denen er einen »Ewigen Frieden« schließt (532). Die Zirkusparteien fordern im »Nikaaufstand« (11.1.532) die Entlassung der Würdenträger *Tribonianus* und *Johannes des Kappadokers.* Dank der energischen, aber umstrittenen Gemahlin *Justinians, Theodora,* schlagen *Belisar* und *Narses* den Aufstand nieder. Umfassende Gesetzeskodifikationen (»Codex Iustinianus«, 528). *Justinian* greift nach Westen und nach Afrika über. Sieg *Belisars* über den Vandalen *Gelimer* (533).

Die »Rückeroberung« Italiens durch *Belisar,* später durch *Narses* endet nach langwierigen Kämpfen (»Kampf um Rom«, 536/537) mit der Annexion Italiens als oströmischer Provinz (553). Unter den Nachfolgern *Justinians, Iustinus II.* (565–578) und *Tiberios I.* (578–582), kommt es zu Niederlagen in Italien (die Langobarden erobern den Norden) und auf dem Balkan (Awaren). Wechselvolle Kämpfe gegen die Perser um Armenien. *Chusro Anoscharwan* hatte den Ewigen Frieden unter einem Vorwand gebrochen (571). Auseinandersetzung des Kaisers *Maurikios* (582–602) mit Papst *Gregor dem Großen;* Byzanz konzentriert sich auf den Osten, das Papsttum konsolidiert seine Macht im Westen. Nach dem Mord an *Maurikios* (502) wird der Hauptmann *Phokas* von Volk und Heer zum Kaiser ausgerufen (602–610). Seine Erhebung entfesselt einen Bürgerkrieg, den erst *Herakleios* mit der Absetzung und Hinrichtung des *Phokas* (610) beendet. In einem großangelegten Feldzug (622–630) wehrt er die persischen Angriffe endgültig ab.

KULTUR *Ulfilas* (311–383), später Bischof der Goten, übersetzt die Bibel. *Hilarius von Poitiers* (um 315–367), Bischof, erster lateinischer Hymnendichter. Konzil von Nicaea, Durchsetzung der Glaubenslehre des *Athanasius* gegenüber der des *Arius* (325). *Ammianus Marcellinus* (um 330–400), aus Antiocheia, verfaßt eine Geschichte des Römischen Reiches (von 96–378). *Ambrosius von Mailand* (um 340–397), bedeutender Kirchenlehrer, begründet die christliche Lyrik (Hymnen). *Hieronymus von Stridon* (um 345–420) schafft die lateinische Bibelübersetzung, die »Vulgata«. *Prudentius,* der »christliche Vergil und Horaz« (geboren 348) (»Psychomachie«; »Contra Symmachum«). *Augustinus* (354–430), bedeutendster Kirchenvater, beeinflußt mit seinen Schriften das ganze Mittelalter (»De civitate Dei«). *Marius Victorinus* (um 360), bedeutender Neuplatoniker und Grammatiker.

Nestorius (um 380–452 [?]) Patriarch von Konstantinopel, seine Lehre von den getrennten Naturen Christi (Mensch und Gott). *Quintus Aurelius Symmachus,* bedeutender Vertreter der römischen Altgläubigen (um 383). *Claudius Claudianus,* der Sänger *Stilichos* (395). *Avianus* verfaßt seine Fabeln (um 400), im Mittelalter weit verbreitet. *Proklos* (410–485), bedeutender Vertreter des Neuplatonismus (lebt in Athen). Konzil von Chalkedon verurteilt die »Monophysitismus«, die Lehre von der einen, gottmenschlichen Natur Christi (451). *Boëthius* (um 480 bis 524), Übersetzer einer Reihe von Werken des *Aristoteles* und selbst ein bedeutender Philosoph und Stilist (im Gefängnis entsteht sein »Trost der Philosophie«). Hagia Sophia in Konstantinopel (537 vollendet).

NAMEN- UND SACHREGISTER

A

Abchasier, kaukasisches Volk an der Ostküste des Schwarzen Meeres 654
Abendmahl (Herrenmahl) 445 ff., 449
Abessinien, siehe Äthiopien
Abgar, Titel der Herrscher des Osrhoënischen Reiches 366, 395, 402
Abgar IX., Fürst in Edessa 450, 462
Abraham, Erzvater der Juden 462, 480, 483
Abrittus, Dobrudscha 413
Abrud (Groß-Schlatten), siebenbürgisches Erzgebirge 364
Abruzzen, Gebirgslandschaft im mittleren Apennin 212
Absolutismus 504
Abydos am Hellespont 138 f.

Accius, Lucius, römischer Dichter aus Pisaurum 169, 664
Achaia, Landschaft auf der Peloponnes 172
—, römische Provinz 206, 321, 343, 348, 379
Achaier, Volksstamm auf der Peloponnes 113, 140, 143, 159, 165, 172
Achaiischer Bund, altgriechischer Städtebund 139, 141, 143, 155 f., 159, 662
Achaimeniden, persische Dynastie 407, 411, 538, 652
Achilleus, griechischer Held 402
Achilleus, siehe Domitius Domitianus
Ackerbau 30, 148 f., 179 f., 387
Ackergesetz von Caesar und Crassus 245, 253, 272
Actium, siehe Aktion
Acumencum (Slankamen) an der Donau, gegenüber der Theissmündung 364
Adam (hebräisch), Mensch 452, 471, 476
Adiabene, Landschaft am Tigris 366 f., 449
Adonis, phönikischer Fruchtbarkeitsgott 436 f.
Adrianopel (Hadrianopolis), Thrakien 482, 525 ff., 530, 608, 622, 649, 666

Adriatisches Meer (Adria), Teil des Mittelmeeres 34, 52, 81, 89 f., 101, 112 f., 119, 123, 259, 288, 383, 662, *Kartenskizze 58, 83*
Ädil, römischer Verwaltungsbeamter 71, 149, 194, 253
Ädilität, Amt des Ädilen 76, 234, 243, 256
Ägäis, Teil des Mittelmeeres zwischen Griechenland und Kleinasien 31, 40, 137, 141, 143, 155, 158, 373, 432
Aegatische Inseln, westlich von Sizilien 108, 661, *Kartenskizze 59*
Aegidius, gallo-römischer Offizier 575 f.
Ägypten 99, 131, 137, 139, 141 f., 155, 158 ff., 162, 239 f., 253, **281 bis 284**, 312 f., 315 f., 331, 347, 354, 365, 367, 369, 373, 380, 386, 388, 399, 402, 418 ff., 422, 424, 432, 434, 446, 449, 457, 460, 472, 479 f., 482 f., 490, 493, 496, 505 f., 508, 544 f., 548, 550, 558, 611, 617, 622, 638, 644 ff., 652, **654—658**, 663
Ägypterevangelium, apokryphes, nur in wenigen Zitaten erhaltenes Evangelium 452
Aelia Capitolina, Name der römischen Kolonie Jerusalem 373 f., 477
Aelia Eudoxia, Gemahlin des Kaisers Honorius 555
Aemilianus, Marcus Aemilius, römischer Usurpator 414
Aemilianus, Musius, Präfekt in Ägypten 418 f.
Aemilier, patrizisches Geschlecht 76, 362
Aemilius Lepidus, Marcus, römischer Konsul (46 v. Chr.) und Triumvir 297, 304 ff., 308, 312, 663 f.
Aemilius Lepidus, Marcus, römischer Konsul (78 v. Chr.) 231, 233, 250
Aemilius Lepidus, Marcus, römischer Konsul (187, 175) und Pontifex Maximus 138, 148
Aemilius Paullus Macedonicus, Lucius, römischer Konsul 124, 159, 171, 173, *Abb. 156*
Aeneas, trojanischer Held 34, 48 f., *Abb. 48*

Äonen (Ewigkeit, Weltalter), in der Gnosis sowohl Seinsstufen als auch halbgöttliche Wesen zwischen Gott und Welt 452 f.
Aequer, altitalisches Gebirgsvolk 55 f., 88 f., 66 f., *Kartenskizze 83*
Aesernia, Samnium 93, *Kartenskizze 35, 83*
Äthiopien (Abessinien) 397, 451, 618, 627
Aetios, arianischer Philosoph 468
Aëtius, römischer Feldherr und Staatsmann **565—572**, 574 f., 598, 612, 666
Ätna, Vulkan auf Sizilien 103, 369
Afranius, Lucius, römischer Konsul 255
Africa, römische Provinz 206, 244, 280, 289 f., 308, 321, 349, 399, 409 f., 559, 561 ff., 566, 573 ff., 577, 579, 583, 662, 664
Africa Nova, römische Provinz 289, 308
Africa Proconsularis, römische Provinz 335
Afrika 48, 106 f., 109 f., 120 ff., 127, 130, 132 ff., 140, 144, 147, 149 f., 154 f., **162—167**, 180, 194, 203, 232 f., 299, 308, 321, 333, 344, 349 f., 369, 372 f., 375, 386, 388, 391, 397, 400, 415 f., 423, 426, 450, 457 f., 474, 479 f., 493 f., 498, 501, 505, 507, 513, 521 ff., 529, 533, 544, 550, 552 f., 558, **583—590**, 603, 611, 621, **627 bis 630**, 638, 642, 648, 652 f., 662 ff., 666 f.
Agathias Scholastikos, griechischer Dichter und Geschichtsschreiber 642
Agathokles, Tyrann von Syrakus 91, 100, 102 ff., 106, 109, 127
Agaunum (St. Moritz), Schweiz 568
Ager Campanus, kampanisches Staatsland 209, 259, 288
— Falernus, falernischer Acker, Kampanien 88 f.
— Gallicus, Landschaft in Umbrien 90, 115, *Abb. 88*
— publicus, römisches Staatsland 148, 180 f., 188 f., 191, 197, 206, 209, 227, 662
— Romanus (lateinisch), römischer Acker, das römische Bürgergebiet 56, 58, 84, 88 f., 94

Agilulf, König der Langobarden 648
Agnati (lateinisch), Blutsverwandte väterlicherseits 54
»Agramer Mumienbinde«, etruskisches Dokument 44
Agrargesetze der Gracchen 184 bis 191, 193—198, 204
— des Hadrian 372
— des Livius Drusus 208 ff.
— des Senats 215
Agrarkapitalismus in Rom 179 f., 188, 195
Agrarstaat 177
Agricola, Gnaeus Iulius, römischer Konsul 352, 355
Agrigentum, siehe Akragas
Agrippa, jüdischer Prinz, siehe Herodes Agrippa I.
Agrippa, Marcus Vipsanius, römischer Konsul 312, 320, 322, 328f., 664, *Stammtafel 326*
Agrippa Postumius, Sohn des Marcus Vipsanius Agrippa 330, *Stammtafel 326*
Agritos, Bischof von Trier 451
Agron, König der Illyrer 112
Aignan (Anianus), Bischof von Orléans 570
Aitoler (Ätoler), mittelgriechischer Volksstamm 113, 129, 136, **138** bis **141**, 143 f.
Aitolien (Aetolis), Landschaft in Mittelgriechenland 143

Akademie, Philosophenschule Platons 173, 620, 642
Akakios, Patriarch von Konstantinopel 614, 616, 626, 647, 656, 667
Akakios, Vater der Kaiserin Theodora 618
Akiba, Ben Joseph, jüdischer Schriftgelehrter 461
Akragas (Agrigentum), Sizilien 105 f., 127, 130, 134, *Abb. 132, Kartenskizze 59*
Akrokorinth, Akropolis von Korinth 139 f.
Akte, Freigelassene in Rom 340
Aktion (Actium), Landzunge am Golf von Ambrakia (Akarnanien) 315f., 319f., 325, 664
Ala, Reiterregiment in Rom 338
Alalia (Aleria), Korsika 45, *Kartenskizze 103*
Alanen, ein den Sarmaten verwandtes iranisches Nomadenvolk 525, 553, 556f., 560, 562, 564, 566 ff., 571, 573 f., 665 f.

Alarich I., König der Westgoten 534, **556—560**, 563 f., 566, 571, 573 f., 577, 579, 582, 584, 609 f., 620, 666
Alarich II., König der Westgoten 580 f., 592, 600 f., *Abb. 588*

Alarich (II.) - Breviarium, westgotische Gesetzessammlung 595, 601
Alba Fucens, Latium 88, *Kartenskizze 35*
Alba Iulia (Karlsburg), siebenbürgisches Erzgebirge 364
Alba Longa, Latium 49 f.
Albanergebirge (Mons Albanus), südöstlich von Rom 44, 49, 54 f., 210, *Kartenskizze 35*
Albanien, Balkan 113, 281, 300
Albenga, siehe Albingaunum
Albertini, E., französischer Althistoriker 585, 588
Albingaunum (Albenga), Ligurien 424
Albinus, griechischer Philosoph 461
Albinus, Aulus, römischer Feldherr 217
Albinus, Spurius Postumius, römischer Konsul 201
Alboin, König der Langobarden 621, 644
Alburnus Maior, siehe Abrud
Alea iacta est (lateinisch), der Würfel ist gefallen 278
Alemannen (Alamannen), westgermanisches Volk 415, 418, 424, 491, 493, 508, 510, 516, 520ff., 532, 592, 598, 600, 621, 637, 665f. *Kartenskizze 599*
Alemannia (französisch Allemagne), Land der Deutschen 520 f.

Alesia, Bergstadt der keltischen Mandubier 267, *Kartenskizze 263*
Alexander III., der Große, König von Makedonien 18, 99f., 125, 137, 147, 159, 232, 239, 250, 268, 293, 295, 328, 367, 395, 402, 421, 426, 456, 533, 654, 657
Alexander, Bischof von Alexandreia 468, 505 f.
Alexander, Tiberius Iulius, römischer Statthalter 434
Alexander Balas, angeblicher Sohn des Antiochos IV. 162
— Helios, Sohn von Marcus Antonius und Kleopatra VII. 460
Alexanderreich 88, 91
Alexandreia, Ägypten 142, 160, 261, 282, 313, 315f., 319, 354, 373f., 380, 397, 402, 419, 422, 432f., 436f., 443, 449, 454f., 457f., **460—465**, 467f., 485, 496, 505, 518, 529, 532, 536, 607, 620, 652, 656, 664
Alexandretta (Alexandreia, Iskenderun), Syrien 239
Alexandriner (Monophysiten) 462, 470, 473, 476f.
Algerien, Landschaft in Nordafrika 563

Algier (Icosium), Mauretanien 584
Alicante (Lucentum), Ostküste Spaniens 575
Alkibiades, athenischer Feldherr und Staatsmann 369
Allectus, römischer Gardepräfekt in Britannien 493
Allegorisieren, bildlich ausdrücken 434, 452, 454, 463
Allia, Nebenfluß des Tiber 57
—, Niederlage an der 57f., 89f., 113
Allobroger, Stamm der Kelten in Gallia Narbonensis 262, *Kartenskizze 263*
Aloger, theologische Gruppe in Kleinasien, die alle Johannesschriften ablehnte 455
Alpen 29, 44, 113, 118, 120f., 131, 304, 325, 330, 335, 379, 561f., 566f., 580, 591ff., 610, 636, *Kartenskizze 103*
—, Julische, Teil der südöstlichen Kalkalpen 29
Alphabet, etruskisches 39
—, griechisches 44
—, lateinisches 39
Altai, Gebirge am Nordwestrand Innerasiens 553
Altara (Lamoricière), Algerien 589
Alta Ripa (Altrip) am Rhein 522
Altes Testament 431f., 434, 442, 447, 452ff., 460, 465f., 485
Altinum, Venetien 378
Amalafrida, Schwester Theoderichs des Großen 617
Amalasuntha (Amalaswintha), Tochter des Ostgotenkönigs Theoderich 597, 617, 620f., 629f., 633, 637
Amaler, gotisches Fürstengeschlecht 591, 613, 630
Amalrich, König der Westgoten 581, 596
Amantius, Großkämmerer des Kaisers Iustinus 616
Amasia (Amaseia), Stadtrepublik in Nordostkleinasien 239
Ambiorix, Fürst der Eburonen 266
Ambrakia, Aitolien 144, 171
Ambrosius von Mailand, lateinischer Kirchenlehrer, Heiliger 465, 475, 509, 522, 524ff., 530ff., 538, 550, 565, 667
Amelius aus Etrurien, Neuplatoniker 463
Ameria, Umbrien 242
Amiens, Frankreich 510, 526
Amisos, am Schwarzen Meer, Pontos 284
Ammianus Marcellinus, römischer Geschichtsschreiber, Grieche aus Antiocheia 512, 517f., 520f., 525, 538, 553, 569, 608, 667
Ammonios Sakkas, Begründer des Neuplatonismus 458f., 465, 467, 665
Ampelum (Zlatna), Dakien 364

NAMEN- UND SACHREGISTER

Amulius, König von Alba Longa 48
Amyntas, König der Galater 328
Anamnese, Wiedererinnerung bei Platon 445
Anapos, Fluß auf Sizilien 129
Anastasianische Mauer 615, 620, 649
Anastasiopolis (Dara), Mesopotamien **620–623**
Anastasios I. Dikoros, oströmischer Kaiser 592f., 601, **614–617**, 620, 624, 626, 632, 643, 656, 667
Anastasius I., Bischof von Rom 473
Anathema, Bannfluch, Kirchenbann 451, 473
Anatolien (Kleinasien) 449
Anchises, Vater des Aeneas 48, *Abb. 48*
Ancona, Mittelitalien 89, *Kartenskizze 59*
Ancus Marcius, vierter mythischer König Roms 50, 249
Andalusien, siehe Lusitania
Andreas, Apostel, Bruder des Petrus 608
Andriskos, angeblicher Sohn des Perseus, Königs von Makedonien 165
Andronicus, Livius, römischer Dichter 662
Angelsachsen, zusammenfassender Name für die germanischen Angeln, Sachsen und Jüten *Kartenskizze 599*
Angers (Iuliomagus) an der Maine, Frankreich 598
Anicia Iuliana, oströmische Prinzessin *Stammtafel 531*
Anicii, altes römisches Geschlecht 523, 591
Animismus, Vorstellung, daß die gesamte Umwelt von Geistern bewohnt wird 515
Anio, Nebenfluß des Tiber 56 *Kartenskizze 35, 58*
Anklagerecht 79
Ankyra (Ancyra, Angora), Kappadokien 323, 468, 515

Annona, jährliche Steuer für Grundeigentum 496, 544f., 584, 594
Annuität, republikanisches Prinzip der einjährigen Amtsdauer von Wahlbeamten 55, 73f.
Antalas, Rebellenhäuptling 589
Anten, Volk an der unteren Donau 621, 632f., 644
Anthemius (Anthemios) aus Tralles, griechischer Bildhauer und Baumeister 639
Anthemius Procopius, römischer Kaiser 559, 576, 610, 613, 620, *Stammtafel 531*
Antichrist, Widersacher Christi, der nach der Offenbarung des Johannes vor dem Weltuntergang auftritt 434, 458, 608, 618, 641

Antigoniden, makedonische Dynastie 438
Antimessias 434
Antinoupolis, Oberägypten 374
Antinous aus Claudiopolis, Bithynien 374, 461
Antiocheia am Orontes, Syrien 161, 331, 366, 373, 378, 392, 395, 407, 415f., 421, 443f., 447, 449, 460ff., 468f., 471, 473, 479, 482, 506, 511, 518, 520, 524, 526, 529, 535f., 553, 607, 614, 616f., 621, 623, 632f., 641, 643, 652, 655ff., 667

—, Synode zu 468
Antiocheia, Pisidien 444
Antiochener (Diophysiten) 470f.
Antiochos I., König der Kommagene 335, 460
Antiochos III., der Große, König von Syrien 18, 137, 139, **141** bis **144**, 150, 154f., 157, 662
Antiochos IV. Epiphanes, König von Syrien 158, 160ff., 434, 464
Antiochos V. Eupator, König von Syrien 161
Antiochos VI. Epiphanes Dionysos, König von Syrien 460
Antipater aus Idumäa (Edom), Vater Herodes' des Großen 283, 460
Antisemitismus, religiöser 655
Antistimus, römischer Gerichtsvorsitzender 232
Antium Latium 58, 342, *Kartenskizze 35, 59, 83*
Antonia minor, Frau von Nero Claudius Drusus 332, 334, *Stammtafel 326*
Antonine, römische Kaiser 319, 347, 377, 389, 396, 401, 407, 426f.
Antoninianus, Silbermünze des Aurelian 496
Antoninus Pius, Titus Aurelius Fulvus Boionius Arrius, römischer Kaiser 375ff., 380f., 426, 477, 479, 512, 549, 578, 594
Antonius der Große, Heiliger 529, 550
Antonius, Lucius, römischer Konsul 309f.
Antonius, Marcus, genannt Orator, römischer Konsul (99 v. Chr.) 219, 328
Antonius, Marcus, römischer Konsul und Triumvir 277, 284f., 292, 294, **297–316**, 319f., 366, 663f., *Abb. 288*
Antonius Creticus, Marcus, römischer Prätor 236, 238
Antonius Hybrida, Gaius, römischer Konsul 245ff.
Antonius Primus, Führer der Donaulegionen 347
Aosta, Piemont 325

Apameia (Apamea), Nordsyrien 394, 459, 461
Apameia Kibotos am Mäander, Phrygien 154, 160f., 662
Apennin, Fortsetzung der Alpen durch Italien 31, 36f., 44, 55, 81, 86ff., 94f., 114, 123, 288, 636, *Kartenskizze 35*
Apenninenhalbinsel 40, 44f., 52, 57, 93, 95, 100, 226, 279, 360, 386
—, Bevölkerung **29–32**
—, Indogermanisierung 32ff., 36ff.
Apenninischer Kulturkreis 31, 661
Aper, Arrius, Präfekt der Prätorianer 425
Aphrodite, griechische Göttin 436
Aphtartodoketen, Partei der Monophysiten 657
Apis (Hap), heiliger Stier 437
Apocrisiarius, apostolischer Nuntius in Konstantinopel 656
Apokalypse, biblische Vision vom Weltuntergang 446, 452, 455, 461, 478
Apokalyptik, Lehre von der Offenbarung über das Weltende 433ff., 439, 442, 448, 454, 460f., 641
Apollinaris von Hierapolis, christlicher Apologet 462
Apollinaris Sidonius, Gaius Sollius Modestus, Bischof von Clermont 567, 569, 576f., 579, 598, 600, 656
Apollodorus aus Damaskus, römischer Architekt 364
Apollon, griechischer Gott 125, 500f., 513, 518, 532, 536
— von Veii 43
Apollonia, Illyrien 113, 126, 128, 139, 143, 166, 300f.
Apollonios aus Tyana, griechischer Philosoph 394, 480
Apollos, philosophisch gebildeter Jude 443
Apologet, Verteidiger eines Bekenntnisses 453, 461f., 466, 474
Apologetik, Rechtfertigungslehre 497, 500
Apostel, Jünger Jesu 432, 455
Apostelgeschichte 445f., 461
Apostolicum, Apostolisches Glaubensbekenntnis 468
Apotheose, Vergöttlichung 50
Appida, befestigte Bergstädte der Gallier 267
Apuleius, Lucius, römischer Schriftsteller 427, 665, *Abb. 351*
—, »Metamorphosen« 665
—, »Der goldene Esel« 665
Appuleius Saturninus, Lucius, römischer Volkstribun 206ff., 247, 663
—, Gesetze des 207
Apuler, voritalisches Volk 81, *Kartenskizze 83*

Apulien, Landschaft in Südostitalien 29, 33f., 36f., 39, 86ff., 90, 92, 111, 123f., 126, 128, 130,f., 146, 406, 593
Apulum (Alba Iulia, Karlsburg), Dakien 364
Aquae Cutiliae, Sabinerland 352
Aquae Sextiae (Aix-en-Provence), Schlacht bei (102 v. Chr.) 205, 207, 663, *Kartenskizze 263*

Aquila, jüdischer Proselyt in der Zeit Hadrians 466
Aquileia, Venetien 147, 378f., 410f., 421, 463, 472, 507, 533, 556, 571, 647
Aquilonia, Apulien 89, *Kartenskizze 83*
Aquincum (Buda) an der Donau 364
Aquitania Secunda 566, 578
Aquitanien, Landschaft in Südwestgallien 265, 561f., 579, 581f., 585, 590, 592, 598, 601, *Kartenskizze 263*, *Karte 548*
Aquitanier, Stamm der Kelten 265
Araber, semitisches Volk 553, 619, 622, 632, 654f., 657f.
Arabia, römische Provinz 365, 370, 373, *Karte 548*
Arabien 386, 396, 410f., 426, 459, 471, 618, 634, 654
Aralsee, Westturkestan 638
Aramäische Sprache 432, 442, 445
Ara pacis Augustae, Altar des Augustusfriedens 460
Aratos aus Soloi (Kilikien), griechischer Dichter 439, 445
—, »Phainómena« (Himmelserscheinungen) 439
Arausio (Orange) an der Rhône, Schlacht bei (105 v. Chr.) 203, 205, 208, 663
Arbella (Arba'il), Assyrien 403, 450, 462, *Karte 548*

Arbogast, Frankenhäuptling in römischen Diensten 533, 666
Arcadius, Flavius, oströmischer Kaiser 533, 537, 551f., 557, 562, 578, 609f., 620, *Abb. 536*, *Stammtafel 531*
Arcana imperii 322
Archelaos aus Kappadokien, pontinischer Feldherr 233
Archelaos, König von Kappadokien 333
Archelaos, Sohn Herodes' des Großen, Ethnarch von Judaea und Samaria 328, 460
Archibuculus, Priester des Liber 514
Ardabau, Phrygien 454
Ardabur, oströmischer Feldherr 611, 613, 667
Ardascher I., König von Persien 407

Ardea, Latium 50
Areopag (nach Areios pagos, Areshügel), Adelsrat von Athen und sein Sitz 445
Arevacer, keltiberisches Volk 167
Arezzo, siehe Arretium
Argentorate (Straßburg), römisches Lager 349, *Karte 357*
Argos, Stadt und Landschaft auf der Peloponnes 93, 165, 419
Arianismus, Lehre des Arius: Christus ist mit Gott wesensähnlich, nicht wesensgleich 468f., 501, 503ff., 509, 520, 522, 525f., 528ff., 536f., 550, 563, 566, 572, 576, 581, 586, 588, 590f., 595f., 598, 600f., 628, 637, 649, 656f.
Ariarathes, König von Kappadokien 142
Ariminum (Rimini), Emilia 44, 102, 113, 115, 122f., 131, 512, 621, *Kartenskizze 59*
—, Synode 468
Ariovist, Suebenfürst 262f., 265
Aristeas, heidnischer Hofbeamter in Alexandreia 434
Aristides (Aristeides), Aelius, griechischer Rhetor (Sophist) 383, 427, 439, 461
Aristokratie, römische 15, 25, 75, 77, 80, 149, 171, 174, **182 bis 185**, 193ff., 198, 202, 207, 213, 225, 230, 232, 247, 254f., 257f., 284, 289, 296, 319, 322, 390, 398, 400, 408, 414, 427, 490, 502, 512f., 523f., 527, **530 bis 534**, 545, 549, 557, 559, 563, 574f., 577, 585, 591, 598, 602
— als Staatsform 15f., 76, 79, 212, 230, 248, 296, 319f., 330
Ariston von Pella, judenchristlicher Schriftsteller 461
Aristonikos, Thronanwärter in Pergamon 191
Aristoteles, griechischer Philosoph 459, 463, 466, 468, 475, 506, 514, 641, 667
Arius, Presbyter in Alexandreia 467, 501, 505f., 667
Arles (Arelate), Rhônedelta 451, 468, 502, 513, 555, 557, 561, 568, 571, 575, 579, 581, *Kartenskizze 263*, *599*
Armenien, Hochland zwischen Kleinasien und Iran 155, 236, 238, 240, 312f., 331, 341, 366, 378, 395, 407, 450, 462, 494, 508, 524, 611, 621ff., 633f., 645ff., 649, 651, 653f., 657f., 664, 666f.
Armenier, indogermanisches Volk 649, 652, 654, 656
Arminius, Fürst der Cherusker 328, 333, 655
Armorica (heute Bretagne) 557, 567f.

Arno (Arnus), Fluß in der Toskana 44, 123, *Kartenskizze 59*
Arnobius der Ältere, lateinischer Kirchenschriftsteller 474
Arnuphis, ägyptischer Priester 379
Arpei, Apulien 126, 128, *Kartenskizze 59, 83*
Arpinum, Latium 242
Arretium (Arezzo), Etrurien 41, 123, 387, *Kartenskizze 59*
Arsakiden, parthisches Herrschergeschlecht 367, 407, 426, 450
Ars fulguratoria (lateinisch), Kunst der Blitzdeutung 43
Arsinoë, im Fayûm, Ägypten 472
Arsinoë Philadelphos, Tochter des Ptolomaios I., Gemahlin des Lysimachos und des Ptolemaios II. 436
Arsinoë-Gau (Fayûm), Ägypten 449
Artabanes, oströmischer Flottenführer 621, 636
Artaxias, König von Armenien 155
Artemidor, Beiname Daldianos, griechischer Traumdeuter 461
—, »Traumbuch« 461
Artemis von Ephesos, griechische Göttin 471
Artemon, Presbyter in Laodikeia 482
Arusinische Felder, Lukanien 93
Arverner, Stamm der Kelten 262, 266f., 344, *Kartenskizze 263*

As, Münzeinheit des römischen Bronzegeldes 64, 215, *Abb. 148*
Ascanius (auch Iulus), Sohn des Aeneas 48
Asculum (Ascoli), Picenum 212, *Abb. 213*
Asdingen, Stamm der Vandalen 560
Asebie, Gottlosigkeit, Frevel gegen die Götter 441, 477
Asellio, Aulus, Sempronius, römischer Prätor 215
Aserbeidschan, Landschaft am Kaspischen Meer südlich des Kaukasus 653
Asia, römische Provinz 166, 194, 208, 222, 237, 284, 313, 321, 333, 349, 358, 362, 375, 662
Asiatische Vesper 222
Asien 18, 150, 191, 223, 343, 386, 419, 479, 520, 536, 553
Askese, harte Selbstzucht aus religiösen Gründen 451, 474, 483
Asklepios, griechischer Gott der Heilkunde 438, 446
Aspar, oströmischer Feldherr 611ff., 614, 620, 667
Assyrien 365
Astarte, kanaanitische Gottheit 436
Astrologie 439, 495, 514

NAMEN- UND SACHREGISTER

Astronomie 439
Asturien (Asturia), Landschaft in Nordspanien 57, 325, 560

Ataraxie, Unerschütterlichkeit, Seelenruhe 382
Atargatis (Derketo), syrische Göttin 460
Ataulf, König der Westgoten 561 f., 571, 578f., 582f., 593, 603
Ateste (Este), Venetien 33
Athalarich, König der Ostgoten 597, 620f., 629
Athanasius, griechischer Kirchenvater 468, 501, 509, 513, 518, 528, 550, 667
—, »Leben des Antonius« 550
Atheismus (átheos, gottlos) 477, 502, 515
Athen 113, 138, 141, 170, 193, 222f., 313, 343, 373f., 380, 419, 444, 450, 460, 464, 473, 515, 528, 549, 620, 624, 667

—, Philosophenschule von Athen 173, 620, 642
Athenagoras, christlicher Apologet aus Athen 453, 462
Athenais-Eudokia, Gemahlin des Kaisers Theodosius II. 611f., *Stammtafel 531*
Athener 129
Athenopolis (St.Tropez), Südfrankreich 45, *Kartenskizze 103*
Atlantischer Ozean 167, 580, 598
Attaleia, Pamphylien 444
Attaliden 155, 166
Attalos I. Soter, König von Pergamon 129, 136f.
Attalos II. Philadelphos, König von Pergamon 160
Attalos III. Philometor, König von Pergamon 166, 191, 194
Attalus, Grieche, Stadtpräfekt von Rom 559
Attianus, Acilius, Präfekt der Prätorianer 370
Atticus, Titus Pomponius, römischer Bürger 289
Attika, griechische Halbinsel 138, 223
Attila (Etzel), König der Hunnen 568—572, 611f., 666
Attis (Atys), phrygischer Fruchtbarkeitsgott 436f.
Auferstehung 437, 474
— Christi 441f., 457, 460, 475
Aufidus, Fluß in Apulien 124, *Abb. 124, Kartenskizze 83*

Augurn, römische Priesterschaft, die den Willen der Götter zu erkunden hatte 53, 71, 258, 336, 515
Augusta Praetoria (Aosta), römische Militärkolonie 325
Augusta Traiana, Thrakien 365

Augustinus, Aurelius, Heiliger, lateinischer Kirchenlehrer 464, 473, 475, 529, 534, 551, 559f., 563, 641, 667
—, »De civitate Dei« 559, 667
Augustus (lateinisch), der Erhabene, Titel der römischen Kaiser 321, 490
Augustus, Gaius Octavianus (nach Adoption durch Caesar: Gaius Iulius Caesar Octavianus), römischer Kaiser 13, 47, 168, 275, 286, 300—306, 308—316, 319 bis 325, 328—331, 333—337, 348, 353, 355, 360, 362, 370, 383, 386, 393, 410, 427, 460, 476, 492, 503, 508, 594, 663f., *Abb. 251, 320, Stammtafel 326*

Aula Palatina, römischer Palastbau, heute evangelische Kirche 535, *Abb. 537*
Aurelian, oströmischer Prätorianerpräfekt 610
Aurelianische Mauer 421, 428, 595, 631, *Abb. 417*
Aurelianus, Claudius Lucius Valerius Domitius, römischer Kaiser 420—424, 462, 480f., 490f., 496, 501, 505, 543, 665
Aureolus, römischer Reiterführer 416, 418f.
Aures-Gebirge (Aurasius mons), Algerien 583, 589
Aureus, römische Goldmünze 543
Aurunker, oskischer Stamm in Kampanien 55, 82ff., 87, 95, *Kartenskizze 59*
Ausculum, Apulien 54, 92, *Kartenskizze 83*
Ausonius, Decimus Magnus, römischer Dichter 526, 538, 546, 580
Auspicium (lateinisch), Vogelschau 43, 49, 53
Austrasia, Provinz des Frankenreiches 648
Austurier, nomadisches Volk der Libyschen Wüste 521
Autaris (Autharis), König der Langobarden 648
Autokephalie, Selbständigkeit unter eigenem Oberhaupt 14
Autun (Augustodunum), Gallien 549, *Abb. 415*
Auvergne, vulkanisches Hochland im südlichen Frankreich 415, 567, 575f.
Auxerre (Autissiodorum), Frankreich 567
Auxiliartruppen, Hilfstruppen in Rom 338, 363, 385
Auximum (Osimo), Picenum 621, 631
Aventin (Mons Aventinus), einer der sieben Hügel Roms 195, *Abb. 64*

Aveyron, südfranzösisches Departement 387
Avianus (Avianius), lateinischer Fabeldichter 667
Avignon, Südostfrankreich 121, *Kartenskizze 103*
Avitus, Alcimus Ecdicius, Heiliger, Bischof von Vienne 600
Avitus, Flavius Maecilius oder Eparchius, römischer Kaiser 575, 580
Awaren, turktatarisches, den Hunnen verwandtes Volk 612, 621f., 638, 644f., 649f., 653f., 667

B

Baal, semitischer Gott 404, 462, 665
Babylas, Heiliger 518
Babylon am Euphrat 366, 397
Babylonien 365, 508, 655
Bacchanaliendekret in Rom (186 v. Chr.) 436, 460, 477, 479, *Abb. 437*
Bacchus (Bakchos), Fruchtbarkeitsgott 169
Bachofen, Johann Jakob, Rechtsgelehrter, Altertums- und Mythenforscher 30
Bäckerinnung in Rom 388
Baecula, Spanien 131, *Kartenskizze 103*
Baetica (Andalusien), römische Provinz 321, 355, 360, 368, 566
Bagauden, rebellische gallische Bauern 492, 567f., 571
Bagdad, Mesopotamien 411
Bahram II., König von Persien 425
Bahram Tschobin, persischer Feldherr 649, 655
Baiae bei Neapel 370
Baianus, Khan der Awaren 644f., 649
Balbinus, Decimus Caelius, römischer Kaiser 410
Balbus d. Ä., Lucius Cornelius, Vertrauter Caesars 273
Balearen, Inseln im westlichen Mittelmeer 285, 562, 587, *Kartenskizze 599*
Balkan 32, 34, 157, 259, 279, 307, 333, 349, 416, 419f., 424, 492, 505, 516, 554, 570f., 610, **613** bis 616, 619, 621, 632f., 638, 642, 649, 651, 653, 667
Balkano-danubische Kultur 31
Ballista, Präfekt der Prätorianer 418
Baradai, Jakob, syrischer Mönch 657
Barbalissus am Euphrat, Nordsyrien 415

Barbaresken, alter Name der einzelnen Staaten der Berberei 584
Barcelona (Barcino), Katalonien 561, 581, 596
Bardesanes (Bar Daisan), christlicher Schriftsteller 450, 462
Barkiden, Nachkommen des Hamilkar Barkas 117–120, 130, 135, 138, *Kartenskizze 103*
Bar Kochba, eigentlich Simon, jüdischer Freiheitskämpfer 374, 461, 476f., 664
Barnabas, eigentlich Joses, christlicher Levit aus Kypros, Heiliger 447, 461
Barnabasbrief, keinen Verfasser nennendes Sendschreiben 447, 461
Basel (Basilia), Schweiz 521
Basileios der Große, Heiliger aus Caesarea, Kappadokien 469, 474, 526, 528f., 550, 553, 641
—, »Philokalia« 469
Basilides, syrischer Gnostiker 452, 461
Basilika (griechisch basiliké stoá, Königliche Halle), in der griechischen und römischen Baukunst gedeckte Markthalle, später der bedeutendste Typ des Kirchenbaus (Langhaus mit mehreren Schiffen) 148, 463, 484, 504, 514, 535, 565, **593** bis 596, *Abb. 401, 485*
— des Kaisers Konstantin I. 514, *Abb. 505*
Basiliskos, Bruder der Kaiserin Verina, Gemahlin Leos I., oströmischer Usurpator 613, 615, 620, 628
Bassiane, Pannonien 633
Bastarner, ostgermanisches Volk 424
Bataver, germanisches Volk an der Rheinmündung 347ff., 385

Bauerntum, römisches und italisches 117, 180, 186, 191, 198, 204, 226, 386
Bavai, Hauptstadt der Nervier, Gallien 552, 568, 598
Bayern 328, 648
Beaucaire (Ugernum) an der Rhône 575
Beirut (Berytus), Syrien 549

Belger, keltische Völkergruppe 264
Belgien (Belgica) 379, 387, 532, 552, 598
Belgrad (Singidunum) 520

Belisar, oströmischer Feldherr 589, 597, **620–623, 626–632,** 634f., 637f., 641, 648, 667
Benedikt von Nursia, Heiliger 620, 642
Beneventum (Maleventum), Samnium 34, 93, 126, 661, *Kartenskizze 59, 83*

Benjamin von Tiberias, Aufstand des 655
Berber, Sammelname für die nichtsemitischen Völker Nordafrikas 416, 521, 583f., 586, 589, 603, 629, 648
Berberische Sprache 505
Berenike, ägyptischer Hafen am Roten Meer 386
Bergpredigt 480
Bernstein 386
Beroia, Makedonien 444
Berossos, Marduk-Priester und Geschichtsschreiber 436
Berufsheer, römisches 204f., 320, 385
Beschneidung 433f., 448
Bessarabien, Landschaft zwischen Dnjestr und Pruth 632
Bestattung, siehe Brand- und Erdbestattung
Bestattungsriten 53f.
Betyl von Emesa, schwarzer Stein, Sinnbild Elagabals 405
Béziers (Baeterrae), Gallia Narbonensis 561
Bibel, Heilige Schrift 447, 506, 550, 667
—, gotische Übersetzung 525
—, lateinische Übersetzung 451
Bibelkommentar 466
Biblizismus, christliche Richtung, die sich ganz an den Wortlaut der Bibel hält 476f., 471, 484
Birnbaumer Wald, Hochfläche im nördlichen Karst (Jugoslawien) 29
Bithynia et Pontus, römische Provinz 239f., 284, 321, 361

Bithynien, Landschaft in Kleinasien 142, 155f., 158, 160, 236, 313, 419, 450, 461, 478, 663

»Blaue« (Vénetoi), (Zirkus-) Partei in Ostrom 617, 624ff., 651
Blitzdeutung, Kunst der, siehe Ars fulguratoria
Bluttaufe 437, 480
Böhmer, Heinrich, evangelischer Kirchenhistoriker 475
Boëthius, Anicius Manlius Torquatus Severinus, römischer Staatsmann und Philosoph 464, 475, 594, 596f., 617, 620, 642, 667
—, »De consolatione philosophiae« (Trost der Philosophie) 475, 596, 642, 667
Boier, Stamm der Kelten 57, 89f., 113f., 135, 142, 150, 154
Boiotien (Böotien), Landschaft in Mittelgriechenland 139, 223
Bojar, im alten Rußland oberste Klasse der fürstlichen Dienstleute 547
Bologna (Bononia), siehe Felsina
Bolsener See, Latium 621, 630

Bona Dea (gute Göttin), altrömische Göttin 260
Bonifacius, Statthalter in Africa 563, 565f.
Bonna (Bonn), römisches Kastell 349, 369
Bononia (Bologna), siehe Felsina
Bonosus, römischer Usurpator 424
Bonus, Verteidiger von Sirmium 645
Bordeaux (Burdigala), Gironde 526, 546, 549, 561, 566, 579f.
Boscoreale, bei Pompeii, *Abb. 241*
Bosnien, Landschaft südlich der Save 592
Bosporanisches Reich 238, 284, 360
Bosporus 137, 404, 615, 626
Boudicca, Fürstin der Icener 342
Boulogne-sur-Mer (Gesoriacum, Bolonia), Gallien 335, 568, 598
Brabant, Landschaft in Belgien 264
Brandbestattung 32, 37f.
Brenner, Paß der zentralen Ostalpen 556, 567
Brennus, Heerführer der Kelten 57
Brenz, linker Nebenfluß der Donau 356
Bretagne, Halbinsel Nordwestfrankreichs 265, 557, *Kartenskizze 263*
Bretzenheim bei Mainz 407
Briganten, keltisches Volk in Britannien 376
Brigetio (Szöny) an der Donau, westlich von Budapest 364, 522
Brindisi, siehe Brundisium
Britannia, römische Provinz 341, 347, 416, 555
Britannien 57, 265f., 335, 337, 350, 352, 355f., 372f., 376, 386, 390ff., 396ff., 400, 418, 426, 451, 492f., 498, 508, 521, 526, 532f., 549, 557, 566ff., 653, 664ff., *Kartenskizze 263*

Britische Inseln 552
Bronze 42, 177, 401, 533, 536, 543ff., *Abb. 148, 213, 345, 416, 437*
Bronzezeit (etwa 2000–110 v. Chr.) 31f.
Brundisium (Brindisi), Kalabrien 34, 94, 111, 135, 147, 160, 220, 254f., 301, 309, 311, 313, 663f., *Kartenskizze 59*

Bruttia Crispina, Gemahlin des Kaisers Commodus 380
Bruttier, altitalisches Volk 39, 91ff., 212, *Kartenskizze 59*
Bruttium (heute Kalabrien), Süditalien 126, 130f., 146
Brutus, Decimus Iunius, Unterfeldherr Caesars 293, 299, 301ff., *Stammtafel 153*

NAMEN- UND SACHREGISTER

Brutus, Lucius Iunius, römischer Konsul 50
Brutus, Marcus Iunius, römischer Politiker 293f., **296—299**, 304, 306ff., 311f.
Bucinobanten, germanisches Volk in der Gegend von Mailand 521
Buda (Ofen), ältester Stadtteil von Budapest 364
Buddha, eigentlich Siddhārtha Gautama 461
Bürgerkrieg, oströmischer 651f.
— (bellum civile), römischer 217, 224, 226, 231, 250, **276—281**, 283, 290, 293f., 296, 301f., 309f., 320, 339, 347ff., 380, 476, 663f.
Bürgerrecht, römisches 84, 182, 194f., 210ff., 214ff., 218ff., 227, 252f., 259, 337, 383f., 401, 403, 408, 428, 443, 460, 476, 489, 665, *Abb. 184, 345*
— für Freigelassene 403
— ohne Stimmrecht 84f., 89, 95
Bulgaren, südslawisches Volk 615, 632
Bulgarien 525, 527
Bundesgenossenkrieg (91—88, 82 v. Chr.) **210—221**, 226, 229, 232, 242, 245, 663
Burckhardt, Jacob, Kunst- und Kulturhistoriker 493
Burebista (Burobistes), König der Daker 259, 356
Burgund (Lugdunensis Prima, Burgundia) 575, 629
Burgunder, ostgermanisches Volk 561f., 566, 568, 575ff., 579, 585, 591ff., 598, 601, 603, 648, 665f., *Kartenskizze 599*

—, Lex Burgundiorum oder Gundobada, Loi Gombette 598, 601
Burrus, Präfekt der Prätorianer 339ff., 664
Buße, zweite 456, 462
Butilin, ostgotischer Heerführer 637
Buxentum, Lukanien 146, *Kartenskizze 59*
Byzacium (Byzacena), Landschaft in Nordafrika 574, 583, 589, *Karte 548, 632*
Byzantinisches Reich, siehe Oströmisches Reich
Byzantinistik 23
Byzantion (Byzanz) 348, 395, 423, 501, 504, 538, 607f., 615, 620, 625, 628, 630, 632, 636, 648, 654f., 667

C

Caecilianus, Bischof von Karthago 505
Caecilius, Gaius Statius, römischer Komödiendichter 169, 662

Caelius Antipater, Lucius, römischer Geschichtsschreiber 369, 664
Caenophrurium an der Propontis 423
Caere, Etrurien 41, 45, 52, 55, 58, 95, *Abb. 44, Kartenskizze 35, 83*

Caesar, Drusus, Sohn von Germanicus Caesar 332, *Stammtafel 326*
Caesar, Drusus Iulius, Sohn von Tiberius Iulius Caesar Augustus 332, *Stammtafel 326*
Caesar, Gaius, Sohn des Marcus Vipsanius Agrippa 329, *Stammtafel 326*
Caesar, Gaius Iulius, römischer Feldherr und Staatsmann 13, 22, 245, **249—306**, **308—313**, 319ff., 324, 393, 421, 460, 476, 558, 583, 594, 607, 663, *Abb. 280, Stammtafel 326*
—, »Anticato« 294
—, »De analogia« 265
—, »De bello Gallico« 264f.

—, Konsulat **256—260**
Caesar, Gaius Iulius Germanicus, siehe Caligula
Caesar, Germanicus, Sohn des Nero Claudius Drusus 330f., 335, *Stammtafel 326*
Caesar, Lucius, Sohn des Marcus Vipsanius Agrippa 329, *Stammtafel 326*
Caesar, Lucius Aelius, römischer Patrizier 375
Caesar, Nero, Sohn von Germanicus Caesar 332, *Stammtafel 326*
Caesar Gemellus, Tiberius, Sohn von Drusus Iulius Caesar 334, *Stammtafel 326*
Cäsar, Titel der präsumptiven Nachfolger des Kaisers 492
Caesarea, Kappadokien 416, 458, 550, 553, 652

—, Mauretanien 328, 403

—, Palästina 333, 343, 444, 449, 461ff., 465, 501, 503, 507, 512, 526, 528, 535, 620, 622

Caesaropapismus, Staatsform, der weltliche Herrscher ist zugleich Haupt der Kirche 530
Cagli am Burano, Umbrien, *Abb. 117*
Cales, Kampanien 87, *Kartenskizze 83*
Caligula, Gaius Iulius Caesar, genannt Caligula, römischer Kaiser **334—337**, 339, 389, 460, 476, 664, *Abb. 351*
Callinicum (Nicophorium), Mesopotamien 532

Calluc, Heermeister Justinians 621, 633
Calpurnius Bestia, Lucius, römischer Konsul 201
Calpurnius Bibulus, Marcus, römischer Konsul 256ff.
Calpurnius Piso, siehe Piso
Cambrai (Cameracum) an der Schelde, Frankreich 568, 598
Camerinum, Umbrien 89, *Kartenskizze 35, 59*
Campus Mauriacus (Katalaunische Gefilde), Champagne 570
Camulodunum (heute Colchester), Britannien 342
Caninius, Gaius, römischer Konsul 290
Cannae, Apulien 124, **126—129**, 133, 137, 203, 662, *Abb. 125, Kartenskizze 83, 103*
Canuleius, Gaius, römischer Volkstribun 37
Canusium, Apulien 125, 131, 406, *Kartenskizze 83*
Capellianus, Statthalter in Numidien 410
Capena, Etrurien 55, *Kartenskizze 83*
Capitatio, altrömische Steuer 496, 509, 513, 522, 527, **544—547**, 555, 582, 587, 594
Capri, Insel am Ausgang des Golfs von Neapel 332ff.
Capua, Etrurien 44, 46, **81—84**, 88, 95, 100,126, 130, 217, 226, 234, 621, 661, *Kartenskizze 35, 59, 83*
Capuaner 82, 87
Caput Vada, Nordafrika 621
Caracalla, Marcus Aurelius Severus Antoninus, ursprünglich Septimus Bassianus Caracalla, römischer Kaiser 393, 396ff., **400—405**, 426, 428, 479, 489, 543, 665, *Abb. 402, Stammtafel 395*
Carausius, Marcus Aurelius Valerius, Usurpator in Britannien 492ff.
Caričin Grad bei Nisch 616
Carinus, Marcus Aurelius, Sohn des Carus, römischer Kaiser 319, 425f., 492f.
Carnuntum an der Donau 379, 392f., 499f.
Carnuten, Stamm der Kelten 266, *Kartenskizze 263*
Carsioli, Latium 88, *Kartenskizze 35, 83*
Cartagena, siehe Neukarthago
Carthago Nova, siehe Neukarthago
Carus, Marcus Aurelius, römischer Kaiser 319, 425, 490ff.
Casca, Publius Servilius, einer der Mörder Caesars 293
Casilinum am Volturnus, Kampanien 128, *Kartenskizze 83*

Cassiodorus Senator, Flavius Magnus Aurelius, römischer Politiker und Schriftsteller **593** bis **596**, 621, 642
—, »Variae« 642
—, »Institutiones divinarum et humanarum litterarum« 642
Cassius, Gaius Avidius, römischer Feldherr 378f., 385, 389
Cassius Longinus, Gaius, römicher Politiker 293, **296—299**, 304, 306f., 311f.
Cassius Vecellinus, Spurius, römischer Politiker 58, 68
Cassivellaunus, keltischer König in Britannien 266
Castor und Pollux, siehe Dioskuren
Catilina, Lucius Sergius, römischer Politiker 225f., 241, 245ff., 249, 253, 276
— Verschwörung des 241, **244** bis **247**, 252, 663
Catilinarier 249, 253f., 260
Cato der Ältere (Censorius), Marcus Porcius, römischer Staatsmann 142f., 148, **150—153**, 163, 171f., 181, 248, 369, 546, 662
—, »Origines« 152, 172, 662
—, »De agricultura« 171
Cato der Jüngere (Uticensis), Marcus Porcius, römischer Staatsmann 248, 253, 255f., 258f., 260f., 265, 273ff., 283ff., 294, 307f.
Cato, Lucius Porcius, römischer Konsul 217
Cattaro, Meeresbucht an der illyrischen Küste 112
Catullus, Gaius Valerius, römischer Dichter 664
Catulus, Quintus Lutatius, römischer Konsul 205, 219, 225, 253, *Abb. 251*
Caudiner, Stamm der Samniten 81, 93, *Kartenskizze 83*
Caudinische Engpässe (furculae Caudinae) 86, 661
Caudium, Samnium 86f., *Kartenskizze 83*
Cella, das Allerheiligste eines Tempels 43
Celtilius, König der Averner 266
Cenomanen, Stamm der Kelten 57, 113
Cerealis (Cerialis), Quitus Petillius, römischer Feldherr 348
Ceylon (Taprobane), Insel vor der Südspitze Indiens 386
Chaerea, Cassius, Prätorianeroberst 336, 662
Chaironeia, Boiotien 223, 663
Chalkedon (Kalchedon) am Bosporus 404, 471, 492, 612, 620, 622, 650, 652f., 656f., 667
—, Synode zu (451) 471, 612, 614, 620, 656, 667

Chalkedonense, Symbolum, Glaubensbekenntnis 614, 656
Chalkis, Euboia 45, 139f., 223
Châlons-sur-Marne (Catalaunum), Frankreich 568, 600
Chalon-sur-Saône (Cabillonium), Ostfrankreich 422, 522
Champagne, Landschaft in Frankreich 521, 570
Charisma, übernatürliche Fähigkeit, Begnadung 61, 307, 311, 444, 456, 484, 490
Chatten (Katten), germanisches Volk 353, 356, 358, 664, *Kartenskizze 263*
Chazaren, Nomadenvolk umstrittener Herkunft 654
Chenoboskion am mittleren Nil 439, 452, 459, 462
Chersones, thrakische (Gallipoli) 155
Cherusker, germanisches Volk 356
Chilbudius, thrakischer Heermeister 632f.
Childerich I., König der Franken 598, 600
China 471, 553, 627, 639, 641, 656
Chinesische Mauer 553
Chlamys (griechisch), ungegürteter Mantel der Epheben 537, 601
Chlodio, König der salischen Franken 568
Chlodwig (Chlodowech) I., König der Franken 580f., 592, 596, **600—603**, 666
Chohba, Hauran 411
Choricius, oströmischer Rhetor 642
Chrismon, Monogramm des Namens Christi 463, 500, 533, *Abb. 484*
Christen 379, 405f., 411f., 491, 497, **501—504**, 506, 508f., 512ff., 517ff., 520, 522, 525, **528—531**, 534, 537, 554, **557** bis **560**, 562, *Abb. 468*
—, römische Sondersteuer 478
Christentum 25f., 358, 414, **429** bis **485**, 491, 498, **501—504**, 506, 510, 512ff., 533, 550, 563, 586, 607f., 627, 649, 652, 655
—, Datengerüst **460—463**
—, Toleranzedikt des Galerius (311) 463, 504
—, Edikt von Mailand (313) 463, 482, 504
Christenverfolgung 342, 358, 412, 415, 418, 457, 461ff., 466, **477** bis **481**, 491, 498, 505, 611, 665
— alexandrinische 479
Christianisierung des Römischen Reiches 23, 26, 503, 551, 563
Christliche Kirche und Staat **476—482**
Christologie, in der Dogmatik die Lehre von der Person Christi 455, 467, 470ff., 529

Christus (griechisch christós, der Gesalbte) **443—447**, 449, 452ff., 458, 463, **468—471**, 476, 480, 482ff., 500, 503, 518, 528, 565, 656, 658, *Abb. 484*, 557
Chrysogonos, griechischer Freigelassener 226
Chrysopolis (Skutari, Üsküdar), asiatischer Stadtteil von Konstantinopel 666
Chusro (Chosrau, Chosroës) I. Anoscharwan, König von Persien 621ff., **631—634**, 645f., 655, 667
Chusro II. Parwez, König von Persien 622, 649, 651, 653f.
Cicero, Marcus Tullius, römischer Staatsmann, Redner und Philosoph 21, 144, 173, 227, 235, 238, **241—249**, 253f., 258, 260, 264f., 270ff., 277, 279f., 286f., 289, 293f., 296ff., 300, **302** bis **305**, 369, 474f., 550, 663f., *Abb. 248, 251*
—, »Philippische Reden« 300
— im Exil 260, 270
Cicero, Quintus Tullius, Unterfeldherr Caesars 264
Cilicia, siehe Kilikien
Cimbern (Kimbern), westgermanisches Volk 196, 200 203, 205f., 246, 525, 556, 603, 663, *Abb. 201*
Cincinnatus, Lucius Quinctius, römischer Staatsmann 181
Cinna, Lucius Cornelius, römischer Konsul **218—222**, 224, 226, 229, 232f., 245f., 249, 252, 275, 278
Circesium (Kirkesion) am Euphrat 623, 633
Circus Maximus, Rom 50
Cirta (heute Constantine), Numidien 200, 397, 663
Civilis, Iulius, Führer der Bataver 349
Civis Romanus (Cives Romani), römischer Bürger 96, 154, 320, 383f., 462, 478f.
Civitas sine suffragio, siehe Bürgerrecht ohne Stimmrecht
Clarissimi (Clarissimus), Titel der Senatoren Roms 381, 549
Classis, römischer Kriegshafen bei Ravenna 564
Classis, Schwerbewaffnete im römischen Heer 64
Clastidium, Poebene 114, 118, *Kartenskizze 103*
Claudia, Tochter von Appius Claudius Pulcher 187, *Stammtafel 153*
Claudia Livilla, Frau von Drusus Iulius Caesar 332, *Stammtafel 326*
Claudius Octavia, Tochter des Kaisers Claudius 340f., *Stammtafel 327*

NAMEN- UND SACHREGISTER 677

Claudianus, Claudius, lateinischer Dichter 555 ff., 596, 667
Claudier, patrizisches Geschlecht aus dem Sabinerland 54, 76, 330, 333, *Stammtafel 326f.*
Claudius Britannicus, Tiberius, Sohn des Kaisers Claudius 339f., *Stammtafel 327*
Claudius Caecus (der Blinde), Appius, römischer Zensor und Konsul 72, 87, 89, 92, 100, 104
Claudius II. Goticus, Marcus Aurelius, römischer Kaiser 420f., 424, 480, 665
Claudius Nero, Gaius, römischer Konsul 131
Claudius Nero, Tiberius, Vater von Tiberius Iulius Caesar Augustus 329, *Stammtafel 326*
Claudius Nero Germanicus, Tiberius, römischer Kaiser 47, 336 bis 340, 347, 349, 363, 371, 443, 460, 476, 478, 536, 664, *Stammtafel 327, Abb. 336, 351*
Claudius Pulcher, Appius, römischer Konsul 182f., *Stammtafel 152f.*
Claudius Pulcher, Publius, römischer Konsul 107
Cleander, Marcus Aurelius, Präfekt der Prätorianer 390f.
Clemens Alexandrinus, Titus Flavius, griechischer Kirchenlehrer 462, 464f.
—, »Protreptikós (Ermahnungen)« 465
—, »Paidagogós (Erzieher)« 465
—, »Stromateís (Teppiche)« 465
—, »Hypotyposen« 465
Clemens Romanus (Klemens von Rom), einer der Apostolischen Väter, Heiliger 442
—, Clemensbriefe 442, 447, 454, 461
Clementia, bei den Römern die Personifikation der kaiserlichen Gnade und Milde 292
Clermont (Nemosus, Clermont-Ferrand), Auvergne 567, 576
Clientes (lateinisch), Hörige, Schutzbefohlene 54
Cloaca Maxima, Kanalisationsanlage im alten Rom 50
Clodianer 276
Clodius Albinus, D., Statthalter in Britannien 393, 395f., 400, 665
Clodius Macer, Lucius, Legat in Numidien 344f., 347
Clodius Pulcher, Publius, römischer Volkstribun 260, 269 bis 272, 274
Cluj (Klausenburg), siebenbürgisches Erzgebirge 364
Clupea (Aspis), Nordafrika 106, *Kartenskizze 59*
Clusium (Chiusi), Etrurien 41, *Kartenskizze 55, 59*
Clyde, Fluß in Schottland 376

Code Napoléon 640
Codex Euricianus, westgotische Gesetzessammlung 583
Codex Iustinianus, oströmische Gesetzessammlung (Kaiserrecht) 620, 625, 639f., 667
Codex Theodosianus (II.), oströmische Gesetzessammlung 544, 572, 583, 595, 611, 620, 667
Colonia Genetiva Iulia, Kolonie des Geschlechts der Julier, Spanien 288, *Abb. 288*
Comer See (Lacus Larius), Gallia Cisalpina 550
Comerzium (lateinisch) Handel 58
Comes (comites), Titel römischer Statthalter 521, 523, 539, 560 ff.
Comitia centuriata, siehe Volksversammlung der Zenturien in Rom
Comitia curiata, siehe Volksversammlung der Kurien in Rom
Comitia tributa, Volksversammlung, seit 287 v. Chr. statt des Concilum plebis 184, 190, 199, 215, 218
Commagene, siehe Kommagene
Comminges, Aquitanien 648
Commodus, Lucius Aelius Aurelius, römischer Kaiser 25, 380, 389 bis 393, 396, 462, 479, 665
Commodus, Lucius Ceconius, römischer Senator 374
Conca, Etrurien, *Abb. 37*
Concilium plebis, siehe plebejische Volksversammlung in Rom
Concordia-Tempel in Rom 197
Conscripti (Zugeschriebene), plebejische Senatoren ohne Stimmrecht 68
Consilium principis, siehe Staatsrat
Constans, Flavius Iulius, römischer Kaiser 507—510, 513, *Stammtafel 510f.*
Constantia, Flavia Iulia, Tochter Konstantins des Großen 510, *Stammtafel 510f.*
Constantia, Flavia Maxima, Tochter Constantius' II. und Gemahlin Gratians 522, *Stammtafel 510f.*
Constantinus, Flavius Claudius (Konstantin III.), römischer Ursurpator 557, 559ff.
Constantius (I.) Chlorus, Marcus Flavius Valerius, römischer Kaiser 481, 493f., 498, 511, 666, *Stammtafel 510f.*
Constantius II., Flavius Iulius, römischer Kaiser 507—513, 515f., 519, 522, 525, 528, 530, 533—539, 544, 547, *Stammtafel 510f.*
Constantius (III.), Flavius, römischer Kaiser 561f., 564f., 578f., 582, 608, *Stammtafel 531*

Constitutio Antoniniana, Verordnung des Caracalla über das römische Bürgerrecht 401, 665
Consul sine collega, Konsul ohne Amtsgenossen 274, 276, 291
Contorniates (Kontorniaten), münzähnliche Bronzemedaillen aus der späten Kaiserzeit 515, 533
Conubium, rechtsgültige Ehe, auch Einheirat in einen anderen Stand 58, 60, 66
Cora, Latium 56, *Kartenskizze 35*
Corbulo, Gnaeus Domitius, römischer Feldherr 341
Cordon sanitaire, Absperrung eines Seuchengebietes 611
Corduba (Córdoba), Spanien 482, 506, 509, 648, *Kartenskizze 599*
Corfinium, im Bundesgenossenkrieg Italica oder Italicensis genannt, Mittelitalien 212, 279
Corippus, Flavius Cresconius, lateinischer Dichter und Historiker 642f.
Cornelia, Tochter von Lucius Cornelius Cinna 259, *Stammtafel 326*
Cornelia, Tochter von Quintus Caecilius Metellus Pius Scipio 275
Cornelia, Tochter von Scipio Africanus maior 187, 206, *Stammtafel 153*
Cornelier, patrizisches Geschlecht 76, 231
Cornelius, Bischof von Rom 457, 462
Cornificius, Quintus, Statthalter in Africa 299, 308
Corpus Agrimensorum Romanorum *Abb. 589*
Corpus Hermeticum, Sammlung hellenistisch-gnostischen Schriften unter dem Namen des Hermes Trismegistos 439
Corpus iuris civilis, spätere Bezeichnung der Gesetzessammlung des Codex Iustinianus 639f.
Cortez, Fernando, spanischer Conquistador 630
Cortona, Etrurien 41, 123, *Kartenskizze 59*
Coruncanier, plebejisches Geschlecht in Rom 75
Coruncanius, Tiberius, römischer Jurist und Pontifex Maximus 72, 75
Cosa, Etrurien 114, *Abb. 185, Kartenskizze 59*
Cosenza (Cosentia), Kalabrien 560

Cotentin-Halbinsel (Normandie) 568
Cottische Alpen, Teil der Westalpen östlich der Durance 666
Crassus Dives, Marcus Licinius, römischer Konsul und Triumvir 220, 226, 234f., 245, 252, 256f., **271—275**, 325, 366, 663

Crassus Dives Mucianus, Publius Licinius, römischer Jurist und Konsul 187
Cremona am Po 144, 147, *Kartenskizze 59*
Creta, römische Provinz 321

Crimina laesae maiestatis (Majestätsverbrechen) 477, 481
Crispina, Bruttia, Gemahlin Mark Aurels 390
Crispinus, römischer Konsul 131
Crispinus, Rutilius Pudens, römischer Senator 410
Cumae, siehe Kyme
Curio, Gaius Scribonius, römischer Volkstribun 258, 277, 280
Curius Dentatus, Manius, römischer Konsul 89
Curtius Rufus, Quintus, römischer Historiker 665
Cypern (Alaschia, Kypros), Mittelmeerinsel 161, 260, 313, 367, 432, 443f., 460, 472, 633

Cyprianus, Caecilius Thascius, Bischof von Karthago, Heiliger, Kirchenvater 415, 427, 457f., 462, 474, 505, 665
Cyrenaica, römische Provinz 321, 367, 372, 374, 432
Cyrill (Kyrillos), Bischof von Alexandreia 470, 611, 656
Cyrus, Flavius, Bischof von Panopolis, Dichter und Staatsmann 611

D

Dacia Mediterranea, römische Provinz 422
Dacia Ripensis, römische Provinz 422
Daker, Stamm der Thraker 259, 347, 353, 356ff., 362ff., 369, 376, 409, 412, 664, *Abb. 365, 525*
Dakien (Dacia), Landschaft zwischen Theiß, Donau und Pruth 363, 365, 378f., 387, 412, 415, 419, 422, 664
Dalmater 328
Dalmatia, römische Provinz 321, 328, 345, 347, 364, 406, 527, 558, 614, 630, 662

Damaskos, Syrien 443f., 623

Damasus I., Papst, Heiliger 523, 526, 529

Damokles, Höfling Dionysios' I. von Syrakus (Damoklesschwert) 652
Daniel, Buch der Bibel 434, 463
Danzig 633
Daphne (Bēt el Mā), südlich von Antiocheia, Syrien 161, 518
Dara (Anastasiopolis), Mesopotamien **620—623**, 645f., 649, 652

Dardanos am Hellespont 223, 663
Dareios I., König von Persien 646
Datengerüst: Byzanz 620ff.
—: das Christentum **460—463**
Daunier, illyrischer Volksstamm 34
Dea Caelestis (griechisch Astarte, babylonisch Ischtar), semitische Göttin der Fruchtbarkeit 405
Dea Roma, römische Gottheit 460f., 535
Decemviri de legibus scribundis, siehe Dezemvirn
Decemviri de sacris faciundis, siehe Dezemvirn
Decius, Hostilianus, Sohn des Kaisers Decius 413
Decius, Herennius Etruscus Messius, ältester Sohn des Kaisers Decius 413
Decius Mus, Publius, römischer Konsul 83f.
Decius Traianus, Gaius Messius Quintus, römischer Kaiser 412ff., 457, 462, 466, 477, 480ff., 497, 524
Decii, römisches plebejisches Geschlecht 591
Decimum, südlich von Karthago 589, 621, 629
Deiotarus, König der Galater 328
Dekapolis (zehn Städte), Gebiet hellenistischer Städte im Ostjordanland 441, 460
Dekebalus, König der Daker 357f., 363f.
Dekumatenland (Agri decumates), Gebiet zwischen Oberrhein und Donau 349, 366
Delos, Stadt und Insel der Kykladen 159, 179, 432
Delphi (Delphoi, Pytho), Phokis 125, 158, 343, 373, 532, 536, *Abb. 156*
Demagogie 194, 242
Demen (von démos:Volk), altrömische Gebietseinteilung 650f.
Demetrias, Thessalien 139f., 143, 157
Demetrios I. Poliorketes, König von Makedonien 438
Demetrios I. Soter, König von Syrien 161f.
Demetrios II. Aitolikos, König von Makedonien 113
Demetrios III., König von Makedonien 157
Demetrios von Pharos, illyrischer Vasall 112f., 119

Demiurg (griechisch Werkmeister), in der antiken Tradition Bezeichnung für den Weltschöpfer 452, 463, 506
Demokratie 76, 183
Demotische Schrift, volkstümliche Schrift der alten Ägypter 449
Denar(ius), altrömische Silbermünze 147, 249, 402, 496, 543f., *Abb. 148, 184, 212, 224*
Der Balyzeh, Ägypten 462, 485
Derbe, Südkleinasien 444
De rebus bellicis (lateinisch, Über das Kriegswesen), anonyme Schrift 515, 522, 544f.
Deuterojesaja, jüdischer Prophet 432, 441
Deutschland 619
Dexippos, Herennios, griechischer Politiker, Feldherr, Rhetor und Geschichtsschreiber 427
Dezemvirn (decemviri de legibus scribundis), Zehnmänner-Kollegium zur Niederschrift des geltenden römischen Rechts 65f.
— (decemviri de sacris faciundis), Priesterkollegium der Orakelbewahrer 71
Diakone (Diener), in der altchristlichen Kirche Gemeindehelfer, Armen- und Krankenpfleger 448, 455
Diana, altitalische Göttin 54
Diaspora, religiöse Minderheiten 431f., 442f., 451, 476
Didache, Lehre der Apostel, apokryphe Schrift 447
Didius Salvius Iulianus, Marcus, römischer Kaiser 392ff., 396
Dido, mythische Königin von Karthago 48
Didymos der Blinde, Kirchenschriftsteller 472f.
Dietrich von Bern, siehe Theoderich, König der Ostgoten
Digesten (Pandekten), Justinianische Sammlung des römischen Juristenrechts 489, 621, 625, 639
Dikaiarcheia (Puteoli), Kampanien 81
Diktatur in Rom 73, 80, 123f., 181, 227, 230, 273ff., 280, 291f., 305, 311, 313, 315
Dinogetia, Festung in der Dobrudscha *Abb. 640*
Dio Cocceianus, Cassius, griechischer Historiker und römischer Konsul 320, 401f., 406, 427, 489
Diözese, im Römischen Reich Verwaltungsbezirk innerhalb einer Provinz 530, 542
Diokletian (ursprünglich Diocles), Gaius Aurelius Valerius Diocletianus, genannt Iovius, römischer Kaiser 319, 398, 401,

425f., 457, 462f., 481f., **489 bis 500**, 502, 505, 508, 519f., 522, 524, 535, **540–545**, 594, 609, 633, 648, 652, 665f., *Abb. 492f., 525*
Dion Chrysostomos, griechischer Rhetor und Philosoph aus Prusa 358f., 478
Dionysios I., der Ältere, Tyrann von Syrakus 57, 107, 109
Dionysios, Bischof von Alexandreia 458, 462, 467
Dionysios, Bischof von Korinth 450, 456, 462
Dionysios Areopagita, Bischof von Athen 464, 641
Dionysos, griechischer Gott 42, 434
–, Kult 436, 438, 446, 460, *Abb. 437*
Dioskuren (Castor und Pollux, Söhne des Zeus), Zwillingsbrüder im griechischen Mythos 436, 438, 513
Diphilos, griechischer Komödiendichter aus Sinope 170
Diviciacus, Führer der Haeduer 262
Divide et impera (lateinisch), teile und herrsche 94, 333
Djabiya, Syrien 623
Djem, El, Tunesien 585
Dnjestr (Tyras), Fluß in Südrußland 524

Dodona, Epirus 536
Dogma, Glaubenssatz, festgelegte Lehrmeinung 441, 475, 502, 556, 620, 648, 665
Dolabella, Publius Cornelius, römischer Volkstribun 284, 297, 299
Dollar 627
Domaszewski, Alfred von, Althistoriker 25
–, »Geschichte der römischen Kaiser« (2 Bde., 1909) 25
Dominat, Epoche der römischen Kaiserzeit 319, 330, 422, 665
Dominus et deus 353, 469, 665
Domitian(us), Titus Flavius, römischer Kaiser 347, **350–359**, 361, 363, 371, 427, 442, 446, 478, 543, 641, 664, *Kartenskizze 357*
Domitier, römisches plebejisches Geschlecht 362
Domitius Ahenobarbus, Lucius, römischer Konsul 272f.
Domitius Domitianus (Achilleus), Lucius, römischer Usurpator (296) 493
Don (Tanaïs), Fluß in Südrußland 553, 569
Donatismus, Lehre des Donatus 505, 522, 561, 563, 611, 647
Donatus, Bischof von Karthago (313) 505
Donau (Danuvius) 57, 293, 328, 347, 356f., 359, 361, **363–366**, 369, **377–382**, 389, 391, 394, 396, 399, 402, 404, 407, **409 bis 413**, 415, 419, 422, 424f., 450, 491, 493, 506, 508, 520ff., **524 bis 528**, **553–556**, 567, 569ff., 573, 592, 610, 621, 627, 632f., 645, 649f., 664f., *Kartenskizze 263, 357*
Dositheosapokalypse, apokryphe Schrift 452
Drachme, alexandrinische Silbermünze 496
–, altgriechische Silbermünze 147, 277
–, römische Silbermünze 433, *Abb. 148*
Drau (Dravus), rechter Nebenfluß der Donau 416, 510

Dreieinigkeit, Dreifaltigkeit, siehe Trinität
Dreifelderwirtschaft 387
Dreikaiserjahr 69 n.Chr. 344ff., 385, 664
Dreikapitelstreit, Streit über die drei Sätze Justinians, in denen Theodoros von Mopsuestia, Theodoret von Kyros und Ibas von Edessa verdammt werden 647, 657
Drepanum, Sizilien 107f., 661, *Kartenskizze 59*
Drina (Drinus), rechter Nebenfluß der Save 592
Drobeta (Turnu Severin) an der Donau, Dakien 364
Druiden, Priester der keltischen Völker in Gallien und Britannien 341, 476
Drumann, Wilhelm, Geschichtsforscher 248
Drusus, Marcus Livius, römischer Volkstribun (112 v.Chr.) 195, 209
Drusus, Marcus Livius, römischer Volkstribun (91 v.Chr.) **208 bis 216**, 227, 248, 663
Drusus Germanicus, Nero Claudius, Sohn der Livia Drusilla 328, 330, 333, *Stammtafel 326*
Dualismus, Lehre, die von zwei einander entgegengesetzten Prinzipien ausgeht 433, 475
Duchesne, Louis-Marie-Olivier, französischer katholischer Kirchenhistoriker 529
Duero (Durius), Fluß in Spanien 118, 167, 560, *Kartenskizze 103*
Duilius, Gaius, römischer Konsul 106
Dumnorix, Führer der Haeduer 262
Dura Europos am Euphrat 415, 433, 462, 485
Durance (Druentia), linker Nebenfluß der Rhône 576, 598, *Kartenskizze 263*

Durostorum (Silistria) an der Donau, Moesien 364
Dvornik, Franz, tschechischer Kirchenhistoriker 608
Dwin, Armenien 621, 645, 656
Dynamismus, Richtung altchristlicher Theologen 458
Dyophysiten, Anhänger der Zweinaturenlehre 470f.
Dyrrhachium, siehe Epidamnos

E

Ebro (Iberus), Fluß in Spanien **117–120**, 122, 124, 126, 130, 141, 568, 662
Eburonen, Stamm der Kelten mit starkem germanischem Einschlag 266, 275, *Kartenskizze 263*
Edessa, Mesopotamien 366f., 378, 395, 403, 415, 449, 462, 621f., 634, 651ff.
Egeria, Quellnymphe, Gemahlin des Numa Pompilius 50
Eherecht, römisches 37, 66, 399
Eichbaumsynode, nach einer kaiserlichen Villa bei Chalkedon 472
Eid als Rechtsmittel 602
Eingeweideschau, siehe Haruspicina
Einweihungssakrament 437
Eisen 38, 41f., 364, 387f.
Eisenzeit 51
Eisernes Tor, Durchbruchstal der Donau bei Drobeta (Turnu Severin) 522
Eiszeit 29
Eknomos, Vorgebirge auf Sizilien 106
Ekstase 441, 445, 454, 459, 474, 514
Ekthesis, monotheletische Formel des Kaisers Herakleios, 638 publiziert und in der Vorhalle der Hagia Sophia ausgehängt 658
Elagabal, Sonnengott von Emesa 404
Elagabal (Heliogabal), Marcus Aurelius Antoninus, ursprünglich Varius Avilus Bassianus, römischer Kaiser **403–406**, 423, 462, 549, 665, *Stammtafel 395*
Elateia, Thessalien 379
Elba (Ilva), Mittelmeerinsel 41, *Kartenskizze 59*
–, Terraferma, zugehöriger Festlandsbesitz 41
Elbe (Albis) 328, 383, 664
El Djem, siehe Djem
Electus, Kammerdiener des Kaisers Commodus 391
Elegeia bei Erzerum 366, 377

Eleusinische Mysterien 373, 380, 436, 462, 480
Eleusis, Attika 373, 436, 461f., 480
— bei Alexandreia, ptolemäisches 436
Eleutheropolis, Palästina 472
Elfenbein 366, 562, *Abb. 613, 624*
Elis, Stadt und Landschaft auf der Peloponnes 155, 343
Elsaß 262, 387, 568, 598
Elvira, Spanien 451, 463
Elymer, illyrischer Volksstamm 34, *Kartenskizze 59*
Emesa am Orontes, Syrien 393, 403ff., 421, 423, 462, 665

Emilia (Aemilia), Landschaft in Norditalien 31, 36f.
Emporia, Gebiet östlich von Karthago 162
Emporial (Emporion, Emporias, heute Ampurias), Nordostspanien 122, *Kartenskizze 103*

England 32, 57, 355, 400
Enkratiten (Enthaltsame), dem Gnostizismus nahestehende Sektierer, die den Genuß von Fleisch und Wein sowie die Ehe als sündhaft verwerfen 462
Ennius, Quintus, römischer Dichter 150, 169ff., 369, 662
—, »Annales« 171
Ennodius, Bischof von Mailand 596
Epameinondas, thebanischer Feldherr und Staatsmann 369
Epheben (griechisch die Mannbaren) 434
Ephesos, Westkleinasien 142, 373, 413, 444, 450, 460, 462, 471
—, Johanneskirche 639
Ephraim, Patriarch von Antiocheia 656
Epidamnos (Dyrrhachium, heute Durazzo), Illyrien 113, 126, 128, 166, 281, 283
Epidauros (Ragusa, Dubrovnik), Hafen in der Argolis 373
Epigramm, Sinn- und Spottgedicht, meist in Distichen 369, 469
Epiktet(os), stoischer Philosoph aus Hierapolis in Phrygien 358, 369, *Abb. 351*
Epikureer 445, 460
Epikur(os) von Samos, griechischer Philosoph 664
Epikydes, Abgesandter Hannibals 127
Epiphanés (griechisch), erschienener Gott 438
Epiphanie, Erscheinen einer Gottheit 494, 521
Epiphanios, Kirchenschriftsteller 472
Epiroten, illyrisches Volk 159

Epirus (Epeiros), Landschaft im nordwestlichen Griechenland 91, 100, 112, 143, 373, 610, 661
Episkopat, Bischofsamt 450, 475
Epónymos (griechisch: den Namen gebend), Bezeichnung für Beamte oder Priester, nach denen das Jahr zum Zweck der Datierung benannt wurde 323, 352, 361, 373f., 398, 406
Epos, römisches 171
Eques (Equites, Reiter, Ritter), römische Einkommensstufe, später Adelsklasse 64, 148, 178f., 193f., 196, 198, 201, 207f., 210, 213, 215, 217, 220, 222f., 225, 228, 235, 237, 242, 247, 253, 305, 320, 322, 330, 335, 338, 345f., 348f., 353f., 359, 362, 371, 383f., 386, 390, 397ff., 403f., 406, 408, 410f., 414f., 417, 428, 480
Equitius, Befehlshaber der römischen Miliz unter Valens 526
Erarich, König der Goten 634
Erbschaftssteuer (vicesima hereditatium) 354, 360, 362, 372
Erdbestattung 30, 37f., 42
Ergastulum (lateinisch), Arbeitshaus 181, 219
Erkenntnistheorie, dialektische 468f., 471
Erlöser (Heiland) 438, 443, 453
Ermanarich, König der Ostgoten 524, 666
Eros, griechischer Gott 484
Eryx, Berg östlich von Drepanum, Sizilien 108
Erzerum (Erzurum), Ostanatolien 366
Eschatologie, Lehre von den letzten Dingen 433, 435, 483
Esquilin(us), einer der sieben Hügel Roms 51, 342
Esra, jüdischer Schriftgelehrter 435
—, viertes Esrabuch (apokryph) 435
Essener, jüdische Ordensgemeinschaft 435, 440, 443, *Abb. 436*
Este (Ateste), südlich von Padua 33, *Kartenskizze 59*
Ethik 439, 449, 465, 474, 483f.
Ethnologie, Völkerkunde 31
Ethos 464, 466, 476, 483f.
Etrurien, Landschaft in Mittelitalien 19, 40f., 46f., 52f., 55, 60, 89f., 101, 109, 113, 120, 123, 212, 219, 226, 246, 323, 375, 413, 459, 558 *Abb. 117*
Etrusker (Tusci), altitalisches Volk umstrittener Herkunft 14, 16, 39—47, 50, 52—57, 81, 89f., 100, 661, *Kartenskizze 59*
—, Bündnis mit Karthago 45
—, Kultur 40f.

Etrusker, Kunst 42f., *Abb. 37, 44*
—, Religion 42f., 53, *Abb. 37*
—, römisches Bürgerrecht 214
Etruskerkrieg 60
Etruskischer Städtebund 41, 44f., 87, 89
Etzel (Attila), König der Hunnen 568
Euagrios (Evagrius), oströmischer Kirchenhistoriker 643
Euandros, mythischer König 49
Euboia, griechische Insel 45, 143, 222
Eudoxia, Tochter des fränkischen Feldherrn Bauto, Gemahlin des Kaisers Arcadius 610, 667
Eudoxia, Tochter des Kaisers Valentinian III. 574, 584, *Stammtafel 531*
Eudoxius, Arzt, Bagaudenführer 567, 570
Euergétes (griechisch), Wohltäter 438
Eugenius, römischer Kaiser 532f., 666
Eugnostos (wahrscheinlich Pseudonym), gnostischer Schriftsteller 452
Euhemerie, verstandesmäßige Umdeutung von Mythen 453
Euhemeros, griechischer Philosoph, suchte zu zeigen, die von den Griechen als Götter verehrten Wesen seien nur ausgezeichnete Menschen gewesen 169, 453
Eumenes II., König von Pergamon 144, 155f., 158ff.
Eumolpiden, eleusinisches Priestergeschlecht 436
Eumus, König, Führer der Sklaven auf Sizilien 181
Eunomios, Bischof von Kyzikos 468
Euphemia, Gemahlin des Iustinus 618
Euphrat, Fluß in Mesopotamien 358, 366, 369, 372, 377, 381, 394, 397, 407, 411, 419, 421, 491, 519f., 621, 623, 627, 632ff., 664f.
Eurasien, Festland von Europa und Asien 608
Eurich, König der Westgoten 576, 579f., 583, 593, 598, 600
Euripides, attischer Tragiker aus Phlya 170, 445
Europa 241, 407, 426, 444, 646, 654f.
—, Mittel- 13, 32f.
—, Südost- 13, 644f.
—, West- 13f., 30f.
Eusebia, Gemahlin des Kaisers Constantius II. 516
Eusebius (Eusebios), Bischof von Caesarea, Kirchenhistoriker 447f., 450, 463, 467, 480, 501, 503, 507, 512, 528, 535, 562, 643

NAMEN- UND SACHREGISTER

Eusebius (Eusebios), Bischof von Nikomedeia 504, 515
Eusebius, Eunuch Constantius' II. 508, 539
Eustochios, griechischer Arzt 459
Eutharich, Thronerbe und Schwiegersohn Theoderichs des Großen 617, 620
Eutropius, Eunuch, Ratgeber des Kaisers Arcadius 554ff., 609f., 620, 667
Eutyches, Archimandrit von Konstantinopel 656
Eva, das Weib Adams 471, 476
Evangelienharmonie, aus den vier Evangelien zusammengearbeitete fortlaufende Darstellung 449, 454
Evangelium (»Frohe Botschaft«), die ersten vier Bücher des Neuen Testaments 431, 441f., 445f., 449, 455, 461, 463, 469, 483

—, der Wahrheit, gnostisches Evangelium 452
Exarch, in Ostrom Statthalter einer Provinz 637, 648
Exegese, Auslegung von Texten 443, 454, 465–468, 474
—, pneumatische, Bibelauslegung im Sinne des Heiligen Geistes statt reiner Textkritik 467
Exkubitoren (Wächter), oströmische Prätorianergarde 616

F

Fabianus, Papst, Märtyrer, Heiliger 413, 450, 462
Fabier, patrizisches Geschlecht 76, 123, 362
Fabius Cilo, Lucius, römischer Stadtpräfekt 403
Fabius Gurges, Quintus, römischer Feldherr 90
Fabius Maximus Rullianus, Quintus, römischer Feldherr 86, 89f.
Fabius Maximus Verrucosus, Beiname Cunctator, Quintus, römischer Konsul 115, 123ff., 132, 171
Fabius Pictor, Quintus, römischer Geschichtsschreiber 172, 662
Facundus, Bischof von Hermiane, Byzacena 642
Faimingen (Ponione) an der Donau 356, *Kartenskizze 357*
Falerii Novi, Etrurien, *Abb. 116*
Falerii Veteres (Civita Castellana), Etrurien 55, 58, *Abb. 70, Kartenskizze 83*
Falisker, Volksstamm der Italiker 37f., 55, 58, 661 *Abb. 116, Kartenskizze 83*
Familie, Einfluß der römischen 54, 60, 66

Fannius, Gaius, römischer Konsul 195f.
Fano, siehe Fanum Fortunae
Fanum Fortunae (Fano), Umbrien 421, 636
Fanum Voltumnae, Heiligtum der Voltumna, der Göttin des Bundes etruskischer Städte 41
Fasces (lateinisch), Rutenbündel 53, 68
Faustina, Gemahlin Mark Aurels 380
Faustulus, mythischer latinischer Hirt 49
Felicissimus, Diakon in Karthago 457
Felicitas, Sklavin der Perpetua, Heilige 462
Felix III., Papst 588
Felix, römischer Heerführer 566
Felix, Antonius, römischer Prokurator in Palästina 444
Felonie, Vertrauensbruch, Verrat 217, 301
Felsina (Bononia, Bologna), Emilia 37, 44, 147, 304, 529, 661, *Kartenskizze 59*
Felsinschriften 38
Felszeichnungen 30
Ferner Osten 366, 386, 508, 608
Festus, Portius, römischer Prokurator 444
Feudalismus 546, 652
Feueranbeter, Anhänger Zarathustras 653f.
Feuerprobe als Rechtsmittel 602
Feuerwehr (Vigiles) in Rom 324
Fibel, Diskus- 37
—, Sanguisuga- 37
—, Schlangen- 37
—, Violinbogen- 31, 37
Fidenae, nördlich von Rom 56, *Kartenskizze 83*
Fiesole (Faesulae), Etrurien 556
Fils, rechter Nebenfluß des Neckars 356, *Kartenskizze 357*
Fimbria, siehe Flavius
Firmilian, Bischof von Caesarea, Kappadokien 450, 458
Firmus, Berberfürst 521f.
Firth of Forth, Mündungsbucht des Flusses Forth in Schottland 376
Fiskus, Krongut der Kaiser 523, 527, 547, 551
Flaccus, Marcus Fulvius, Anhänger von Gaius Sempronius Gracchus 196
Flaminius, siehe Quinctius
Flaminius, Gaius, römischer Politiker aus plebejischem Geschlecht 113, 115f., 123, 145, 166, 181
Flammenwerfer 616
Flandern, Landschaft an der Nordseeküste 265
Flavia Domitilla, Gattin des Flavius Clemens 461, 478

Flavia Neapolis (Sichem), Samaria 449
Flavier, römisches plebejisches Geschlecht 347ff., 354, 356, 358f., 362
Flavius, Gnaeus, Ädil in Rom 72
Flavius, Lucius, römischer Volkstribun 255
Flavius Clemens, römischer Konsul 478
Flavius Fimbria, Gaius, römischer Legat 222
Flavius Sabinus, Titus, Stadtpräfekt von Rom 347, 358f.
Flavius Vespasianus, Titus, siehe Vespasian
Florenz (Florentia), Toskana 556, 621, 634
Florianus, Marcus Annius, römischer Kaiser 423f.
Flotte, ägyptische 281
— der Veneter 265
—, etruskische 46
—, gotische 621, 630, 634, 636
—, karthagische (punische) 93, 102, 104ff., 120, 133f., 661
—, oströmische 576, 592, 610, 615, 620f., 628, 636, 652
—, persische 634
—, rhodische 139, 143
—, römische (italische), 91, 95, 106ff., 112, 114, 120, 126, 132f., 139, 143, 265, 281, 283, 306, 311, 349, 385ff., 417, 557, 575, 584, 661, 664, *Abb. 304*
—, syrakusanische 46
—, syrische 143f., 161
Foedera aequa (lateinisch), gleiche Verträge 96
Foedera iniqua (lateinisch), ungleiche Verträge 96
Foedus Cassianum, Bundesvertrag des neuen latinischen Bundes 58, 68
Folignano, Umbrien 123
Follis, römische Bronzemünze 496
Fortuna, römische Glücksgöttin 221, 293, *Abb. 225*
Forum, Marktplatz der alten römischen Städte 51, 264
Forum Boarium (Rindermarkt) in Rom 116
Forum Romanum 539, 652, *Abb. 56, 249, 289, 365, 653*
Fossa-Gräber (Villanova-Kultur) 37
Francia, Reich der Franken 598, 600ff., *Kartenskizze 599*
—, Lex Salica, Gesetzessammlung der Franken 598, 602
Franken, westgermanisches Volk 415, 424, 492, 510, 533, 560ff., 566, 576, 580f., 583, 593, 603, 621, 629, 631, 635ff., 644, 647f., 652, 665f., *Kartenskizze 599*

Franken, ripuarische (Ripwarier) 568, 598, 600
—, salische (Salier) 568, 598, 600
Frankreich 30, 32, 42, 57, 265f., 619
Französische Revolution 15, 227
Frau, soziale Stellung, Etrurien 41
—, Griechenland 41
—, Reich der Franken 602
—, Rom 41
Fregellae (Fabrateria nova), Latium 87, *Kartenskizze 83*

Freigelassene, römische 115, 231, 320, 324, 335—339, 343, 345, 347, 354, 362, 371, 381 ff., 390, 402, 408, 417, 447, 523, 529
—, römisches Bürgerrecht 403
Freisassen, freie Bauern auf grundherrlichem Boden 547
Frentaner, sabellischer Volksstamm 81, *Kartenskizze 83*
Fresken, Wandmalerei auf frischem Mörtel 39, 41 f.
Friaul, Landschaft in Ostvenetien 385
Friedrich I. Barbarossa, deutscher Kaiser 645
Friedrich Wilhelm der Große, Kurfürst von Brandenburg 495
Friesland, Provinz der Niederlande 598
Frigidus (»der Kalte«, Vipava, Wippach), linker Nebenfluß des Isonzo 533, 609
Fronto, Marcus Cornelius, römischer Rhetor 427
Fronto, Marcus Cornelius, Statthalter in Dakien 378
Fruchtbarer Halbmond, Zone, die sich vom Euphrat und Tigris über Syrien, Palästina bis an den Nil erstreckt 654, *Kartenskizze Bd. 2, 583*
Fuciner See bei Alba Fucens, Latium 288, *Kartenskizze 35*
Fürstenberg bei Xanten 349
Fulvia, Gemahlin des Marcus Antonius 309
Fulvia Plautilla, Gemahlin des Kaisers Caracalla 398
Fulvier, plebejisches Geschlecht 76, 397
Fulvius Nobilior, Quintus, römischer Konsul 163, 171
Furculae Caudinae, siehe Caudinische Engpässe

G

Gabinius, Aulus, römischer Volkstribun und Konsul 237f., 260, 273, 282
Gades (heute Cadiz), Spanien 45, 132, 287, *Kartenskizze 103*

Gainas, gotischer Feldherr des Kaisers Honorius 553, 555, 609f., 620
Galater, Bund mehrerer keltischer Stämme 144, 156, 160, 283
Galaterbrief des Paulus 451, 455, 461
Galatien, Landschaft in Kleinasien 328
Galbia, Servius Sulpicius, römischer Kaiser **344**—**347**, 392, 664
Galen(us), römischer Arzt aus Pergamon, Kleinasien, *Abb. 351*
Galerius, Gaius G. Valerius Maximianus, römischer Kaiser 463, 481, 493f., 497ff., 502, 504, 515, 517, 588, 665
—, Toleranzedikt 463
Galicia (Callaecia), Landschaft in Nordwestspanien 325, 521, 560, 566, 571
Galiläa (Galilaea), Landschaft in Palästina 344, 431, 440ff., 460
Galizien, Landschaft am Nordostabhang der Karpaten 490
Galla Placidia, Aelia, Tochter Theodosius' I., des Großen 561f., 565f., 572, 578ff., 595, 611, 666, *Stammtafel 531*
—, Mausoleum 565
Gallia Cisalpina, römische Provinz 246, 252, 259, 577, 662, *Kartenskizze 263*
Gallia Comata (comata: langhaarig) 304
Gallia Lugdunensis 344, 396
Gallia Narbonensis 259, 261f., 266, 287, 297, 349, 362, 375, 420, 549, 561, 568, 571, 579, *Kartenskizze 263*
Gallicus, ager 90, 115
Gallien (Gallia) 117, 121, 131, 206, 272, 274, 278ff., 285f., 304, 308, 310, 325, 328, 333, 344, 372, 396, 401, 407, 416, 418, 420ff., 424f., 450, 457, 463, 474, 492, 498f., 508, 510f., 513, 516f., 521, 526, 533f., 543, 549, 552, 554f., 557, 560ff., **566**—**571**, **573**—**579**, 581, 583, 592, 598, 600f., 603, 610, 663f., 666, *Kartenskizze 263*
—, Unterwerfung durch Caesar **261**—**268**, 293
—, Bauernaufstand 462, 492
Gallienus, Publius Licinius Egnatius, römischer Kaiser **414**—**421**, 423, 427, 459, 462, 480, 490f., 493, 495, 665
Gallier, Hauptvolk der Kelten 57f., 67f., 80, 82, 89ff., 102, 113f., 116, 121, 125, 131, 147, 203, 264, 267, 275, 352, 501, 510, 515, 521, 557, 559, 661f.
Gallio, Lucius Iunius (Bruder von Seneca), römischer Prokonsul 444

Gallipoli, (Chersones, thrakische) 155
Gallus, Flavius Claudius Constantius 511, 539, 542, *Stammtafel 510f.*
Gallus, Gaius Vibius Trebonianus, römischer Kaiser 413f.
Gallus, Volusianus, Sohn des Kaisers Gallus 413f.
Gamaliel der Ältere, jüdischer Schriftgelehrter 443, 460
Garamanten, Nomaden der mittleren Sahara 347
Gardasee (Lacus Benacus) 38, 420, 665, *Kartenskizze 59*
Garonne (Garumna), Fluß in Gallien 666
Gascogne, Landschaft in Südwestfrankreich 578, 582
Gaza, Palästina 240, 373, 642

Geburtenprämie 360
Geiserich, König der Vandalen 563, 569, 574ff., 579, 583ff., 588f., 611ff., 628f., 666
Gela, Sizilien 106, *Kartenskizze 59*
Gelber Fluß (Huang-ho), China 553
Geldaristokratie, römische 148, 179, 408
Geldwirtschaft im Römischen Reich 15, 114, 147ff., 151, 177ff., 214f., 496f., 543ff.
Gelimer (Geilamir), König der Vandalen 589, 621, 628f., 667
Gelon, Tyrann von Gela und Syrakus 46
Gemme, geschnittener Stein, mit eingeschnittenem Bild Intaglio, mit erhabenem Bild Kamee, *Abb. 337*
Gens (lateinisch), Geschlecht, Sippe 54
Genthios, Illyrerfürst 159
Genua, Italien 31, 57, 132, 575, *Kartenskizze 103*
Genucier, peblejisches Geschlecht 75
Georg von Ancyra, christlicher Priester 515
Georgien (Grusien), Landschaft am Südabhang des Kaukasus 617, 620
Georgier (Grusiner), kaukasisches Volk 654
Gepiden, ostgermanisches Volk 412, 621, 632f., 636, 644, *Kartenskizze 599*
Gerasa, Dekapolis 461, 552
Gergovia, Hauptort der Arverner in der Auvergne 267, *Kartenskizze 263*
Gerichtsbarkeit der Kirche 550
Germanen 203ff., 234, 263, 265ff., 328, 352, 357f., 360, 377, 379f., 385, 402, 415, 419f., 422, 449,

NAMEN- UND SACHREGISTER

451, 519, 554f., 566, 569, 571, 590, 592f., 600, 609f., 612, 614, 628, 632, 644, **651–654**, 657, *Abb. 416*, *520*
Germania Inferior, Untergermanien 356, 369, 566
Germania Superior, Obergermanien 344, 346, 356, 358, 361, 369, 407, 414, 566
Germanicus Caesar, Vater der Kaiserin Iulia Agrippina, *Abb. 337*, *Stammtafel 326f.*
Germanen 330f., 333, 335, 344, 346f., 356, 358, 361, 369, 372f., 378, 396, 401, 409, 422, 492, 532, 598, 665
Germanisches Gewohnheitsrecht 586
Germanus, Bischof von Auxerre, Heiliger 567
Germanus, Neffe Justinians 621, 634, 636, 644
Gerunium, Apulien 124, *Kartenskizze 83*
Gervasius, Märtyrer, Heiliger 565
Geschichtsschreibung, griechische 427
—, römische 172ff., 427
Geschlechterstaat, patrizischer 66, 74
Geschworenengerichte der Senatoren 228, 235
— für Erpressung 242, 244
— für Giftmord (veneficium) 228
— für Unterschleife (peculatus) 228
— für Wahlbestechung (ambitus) 228, 242, 244
Geschworenen-Richter aus dem Ritterstande 193, 198, 208, 210, 215, 228, 235
Gesetzesinitiative 78f.
Geta, Publius Septimus, Sohn des Kaisers Severus 393, 397, 400f., *Stammtafel 395*
Getreideversorgung Roms 180, 194, 271, 275, 299, 307, 322, 338, 363, 381, 386, 388, 390, 399f., 409, 418, 423, 428, 548, 554, 561, 563, 575
Ghassaniden, arabische Dynastie 620, 623, 646
Gibbon, Edward, englischer Geschichtsschreiber 21
—, »History of the decline and fall of the Roman Empire« (6 Bde., 1776–88) 21
Gibraltar, Straße von 102, 110f., 135, 383, 636, 662, *Kartenskizze 103*
Gildon, maurischer Fürst, Statthalter von Africa 554, 610f.
Gironde, Landschaft in Südwestfrankreich 546, 561
Giskon, karthagischer Feldherr 109, 130
Glabrio, Manius Acilius, römischer Konsul 143

Glabrio, Acilius, römischer Konsul 461
Gladiatoren, Fechtersklaven 234, 354, 381, 389, *Abb. 403*
Glaubensbekenntnis 455, 468f., 474, 506, 530
—, Apostolisches 530
—, Arianisches 509
—, Chalkedonisches 614, 656
—, Römisches 565
Glaubenskrieg 500, 503
Glaubensregel (lex credendi) 454f., 474
Glaucia, siehe Servilius Glaucia
Glockenbecherkultur 30
Gnosis (Erkenntnis), religiös-philosophische Bewegung im Altertum 439, 451ff., 456, 459, 466, 484
Gnostiker, christliche 452, 459, 464, 474
Gnostizismus, Lehren, nach denen der Mensch durch spekulative Erkenntnis sich von der Materie zu befreien vermag 434, 449f.
Goar, König der Alanen 568
Godunow, Boris, russischer Zar 547
Görz (Gorizia) am Isonzo 620
Gola del Furlo, Schlucht an der Via Flaminia 636
Gold 42, 114, 147, 364, 386ff., 402, 411, 496f., 522, **543–546**, 549, 551f., 558, 563, 565, 573f., 601, *Abb. 148*
Goldwährung im Römischen Reich 544, 552
Gordianus I., Marcus Antonius, römischer Kaiser 409f.
Gordianus II., Marcus Antonius, römischer Kaiser 409f.
Gordianus III., Marcus Antonius, römischer Kaiser 410f., 459, 462
Gorgonius, Eunuch beim römischen Kaiser Gallus 539
Gortyn auf Kreta 450
Goten, Hauptvolk der Ostgermanen 402, **410–415**, 417, 419f., 424, 491, 493, 508, 520, 524 bis 528, 530, 534, 536, 553ff., 563f., 569f., 573, 577, 579f., 610, 642, 665ff.
Gotia 578
Gotische Sprache 525
Gottesdienst, christlicher 433, 449, 484f., 488, 588
Gottesstaat 475
Gottesurteil 602
Gottmensch (Theíos Anér) 438, 443f., 470, 483
Gracchen, Zweig des plebejischen Geschlechts der Sempronier **185–207**, 209, 216, 229
Gracchus, Gaius Sempronius, römischer Volkstribun (123/22 v. Chr.) 75, 187, **190–200**, 208f., 222, 228f., 247, 256, 287, 662, *Abb. 251*, *Stammtafel 153*

Gracchus, Tiberius Sempronius, römischer Konsul (215 v. Chr.), 128
Gracchus, Tiberius Sempronius, römischer Volkstribun (185 v. Chr.) und Prätor in Spanien 154, 187, 237, *Stammtafel 153*
Gracchus, Tiberius Sempronius, römischer Volkstribun (133 v. Chr.) 75, **187–192**, 196, 199, 206, 269, 662, *Abb. 251*, *Stammtafel 153*
Gräzisierung des römischen Geistes 19
Graf, Ehrentitel unter Konstantin 539f., 542, 595
Granada, Südspanien 135, *Kartenskizze 103*
Grand, Vogesen 500
Gratian(us), Flavius, römischer Kaiser 521, **525–530**, 532, 534f., 538, 541, 554, 558, 568, 573f., 666, *Stammtafel 510f.*, 531
Gregor I., der Große, Papst, Heiliger 622, 647f., 652, 667
Gregor VII., Papst 509
Gregor Photistes (Illuminator), Bischof von Armenien, Heiliger 450, 462
Gregor(ios) Thaumaturgos, griechischer Kirchenlehrer 462, 465, 469
Gregor(ios) von Nazianz, »der Theologe«, Heiliger, griechischer Kirchenvater aus Arianz bei Nazianz, Kappadokien 469, 518, 526, 528, 641
—, »Philokalía« 469
Gregor(ios) von Nyssa, griechischer Kirchenvater aus Caesarea, Kappadokien 469, 526, 528, 641
Gregor(ios), Florentius, Bischof von Tours 601f.
Gregorovius, Ferdinand, Kulturhistoriker 611
Griechen 14, 16, 20, **39–48**, 65, 91f., 126, 140, 156ff., 165f., **168–174**, 241, 292, 343, 367, 431, 434, 437, 444, 446, 465, 474, 528
— im Westen 24, 46, 100ff., 109, 116, 125, 134, 661, 663, *Kartenskizze 59*
— in Kleinasien 222, **236–240**
Griechenland 14, 18f., 40f., 61, 127, 137–144, 150, **156–159**, 162, 165f., 172, 181, 191, 222f., 284, 315, 325, 342f., 348, 373, 379, 436, 444, 449f., 496, 527, 552, 609, 620, 662
—, Unterwerfung durch Rom 165f.
Griechentum 76, 91
—, hellenistisches 19, 24, 240, 343
Griechische Kolonien 39, 40, 45
Griechische Kultur 19, 40, 116, 168, 419f., 435, 450 ·
Griechische Literatur 40, 116, 427

NAMEN- UND SACHREGISTER

Griechischer Geist 20
Griechischer Osten 18f., **121 bis 144**, **221–224**, 313, 490, 549, 551f.
Griechisches Feuer 616
Griechische Sprache 19, 116, 172, 432, 442f., 445, 450f., 464, 489, 526, 528, 551, 662
Griechische Städte in Italien 65, 91ff., 96, 106, 212
— — in Kleinasien 223, 240
Griechisch-römische Kulturgemeinschaft 19f.
Griffzungenschwert (-dolch) 37
Grod, Häuptling der Hunnen 620
Große Felder, Landschaft unweit von Utica, Tunesien 133
Großer Kurfürst, siehe Friedrich Wilhelm
Große Wanderung 32ff., **36–39**, 661
Großgrundbesitzer 148f., 179ff., 219, 245, 388f., 407, 409, 522f., 543, 546ff., 585f., 590, 610f., 624, 634, 638, 643, 650, 652
»Grüne«, (Zirkus) Partei in Ostrom 624ff., 647, 651f., 655
Guadalquivir (Baetis), Fluß in Südspanien 131f., *Kartenskizze 103*
Gualdo Tadino, siehe Tadinae
Gudeliva, Gemahlin Theodahads 629
Gundebald (Gundobad), König der Burgunder 592, 598, 600f., 648
Gunthamund, König der Vandalen 589
Gynaikokratie, Mutterrecht 30f.

H

Habsburger, deutsches Herrschergeschlecht 650
Hades, griechischer Gott der Unterwelt und die Unterwelt selbst 42
Hadria, Picenum 89, *Kartenskizze 35, 83*
Hadrianswall in Britannien 373, 376, 400, 521, 533, 555, *Abb. 369*
Hadrian(us), Publius Aelius, römischer Kaiser 325, 353, 361, 364, **367–377**, 381, 384, 400, 426f., 461, 477, 479, 522, 655, 664, *Abb. 351, 368*
Hadrumentum (Sousse, Susa), Tunesien 395f., 589

Haeduer (Aeduer), Stamm der Kelten 262ff., 266f., 344, *Kartenskizze 263*
Häresie, Irrlehre, Ketzerei 455, 501, 505, 509, 528ff., 533, 550f., 565, 571, 588, 601, 612, 640, 651f., 654, 656, 658

Haggada, Teil der rabbinischen Überlieferung 435
Hagia Sophia, Kuppelbasilika in Konstantinopel 621, 626f., 639, 651, 667, *Abb. 641*
Halacha, Teil der rabbinischen Überlieferung 435
Halys, Fluß in Kleinasien 653

Hamilkar Barkas, karthagischer Feldherr 108, 110f., 117f., 662
Handel, Byzanz 627
—, Etrurien 42, 45
—, Rhodos 159
—, Rom 58, 116, 147f., 177ff., 365f.
Handwerk, etruskisches 39, 41f.
—, römisches 388, 546, 548
Hannas, jüdischer Hoherpriester 460
Hannibal, karthagischer Feldherr 15, 18, 24, **118–134**, 136ff., 142, 145, 155, 182, 436, 662
Hanno der Große, karthagischer Politiker 110
Hanno, Unterfeldherr Hasdrubals 121f., 126
Haruspices (lateinisch), Eingeweideschauer 53
Haruspicina (lateinisch), Eingeweideschau 43, 53, 504
Hasdrubal, Bruder des Hannibal, karthagischer Feldherr 121, 124, 126, 130f., 662
Hasdrubal, Schwiegersohn des Hamilkar Barkas 110, 117ff.
Hasdrubal, Sohn des Giskon, karthagischer Feldherr **130** bis 133, 163f., 662
Hasmonäer (Makkabäer), jüdische Dynastie 239, 434
Hatra, Mesopotamien 367, 395, 397
Hauran, Landschaft im südlichen Syrien 411
Hebräer 431
Hebräerbrief des Paulus 443, 455
Hebräische Sprache 432, 454, 466
Hediï Rufi Lolliani, ligurische Adelsfamilie 391
Heer, hellenistisches 205
—, römisches 15, 63f., **67–70**, 85, 87, 95f., 111, 186, 195, 204ff., 217, 226, 229, 254f., 268, 279f., 284, 296f., 319, 338, 358f., 362f., 375ff., 386, 399, 404, **406–409**, 416f., 423, 425, 480ff., 484, **495**, 523, 525, 545, 552, 555, 558, 573f., 590, *Abb. 92, 156*
—, Berufs- 204f., 320, 385, 417, 663
—, Miliz- 15, 186, 204f., 540
—, westgotisches 582, 595
Hegel, Georg Wilhelm Friedrich, Philosoph 177, 230, 286
Heiden, Heidentum 491, 504, **512–515**, 517ff., 522ff., 526f., **530–535**, 551, 554f., 557, 559f., 562, 598, 608

Heidenchristen 451
Heilandsgestalten (Erlöser) 438, 443
Heiligenverehrung 550
Heiliger Frühling, siehe Versacrum
Heiliger Geist 528, 530
Heilige Schrift 447, 506, 550
Heilslehre, christliche 453
Heirkte (nordwestliche Abdachung des Monte Castellaccio), nordwestlich von Panormos, Sizilien 108
Hekataios aus Abdera, griechischer Schriftsteller 434
Hekate, griechische chthonische Göttin 514
Heliogabal, siehe Elagabal
Heliopolis (Baalbek), Koilesyrien 515
Helios, griechischer Sonnengott 461, 463, 480, 535
Helios, siehe Alexander Helios
Helios-Christustag, römischer Staatsfeiertag 463
Hellas 18
Hellenisierung des Christentums 448, 451
— des Judentums 434f.
— Roms 168f., 240, 460
Hellenismus, von Johann Gustav Droysen eingeführte Bezeichnung für die Kulturperiode von Alexander bis Augustus 17ff., 151, 240, 292, 435, 439, 482, 509, 528, 549, 608, 666
Hellenisten der Urgemeinde 443f.
Hellenistische Geisteswelt 431, 434
Hellenistische Kultur 658
Hellenistisches Staatensystem 17f.
Hellespont (Dardanellen) 99, 137f., 141, 143, 155, 402, 411
Helvetier, Stamm der Kelten 259, 262f., *Kartenskizze 263*
Helvidius Priscus, Gaius, römischer Senator 350
Henotheismus, Religion, die mehrere Götter kennt, aber einen als den höchsten verehrt 412
Henotikon, Edikt des Kaisers Zenon 614, 620, 656f., 667
Hephtaliten (Kidariten, Huna, Weiße Hunnen), zentralasiatisches Nomadenvolk 613f., 620, 623
Heraclianus, Statthalter in Africa 560f.
Heraion, Tempel bei Poseidonia (Paestum) *Abb. 45*
Heraklas, Bischof von Alexandreia 465
Herakleia (Heraklea) am Tarentinischen Golf 92, 128, *Kartenskizze 59*
Herakleia Minoa, Sizilien 127, *Kartenskizze 59*
Herakleios, oströmischer Kaiser 619, 622, **649–655**, 657f., 667

NAMEN- UND SACHREGISTER

Herakles, griechischer Heros 389, 438f., 494, 580
Herculaneum, Kampanien 213, 352
Hercules, siehe Herakles
Herdonia(e), Apulien 126, *Kartenskizze 83*
Herennius, Neuplatoniker 458
Herennius Etruscus, siehe Decius
Herkules, Säulen des 580
Hermäisches Vorgebirge, Nordafrika 106
Hermas, römischer Freigelassener 447, 454, 461
—, »Der Hirt«, apokryphe Apokalypse 447, 454, 461
Hermes Aerios, griechischer Gott 379
Hermogenes, oströmischer Politiker 621, 638

Herniker, sabinischer Volksstamm 55, 58, 60, 87, *Kartenskizze 83*
Hernikerkrieg 58
Herodäer, Dynastie in Palästina 435
Herodes der Große, König von Judäa 283, 433, 441, 460, 588
Herodes Agrippa I., König von Judäa 335, 337, 350, 442, 460f.
Herodes Agrippa II., König von Chalkis 476
Herodes Antipas, Tetrarch über Galiläa und Peräa 440f., 460
Herodot(os), griechischer Geschichtsschreiber aus Halikarnassos 40
Heroenkult 477
Herrenmahl (Abendmahl) 445f., 449
Herrenschüler der Urgemeinde 442
Heruler, germanisches Volk 632, 644
Hesdin, Departement Pas de Calais, Frankreich 568
Hessen 356
Hesychius, Grammatiker 462
Hexameter, sechsfüßiger Vers Homers 171, 662
Hierapolis, Phrygien 447, 462
Hieroceryx, Priester des Mithras 514
Hieroglyphen, ägyptische Bilderschrift 452
Hieron I., Tyrann von Gela und später von Syrakus 46
Hieron II., König von Syrakus 103ff., 109, 127, *Abb. 101*
Hieronymos, König von Syrakus 127
Hieronymus, Sophronius Eusebius, Kirchenlehrer, Heiliger aus Stridon, Dalmatien 472f., 550, 559, 578, 667
Hierophant, Leiter der Mysterien in Eleusis 463, 514

Hilarius, Bischof von Poitiers, lateinischer Kirchenvater 469, 474f., 512f., 530, 667
Hilderich, König der Vandalen 589, *Stammtafel 531*
Himera septentrionalis, Fluß an der Nordküste Siziliens 46, 127
Hippokrates, Abgesandter Hannibals 127
Hippokrates von Kos, griechischer Arzt 438
Hippolyt(os), Kirchenvater 456f., 462, 472, 476, 480
Hippo Regius, Hafenstadt in Nordafrika 563, 566, *Kartenskizze 599*
Hira am Euphrat 622
Hirpiner, Volksstamm in Samnium 34, 36, 81, 93, 126, 147 *Kartenskizze 83*
Hirtius, Aulus, römischer Konsul 302f.
Hispania Citerior (diesseitiges Spanien), römische Kolonie 135, 154, 233
Hispania Tarraconensis, römische Provinz 349, 396, 566, 571, 575f.
Hispania Ulterior (jenseitiges Spanien), römische Kolonie 135, 154
Hispellum, Umbrien 503
Historia Augusta, spätantike Sammlung von Kaiserbiographien 405f., 424, 539
Hörigkeit, erbliche, dingliche Unfreiheit 41, 54
Hoffmann, Wilhelm, Historiker 24
—, »Hannibal« (1962) 24
Homer(os), griechischer Dichter 48, 117, 432, 434, 438, 445, 452, 459, 514f., 517, 640
Homo novus, neuer Mann, gesellschaftlicher Neuling 116, 183, 201, 203, 238, 242, 247, 255f., 362
Homoíos, ähnlich 468
Homoioúsios, wesensähnlich 468
Homooúsios, wesensgleich 467ff., 475, 506, 509, 528, 588
Honestior, Mann vornehmen Standes 402
Honoria, Tochter des Kaisers Honorius 570
Honorius, Flavius, römischer Kaiser 551f., 554ff., 557–562, 564ff., 570f., 574, 578, 609, 611, 620, *Stammtafel 531*
Horaz, Quintus Horatius Flaccus, römischer Dichter aus Venusia 19, 168, 306, 323, 427, 665, 667, *Abb. 251*
—, »Ars poetica« 665
—, »Oden« 323, 665
Hormizd IV., König von Persien 646, 649, 655

Horoskop 439
Hortensius, Quintus, römischer Diktator 73
Hortensius Hortalus, Quintus, römischer Rhetor und Konsul 243
Hosius, Bischof von Corduba 482, 506, 509
Hsi-an-fu (Singanfu, Singan), Shensi, China 656
Hsiung-nu, siehe Hunnen
Hügelgräberkultur 32f.
Humanismus 517
Humanisten 21
Humanität 171
Humilior, Mann niederen Standes 402
Hunerich, König der Vandalen 574, 584f., 587f., 591, *Stammtafel 531*
Hungersnot 387
Hunnen (Hsiung-nu), zentralasiatisches Nomaden- und Reitervolk 520, 524ff., 528, 533, 553, 555ff., 561f., 564, 566–573, 590, 598, 611, 617, 620, 632, 651, 666
Hybris (griechisch), verhängnisvolle Überheblichkeit 52
Hydra, neunköpfige Seeschlange der griechischen Sage 92
Hydruntum (Otranto), Kalabrien 34
—, Straße von 128
Hymnen 449f., 459, 462, 464, 475, 483, 514, 641
—, Orphische 462
Hypatia, neuplatonische Philosophin 620
Hypatius, Neffe des Kaisers Anastasios 615f., 621, 626

I

Ialomita, linker Nebenfluß der Donau, Rumänien 365
Iamblichos, neuplatonischer Philosoph aus Chalkis, Syrien 464, 515
Iamnia (Jabne), Palästina 432
Iberer, vorindogermanische Bevölkerung Spaniens 18, 57, 125, 234
Iberia, Landschaft im Kaukasus 617, 620, 634
Iberische Halbinsel 233, 275, 287, 325
Icener, antikes Volk in Britannien 342
Idumäer (Edomiter), aramäisches Volk 435, 460
Iglitza, siehe Troesmis
Ignatius, genannt Theophoros, Märtyrer, Heiliger, Bischof von Antiocheia 447
Ikone, Tafelbild der griechisch-orthodoxen Kirche 537f.

NAMEN- UND SACHREGISTER

Ikonographie, Beschreibung und Deutung alter Bildwerke 538, 596
Ildebad (Ildiba[l]d), König der Ostgoten 634
Ile-de-France, Landschaft im Innern des Pariser Beckens 592
Ilerda, nordöstlich von Tarraco, Spanien 380
Ilion (Troia) 402
Ilipa am Guadalquivir, Spanien 132, *Kartenskizze 103*
Illus (Illos), oströmischer Feldherr 614, 620
Illyrer, indogermanische Volksgruppe 33f., 36ff., 112, 119, 159, 419ff., 491f., 651f.

Illyrien (Illyricum), Landschaft an der Nordostküste des Adriatischen Meeres 127ff., 132, 136, 166, 219, 259, 345, 412, 416, 426f., 507, 510, 512, 522, 553ff., 557, 561f., 566, 609, 613, 616, 621, 630, 633
Illyrischer Krieg, Erster (229 v. Chr.) 112f., 662
Imperator, oberster Befehlshaber, Titel der römischen Kaiser 321, 353
Imperialismus, römischer 16, 24, 200, 287f., 336, 654
Imperium, oberste Befehlsgewalt 67–70, 72f., 232
—, Kaiserreich 84
Imperium Romanum 136, 428
Indemnität (lateinisch), Straflosigkeit 284
Indien 137, 365, 367, 421, 471, 552, 634
Indogermanen 32
Indogermanisierung der Apenninenhalbinsel 32ff., 36ff.
Indus (Sindhu) 141
Indutiomarus, Fürst der Treverer 266
Inflation in Gallien 422
— in Rom 409, 414, 420
Ingenuus, römischer Usurpator 415f.
In hoc signo vinces (In diesem Zeichen wirst du siegen) 500
Initiationssakrament 445, 455
Innozenz I., Papst 556, 558
Insubrer, Stamm der Kelten 57, 113f., 154
Interamna, Latium 87, *Kartenskizze 83*
Interamna Nahar (Terni), Umbrien 414, 423
Interpretatio Graeca 436, 443, 460
— Romana 412
Interregnum 651
Interzession, Einspruch 68f., 77f., 184, 188f., 207, 229, 253, 255, 257f., 273, 277f., 280, 314
Ionien, Landschaft in Kleinasien 373

Iotapianus, römischer Usurpator 412
Iovianus, Flavius Claudius, römischer Kaiser 519, 666
Iovinus, römischer Milizvorsteher 521
Iovinus, römischer Usurpator 561
Iovius, Präfekt der Prätorianer 558, 566
Iovius, siehe Juppiter
Iran 240, 433, 655, 658
Irenaeus, griechischer Kirchenvater, Heiliger 449, 451, 454f., 457, 462, 476
Irland 352, 521
Isaurer, Bergvolk in Kleinasien 424, 613
Isauria, römische Provinz, Südostkleinasien 424, 512
Isidor, syrischer Gnostiker 452, 461
Isidor von Milet, oströmischer Baumeister 639
Isis, ägyptische Göttin 414, 436f., 460f., 471, 476, 482, 514, 533, 538
Islam 612, 640, 647, 654f., 658
Isonzo (Sontius), Fluß in Venetien 591, 620
Israel, semitisches Volk 431ff.
Issos, Kilikien 395
Isthmische Spiele (Isthmien) 113, 140f., 166, 343
Isthmos, siehe Korinth
Istrien (Histria), Halbinsel im Norden der Adria 558
Italica, Italicensis, siehe Corfinium
Italica am Guadalquivir, Spanien 360, 368
Italien **16–19**, 24, **39–42**, 56ff., **90–96**, 100, 105f., 109f., 112, 114, 118, 121f., 127, 131, 133, 136f., 146ff., 179, 191, 205, 213, 215, 218, 220, 226f., 229, 232, 246f., 261, 278, 280f., 283f., 287, 290, 296, 299, 307f., 310ff., 314, 320, 324ff., 328, 343, 346f., 349, 358, 370, 379, 401, 407, 409, 416, 426, 436, 499, 505, 507f., 512f., 516, 533, 546, 548, 556, 558, **561** bis 564, 567f., 571, 575ff., 583, 590ff., 597f., 603, 610, 614, 617, 619ff., 629ff., **633–637**, 644f., 647f., 652, 661f., 664, 666f.

—, Bevölkerung, *Kartenskizze 59, 83, 104*
—, Indogermanisierung 32ff., 36ff.
—, Romanisierung 95, 147, 182, 226, 287
—, soziale Verfassung 181, 191, 206f.
—, Ober- (Nord-) 31f., 38, 46f., 57, 114, **117–121**, 135, 138, 142, 146ff., 154, 234, 253, 259, 261, 266, 274f., 278, 299, 302, 308, 379, 410, 418, 492, 522

Italien, Mittel- 34, 37, 46f., 56, 82, 88, 94, 100, 113, 122, 124, 126, 131, 147, 152, 169, 213, 584, *Kartenskizze 35*
—, Unter- (Süd-) 39, 45f., 57, 101, 109, 124, 126f., 128, 134, 146f., 168f., 214, 226, 451
Italiker, indogermanische Völkergruppe 14, 36ff., 47, 57, 81, 112f., 146, 180, 201, 206, **213** bis 217, 219f., 222, 232, 362, 394, 661, 663
Italiker-Problem 182, 191, 197, **208–211**, 213, 215
Italischer Bund 96, 111
Italischer Krieg, siehe Bundesgenossenkrieg
Iulia, Tante Iulius Caesars, Frau des Gaius Marius 249
Iulia, Tochter des Drusus Iulius Caesar 332, *Stammtafel 326*
Iulia, Tochter des Gaius Iulius Caesar 258f., 271, 274f., *Stammtafel 326*
Iulia, Tochter des Augustus 323, 329, *Stammtafel 326*
Iulia, Tochter des M. Vipsanius Agrippa 323, *Stammtafel 326*
Iulia Agrippina, Tochter des Germanicus Caesar 339f., 343, *Abb. 337, Stammtafel 326f.*
Iulia Avita Mamaea, Mutter des Alexander Severus 394, 405, 407, 465, 479, 665, *Stammtafel 395*
Iulia Domna, zweite Gemahlin des Kaisers Severus 393f., 399f., 401ff., 665, *Stammtafel 395*
Iulia Maesa, Schwester der Iulia Domna 394, 403ff., *Stammtafel 395*
Iulia Soaemias Bassiana, Mutter des Elagabal 394, 403ff., *Stammtafel 395*
Iulianus, Camillus, eigentlich Camille Jullian, französischer Historiker 508
Iulianus, Didius, römischer Feldherr 379
Iulianus, Marcus Aurelius, römischer Usurpator 492
Iulius, römischer Gutsherr in Afrika 550
Iulius Africanus, Sextus, Chronologist aus Jerusalem 455, 467
Iulus (auch Ascanius), Sohn des Aeneas 48f.
Iunius Pullus, Lucius, römischer Konsul 107
Iuno, römische Göttin 41
Iunonia, römische Kolonie im Gebiet von Karthago 194ff.
Iuppiter (Jupiter), altitalischer Gott 48, 51, 123, 494, 533, 537, *Abb. 148*
— Latiaris 54, 56

NAMEN- UND SACHREGISTER

Iuppiter Optimus Maximus 50, 53
— von Heliopolis 515
Ius auxilii, Beistandsrecht der Volkstribunen 63, 229
Ius Flavianum 72
Iustina, Gemahlin Valentinians I. 526, 530f., 571, *Stammtafel 531*
Iustiniana Prima, Metropolitensitz 616
Iustinus I., oströmischer Kaiser 596, 616ff., 620, 622, 624, 634, 637, 650, 656, 667
Iustinus II., oströmischer Kaiser 621, **643—646**, 650, 657, 667
Iustin(us) der Märtyrer, Kirchenvater, Heiliger 449f., 453, 461f.
Iustinus, Sohn des Germanus, oströmischer Feldherr 644

J

Jagd und Fischfang 30, *Abb. 652*
Jahve, Eigenname Gottes im Alten Testament 433f.
Jakob, Stammvater Israels 452
—, »Offenbarung Jakobs an Seth« 452
Jakobiten, antiochenische Monophysiten 657
Jakobus, Bruder Jesu, Führer der Judenchristen 442, 460f.
Jakobus, Sohn des Zebedaios, Apostel 442, 460
Jakobusbrief 446
Japygen, illyrisches Volk 34, *Kartenskizze 59*
Jazygen, Stamm der Sarmaten 357, 379f., 389, 402
Jehuda Hannasi (Jehuda ha-Nasi, Juda ha-Nasi), Redakteur der Mischna 461
Jerusalem (Hierosolyma) 343f., 348, 358, 373f., **431—435, 441 bis 444,** 456, 460f., 476f., 574, 612, 622, **652—655,** 664

—, Tempel 432f., 435, 574
Jesaja, jüdischer Prophet, Buch des Alten Testaments 432
Jesaja, Zweiter, siehe Deuterojesaja
Jesus von Nazareth 431, **440—443,** 446f., 449, 452, 458, 460ff., 464, 469f., 478, 482f., *Abb. 351*

Jeû, zwei Bücher aus dem Codex Brucianus, christlich-gnostische Schrift, herausgegeben von C. Schmidt 452
Johannes I., Papst 596f., 620
Johannes, Sohn des Zebedaios, Apostel, Evangelist 358, 442, 455, 460f., 469
Johannes, Bischof von Jerusalem 472f.
Johannes, römischer Usurpator 565f.

Johannes, Neffe Vitalians 621, 631, 635
Johannes Chrysostomos, Patriarch von Konstantinopel 473, 553, 556, 610, 641
Johannes der Kappadoker, oströmischer Finanzminister 625 bis 628, 638, 648, 650, 667
Johannes der Presbyter aus Ephesos 446ff., 461
Johannes der Täufer 440, 460
Johannes Hyrkanos I., Hoherpriester und König der Juden 460
Johannes Markus, siehe Markus
Johannes Philoponos, griechischer Grammatiker und Philosoph 641
Johannesakten, apokryphe Schrift 452
Joppe (Jaffa, Japho), Palästina 240
Jordanis, Historiker der Goten 577, 597, 642
Jorga, Nicolas, rumänischer Historiker 607
Joseph, Vater Jesu 440
Josephus, Flavius, jüdischer Geschichtsschreiber 435, 461
Juba I., numidischer König 280, 283f., 328
Juba II., König von Mauretanien 328
Juda, Palästina 161, 239f.
Judaea, römische Provinz in Palästina 328, 333, 337, 343f., 348, 373f., 435, 460, 664
Judas Makkabäus, Feldherr und König von Juda 460
Juden 283, 342ff., 347f., 350, 352, 358, 367, 374, 431, 434, 443f., 446, 448, 457, 460f., 476ff., 479, 482, 625, 630, 641, 651f., 654f., 658, 664
—, Tempelsteuer 433, 476f.
—, Verfolgung 651f.
Judenchristen 442ff., 446, 451, 460
Judenedikt des Kaisers Claudius 443
Judentum 25, 431f., 433ff., 440, 442, 448, 450, 476, 654f.
Jüngstes Gericht 565
Jütland, Nachfolger der Jütischen oder Cimbrischen Halbinsel 203
Jugoslawien 33
Jugurtha, numidischer König 196, 200f., 203, 219, 663
Jugurthinischer Krieg (111—105 v. Chr.) 201ff., 213, 663, *Abb. 260*
Julian Apostata, Flavius Claudius Iulianus, römischer Kaiser 511, 513, **515—521,** 524f., 533, 536, 538, 541f., 544, 554, 601, 608, 653, 655, 666, *Stammtafel 510f.*
Julian, Rebell in Samaria 623
Julier, patrizisches Geschlecht 249, 331, *Stammtafel 326f.*

Julische Alpen, siehe Alpen
Jungsteinzeit, siehe Neolithikum
Jura, schweizerischer 262
Justinian I., Flavius Anicius Iustinianus, oströmischer Kaiser 26, 384, 473, 538, 540, 589, 607, 609, 611f., 614, **616—647, 650** bis **657**, 667
Justinian, Großneffe Justinians, oströmischer Feldherr 621, 645
Juthungen, Stamm der Alemannen 421, 566
Juvenal, Decimus Iunius Iuvenalis, römischer Dichter 427, 665, *Abb. 351*

K

Kaaba (arabisch Würfel), Heiligtum des Zarathustra in Persepolis 411
Kabiren, griechische Gottheiten, auch die großen Götter genannt 436
Kabylei, Landschaft in Nordalgerien 521
Kaiphas, jüdischer Hoherpriester 460
Kairo, Ägypten 452
Kairuan, Tunis 585
Kaisarion (Caesarion), als Ptolemaios XV. König von Ägypten 283, 313, 664
Kaiserkult 412f., 476, 537ff.
Kalabrien, Landschaft in Süditalien 560, 577, 584
Kaledonier, vorkeltisches Volk in Nordschottland 355, 400
Kalenden, erster Tag des altrömischen Monats 498
Kalenderreform des Gaius Iulius Caesar (Julianischer Kalender 46 v. Chr.) 288
Kalif, Nachfolger Mohammeds in der geistlichen und weltlichen Führung des Islams 607
Kallikrates, achaiischer Bürger 156
Kallinikos, oströmischer Exarch in Italien 622, 648
Kallist(os), Bischof in Rom 456f., 462
Kalopodios, oströmischer Großkämmerer 625
Kambyses II., König von Persien 652
Kammergrab 42, *Abb. 44*
Kampaner, Stamm der Osker 104
Kampanien, Landschaft in Süditalien 29, 34, 37, 39, 44f., 55f., 81f., 85, 87f., 92, 126, 128f., 135, 146, 150, 213, 259, 299, 341, 352, 419, 459, 577, 661
Kanon, verbindliche Sammlung heiliger Schriften 432 454f.
Kapetinger, französisches Herrschergeschlecht 602
Kapitalistenstand in Rom 179

NAMEN- UND SACHREGISTER

Kapitol (mons Capitolinus), einer der sieben Hügel Roms 50f., 53, 207, 352, 502
— (Capitolium), alte Burg Roms auf dem capitolinischen Hügel Roms 57f.
Kapitolinische Spiele in Rom 354
Kappadokien, Landschaft in Anatolien 142, 155, 162, 333, 341, 349, 366, 373, 377, 407, 412, 415f., 426, 450, 458, 515, 526, 528f., 647, *Abb. 468*
Karayannopulos, Johannes, griechischer Byzantinist 653
Karien (Caria), Landschaft in Südwestkleinasien 155f., 159, 633
Karl der Große, König der Franken 577, 639
Karneades, griechischer Philosoph aus Kyrene 173
Karpaten, Faltengebirge um die ungarische Tiefebene 553, 569
Karpen (Carpi), Stamm der Daker 402, 410ff., 415, 422, 493
Karrhai (Carrhae, Harran), Mesopotamien 273, 293, 311, 325, 378, 395, 403, 415, 494
Karthager 104, 106f., 111, 117, 121f., 124f., 130ff., 139, 164, *Kartenskizze 59*
—, Seeherrschaft 111
Karthago (Qart-hadascht), Tunesien 15, 17f., 24, 45f., 92, 99, **102—111**, 113f., 117, 119f., 127, 130, 132, 134, 136, 138, 140, 142, 144, 162ff., 167, 180, 186, 261, 288, 397, 410, 415, 451, 457f., 473f., 505f., 554, 561, 563, 576, 584, 589, 594, 611, 621f., 628f., 635, 652f., 661f., 666, *Kartenskizze 59, 103, 599*
Kasius, Berg in Syrien 369
Kaspisches Meer (Mare Caspium) 553
Kastilien, Landschaft in Spanien 567, 582
Kasuistik, Fertigkeit, allgemeine Gesetze auf Einzelfälle anzuwenden 434f., 440
Katakombe, unterirdische Begräbnisstätten der ältesten Christen 452, 461f., 480, 483f., *Abb. 477*
Katakombenmalerei 452, 461f., 483f., *Abb. 469*
Katalaunische Gefilde (nach Catalauni, Stamm der Belger) in der Champagne 570, 579, 666
Katalonien, Landschaft in Nordost-Spanien 32, 561
Katenen (Catenae), Erklärungen zu biblischen Texten 473
Katharoí (griechisch), die Reinen 457

Katholizismus 505, 522, 534, 563, 565, 572f., 576, 579, 581, 586, 588, 590, 595, 597, 602, 612, 624f., 628, 637, 647f., 667
Kaukasus 141, 293, 494, 519, 555, 617, 620ff., 634, 638, 651, 654
Kaukasusvölker 366, 654
Kawadh I., König von Persien 621, 623
Kawadh II., König von Persien 622, 654
Kedrenos, Georg, byzantinischer Historiker 643
Kelsos, griechischer Platoniker 466, 530
—, »Alethés lógos« (Wahres Wort) 466
Kelten, indogermanische Völkergruppe 18, 29, 47, 57, 117, 122, 234, 261f., **264—267**, 278, 449, 557, 568, 661, 663
—, Kunst, *Abb 124*
Keltiberer, Mischvolk aus Kelten und Iberern 154, *Abb. 281*
Keltische Sprache 451
Kenchreai am Isthmos von Korinth 448
Keramik, Buckel- und Riefen- 31
—, frühgeschichtliche 30f., 33f., 37ff., *Abb. 36*
—, gallische 387
—, römische 387
—, Spiralmäander- 30
Kesselstadt am Main 356
Ketzertaufstreit 457f., 462
Kibyrrhaioten, Bewohner eines Verwaltungsbezirks an der Südwestecke Kleinasiens 633
Kiew, Ukraine 524
Kilikien (Cilicia), Landschaft im Südosten Anatoliens 238f., 313, 349, 367, 415f., 424, 444, 663
Kinditen, arabisches Fürstengeschlecht 620
Kineas, griechischer Redner aus Thessalien 92
Kirche, als gesellschaftliches Gebilde 550
Kirchensprache, lateinische 474, 665
Kirchenstaat (Patrimonium Petri) 622, 648
Kirchenväter, lateinische 427, 641
Kithara, griechisches Saiteninstrument 342
Klagenfurt, Kärnten 203
Kleanthes aus Assos, griechischer Philosoph 439
Kleinarmenien, Landschaft in Kleinasien 335, 349
Kleinasien 12, 40, 137f., **141—144**, 155f., 158, 160, 222f., 239f., 282, 311, 325, 333, 337, 339, 364, 367, 369, 373, 378, 394f.,

411, 413, 415f., 419ff., 423f., 427, 444, 446, 449f., 456f., 460, 478, 491, 498, 501, 506, 620, 622, 644, 646, 654, 663, 665
Kleonymos, spartanischer Königssohn 88
Kleopatra I., Tochter von Antiochos III. 142
Kleopatra Selene, Tochter von Marcus Antonius und Kleopatra VII. 328, 460
Kleopatra VII. Thea Philopator, Königin von Ägypten 282ff., **312—316**, 319f., 328, 350, 360, 663f., *Abb. 251*
Klientel, Gesamtheit der Schutzbefohlenen einer Familie 61, 66, 76
Klienten (clientes), Hörige, Schutzbefohlene 54, 60f., 71, 345
Kloster 484, 529, 551, 620, 627, 642, *Abb. 485, 625*
Klothilde, Gemahlin Chlodwigs I. 600
Knossos auf Kreta 450
Köln (Colonia Claudia Ara Agrippinensis) 331, 361, 513, 552, 568, *Kartenskizze 263, 599*
Kohorte, seit Marius Truppenkörper von sechs Zenturien 266, 324, 338, 347f., 363, 524
Koilesyrien (heute El Bekâ'a), syrische Landschaft zwischen Libanon und Antilibanon 137
Kolchis, Landschaft am Schwarzen Meer 238, 622
Kolonen (coloni), Siedler auf kaiserlichen Domänen 372, 408, 421, 496, 505, 523, 527, 543, 546ff., 550, 555, 567, 585f., 595, 621
Kolonisation, griechische 39, 40, 45
—, jüdische 432
—, phönikische 14
—, römische 14, 16, 56, 58, **86—90**, 93ff., 100f., 111, 114f., 119, 135, 146ff., 153, 180ff., 191, 194f., 197, 206f., 209, 226f., 245, 287f., 309, 324f., 342, 349, 364f., 408f.
Komitie, siehe Comitia
Kommagene (Commagene, früher Kummuch), Landschaft in Ostanatolien 335, 349, 460
Komödie, attische 170
—, neue attische 439
—, römische 169f.
Kondottiere (italienisch), Heerführer 88, 107, 120, 220
Konfessor (Confessor, Bekenner), Ehrenname für Christen, die ihren Glauben standhaft bekannten, aber nicht das Martyrium erlitten haben 456f., 498

NAMEN- UND SACHREGISTER

Konstantin I., der Große, Flavius Valerius Constantinus, römischer Kaiser 13, 26, 295, 451, 457, 463, 468, 481f., 495, **498 bis 507**, 509 ff., 513, 516f., 519, 529, 533, 535 ff., **539—545**, 549, 553, 591, 600, 607f., 611, 626f., 639, 643, 655, 666, *Abb. 504f., Stammtafel 510f.*
—, Bogen des, *Abb. 384*
Konstantin II., Flavius Claudius Constantinus, römischer Kaiser 507, *Stammtafel 510f.*
Konstantin III., siehe Constantinus, Flavius Claudius
Konstantinische Reichskirche 455
Konstantinopel (Byzanz) 468f., 471, 473, 489, 503, 507f., 511, 516, 519f., **524—527**, 529f., 533, 535f., **538 ff.**, 544, **552—556**, 559, 563f., 569, 573, 575f., 579, 589f., **592—597, 607—611**, 613f., 617, 620ff., 624, 626f., 629, 632f., 637, 639, 644, 648, **650 bis 654**, 656, 666f., *Abb. 537 innen, 612f., 624*
—, Apostelkirche 639
—, Hagia Sophia 621, 626f., 639, *Abb. 641*
—, Mauer des Theodosius II. 611, 620, *Abb. 612*
—, Senat 535, 608, 610, 626, 634, 650
—, Universität 611, 620
Konsul, höchster Beamter der römischen Republik 51, 69f., 75—78, 86, 145, 151, 163f., 190, 217, 227, 273f., 276f., 280, 291, 296, 313, 323, 336, 369f., 390
Konsulat 70f., 75f., 77, 116, 150f., 183, 203f., 228, 234, 244, 250, 253f., 260, 268, 276f., 299, 302, 304, 306, 321, 332, 352f., 361, 406, 490, 549, 593
Konsulatsverfassung Roms 70, 72, 74
Konzil (lateinisch), Versammlung zu Nicaea (325) 463, 501, 506, 509, 656, 666f.
— zu Arles (311) 502, (314) 505f.
— zu Konstantinopel (553) 473
— zu Rimini 512
Kopfsteuer der Juden 348, 358
— im Römischen Reich 545
Kopten, alexandrinische Monophysiten 446, 462, 470, 472f., 482, 484, 657, *Abb. 476*
Koptische Sprache, Literatursprache der Kopten 446, 462
Korfu, siehe Korkyra
Korinth, Peloponnes 113, 140, 165, 167, 288, 419, 432, 435, 443f., 447f., 450, 456, 460, 662
—, Isthmos von 165, 288, 343, *Abb. 164*
—, Kanal von 343
Korintherbrief des Paulus 461

Korkyra (Korfu), Ort und Insel im Ionischen Meer 112, 636
Korsika 30, 45, 112, 310, 584, 587, 662, *Kartenskizze 103, 599*

Kostoboken, antikes slawisches (?) Volk 379
Kremna, Feste der Isaurer 424
Kreta (Creta), Insel im Mittelmeer 299, 321, 372, 450, 622, 653, 663
Kreuzesreliquie 622, 653f.
Kreuzvision Konstantins 500
Kreuzzüge 653f.
Krim, Halbinsel im Schwarzen Meer 238, 373, 622, 638
Kroaten, südslawisches Volk 653
Kroton (Croton), Bruttium 126, 131f., *Kartenskizze 59*

Ktesiphon am Tigris 366f., 378, 397, 407, 425, 621 ff., 645, 653f., 665, *Abb. 400*

Kultur, etruskische 40f.
—, Glockenbecher- 30
—, griechische 40, 116, 168
—, Hügelgräber- 32f.
—, Lausitzer 32f.
—, römische 95, 116f., 576
—, Terramare- 31f.
—, Villanova- 37f., 40, 661
Kulturkreis, Apenninischer 31, 661
—, Mediterraner 30f., 38, 661
—, Padanischer 31, 661
Kunimund, König der Gepiden 644
Kupfer 42, 45, 423
Kuppelgrab 42
Kura (Cyrus, Kyros), Fluß in Transkaukasien 653
Kurialen, Gemeindegenossen 548f.
Kurie (Curia), im alten Rom Bezeichnung der Geschlechterverbände, dann auch Sitz des Senats 50, 62f., 71, 264, 617, *Abb. 289*
Kurienversammlung (comitia curiata) 62ff., 74
Kurulischer Sessel, tragbarer Ehrensessel im alten Rom 538
Kuturguren, Volksstamm in Bulgarien 636, 638
Kybele, phrygische Muttergöttin 436, 454, 460, 462, 533
Kykladen, Inselgruppe in der Ägäis 155, 633
Kyme (Cumae), Kampanien 39, **45f.**, 56, 71, 81, 126, 637, 661, *Kartenskizze 35, 59, 83*
Kynismus, Lehre von Bedürfnislosigkeit und Einfachheit bis zu Verachtung allgemeingültiger Formen 188, 439, 480
Kynoskephalai, Bergland in Thessalien 139, 150, 154, 662
Kypros, siehe Cypern

Kyrene (Cyrene), Libyen 160, 283, 299, 443, 458, 461f., 464, 553, 555, 620, *Karte 548,*
Kyros (Kurasch) I., König von Persien 432
Kyzikos am Marmarameer 548

L

Labarum, römisches Feldzeichen 533
Labienus, Quintus, römischer Emigrant 311
Labienus, Titus, römischer Offizier und Volkstribun 285
Lachmiden, arabische Dynastie 620, 622f.
Lactantius, Lucius Caecilius Firmianus 463, 474, 482, **497—500**, 502
—, »Institutiones divinae« 463
Laelius Sapiens, Gaius 186
Laenas, Publius Popilius, römischer Konsul 191
Laetus, Q. Aemilius, Präfekt der Prätorianer 391f.
Laetus, römischer Feldherr 396
La Graufesenque (Departement Aveyron), Südfrankreich 387
Lambaesis, Numidien 373, 397, 399, 415
Lamoricière, siehe Altara
Lampsakos am Hellespont 288
Landarbeiter, freie 550
Landflucht in Italien 149
Landwirtschaft in Rom 179 ff.
Langobarden, westgermanisches Volk 621f., 631 ff., 635f., 644f., 647ff., 653, 667, *Kartenskizze 599*
Languedoc, Tolosanischer, alte südfranzösische Landschaft 578, 581
Laodike, Tochter des Seleukos IV. Philopator 158
Laodikeia, Nordsyrien 161, 395, 482
Lappland 627
Lapsi, unter den Verfolgungen vom christlichen Glauben Abgefallene 457, 462f., 498
Lateiner, lateinische Schriftsteller des Christentums 470, 474ff.
Lateinische Sprache 19, 21, 38, 51, 95, 168, 171f., 212, 241, 451, 461, 474, 489, 551, 563, 568, 573, 583, 602, 616
Latifundium, im Römischen Reich Großgrundbesitz mit Sklavenwirtschaft 219, 386ff.
Latiner, Volksstamm der Italiker 14, 37f., 44, 50, 52, 54ff., 58, 68, **81—86**, 94ff., 253, *Kartenskizze 83*
Latinerfest 217
Latinische Ebene, Landschaft in Mittelitalien 29, 37, 49, 55, 80

Latinischer Bund 16, 56f.
—, Neuer 58, 68, 80—84
Latinischer Krieg 82f., 661
Latinisches Bürgerrecht 86
Latinisierung des Christentums 474
Latino-Falisker, siehe Falisker
Latinus, lateinischer König 48f.
Latium, Landschaft in Mittelitalien 34, 37ff., 44, 46, 48, 50, 54, 55—58, 81, 86, 92, 94, 126
Laurentius, Erzdiakon und Märtyrer in Rom, Heiliger 565
Lausitzer Kultur 32f.
Lautulae, Latium 86f.
Lavinia, Tochter des lateinischen Königs Latinus 48
Lavinium, Latium 49, *Kartenskizze 83*
Lazen, kaukasisches Volk am Ostufer des Schwarzen Meeres 654
Lazica, Landschaft im Kaukasus 620ff., 634, 639
Lebensdaten: Rom 2.—1. Jahrhundert v. Chr. 251
—: Rom 1.—2. Jahrhundert 351
Lebensmittelversorgung (Cura annonae) Roms 180, 194, 271, 275, 299, 307, 322, 338, 363, 381, 386, 388, 390, 399, 409, 423, 528, 548, 554, 561, 563, 575, *Abb. 385*
Lectio senatus (lateinisch), Liste der Senatsmitglieder 80
Lectisternium, Opfermahlzeit für die Götter 123
Legat (lateinisch), Gesandter 150f., 213, 259, 271, 322, 541, 582
Leges Appuleiae 207
Leges Liciniae Sextiae 70, 116
Leges sumptuariae (lateinisch), Luxusgesetze 185
Leges tabellariae (lateinisch), Gesetze über geheime Abstimmung 184, *Abb. 184*
Legion (legio), altrömische Heeresformation, seit Marius mit zehn Kohorten 69, 85, 104, 123, 135, 146, 165, 205, 218f., 232, 259, 264, 268, 275, 278, 283, 285, 299, 301, 308, 320f., 328, 331, 333, 335, 337f., 341, 344, **346 bis 349**, 356, 359, 363, **365—369**, 373, 378, 385, **393—397**, 403, 410, **413—417**, 424, 490, 524, *Abb. 165*
Legionäre 271
Leibeigenschaft 547
Leo I., der Große, Papst 565, 570, 574, 584, 596, 616f., 656
Leo I., der Große, oströmischer Kaiser 576, 612f., 620, 667, *Stammtafel 531*
Leonides, Vater des Origenes 462, 465
Leontius von Byzanz, Kirchenschriftsteller 641
Leovigild, König der Westgoten 648

Lepidus, Zweig des Geschlechts der Aemilier, siehe Aemilius Lepidus
Lepinische Berge (Volskerberge) in Latium 56, *Kartenskizze 35*
Leptis Magna (Lepcis Magna), Tripolitanien 347, 397, 400, 523, 563, *Abb. 401*
Leutharis, ostgotischer Heerführer 637
Levante, Küstenländer des östlichen Mittelmeeres 564
Lex Calpurnia repetundarum 185, 193
Lex Canuleia (Eherecht in Rom) 37
Lex Claudia 115, 179
Lex de ambitu, Gesetz gegen Wahlbestechung 184
Lex de imperio Vespasiani 348
Lex Hortensia de plebiscitis 73, 115, 661
Lex Iulia 214
Lex Iulia de collegiis illicitis, Gesetz gegen unerlaubte Gemeinschaften 476ff.
Lex Manilia 244
Lex Ogulnia 71
Lex Plautia Papiria 214, 663
Lex sacrata, heiliges Gesetz 62
Lex Salica 598, 602
Lex Titia 305
Lex Vatinia 259
Lex Villia annalis 150f., 184, 203, 234
Lezoux (Departement Puy de Dôme), Mittelfrankreich 386
Libanios, griechischer Rhetor und Sophist 469, 494, 553f., 642
Libellus (libelli), Quittung für erbrachtes Weihrauchopfer 412, 462, 480
Liber, altitalischer Gott der Fruchtbarkeit 514
Liberius, oströmischer Senator und Flottenführer 621, 636
Liberius, Papst 512
Libyen 110, 449
Libyer, hamitisches Volk 109, 125, 133, 648
Libysche Wüste 374, 521
Licinia Eudoxia, Gemahlin des Kaisers Valentinian III. 566, 584, *Stammtafel 531*
Licinier, plebejisches Geschlecht 76, 187
Licinisch-sextisches Gesetz, siehe Leges Liciniae Sextiae
Licinius Publius, Flavius Galerius Valerius Licianus, römischer Kaiser 482, 499ff., **503—507**, 515, 535, 537, 666
Licinius Mucianus, Gaius, römischer Feldherr 344f., 347
Licinius Murena, Lucius, römischer Konsul 663
Licinius Stolo, Gaius, römischer Volkstribun 68, 70

Ligurer, vorindogermanisches Volk 31, 44, 57, 113, 135, 147, 154
Ligurien, Landschaft in Norditalien 30, 45, 113, 135, 391, 424, 622, 636, 647, 653, *Karte 548*
Lilybaeum (Lilybaion, heute Marsala), Sizilien 92, 102, 107ff., 120, 132, 584, 661, *Kartenskizze 59, 599*
Limburg, Provinz von Belgien 598
Limes, Grenzbefestigung der Römer 365, 373, 375, 400, 415f., 622
—, obergermanisch-rätischer 356ff., 361, 415, 664, *Abb. 414, Kartenskizze 357*
Limitanei, Grenzsoldaten 406, 495
Lingonen, Stamm der Kelten 57
Liparische (Äolische) Inseln bei Sizilien 104, 106, *Kartenskizze 59*
Liris, Fluß in Latium 55, *Kartenskizze 35, 83*
Literatur, christliche 461f., **464 bis 467**, 479ff., 641, 665, 667
—, etruskische 8
—, griechische 40, 116, 427
—, oströmische 461f.
—, pseudonyme 434
—, römische 47, 116, 152, **168 bis 172**, 323, 369, 427, 642, 662, 664f., 667
Liternum, Kampanien 150, *Kartenskizze 35*
Litra, antike sizilianische Rechnungsmünze, *Abb. 101*
Liturgie, gesetzlich geregelter öffentlicher Kult 464, 485
Livia, Tochter des Marcus Livius Drusus, Volkstribuns von 112 v. Chr. 248
Livia Drusilla Augusta, Tochter des Marcus Livius Drusus, Volkstribuns von 91 v. Chr. 323, **329—332**, 334, *Stammtafel 326*
Livilla, Claudia, siehe Claudia
Livius, Titus, römischer Geschichtsschreiber 47, 665, *Abb. 251*
—, »Ab urbe condita« 665
Livius Andronicus, Lucius, ältester römischer Dichter 21, 116, 168f., 171
Livius Salinator, Marcus, römischer Konsul 131

Logos (griechisch), Wort, Begriff, in der jüdisch-alexandrinischen Religionsphilosophie die göttliche Schöpferkraft 439, 446, 453, 464, 468ff.
Loire (Liger), Fluß in Frankreich 264ff., 568, 570, 576, 580, 598, 666, *Kartenskizze 263*

Lokroi Epizephyrioi (Locri Epizephyrii), Bruttium 126, 131f., *Kartenskizze 59*

NAMEN- UND SACHREGISTER

Lombardei, Landschaft in Oberitalien 30, 621, 631, 645, 648f.
Londinium (London), Britannien 342, 492f., 521, *Kartenskizze 263*
Longanus, Fluß auf Sizilien 103
Longinus, oströmischer Exarch in Italien 648
Longinus (Longinos), Kassios, neuplatonischer Philosoph und Grammatiker aus Emesa 459, 462
Lothringen 521, 598
Luca, Etrurien 272, 274
Luceria, Apulien 86, *Kartenskizze 83*
Lucianus (Lukianos), christlicher Schriftsteller aus Samosata, Vater des Arianismus 467, 482
Lucianus (Lukianos), griechischer Schriftsteller aus Samosata 427, *Abb. 351*
Lucilius, Gaius, römischer Dichter 186
Lucilla, Tochter des Mark Aurel 379, 390
Lucretia, sagenhafte Römerin 50
Lucretius, Lucius, römischer Politiker 256
Lucullus, Lucius Licinius, römischer Feldherr und Politiker 223, 236ff., 255, 257, 296, 663
Lucumo, etruskischer Königstitel 41
Ludi Romani, Schauspiele der Römer 116
Ludwig XIV., König von Frankreich 495, 623
Lüttich, Belgien 266
Lugdunensis Prima, späteres Burgund 575
Lugdunum, siehe Lyon
Lukan, Marcus Annaeus Lucanus, römischer Dichter 343, 427, 665, *Abb. 351*
—, »Pharsalia« 665
Lukaner, Stamm der Osker 39, 88, 91ff., 212, *Kartenskizze 83*
Lukanien, Landschaft in Unteritalien 88, 90, 92f., 126, 128, 130f., 146
Lukas, Arzt und Evangelist 440, **445—448**, 453, 455, 461, 524, 608
Lukrez, Titus Lucretius Carus, römischer Dichter 664
—, »De rerum natura« 664
Lupercalia (Lupercal, Höhle am Nordwestabhang des Palatins, in der Romulus und Remus von einer Wölfin gesäugt wurden, älteste Kultstätte des Fauns), altrömisches Fest (15. Februar) 292

Lusitaner, iberisches Volk 163, 166f.
Lusitanien (Andalusien), Landschaft in Spanien 135, 340 344, 566
Lutetia Parisiorum (Paris) 511, 516, 536, 570, *Kartenskizze 599, Karte 548*
Lyder, antikes Volk in Kleinasien 45
Lykien (Lycia), Landschaft in Südwestkleinasien 155, 159, 335
Lykopolis, Oberägypten 459
Lykortas, Stratege des Achaiischen Bundes 156, 159
Lynchjustiz in Rom 63f., 68, 190, 207
Lyon (Lugdunum), Gallien 335, 344, 396, 451, 457, 462, 479, 511, 532, 575, 594, 665, *Kartenskizze 263, 599*
Lysimacheia, Thrakien 141f., 155
Lystra, Kleinasien 444

M

Macedonia, römische Provinz 206, 246, 321
Machiavellismus, von keinen moralischen Bedenken gehemmte Machtpolitik 617
Macianus, König der Bucinobanten 521
Macrianus, Fulvius, der Vater, römischer Beamter 418
Marcrianus, T. Fulvius Iunius, der Sohn, römischer Usurpator 418
Macrinus, Diadumenianus, Sohn des Kaisers Macrinus 403f.
Macrinus, Marcus Opellius, römischer Kaiser 402ff., 665
Madrid 537
Mäander (Maiandros, Menderes), Fluß in Kleinasien und nach ihm benanntes Ornament 31, 333
Maecenas, Gaius, römischer Ritter aus etruskischem Geschlecht 320, 323
Mähmaschine 387
Märtyrer, christliche 413, 415, 588
Märtyrerakten 479
Magie 439, 461, 504, 514, 558
Magier, Priesterschaft des Zarathustrismus 655
Magister equitum, Reiterführer 80, 297
Magistrat, gewählter Träger der vollziehenden Gewalt in Rom 63, 67, 69, 70, 72f., **76—80**, 84, 95, 145, 228f., 260, 273, 276, 322, 298, 301, 384, 489
Magistrate cum imperio (Prätoren) 228

Magna Mater (große Mutter), Muttergöttin von Pessinus 132, 137
Magnentius, Flavius Magnus, römischer Kaiser 510ff., 666
Magnesia am Hermos (am Sipylosgebirge), Kleinasien 144, 154f., 662
Magnesia am Mäander, Kleinasien 333
Magnopolis, Kleinasien 420
Mago, karthagischer Feldherr, Bruder Hannibals 122, 130, 132f.
Mailänder Toleranzedikt von 313, 463, 482, 504
Mailand (Mediolanum), Norditalien 121, 392, 419, 474, 500, 508, 516, 520, 522, 526, 530f., 533, 535, 550, 552, 555f., 565, 571, 573f., 591f., 596, 621, 631, *Abb. 556, Kartenskizze 599*
—, Synode zu 468
Main 356, *Kartenskizze 355*
Mainz (Mogontiacum) 349, 407, 513, 521, 557, 560, 598, 665, *Kartenskizze 263, 357, 599*
Maiorianus, römischer Offizier 575
Maiorianus, Iulius Valerius, römischer Kaiser 575, 598
Majestätsverbrechen (crimina laesae maiestatis) 477, 481
Makedonen, nordgriechischer Volksstamm 139
Makedonien, Landschaft der Balkanhalbinsel 18, 99, 113, **126** bis **129**, 132, 137ff., 140f., 143f., 150, **154—160**, 162, 164f., 299, 301, 303, 373, 402, 444, 450, 613, 620, 662
Makedonischer Krieg, Erster (215 bis 205 v.Chr.) 136, 662
— —, Zweiter (200—197 v.Chr.) 139ff., 158, 662
— —, Dritter (171—168 v.Chr.) **157—160**, 662
Makkabäer (Hasmonäer), jüdische Dynastie 239, 434, 460
Malalas, Johannes, byzantinischer Chronist 623, 642
Malea (Marapan), Kap, Südostspitze der Peloponnes 343
Malia, Golf von, Mittelgriechenland 139
Malkos, siehe Porphyrios
Maluentum siehe Beneventum
Mamertiner, oskischer Volksstamm 102ff., 661
Man, siehe Mona
Mancinus, Hostilius, römischer Konsul 167, 187
Manetho, ägyptischer Priester 436f.
Mani (Manes, Manichaeus), persischer Religionsstifter 450, 462

Manichäismus 453, 462, 475, 481, 493, 625, 658
Manilius, Gaius, römischer Volkstribun (66 v.Chr.) 238, 244
Manipel, taktische Grundeinheit des römischen Heeres 87
Manlius Capitolinus, Marcus, römischer Patrizier 68
Manlius Vulso, Lucius, römischer Konsul (256 v.Chr.) 106
Manlius Vulso, römischer Konsul (189 v.Chr.) 144
Mantik (griechisch), Seherkunst 43, 53
Mantineia (später Antigoneia), Arkadien 369
Mantua, Poebene 44, 571, *Kartenskizze 59*
Marbod, König der Markomannen 333
Marcella, Gattin des Porphyrios 463
Marcellus, Bischof von Ankyra 468f.
Marcellus, römischer Zenturio 494
Marcellus, Marcus Claudius, römischer Konsul (222, 215f., 210, 208 v.Chr.) 126, 128f., 131
Marcellus, Marcus Claudius, römischer Konsul von 152 v.Chr. 163
Marcellus, Marcus Claudius, römischer Konsul (51 v.Chr.) 277
Marcellus, Marcus Claudius, Sohn von Gaius Claudius Marcellus, römischer Konsul 329, *Stammtafel 326f.*
Marcia, Geliebte des Kaisers Commodus 391
Marcianopolis, Thrakien 412
Marcianus, Flavius, oströmischer Kaiser 612, 616, 620, 667, *Stammtafel 531*
Margos (Morava), rechter Nebenfluß der Donau 492
Maria, die Mutter Jesu 471, 476, 482
Maria, Gemahlin des Kaisers Honorius 555, *Stammtafel 531*
Mariatheresientaler 627
Marinus, römischer Bürger 616, 620
Marius, Gaius, römischer Staatsmann 201–207, 213f., **216 bis 220**, 224f., 229, 242, 246, 276, 305, 556, 663, *Abb. 251*
—, Heeresreform des 204f., 217
Marius der Jüngere, römischer Konsul 222, 226f.
Marius Gratidianus, Marcus 225
Mark Aurel, Marcus Aurelius Antoninus, ursprünglich Catilius Severus, römischer Kaiser 375, **377–352**, 385, 389, 392, 396, 407ff., 426, 462, 479, 664f., *Abb. 351*

Markion aus Sinope, Häretiker 450, 453f., 461
—, »Antíthesis« 453
Markioniten, altchristliche Sekte 455f., 463, 474
Markomannia, römische Provinz 378
Markomannen, Stamm der Sueben 333, 357, 379f., 389, 554, 664
Markus (Johannes Markus), Evangelist, Heiliger 440, 442, 445, 461
Markussäule in Rom 379, 382

Marmarameer, siehe Propontis
Marokko, Landschaft an der Nordwestküste Afrikas 383, 563
Marrukiner, Stamm der Sabeller 36, *Kartenskizze 83*
Mars, altitalischer Kriegsgott 49, *Abb. 148, 305*
Marsala, siehe Lilybaeum
Marseille, siehe Massalia
Marser, Stamm der Sabeller 36, 212, *Kartenskizze 83*
Marsfeld (Campus Martius), im alten Rom Ebene am Tiber 288, 352
Martial, Marcus Valerius Martialis, römischer Dichter 427, 478, 665, *Abb. 351*
Martin(us), Bischof von Tours, Heiliger 534, 550, 600f.
Martres-Tolosane, Gallia Narbonensis 549
Martyrium 447f., 453f., 456, 461ff., 465, 474, 477, **480–483**, 498
Marxismus, materialistischer Sozialismus 246
Masinissa, numidischer König 132ff., 140, 155, **162–165**, 200, *Kartenskizze 103*
Masora, Sammlung von kritischexegetischen Bemerkungen zum Worttext und zur Vokalisierung der Bücher des Alten Testaments 454
Massalia (Massilia, Marseille), Südfrankreich 45, 117f., 121, 135, 280, 451, 561, 580, 601, *Kartenskizze 103, 263*
Masties, König im Aures-Gebirge 589
Masura, König der Mauren und Römer 589
Matasuntha, Gattin des Witigis und des Germanus 621, 631, 636
Materialismus 470, 474f.
Matthäus, Apostel und Evangelist 440, 442, 445, 461
Mauren, Stamm der Berber 337, 376, 493, 527, 590
Mauretania Caesariensis 337, 411, 583

Mauretania Sitifensis 583
Mauretania Tingitana 337
Mauretanien, Landschaft in Nordafrika 324, 328, 335, 337, 347, 372f., 376, 403, 415, 426, 546, 575, 583, 589
Maurikios (Mauricius), oströmischer Kaiser 619, 621f., **646** bis 653, 657
Maxentius, Marcus Aurelius Valerius, römischer Kaiser 463, 482, 493, **498–502**, 505, 537, 666
Maximian(us), Marcus Aurelius Valerius, römischer Kaiser 492ff., 498ff., 520, 665f.
Maximilla, Prophetin der Montanisten 454
Maximinus Daia (Daza), Gaius Galerius Valerius, römischer Kaiser 481f., 498f., 518, 666
Maximinus Thrax, Gaius Iulius Verus, römischer Kaiser 409f., 414, 457, 480, 665
Maximinus, Maximus, Sohn des Kaisers Maximinus Thrax 409f.
Maximus, Lehrer des Kaisers Julian 515, 518
Maximus, römischer Usurpator 554
Maximus, Lappius, römischer Feldherr 356
Maximus, L. Marius, römischer Feldherr und Historiker 394, 489
Maximus, Magnus, römischer Kaiser 532f., 538, 666
Maximus, Marcus Gavius, Präfekt der Prätorianer 376
Maxula bei Tunis 587
Mazdakiten, Anhänger einer persischen Sekte 623
Meddix tuticus, Oberhaupt des Samnitischen Bundes 81
Mediävistik, Erforschung des Mittelalters 23
Medien, Landschaft in Nordwestiran 378
Mediterraner Kulturkreis 30f., 38, 661
Medjerda, Fluß in Tunesien 133
Médoc, Landschaft in Südwestfrankreich 561
Megalopolis, Kleinasien 240
Melania die Jüngere, Tochter des römischen Senators Valerius Publicola, Heilige 472, 546
Melissa, Phrygien 369
Melitene (Melite, Malatia), Kappadokien 621, 645, 649

Melitius, Bischof von Lykopolis 463, 505
Melito, Bischof von Sardes, christlicher Apologet 453, 462, 479

NAMEN- UND SACHREGISTER

Melkiten (Malka, syrisch Kaiser), Richtung der Monophysiten 657
Memnon, Kolosse des, Sitzfiguren Amenophis' III., Königs von Ägypten, bei Theben 369, 373, 396
Memphis, Ägypten 369, 437, 462

Menander (Menandros), griechischer Komödiendichter aus Athen 170, 278
Menander, griechischer Rhetor aus Laodikeia 490
Menander Protektor, oströmischer Schriftsteller 641
Menapier, Stamm der Belger 492, *Kartenskizze 263*
Menetekel, Warnungszeichen nach Daniel (Kapitel 5) 192, 219, 273
Menophilus, Iulius oder Tullius, römischer Senator 410f.
Merobaud, fränkischer Offizier 526
Merowinger, fränkisches Herrschergeschlecht 666
Mesopotamien (Zweistromland) 162, 273f., 311, 365ff., 378, 395, 397, 406, 415f., 418, 422, 425f., 461, 532, 620, 622f., 649, 652

Messalina, siehe Valeria Messalina
Messapier, illyrisch-ägäisches Mischvolk 34, *Kartenskizze 59*
Messene, Messenien 436
Messenien, Landschaft auf der Peloponnes 155
Messias (hebräisch Gesalbter), Heilskönig, Erlöser 432ff., 442f.
Messina (Messana), Sizilien 102 bis 105, 112, *Kartenskizze 59, Karte 548*,
—, Straße von 30, 99, 102, 104, 127, 630
Metagonia (Mauretanien), Landschaft in Nordafrika 120
Metallzeit 30f.
Metaphysik, Lehre von dem, was über das sinnlich Wahrnehmbare hinausgeht 435, 446, 453, 459, 484
Metapontum, Lukanien 128, *Kartenskizze 59*
Metaurus, Fluß in Umbrien 131f., *Kartenskizze 59*
Metellus Celer, Quintus Caecilius, römischer Konsul 255
Metellus Nepos, Quintus Caecilius, römischer Volkstribun 253
Metellus Numidicus, Quintus Caecilius, römischer Konsul 201ff., 207
Metellus Pius, Quintus Caecilius, römischer Konsul 233
Metellus Pius Scipio, Quintus Caecilius, römischer Konsul 275, 277, 279, 283f.
Metope, rechteckiges Zwischenfeld des dorischen Tempelfrieses, *Abb. 45*

Metropolit (Erzbischof) 506, 530
Metz (Mediomatricum), Lothringen 568, 570, 600
Michael der Tapfere, Fürst der Walachei 547
Michelangelo, eigentlich Michelagniolo Buonarroti Simoni, Bildhauer, Maler und Baumeister 596
Micipsa, numidischer König 200
Militärtribune (tribuni militum) 67, 69, 217, 368
Militiae, tres, militärische Rangordnung in Rom 338, 371
Miliz, zu besonderem Zweck aufgestellte militärische Formation 617, 624, 626
Milizaufgebot, römisches 186, 204f., 540
Milo, Titus Annius, römischer Volkstribun 270, 274
Milon, epirotischer Offizier 93
Miltiades, altchristlicher Apologet 462
Milton, John, englischer Dichter 611
Milvische Brücke (Pons Milvius, Ponte Molle), Schlacht 463, 500, 537, 600, 666
Minicius Fundanus, römischer Prokonsul 461, 479
Minturnae, Kampanien 89, *Kartenskizze 83*
Minucius Felix, Marcus, christlicher Apologet 453
Minucius Rufus, Marcus, römischer Reiteroberst und Diktator 123f.
Mischehen zwischen Heiden und Christen 514
Mischna, Aufzeichnung mündlich überlieferter jüdischer Religionsgesetze 435, 461
Misenum, Kap und Stadt (heute Kap Miseno) am Golf von Neapel 310, 345, 349, 352
Mission, christliche 442, 448f., 455, 461f., 465, 477, 588, 608, 617
—, jüdische 433
—, nestorianische 471
Mithra(s) (Mitra), arischer Gott 412, 414, 436, 460ff., 480f., 484, 492, 499, 514
Mithridates VI. Eupator, König von Pontos 216f., 221—225, 232, 236, 238ff., 244, 252, 271, 280, 284, 306, 663
Mithridates aus Pergamon 283
Mithridatischer Krieg, Erster (88 bis 84 v.Chr.) 221—224, 237, 663
—, Zweiter (84—83) 663
—, Dritter (74—64) 663
Mitrovica, siehe Sirmium
Mittelalter 21, 26, 48, 532, 581, 607, 611, 627, 639, 651, 667
Mittelmeer (Mare Internum, Nostrum) 14, 30, 45, 99, 102, 109,

134, 154, 236, 238, 246, 372, 383, 449, 552, 584, 629f., 636, 662f., *Kartenskizze 103*

Mittelmeerraum 14, 18, 29f., 33, 41, 45, 85, 99, 102, 109, 136, 144, 147, 319f., 325, 386, 658, 611, 642, 655
Mittelmeerwelt nach dem Frieden von Apameia 154—157, 319, 524, 607ff., 612ff., 619, 627, 637, 654
Modalismus, Richtung altchristlicher Theologen 458, 462
Modena, siehe Mutina
Mönchtum 470, 472f., 484, 529, 548, 611, 642, 655, 658
Moesien, Landschaft südlich der unteren Donau 356, 358, 365, 368, 373, 395ff., 402, 410f., 413, 525, 527f., 553, 591

Moesia (II) Secunda, römische Provinz 613, 620, *Karte 548*
Mogontiacum (Mainz), römisches Kastell 349, 407, 420, *Kartenskizze 263, 357*
Mohammed (Muhammad), Begründer des Islams 645, 654
Mommsen, Theodor, Historiker 22, 24, 177, 193, 248, 254, 285, 295, 401
—, »Römische Geschichte« (3 Bde. 1854—56) 22, 24, 254
Mona (heute Man), britische Insel 341f.
Monarchianismus, Richtung altchristlicher Theologie 450, 458, 462, 617
Monarchie 17, 25, 76, 224, 230, 252, 254, 289, 320, 489, 500, 502f., 509, 511, 520, 528—534, 538, 585, 609
Monarchisch-episkopale Organisation 456
Mongolei, Landschaft Innerasiens 553
Mongolen, tungides Volk 553
Monismus, philosophischer Standpunkt, der alle Erscheinungen auf ein einziges Prinzip zurückführt 459, 470
Monoenergetismus, Lehre von der Einheit der göttlichen Kraft 658
Monophysiten, Anhänger der Lehre von der einen Natur Christi 470f., 612ff., 616f., 620, 623f., 641, 645f., 651, 656f., 667
Monopolwesen in Ostrom 627, 639
Monotheismus, Verehrung eines einzigen Gottes 412, 449, 458, 468, 528
Monotheletismus (móno thélema: ein Wille), christliche Richtung, die die Zweinaturenlehre anerkennt, aber die Einheit des Willens lehrt 658

Mons Albanus, siehe Albanergebirge
Mons Lactarius bei Neapel 621, 636
Monsun, in Richtung und Stärke wechselnder Großwind in der Äquatorialzone 387
Montanisten, altchristliche Sekte 447, 456f., 462, 474
Montanus, Kybelepriester aus Ardabau, Phrygien 454, 461
Mont Cenis, Paß in den Grajischen Alpen 325
Monte Cavo, Gipfel im Albanergebirge 56
Montesquieu, Charles de Secondat, Baron de la Brède et de, französischer Schriftsteller 177
Mont Genèvre (Mons Ianus), Straßenpaß in den Cottischen Alpen westlich von Turin 556, 561
Montmaurin, Gallia Narbonensis 549
Mopsuestia, Kilikien 464
Moriner, Stamm der Belger 265, *Kartenskizze 263*
Mosaik 549, 553, 565, 593, *Abb. 403*
Moses, jüdischer Gesetzgeber 432, 454
Mos maiorum (lateinisch), Sitte der Vorfahren 184
Mostar an der Narenta, Jugoslawien 112
Mucia, Tochter des Pontifex Maximus Quintus Mucius Scaevola, 255
Mucii Scaevolae, plebejisches Geschlecht 187
Mucius Scaevola, Publius, römischer Jurist und Konsul 187, 190
Mucius Scaevola, genannt Pontifex Maximus, Quintus, römischer Jurist und Konsul 208, 220f.
Münzabwertung in Rom 214f., 399, 402, 420
Münzwesen, indoskythisches 461
—, italisches 212
—, römisches 101, 114, 147, 177, 402, 411, 422f., 462, 481, 490f., 496, 500, 515, 522, 543, 545, 594, 665, *Abb. 148*
—, Syrakus, *Abb. 101*
—, Tarsos 462
Muluja, Grenzfluß zwischen Mauretania Tingitana und Caesariensis 583
Mulus Marianus, Marianischer Maulesel, Spitzname des römischen Legionärs 205
Mummius Achaicus, Lucius, römischer Konsul 165
Munda, Hispania Ulterior 285f., 291f., 663
Mundhir III., arabischer Fürst 620, 623, 646

Mundus, oströmischer Feldherr 626, 630, 632f.
Municipalaristokratie 325, 347, 349, 360, 362
Municipes (Municeps), Bürger minderen Rechts 95
Municipia, Städte römischer Ordnung, aber verschiedener staatsrechtlicher Stellung 84, 94f., 349, 355, 364f., 373, 407, 409
Mursa (Esseg) an der Drau 416, 510
Musonius Rufus, römischer Stoiker 461, 465
Mutina (Modena), Emilia 114, 147, 302ff., *Kartenskizze 59*
Mutterrecht (Gynaikokratie) 30f.
Muttines, Vertrauensmann Hannibals 130
Mylae, Sizilien 106, 661
Myos Hormos, ägyptischer Hafen am Roten Meer 386
Mysterien der »Großen Götter« auf Samothrake 436
Mysterienreligion, christliche 446
—, hellenistische 436f., 439
Mysteriensakrament 443
Mysterienspiele in Rom 514
Mystik, Glaube an die Möglichkeit der inneren Verbindung mit dem Übersinnlichen 391, 449, 464, 514
Mythos 452f., 464, 470, 483, 591
—, panslawistischer 632
Mytilene auf Lesbos 239

N

Naassener, gnostische Sekte 452
Nabatäer, arabischer Volksstamm 365, 444
Nabis, Tyrann von Sparta 140f., 143
Naevius, Gnaeus, römischer Dichter aus Kampanien 116, 169ff., 662
—, »Bellum Punicum« 171
Naher Osten 19, 654, 658
Naïssus (Nisch), Serbien 420, 570, 616, 665
Napoca (Cluj, Klausenburg), Dakien 364
Narbonne (Narbo), Gallia Narbonensis 425, 561f., 568, 576, 578f., 581, *Kartenskizze 599*
Narcissus, römischer Freigelassener 339
Naristen, germanisches Volk 380
Narnias, patrizische Familie 359
Naro (Narenta), Fluß in Illyrien 112
Narseh (Narses), König von Persien 494
Narses, Feldherr Justinians 621, 626, 631, 635ff., 641, 645, 648f., 651, 667

Nathanael, Gestalt aus dem Johannesevangelium 452
Nationalversammlung, französische 227
Naulochos, Nordostsizilien 310, 664
Naupaktos, Aitolien 126
Nautier, patrizisches Geschlecht 75
Nazareth, Galiläa 440, 449
Nazianz(us), Kappadokien 469, 518, 526, 528, 641
Neapel, Kampanien 81, 85, 100, 126, 134f., 342, 344, 572, 577, 621, 630f., 635ff., *Kartenskizze 59, 83, 103, 599*

—, Golf von 39, 45
Neckar (Nicer), rechter Nebenfluß des Rheins 356, 522, *Kartenskizze 357*
Nekropole (Nekropolis), Totenstadt, Begräbnisstätte im Altertum 42, 44
Nemausus (Nîmes), Gallia Narbonensis 375, 561, 581, *Kartenskizze 263*
Nemea, Talgrund südwestlich von Korinth 343
Nemeische Spiele (Nemäen) 343
Nemesios, Bischof von Emesa 458
Nemisee, Kratersee im Albanergebirge 54
Neolithikum (Jungsteinzeit) 30f.
Nepet, Etrurien 58, *Kartenskizze 83*

Nepos, Bischof von Arsinoë, Ägypten 472
Nepos, A. Platorius, römischer Konsul 374
Nepos, Cornelius, römischer Geschichtsschreiber 664
Nepos, Flavius Iulius, römischer Kaiser 576, 590, 666
Nepotianus, römischer Feldherr 579
Nepotianus, Flavius Popilius, römischer Kaiser 510
Nero, Lucius Domitius Ahenobarbus, nach Adoption durch Claudius: Nero Claudius Caesar, römischer Kaiser 25, 339—345, 347ff., 353, 427, 444, 461, 477f., 533, 536, 641, 664, *Abb. 344, 351, Stammtafel 327*
Nerva, Marcus Cocceius, römischer Kaiser 25, 359ff., 380, 664
Nervier, Stamm der Belger 264, 266, *Kartenskizze 263*
Nesiotenbund (Koinón ton Nesióton), Bund der Inselbewohner 155
Nestorianische Kirche 471
Nestorius, Patriarch von Konstantinopel 471, 656, 667
Neuchâtel (Neuenburg, Novum Castrum), Schweiz 568
Neues Testament 439, 442, 446, 454f., 461f., 468, 471, 475, 483, 506, 642

NAMEN- UND SACHREGISTER

Neugriechische Sprache 642
Neukarthago (Carthago Nova, Cartagena), Spanien 117, 119, 130, 135, 167, 562, 567, *Kartenskizze 103*
Neuplatonismus, griechische Philosophenschule 419, 438, 458f., 463f., 466–469, 472, 475, 480, 482, 624, 665, 667
Neuß, siehe Novaesium
Neuzeit 48, 639
Nibelungenlied 568
Nicaea (Nikaia), Bithynien 415, 468, 501, 506, 509, 526, 528, 530, 656, 666f.

Nicaenum, Nicaenisches Glaubensbekenntnis 455, 468f., 474, 506, 530
Nicomachus Flavianus, Prätorianerpräfekt 533
Nicopolis ad Istrum (Donau), Moesien 365
Niebuhr, Barthold Georg, Geschichtsforscher und Staatsmann 21 f.
—, »Römische Geschichte« (Bd. 1/2, 1811/12; Bd. 3, 1832) 21
Nigrinus, Gaius Avidius, römischer Konsul 370
Nikaaufstand, Empörung der Zirkusparteien 618, 621f., 624ff., 638f., 646, 650f., 667
Nikaia am Golf von Malia 139
Nikanor, makedonischer Feldherr 138
Nike, nahe Adrianopel, Thrakien 468
Niketas, oströmischer Feldherr 652
Nikias, athenischer Staatsmann und Feldherr 129
Nikomachos von Gerasa, Neuplatoniker 461
Nikomedeia (Nicomedia), Bithynien 402, 415, 462, 481, 492, 494, 498, 504, 515, 535, 650

Nikomedes III., König von Bithynien 239, 663
Nikopolis, Epirus 584
Nil, Fluß in Ägypten 365, 397, *Karte 208, 360*
Nildelta 383
Nimes, siehe Nemausus
Ninive, Mesopotamien 621,646,654
Nisch, siehe Naïssus
Nisibis, Mesopotamien 366f., 378, 395, 397, 407, 494, 508, 519, 620ff., 634, 646

Nitrische Wüste (Wadi Natrun), Teil der Libyschen Wüste 472
Nobilität (nobilitas), Beamtenaristokratie 75ff., 79, 116, 145f., 149–154, 181–186, 196, 198, 201 ff., 206–210, 213, 226f., 232, 242, 296, 322f., 338, 362, 390

Noët aus Smyrna, Führer der Modalisten 458, 462
Nola, Kampanien 44, 46, 81, 88, 126, 213f., 219, 226, 579, *Kartenskizze 83*
Nomaden, Völker ohne festen Wohnsitz 508, 521, 570
Nomismus, Bindung an das Gesetz 441, 444
Norba, Latium 56, *Kartenskizze 83*

Norbanus, Statthalter von Raetien 356
Norbanus, Gaius, römischer Volkstribun 208
Nordsee 601, *Kartenskizze 599*
Noreia, antike Stadt in Kärnten 203, 663, *Abb. 201*
Noricum, römische Provinz 328, 372f., 379, 558, 567, 592, 635

Normandie, Landschaft in Nordwestfrankreich 265, *Kartenskizze 263*
Nota censoria, Rüge des Zensors 80
Novaesium (Neuß), römisches Kastell 349
Novatianer (Kirche der »Reinen«) 457, 462, 505
Novatian(us), Presbyter in Rom 457
Nuceria, Kampanien 44, 46, 81, 88, *Kartenskizze 83*
Numantia, Spanien 167, 187, 202, 662, *Abb. 165*, *Kartenskizze 103*

Numa Pompilius, zweiter mythischer König Roms 50, 52
Numen, Gottheit 53
Numenios aus Apameia, Syrien, griechischer Philosoph 459, 461
Numerian(us), Marcus Aurelius, Sohn des Carus, römischer Kaiser 319, 425f., 492f.
Numider, Hirtenvolk Nordafrikas 123, 155, 410, 415, 662
Numidia Cirtensis, römische Provinz 585
Numidien, Landschaft in Nordafrika 128, 132, 134, 162f., 165, 200f., 203, 280, 415, 462, 561, 563, 583
Numitor, König von Alba Longa 48
Nursia (Norcia), Mittelitalien 620, 642
Nymwegen (Ulpia Noviomagus), Niederlande 361
Nyssa, Kappadokien 469, 526, 528, 641
Nymphidius Sabinus, Gaius, Präfekt der Prätorianer 345

O

Obelisk, hoher vierkantiger pyramidenförmig zugespitzter Stein 536, 538

Octavia, siehe Claudia Octavia
Octavia minor, Schwester des Augustus 275, 311, 313, 315, 329, 664, *Stammtafel 326f.*
Octavius, Gaius (nach Adoption durch Caesar: Gaius Iulius Caesar Octavianus), siehe Augustus
Octavius, Gnaeus, römischer Konsul (87 v. Chr.) 218f.
Octavius, Gnaeus, römischer Konsul (165 v. Chr.) 161
Octavius, Marcus, römischer Volkstribun (133 v. Chr.) 188f., 199, 237
Odaenathus (Odainath), Septimius, Fürst von Palmyra 418f.
Oden Salomos, Sammlung gnostischer Hymnen 452
Odenwald, Gebirge zwischen Nekkar und Main 356
Oder, Fluß in Ostdeutschland 569
Odoaker (Odowakar), Heerführer aus dem Stamme der Skiren 572, 577, 580, 590f., 613f., 620, 628, 666
Odyssee, Epos von Homer 116, 168, 171
Oea, Nordafrika 347
Ökumene (Oikumene), der bewohnte Teil der Erde 172, 588
Ökumenisches Bekenntnis des Christentums 455, 468
Oescus an der Donau, Moesien 365, 413
Offenbarung, göttliche 437, 453, 471
— von Moses 454
— von den Presbytern 454
Ogulnius, Gaius, Volkstribun 71
Ogulnius, Quintus, Volkstribun 71
Oise (Isara), linker Nebenfluß der Seine 598, *Kartenskizze 263*
Oligarchie, Staatsform, in der »wenige« (olígoi) regieren 127, 150, 242, 250
Oligopol (olígos, griechisch: wenig), Vorrecht, Anspruch weniger 257
Olybrius, Anicius, römischer Kaiser 576, 584, *Stammtafel 531*
Olympia, Elis 343, 373
Olympische Spiele 343, 532
Olymp(os) (Sitz der Götter), Bergmassiv in Nordgriechenland 49
Omar I. ibn al Chattab, Kalif in Medina 655
Opferschau, siehe Haruspicina
Opitergium, Venetien 379
Oppius, Gaius, italischer Vertrauter Caesars 287
Optimaten (optimates, die Besten), römische Adelspartei 199f., 207, 216, 220, 231, 235, 237, **242** bis **247**, 249f., 253f., 256ff., **269** bis **273**, 275, 277, 279, 281, 287, 291

Orakel 71, 293, 411, 439, 481, 514
—, chaldäische 462
—, delphische 459
Orbis Romanus, römischer Weltkreis 20, 383 ff.
Orchomenos, Boiotien 223, 663
Orestes, römischer Feldherr 576f., 590f., 666
Orfitus, Vitrasius, Stadtpräfekt von Rom 513, 515
Orient 394, 619, 621, 623, 646
Orientale 437
Origenes, Beiname Adamantios, griechischer neuplatonischer Theologe 449f., 455, 458, 462, **464—469, 471** ff., 475, 480, 506, 665
—, »De principiis, Perí archón« 466
—, »Héxapla« 466
—, »Stromateís, Teppiche« 466
Origenismus 26, **464—469, 471** ff., 481, 657
Orléans (Cenabum, später Aureliani), an der Loire 570f.

Orontes, Fluß in Syrien 239, 524
Orpheus, mythischer Sänger und Dichter 436, 462, 480, 484
Orthodoxie, Rechtgläubigkeit 433, 473, 505, 508, 526, 528ff., 551, 565, 596f.
Ortsnamenkunde 31, 33f., 51
Osiris, ägyptischer Gott 414, 436f.
Osker, indogermanisches Volk 39, 46, 55f., 81, 88, 214, 226, 661, *Abb. 212, Kartenskizze 59*
Osrhoëne, römische Provinz in Mesopotamien 378, 395

Ostern, Fest der Auferstehung Christi 457, 461f., 484
Ostgoten (Ostrogoten) 524f., 553, 556, 576, 583, 590, 592, 603, 610, 612f., 615, 619ff., 627ff., **631—637**, 644, 649, 657, 666f.
—, Reich der 590—597, *Kartenskizze 599*
Ostia, Hafen des alten Roms 50, 338, 363, 386, 450f., 513, 558, *Kartenskizze 35, 59, 83*

Ostjordanland 240
Oströmische Kunst 627, 639, *Abb. 613, 624, 641, 652f.*
Oströmisches Heer 616, 622f., 634ff., 645f.
Oströmisches Reich 384, 592, 605 bis 658
—, Datengerüst 622ff.
—, Perserkriege **619—625**, 633f., 645f., 656f.
—, Religionspolitik 655—658
—, Steuerwesen 624f., 627, 634, 638, 643, 650
—, Wirtschaft und Kultur **638—643**
Ostsee (Mare Suebicum) 386

Otacilia Severa, Gemahlin des Kaisers Philippus 411f.
Otho, Marcus Salvius, römischer Kaiser 340, **344—347**, 664
Otranto, siehe Hydruntum
Ouarsenis, Höhenzug in Algerien 521
Ovid, Publius Ovidius Naso, römischer Dichter 323, 665, *Abb. 251*
—, »Amores« 665
—, »Ars amatoria« 665
—, »Metamorphosen« 665

P

Pabek, persischer König 407
Pacatianus, Tiberius Claudius Marinus, römischer Usurpator 412
Pachomios, der Ältere, Heiliger 484, 529
Pacuvius, Marcus, römischer Tragiker aus Brundisium 169, 662
Padanischer Kulturkreis 31, 661
Päligner, Stamm der Sabeller 34, 36, *Kartenskizze 83*
Paestum (Poseidonia), Lukanien, *Abb. 45, Kartenskizze 83*
Paetus, Caesennius, römischer Feldherr 341
Paideía (griechisch), Erziehung, Bildung 475
Palästina 333, 347, 350, 374, 397, 432, 434f., 443, 449, 460, 472, 481, 529, 634, 655f., 664
Palatin (mons Palatinus), einer der sieben Hügel Roms **48—51**, 58, 405, 436, 460, *Abb. 49*
Palestrina, siehe Praeneste
Palicenus, Lollius, römischer Volkstribun 234
Palladium, Bildnis der Pallas Athene 535
Palma, Aulus Cornelius, römischer Feldherr 365, 370
Palmyra (Tadmor), Syrien 373, **418—422**, 450, 462f.
Pamphilos, Presbyter in Caesarea, Palästina 467, 472, 481
Pamphilos-Katakombe, Rom, Via Salaria Vetus *Abb. 477*
Pamphylien (Pamphilia), römische Provinz 337
Panaitios aus Rhodos, griechischer Philosoph 173, 186, 460, 662
Pandateria, eine der Pontinischen Inseln, Westküste Italiens 341
Pandekten, siehe Digesten
Panegyrikos, Lobrede, -gedicht 294, 492f., 500, 518, 527, 579, 641
Panhellenische Festspiele 343
Pannonien, römische Provinz 328, 345, 364f., 368f., 373f., 379,
392, 397f., 409, 415f., 418, 420f., 424, 508, 522, 527f., 554, 562, 567, 569, 612, 620f., 630, 635, 644f.
Pannonier, Stamm der Illyrer 328
Panopolis am Nil, Oberägypten 611
Panormos (Palermo), Sizilien 102, 107f., *Kartenskizze 59*
Pansa, Vibius, römischer Konsul 302f.
Pantheon (pántheion, griechisch [Tempel] aller Götter), Rom 352
Papias, Bischof von Hierapolis, altchristlicher Schriftsteller 446f., 461
—, »Erklärungen zu Worten des Herrn« 447
Papinianus Aurelius, römischer Jurist 394, 398, 400f., 639
Papirius Carbo, Gaius, römischer Volkstribun 192
Papirius Carbo Arvina, Gaius, römischer Politiker (Lex Plautia Papiria) 214
Papirius Cursor, Lucius, römischer Konsul 89, 93
Papius Mutilus, Gaius, oskischer Heerführer im Bundesgenossenkrieg, *Abb. 212*
Papsttum 523, 529, 532, 614f., 617, 620, 637, 647f., 650, 653, 657, 667
Papyri 449, 460ff., 485, 496f., 544

Paraklet(os) (griechisch Fürsprecher), nach Johannes Bezeichnung des von Jesus den Jüngern verheißenen Heiligen Geistes 454
Paris, siehe Lutetia Parisiorum
Parma, Emilia 147, *Kartenskizze 59*

Parthamaspates, parthischer König in Ktesiphon 367
Parther, indogermanisches Volk 162, 240, 273, 293f., 299f., 311, 330, 341, 344, 365ff., 370, 373, 376ff., 395, 397, 402ff., 407, 412, 414, 460ff., 664f., *Abb. 400*
Partherkrieg des Triumvirn Antonius 311f., 664
— Trajans 365—309
Parthien 416, 426
Partisanen 214
Passah (Pessach), am ersten Vollmond des Frühlings gefeiertes jüdisches Fest 433, 457
Passara, Gemahlin des Germanus, Neffen Justinians 644
Pastoralbriefe 447, 461
Patainos, christlicher Philosoph 449, 462
Patavium (Padua), Venetien 421
Pater familias (lateinisch), Familienoberhaupt 54, 60, 68

NAMEN- UND SACHREGISTER 697

Paternus, Tarruntenus, Präfekt der Prätorianer 390
Patmos, Insel des Dodekanes, Ägäis 358, 446, 461
Patras (Patrai), Achaia 450
Patria potestas (lateinisch), väterliche Gewalt 54, 640
Patriarch, kirchlicher Ehrentitel 530, 535, 612, 614
Patrizier (patricius), im alten Rom Mitglieder des Geschlechteradels 50, 54, 60—76, 116, 178, 183, 189, 231, 244, 249, 324, 330, 349, 661
Paulinus von Nola, Meropius Anicius Pontius P., Heiliger, christlicher Dichter 580
Paulus (hebräischer Name Saul) von Tarsos, Apostel 431, 440f., **443—448**, 453, 455, 460f., 464f., 469, 475, 483f., 505, 596, *Abb. 351*
—, Briefe 443ff., 448, 451, 453, 455, 483
Paulus, Patriarch von Alexandreia 656
Paulus, Iulius, römischer Jurist 394, 406, 595, 639
—, »Sententiae« 595
Paulus von Samosata, altchristlicher Theologe, Monarchianer 450, 467
Paulusakten, apokryphe Schrift 452
Pavia (Ticinum), Transpadana 500, 571, 575, 590f., 621, 636, 645
Pax Ostrogothica 596f.
Pax Romana, römischer Frieden 383f., 426, 567, 595
Pecunia non olet 349
Pedius, Quintus, römischer Konsul 304f., 663
Pei lin in Hsi-an-fu, Nestorianisches Monument 656
Pelagius, päpstlicher Apocrisiarius 656
Pelasger, vorindogermanisches Volk 31
Pella, Dekapolis 461
Pella, Makedonien 165
Peloponnes (Pelopónnesos »Insel des Pelops«), griechische Halbinsel 129, 155f., 436, 556, 576
Pelusion (Pelusium), Nildelta 282, 373
Penaten, römische Hausgötter 48
Pentere, antikes Kriegsschiff mit fünf Reihen Ruderbänken 108
Pentrer, Stamm der Samniten 93, *Kartenskizze 83*
Pepuza, Phrygien 454
Peregrinus (lateinisch), Fremder 182
Peregrinus Proteus aus Parium am Hellespont, kynischer Philosoph 462, 484
Perennis, Tigidius, Präfekt der Prätorianer 390

Perfectissimi, Titel der Equites (Ritter) 491
Pergamon, Mysien 129, 137, 143, 155f., 158ff., 162, 166, 435, 450f., 462, 479, 662
Perge, Pamphylien 444
Périgord, Landschaft an der Dordogne 578
Perikles, athenischer Feldherr und Staatsmann 193, 322
Perinthos an der Propontis, Thrakien 394, 423
Periodonike, Sieger in allen griechischen Festspielen 343
Peroz, König von Persien 614, 620
Peroz-Schapur am Euphrat 411
Perpenna (Perperna?) Vento, Marcus, römischer Offizier 234
Perpetua, Heilige aus Karthago 462
Persepolis, Persis 411
Perser, indogermanisches Volk 46, 143, 411, 416, 431ff., 491, 493, 507ff., 518f., 524, 526, 645
Perserreich 45, 99, 125, 147, 233, 410f., 415f., 418f., **421—426**, 494, 610f., 618, 645, 651f., 654f., 666f.
Perseus, König von Makedonien 157ff., 165, 662
Persien (Iran) 240, 433, 450, 463, 471, 493f., 538, 552, 589, 619, 649f., 654f., 658
Persischer Golf 365f.
Pertinax, Publius Helvius, römischer Feldherr und Kaiser 379, **391—394**, 396
Perusia (Perugia), Etrurien 123, 309f., 413, *Kartenskizze 35, 59*
Pescemius Niger, Gaius, Statthalter von Syrien 392, 394ff., 400
Pessinuntum, Kleinasien 413
Pessinus, Galatien 132, 137, 460
Pest 219, 378, 413, 421, 462
Petra am Schwarzen Meer 633
Petra, Hauptstadt der Nabatäer 373
Petra Pertusa, Kastell an der Via Flaminia 636
Petronius Arbiter, römischer Schriftsteller 388
—, »Gastmahl des Trimalchio« (Abschnitt des Romans »Saturae«) 388
Petros Barsymes, Syrer, oströmischer Minister 638f.
Petrus, aramäisch Kephas, eigentlich Simon, Apostel 442, 444, 446f., 461, 505, 596, 608
Petrus Chrysologus, Bischof von Ravenna, Heiliger 566
Petrus Patricius, oströmischer Minister und Schriftsteller 629, 641
Petrusakten, apokryphe Schrift 452

Petrusapokalypse, apokryphe Schrift 452
Petrusbrief 447
Pettau, Steiermark 450
Peuketier (Peucetier) illyrischer Volksstamm 34
Pfahlbauten in der Poebene 30f.
Pferdezucht 32f., 37f.
Pflugschar aus Eisen 387
Phalanx, geschlossene, mehrere Glieder tiefe Schlachtordnung 61, 64, 58, 159, 402
Pharisäer, religiös-politische Partei der Juden 431, 434, 441ff., 460
Pharnakes I., König von Pontos 156
Pharnakes II., König von Pontos 284, 663
Pharos (Lesina, Hvar), dalmatinische Insel 112, 119
Pharsalos, Thessalien 139
—, Schlacht bei (48 v. Chr.) 279, 281ff., 290f., 294, 308, 316, 663
Philadelphia (Philadelpheia), Lydien 333
Philemon, griechischer Komödiendichter aus Soloi, Kilikien 170
Philipp (Philippos) II., König von Makedonien 137
Philipp (Philippos) V., König von Makedonien 18, 79, **126—129**, 132, **136—141**, 143, 145, 156ff., 172, 662
Philipperbrief des Paulus 444
Philippi (Philippoi), Thrakien 307ff., 311f., 444, 450, 461, 664
Philippikos, oströmischer Feldherr 622, 649
Philippopolis, Thrakien 413
Philippos, Sohn Herodes' des Großen, Tetrarch im Nordterritorium von Palästina 441, 460
Philipposevangelium, apokryphes Evangelium 452
Philippus, Marcius, römischer Konsul 159
Philippus, Marcus Iulius Arabs, römischer Kaiser 406, **411—414**, 480, 524
Philon, jüdischer Philosoph aus Alexandreia 432, 434f., 443f.
Philopoimen, griechischer Feldherr aus Megalopolis 156, 165
Philosophen, Verbannung aus Rom 350, 358f., 460f., 478
Philosophie, griechische 434f., 438, 443, 453, 464f., 468, 470f., 474f., 641
—, indische 459
—, persische 459
—, römische 241f.
Philostratos aus Apameia, Flavius, griechischer Sophist 394
—, »Das Leben des Apollonius von Tyana« 394

Phöniker, semitisches Volk 14, 45, 393, 431
Phönikien, Landschaft an der syrischen Küste 161, 373
Phoinike, Epirus 137
Phokaier, Bewohner von Phokaia (heute Fotscha), kleinasiatische Küste 45
Phokas, oströmischer Kaiser 622, 650ff., 655, 657, 667, *Abb. 653*
Phokylides, griechischer Gnomendichter aus Milet 434
Phrygia Epiktetos, phrygisches Grenzland 156
Phrygien, Landschaft in Kleinasien 369, 390, 450, 454, 610
Physik 439
Piacenza, siehe Placentia
Piazza Armerina (Chiazza), Sizilien 594
Picenum, Landschaft in Mittelitalien 34, 123, 147, 181 212, 232
Pikenter, Volksstamm in Picenum 34, *Kartenskizze 59*
Pikten, keltischer oder vorkeltischer Volksstamm in Nordschottland 521, 567
Pilatus, Pontius, Prokurator in Syria Palaestinensis 441
Pilatusakten 463, 481
Pilgerwesen, christliches 449
Pilum (lateinisch), Wurfspeer 87, *Abb. 165*
Pindar(os) aus Kynoskephalai bei Theben, griechischer Lyriker 46
Piräus (Peiraieus), Hafen von Athen 223
Piraterie, siehe Seeräuberei
Pisa, Etrurien 109, 120, *Kartenskizze 59*
Pisa (Pisatis), Landschaft in Elis 343
Pisidien, Landschaft in Westkleinasien 444
Piso, Gaius Calpurnius, römischer Patrizier 343
Piso, Gnaeus Calpurnius, römischer Konsul 331 f.
Piso Caesoninus, Lucius Calpurnius, römischer Konsul 238, 260, 300
Piso Frugi, Lucius Calpurnius, römischer Volkstribun (149 v. Chr.) und Konsul (133 v. Chr.) 151, 185
Piso Licinianus, Gaius Calpurnius, römischer Patrizier 346
Pistis Sophia (griechisch Glaube — Weisheit), spätgnostisches Buch in koptischer Übersetzung 452
Pistoriae (Pistoia), Etrurien 247
Pithyusen, Inseln im westlichen Mittelmeer 285
Pizarro, Francisco, spanischer Conquistador 630

Placentia (Piacenza), Poebene 113, 121 f., 147, 421, 590
Placidia, Tochter Valentinians III. 584, *Stammtafel 531*
Plancina, Frau von Gnaeus Calpurnius Piso 332
Plancus, Lucius Munatius, römischer Konsul 304
Platon, griechischer Philosoph 241, 438, 452, 459, 464ff., 471, 474f., 491, 506, 514, 608, 642
—, »Nómoi, Die Gesetze« 241
—, »Politeía, Vom Staate« 241
—, »Timaíos« 452, 467, 475
—, Mythopoiie 439
Platonismus, die Lehre Platons und ihre Weiterbildung 434, 438 f., 446, 452 f., 458 f., 464, 468 ff., 474, 641
Platonopolis, geplante Idealstadt 459
Plautianus, Gaius Fulvius, Präfekt der Prätorianer 397 f., 400, 403
Plautius Silvanus, Marcus, römischer Volkstribun (Lex Plautia Papiria) 214
Plautus, Titus Maccius, römischer Komödiendichter aus Sarsina, Umbrien 169ff., 662
— »Amphitruo« 662
— »Miles gloriosus« 662
Plebejer, Angehöriger der Plebs 50, 60—77, 116, 349
Plebiscitum, Volksbeschluß 63, 73, 78, 193, 259 f., 270, 275, 650
Plebs, im alten Rom die nichtadlige städtische Bevölkerung 61—64, 66—74, 115, 189, 194, 216, 260, 300, 322, 324, 330, 354, 359, 376, 523, 661
Plebs frumentaria (frumentum: Getreide) 322
Plinius Caecilius Secundus der Jüngere, Gaius, römischer Konsul und Schriftsteller 361 f., 427, 461, 478, 550, 665
Plinius Secundus der Ältere, Gaius, römischer Schriftsteller 352, 665
—, »Naturalis historia« 665
Plotina, Gattin Trajans 368
Plotin(os), griechischer Philosoph aus Lykopolis 419, 458 f., **462** bis **465**, 474, 665
—, »Enneaden« 459
Plotinus-Basilika in Nîmes 561
Plutarch(os), griechischer Philosoph und Historikograph aus Chaironeia, Boiotien 438, *Abb. 351*
Po (Padus), Fluß in Norditalien 30, 44, 57, 89, 114, 135, 564, *Kartenskizze 59*
Poebene, Norditalien 29, 31 ff., 44, 47, 113 f., 119, 121 f., 131, 147, 206, 259, 560, 595
Poetovio an der Drau, Pannonien 364, 533
Polen 569

Pollio, Gaius Asinius, Statthalter in Hispania Ulterior 304, 306
Poitiers (Pictavium), Westfrankreich 469, 512 f., 530, 581, 601
Poitou, Landschaft in Westfrankreich 578
Polybios, griechischer Historiker aus Megalopolis 15, 45, 99, 111, 159, 172 f., 186, 204, 222, 439, 662
Polykarp, Bischof von Smyrna, Märtyrer, Heiliger 447, 450, 461
Polykrates, Bischof von Ephesos 457, 462
Polytheismus, Vielgötterei 503, 514
Pomerium (lateinisch), sakrale Stadtgrenze Roms 52, 256, 260, 324
Pometia, Latium 56
Pompeianus, Tiberius Claudius, römischer Feldherr 379
Pompeii, Kampanien 44, 213, 350, *Kartenskizze 83*
Pompeiopolis (Soloi), Kilikien 238, 240
Pompeius Magnus, Gnaeus, römischer Staatsmann und Triumvir 220, **231—241**, 244, **248—260**, **268—277**, **279—285**, 291, 296, 299, 301, 306 ff., 311, 316, 460, 476, 595, 663, *Abb. 240, Stammtafel 326*
—, Orientpolitik **236—240**, 255, 257, 259
—, Zivilversorgung der Veteranen 255, 257, 259
Pompeius Magnus, Gnaeus, ältester Sohn des Triumvirn 285
Pompeius Magnus, Sextus, jüngerer Sohn des Triumvirn 285, 306 ff., 310 ff., 664
Pompeius Rufus, Quintus, römischer Konsul 219
Pompeius Strabo, Gnaeus, römischer Konsul 219, 232, *Abb. 213*
Ponione, siehe Faimingen
Pontianus, Papst, Heiliger 457, 462, 472
Pontifex, im alten Rom Mitglied des höchsten Priesterkollegiums 20, 64, 71 f., 171, 423
— Dei Solis 423
Pontifex Maximus, Vorsteher des Pontifikalkollegiums 71, 253, 355, 410, 414, 460, 474, 518, 526 f., 664, *Abb. 320*
Pontifikalkollegium 20
Pontifikat, Würde des Oberpriesters 71 f., 410, 414
Pontinische Sümpfe, südöstlich von Rom 288
Pontius Pilatus, siehe Pilatus
Pontos (Pontus), Landschaft am Schwarzen Meer 155 f., 236, 239 f., 284, 321, 335, 361, 450, 482, 663

NAMEN- UND SACHREGISTER

Popillius Laenas, Gaius, römischer Legat 160
Poppaea Sabina, Gemahlin des Kaisers Nero 340f., 360, *Stammtafel 327*
Popularen (populus, Volk), römische Partei 199, 208, 235, 243, 247, 249f., 254f., 257f., 269
Populonium, Etrurien 41, *Kartenskizze 59*
Porphyr, Eruptivgestein 537
Porphyrios, eigentlich Malkos, aus Tyros, Neuplatoniker 459, **462 bis 465**, 474, 481, 494, 514f.
—, »Vita Plotini« 463, 465
—, »De abstinentia ab esu animalium« 463
—, »Epistola ad Marcellam« 463
Porta Collina im Nordosten von Rom, Schlacht bei der 221, 226
Portugal 340
Poseidonios, griechischer Philosoph aus Apameia, Syrien 439
Positivismus, philosophische Richtung, die im unmittelbar Wahrnehmbaren die einzige Grundlage der Erkenntnis sieht 471
Postumius, römischer Konsul 90
Postumus, Marcus Cassianius Latinus, gallischer Gegenkaiser 416, 419f., 424
Potaissa nahe Turda (Thorenburg), Dakien 364
Potestas maior, höhere Amtsgewalt des Konsuls 70
— minor, niedere Amtsgewalt des Prätors 70
—, par, gleiche Amtsgewalt der Konsuln untereinander 70
Pozzo-Gräber (Urnengräber) 37
Prädestination (Vorherbestimmung) 475, 483
Praeneste (Palestrina), Latium 34, 44, 84, 221, 226, *Abb. 225*, *Kartenskizze 35, 83*
Praetextatus, römischer Konsul 530
Prätor, römischer Heerführer, später auch Magistrat der Zivilgerichtsbarkeit und Verwaltungsbeamter 67, 70, 72, 76, 78, 111f., 128, 135, 142, 145, 151, 154, 212, 228, 253, 274, 278, 280, 298, 369f., 549
Praetor maximus, Oberbefehlshaber des römischen Heeres **67 bis 70**
Praetor minor, Befehlshaber 67
Prätorianer, Leibgarde der römischen Kaiser 324, 332, 335f., 339, 342f., 346, 348, 359, 371, 390ff., 394, 397, 401, 403, 405f., 410, 428, 490, 495, 502, 507, 523, 536, 540, 542, 547, 558
Prätur, Amt des Prätors 70, 75, 228, 234, 243, 276f.

»Pragmatische Sanktion«, Kirchliches Grundgesetz Justinians 637
Pragmatismus, philosophische Richtung, die Tun und Handeln über Denken und Theorie stellt 305
Praxeas, Modalist aus Kleinasien 458, 462
Predigt 449, 484
Presbyter, Kirchenältester 446, 448, 454, 456
Primuspilus, altgedienter erprobter Manipel-Hauptmann des römischen Heeres 349, 371
Princeps senatus (lateinisch), Erster der Senatoren 150
Prinzeps, Titel der römischen Kaiser 321
Prinzipat, Herrschaftsform der römischen Kaiser 25, 319, 322, 329ff., 353, 362, 416, 426ff., 665
Prisca, Gemahlin des Kaisers Diokletian 481
Prisca (Priscilla), Prophetin der Montanisten 454
Priscillianus, spanischer Sektenstifter 533
Priscus, Gaius, Iulius, Bruder des Kaisers Philippus 411
Priskos, griechischer Historiker 570, 611
Priskos, oströmischer Feldherr 622, 649f., 652
Probus, Präfekt von Pannonien 522
Probus Aequitius, Marcus Aurelius, römischer Kaiser 423ff., 491
Proculus, römischer Usurpator 424
Proklos, Diadochos, griechischer Neuplatoniker 464, 667
Prokonsul, Nachfolgeamt des Konsuls 233, 259f., 268f., 271, 276ff., 280, 335, 355, 361, 582
Prokopios, aufständischer Aristokrat 524
Prokop(ios), oströmischer Geschichtsschreiber 615, 618, **620 bis 626**, 628, 633ff., 636, **638 bis 643**, 657
—, »Anecdota« oder »Arcana historia« (Geheimgeschichte) 618, 621, 625, 635, 638, 641ff.
—, »Kriegsgeschichte des Zeitalters Justinians« 641
—, »Ktismota, Bauwerke« 633, 641
Prokop(ios) von Gaza, griechischer Rhetor und Theologe 642
Prokurator, im römischen Reich Verwalter einer Provinz 337f., 343, 371f.
Proletariat, römisches 148, 150, 153, 180, 183, 194, 204, 214, 245, 259, 287, 296
Pronunziamiento (spanisch), Aufruf, Militärputsch 513

Properz, Sextus Aurelius Propertius, römischer Dichter 323, 665
—, »Elegien« 323
Prophetentum, jüdisches 432
Propontis (Marmarameer) 394f., 415
Proprätor (pro praetore), Prätor-Stellvertreter 232f., 244, 253, 302, 541
Prosa, lateinische 171
Proselyt, von einer Religion zu einer anderen Übertretender 433, 442ff.
Proskriptionen, Ächten politischer Gegner durch öffentlichen Anschlag 225, 230, 242f., 244, 249, 281, 288, 305, 307, 309f., 663f.
Protasius, Märtyrer, Heiliger 565
Protectores domestici, kaiserliche Leibwächter 417, 425
Provence, Landschaft in Südfrankreich 576, 580f., 592f., 601, 603
Provinzialverwaltung, römische 228f.
Provokationsrecht, Berufungsrecht in Rom 73f., 200, 213, 444, 461
Prudentius, Aurelius Clemens, christlicher lateinischer Dichter 667
—, »Psychomachie« 667
—, »Contra Symmachum« 667
Prusa (Brussa), Bithynien 359, 478
Prusias I., König von Bithynien 142, 155f.
Prusias II., König von Bithynien 158, 160
Psalm, geistliches Lied der Bibel 432, 449, 475
Pseudoklementinen, judenchristliche Schriften, die fälschlich Clemens Romanus zugeschrieben wurden 442
Psychagogie (Seelenführung) 290, 298
Psyché (griechisch), Hauch, Seele 484
Ptolemäer, makedonische Dynastie in Ägypten 137, 142, 155, 312, 432, 539, 548, *Stammtafel Bd. 3, 466f.*
Ptolemaeus, Claudius, Geograph, Mathematiker und Astronom in Alexandreia, *Abb. 351*
Ptolemaios, christlicher Gnostiker 454, 462
—, »Brief an die Christin Flora« 462
Ptolemaios II. Philadelphos, ägyptischer König 436, *Stammtafel Bd. 3, 466f.*
Ptolemaios IV. Philopator, König von Ägypten 137, *Stammtafel Bd. 3, 466f.*
Ptolemaios V. Epiphanes, König von Ägypten 142, 460, *Stammtafel Bd. 3, 466f.*

NAMEN- UND SACHREGISTER

Ptolemaios VI. Philometor, König von Ägypten 160f., 434, *Stammtafel Bd. 3, 466f.*
Ptolemaios VII. Neos Philopator, König von Ägypten 161, *Stammtafel Bd. 3, 466f.*
Ptolemaios VIII. Euergetes II. (Physkon), König von Ägypten 160f., *Stammtafel Bd. 3, 466f.*
Ptolemaios XII. Neos Dionysos (Auletes), König von Ägypten 261, 282, 460, *Stammtafel Bd. 3, 466f.*
Ptolemaios XIII. Dionysos, König von Ägypten 282, *Stammtafel Bd. 3, 466f.*
Ptolemaios Halbbruder von Ptolemaios XII. Neos Dionysos (Auletes), König von Kypros 261, *Stammtafel Bd. 3, 466f.*
Ptolemaios, Sohn der Kleopatra Selene, König von Mauretanien 335, *Stammtafel Bd. 3, 466f.*
Publilius Celsus, Lucius, römischer Konsul 368, 370
Pulcheria, Aelia, Tochter des Kaisers Arcadius, Heilige 611f., 667, *Stammtafel 531*
Punier, Karthager 93
Punischer Krieg, Erster (264—241 v. Chr.) 18, 75, 79f., 99, **105** bis **111**, 132, 134, 146f., 172, 661f.
— —, Zweiter (218—201 v. Chr.) **120—135**, 145f., 149f., 163, 168f., 172f., 179f., 181, 183, 200, 213, 218, 261, 436, 662, 664
— —, Dritter (149—146 v. Chr.) **162—165**, 662
Punische Sprache 505, 551
Pupienus Maximus, Marcus Clodius, römischer Kaiser 410
Puteoli (Dikaiarcheia, Pozzuoli), Kampanien 81, 135, 147, 231, 386, 450, 460, *Kartenskizze 83*
Pydna, Makedonien **159—162**, 164f., 173, 662, *Abb. 156*
Pyrenäen 117, 119f., 135, 510, 549, 557, 560f., 567f., 579, 601
Pyrenäenhalbinsel, siehe Spanien
Pyrgi, Hafen von Caere 52, *Kartenskizze 35, 59*
Pyrrhos I., König von Epirus 17, **90—93**, 100ff., 107, 127, 661
Pythagoras, griechischer Philosoph aus Samos 439, 452
Pythische Spiele (Pythien) 343

Q

Quaden, Stamm der Sueben 357, 379f., 389, 402, 425, 521f., 666

Quadratus, altchristlicher Apologet 461
Quadratus, Ummidius, Neffe Mark Aurels 390

Quästor, römischer Finanzbeamter 71, 232, 242, 248
Quästur, Amt des Quästors 71, 76, 228, 250, 369
Quietus, Lucius, römischer Feldherr 367, 370
Quietus, T. Fulvius Iunius, römischer Usurpator 418
Quinctius, Flamininus, Titus, römischer Konsul 139f., 145, 150f.
Quintillus, M. Aurelius Claudius, Bruder des römischen Kaisers Claudius II. 421
Quirina, römischer Tribus 111
Quirinal(is), einer der sieben Hügel Roms 51
Quiritisches (quiris: römischer Vollbürger) Eigentum, Privateigentum 197
Qumran am Toten Meer 435, *Abb. 436*
Qumran-Schriften 435

R

Rabbi (Rabbiner), jüdischer Schriftgelehrter 432f., 442, 462
Radegast (Radagais), Heerkönig der Ostgoten 556, 610, 666
Raetien (Raetia), Landschaft in den Zentralalpen 356, 372f., 379, 414, 420f., 424f., 532, 556, 592
Ranke, Leopold von, Historiker 619, 651
Rassendiskriminierung 574
Ratiaria an der Donau, Moesien 365, 422
Rauhe Alb, mittlerer und höchster Teil der Schwäbischen Alb 356
Ravenna, Emilia 44, 89, 272, 349, 410, 529, 538, 556ff., 562, **564—567**, 571—576, 579f., 587, 589f., 593, 610, 620ff., 631f., 634ff., 648, 666, *Abb. 592f.*, *Kartenskizze 59, 599*
—, Bapisterium 595
—, Basilika San Apollinare Nuovo 593ff.
—, Basilika San Vitale 639
—, Basilika Santo Spirito 595
—, Mausoleum Theoderichs 596
Raymond VII., letzter Graf von Toulouse 580
Rea Silvia, Mutter von Romulus und Remus 49
Reate, Sabinerland 347
Reccared, König der Westgoten 581, 648
Reccarius, König der Sueben 569
Regalianus, römischer Usurpator 416
Regulus, Marcus Attilius, römischer Feldherr und Konsul 106, 109, 132

Reims (Durocortorum), Champagne 521, 552, 568, 600f., *Kartenskizze 263*
Reinheits- und Speisegebote 433
Reiterei, gotische 525
—, karthagische 122, 125, 133
—, makedonische 159
—, numidische 123
—, römische 123, 134
Reiterführer (magister equitum) 80, 207
Reitervölker Asiens 32
Reitkunst 33, 38
Religion, etruskische 42f., 53
—, griechische **435—439**, 443
—, römische 53, 168f., 412, f., 423, 436f.
Religionsfriede von 311, siehe Toleranzedikt
Religionskrieg 533
Reliquien 529, 533, 550, 559, 622
Remigius, Bischof von Reims, Heiliger 600
Rems, rechter Nebenfluß des Neckars 357
Remus, Zwillingsbruder des Romulus 48, *Abb. 148*
Renaissance 21
—, Florentiner (Früh-) 464
Renovatio imperii Romani, Erneuerung des Römischen Reiches 577
Repetundenverfahren (pecuniae repetundae: wiederzuerstattende Gelder) 185, 193, 208
Res publica (lateinisch öffentliche Sache), Gemeinwesen, Staat, Republik 50
Revolution in Rom 24, 64, 75, 153, **175—316**
Rhandeia (Randeia), Armenien 341
Rhegion (Rhegium, Reggio di Calabria) an der Straße von Messina 94, 102ff., 131, 300, *Kartenskizze 59*
Rhein (Rhenus) 57, 266, 347ff., 356, 358, 359, 361, 386, 391, 402, 407, 409, 414f., 422, 424, 451, **491—494**, 508, 516, 520ff., 554ff., 560, 562, 566, 568ff., 598, 664ff., *Kartenskizze 263, 357*
Rheinland 552, 554, 579
Rhenus (Reno), Nebenfluß des Po 44
Rhetorenschulen 549
Rhodos (Rhodus), ionische Insel 137, 142f., 155f., 159, 173, 242, 328ff., 333, 348, 435, 662
Rhône (Rhodanus), Fluß in Frankreich 121, 135, 415, 432, 451, 454, 513, 561, 576, 592, 598, *Kartenskizze 103, 263*
Ricimer, Flavius, römischer Heerführer 575f., 666, *Stammtafel 531*

NAMEN- UND SACHREGISTER

Rif (Er Rif), Gebirge in Spanisch-Marokko 347
Rifkabylen, Stamm der Berber 415
Rimini, siehe Ariminum
Ripuarien, Niederlothringen 568
Ritter, siehe Eques
Römer 16, 20f., 38f., 47f., 56, 65, 74, 79, 95, 113, 122, 124, 167 bis 174, 182, 191, 197, 212, 214f., 222, 241, 319, 363, 367, 383f., 387, 393, 404, 408, 412, 417, 432, 436f., 441, 446, 519ff., 524ff., 527, 530, 554, 558, 562, 570, 581, 592ff., 598, 628, 637, 661ff.
Römerbrief des Paulus 443f., 461
Römische Bundesgenossen (socii populi Romani) 95f., 146, 182, 191, 194, 209, 211, 213, 218
Römische Hegemonie 56, 58, 134ff., 144, 182
Römische Kultur 95, 116f., 576
Römische Kunst 148, 168, 363, 387, 463, 484, 504, 514, 535, 565, 593–596, *Abb. 48, 92f. 157,*
Römische Literatur 40, 47, 116, 152, 168–172, 323, 369, 427, 662, 664f.
Römisches Recht 20, 64ff., 69f., 72f., 79, 171, 227f., 370, 384, 398, 406, 477, 490, 578f., 583, 598, 602, 625, 639f.
Römisches Reich 21, 36, 38f., 47, 99, 119f., 155f., 158–162, 240, 244, 278, 281, 295, 306, 309, 311, 313, 386, 402, 406, 412, 417, 436, 446, 449, 487–603, 607, 609, 611ff., 615, 617, 620, 628, 645, 655, 661ff., 666f.

— —, Staatshaushalt 495
Römisches Staatsrecht 275ff.
Römisches Steuerwesen 80, 178, 194, 198, 222f., 334, 344, 348, 354, 358, 360, 362f., 370, 376, 381f., 399–402, 409, 414, 423, 476ff., 495f., 509, 517, 521–524, 536, 542–548, 550, 552, 594f., 665
Römische Suprematie 17, 107, 181, 320
Römische Weltherrschaft 17–20, 177–180, 182, 185f., 325, 328, 408, 414, 644
Römische Zivilisation 602f.
Römisch-latinische Kolonisation 14, 16, 56, 58, 86–90, 93ff., 100f., 111, 114f., 119, 135, 146ff., 153, 180ff., 191, 194f., 197, 206ff., 209, 226f., 245, 287f., 309, 324f., 342, 349, 364f.
Rogatianus, Iulius, römischer Senator 459
Rom, äußere und innere Wandlungen nach 241 v. Chr. 111–117

Rom, Anfänge in der Sicht der Römer 47–55
—, Bruderkrieg mit den Latinern 82f.
—, Bürgerkrieg (bellum civile) 217, 224, 226, 231, 250, 276–281, 283, 290, 293f., 296, 301f., 309f., 320, 339, 347ff., 380
—, Eingreifen im Osten 136–144
—, geistige Wandlungen 168–174
—, Griechenlands Unterwerfung 165f.
—, Heer 15, 63f., 67–70, 85, 87, 95f., 111, 186, 195, 204f., 217, 226, 229, 254f., 268, 279f. 284, 296f., 319f., 338, 358f., 362f., 371, 375ff., 399, 404, 406–409, 416f., 423, 425, 480ff., 484, 495, 523, 525, 545, 552, 558, 573f., 590, *Abb. 92, 156*
—, —, Berufs- 204f., 320, 385, 417, 663
—, —, Miliz- 15, 186, 204f., 540
—, Italiens Unterwerfung 81–94, 180
—, Kaisertum 20–23, 25f., 177, 240, 248, 295, 317–428, 481, 530, 534–542, 573, 591
—, Königtum 50–55, 74, 292, 320
—, Krieg mit Syrien 141–144, 157
—, Notstandserklärung des Senats 190, 199f., 207, 220, 246, 260, 270, 277, 279
—, politische Organisation Italiens 94ff., 182
—, Rechtsprechung 69f., 72f., 111, 200, 228, 235, 242, 370, 376, 381f., 398
—, Religion 53, 168f., 412f., 423, 436
—, Republik 20–24, 55–60, 64, 73–80, 177, 184, 224, 230, 236f., 241–249, 257, 261, 268 bis 285, 290f., 295ff., 302, 304f., 307f., 319, 330, 412, 427
—, Senat (zuerst 100, dann 300, ab 88 v. Chr. 600, unter Caesar 900 Mitglieder) 15, 50, 68, 76 bis 80, 92, 96, 104, 107, 112f., 115f., 119f., 125, 132f., 137ff., 142, 144f., 150f., 156, 158, 160 bis 167, 169, 183f., 187–193, 195f., 198f., 201ff., 206–210, 214–218, 223–230, 233f., 236ff., 242, 246f., 250, 252–259, 262, 264, 268–272, 274, 276f., 279 bis 282, 287, 290, 293f., 298, 300, 302ff., 306, 314, 319ff., 330, 332, 339f., 344ff., 348ff., 353, 358–363, 370f., 374, 376f., 381, 383, 389–394, 396, 403f., 409–412, 414, 416, 421, 423f., 425, 427, 479, 492, 506, 510, 527, 534, 536, 549, 555, 557f., 577, 590, 594, 596f., 608, 662 bis 665, *Abb. 289*
—, —, Mitgliederzahl 210, 227, 235, 290

Rom, Senatoren 305, 321, 331, 335, 338, 342f., 345, 350, 353f., 362, 371, 384, 386, 389, 392, 398, 401, 405f., 408f., 415, 417, 420, 428, 480, 523, 526, 533, 549, 584
—, Sozialstruktur 542–552
—, Stadt 41, 44ff., 61f., 68, 95f., 113, 129, 132, 148, 171, 179, 214, 218, 220, 224f., 229, 233, 241f., 255, 261, 270f., 274f., 278, 280, 285, 287, 300ff., 304, 324, 338, 341f., 345–348, 350, 358f., 362f., 370, 376, 380, 386, 394, 396 ., 400, 408f., 411ff., 421–424, 426ff., 432, 436, 442ff., 447, 450ff., 455–463, 467, 471, 474, 476, 479f., 489ff., 493, 498ff., 502f., 504ff., 508, 510, 512, 514f., 524, 526, 529, 532–535, 552, 557ff., 563, 566, 569, 571, 574, 584, 591, 593, 596, 608, 610, 615, 617, 619, 621, 631, 634–637, 648, 654, 661ff., 665f., *Abb. 49, 64f., 149, 249, 289, 305, 321, 384, 400, 402, 417, 476f., 504, 557, Kartenskizze 35, 59, 83, 103, 599*

—, —, Blockade 558f.
—, —, Brände (64, 80 n. Chr.) 342f., 352
—, —, Eroberung durch die Kelten 57, 67
—, —, Gründung (753 v. Chr.) 49
—, —, Synode zu 468
—, —, Ständekampf 60–74, 77, 144, 183, 189f., 661
—, Verfassung der Klassischen Republik 15, 75–80, 183f., 199
— vor dem Ersten Punischen Krieg 99–105
—, Wirtschaft 101, 114f., 147f., 177–181, 386–389, 496f., 542 bis 551
—, Zeitalter der Revolution 24, 175–316
—, Zivilverwaltung 336, 417, 539 bis 542, 564, 591
»Romania« 14, 135, 578
Romanisierung des Römischen Reiches 355, 364f., 373, 385, 489, 582
— Italiens 95, 147, 182, 226
Romanos Melodos, oströmischer Hymnendichter 641
Romanus, römischer Comes 521, 523
Romanus, oströmischer Exarch in Italien 648
Roma quadrata 51
Romilier, etruskisches Adelsgeschlecht 52
Romulus (Romilius, Romulus), sagenhafter Gründer und erster König Roms 49, 51f., 292, *Abb. 56, 148*

NAMEN- UND SACHREGISTER

Romulus Augustus mit dem Spottnamen Augustulus, römischer Kaiser 572, 576f., 666
Roncesvalles (Roncevaux), Pyrenäen 560
Roscius, Sextus, aus Ameria 242
Rostovtzeff, Michail Iwanowitsch, russischer Historiker und Archäologe 23, 407
—, »The social and economic history of the Roman Empire« (1926) 23
Rotes Meer (Sinus Arabicus) 383, 386, 634
Roxolanen, Stamm der Sarmaten 347, 369
Ruas (Rugulas), König der Hunnen 566
Rubico (Rubicone), Fluß zur Adria 278
Rudiae, Kalabrien 169, *Kartenskizze 59*
Rufinus, Flavius, Gallier, oströmischer Prätorianerpräfekt 552, 554, 609, 620, 666
Rufin(us), Tyrannius, lateinischer Kirchenschriftsteller 466, 472 f.
Rufus, Novius, römischer Statthalter 396
Rugen (Rugier), ostgermanisches Volk 592
Rullus, Publius Servilius, römischer Volkstribun 253
Ruma (etruskisch), Rom 44, 52
Rumänentum 653
Rumänien 293, 547, 553
Rußland 293, 547, 630, 632, 666
Rutilius Rufus, Publius, römischer Prätor 208
Rutuler, Volksstamm des römischen Mythos 49

S

Sabbat, jüdischer Ruhetag 433, 476
Sabeller, Völkergruppe der Italiker 34, 36 f.
Sabellios aus Kyrene, Modalist 458, 462
Sabiner, Stamm der Sabeller 36, 38, 50, 55, 88 f., 100, 661, *Kartenskizze 59, 83*
Sabinerland 54, 89, 95
Sabinianus, römischer Usurpator 410 f.
Sabinillus, römischer Konsul 459
Sachsen, germanisches Volk 492, 521, 533, 555, 562, 566 ff., 598, 666, *Kartenskizze 599, Karte 548*

Sacrosanctitas (Unverletzlichkeit) der Volkstribunen 62
Sacrum (lateinisch), Opfer 71
Sadduzäer, jüdische Geistesrichtung, die nur das mosaische Gesetz anerkannte und die mündliche Überlieferung ablehnte 434
Säkularspiele, in Rom seit 249 v. Chr. eingeführte Jahrhundertfeier 107, 355, 460, 502
Saguntum, Spanien 118, 119, 128, 662, *Kartenskizze 103*

Sahel, tunesischer, Landschaft westlich von Kairuan 585
Saint Albans, siehe Verulamium
Saintes, Hauptstadt der Saintonge, Frankreich 580
Saintonge, Landschaft nördlich der Gironde, Frankreich 578
Saint-Tropez, siehe Athenopolis
Sakrament, heilige Handlung, die Gnadengüter vermittelt 437, 443, 445, 448, 457 f., 474, 505
Salamanca, Spanien 118, *Kartenskizze 103*
Salamis, Insel im Saronischen Golf 46
Salamis auf Kypros 472
Salasser, Stamm der Kelten in Gallia Cisalpina 325
Salii Collini, Priestergilde in Rom 51
Salii Palatini, Priestergilde in Rom 51
Salinator, Gnaeus Pedanius Fuscus, Enkel des Servianus 374
Sallentiner, illyrischer Volksstamm 34, 93
Sallust(ius) Crispus, Gaius, römischer Historiker und Politiker 21, 144, 200, 241, 289, 369, 664, *Abb. 251*
—, »Bellum Jugurthinum« 200, *Abb. 200*
—, »Bellum Sagunthinum« 664
—, »Bellum Catilinae« 664
Salomo, König in Israel 50
Salonae, siehe Spalato
Salonina, Gemahlin des Kaisers Gallienus 459
Salutius Secundus, Prätorianerpräfekt des Ostens 519
Salzstraße (via salaria) 52, *Kartenskizze 35*
Samaria, römische Provinz in Palästina 328, 623
Samariter, Bewohner Samarias 620, 625
Samniten, umbrisch-sabellisches Volk 17, 36, 60, 81, **85—93**, 96, 100, 212, 214, 220 f., 661, *Kartenskizze 59, 83*
Samnitenkriege (323—272) 60, 69, 75, 87, 89 f., 123
—, Erster 82 f., 85, 661
—, Zweiter 85 f., 89, 661
—, Dritter 88, 90 f., 661
Samnitischer Bund 81 f., 87 f., 90, 93, 661, *Kartenskizze 83*
Samnium, Landschaft in Mittelitalien 17, 34, 82, 86 ff., 90, 93, 126, 130, 146 f.

Samos, Ort und Insel im Ägäischen Meer 348
Samosata am Euphrat 427, 450, 462
Samothrake, ägäische Insel 436
Sankt Bernhard, Großer, Paß in den Walliser Alpen 325, 568, 592
Sankt Moritz, siehe Agaunum
Saône, rechter Nebenfluß der Rhône 396, 575, 598, *Kartenskizze 263*
Sapaudia, Landschaft zwischen Neuchâtel und Grenoble 568
Sapor I., König von Persien 491
Sardes, Lydien 333, 453, 462, 479

Sardinia, römische Provinz 321
Sardinien 30, 45, 102, 105 f., 110 ff., 114, 120, 126, 135, 310, 348, 460, 576, 584, 587, 621, 628, 662, *Kartenskizze 103, 599, Karte 548*
Sarmaten (Sauromaten), iranisches Nomadenvolk 347, 357 f., 380, 409, 411, 414, 425, 493, 508, 519 f., 525, 557, 569, 665
Sarmatia, römische Provinz 378
Sarmizegetusa, Dakien 363 f.

Sarno, Fluß bei Neapel 636
Sarsina, Umbrien 169, *Kartenskizze 59*
Sasan, Priester in Persepolis, Ahnherr der Sasaniden 407
Sasaniden, persische Dynastie 467, 426, 494, 508, 522, 589, 613, 649, 654, 665, *Karte 548*
Sassoferrato, siehe Sentinum
Satan (hebräisch Widersacher), im Buch Hiob der boshafte, aber im Dienste Gottes stehende Unglücks- und Strafengel 433
Saticula, Kampanien 44, 87, *Kartenskizze 83*
Satricum, Latium 58, *Kartenskizze 83*
Saturn, Tempel des, Rom 324
Saturninus, Lucius Antonius, römischer Usurpator 356, 358, 361
Saturninus, siehe Appuleius
Save (Savus), rechter Nebenfluß der Donau 533, 556, 610, 620, 622, 649, *Karte 548*
Savoyen, Landschaft in den französischen Alpen 568, 585, 598
Schachtgrab 42
Schapur (Sapor, Sapores) I., König von Persien 411, 414, 425
Schapur III., König von Persien 508
Schenoudi von Atripe, koptischer Mönchspatriarch 529
Schisma, Kirchenspaltung 505, 530, 608
—, akakianisches 614 ff., 620, 647, 656, 667

NAMEN- UND SACHREGISTER

Schlesien, Landschaft beiderseits der mittleren und oberen Oder bis an die Osthänge der Sudeten 560
Schneider, Carl, Theologe und Historiker 25
—, »Geistesgeschichte des antiken Christentums« (2 Bde, 1954) 25
Schoeps, Hans-Joachim, Religions- und Geistesgeschichtler 442
Scholien, antike erklärende und textkritische Anmerkungen zu Schriftstellern 466
Schottland 355, 521
Schreiben im Römischen Reich 388
Schrift, etruskische 44
—, lateinische, *Abb. 56, 200, 213, 288, 345, 437, 588f.*
—, numidische, *Abb. 133*
—, phönikische, *Abb. 133*
Schriftgelehrte, jüdische 432f., 442, 462
Schwarzes Meer (Pontos Euxeinos) 238, 356, 374, 383, 386, 415, 417, 419, 553, 617, 622, 634, 638, 649, *Karte 548*
Schweiz 262, 532
Scilli (Scili), Numidien 451, 462
Scipio, Publius Cornelius, römischer Konsul 120—123, *Stammtafel 152*
Scipio Aemilianus Africanus minor, Publius Cornelius, Sohn von Lucius Aemilius Paullus 164, 167, 173f., 186f., 191, 202, 248, *Abb. 251, Stammtafel 153*
Scipio Africanus maior, Publius Cornelius, römischer Konsul 130, 132f., 142f., 149—151, 155, 164, 167, 171, 205, 662, *Stammtafel 153*
Scipio Asiaticus, Lucius Cornelius, römischer Konsul 224, *Stammtafel 152*
Scipio Asiaticus (Asiagenus) Lucius Cornelius, römischer Konsul 143, 150, *Stammtafel 152*
Scipio Calvus Gnaeus, Cornelius, römischer Feldherr, Bruder des Publius Cornelius Scipio 121f., 124, *Stammtafel 152*
Scipio Nasica Corculum, Publius Cornelius, römischer Konsul 163, *Stammtafel 152*
Scipio Nasica Serapio, Publius Cornelius, römischer Konsul 190, *Stammtafel 152*
Scipio Orphitus (oder Orfitus), Lucius Cornelius, römischer Senator 462
Scoten (Skoten), irisches, früh christianisiertes Volk 508, 521, 557
Scribonia, Gemahlin des Augustus 329, *Stammtafel 326*

Secessio plebis in Montem Sacrum (Auszug der Plebs auf den Heiligen Berg) 73
Seeräuberei 42, 112f., 119, 231 bis 240, 271, 307, 385, 415, 417, 419, 562, 568, 598, 662f.
Segesta, Sizilien 34, *Kartenskizze 59*
Seianus, Lucius Aelius, Präfekt der Prätorianer 332f., 397, 664
Seide 366, 386, 537, 558, 639
Seidl, Erwin, Rechtswissenschaftler 640
Seine (Sequana), Fluß in Frankreich 492, 570, *Kartenskizze 263*
Seius Strabo, Lucius, Präfekt der Prätorianer 332
Selene, griechische Mondgöttin 461
Selene, siehe Kleopatra Selene
Seleukeia am Kalykadnos (Göksu), Isauria 468, 512
Seleukeia am Tigris 366, 378, 397, 425, *Abb. 400*
Seleukiden, makedonische Dynastie 137, 239, 432, 434, 476, *Bd. 3, Stammtafel 454f.*
Seleukos I. Nikator, makedonischer Heerführer, König von Syrien 141, *Bd. 3, Stammtafel 454f.*
Seleukos IV. Philopator, König von Syrien 142, 158, 161, *Bd. 3, Stammtafel 454f.*
Selinus, Kilikien 367f., 416
Sella curulis, patrizischer Amtssessel 52, 71
Semiten, Sprachfamilie der Völker in Nordafrika und dem Nahen Osten 654, 656
Semitische Welt 646
Sempronia, Tochter des Tiberius Sempronius Gracchus d. Ä. 187, *Stammtafel 153*
Sempronius Longus, Tiberius, römischer Konsul 120ff.
Sena Gallica (Sinigaglia), Umbrien 621, 636
Senatusconsultum de bacchanalibus, Bacchanaliendekret 436, 477, 479
Senatusconsultum de defendenda republica (Senatusconsultum ultimum), Notstandserklärung des Senats 190, 199f., 594
Seneca, Lucius Annaeus, römischer Dichter und Schriftsteller 339ff., 343, 427, 664f., *Abb. 351*
Senonen, Stamm der Kelten 89f., 101, 114, 266, *Kartenskizze 263*
Sentinum (Sassoferrato), Umbrien 89, 636, *Kartenskizze 59*
Septem an der Straße von Gibraltar, Afrika 636
Septimius Geta, Publius, Bruder des Kaisers Severus 393, 398, *Stammtafel 395*

Septimius Severus, Lucius, siehe Severus
Septimontium (lateinisch), Siebenhügelfest 51
Septizonium, von Kaiser Severus am Fuße des Palatins errichteter Prachtbau 400
Septuaginta, griechische Übersetzung des Alten Testaments 432, 436, 440 , 442, 454, 460, 466, 475
Sepulcretum (Friedhof) des Vatikans 514
Sequaner, Stamm der Kelten 262ff., 344, *Kartenskizze 263*
Serapeion in Memphis 460, 532
Serapis (Sarapis), ägyptischer Gott 437, 460f.
Serben, südslawisches Volk 653
Serdica (Sardica, Sofia), Thrakien 365, 422, 468, 504, 509, 636
Serena, Nichte des Kaisers Theodosius I. 554, 557, 572, 609
Sereth (Hierasus), linker Nebenfluß der Donau 365
Sergiopolis (Resafa), Syrien 623
Sergius, Patriarch von Konstantinopel 653
Sertorianer 244
Sertorius, Quintus, römischer Feldherr 220, 233f., 236, 246
Servianische Mauer (Muri Serviani) in Rom 50, 58, *Abb. 64*
Servianus, Lucius Iulius Ursus, römischer Konsul 374
Servilier, patrizisches Geschlecht 248
Servilius, Gnaeus, römischer Konsul 123f., 171
Servilius Caepio, Quintus, römischer Konsul 203, 205, 208
Servilius Glaucia, Gaius, römischer Prätor 206f., 247
Servius Tullius, sechster mythischer König Roms 50, 58
Sesterz (nummus sestertius), römische Silbermünze 215, 300, 370f., 384
Sestius, Publius, römischer Volkstribun 270f.
Seth, dritter Sohn Adams 452
Setia, Latium 56, *Kartenskizze 83*
Severer, römische Dynastie 25, 407f., 426ff., 489, *Stammtafel 395*
Severischer Stadtplan von Rom, *Abb. 149*
Severus, Patriarch von Antiocheia 616f., 641, 656
Severus, Flavius Valerius, römischer Kaiser 498f.
Severus, Livius, römischer Kaiser 575f.
Severus, Lucius Septimius, römischer Kaiser 386, 392—401, 403, 412, 423, 479, 490, 496, 665, *Stammtafel 395*

Severus, Lucius Septimus, römischer Kaiser, Arcus Argentariorum (Bogen der Geldwechsler), *Abb. 402*
—, Bogen des, *Abb. 400*
Severus Alexander, Marcus Aurelius, ursprünglich Alexianus Bassianus, römischer Kaiser 403, **405—409**, 414, 462, 467, 477, 480, 665, *Stammtafel 395*
Sextius, Lucius, Volkstribun in Rom 68, 70
Shahin, persischer Feldherr 652, 654
Sharbaraz, persischer Feldherr 652 f.
Sibylle von Cumae (Kyme) 71
Sibyllinische Bücher (Oracula Sibyllina) 71, 107, 293, 411, 460 f.
Sicilia, römische Provinz 206, 308, 321
Sidikiner, oskischer Volksstamm 82 ff., *Kartenskizze 83*
Sidon (Saida), Phönikien 462

Siebenbürgen, von den Karpaten umschlossenes Hochland 356
Sigismund, burgundischer Fürst 592
Signia, Latium 56, *Kartenskizze 83*

Sikaner, Urbevölkerung Siziliens 31, *Kartenskizze 59*
Sikarier, radikale Zeloten 435
Sikuler (Sikeler), Volksstamm auf Ostsizilien 34, *Kartenskizze 59*
Silber 45, 101, 114, 147, 177, 364, 399, 402, 420, 496, 522, 543, 558, 594, 601, *Abb. 101, 148, 184, 212, 536*
Silentiarius, Paulus, griechischer Dichter 639
Silingen, Stamm der Vandalen 560, *Karte 548*
Silistra, siehe Durostorum
Silo, italischer Feldherr 214
Simon von Kyrene, Träger des Kreuzes Christi 453
Sinai, ägyptische Halbinsel 627, *Abb. 485*
—, Katharinenkloster 627, 639, *Abb 625*
Singara, Mesopotamien 366, 646

Sinigaglia, siehe Sena Gallica
Sinope am Schwarzen Meer, Pontos 240, 284, 450, 453
Sinuessa, Kampanien 89, *Kartenskizze 35, 83*
Sipontum, Apulien 146, *Kartenskizze 83*
Sipylosgebirge (Manisa-Dagh), Kleinasien 144
Sirenen (Seirenes), Gestalten aus der griechischen Mythologie 432
Sirmium (Mitrovica), Pannonien 409 f., 412, 421, 424 f., 520, 522, 527, 535, 570, 592, 621, 629, 632 ff., 644, 649

—, Synode zu 468
Siscia an der Save, Pannonien 533

Sisenna, Lucius Cornelius, römischer Geschichtsschreiber 664
Sittas, Feldherr des Kaisers Justinian I. 622 f., 633 f.
Sixtus (Xystos) II., Papst, Heiliger 415, 458, 462
Sizilien 30 f., 34, 45 f., 48, 91 ff., 100, **102—112**, 114, 116, 120, **126—131**, 134 f., 180 f., 232, 235, 243, 285, 307, 310 f., 369, 372 f., 386, 451, 459 f., 546, 576 f., 584, 591 f., 595, 621, 630, 635 f., 661 f., 664, *Kartenskizze 59, 103, 599, Abb. 100*
—, Bauernaufstand 462
—, Sklavenaufstände 181, 191, 206
Skiren, ostgermanisches Volk 577, 590
Sklavenkrieg, erster (Sizilien 135 bis 132 v. Chr.) 181, 191, 460
—, zweiter (Sizilien 104—100 v. Chr.) 206
—, dritter (Italien 73—71 v. Chr.) 181, 234
Sklaverei in Kleinasien 222
—, römische 54, 60, 116, 146, 148 f., 151, 159, 164, 167 ff., 181, 196, 207, 213, 219, 265, 320, 324, 345, 376, 382, 388, 390, 408, 417, 483 f., 496, 521, 542, 546 ff., 550, 567, 585
Sklawinen, Volk an der unteren Donau 621, 632 f., 636

Skopje (Skoplje, Scupi), Serbien 616
Skythen, indogermanisches Volk 553
Slankamen, siehe Acumencum
Slawen, indogermanische Sprachfamilie 612, 614 f., 619, 622, 632, 638, 645, 649, 653 f., *Kartenskizze 599*
Slowakei, Landschaft an der Südabdachung der westlichen Karpaten 560
Smaragdus, oströmischer Exarch in Italien 648
Smyrna, Westküste Kleinasiens 307, 447, 450, 457 f., 460, 479
Socii populi Romani, römische Bundesgenossen 95 f.
Sodales, Priesterkollegium 394
Söldner 57, 102, 107, 109 f., 127, 133, 282, 571, 573, 589, 646, 651
Sofia, siehe Serdica
Sogdiane, Landschaft in Nordostiran 638
Soissons (Hauptstadt der gallischen Suessionen), Frankreich 598, 600

Sokrates, griechischer Philosoph 208, 456
Solachon, Mesopotamien 622, 649
Soldateska 305, 309, 646
Soldo, alte italienische Münze 543
Solidus, römische Goldmünze 543 ff., 573, 594, 627
Sol invictus, illyrischer Sonnengott 420, 423, 462, 492, 665
Soloi, siehe Pompeiopolis
Solomon, oströmischer Feldherr 629
Solway Firth, Meeresbucht der Irischen See 373
Sophia, Gemahlin des Kaisers Iustinus II. 643
Sophisten, Lehrer der Weisheit und Redekunst 453
Sophronius, Patriarch von Jerusalem 658
Sosius Falco, Quintus, römischer Senator 392
Sotér (griechisch), Heiland 438
Soteriologie, Erlösungslehre 433
Sou, französische Münze 543
Sousse, siehe Hadrumentum
Sozialreform, oströmische 653
Spätantike 23, 26
Spalato (Salonae, Split), Dalmatien 499, 536, 630, 636, *Abb. 493*

Spanien 14, 30, 32, 42, 45, 57, 102, 110 f., **117—124**, 126, 128, 131 f., 135, 137 f., 141 f., 144, **147—150**, 154, 162 f., 166 ff., 233, 244, 250, 253, 256, 261, 272, 275 f., 279 f., 283, 285, 287 f., 292, 306, 308, 321, 325, 337, 347, 355, 360, 362, 372, 396, 415 f., 418, 420, 444, 449, 451, 457, 552, 554, **560—563**, 566 f., **573—576**, 579, 581, 583, 585, 590, 603, 621 f., 627, 636, 638, 648, 653, 662 ff., 666
—, Unterwerfung durch die Römer 166 ff., 186
Sparta, Peloponnes 15, 140, 143, 155 f., 165, 343, 419, 450, *Karte 208, 360*
Spartacus, thrakischer Führer im dritten Sklavenkrieg (73—71 v. Chr.) 181, 234
Spasinu Charax am Persischen Golf 366
Spengler, Oswald, Geschichtsphilosoph 21
Spezereien 366, 386
Spina im Podelta 44, *Kartenskizze 59*
Spiralmäander-Keramik 30
Spoletium, Umbrien 111, *Kartenskizze 35, 83*
Sprache, berberische 505
—, etruskische 40, 44
—, gotische 525, 569
—, griechische 19, 116, 172, **432**, 442 f., 445, 450 f., 464, 489, 526, 529, 551, 611, 662
—, hunnische 569

Sprache, illyrische 33f.
—, lateinische 19, 21, 38, 51, 95, 168, 171f., 212, 241, 451, 461, 474, 489, 505, 526, 529, 551, 563, 568f., 573, 583, 602, 616, 642
—, ligurische 31
—, neugriechische 642
—, oskische 36, 212
—, pelasgische 31
—, punische 505, 551
—, syrische 461
—, umbrische 36
Sprachwissenschaft 33, 38
Staatsland, römisches, siehe Ager publicus
Staatsnotstandserklärung des Senats 190, 199ff., 207, 220, 246, 260, 270, 277, 279, 549
Staatspächter (publicani) in Rom 148, 178, 194, 198, 222, 354, 372, 381, 388, 399
Staatsrat (consilium principis) der römischen Kaiser aus Senatoren und Rittern 353, 370f., 376, 381, 406
Stabiae, Kampanien 213, 352
Stachys, legendärer erster Bischof von Konstantinopel 608
Stadtkultur 14, 39, 44, 46, 52, 81
Stadtstaat 14, **16—19**, 84, 94, 111
Statius, Caecilius, siehe Caecilius
Statius, Publius Papinius, römischer Dichter 427
Steiermark 450
Stele, freistehende Steinplatte, *Abb. 56, 476*
Stephanos, Bischof von Rom 457f., 460
Stephanos, Führer der Hellenisten in der Urgemeinde, Heiliger 443, 505
Sterbesakrament 456
Steuerpächter, siehe Staatspächter
Stier, italischer 212, *Abb. 212*
Stilicho, Flavius, Vandale, weströmischer Feldherr und Staatsmann 552, **554—559**, 561f., 564, 566, 568, 571f., 574, 609f., 612, 620, 666f., *Abb. 556*
Stoizismus, griechische philosophische Lehre 173, 188, 248, 307, 339, 377, 382, 398, 439, 445, 453, 459f., 464f., 470, 474f., 647
Strafrecht, römisches 228
—, fränkisches 602
Straßburg (Argentorate) 349, 516, 666
Straßenkämpfe in Rom 269f., 274, 322
Stratege (griechisch), Heerführer 143, 156
Strátegem, Kriegsplan 623
Streitaxt, zweischneidige (Francisca) der Franken 600
Streitwagen 14
Strymon (Struma), Fluß auf dem Balkan 407

Subeita, Sinai, *Abb. 485*
Sudan, Großlandschaft im nördlichen Afrika 386
Sueben (Sueven), germanische Völkergruppe 262, 360, 557, 560f., 566f., 569, 571, 573ff., 603, *Kartenskizze 599*
Suessa, Latium 87, *Kartenskizze 35, 83*
Suetonius Paulinus, Gaius, römischer Statthalter 341f.
Sueton(ius) Tranquillus, Gaius, römischer Schriftsteller 336, 350, 355, 665, *Abb. 351*
—, »De viris illustribus, Über berühmte Männer« 665
—, »De vita Caesarum« (Kaiserbiographien) 665
Sufet (lateinisch Richter), oberste Magistratsperson in Karthago 142

Suffektkonsul, Ersatzkonsul 145
Sugambrer, germanisches Volk am Rhein 328, *Kartenskizze 263*
Suhivad, Graf der Goten 595
Sulla, Lucius Cornelius, römischer Feldherr und Staatsmann 203, 210, 212f., **216—237**, 241f., 243, 245f., 248ff., 252, 256, 274, 276, 280f., 288, 290f., 299, 301, 311, 663, *Abb. 224, 251*
—, erster Marsch auf Rom 217
—, zweiter Marsch auf Rom 221
—, Proskriptionen 225, 230, 242, 249
Sullanische Verfassung 219, **227** bis **236**, 242, 248
Sulpicianus, Titus Flavius, römischer Stadtpräfekt 392, 396
Sulpicius Galba, Gaius, römischer Legat 159
Sulpicius Galba, Servius, siehe Galba
Sulpicius Galba Maximus, Publius, römischer Konsul 79, 138f.
Sulpicius Rufus, Publius, römischer Volkstribun **215—219**, 225, 227, 229, 663
—, Bürgerrechtsverordnung 216f., 219
Sulpicius Severus, lateinischer kirchlicher Schriftsteller 550
—, »Leben des heiligen Martin« 550
Sura (Kallinikon, Nicephorium) am Euphrat 462, 621, 633, *Karte 360, 632*
Sutrium, Etrurien 58, *Kartenskizze 35, 83*
Syagrius, letzter römischer Machthaber in Gallien 580, 598, 600, 666
Symmachos, Übersetzer des Alten Testaments ins Griechische 466
Symmachus, Quintus Aurelius, römischer Rhetor und Stadtpräfekt 530f., 533f., 546, 549, 594, 596, 617, 620, 667

Synagoge 432f., 443, 447f., 450, 477, 485
Synedrium (Sanhedrin), Hoher Rat der Juden 441, 443, 460
Synesios von Kyrene, griechischer Neuplatoniker, Bischof von Ptolemaïs 553, 555, 569, 610, 620
—, »Perí Basileías«, Senatsrede 620
Synkretismus, Vereinigung verschiedener philosophischer Lehren, Religionen und Kulte 440, 482
Synode (griechisch), Zusammenkunft 455
Synode, afrikanische (256) 457
—, dionysische (205) 460
—, jüdische, zu Iamnia 432
Synode zu Alexandreia (362) 468
— Ankyra (358) 468
— Antiocheia (268) 462; (341, 344, 379) 468f., 509
— Arles (353) 463, 468, 513
— Chalkedon (451) 471, 612, 614, 620, 656, 667
— Dwin (505, 554, 649) 656
— Elvira (310) 451, 463
— Karin (632) 657f.
— Konstantinopel (360, 381, 382, 383), 428 529f., 535; (448) 471; (518) 617
— Mailand (345, 347, 355) 468
— Nike (360) 468
— Rimini (359) 468, 512
— Rom (340) 468
— Seleukeia (359) 468, 512
— Serdica (342) 468, 509
— Sirmium (351) 468
Synoikismos, politische Vereinigung mehrerer Städte oder Gebiete 52
Synoptiker, im Neuen Testament die Verfasser der drei ersten Evangelien (Matthäus, Markus, Lukas) 452
Syphax, König von Numidien 128, 132f.
Syrakus, Sizilien 46, 57, 92, 100, **102—105**, 109, 127ff., 134, 384, 595, 621, 630, 661, *Kartenskizze 59, 103*
Syrer, Mischvolk vorderasiatischer und orientalischer Rasse 143, 282, 341, 394, 449f., 454, 470, 663
Syria Palaestinensis, römische Provinz 374, 441, 460, 663
Syrien 99, 121, 137, **141—144**, 155, 158, 160ff., 239f., 272, 282, 299, 303, 311, 313, 344, 347, 349, 359, 361, 364f., 367, 369, 373f., 378, 392ff., 397ff., 402, 410f., 415f., 418, 420, 424, 436, 444, 446, 462, 483, 491, 494, 496, 498, 506, 508, 529, 536, 553, 564, 617, 639, 641, 645f., 654ff., 658, 662f.

Syrische Sprache 461
Syrische Wüste 494, 552, 617f.
Syrte, Große, nordafrikanische Meeresbucht 102
—, Kleine (Golf von Gabes), nordafrikanische Meeresbucht 162

T

Tabennisi am Nil, Oberägypten 484
Tacitus, Cornelius, römischer Geschichtsschreiber 21, 321, 333, 355, 427, 520, 569, 665, *Abb. 351*
—, »Annales« 665
—, »Germania« 665
—, »Historiae« 665
Tacitus, Marcus Claudius, römischer Kaiser 423f.
Tadinae (Gualdo Tadino), Umbrien 621, 633, 636, 644

Taifalen, mit den Goten verbündetes Volk 525
Tajo (Tagus), Fluß in Spanien 167, 560, *Kartenskizze 103*

Talent, altgriechisches Gewicht, entspricht 60 Minen oder 6000 Drachmen 105, 108, 110, 114, 133f., 144, 147, 223, 225
Talmud, Sammlung der Gesetze und religiösen Überlieferungen des nachbiblischen Judentums (babylonischer und palästinensischer) 435
Tarasicodissa, siehe Zenon I.
Tarentinischer Golf 34, 88, 91f., *Kartenskizze 59*
Tarentinischer Krieg 104, 661
Tarentum (Taranto), Kalabrien 34, 88, 91ff., 100f., 116, 128, 130, 134f., 311, 661, 664, *Kartenskizze 59*
Targume, Übersetzungen des Alten Testaments in aramäischer Sprache 432
Tarifa, Spanien 563
Tarquinii, Etrurien 41, 50, 58, 91, *Kartenskizze 35, 59*
Tarquinius Priscus, fünfter mythischer König Roms 50
Tarquinius Superbus, siebenter (letzter) mythischer König Roms 50f., 292
Tarraco (Tarragona), Katalonien 122, 561, *Kartenskizze 103*

Tarsos (Tarsus, Antiocheia), Kilikien 312f., 416, 423, 443, 462

Tartessos (biblisch Tarschisch), Spanien 45, *Kartenskizze 103*
Tatianus, christlicher Apologet aus Mesopotamien 449, 462
—, »Diatéssaron«, Evangelienharmonie 450, 462

Tatius, Titus, mythischer König der Sabiner 50
Taufe 435, 437, 443, 445, 456f., 461f., 480
Taunus, südöstlicher Teil des Rheinischen Schiefergebirges 356
Tauriner, ligurischer Volksstamm in der Poebene 121
Tauros, Gebirgszug an der Südküste Anatoliens 144, 155
Tebessa (Theveste), Algerien 586, 589
Teja, König der Ostgoten 621, 636
Telamon, Etrurien 113, 662, *Kartenskizze 59*
Teleologie, Lehre von der Zielgerichtetheit des Geschehens 17
Telesinus, Pontius, italischer Heerführer 214, 221
Tempel, etruskische 43
—, griechische 39
—, römische, *Abb. 65*, 305,
Tencterer, westgermanisches Volk 265, *Kartenskizze 263*
Tenes, Nordafrika 563
Terentii Varrones, römisches Geschlecht 36
Terentius Gentianus, Decimus, römischer Konsul 374
Terentius Varro, siehe Varro
Terenz, Publius Terentius Afer, römischer Komödiendichter 169ff., 662
—, »Andria, Das Mädchen von der Insel Andros« 170
—, »Adelphoí, Die Brüder« 171
Teres, thrakischer Fürst 165
Tergeste (Triest) 33, *Kartenskizze 59*
Terkos, Inselfestung bei Konstantinopel 656
Terni (Interamna Nahars), Umbrien 414, 423
Terracina, an der Via Appia 58, 370
Terraferma, Festlandbesitz von Inseln 41
Terrakotta (italienisch, gebrannte Erde), unglasierte keramische Erzeugnisse 42f., 438
Terramaren (italienisch, bittere Erden), bronzezeitliche Pfahlbauten in der Poebene 31f.
Territorialstaat 94, 111
Tertullian(us), Quintus Septimus Florens, lateinischer Kirchenschriftsteller 427, 448, 454f., 457, 462, 473ff., 479f., 642, 665
Tetrarch 497, 499f., 503, 535, 537f., 541, *Abb. 536*
Tetrarchie, viergeteilte Regentschaft im späten Rom 494f., 498ff., 520, 533, 535, 539, 609, 666
Tetricus Pius, Gaius Esuvius, gallischer Gegenkaiser 422
Teuta, Königin von Illyrien 112f.
Teutoburger Wald 664

Teutonen, germanisches Volk 196, 200, 203, 205, 525, 556, 603, 663, *Abb. 201*
Thapsos, römische Provinz Africa 285, 291
Theater, römisches 116, 148, 168ff.
Thebaïs, Landschaft in Oberägypten 459
Theben, Oberägypten 373, 397

Theiß (Tisia), linker Nebenfluß der Donau 364, 611

Thela, Sohn des Odoaker 592
Thema, Verwaltungs- und Militärbezirk im oströmischen Reich 633
Themenverfassung, oströmische 648, 651, 653
Themistios, griechischer Rhetor 512, 519, 537
Theodahad (Theodat), König der Ostgoten 621, 629f., 633
Theodemir, Vater Theoderichs des Großen 613
Theoderich (Theodorich) der Große, König der Ostgoten 576, 581, 591–597, 601, 603, 612 bis 615, 617, 620, 628ff., 633, 637, 642, 655, 666, *Abb. 592f.*
Theoderich-Edikt 595
Theoderich I. (Theodorich), König der Westgoten 562, 568, 570, 577, 579f., 583
Theoderich II., König der Westgoten 571, 574ff., 579f.
Theoderich Strabo, oströmischer Politiker 613f.
Theodora, Gemahlin Justinians I. 473, 618–621, 624, 626, 631, 636, 638, 641, 643f., 656f., 667

Theodoros Askidas, Bischof von Caesarea, Kappadokien 640
Theodor von Mopsuestia, griechischer Theologe 470
Theodosianische Landmauer 611, *Abb. 612*
Theodosiopolis, Armenien 652

Theodosios, Neuplatoniker 458
Theodosius I., der Große, Flavius, römischer Kaiser 502, 519, 527 bis 538, 540, 544, 546f., 551, 553f., 557, 561f., 564ff., 568, 573f., 607, 609f., 620, 666, *Abb. 536f., Stammtafel 531*
Theodosius II., oströmischer Kaiser 544, 557, 562, 565f., 570f., 574, 611, 620, 666f., *Stammtafel 531*
Theodosius, Patriarch von Alexandreia 656f.
Theodosius, Flavius, römischer Feldherr, Vater Theodosius' des Großen 521, 527, *Stammtafel 531*
Theodotion, jüdischer Übersetzer des Alten Testaments ins Griechische 466

NAMEN- UND SACHREGISTER

Theokratie (griechisch Gottesherrschaft), Staatslenkung, die als von Gott beauftragt angesehen wird 494
Theologie, christliche 483, 501, 503 ff., 507, 528 f.
—, kappadokische 530
—, lateinische 473—476
Theopaschiten (die Gott leiden lassen), Richtung der Monarchianer 617
Theophanes aus Mytilene, griechischer Geschichtsschreiber 239
Theophanes Confessor, byzantinischer Geschichtsschreiber 625
Theophilos, Bischof von Antiocheia, christlicher Apologet 453, 462, 473
—, »Ad Autolycum« 462
Theophrast(os), eigentlich Tyrtamos, griechischer Philosoph aus Eresos auf Lesbos 439
Theophylaktos Simokattes, oströmischer Geschichtsschreiber 642 f., 646
Theopompos, griechischer Geschichtsschreiber aus Chios 257
Theotókos, Gottesgebärerin 625
Thermae Caracallae (Antoninianae) 402
Thermopylai (warme Pforten), Engpaß zwischen dem Kallidromos-Gebirge und dem Golf von Malia 143, 611, 622, 633
Thessalien, Landschaft in Griechenland 139, 143, 157, 159, 223, 281, 379, 554 f.
Thessalonike (Saloniki), Makedonien 166, 415, 444, 450, 461, 527, 529, 532 f., 535, 649
—, Edikt von 529
Theudebert I., König der Franken 633, 635 f., 644
Theudelinde, Gemahlin des Königs Agilulf 648
Theudis, König der Westgoten 636
Thomasakten, apokryphe Schrift 452
Thomasevangelium, apokryphe Schilderung der Kindheit Jesu 452
Thora (Pentateuch), die fünf Bücher Mosis 432, 434
Thorismund, König der Westgoten 571
Thraker, indogermanisches Volk 356, 400
Thrakien, Landschaft der Balkanhalbinsel 48, 137, 139, 141 ff., 156 f., 165, 335, 337, 365, 373, 394, 397, 402, 412 f., 419, 424, 524 f., 613, 615, 620, 630, 632
Thrasamund, König der Vandalen 589, 592 f.
Thrasyllos, griechischer Philosoph 460

Thugga (Terebentina), Tunesien 163, *Abb. 133, Kartenskizze 103*
Thule (Island), Inbegriff einer fernen glücklichen Insel 653
Thuringia 629, 644
Thurioi (Thurii, Copia), Bruttium 91, 128, *Kartenskizze 59*
Tiber, Fluß in Mittelitalien 37, 44, 47, 49, 52, 55 f., 81, 86, 94, 148, 288, 340, 558, 661, *Kartenskizze 35, 83*
Tiberias, Galiläa 655
Tiberios I. Konstantinos, oströmischer Kaiser 621, 643, 645 ff., 650, 657, 667
Tiberius Claudius Nero, nach Adoption durch Augustus: Tiberius Iulius Caesar Augustus, römischer Kaiser 328—337, 339, 397, 440, 454, 460, 477, 664, *Abb. 351, Stammtafel 326*
Tibur (Tivoli), Latium 84, 369, *Kartenskizze 83*
Ticinum, siehe Pavia
Ticinus (Tessin), linker Nebenfluß des Po 121
Tifata, Berg in Kampanien 224
Tigellinus, Präfekt der Prätorianer 341 f., 345 f.
Tigranes, König von Armenien 236, 238, 240
Tigranokerta, Armenien 341
Tigris, Fluß in Mesopotamien 366, 369, 397, 403, 425, 450, 461, 494, 519, 627, 666
Timaios, pythagoreischer Philosoph aus Lokri in Unteritalien 439
Timesitheus, Gaius Furius Sabinius, Präfekt der Prätorianer 410 f.
Timokratie, Staatsform mit Abstufung der Rechte und Pflichten nach Einkommen und Vermögen 63
Timotheos, der Eumolpide 436 f.
Tinia, etruskischer Gott 42, *Abb. 37*
Tiridates, König von Armenien 341, 461, 664
Titus Flavius Sabinus Vespasianus, römischer Kaiser 348—353, 477 f., 574, 664, *Abb. 351*
Tivoli, siehe Tibur
Töpfereien in Italien und Gallien 387
Tolbiac (Tolbiacum), heute Zülpich, westlich von Bonn 600
Tolenus, Fluß in Mittelitalien 213
Toleranzedikt des Galerius (311) 463, 504
— von Mailand (313) 463, 482, 504
Tolosanisches Reich der Westgoten 575
Tomi am Schwarzen Meer 323

Tongern (Adnatuca), Belgien 552, 568, 598
Tosephta, jüdische Traditionssammlung 435
Toskana, Landschaft in Mittelitalien 29, 36 f., **39—42**, 44 f., 47, 57
Totes Meer, Palästina 435
Totila (Badvila), König der Ostgoten 621, 634 ff.
Toulouse (Tolosa), Gallia Narbonensis 561, 568, 579 ff., 594, 666, *Kartenskizze 263, 599*
Tournai (Tornacum) an der Schelde, Belgien 568, 598
Tournus an der Saône 396
Tours an der Loire, Westfrankreich 534, 580, 601 f.
—, Basilika des heiligen Martin 601
Toxandria, Landschaft in Nordwesteuropa 598
Toynbee, Arnold Joseph, englischer Geschichtsphilosoph 21
Tragödie, römische 169 f.
Traianopolis, Thrakien 365
Trajan, Marcus Ulpius Traianus, römischer Kaiser 25, 358, **360 bis 369**, 371, 375, 377 f., 393, 426 f., 447, 450, 461, 476, 478 f., 527, 650, 653, 664, *Abb. 351, 364*
Trajanssäule 363, *Abb. 365*
Tranquillina, Gemahlin des Kaisers Gordianus III. 410
Transpadaner, Latiner in Oberitalien 253
Transsylvanien, lateinischer Name von Siebenbürgen 363
Trapezunt (Trapezus) am Schwarzen Meer 366, 374
Trasimenischer See, Umbrien 123, 145, 661 *Kartenskizze 35, 103*
Traumdeutung, magische 439
Trebia, rechter Nebenfluß des Po 122, 124
Trerus, Nebenfluß des Liris 55, 58, *Kartenskizze 35, 83*
Treverer, keltisches Volk mit germanischem Einschlag 266, 348, *Kartenskizze 263*
Tribigild, gotischer Offizier im oströmischen Heer 610
Tribonianus, oströmischer Justizminister 625 f., 638, 640, 667
Tribus, Teil der römischen Bürgerschaft, Stimmbezirk (Ende des 5. Jh. 20, seit 241 35) 62, 67, 69, 84, 111, 115, 215 ff., *Abb. 184*
Tributum, Bodensteuer 409
Tricamarum, Nordafrika 621, 629
Trier (Augusta Treverorum) 451, 521 f., 533, 535, 538, 552, 555, 561, 568, 600, *Abb. 537, Kartenskizze 599*

Triest (Tergeste) 33
Trimalchio, Romanfigur des Petronius Arbiter 388
Trinität, Dreieinigkeit, Dreifaltigkeit 455, 457f., 459, 462ff., 467—470, 472, 475, 482, 528
Tripolis, Phönikien 161
Tripolis, Tripolitanien 621, 628

Tripolitanien, Nordafrika 347, 393, 406, 523, 574, 583, 589

Tripolje am Dnjepr (Ukraine) 632
Tripoljekultur (Neolithikum) 632
Triptolemos, Sohn des mythischen Königs Keleus von Eleusis, Liebling der Demeter (Ceres), *Abb. 336*
Triumvirat, Erstes 254, 257f., 268 bis 274, 276, 663
—, Zweites 303—316, 664
Troas, Landschaft am Hellespont 223, 461
Troesmis (Iglitza) an der Donau, Moesien 364
Troia (Ilion) 34, 48, 342
Trojanischer Krieg 48f.
Tropaeum, Siegeszeichen, *Abb. 148*
Troyes (Tricasses, Augustobona), Champagne 570
Tschataldschalinie, Verteidigungswerke bei Tschataldscha (Çatalca), westlich von Istanbul (Türkei) 615
Tschechoslowakei 378
Türken, turanides Volk 639, 644f., 649, 658
Tuffstein, vulkanisches Ergußgestein 58
Tullus Hostilius, dritter mythischer König Roms 50
Tunes bei Karthago 106f., *Kartenskizze 59*
Tunesien 396, 451, 585, 629
Tungusen, tungides (mongolides) Volk 553
Tunis, Nordafrika 102, 587
Turbo, Quintus Marcius, römischer Feldherr 367
Turda (Thorenburg), siebenbürgisches Erzgebirge 364
Turkestan, Landschaft vom Oxos bis einschließlich des Tienshan-Gebirges 508, 553
Turnus, sagenhafter König der Rutuler 49
Turnu Severin, siehe Drobeta
Tusci (lateinisch), Etrusker 41
Tusculum, Latium 44, 550, *Kartenskizze 83*
Tyana, Kappadokien 416
Tyndaris, Nordküste Siziliens, *Abb. 100*
Tyne, Fluß in Nordengland 373
Tyrannis, griechische 292, 647
Tyros, Phönikien 463

Tyrrhenisches Meer, Teil des Mittelmeeres 44f., 88, 106, *Abb. 185, Kartenskizze 35, 58, 83*

Tzazon, Fürst der Vandalen 628

U

Ukraine, Landschaft im südlichen Osteuropa 569
Ulfilas (Wulfila), Apostel der Westgoten 525, 667
Ulpia Noviomagus (Nymwegen), Niederlande 361
Ulpia Traiana (Xanten) am Niederrhein 349, 361
Ulpia Traiana Sarmizetigusa, siehe Sarmizetigusa
Ulpianus, Domitius, römischer Jurist 394, 398, 406, 479, 639
Umbrer, Stamm der Italiker 36f., 41, 100, *Kartenskizze 59*
—, römisches Bürgerrecht 214
Umbrien, Landschaft in Mittelitalien 36, 101, 111, 123, 169, 212, 359, 375, 421, 423, 503
Ungarische Tiefebene 356
Ungarn 364, 378, 527, 569, 666
Uni, etruskische Göttin 41f.
Universitäten im Römischen Reich 549
Ural, europäisches Grenzgebirge 553
Urmiasee, Aserbeidschan 312
Urnenfelderkultur (Frühmetallikum) 32f., *Abb. 36*
Ursinus, Gegenpapst 523
Usipeter, westgermanisches Volk am rechten Rheinufer 265, *Kartenskizze 263*
Utica, Nordafrika 110, 133, 164, *Kartenskizze 103*
Uturguren, protobulgarischer Hunnenstamm des sechsten Jahrhunderts, ostwärts des Dnjepr 644

V

Vaballathus (Wahab allath), Athenodorus, Sohn des Odaenathus von Palmyra 419, 421
Vaccäer, altiberischer Volksstamm 167
Vadimonischer See (See von Bossano), Kratersee in Etrurien 90, 661
Val Camonica, Alpental 38
Valence (Valentia) an der Rhône 561
Valens, Flavius, oströmischer Kaiser 519f., 523—526, 528, 530, 535, 537, 608, 666
Valentinian(us) I., Flavius, weströmischer Kaiser 519—528, 535, 541, 544, 549, 555, 562, 608, 666, *Abb. 521, Stammtafel 531*

Valentinian(us) II., Flavius, römischer Kaiser 526, 530f., 533, 537f., 666, *Abb. 536, Stammtafel 531*
Valentinian(us) III., Flavius Placidus, römischer Kaiser 562 bis 566, 571—575, 583ff., 587, 611, 666, *Stammtafel 531*
Valentinus, christlicher Gnostiker 450, 452, 461, 465
Valeria Messalina, Tochter von M. Valerius Messala Barbatus 338f., *Stammtafel 327*
Valerian(us), Publius Licinius, römischer Kaiser 410, 414ff., 418f., 462, 480, 491, 493, 497, 665
Valerier, patrizisches Geschlecht 76
Valerisches Gesetz (Provokationsrecht) 73
Valerius Corvus, Marcus, römischer Konsul 72f.
Valerius Flaccus, Lucius, römischer Konsul 222
Valerius Maximus, Manius, Beiname Messala, römischer Konsul 105
Vandalen, Hauptvolk der ostgermanischen Lugier 412, 421, 556f., 560, 562ff., 566, 569, 573—576, 579—591f., 603, 610 bis 613, 615, 617, 619f., 630, 657, 665f.
— in Afrika 583—590, *Kartenskizze 599*
—, Vernichtung der 627ff.
Varius Severus Hibrida, Quintus, römischer Volkstribun 213, 215f.
Varna, Bulgarien 615f.
Varro, Gaius Terentius, römischer Konsul 124f.
Varro, Marcus Terentius, römischer Schriftsteller 257, 664, *Abb. 251*
Varus, Publius Quinctilius, römischer Statthalter in Germanien 308, *Stammtafel 327*
Varusschlacht im Teutoburger Walde (9 n. Chr.) 325, 331
Vasen in Italien, griechische 40
Vatikanische Gärten 340

Vatinius, Publius, römischer Volkstribun 259
Veii, Etrurien 41, 43, 47, 55ff., 67, 94, 661, *Abb. 57, Kartenskizze 35*
Velina, römischer Tribus 111
Venedig 537, 539
—, Markuskirche 537, 539
Veneter, Stamm der Illyrer 34, 38, 44, 57, 113, *Kartenskizze 59*
Veneter, Stamm der Kelten an der atlantischen Küste 285
Venetien, Landschaft in Norditalien 30, 33, 36f., 379, 558, 636, 647, *Karte 548*

NAMEN- UND SACHREGISTER

Veni vidi vici 284
Ventidius, Bassus, römischer Feldherr 312
Venus, altitalische Göttin 48, 249, 301, 461
Venusia, Apulien 90, 126, 214, *Kartenskizze 83*
Vercellae, nördlich vom oberen Po, Schlacht bei (101 v.Chr.) 205, 207, 219, 663
Vercingetorix, König der Arverner 266 ff., 275, 285
Verfassung der römischen Republik 75–80, 183, 199
—, soziale 181, 191, 206 f.
Vergil, Publius Vergilius Maro, römischer Dichter aus Andes bei Mantua 44, 310, 323, 369, 427, 514, 520, 579, 665, 667, *Abb. 251*
—, »Aeneïs« 323, 665
—, »Bucolica« (Hirtenlieder) 665
—, »Eclogae« (Ausgewählte Gedichte) 310
—, »Georgica« 665
Verginius Rufus, Gaius, Statthalter in Germanien 344 ff.
Verona, Oberitalien 412, 496, 620 f., 634
Verres, Gaius, Proprätor von Sizilien 235, 243 f., 275
Ver sacrum (lateinisch: heiliger Frühling), altitalischer Brauch, in Notzeiten den Göttern den ganzen Nachwuchs eines Frühlings (Feldfrüchte, Vieh und Kinder) zu weihen, wobei die Kinder, sobald sie erwachsen waren, auswandern mußten 36, 123
Verulamium (St. Albans), Britannien 342, 567
Verus, Lucius Aurelius, ursprünglich Lucius Aelius Commodus, römischer Kaiser 375, 377 ff., 390, 493
Verus, Marcus Annius, Neffe Hadrians 375
Vesontio (Besançon), Gallien 344 f., *Kartenskizze 263*
Vespasian(us), Titus Flavius, römischer Kaiser 344 f., 347–350, 352, 355 f., 359, 461, 476, 664, *Abb. 345, 351*
Vesta, altitalische Göttin des Herdes 48
Vestalinnen, Priesterinnen der Vesta 116, 125, 355, 405, 518, 526, 535
Vesuv, Vulkan bei Neapel 83, 352
—, Ausbruch 79 n. Chr. 461
Vetera (Fürstenberg bei Xanten), römisches Kastell 349
Veteranen, Versorgung der römischen 226, 255, 257, 259, 288, 296, 299, 301, 305, 324 f., 342, 349, 364, 663 f.

Vetranion, römischer Kaiser 510
Vetulonia, Etrurien 41, *Kartenskizze 59*
Via Appia, Heerstraße von Rom nach Capua, später bis Brundisium 87, 111, 661, *Kartenskizze 35*
Via Domitiana, Straße in der Gallia Narbonensis 561
Via Flaminia, Straße von Rom nach Ariminum (Rimini) 111, 123, 621, 636, *Abb. 117, Kartenskizze 35*
Via Latina, Straße von Latium nach Kampanien 55, *Kartenskizze 35*
Viale Alessandro Manzoni in Rom 452
Via salaria, Salzstraße 52, *Kartenskizze 35*
Victor, Bischof von Rom 456 f., 462
Victoria, altrömische Siegesgöttin 301, *Abb. 148*, 321
Victoriatus, altrömische Silbermünze, *Abb. 148*
Victorinus, Gaius Marius, lateinischer Kirchenschriftsteller 474, 667
Viehzucht 30, 148, 180
Vienna (heute Vienne) an der Rhône 344, 451, 462, 479, 600 f., *Kartenskizze 263*
Vierkaiserjahr 193 n. Chr. 391
Vigilius, Papst 473
Villanova, Dorf östlich von Bologna 37
Villanova-Kultur (Frühmetallikum) 37 f., 40, 661, *Abb. 36*
Villius, Lucius, Volkstribun 150
Viminacium, Moesien 395 f.
Vindex, Gaius Iulius, römischer Statthalter 344 f.
Vindobona (Wien) 389, 393
Vinxt, linker Nebenfluß des Rheins 356
Vipava, Wippach, linker Nebenfluß des Isonzo 533
Vipsania Agrippina, Tochter des Marcus Vipsanius Agrippa 329 bis 332, 334, *Abb. 337, Stammtafel 326 f.*
Viriathus, Führer der Lusitaner 166 f.
Vitalianus, Thraker, oströmischer Feldherr 615 ff., 620 f., 631, 635
Vitellius, Aulus, römischer Kaiser 345–348, 354, 394, 664
Vivarium, Benediktinerkloster in Kalabrien 621, 642
Völkerwanderung 26, 487, 551 bis 560, 608 ff., 628, 654, 666
—, arabische 655
Vogelschau, siehe Auspicium
Vogesen, Gebirge in Ostfrankreich 500

Volaterrae, Etrurien 41, 426, *Kartenskizze 59*
Volci, Etrurien 41, 91, *Abb. 36, Kartenskizze 59*
Volksrechte des Orients 640
Volkstribune (tribuni plebis) 62 ff., 67 f., 70 f., 74, 76 ff., 80, 115, 145, 258, 273 f., 278, 280, 321, 324, 332, 359
Volkstribunat 72 f., 77, 184, 192, 209, 229 f., 234, 236 f., 242, 269, 369, 663
Volksversammlung, plebejische (concilium plebis, Abstimmung nach Tribus) 62, 66 ff., 70, 72 f., 76–79, 85, 95, 115, 145, 661; siehe auch comitia tributa
Volksversammlung der Kurien (comitia curiata) 62 ff., 74
Volksversammlung der Zenturien (comitia centuriata) in Rom 63, 66 f., 73, 78, 115, 138
Vologeses I., Partherkönig 361
Volsinii, Etrurien 41, 89, 91, *Kartenskizze 35, 59*
Volsker (volsci), oskischer Volksstamm 55 f., 58, *Kartenskizze 59*
Volskerkrieg 60
Voltaire, eigentlich François Marie Arouet, französischer Schriftsteller 21
Volturnus, Fluß in Kampanien 128, *Kartenskizze 35, 83*
Volubilis, Mauretanien 328
Volusianus, Lucius Petronius, Präfekt der Prätorianer 416
Volusianus, Rufus, Präfekt der Prätorianer 502
Vorderasien 240, 407
Vorderer Orient 18, 645, 651, 654
Vorzeichen 439
Vouillé, nordwestlich von Poitiers, Gallien 581, 592, 601
Vulgata, lateinische Bibelübersetzung 667

W

Wacho, König der Langobarden 633
Währungsgesetze im Römischen Reich 544
Walachei, Landschaft in Rumänien 632, 649
Walachische Wanderhirten 653
Wales, Landschaft in Südwestengland 521
Wallfahrt 55
Wallia, König der Westgoten 561 f., 570 f., 578
Wandmalerei 42, 461 f., 483 f., *Abb. 241, 469*
Wasserprobe als Rechtsmittel 602

Weber, Max, Soziologe und Volkswirtschaftler 297
Wehrpflicht, allgemeine 151, 417, 476, 651
Weihrauchstraße 634
Weltherrschaft, römische 17–20, 177–180, 182, 185f., 325, 328, 408, 414, 644
Weltkrieg, Erster 23, 646
—, Zweiter 646
Weltliteratur 323, 642
Welzheim, östlich von Stuttgart, Limes bei, *Abb. 414*
Westgoten (Wisigoten) 524f., 553, 555, 557, 559–562, 564, 566ff., 570–577, 583, 586f., 590ff., 598, 622, 629, 636, 648, 653, 666
—, Reich der 577–583, 603, *Kartenskizze 599*
—, —, Verwaltung 581f.
Wetterau, Landschaft zwischen Vogelsberg und Taunus 356
Wien, siehe Vindobona
Wimpfen am Neckar 356, *Kartenskizze 357*
Witigis, König der Ostgoten 621, 630ff., 635
Wölfin, kapitolinische 49, 212, *Abb. 148, 212*
Wörth am Main 356
Worms (Barbetomagus), Rheinpfalz 560, 562, 568, 666, *Kartenskizze 357*

X

Xanten (Ulpia Traiana), nahe Wesel am Niederrhein 349, 361
Xanthippos, spartanischer Feldherr 107
Xerxes I. (Chschajarscha), König von Persien 46
Xystos, siehe Sixtus

Y

Yakto bei Daphne, südlich von Antiocheia 553
York (Eburacum), Britannien 400, 498, 665

Z

Zahlenmetaphysik, pythagoreische 439
Zakynthos (Zante), Ort und Insel im Ionischen Meer 584
Zama regia, Nordafrika 17, 133f., 143, 149, 154, 167, 662, *Kartenskizze 103*
Zamora am Duero, Spanien 118, *Kartenskizze 103*
Zarathustra (griechisch Zoroaster), iranischer Religionsstifter 407, 411, 624
Zauberpapyri 440
Zebedaios, biblische Figur 442, 446
Zela, Pontos 284, 663
Zeloten (Eiferer), römerfeindliche jüdische Partei in Palästina 435, 440
Zenobia (Bathzabbai), Septimia, Fürstin von Palmyra 419ff., 450, 462
Zenon I. (Tarasicodissa aus Isauria), oströmischer Kaiser 576f., 588, 590f., 613ff., 620, 644, 655f., 658, 666f., *Stammtafel 531*
Zensor (lateinisch), Schätzer 64, 70f., 76, 79f., 150, 353
Zensur, Amt des Zensors 71, 79f., 228, 234
Zensus (Census), Vermögensschätzung in Rom 146 178, 183, 349, 372
Zenturie, Hundertschaft 63f., 74, 115, 322
Zenturienordnung, Reform der 115
Zenturienversammlung (comitia centuriata) in Rom 63, 66f., 73, 78, 115, 138, 178
Zenturio, Befehlshaber einer Zenturie 304, 338, 371, 399, 424
Zethos, Schüler des Philosophen Plotinos 459
Zeugma am oberen Euphrat 395
Zeus, griechischer Gott 46, 434, 437, 516, 532
— von Dodona 536
Ziegeleien 387
Zinn 386
»Zirkusparteien« in Konstantinopel 617, 624, 626, 646f., 667
Zivilrecht, römisches 69, 384
Zlatna (Klein-Schlatten), siebenbürgisches Erzgebirge 364
Zollwesen in Rom 147, 178, 542
Zünfte im Römischen Reich 388, 432
Zwangsstaat, spätantiker 25
Zweinaturenlehre 462, 467ff., 483, 656, 667
Zweistromland, siehe Mesopotamien
»Zwölf Tafeln«, erste Niederschrift des römischen Rechts 65f., 72, 661
Zwentendorf bei Tulln an der Donau, *Abb. 521*
Zyprian, siehe Cyprianus, Thascius Caecilius

QUELLENVERZEICHNIS DER ABBILDUNGEN

Die Aufnahmen stammen von: Academia R. P. R., Institutúl de Arheologie, Bukarest (640) – Aerofototeca, Rom (185) – Fratelli Alinari, Florenz (56, 93, 304, 402, 505, 536 innen, 556, 592, 593) – Anderson, Rom (248, 321, 344, 403, 557) – Bildarchiv Foto Marburg (156) – nach »Bildatlas der klassischen Welt« bei N. V. Uitgeversmaatschappij Elsevier, Amsterdam (125) – Deutsches Archäologisches Institut, Rom (92, 213, 320, 364, 368, 401, 504, 520) – Walter Dräyer, Zürich (37, 44, 48) – Fototeca Unione, Rom (49, 57, 64, 65, 117, 149, 225, 249, 305, 384, 385, 400, 417, 653) – Gabinetto Fotografico Nazionale, Rom (289) – Dr. Georg Gerster, Zürich (164, 485, 625) – Konrad Helbig, Frankfurt a. M. (100) – Dr. Hellmut Hell, Reutlingen (415, 416, 537 innen) – A. A. M. van der Heyden, Amsterdam (116) – Hirmer Verlag, München (492, 612, 613) – Herbert List, München (157) – Robert Löbl, Bad Tölz/Obb. (201) – Enrico Mariani, Como (468) – Leonard von Matt, Buochs/Schweiz (45, 132, 365, 469, 477, 484) – Ph. Meyer KG., Wien (101, 148, 212, 224) – Ministry of Works London, British Crown Copyright (369) – Niederösterreichische Landesregierung, Presseamt, Wien (521) – Palestine Archaeological Museum, Jerusalem (436) – Giustino Rampazzi, Turin (280) – Rheinisches Landesmuseum, Trier (537) – Viktor Rihsé, Stade/Elbe (493) – Jean Roubier, Paris (124) – Staatliche Museen, Berlin (624) – Strähle, Schorndorf/Württ., Arch. Nr. 6508 (414) – Wiemann, Recklinghausen (476) – Alle anderen Fotos verdanken wir den in den Bildunterschriften genannten Museen und Archiven.

Deutsche Geschichte
im Ullstein Taschenbuch

Ein Gesamtbild deutscher Geschichte vom Mittelalter bis in unsere Zeit in Einzeldarstellungen und thematischen Ergänzungsbänden

Herausgegeben von Walther Hubatsch

Thilo Vogelsang
Die nationalsozialistische Zeit
Deutschland 1933 bis 1939

Deutsche Geschichte Band 7

Die »nationale Erhebung« und der Ausbau der innenpolitischen Macht Hitlers (1933–1934) / Die Verwandlung des Staates. Antisemitismus und Rassengesetzgebung. Die wirtschaftliche Entwicklung (1934–1937) / Deutsche Außenpolitik unter Neurath und Hitler (1933–1938) / Das Jahr 1938: Anfänge des militärischen Widerstandes. Das Abkommen von München und seine Auswirkungen. Verschärfung der Rassenpolitik / Das Jahr 1939: Hitlers Weg in den Krieg

Andreas Hillgruber
Deutsche Geschichte 1945-1972
Die »deutsche Frage« in der Weltpolitik

Deutsche Geschichte Band 9

Von der Kapitulation 1945 bis zur Gründung der beiden Staaten 1949 / Die Einbeziehung der deutschen Teilstaaten in den West- bzw. Ostblock 1949 bis 1955 / Von der Erklärung der »Souveränität« der Bundesrepublik Deutschland und der DDR bis zum Bau der Mauer 1955–1961 / Das »Ende der Nachkriegszeit« 1961–1965 / Jahre des Übergangs 1966–1969 / Im Zeichen der neuen Ostpolitik der Bundesrepublik 1969–1972 / Zwischenbilanz aus der Sicht von 1973

Politik- und Sozialwissenschaft im Ullstein Taschenbuch

Vilfredo Pareto
Ausgewählte Schriften

Herausgegeben und eingeleitet von Carlo Mongardini

Ullstein Buch 3216

Pareto (1848–1923) gehörte zu den führenden italienischen Soziologen. Seine Theorieentwicklung ist der exakte Nachweis der irrationalen Tiefendimensionen allen sozialen Verhaltens. Seine Lehren waren von großem Einfluß auf die geistige Grundlage des Faschismus. Der hier vorgelegte Band enthält bislang nicht ins Deutsche übertragene Texte und Briefe der Soziologie Paretos. Carlo Mongardini ist einer der international anerkannten Pareto-Kenner.

Wilhelm Heinrich Riehl
Die bürgerliche Gesellschaft

Herausgegeben und eingeleitet von Peter Steinbach

Ullstein Buch 3270

Dieses erstmals 1887 erschienene Buch stammt von einem der bedeutendsten Theoretiker des deutschen Konservativismus und zählt zu seinen Hauptwerken. Riehl stand gleichsam zwischen der traditionellen und der modernen Gesellschaft und ist ein gutes Beispiel für die These, die den Konservativismus nicht nur als vorindustrielle Theorie, sondern als mächtigen Strang bürgerlicher Sozial- und Politiktheorie begreifen will.

Literatur im Ullstein Taschenbuch

Theodor Fontane
Sämtliche Romane, Erzählungen, Gedichte, Nachgelassenes

Herausgegeben von Walter Keitel und Helmuth Nürnberger

Innerhalb der Fontane-Bibliothek der Ullstein-Taschenbuch-Reihe erscheinen sämtliche 16 Romane von Theodor Fontane. Jedem Band ist ein ausführlicher, wissenschaftlich-fundierter Anmerkungsapparat sowie verschiedentlich ein Variantenverzeichnis beigegeben. Eine Wirkungsgeschichte und briefliche Zeugnisse zur Entstehungsgeschichte sind in jedem Band enthalten.

Band 1
Vor dem Sturm I
Ullstein Buch 4508

Band 2
Vor dem Sturm II
Ullstein Buch 4509

Band 3
Vor dem Sturm III
Ullstein Buch 4510

Band 4
Vor dem Sturm IV
Ullstein Buch 4511

Band 5
Grete Minde
Ullstein Buch 4512

Band 6
Ellernklipp
Ullstein Buch 4513

Band 7
L'Adultera
Ullstein Buch 4514

Band 8
Schach von Wuthenow
Ullstein Buch 4515

Literatur im Ullstein Taschenbuch

Theodor Fontane
Sämtliche Romane, Erzählungen. Gedichte, Nachgelassenes

Herausgegeben von Walter Keitel und Helmuth Nürnberger

Band 9 Graf Petöfy Ullstein Buch 4516	Band 15 Unwiederbringlich Ullstein Buch 4522
Band 10 Unterm Birnbaum Ullstein Buch 4517	Band 16 Frau Jenny Treibel Ullstein Buch 4523
Band 11 Cécile Ullstein Buch 4518	Band 17 Effi Briest Ullstein Buch 4524
Band 12 Irrungen, Wirrungen Ullstein Buch 4519	Band 18 Die Poggenpuhls Ullstein Buch 4525
Band 13 Stine Ullstein Buch 4520	Band 19 Der Stechlin Ullstein Buch 4507
Band 14 Quitt Ullstein Buch 4521	Band 20 Mathilde Möhring Ullstein Buch 4526

Kulturgeschichte im Ullstein Taschenbuch

Hans Günther (Herausgeber) Marxismus und Formalismus
Dokumente einer literaturtheoretischen Kontroverse

Ullstein Buch 3215

Inhalt: Hans Günther: Marxismus und Formalismus / Lev D. Trockij: Die Formale Schule der Dichtkunst und der Marxismus / Nikolaj I. Bucharin: Über die Formale Methode in der Kunst / Boris M. Ejchenbaum: Zur Frage der »Formalisten« / Anatolij V. Lunačarskij: Der Formalismus in der Kunstwissenschaft / Osip M. Brik: Die sogenannte »Formale Methode« / Boris I. Arvatov: Poetische und praktische Sprache (Zur Methodologie der Kunstwissenschaft) / Pavel N. Medvedev: Das Kunstwerk als außerhalb des Bewußtseins liegendes Faktum / Kurt Konrad: Der Streit um Inhalt und Form. Marxistische Bemerkungen zum neuen Formalismus / Quellennachweise / Erläuterungen

Theodor W. Adorno Philosophie der neuen Musik

Ullstein Buch 2866

Adornos Werk ist seit seinem ersten Erscheinen (1948) bis in unsere Tage der Schlüssel zur gesellschaftlichen und philosophischen Deutung der jüngsten Musik. »Durch dieses Buch bekommt man einen Begriff von der komplexen Leistung moderner Philosophie. Meinem Einblick nach vollzieht sich hier die großartigste Auseinandersetzung mit dem Problem der zeitgenössischen Musik seit Nietzsches Anti-Wagner.«   Max Bense